Richard Linxweiler

Marken-Design

Richard Linxweiler

Marken-Design

Marken entwickeln,
Markenstrategien erfolgreich umsetzen

2., erweiterte Auflage

Die Deutsche Bibliothek – CIP-Einheitsaufnahme
Die Deutsche Bibliothek verzeichnet diese Publikation in der Deutschen Nationalbibliografie;
detaillierte bibliografische Daten sind im Internet über <http://dnb.ddb.de> abrufbar.

Mitglieder des MTP e.V. (Studenten und Alumni) erhalten auf die
von MTP herausgegebenen Bücher 10 % Rabatt.

1. Auflage 1999
2. Auflage 2004

Alle Rechte vorbehalten
© Betriebswirtschaftlicher Verlag Dr. Th. Gabler/GWV Fachverlage GmbH, Wiesbaden 2004

Lektorat: Ulrike M. Vetter

Der Gabler Verlag ist ein Unternehmen von Springer Science+Business Media.
www.gabler.de

Das Werk einschließlich aller seiner Teile ist urheberrechtlich geschützt. Jede Verwertung außerhalb der engen Grenzen des Urheberrechtsgesetzes ist ohne Zustimmung des Verlags unzulässig und strafbar. Das gilt insbesondere für Vervielfältigungen, Übersetzungen, Mikroverfilmungen und die Einspeicherung und Verarbeitung in elektronischen Systemen.

Die Wiedergabe von Gebrauchsnamen, Handelsnamen, Warenbezeichnungen usw. in diesem Werk berechtigt auch ohne besondere Kennzeichnung nicht zu der Annahme, dass solche Namen im Sinne der Warenzeichen- und Markenschutz-Gesetzgebung als frei zu betrachten wären und daher von jedermann benutzt werden dürften.

Umschlaggestaltung: Nina Faber de.sign, Wiesbaden
Satz: Fotosatz-Service Köhler GmbH, Würzburg
Druck und buchbinderische Verarbeitung: Wilhelm & Adam, Heusenstamm
Gedruckt auf säurefreiem und chlorfrei gebleichtem Papier
Printed in Germany

ISBN 3-409-21421-6

Geleitwort

Zur Edition Alumni

Die Initiative MTP – Marketing zwischen Theorie und Praxis e.V. wurde 1981 von Studenten in Saarbrücken gegründet. Ziel war von Anfang an der Brückenschlag vom theoretischen Wissen zur praktischen Umsetzung im Marketing. MTP hat in dieser Hinsicht Pionierarbeit geleistet und ist heute die größte Marketingstudenteninitiative Deutschlands. In konsequenter Fortsetzung der Grundidee entschlossen sich die MTP-Studenten der ersten Generation zur Gründung der MTP-Aluminorganisation. Die Förderung dieser Verbindung zwischen Studenten und Ehemaligen sowie die Weiterbildung (Theorie-Praxis-Transfer) im Bereich Marketing sind zwei Hauptziele von MTP e.V. Alumni. Sie finden ihre Umsetzung u. a. in den „Saarbrücker Marketinggesprächen", Aktivitäten der Local Alumni-Clubs, Seminaren sowie der MTP-Alumni Buchedition. Wir freuen uns, jetzt den zweiten Band dieser Buchreihe in der zweiten Auflage vorstellen zu können, der wiederum die Marke in den Mittelpunkt stellt und somit thematisch an den ersten Band mit dem Titel „Erfolgreiches Markenmanagement" anschließt.

Zu diesem Buch: Marken-Design nach der Jahrtausend-Wende

Angesichts radikal veränderter Rahmenbedingungen hat das Thema Markenführung in den vergangenen Jahren zunehmend an Bedeutung gewonnen. Die Globalisierung der Märkte, Handelskonzentration, Unternehmensfusionen und damit verbundenes Kostenmanagement haben Spuren hinterlassen.

Vor diesem Hintergrund stellen die Bestimmung des Markenstatus, die Aktualisierung von etablierten Marken und die Entwicklung neuer Marken-Konzepte eine ständige Herausforderung des Managements dar. Der hier vorliegende Band beschäftigt sich intensiv mit der Gestalung von Marken für die Märkte der Zukunft. Im Mittelpunkt steht dabei die Kommunikationsfunktion der Marke als Erfolgsfaktor im Wettbewerb.

Professionelle Kommunikation wird daran zu messen sein, inwieweit ein eigenständiges Markenbild aufgebaut, die zentralen Werte im Mittelpunkt stehen und somit zur Stärkung des Markenkerns insgesamt beitragen. Der hier verfolgte verhaltensorientierte Ansatz steht der von Prof. Dr. Werner Kroeber-Riel geprägten Saarbrücker Schule nahe.

In diesem Buch werden in den Kapiteln 1 und 2 die Grundlagen der Marke und des Marken-Designs erarbeitet. Daran anschließend stehen die Konzeption (Kapitel 3) sowie die verschiedenen Aspekte der Kommunikation des Marken-Designs (Kapitel 4) im Mittelpunkt. Mit den Techniken und der Praxis des Marken-Design (Kapitel 5 und 6) wird ein ausgeprägter Praxisbezug hergestellt und die Umsetzungsorientierung in den Mittelpunkt gestellt.

Zur 2. Auflage: Weiter zunehmende Aktualität des Themas

Es gibt gute Gründe anzunehmen, dass die Bedeutung des Themas Marken-Design seit Veröffentlichung der 1. Auflage 1999 weiter zugenommen hat. Seit den Index-Höchstständen an den Weltbörsen im Jahre 2000 gehen rückläufige Aktienkurse mit überwiegend schwacher Konjunkturentwicklung einher und verschärfen weiter den Druck auf Marken und Märkte. Gleichzeitig entwickelt sich die Online-Nutzung unverändert positiv, trotz der zwischenzeitlich zu beobachtenden New-Economy-Krise. Der Durchbruch des Mediums Internet stellt somit das Marketing ebenfalls vor neue Chancen und Herausforderungen.

Die vorliegende 2. Auflage wurde grundlegend überarbeitet und in wesentlichen Punkten ergänzt. Im Bereich der Grundlagen wird auf Begriffe und Konzepte wie Brand Core Values, das „Bojen-Modell" des Markenimages sowie das Markensteuerungs-Model vertieft eingegangen. Bei der Konzeption gewinnen praktische Analysemethoden wie Ermittlung des Markenstatus, Testverfahren aus der Marktforschung sowie semiotische Markenanalysen an Bedeutung. Unter praktischen Gesichtspunkten werden im Kapitel 6 rechtliche Aspekte vertieft und insbesondere die Problematik der Produkthaftung neu aufgenommen. Neue Medien und Markenführung im Internet werden entsprechend ihrer Aktualität in einem neuen, eigenständigen Kapitel berücksichtigt.

Die Neuauflage ist als Teamwork entstanden. Das MTP-Projektteam dankt all denen, die zur erfolgreichen Fortsetzung dieser Buchedition beitragen. Besonderer Dank gilt dem Autor Prof. Richard Linxweiler, dem wir die Realisierung des vorliegenden Bandes in der 2. Auflage maßgeblich zu verdanken haben, sowie dem Verlag für Ideen, Geduld und unermüdliches Engagement rund um das Buchprojekt.

Für MTP e.V. Alumni
Ursula Ritter
Dietmar Erlebach

Inhaltsverzeichnis

Vorwort 11

1 Die Grundlagen des Marken-Design 13
   1.1 Der Begriff und die Bedeutung von „Design" 15
      1.1.1 Begriff des Marken-Design im Marketing 17
      1.1.2 Die Dualität des Marken-Design 19
      1.1.3 Die Einflussfaktoren des Marken-Design 21
   1.2 Das Unternehmen als Absender von Marken 22
   1.3 Die Konsumenten als Zielgruppen von Marken 23
      1.3.1 Die Segmentierung und Qualifizierung der Konsumenten 24
      1.3.2 Die Marke aus der Sicht der Konsumenten 35
      1.3.3 Wahrnehmung von Sinnesreizen 47

2 Die Marke 71
   2.1 Der Begriff der Marke 71
      2.1.1 Wurzeln, Entwicklung und Gegenwart der Marken 71
      2.1.2 Der Markenbegriff in Theorie und Praxis 75
      2.1.3 Markentypologien 78
      2.1.4 Markenwertansätze 82
   2.2 Theoretische Erklärungsansätze der Marke 87
      2.2.1 Der identitätsorientierte Ansatz der Markenführung 87
      2.2.2 Der funktionenorientierte Ansatz 88
      2.2.3 Der Ansatz des Lebenszykluskonzeptes 89
      2.2.4 Die verhaltensorientierte Markentheorie 90
   2.3 Die Marke zwischen Unternehmen und Markt 91
   2.4 Die Struktur der Marke 94
      2.4.1 Die Markenidentität 95
      2.4.2 Die Markenkernwerte (Brand Core Values) 98
      2.4.3 Brand Philosophy und Brand Positioning 104
      2.4.4 Marken- und Marktstrategien 110
      2.4.5 Brand Design und Brand Behavior 124
      2.4.6 Brand Culture und Brand Communication 125
      2.4.7 Das Marken-Image (Bojenmodell) 127
      2.4.8 Das Markensteuerungs-Modell 134

2.5 Die Markeninstrumente und das Marken-Design 140
    2.5.1 Produkt-, Sortiments-, Servicepolitik und Marken-Design 141
    2.5.2 Marken-Design und Preispolitik 142
    2.5.3 Marken-Design und Distributionspolitik 145
    2.5.4 Marken-Design und Kommunikationspolitik 146

3 Die Konzeption des Marken-Design 151

3.1 Konzeptionsgrundlagen des Marken-Design 152
3.2 Das Prozessschema der Markenkonzeption 154
3.3 Analyse-Phase des Marken-Design (Status/Bewertung) 155
    3.3.1 Selektions- und Bewertungsphase der Erfolgsfaktoren 156
    3.3.2 Der Marken-Status 160
    3.3.3 Der Status der übrigen Erfolgsperspektiven 166
    3.3.4 Bewertung der Situationsanalyse 167
3.4 Formulierungs- und Briefingphase 172
    3.4.1 Die Zielformulierungsphase 173
    3.4.2 Die Briefing- und Positionierungsphase 176
3.5 Die kommunikative Markenstrategie 176
    3.5.1 Die Marken-Copy Strategy 179
    3.5.2 Die Gestaltungsmittel-Strategie 184
    3.5.3 Die Marken-Media-Strategie 186
3.6 Die Gestaltungs- und Umsetzungsphase 188
    3.6.1 Das Brand-Design-Manual 188
    3.6.2 Die Umsetzung 195
3.7 Die Produktions- und Durchführungsphase 197
3.8 Die Ergebnis- und Kontrollphase 199
3.9 Tests im Marken-Design 200
    3.9.1 Pretest-Verfahren 202
    3.9.2 Posttest-Verfahren 208

4 Die Kommunikation des Marken-Design 211

4.1 Das Modell der Markenkommunikation 213
4.2 Die Zeichentheorie (Semiotik) 216
    4.2.1 Theoretische Ansätze der Semiotik 217
    4.2.2 Die Semiotik der Marken 219
4.3 Syntax (Syntaktik) 221
    4.3.1 Syntax-Ordnungsfaktoren 223
    4.3.2 Die Zeichenbeziehungen 224

4.4 Semantik ... 226
4.4.1 Marke, Mythos und Semantik ... 228
4.4.2 Markenmythos und Kultmarken ... 229
4.4.3 Anwendung von Metaphern in der Markenführung ... 229
4.5 Pragmatik ... 230
4.5.1 Aktivierungsinformationen in der Markengestaltung ... 232
4.5.2 Emotionale Informationen in der Markengestaltung ... 236
4.5.3 Ästhetikinformationen in der Markengestaltung ... 239
4.5.4 Ethische Informationen in der Markengestaltung ... 244
4.5.5 Anzeicheninformationen in der Markengestaltung ... 246
4.5.6 Informationen zur Markenbeurteilung ... 249
4.6 Semiotische Markenanalysen ... 254
4.6.1 Das decoder®-Verfahren von Added Value ... 256
4.6.2 Cultural Creativity® ... 257
4.6.3 Semiometrie® ... 259

5 Die Techniken des Marken-Design ... 263
5.1 Kreativität und Marken-Design ... 263
5.1.1 Problemanalyse ... 265
5.1.2 Kreativitätstechniken zur Ideenfindung ... 266
5.2 Elementare Techniken des Marken-Design ... 274
5.2.1 Material und sensuale Konsumerlebnisse ... 277
5.2.2 Form und sensuale Konsumerlebnisse ... 278
5.2.3 Farben und sensuale Konsumerlebnisse ... 280
5.2.4 Töne/Klänge (Akustik) und sensuale Konsumerlebnisse ... 284
5.2.5 Text- und Bildgestaltung und sensuale Konsumerlebnisse ... 286
5.3 Komplexe Techniken des Marken-Design ... 299
5.3.1 Die Gestaltung des Markennamens (Branding) ... 299
5.3.2 Die Gestaltung des Markenzeichens ... 307
5.3.3 Die Gestaltung des Produktes/der Leistung ... 310
5.3.4 Die Verpackungsgestaltung ... 313
5.3.5 Das Präsentations-Design ... 317
5.4 Komplexe Techniken des indirekten Marken-Design ... 322
5.4.1 Corporate Identity und indirektes Marken-Design ... 323
5.4.2 Werbung und indirektes Marken-Design ... 329
5.4.3 Verkaufsförderung und indirektes Marken-Design ... 331

6 Die Praxis des Marken-Design ... 335
6.1 Rechtliche Aspekte des Marken-Design ... 335
6.1.1 Kennzeichnungsrecht ... 335
6.1.2 Patentrecht ... 337

         6.1.3 Gebrauchsmusterschutz 337
         6.1.4 Geschmacksmusterschutz 338
         6.1.5 Urheberrecht 338
         6.1.6 Produkthaftung 339
   6.2 Integriertes Marken-Controlling – die BrandScoreCard 339
         6.2.1 Ziele und Funktionen der BrandScoreCard 340
         6.2.2 Systematik der BrandScoreCard 340
         6.2.3 Struktur der BrandScoreCard 341
         6.2.4 Prozess der BrandScoreCard 342
         6.2.5 Darstellung der BrandScoreCard 342
   6.3 Mediale Aspekte des Marken-Design 344
         6.3.1 Die Markenleistungen im Internet 345
         6.3.2 Markenaufbau im Internet 345
         6.3.3 Aufbau von virtuellen Marken im Internet 346
         6.3.4 Dialogkommunikation im Internet 347
         6.3.5 Schutz von Markenadressen (Domains) im Internet 348
         6.3.6 Virale Markenführung 348
         6.3.7 Zukunftstendenzen der Marken im Netz 350
   6.4 Gestaltung der Kommunikationsmittel 351
         6.4.1 Kommunikationsmittel 351
         6.4.2 Die PR- und die Werbeanzeige 351
         6.4.3 Das Plakat 352
         6.4.4 TV-Spot/Film-Spot/Video 353
         6.4.5 Der Funkspot 355
         6.4.6 Prospekt/Flyer/Infoblatt 356
         6.4.7 Sonstige Demonstrations- und Informationsmaterialien 357
   6.5 Terminologie des Marken-Design 358
         6.5.1 Terminologien in der Bildgestaltung 358
         6.5.2 Sonstige Terminologien im Design 360

Anhang 367

Literaturverzeichnis 371

Stichwortverzeichnis 381

Vorwort zur zweiten Auflage

Als der Autor dieses Buches nach abgeschlossenem Design-Studium und ersten Berufserfahrungen in der Industrie ein wirtschaftswissenschaftliches Studium am Institut für Konsum- und Verhaltensforschung an der Universität des Saarlandes anschloss und 1985 beendete, beabsichtigte er, bei einer renommierten Werbeagentur ins Berufsleben einzusteigen. Die etwas ungewöhnliche Ausbildungskombination – Designer und Marketingmann in einer Person – bewirkte bei den Agenturverantwortlichen nicht etwa das erhoffte interessierte und anerkennende Wohlwollen, sondern promptes Missbehagen, ja Ablehnung. Was war geschehen? Nichts war geschehen, bis auf die Tatsache, dass hier jemand vorstellig wurde, der nicht in das offensichtlich tief eingeprägte stereotype Bild von zwei entgegengesetzten Lagern – die Kreativen an der einen Front und die „Pappenträger", sprich: Kundenberater an der anderen Front – passte. Wenn man sowohl Kompetenz im kreativen Bereich als auch im Beratungsbereich beanspruche, dann sei der Konflikt für den Kunden und die Marke vorprogrammiert, und überhaupt, das ginge nicht zusammen. So etwa war die Reaktion der Agenturverantwortlichen. Eine Zusammenarbeit kam folglich nicht zustande.

Was ist unter dem Begriff Markengestaltung oder Marken-Design zu verstehen? Marken-Design meint die auf genauer Analyse beruhende ganzheitliche, kreative und systematische gestalterische Entwicklung und Pflege der Marke und ihres Auftritts im Markt. Der Markenauftritt bezieht sich dabei auf das kommunikative Erscheinungsbild der Marke beim Konsumenten, welches durch das Produkt-Design, Verpackungs-Design, die Gestaltung der klassischen Werbung, Verkaufsförderungs- und PR-Gestaltung der Marke sowie der zusätzlichen Leistungen (Service) geplant und durchgeführt wird.

Leider hat sich bis heute in der Fachliteratur keine einheitliche Sichtweise der verschiedenen gestalterischen und konzeptionellen Aufgaben rund um das Marken-Design herausgebildet. An den Design-Ausbildungsstätten sind gegenwärtig, bis auf wenige Ausnahmen, die Studiengänge Werbung/Grafik-Design, Verpackungsgestaltung und Produkt-Design etc. strikt getrennt, und in der Design-Ausbildung bleibt das Marken-Design sowohl bei Investitions-, Dienstleistungs- als auch bei Konsumgütermarken weitgehend aus dem Vorlesungsplan ausgespart. Ebenso wird das Design von Marken in den wirtschaftswissenschaftlichen Fächern lediglich am Rande behandelt. Und dies bei Produkten und Leistungen, die in unserem täglichen Leben eine zentrale Rolle spielen!

Die Trennung der gestalterischen Aufgaben bei der Markenentwicklung und Markenbetreuung setzt sich konsequent bis in die Praxis fort, obgleich allerorten von integriertem Marketing die Rede ist. Die Gestaltung von Verpackungen und – in Ausnahmen – die Entwicklung von Markenkonzepten obliegt zum größten Teil den Design-Agenturen.

Die klassische Kommunikation der Marke wird dagegen streng getrennt von Werbeagenturen durchgeführt, die mit der Packungsgestaltung oder dem Branding kaum in Berührung kommen. Begründet wird diese Trennung häufig mit dem Kurzfrist-Denken bei Werbekampagnen, die mit der vergleichsweise langen Lebensdauer von gestalteten Verpackungen kaum in Einklang zu bringen sei.

Diejenigen, die das alles fachkundig koordinieren sollen, die Brand- und Marketingmanager der Markenartikelindustrie, sind, wie bereits anfangs erwähnt, zwar in allen ökonomischen Aspekten des Marketing gründlich ausgebildet, nicht jedoch in gestalterischen Belangen. Sie sollten sich in der *Beurteilung von Marken-Design* besser auskennen, um ihrer Verantwortung der Marke gegenüber optimal gerecht zu werden. Einen Schritt in diese Richtung hat die Hochschule Pforzheim mit der Errichtung eines spezifischen Master-Studiengangs (Master of Arts in Communication Management) für Designer und Marketingabsolventen im Jahr 2001 getan.

Dieses Buch möchte einen Beitrag dazu leisten, das wichtige Thema Marken-Design oder Markengestaltung aus einem ganzheitlichen Blickwinkel zu betrachten, der sowohl die marketingpolitischen als auch die gestalterischen Aspekte gebührend berücksichtigt und die Marke als integriertes Ganzes im Entstehungs-, Vermarktungs- und Gebrauchs-/Verbrauchsprozess zu würdigen weiß. Das Buch geht als Lehr- und Praxisbuch von einer Sichtweise der interdisziplinären und integrierten Markengestaltung aus. Der Ansatz unterstützt eine ganzheitliche Entwicklung und Vermarktung der Marke bezüglich der Marketingaspekte, des Markennamens, der Werbung, des Produkt-Design, des Verpackungs-Design und der Verkaufsförderung bis zur Gestaltung des Corporate Design.

Erfolgreiche Markengestaltung erfordert heute insbesondere drei Eigenschaften: *Kreativität, Innovationsfähigkeit und Fachwissen*. Dieses Buch soll Fachwissen in verständlicher Form allen denjenigen vermitteln, die mit der Gestaltung oder der Konzeption und der Führung von Marken an Fachschulen, Hochschulen und in der Praxis zu tun haben. Es soll zusätzlich zum besseren Verständnis des inneren Aufbaus von Marken sowie ihrer wirtschaftlichen und kommunikativen Aspekte beitragen.

An dieser Stelle sei allen gedankt, die an der Entstehung dieses Buches mitgewirkt haben, insbesondere Herrn Dipl.-Betriebswirt, MA, Vincent Brucker, Böbingen/Rems, Frau Dipl.-Betriebwirtin Marion Witte, Saarbrücken, Frau Prof. Dr. Brigitte Gaiser, Stuttgart, und Herrn Johannes Linxweiler, Herrn Maximilian Linxweiler, Herrn Norbert Linxweiler, alle Werschweiler, sowie Herrn Ulrich Hauser, Pasadena/USA, und Herrn Norbert Witte, Saarbrücken, der die Zeichnungen zu diesem Buch angefertigt hat.

Werschweiler/Oberlinxweiler/Wurzelbach   *Richard Linxweiler*
im Januar 2004

1 Die Grundlagen des Marken-Design

Der Begriff „Marken-Design" lässt sich in seine zwei Wortbestandteile „Marke" und „Design" zerlegen. Wie bei anderen Untersuchungsgegenständen mit breiter wirtschaftlicher und sozialer Relevanz, sind auch am Marken-Design unterschiedliche Disziplinen beteiligt. Die *„Marke"* wird überwiegend in den Geisteswissenschaften, wie den Kommunikationswissenschaften und den Wirtschaftswissenschaften (z. B. Marketing), als auch in den Rechtswissenschaften, der Soziologie und der Psychologie behandelt. *„Design"* in diesem Buch betrifft sowohl die technisch-naturwissenschaftlichen als auch die konzeptionellen und die kommunikationsbezogenen sowie die kreativ-künstlerischen Aspekte der Gestaltung von gegenständlichen Marken (vorwiegend Konsumgüter) und von ungegenständlichen Marken (z. B. Dienstleistungen, Virtual Brands im Internet, etc.).

Der Design- oder Gestaltungs-Begriff kommt aus dem angelsächsischen Sprachgebrauch, wo unter „Design" das Entwerfen und Entwickeln von Produkten in seiner ästhetischen und in seiner technischen, ökologischen, ökonomischen und kommunikativen Seite verstanden wird. Im deutschen Sprachgebrauch ist mit dem Begriff „Design" noch weit verbreitet das Verständnis für ästhetisches, d. h. rein formales „Verschönern" von Produkten gemeint. Bereits im „Oxford English Dictionary" aus dem Jahre 1588 wird zum ersten Mal der Begriff „Design" u. a. beschrieben als ein von einem Menschen erdachter Plan oder ein Schema von etwas, das realisiert werden soll (vgl. Bürdek, 1994, S. 16). Vergleicht man den Begriff Marken-Design mit anderen verwandten Begriffen, wie z. B. „Markenführung", „Produkt-Design", „Verpackungs-Design", „Kommunikations-Design", „Werbung", „Markentechnik" etc., so kann man Folgendes festhalten: Das Produkt-Design, die Werbung oder das Verpackungs-Design beschränken sich schon durch die Bezeichnung auf Teilaspekte des Entwicklungs-, Produktions- und Vermarktungsprozesses von Waren oder Dienstleistungen. Der Anspruch, den das Marken-Design stellen will, geht weit darüber hinaus und ist umfassender:

Marken-Design steht für die *ganzheitliche Gestaltung* der Marke als Schlüsselfaktor für den unternehmerischen Erfolg. Der Begriff soll integrativ alle kreativ-schöpferischen Aspekte des Lebenszyklus von Marken mit einschließen, nämlich Konzeption, Planung, physische und kommunikative Gestaltung, Durchführung der Vermarktung, Service, bis hin zu Aspekten der Entsorgung oder des Recycling. Im Unterschied zum eher betriebswirtschaftlich ausgerichteten Begriff der Markenführung, soll hier der Schwerpunkt auf alle kreativ schöpferischen Aspekte der Markenentstehung, der Markenführung sowie auf die Markenkommunikation und ihre Wirkungen auf die Psyche der Konsumenten und den Markengebrauch/-verbrauch gelegt werden. Daneben soll Marken-Design auch in Anlehnung an systemtheoretische Überlegungen erörtert werden. Die *Systemschau* betrachtet die Marke im Hinblick auf ihre strukturellen und prozessualen Zusammenhänge, sowie

14   1 Die Grundlagen des Marken-Design

bezüglich ihrer Wirkungen auf die Zielgruppen, das Umfeld und die Absender. Das vorliegende Buch „Marken-Design" versucht der Frage nachzugehen, welche *Strukturen und Elemente* die Marken-Gestaltung in ihrer Gesamthaftigkeit als ein *System* von gestalteter Markenentwicklung und Markenführung beinhaltet. Das System des Marken-Design beschreibt ebenso *Gestaltungsprozesse* sowie *Kommunikations-* und *Konsumprozesse* von Marken.

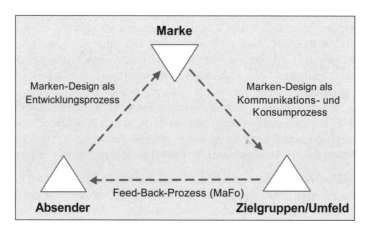

Abbildung 1.1: Bezugssystem des Marken-Design als Aufbau- und Ablaufdarstellung

Abbildung 1.1 zeigt das Beziehungssystem zwischen dem Absender der Marke, der Marke selbst und den Zielgruppen der Marke. Dieses System ist gekennzeichnet durch die *strukturellen Systemelemente* (Pyramidendarstellungen) und durch die *prozessualen Beziehungen* (Pfeildarstellungen) zwischen den Elementen. Dies sind die Entwicklungs-, Kommunikations-/Konsum- und die Feedback-Prozesse. Das System ist wie ein Regelkreislauf zu verstehen, bei dem die einzelnen Prozess-Schritte ihrerseits wiederum Anschluss- oder Ausgleichsprozesse nach sich ziehen können.

Der *Entwicklungsprozess* des „Marken-Design" wird von den Marken-Entwicklern durch kreative „Ideen" angestoßen. In diese erste Prozessstufe sind idealerweise bereits alle wichtigen Beteiligten involviert. Dies können Marketingspezialisten, Ingenieure, Designer, Ökologen, Lebensmittelchemiker, Marktforscher, Kommunikationsfachleute, Rechtskundige, Konsumenten, Psychologen etc. sein.

Die kreativen Ideen werden auf ihre Tragfähigkeit im Markt überprüft, indem von der Marktforschung Situationsanalysen durchgeführt werden. Daten und Expertenwissen sowie weitere kreative Ideen werden zusammengetragen und einer internen oder externen Bewertung zugeführt. Diese können Stärke-Schwäche-Analysen, Potenzial-Analysen, Chancen-Risiken-Analysen, Break-Even-Betrachtungen etc. sein. Aufgrund dieser Bewertungen werden Zielformulierungen erarbeitet und geeignete Positionierungen und Umsetzungsstrategien entwickelt. Auf einer derartigen Grundlage werden die gestalterischen

Umsetzungen an der Marke selbst sowie an der marketingpolitischen Umsetzung erarbeitet. *Marken-Design als Entwicklungsprozess* beschreibt somit alle kreativen prozessualen Abläufe von der ersten kreativen Idee bis zur Markteinführung und zur Führung der Marke.

Der *Prozess der Kommunikation und des Konsums* beschreibt die Vorgänge der kommunikativen Vermittlung zwischen Marken und Zielgruppen und schließlich der Nutzung oder des Gebrauchs/Verbrauchs von Marken. Der Nutzungsprozess besteht im Konsum der Marken, bzw. in der Nutzung der sonstigen Leistungen, wie Serviceleistungen, Dienstleistungen etc. Der Gebrauchs- und Verbrauchsprozess spiegelt die materielle Realität, d. h. die praktischen Leistungen der Marken wider, während der Prozess der kommunikativen Beziehungen zwischen Marke und Verbraucher die nicht-materielle Realität der Markenleistung verkörpert. Dies sind Kommunikationsleistungen der Werbung, der Brand Publicity, des Sponsoring, des Event-Marketing, der Verkaufsförderung usw.

Im *Feedback-Prozess* sollen alle relevanten Informationen über die Marke aus der Sicht der Konsumenten aus dem Markt hereingeholt werden. Diese Aufgabe wird normalerweise von eigenen oder externen Marktforschungsabteilungen/Instituten wahrgenommen.

1.1 Der Begriff und die Bedeutung von „Design"

Der Begriff „Design" hat sich im Laufe der Zeit verändert und wird heute in vielen unterschiedlichen Bedeutungen verwendet. Design beschreibt sowohl den kreativen Prozess des Entwerfens von Zeichnungen oder Plänen, als auch das Ergebnis dieses Schaffensprozesses, wie z. B. ein Produkt (vgl. Theobald, 2002, S. 70 ff.). Das Wort „Design" wird in der Praxis vielfach mit Begriffen, wie Packungsdesign, Produktdesign, Werbung, Industrial-Design, Mode-Design, Textil-Design, Automobil-Design, ja sogar bis hin zu „Designer-Babies" und „Designer-Drogen", umschrieben, wenn damit das artifiziell gewollte Gestalten bis hin zum absichtlichen gestalterischen Eingriff in die „Natur" zum Ausdruck gebracht werden soll.

In früheren Zeiten war das Wort „designo" der Begriff für den Vorentwurf von Bildhauerarbeiten oder von Gemälden. Design wurde im Laufe der Arbeitsteilung und Maschinisierung mehr und mehr zu einem spezialisierten Planungsprozess. So nannten sich die angewandten Künstler, wie die Tapetenentwerfer, die Möbelplaner, die Schneider, mit Beginn der Industrialisierung in England erstmals „Designer". Die Bezeichnung hat sich bei uns bis heute weitgehend in diesem Kontext durchgesetzt. Heute steht das Wort „Design" im angelsächsischen Raum für einen eher technischen Plan oder einen kreativen Entwurfs-Prozess für technische Ideen.

Im gegenwärtigen allgemeinen Sprachgebrauch steht „Design" als Modewort beinahe für alles, was modern, edel, teuer und ausgefallen ist. Design hat eine eigene Wertigkeit gefunden für das Artifizielle, das der Mensch erschafft. Ein allgemeiner *Designbegriff* ließe sich wie folgt formulieren: Unter Design ist die integrierte funktionale, formale, emotionale und ethische Gestaltung der menschlichen Umwelt zu verstehen.

Eine Klassifizierung der unterschiedlichen Design-Disziplinen stellt sich in Anlehnung an aktuelle Studiengänge und Design-Fachbereiche bei deutschen Hochschulen wie folgt dar:

Design						
Design im engeren Sinn				**Design im weiteren Sinn**		
Grafik-/Kommunikations-Design	Industrial-Design	Textil-Design	Media-Design	Architektur-Design	Marken-Design	Technisches Design
Werbe-Design, Illustrations-Design Buch-Design,	Ausstellungs-Design Produkt-Design Transportation-Design Schmuck-Design	Mode-Design Textil-Design	Interface-Design Foto-Design Film-Design	Interior-Design Bühnenbild-Design	Dienstleistungs-Design Markenartikel-Design	Maschinenbau Elektrotechnik etc.

Tabelle 1.1: Design und seine Disziplinen

In der Fachliteratur finden sich eine Vielzahl von zum Teil unterschiedlichen spezifischen *Funktionen* und Begriffsbestimmungen des Design, welche die vielfältigen Richtungen und Funktionen der Produkt- oder Markengestaltung widerspiegeln mögen (vgl. Bürdek, 1994, S. 15). Koppelmann (1994 b, S. 187 f.) unterscheidet die rationalen, die sensorischen und die emotionalen Funktionen des Design, die sich in Produkt-Design, Grafik-Design und Corporate-Design aufteilen. Die marketingrelevanten Dimensionen des Design lassen sich demnach, in Abwandlung zu Koppelmann und in Anlehnung an die obige Definition von Design, wie folgt darstellen:

Die sachliche Dimension:	Funktionalität, Gebrauchstauglichkeit, Ergonomie
Die ästhetische Dimension:	individuell-formale Anmutungsleistung, Wahrnehmung des Schönen
Die emotionale Dimension:	affektiv-emotionale Anmutungsleistung, Kommunikationsfähigkeit von Marken
Die ethisch-ideelle Dimension:	Glaubwürdigkeitsleistung von Marken

Jochen Gros (1983) führt den Begriff des Design auf den speziellen Erkenntnisgegenstand der Designtheorie, die *Produktsprache*, zurück. Hierunter versteht er diejenigen Mensch-Produkt-Beziehungen, die über die menschlichen Sinne vermittelt werden. Demnach vermittelt ein Produkt oder eine Leistung neben seiner rational-funktionalen Botschaft auch *symbolische Botschaften*, welche die Emotionen, Motivationen und ästhetisch-kulturellen Wahrnehmungsdimensionen, sowie die ethischen Aspekte des Design ansprechen und sie dem Nutzer kommunizieren wollen. Markengestaltung ist nicht nur Produkt, Konsumgut, Hardware. Es ist auch Konzept, Dienstleistung, Vorstellung und Gefühl. Die Marke definiert sich gegenüber einem anonymen Produkt in erster Linie über ihre Werte, ihre Idee, ihre Identität, ihre Einzigartigkeit, ihre Kontinuität, ihre Dynamik und Attraktivität sowie über die Klarheit ihres Auftretens. Die Marke beinhaltet demnach neben der physischen Präsenz ebenso die symbolischen inneren Bilder, die sich der Konsument über die Marke aus Werbeanzeigen, Spots, Promotions, gestaltetem Umfeld, Gebrauchserlebnissen, Empfehlungen etc. in seinem Gehirn bildet, einschließlich all der multisensualen Erlebnisse, wie Geschmack, Geruch, Haptik, Akustik und ihren dazugehörigen individuellen Interpretationen.

1.1.1 Begriff des Marken-Design im Marketing

Zunächst stellt sich die Frage, ob und inwieweit es zulässig ist, den Begriff Gestaltung oder Design derart nahe mit dem Begriff der Marke zu verbinden, wie es in diesem Buch geschieht. Ebenso ist die Frage zulässig, ob denn Gestaltung eines Produktes oder einer Dienstleistung, etwa die Gestaltung einer Einganghalle eines Unternehmens, die Gestaltung der Außenanlagen eines Unternehmen schon etwas mit der Gestaltung von Marken zu tun haben?

Wenn man mit dem Gestalten das bewusste Planen, Entwerfen und Umsetzen eines Vorhabens zur Optimierung eines Objekts, gleich welcher Art, versteht, dann geschieht dies in der Regel mit der Absicht, etwas funktional und/oder formal Besseres, Brauchbareres, Attraktiveres zu schaffen, als ein vergleichbares Objekt oder im Vergleich zu bisher. Gestaltung als kreativer Prozess ist somit die Absicht, Dinge bezüglich bestimmter Gesichtspunkte zu optimieren. Es geht um eine für die Nutzer von Dingen bessere Form, Farbe, Funktion, Oberfläche, Material etc. Das sind Verbesserungen, welche die Adressaten mehr oder weniger bewusst wahrnehmen und in ihrem Gedächtnis speichern sollen.

Wenn man allgemein unter Marken Subjekte oder Objekte versteht, welche sich durch eine bestimmte Identität, eine Zuordnung, eine Individualität gegenüber anderen Wahrnehmungseinheiten verstehen, dann gestalten, designen die Designer bei ihrem absichtsvollen Tun immer „Marken", ob sie wollen oder nicht. Sie gestalten selbst dann eine Marke, wenn diese vielleicht nicht mit einem noblen Etikett versehen sind oder mit hohen Summen beworben werden.

Immer sind es *Marken*, d. h., definierte Produkte, Leistungen, Menschen, Objekte, die von den Zielgruppen akzeptiert, präferiert werden sollen. Und damit sind es eben fast ausnahmslos Marken, die von einem Designer geschaffen werden, erst recht dann, wenn sie auf dem Markt angeboten werden. Im Kontext dieses Buches sind es freilich schwerpunktmäßig die markierten Marken, die „fast moving consumer goods", die sich im rauen Umfeld von nationalem oder internationalem Wettbewerb durchsetzen müssen und sich daher weit mehr als vielleicht ein alltäglicher Gebrauchsgegenstand mit professionellem Marketing durchsetzen müssen, wenn sie eine Chance haben wollen.

Der Begriff Marken-Design kann in Anlehnung an Witte (1996, S. 6) wie folgt definiert werden:

> **„Marken-Design ist die Gestaltung mit allen marketingpolitischen Instrumenten, die zum wahrnehmbaren Markenerlebnis (d. h. reales und symbolisches Markenbild) beitragen."**

Dieses Verständnis von Markengestaltung orientiert sich an der Sicht des Konsumenten; mit anderen Worten: Marken-Design definiert sich durch den Vorgang der Markenwahrnehmung und durch das Markenerlebnis der Nutzer von Marken. Aus Sicht des Marketing ist damit die ganzheitliche Einbeziehung aller *marketingpolitischen Instrumente* (Produkt, Preis/Konditionen, Kommunikation, Distribution), die zu diesem Markenerlebnis beitragen, gemeint. Das vorrangige Ziel der Markengestaltung ist es demnach, durch den gezielten Einsatz von gestalterischen Mitteln dafür zu sorgen, dass der Kunde eine klares, uniques und attraktives Bild von der Marke vorfindet.

Der Konsument soll aufgrund der Markengestaltung Präferenzen, Sympathie, Vertrauen und Loyalität zur Marke entwickeln. Die Marke soll sich aus der zunehmenden Vielfalt und der Anonymität des Markenangebotes abheben, erkannt und bevorzugt werden. Um diese *kommunikativen Wirkungen* zu erreichen, müssen dem Marken-Designer die geeigneten Wirkungszusammenhänge zwischen den gestalterischen Repertoires (Farbe, Form, Material, grafische Zeichen, Duftstoffe etc.) und deren Einflüsse auf die Wahrnehmung des Konsumenten bezüglich der Marke vertraut sein, so dass er diese sinnvoll und effizient einsetzen kann.

Desgleichen sind die indirekten Einflussfaktoren des Marken-Design, wie die Situation des Markenlebenszyklus, Regaloptimierungen, Distributionsaspekte oder ökologische Überlegungen und gesetzliche Vorgaben sowie Aspekte der internationalen Markenführung im Zuge der Globalisierung von Märkten und die Dynamik der Massenkommunikation bei der Gestaltung von Marken zu berücksichtigen.

Marken-Design im Sinne dieses Buches ist mehr als die primäre Gestaltung von Produkten und Verpackungen. Wenn die Marke als die Einheit aller markenpolitischen Instrumente, wie Produkt, Preis, Kommunikation und Distributionsüberlegungen gesehen werden kann, dann erstreckt sich die integrierte Gestaltung von Marken auf alle diese Aspekte.

Marken-Gestalter sind demnach nicht allein die ausgebildeten Designer, sondern alle, die an der Entstehung einer Marke direkt mitwirken. Marken-Design ist folglich der Prozess und das Ergebnis *einer interdisziplinären, koordinierten Gesamtleistung* von verschiedenen Disziplinen, die an der Gestaltung und der Vermarktung einer Marke beteiligt sind. Während sich der traditionelle Design-Begriff eher aus der Sicht der Werber und der Packungs-, sowie der Produktdesigner her definiert, so orientiert sich der hier gewählte Begriff des Marken-Design an der *Sichtweise der Konsumenten* und des Marketing unter Einbeziehung aller kreativ-gestalterischen Prozesse, die zur Markenentwicklung und Markenführung notwendig sind.

Kapferer (1992, S. 86) schreibt: „Soll eine Marke kreiert werden, dann muss folgende einfache, aber wichtige Regel beachtet werden: Gelingt es nicht von Anfang an, die Marke mit *Werten* auszustatten, dann wird sie sich höchstwahrscheinlich langfristig nicht als starke Marke etablieren können. Das bedeutet in der Praxis, dass bei der Gestaltung einer neuen Marke die *Idee* der Marke genauso wichtig ist wie der Bezug zum Produkt.

Soll eine neue Marke im Markt durchgesetzt werden, dann muss sie von Anfang an wie eine echte Marke geführt werden und nicht wie ein Produktname in der Werbung. Die Kreation einer Marke darf nicht dazu führen, dass man abwartet, bis der Produktname im Laufe der Zeit – vielleicht – zur Marke wird und dann ein Konzept bekommt, das ja weit über das eigentliche Produkt hinausgehen soll. Die neue Marke muss von Anfang an in ihrer Ganzheit konzipiert werden, d. h. mit allen funktionalen und mit allen affektiven Werten."

Die *Bedeutung des Marken-Design* ist eng mit der Bedeutung der Marke verbunden. Kapferer (1992, S. 9) bezeichnet bereits in den frühen 90er Jahren die Marke als das künftig wichtigste Kapital des Unternehmens. Nachdem jahrzehntelang der Wert eines Unternehmens an seinen Gebäuden und Grundstücken gemessen wurde, bzw. an den Aktivabeständen der Bilanzen, habe man erkannt, dass der eigentliche Wert der Marke außerhalb des Unternehmens liegt, nämlich in den Köpfen der Kunden.

Was die Stärke einer Marke, wie z. B. Coca-Cola, ausmacht, ist nicht das Wissen um die Kunst der Rezeptur dieses Getränkes, sondern die Tatsache, dass die Menschen auf der ganzen Welt nicht irgendeine braune Brause namens Cola, sondern „Coca-Cola" trinken wollen.

Das hat die Marke ihrem spezifischen Markenbild, ihrer Bekanntheit, ihrem Image, ihrem Vertrauen, ihrer Sympathie und Loyalität zu verdanken, die im Laufe vieler Jahre mit Engagement und vor allem mit dem kontinuierlichen Bemühen, die Marke zu pflegen und zu gestalten, aufgebaut wurden. Dieses Markenguthaben wurde durch die verantwortungsvolle, kreative Gestaltung der Marke, durch das Marken-Design, erreicht.

1.1.2 Die Dualität des Marken-Design

Marken-Design kann in *direktes* und in *indirektes Marken-Design* unterschieden werden. Die wahrnehmbare Marke ist mehr als das real vorhandene Produkt. Die Marke beinhaltet neben dem realen Produkt und dem Service auch die nicht realen, symbolischen Informationen, die von den Konsumenten aus der Werbung, den Promotions, dem Direktmarketing, dem gestalteten Umfeld, sowie aus den Produkterfahrungen, den Gebrauchserlebnissen aufgenommen wurden. Diese durch die Marke vermittelten realen und *symbolischen Botschaften* oder Eindrücke (Markenbild) fügen sich beim Konsumenten durch die Markenbewertung (Markenguthaben) zu einem Markenimage zusammen.

Die *Instrumente der Markengestaltung* können danach unterschieden werden, ob sie etwas zum *realen Markenbild* beitragen oder ob sie die Marke *symbolisch*, d. h. über zusätzliche

Erlebniselemente oder über sonstige Werte gestalten. Munzinger (1994, S. 159) weist darauf hin, dass: „ ... brand image is not only depending on advertising. For a brand it isn't enough to be identified by signals, such as color, packaging, or logostyle. All contacts, *real or symbolic*, contribute to the image of a brand". Munzinger (1994, S. 159 f.) schlägt die Messung des Markenimages über die so genannte „Contact Point Analysis" vor. Das ist die integrierte Bewertung der Beiträge aller Design-Instrumente (direkte und indirekte) zum „Brand Image", welche die Konsumenten von der Marke haben.

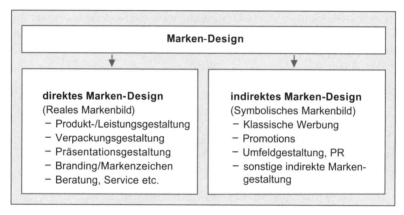

Abbildung 1.2: Die Dualität des Marken-Design

Das *direkte Marken-Design* bezieht sich auf die Gestaltung des realen Markenbildes, d. h. auf die unmittelbar präsente Marke, wie sie sich uns als Packung oder Produkt im Regal des Supermarktes darstellt oder wie sie uns auf dem Tisch in Gestalt von designten Nudeln, oder Goldfischli, Gummibärchen oder Salatbestecken gegenüberliegen. Die Marke ist uns ebenso in ihrer farblichen, gustatorischen, olfaktorischen oder taktilen Form gegenwärtig, wie als Markenname, als Schriftzug oder als Display. Sie tritt uns entgegen in der Freundlichkeit und dem Auftreten von Verkaufspersonal oder Monteuren, in der Gestaltung der Produktpräsentationen, der Schaufenstergestaltung, den Displays und Regalen, in denen die Marke zu finden ist. Alles dies sind direkt gestaltete und gestaltbare Elemente des realen Markenauftrittes und somit unmittelbar vom Konsumenten erfahrbar.

Das *indirekte Marken-Design* dagegen bedient sich zur Vermittlung ihrer symbolischen Markenbotschaften solcher Kommunikationsmittel und Kanäle, bei denen die Leistung oder das Produkt nicht direkt physisch anwesend sind. Hier muss sich der Konsument bei seiner Beurteilung auf Beschreibungen, Umschreibungen, gedruckten oder gesendeten Darstellungen verlassen. Im Rundfunk kann er die Marke lediglich „hören". Im TV-Spot kann er die Marke zwar sehen und hören, jedoch nicht anfassen, riechen oder probieren.

Die Anzeige gibt dem Betrachter lediglich ein symbolisches Vorstellungsbild von dem, was die Marke leisten soll. Ein weiteres Merkmal bei der Vermittlung von Markenbotschaften mittels indirektem Marken-Design liegt darin, dass der Konsument in den meisten Fällen nicht sofort über einen Kauf entscheiden kann. Er muss die Botschaft, die ihm über Radio oder TV vermittelt worden ist, gleichsam in seinem Gehirn aufbewahren und beim Gang zum Supermarkt wieder aktivieren. Auf dieser zeitlichen und örtlichen Strecke geht oft vieles von der Botschaft wieder verloren. Andererseits kann ein TV-Spot Markenerlebnisse und Markenwelten inszenieren, die durch direktes Marken-Design nicht oder kaum zu leisten sind.

Der *Unterschied* zwischen der direkten und der indirekten Markengestaltung besteht in der Möglichkeit des direkten Marken-Design, Markenbilder und Markenerlebnisse multisensual zu vermitteln. Die Vorteile des indirekten Marken-Design sind demgegenüber die Vermittlung von Erlebnissequenzen und Szenen, die in der Lage sind, ganze innere Markenstories und Markenwelten aufzubauen und in der inneren Vorstellungswelt ablaufen zu lassen. Während über die Medien die symbolischen Markenbilder meist über einen, zwei oder allenfalls drei Sinneskanäle vermittelt werden können, kann die reale Marke meist durch alle Sinne erlebt werden.

1.1.3 Die Einflussfaktoren des Marken-Design

Marken-Design und damit die Marke selbst existieren nicht unabhängig voneinander, nicht zweckungebunden, wie dies etwa bei Objekten der freien Kunst meist der Fall ist. Marken-Designer interessieren sich dafür, wie die Dinge gestaltet sein sollten, um damit (zweckgebundene) Ziele zu erreichen (vgl. Zec, 2001, S. 241). Eine Marke wird gestaltet, hergestellt und vermarktet, um spezifische Bedürfnisse von definierten Zielgruppen zu befriedigen. Seien dies die Bedürfnisse nach Profit seitens der Hersteller oder des Handels oder seien es rationale und emotionale Bedürfnisse, die mittels einer Marke durch den Konsumenten gedeckt werden.

Marken-Design ist als Prozess und als Ergebnis des Gestaltens von Marken eingebunden in einen vielfältigen unternehmerischen, marktgerichteten und umfeldrelevanten Kontext. Dieser Kontext kann als umfassendes und integriertes System aufgefasst werden, in dem jedes Teil, jedes seiner Elemente, eine bestimmte Aufgabe zu erfüllen hat. Wenn man alle Perspektiven, die einen direkten oder indirekten Einfluss auf die Marke nehmen können, sozusagen rund um das Design von Marken systematisch strukturiert, dann bietet sich, in Anlehnung an betriebswirtschaftliche Überlegungen, wie etwa zum strategischen Marktdreieck, das folgende Modell des Marken-Design und der Marke mit seinen sie bestimmenden Einflussfaktoren an.

Das nachstehende Modell des strategischen Marken-Dreiecks ist systemisch aufgebaut und besteht aus einem Struktur- und einem Prozessaspekt. Das Modell ist ein so genanntes Individualmodell, da es von Marke zu Marke einen unterschiedlichen Kontext von Strukturelementen zu berücksichtigen gilt, je nachdem, welche Elemente, wie z. B. Handel, Lieferant, Wettbewerb etc. Einfluss auf die jeweilige Marke ausüben. Stets aber wird die Marke als zentrales Element im Mittelpunkt stehen, und stets ist die Zielgruppe der „oberste" beeinflussende Aspekt. Hinter der Marke, soweit sie erwerbswirtschaftlich-profitorientiert

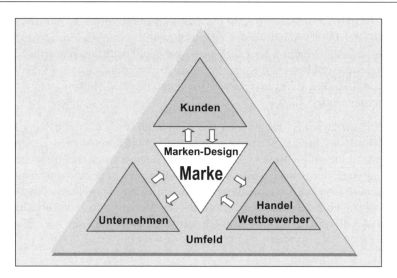

Abbildung 1.3: Das Marken-Design und die Marke im Kontext der Einflussfaktoren (Quelle: Linxweiler, 2001, S. 40)

ist, wird meist eine Organisation in Form eines Unternehmens stehen, in deren Regie die Marke entsteht und vermarktet wird.

Das Umfeld, d. h. gesellschaftliche, wirtschaftliche, politische, technologische Einflussgrößen umschließen dieses System, da sie weitgehend unabhängig von den Bemühungen einer einzelnen Marke auf diese einwirken. Diese Wirkmechanismen und Einflusskräfte sind als Prozessaspekt des Systems durch Pfeile dargestellt. Sie halten das „System Marke" gewissermaßen am Leben. In den folgenden vier Abschnitten sollen die wichtigsten Aspekte der Marken-Einflussfaktoren angesprochen werden. Das strategische Markendreieck soll später bei der Betrachtung des zentralen Systemelements, der Marke, ausführlicher erläutert werden.

1.2 Das Unternehmen als Absender von Marken

Die Wirksamkeit von Kommunikation, d. h. auch der Kommunikation mittels gestalteten Marken, hängt nicht nur davon ab, welche Inhalte in welcher Form vermittelt werden, sondern wird auch davon beeinflusst, *wer* die Botschaft verbreitet. Dieser als so genannter *„Source-Effekt"* (vgl. Koschnick, 1996, S. 595) bezeichnete quellenbezogene Erfolgsfaktor der Kommunikation besteht aus verschiedenen Komponenten, wie Glaubwürdigkeit, Konformität, Attraktivität und Prestige des Kommunikators. Dabei wird nicht unterschieden, ob persönliche oder Massenkommunikation vorliegt oder ob es sich beim Kommunikator um den Urheber oder um das Kommunikationsmedium handelt. Empirische Nachweise für die Wirksamkeit der oben genannten Einflussfaktoren liegen hauptsächlich für den Bereich der persönlichen Kommunikation vor (vgl. Hovland/Janis/Kelley, 1953, S. 35, sowie Schenk, 1987, S. 64).

Wenn man unter der Wirksamkeit von Kommunikation neben der erfolgreichen Vermittlung der Kommunikationsinhalte auch die Einstellungsänderung des Informationsempfängers versteht, kann man die Hypothese formulieren, dass mit der Steigerung der *Glaubwürdigkeit*, d. h. Vertrauenswürdigkeit, Sachverstand und Kompetenz einer Kommunikationsquelle auch die Wahrscheinlichkeit einer entsprechenden Einstellungsänderung einhergeht (vgl. Kroeber-Riel/Weinberg, 1999, S. 494).

Dies scheint vor allem bei der Vermittlung von Markenbotschaften zu gelten, bei denen mit einer geringen Ich-Beteiligung (low involvement) der Kommunikationsempfänger zu rechnen ist, wogegen hochinvolvierte (sehr interessierte) Informationsempfänger sich in stärkerem Maße mit den Inhalten und den Aussagen der Markenbotschaft selbst auseinander setzen (vgl. Schenk, 1987, S. 66).

Vertrauenswürdigkeit kann u. a. dadurch erzeugt werden, dass dem Kommunikanten nicht das Gefühl vermittelt wird, ihn „über den Tisch ziehen" zu wollen oder ihn zur Markenwahl überredet zu haben, sondern dass dieser sich in seiner Kaufentscheidung frei und souverän fühlt. Des Weiteren kann Vertrauen wachsen, wenn der Empfänger der Kommunikation den Absender sowie seine Marken und seine Zuverlässigkeit/Qualitäten bereits längere Zeit kennt und seine Erwartungen stets erfüllt wurden.

Die *Wertvorstellungen* des Absenders, die sich auch häufig im System der Markenkernwerte widerspiegeln, haben eine zusätzliche Einflussfunktion auf die Wahrnehmung und die Akzeptanz der Kommunikation. Sie sollten den Wertvorstellungen der Zielgruppen nicht zuwiderlaufen und sie sollten sich entweder an die Wandlungen der Zielgruppenwerte anpassen oder diese, im günstigen Fall, mit gestalten helfen.

1.3 Die Konsumenten als Zielgruppen von Marken

Die Empfänger oder die Zielgruppen von Marken-Design sollen hier unter drei Aspekten betrachtet werden:

> - Wie können Informationsempfänger zu sinnvollen und relevanten Einheiten von Zielgruppen zusammengefasst werden? (**Makroaspekt** der Zielgruppen)
> - Wie lässt sich der Prozess der Aneignung von aktivem Markenwissen (Konsumprozess) erklären? (**prozessualer Aspekt** der Aneignung von Markenwissen bei den Zielgruppen)
> - Wie nehmen die Zielgruppen die Markenbotschaften mit ihren Sinnesorganen auf? (**Mikroaspekt** der Zielgruppen)

Alle drei empfängerbezogenen Aspekte sind wichtige Voraussetzungen für die Konzeption und die Gestaltung von Marken. Auf diese soll in diesem Abschnitt näher eingegangen werden.

1.3.1 Die Segmentierung und Qualifizierung der Konsumenten

Ausgangsüberlegung der Marktsegmentierung, der Typologisierung und der Qualifizierung von Zielgruppen ist ein vielschichtiger, heterogener, in der Regel unübersichtlicher Markt. Dieser Markt besteht aus einer Vielzahl von Konsumenten, deren Vorlieben und Bedürfnisse in Bezug auf Produkte und Leistungen sehr unterschiedlich sind. Der Gesamtmarkt muss unterteilt werden. Und zwar in solche Marktsegmente bzw. Teilmärkte, die dem Unternehmen, z. B. einem Markenartikelhersteller von Geschirr, Aufschluss darüber geben können, wie groß die in Frage kommenden Käuferschichten für Geschirrmarken mit klassischem Blümchendekor sind oder wie groß das Segment für Designer-Geschirr ist (Segmentgröße). Bei der Aufteilung der in Frage kommenden Käufer muss zunächst zwischen bestehenden und zwischen potenziellen Kunden unterschieden werden. Je nachdem, um welchen Kreis es sich dabei handelt, werden unterschiedliche Segmentierungs- und Qualifizierungsmaßnahmen angewendet.

1.3.1.1 Relevanter Kundenkreis – Kundenqualifizierung/-klassifizierung

Der relevante Kundenkreis für eine Marke ist zunächst der *bestehende Kunde*, der nach unterschiedlichen Gesichtspunkten klassifiziert werden kann, je nachdem welche Kriterien man für wichtig erachtet. Das können Kundentreue, Kundenprofit, Umsatz nach Kunden, Zahlungsmoral, Reklamationen oder Kundenansprüche allgemein sein. Sodann kommt der Kreis der interessanten neuen Kunden hinzu, die man für die Marke gewinnen möchte. Dieser Kreis der *potenziellen Kunden* ist, zumindest für den Bereich schnelldrehender Massen-Konsumgüter, meist nicht namentlich bekannt. Hier bedient man sich zur Erfassung dieses Kreises der klassischen Marktsegmentierungsmethoden (soziodemografisch, psychografisch, verhaltensorientiert, Benefit-orientiert, siehe nächster Abschnitt), um die Zielgruppen festzulegen.

In Anbetracht von Individualmarketing und Customer Relationship Management geben die Ansätze der klassischen Marktsegmentierung jedoch häufig nur ungenaue Informationen über die Zielgruppen, denn was sagen z. B. Alter, Einkommen, Beruf, Wohnort oder Ausbildung über die Konsumgewohnheiten und -präferenzen aus? Sylvester Stallone und Woody Allan sind soziodemografisch gesehen in ein Käufer-Segment zuzuordnen, weil sie den gleichen Beruf haben, den gleichen Wohnort, das gleiche Alter und in etwa die gleiche Ausbildung. Aber: Haben sie denn auch den gleichen Lebensstil, die gleichen Grundwerte, das gleiche Konsumverhalten?

Häufig genügt also die Zuordnung nach soziodemografischen Kriterien, wie Alter, Beruf, Wohnort etc. nicht mehr, weil die Lebensstile immer individueller geworden sind. Will man hier noch näher an seine Konsumenten „herankommen", dann können Zielgruppenbestimmungen über modifizierte Verfahren, wie mikrogeografische Segmentierungen oder Profilvergleiche zwischen bestehenden und potenziellen Kunden mehr Aufschluss über die Kunden geben.

Sofern vorhanden oder beschaffbar, können etwa die genauen Adressen und sonstige personen- oder organisationsbezogene Angaben, wie etwa Postkäuferaffinität, Einkommen, Beruf, Ausbildung, Vermögen, Immobilienbesitz, Fahrzeuge etc. noch mehr Aufschluss über die Zielgruppe geben. Eine allgemeine Klassifizierung von Kunden und ein „Ideal-Pfad" der Kundenentwicklung (gestrichelter Pfeil) vom Nicht-Kunden bis zum Stammkunden stellt sich wie folgt dar (vgl. Linxweiler, 2001, S. 165 f.):

Zielgruppen Adressen	Kunden/Zielgruppen						
	Bestehende Kunden				Potenzielle Kunden		Nicht-Kunden
	Aktive Kunden			Inaktive Kunden		Enger Kreis (heiße Kdn.)	Weiter Kreis (kalte Kdn.)	
	A-Kunden	B-Kunden	C-Kunden	kurzfristig inaktiv	längerfristig inaktiv			
Adressen vorhanden „eigene Adressen"							Adressselektion	
Adressen vorhanden „gemietete Adressen"	Kundenpflege					Kundenakquise		
Adressen nicht vorhanden (aber ermittelbar)								
Adressen nicht vorhanden (nicht ermittelbar)	Klass. Marktsegmentierung							

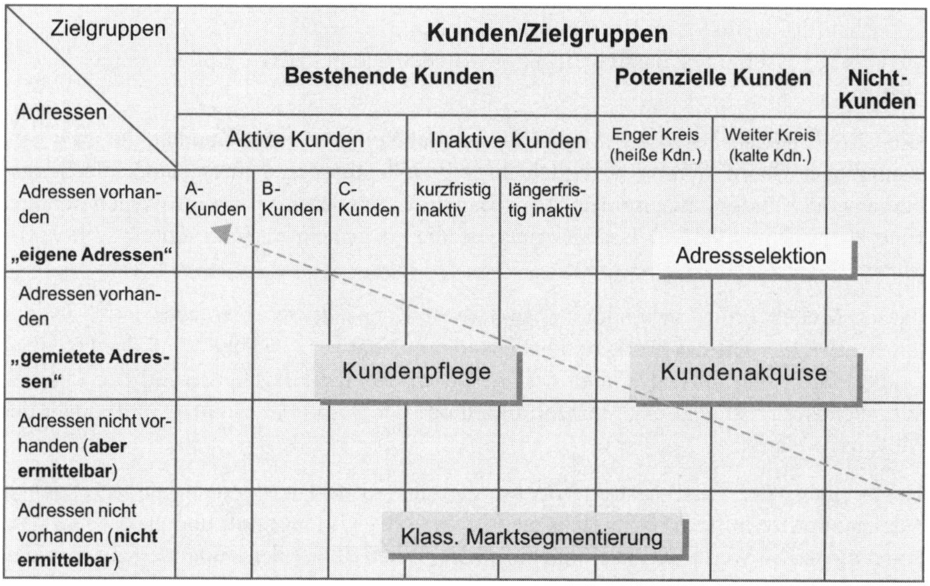

Abbildung 1.4: Struktur von Zielgruppen für das Marketing (vgl. Linxweiler, 2002a, S. 97)

In vielen Groß-Unternehmen sind unablässige *Kundenpflege* und *Kundenakquise* sowie stetige Neugeschäfte notwendige Voraussetzung für das Wachstum. Unter den zahlreichen Möglichkeiten, an neue Zielgruppen heranzukommen, hat sich die Miete qualifizierter Adressen von potenziellen Kunden bei speziellen Adressagenturen durchgesetzt.

Das sollten möglichst solche Kundenadressen sein, deren kaufverhaltensrelevante Merkmale den Merkmalen der bestehenden guten Kunden ähnlich sind. Die entsprechenden Selektionen und Qualifikationen derartiger Adressen werden bei den Adressagenturen mittels Vergleich von Schlüsselprofilen der anvisierten Zielgruppen mit den bestehenden Kundenprofilen (z. B. Wohnort, Wohngebiet, Adresse, Alter, Postkaufaffinität, Einkommen, Beruf etc.) durchgeführt (vgl. Linxweiler, 2001, S. 165 ff.).

Kundengewinnungsstrategien bedingen bei den meisten Branchen, die sich in gesättigten Märkten bewegen, fast zwangsläufig einen harten Verdrängungswettbewerb und die unablässige Suche nach Verbesserungen, Innovationen und Rationalisierungen. In solchen

1 Die Grundlagen des Marken-Design

Bereichen wird die Neugewinnung von Kunden besonders schwierig, denn dort gilt die Devise: „Halte dir deine Kunden gewogen, solange es nur geht", oder: „Einen neuen Kunden zu gewinnen ist achtmal teurer, als einen bestehenden Kunden zu pflegen."

Das Wissen der Kunden um ihren eigenen Wert beim Anbieter macht diesen zunehmend wählerischer und anspruchsvoller. Wer die Wünsche seiner Klientel nur erfüllt und nicht übererfüllt, wird es immer schwerer haben.

Die Kenntnis um die Belange der Kunden und deren Übererfüllung ist mehr und mehr zum kritischen Erfolgsfaktor im Wettbewerb geworden. Die bestehenden Kunden können, wie die vorseitige Abbildung darstellt, in aktive Kunden und in inaktive Kunden unterschieden werden.

Die *aktiven namensbekannten Kunden* sind die aktuell kaufenden Kunden, die nach herkömmlicher Qualifizierung bezüglich ihres Periodenumsatzes, ihres Kundendeckungsbeitrags oder ihres Kundenprofits in A-, B- und C-Kunden klassifiziert werden können. Eine ebenso praktikable Klassifizierung ist die so genannte *„Value-Loyalty-Potential-Matrix (V-L-P)"*.

Dieses Modell bringt neben der quantitativen Kennzahl des Umsatzes auch als das „oberste" Kriterium des Markenguthabens, die qualitative „Loyalität" und das Potenzial in die Matrix mit ein und erlaubt damit eine anschauliche Positionierung der Kunden, vergleichbar der strategischen Portfolio-Methode der Boston-Consulting-Matrix oder der McKinsey-Matrix.

Beschreibung der V-L-P-Matrix: Hier werden die bei den definierten Kunden erzielten Markenumsätze in hoch, mittel und niedrig (A – B – C) eingestuft und an der Ordinate abgetragen. Die Werte für die Kundenloyalität (Wie treu war der kaufende Kunde in den letzten Jahren?) werden abgestuft in hoch, mittel, niedrig (1 – 2 – 3) auf der Abszisse dar-

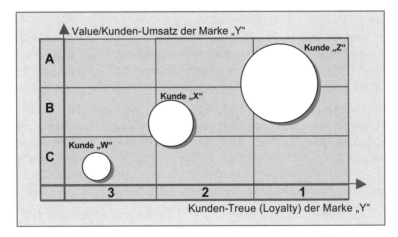

Abbildung 1.5: „Value-Loyalty-Potential-Matrix" (Quelle: Linxweiler, 2001, S. 166)

gestellt. Kundenloyalität oder -treue lässt sich daran messen, über wie viele Perioden der Kunde in ununterbrochener Reihenfolge eine bestimmte Marke oder eine bestimmte Leistung aus dem Unternehmen gekauft hat.

Die Werte für das künftige *Potenzial* des Kunden lässt sich aus Informationen abschätzen, die sich aus der Entwicklungshistorie und aus fachlichen Einschätzungen in die Zukunftsmöglichkeiten und -investitionen von Kunden ergeben.

Jeder Kreis in der obigen Matrix steht für einen Kunden. Die Größe des Kreises visualisiert dabei das Kunden-Potenzial für künftige Umsätze. Je größer die Kreisdarstellung, desto höher die Zukunftserwartung an den Kunden. Links unten sind die 3C-Kunden positioniert, d. h. die Kunden, welche vergleichsweise wenig Umsätze getätigt haben, noch nicht lange Kunden sind und/oder sich in der Vergangenheit nicht sehr markentreu verhalten haben.

Dementsprechend gehört der Kunde „Z" rechts oben zum 1A-Kundenkreis, dem attraktivsten Kreis von Kunden, die einen hohen Umsatz getätigt haben und sehr markentreu geblieben sind.

Derartige Klassifizierungen der Kunden bedingen die Kenntnis um die Erwartungen und den Zufriedenheitsgrad der Klientel. Nur wenn das Unternehmen sich an Kunden-Erwartungen und deren Erfüllungsgrad ausrichtet, kann es dauerhaft seine Kunden an seine Marken binden. In diesem Zusammenhang sind Schlagworte von *Kundenbegeisterung* oder vom einzigartigen Beeindrucken, von außergewöhnlichen Taten für die Kunden und von ähnlichen Superlativen schnell zur Hand.

Sie erscheinen jedoch mitunter wenig angebracht und klingen überzogen. Kundenpflege ist in den meisten Unternehmen ein hartes Geschäft, bei dem schon viel gewonnen ist, wenn man das Vertrauen seiner Käufer erwirbt und damit ein Stück zur Kundenloyalität beitragen kann. Die oberste Maxime bei der Kundenpflege sollte die Glaubwürdigkeit und die Zuverlässigkeit des Unternehmens und seiner Marken sein.

Marketing wird vor dem Hintergrund des stetigen „Kampfes und die Kunden" mehr und mehr zum *Individual- oder Direktmarketing*. Kunden mit kreativen und anspruchsvollen Angeboten an sich zu binden, Kunden nicht zu verlieren, ist hier die oberste Devise. In den Branchen der Dienstleistungsbereiche und der Gebrauchsgüter- oder Investitionsgüterbereiche ist dies nichts Neues. Die Schlagworte und Devisen müssen nur konsequent umgesetzt werden.

1.3.1.2 Der relevante potenzielle Kundenkreis – die Marktsegmentierung

Sind *Adressen von* künftigen Käuferkreisen weder vorhanden noch beschaffbar, dann wird man sich zur Eingrenzung und Festlegung der Zielgruppe der *klassischen Marktsegmentierung* bedienen. Die Marktsegmentierung kann als ein *integriertes Markterfassungs- und Marktabgrenzungskonzept* bezeichnet werden, das die Grundlage für die Erfassung und die Bearbeitung unterschiedlicher Kundengruppen durch marketingpolitische Maßnahmen darstellt.

Segmente sind in sich abgeschlossene Kundenkreise, die sich durch gleiche oder weitgehend ähnliche Merkmale, wie z. B. Alter, Geschlecht, Wohngebiet, Lebensstil, Kaufverhalten etc. von anderen Kundenkreisen unterscheiden. Die Marktsegmentierung ist eine Methode, um mit Hilfe von Marktforschung die potenziellen Kundenkreise nach bestimmten Kriterien so festzulegen, dass vom Marktsegment, d. h. von den Merkmalen der Kundenkreise, auf ihr künftiges Kaufverhalten geschlossen werden kann.

Die Kunden-Segmente müssen groß genug sein, damit sich die Bearbeitung lohnt *(ökonomische Relevanz)*. Daneben müssen die Segmente so bestimmt werden, dass diese mit geeigneten Kommunikations- und Distributionsmaßnahmen zu erreichen sind *(Erreichbarkeit)*.

Sie sollten durch gleiches Verhalten, gleichen Geschmack, gleiche Erreichbarkeit mittels Werbung und/oder Distribution in sich so abgeschlossen sein *(interne Homogenität)*, dass sie sich von anderen Segmenten deutlich unterscheiden *(externe Heterogenität)* und sich nicht überschneiden.

Die Segmente sollten so gewählt werden, dass diese in einem bestimmten Zeitraum noch als Zielkategorie in Frage kommen *(Beständigkeit)*. Schließlich müssen sich die Verkaufserfolge in den Segmenten sowie die Segmente selbst auch überprüfen lassen können *(Messbarkeit)*. Nach welchen Kriterien ein relevanter Markt segmentiert werden soll, hängt von der Zielvorstellung des Unternehmens ab. Generell kann man folgende Kriterien zur Segmentierung heranziehen (vgl. Waltermann, 1994, S. 379):

Die am meisten verwendeten Segmentierungskriterien sind *a) die sozioökonomischen* oder *soziodemografischen Kriterien*, da sie leicht zu erfassen sind. Die Frage nach der Korrelation zwischen Geschlecht, Alter, Beruf oder dem Einkommen und dem spezifischen Kon-

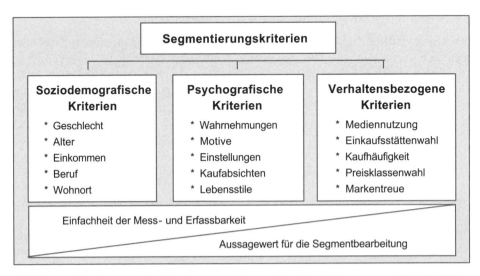

Abbildung 1.6: Kriterien der Marktsegmentierung (Quelle: Waltermann, 1994, S. 379)

sumverhalten ist immer wieder neu zu stellen, da der ständige Wertewandel zu einer kontinuierlichen Änderung der Konsumenteneinstellung und des Konsumentenverhaltens geführt hat und führen wird. Weitere Segmentierungsansätze aus diesem Bereich sind die Segmentierung nach dem Familienlebenszyklus, die nach Kroeber-Riel/Weinberg (1999, S. 437 ff.) anderen demografischen Variablen bei der Bestimmung des Konsumentenverhaltens überlegen sind. Die *geografische Marktsegmentierung* ist durch detaillierte Untersuchungen ebenfalls weit verbreitet. Die bekannteste ist die von der A.C. Nielsen Company vorgenommene Einteilung eines Landes in mehrere, einigermaßen gleich gewichtige Gebiete. Diese Einteilung ist in den meisten entwickelten Industrieländern im Bereich der Markt- und Mediaforschung, des Marketing, der Media- und Werbeplanung wie auch in der Außendienststeuerung allgemein anerkannt. In Deutschland bestehen seit der Wiedervereinigung die folgenden Nielsen-Gebiete:

Nielsen I:	Hamburg, Bremen, Schleswig-Holstein, Niedersachsen
Nielsen II:	Nordrhein-Westfalen
Nielsen IIIa:	Hessen, Rheinland-Pfalz, Saarland
Nielsen IIIb:	Baden-Württemberg
Nielsen IV:	Bayern
Nielsen V:	Berlin
Nielsen VI:	Mecklenburg-Vorpommern, Brandenburg, Sachsen-Anhalt
Nielsen VII:	Thüringen, Sachsen

In den **Nielsen**-Gebieten bestehen insgesamt 13 **Nielsen**-Ballungsräume.

Die b) psychografische Segmentierung kommt dem konsumentenorientierten Ansatz nach subjektiven Präferenzen für verschiedene Marken sehr nahe. Man geht hier von der These aus, dass die auf Emotionen, Motivationen und Produktbeurteilungen aufgebauten subjektiven *Einstellungen* bezüglich einer Marke ein verlässlicher Indikator für das tatsächliche Kaufverhalten sein können. Psychografische Marktsegmentierungen basieren häufig auf *Lebensstil-Analysen* (auf der Grundlage von auf Aktivitäten, Interessen, Meinungen, so genannter AIO-Ansatz) oder auf *Milieu-Studien* (z. B. Milieustudien des Heidelberger Sinus-Instituts bzw. von Gerhard Schulze).

Bei der c) verhaltensbezogenen Marktsegmentierung steht die Frage nach dem tatsächlich beobachtbaren Verhalten, wie Mediennutzung, Kaufhäufigkeit, Preiswahl, Markenbewusstsein und Markentreue im Vordergrund. Vom tatsächlichen Verhalten wird auf die dahinter stehenden Bedingungen, z. B. die ihnen zugrunde liegenden Motivationen, geschlossen. Diese können dann wiederum als Prädispositionen für die Voraussage auf künftiges Konsumverhalten herangezogen werden. Daneben ist die verhaltensbezogene Segmentierung nach Innovatoren, Meinungsführern, Frühübernehmern beim *Diffusionsprozess* von hoch innovativen Produkten ganz besonders wichtig!

Wenn geeignete Marktsegmente gebildet sind, stellt sich die Frage nach deren Bearbeitung. Wie intensiv sollen die Segmente bearbeitet werden, welche Marken sind für welche Segmente zu gestalten? Dies ist bereits die Verbindung zu der noch zu erläuternden Markenstrategie wie z. B. zur Einzelmarkenstrategie oder zur Dachmarkenstrategie sowie zur Markenpositionierung (konsumentenorientierte spezifische Auslobung der Marke) innerhalb eines Segmentes, auf die im Kapitel 2.4.4 (Marken- und Marktstrategien) eingegangen wird.

Heute ist vielfach von einer Fragmentierung der Märkte die Rede, infolgedessen bisherige Segmentierungsmethoden nach den zuvor beschriebenen Ansätzen zur Bearbeitung der neuen Märkte nicht mehr geeignet seien. Es müsse vielmehr nach *Milieus, Szenen, Kleingruppen*, ja nach individuellem Konsumenten, Ausschau gehalten werden. Wie auch immer man die Kundengruppen beschreibt, Segmentierung wird es solange geben, wie man sich in einem Massenmarkt befindet und sich an bestimmten Mediadaten zum Erreichen, an Segmentierungsangaben für die Marktforschung oder an Mindestanforderungen für die Bearbeitung ökonomisch sinnvoll großer Zielgruppen orientieren muss.

1.3.1.3 Konsumenten-Typologien: Die Milieu-Modelle

Von den vielfältigen Möglichkeiten der Marktsegmentierung und der Konsumenten-Typologisierung soll nachfolgend auf die psychografische Segmentierung und hier insbesondere auf die *Milieutypologien* näher eingegangen werden. Die Milieusegmentierungen werden vor allem von der Industrie für die Mediaplanung genutzt. Sie sind im weitesten Sinne eine Mischung aus soziodemografischen und psychografischen Daten von Zielgruppen-Kategorien und berücksichtigen sowohl Bildung, Einkommen, Herkunft und Vermögen als auch Werteorientierungen, Konsumgewohnheiten, kurz: Sie berücksichtigen die Lebensstile der Menschen und fassen die Kategorien von Konsumenten zu so genannten Milieus zusammen.

Zwei Modelle sind hier besonders erwähnenswert: das *Sinus-Milieu-Modell* (Sinus-Milieus® 2001) des Heidelberger Sinus-Institutes und das *Modell der Erlebnismilieus*, das auf einer breit angelegten empirischen Arbeit des Bamberger Soziologen Gerhard Schulze (1996) beruht.

Zunächst zum Sinus-Modell: Das *Sinus-Milieu-Modell* kategorisiert die Bevölkerung nach den beiden Dimensionen *„soziale Lage"* (Oberschicht/Obere Mittelschicht, Mittlere Mittelschicht, Untere Mittelschicht/Unterschicht) und *„Grundorientierung"* mit ihren Kategorien: (A) Traditionelle Werte, wie Pflichterfüllung und Ordnung; (B) Modernisierung I, wie Konsum-Hedonismus und Postmaterialismus und (C) Modernisierung II, wie Patchworking und Virtualisierung. Sinus-Milieus® gruppieren die Teile der Bevölkerung, welche sich in ihrer Lebensauffassung und Lebensweise ähneln, zu einer Milieukategorie und stellen alle Kategorien in einem Übersichtsschema, der so genannten „Kartoffelgrafik", zusammen.

In die Analyse werden zunächst die grundlegenden *Wertorientierungen* aufgenommen und dann die *Alltagseinstellungen* zur Arbeit, zur Familie, zur Freizeit, zu Geld und Konsum etc. Mit dieser Analyse rückt der Mensch, einschließlich seines vollständigen Bezugssystems seiner Lebenswelt, ganzheitlich ins Blickfeld der zielgruppenorientierten Markenbetrachtung.

Die Milieus liefern somit praktische und aktualisierte Informationen und Entscheidungshilfen zu den Lebensstilen der Zielgruppen. Mit der Integration der Sinus-Milieus® in fast alle wichtigen Markt-Media-Studien sowie in das AGF/GfK-Fernsehpanel (Arbeitsgemeinschaft Fernsehforschung/Gesellschaft für Konsumforschung) sind Mediaauswertungen und Mediaplanungen nach diesen Milieus möglich.

Diese Kategorien und die Milieus werden jährlich überprüft und aktualisiert. Nach diesen Dimensionen betrachtet, kommt das Sinus-Institut zu den in Abbildung 1.7 dargestellten Milieus:

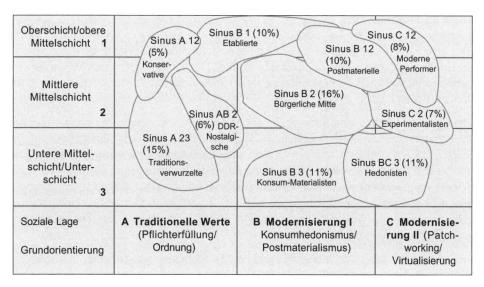

Abbildung 1.7: Die Sinus-Milieus® 2001

Das bevölkerungsanteilsmäßig größte Milieu ist mit sechzehn Prozent die „*Bürgerliche Mitte*". Das Milieu der bürgerlichen Mitte gehört zu dem so genannten statusorientierten modernen Mainstream und zeichnet sich durch Streben nach beruflicher und sozialer Etablierung und nach gesicherten harmonischen Verhältnissen aus. Die bürgerliche Mitte ist im Schwerpunkt 30 bis 50 Jahre alt, kinderfreundlich, hat qualifizierte mittlere Bildungsabschlüsse und gehört zur mittleren Einkommensklasse.

Mit fünfzehn Prozent folgt das Milieu der „*Traditionsverwurzelten*". Das ist die nach Sicherheit und Ordnung strebende Kriegsgeneration, die in der kleinbürgerlichen Welt verwurzelt ist und eine traditionelle Arbeiterkultur lebt. Der Frauenanteil ist hier entsprechend hoch. Dieses Milieu enthält einen hohen Anteil von Rentnern und Pensionären, die über meist kleine bis mittlere Einkommen verfügen.

Die „Konsum-Materialisten" folgen mit elf Prozent. Dieses Milieu ist gekennzeichnet durch stark materialistisch geprägte Lebensanschauungen und dem Wunsch, Anschluss an die Konsumstandards der breiten Mitte als Kompensation für soziale Benachteiligungen zu halten. Die Altersstreuung ist hier sehr breit (bis 60 Jahre) und betroffen von sozialen Benachteiligungen, wie Arbeitslosigkeit, Krankheit und niedrigen Einkommen.

Die gleiche Stärke wie die Konsum-Materialisten haben die „Hedonisten" mit ebenfalls elf Prozent. Mit den Hedonisten wird die spaßorientierte moderne Unterschicht und untere Mittelschicht beschrieben, die sich den allgemeinen Konventionen und Verhaltenserwartungen der Leistungsgesellschaft verweigern. Dieses Milieu interessiert sich besonders für Fernsehen, Video, Computerspiele und Kneipenbesuche und will nicht so sein wie die etablierten „Spießer". Sie konsumieren gern und viel, haben oft keinen Berufsabschluss und haben einen relativ hohen Anteil ohne eigenes Einkommen.

Mit zehn Prozent ist das Milieu der „Postmateriellen" das höchste der so genannten Oberschicht und Oberen Mittelschicht. Es handelt sich hierbei um Menschen der „Nach 68er Generation" mit liberaler Grundhaltung und ausgeprägt intellektuellen Interessen. Sie sind hochgebildet, kosmopolitisch und tolerant. Der höchste Wert dieses Milieus ist die Lebensqualität. Ihr Einkommensniveau als leitende Angestellte und Beamte sowie als Freiberufler ist hoch.

Ebenso stark, nämlich zehn Prozent, ist das Milieu der „Etablierten" im Sinus-Modell® 2001 vertreten. Dieses Milieu kann auch als „selbstbewusstes Establishment" mit ausgeprägter Erfolgs-Ethik, Machbarkeitsdenken und hohen Exklusivitätsansprüchen bezeichnet werden. Angehörige dieses Milieus sind mittlere Altersgruppen ab 30 Jahre, die verheiratet sind und über ein überdurchschnittliches Bildungsniveau mit höchsten Einkommen als Unternehmer und Freiberufler verfügen. Kunst, Kultur und individuelle Reisen gehören zur Freizeitbeschäftigung. Sie sind politisch interessiert und aufgeschlossen gegenüber technologischem Fortschritt.

Die „modernen Performer" stellen mit acht Prozent die junge, unkonventionelle Leistungselite. Sie sind das jüngste Milieu in Deutschland mit unter 30 Jahren, und sie genießen intensiv das Leben. Sie sind Multimedia-begeistert, flexibel und verfügen über ein hohes Bildungsniveau. Sie sind interessiert an sportlicher Betätigung und sonstigem (Kino, Kneipe, Kunst). Die modernen Performer haben allgemein ein hohes Bildungsniveau. Sie sind oft Selbständig und Freiberufler oder qualifizierte und leitende Angestellte.

Ganz im Gegensatz zu diesem Milieu steht, wenngleich auf gleichem sozialen Niveau, das Milieu der „Konservativen" (fünf Prozent). Es handelt sich hier um das alte deutsche Bildungsbürgertum mit humanistisch geprägter Pflichtauffassung und „gepflegten Umgangsformen". Der Altersschwerpunkt liegt hier ab 60 Jahre. Es handelt sich dabei meist um Zwei-Personen-Haushalte, welche über ein teilweise hohes Vermögen verfügen. Familie ist ihnen wichtig, dem technologischen Fortschritt stehen sie eher distanziert gegenüber, und sie interessieren sich für Kunst und Kultur sowie für ihre Gesundheit und für besondere Anschaffungen (Schmuck, Auto, Porzellan).

Die *„Experimentalisten"* stellen mit sieben Prozent ein extrem modernes Milieu dar. Die Angehörigen dieser individualistischen neuen Bohème leben die ungehinderte Spontaneität mit all ihren Widersprüchen, und sie sehen sich als die neue Lifestyle-Avantgarde an. Altersmäßig gehören sie zum jungen, ledigen Milieu unter 30 Jahren mit gehobenem Bildungsabschluss und mit gutsituiertem Elternhaus, wenngleich ein hoher Anteil dieser Menschen ohne eigenes Einkommen seinem Experimentalistendasein frönt. Ihr Hauptinteresse ist die Musik, die Kunst und Kultur. Sie sind überall dort zu finden, wo was Neues los ist. Sie geben ihr Geld gern für Ungewöhnliches aus. Sie lieben die Extremsportarten, besuchen Techno-Events, Szene-Lokale, und sie nutzen Online-Spiele und Video.

Mit sechs Prozent sind die so genannten *„DDR-Nostalgiker"* in der Milieu-Karte vertreten. Es sind die so genannten resignierten Wende-Verlierer, die an ihren preußischen Tugenden und altsozialistischen Vorstellungen von Gerechtigkeit und Solidarität festhalten. Der Schwerpunkt liegt hier bei den über 50-Jährigen, die meist über eine einfache Bildung und kleines bis mittleres Einkommen verfügen. Die Angehörigen dieser Gruppen waren früher häufig Führungskader in der SED. Sie sind heute einfache Angestellte, Facharbeiter oder arbeitslos. Die Interessen erstrecken sich auf Heimwerken, Renovieren, Vereinsengagement und die lokale Politik. Das Festhalten an alten Werten des Sozialismus (Gerechtigkeit, Solidarität) ist gepaart mit Kritik am so genannten „Turbo-Kapitalismus".

Ergänzend zu diesem verbreiteten Modell soll das Milieumodell von Schulze (1996, S. 384) vorgestellt werden, welches nicht zehn (wie im Sinus-Modell), sondern fünf Milieus anhand von zwei Dimensionen (Bildung und Alter) beschreibt.

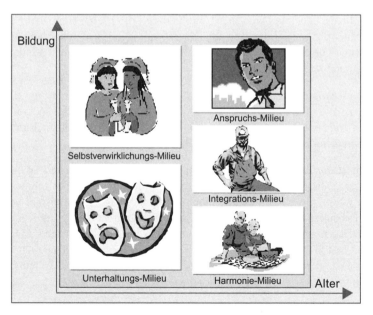

Abbildung 1.8: Erlebnismilieus nach Gerhard Schulze (1996, S. 384)

Der Bamberger Sozialwissenschaftler Gerhard Schulze ordnet die deutsche Bevölkerung fünf homogenen „Erlebnismilieus" zu. Jedes dieser fünf Erlebnis-Milieus hat spezifische Präferenzen bei der Wahl von Marken. Mit seinem Ansatz arbeitet die Verbraucheranalyse (VA) und verbindet, ähnlich der Sinus-Einteilung, so genannte „hard facts" (demografische Daten) mit „soft facts" (psychologischen Faktoren).

Das *„Niveau-Milieu"* (11 Prozent der Bevölkerung) ist ein gehobenes konservatives und vorwiegend älteres Milieu (vgl. www.feytescari.de). Beim Konsum wählt sich dieses Milieu meist das Beste aus. Man ist überwiegend wählerisch, man lädt Gleichgesinnte zu Partys und Empfängen ein und führt dabei klassische Konversation. Auch ein häufiger Opernbesuch steht auf dem Programm, und man kleidet sich gut. Das Niveau-Milieu fühlt sich zur gesellschaftlichen Elite gehörig, lernt auch im Alter neue Sprachen und greift immer wieder zu „guten Büchern".

Das *„Integrations-Milieu"* (15 Prozent der Bevölkerung) wird von aufgeschlossenen älteren Normalbürgern repräsentiert. Integrations-Menschen streben nach Perfektion und kaufen meist qualitätsbewusst, zum Beispiel hochwertige Marken. Man kocht immer wieder gerne „etwas Gutes". Unter Genuss verstehen die „Integrierten" Gemütlichkeit und Ruhe. Zum Beispiel auf der Terrasse des neuen Eigenheimes, während hinterm Haus oder in der Garage der polierte Mittelklasse-Wagen parkt.

Das *„Harmonie-Milieu"* (33 Prozent der Bevölkerung) bevorzugt am ehesten die Sicherheit lokaler und regionaler Marken. Es ist ein älteres Milieu, das traditionellen Werten anhängt und von der Dynamik der so genannten Erlebnisgesellschaft bisher noch am wenigsten tangiert wurde. Die Harmoniker essen und trinken gerne und viel, sie verbringen ihre Abende am Fernsehgerät bei typischer Unterhaltung – 50er Jahre Heimatfilme, Hitparade der deutschen Volksmusik oder Tier- und Naturfilme. Die Harmoniker leiden bei reichlicher Ernährung vor dem Fernseher und gleichzeitigem Bewegungsmangel nicht selten an Übergewicht und Kreislaufproblemen.

Das *„Selbstverwirklichungs-Milieu"* (15 Prozent der Bevölkerung) ist jünger und höher gebildet. Es ist aktiv, unternehmungslustig, weltoffen und sucht das Besondere. Die Selbstverwirklicher sind ausgeprägte Liebhaber von kulinarischen Spezialitäten fremder Küchen, und sie haben daher oft ihren „Lieblingsitaliener".

Im jüngeren *„Unterhaltungs-Milieu"* (26 Prozent) mag man Action und Spaß. Aus Essen und Trinken macht sich dieses Milieu nicht allzu viel, solange es nur schmeckt und satt macht. Die Action-Gesellschaft ist dennoch markenbewusst, zum Beispiel bei der Kleidung. Das Leben ist auf Spaßmaximierung fixiert. Man geht häufig ins Kino, man sieht viel fern. Diese Leute fahren mit dem Motorrad durch die Landschaft. Man geht zum Fußballplatz und zieht mit der Clique durch die Diskotheken und Szene-Kneipen. Wenn noch Geld da ist, ziert man sein Auto mit coolen Breitreifen oder die Wohnung mit einem grellen Sofa.

Die psychologischen Zielgruppenbeschreibungen der Erlebnis-Milieus geben wichtige Hinweise auf die Kaufmotive der Zielgruppen, denn Lebensstil und Kaufmotiv sind eng miteinander verzahnt. Die Erlebnisgesellschaft verbindet häufig ihren Lebensstil mit dem Konsumieren und Einkaufen – Shopping gehört häufig zur Freizeitbeschäftigung.

Das *Erlebnis-Milieumodell von Schulze* ist mit dem Milieumodell des Heidelberger Sinus Institutes vergleichbar. Beide Milieubeschreibungen haben in ihren Ausprägungen Entsprechungen, wie die Abbildung 1.9 zeigen soll:

Erlebnis-Milieus (Schulze)	**Sinus-Milieus®** 2001
Niveaumilieu	Etablierte
Selbstverwirklichungsmilieu	Moderne Performer Postmaterielle Experimentalisten
Integrationsmilieu	Bürgerliche Mitte
Harmoniemilieu	Traditionsverwurzelte DDR-Nostalgische
Unterhaltungsmilieu	Konsum-Materialisten Hedonisten

Abbildung 1.9: Milieusegmentierung in Deutschland – ein Vergleich

1.3.2 Die Marke aus der Sicht der Konsumenten

Die Marke stellt sich aus der Sicht der Konsumenten in vielfältiger Weise dar und kann dementsprechend unterschiedlich beschrieben werden. Hier geht es zum einen um die Erläuterung, wie die Informationen über die Marke, über das Markenwissen und die Markenbewertung erklärt werden können. Zum anderen geht es um die Beziehung des Konsumenten zur Marke, d. h. hier interessiert die Frage, ob und in welchem Ausmaß sich der Konsument mit der Marke identifiziert, ob er Loyalität aufbaut oder ob er eine bestimmte Marke ablehnt.

Das *Wissen des Konsumenten* über die Marke bezieht sich, allgemein betrachtet, sowohl auf das Wissen um ihre Beziehungen zueinander als auch auf Wissen über prozessbezogene Aspekte der Marke, z. B. des Konsumprozesses und des Aufbaus von Markenloyalität (prozedurales Wissen). Die *Schematheorie* und die Theorie der semantischen Netzwerke (vgl. auch Grunert, 1990; Kroeber-Riel/Weinberg, 1999, S. 228 ff.) liefern u. a. einen Erklärungsansatz zum Aufbau und Abruf von Wissensstrukturen. Unter semantischen Netzwerken sind Verknüpfungen von im Gehirn gespeicherten Informationen zu ganzen mehr oder weniger subjektiv logischen Wissensstrukturen zu einem einheitlichen Vorstellungsgebilde im Kopf zu verstehen, wie z. B. die Verknüpfung des Begriffes „Mercedes" mit den Attributen „komfortabel – sicher – deutsch – konservativ".

Im Bereich der Marke sollen aus Sicht der Konsumenten ebenso *Beziehungen zwischen Kunde und Marke* eine Rolle spielen, wie z. B. der *Grad der Identifikation* mit einer Marke. Nicht zuletzt ist hier von Bedeutung, wie der Konsument eine Marke aus seiner Sicht zur Befriedigung seiner Bedürfnisse bewertet. Diese Fragen hat sich die Means-End-Theorie gestellt.

1.3.2.1 Kunden-Beurteilung der Marke: Das Means-End-Modell

Die Marke stellt sich aus der Sicht des Markenartiklers oder des Dienstleistungsanbieters anders dar als aus der Perspektive der Kundenseite. Nicht wie man als Marke gesehen werden will, ist wichtig, sondern wie der Kunde die Marke wahrnimmt. Dieser trifft seine Kaufentscheidungen weitgehend nach seiner eigenen Wahrnehmung und nach seiner subjektiven Bewertung. Ein seit langem weit verbreitetes Modell, welches Hierarchien von *Marken-Werten, Markennutzen* und *Markeneigenschaften* aus der subjektiven Kundensicht bildet, um Ansätze für die Verbesserung von Markengestaltung zu erhalten, ist die Means-End-Theorie, die den Ursachen-Wirkungs-Ketten beim Performance Measurement (z. B. bei der BrandScoreCard oder der Balanced Scorecard) ähnlich ist.

Die „Means-end"-Analyse

Die Beurteilung einer Marke zur Eignung für die Wünsche und Bedürfnisse des Konsumenten wird in der einschlägigen Literatur häufig aus der kognitionspsychologischen Sicht der *„Means-End"-Theory* betrachtet. Nach dieser Hypothese geht man von der Annahme aus, dass der Konsument die Marke, bzw. eine angebotene Leistung, als „Mittel zum Zweck" betrachtet. Er möchte mittels einer Marke bestimmte eigene Ziele verwirklichen, sei es die Befriedigung eines kurzfristigen Bedürfnisses, wie Hunger oder Durst, oder aber die Erfüllung eines lange gehegten Wunsches nach einem sportlichen Wagen oder einer teuren Armbanduhr, um sich etwa einen Statuswunsch zu erfüllen.

Der Konsument hat die Zusammenhänge zwischen seinen Zielen/Wünschen und der Eignung von Marken zur Befriedigung dieser Wünsche kognitiv mehr oder weniger bewusst in so genannten „Means-End-Ketten" oder „Means-End-Leitern" als Produktwissen und assoziative Verknüpfungen zu seinen Bedürfnissen gespeichert. Bei Bedarf kann der Konsument diese abrufen. Dabei geht man davon aus, dass sich mental bestimmte hierarchische Grundstrukturen gebildet haben, die aus den Elementen *Werthaltung, Eigenschaften/ Leistungen* und *Nutzenkomponenten* der Marken bestehen (vgl. Walker/Olson, 1991, S. 121). Die drei Komponenten *„Werte, Eigenschaften und Benefits"* existieren in den Köpfen der Konsumenten als mehr oder weniger bewusste Ansprüche oder Leitlinien. Die gleichen Komponenten exisitieren idealerweise als „Marken-Pendant" von Werten, Leistungen und Benefits in den Marken selber. Schließlich hat die Marke, wenn sie im Markt erfolgreich sein soll, die Ansprüche der Kunden nach Werten, Eigenschaften und gewissen

Benefits zu erfüllen. Diese Entsprechung zwischen nachgefragten und angebotenen Leistungs- und Wertestrukturen kann als *„Entsprechungshypothese"* zwischen Marke und Kunde formuliert werden. Herrmann/Huber/Braunstein (2000, S. 120) kommen zu folgendem Schluss: „… Je mehr Eigenschaften einer Marke in der kognitiven Landkarte mit diesen Werten verknüpft sind, umso stärker entspricht die Markenpersönlichkeit dem avisierten Selbstkonzept und desto eher präferiert der Nachfrager die Marke." Diese Means-End-Strukturen werden in vier Schritten analysiert, wobei die erste Phase die Aufdeckung der für die Kunden relevanten Markeneigenschaften nach der so genannten „repertory-grid"-Methode ist. Hier werden nach dem klassischen Verfahren den Probanden drei Marken vorgelegt mit der Bitte, typische Eigenschaften anzugeben, die bei zwei Marken gleich sind und die sich von der dritten Marke unterscheiden. Es werden solange von mehreren Marken Dreierkombinationen vorgelegt, bis keine Eigenschaften mehr genannt werden können (vgl. Sampson, 1972, S. 78). Ein ähnliches Vorgehen kann man auch für eine einzelne Marke durchführen.

Nachdem alle relevanten Markeneigenschaften zusammengetragen worden sind, werden in Kundeninterviews die entsprechenden Nutzenkomponenten und Werte der Marke erfasst. Die Zusammenfassung der gewonnenen Daten zu so genannten „Means-End-Ketten" wird mit der „Laddering-Methode" durchgeführt. Diese Ketten repräsentieren a) die Eigenschaften, b) Benefits und c) Werte für die Kunden in einer „bottom-up"-Vorgehensweise, die in den Marken auch verankert werden sollten. Beispiel Automobil:

a) 200 PS-Auto ⇒ b) schnell fahren ⇒ c) Prestige

Bei einer genannten Eigenschaft (z. B. 200 PS-Auto) wird der Konsument befragt, *warum* ihm diese Eigenschaft an einem Wagen wichtig ist. Er antwortet etwa: „Ich möchte gerne schnell fahren". Dann wird er gefragt, warum er gerne schnell fahren möchte. Als Antwort käme etwa: „Schnell fahren bedeutet Prestige". Hermann/Huber/Braunstein (2000, S.121) weisen darauf hin, dass solche bei Kunden erfragten Attribute lediglich das Ergebnis von bereits vorhandenen Merkmalen bei Produkten oder Marken sind und damit keine Grundlage für Markeninnovationen darstellen können. Impulse für Markeninnovationen können nach Gutman (1997) eher in einer umgekehrten Vorgehensweise, nämlich von „oben nach unten" (top-down-laddering), d. h. c) Werte, b) Benefits und a) Eigenschaften erreicht werden, also:

c) Prestige ⇒ b) bequem fahren ⇒ a) ? (großes Auto)

Bei dieser Reihenfolge von „oben nach unten" werden die Probanden nicht nach dem „Warum" einer Eigenschaft gefragt, sondern beginnend bei den Werten nach dem „Wie?". Wenn der Wert „Prestige" ist, wird gefragt, wie man den Wert Prestige erfüllen kann. Alle Means-End-Elemente, welche von den Probanden mehrfach genannt werden, werden in einer Gesamtstruktur zusammengefasst (vgl. Reynolds/Gutman, 1988, S. 20 ff.). Das gesamte Vorgehen der hierarchischen Werte-Eigenschaften-Benefit-Ketten bildet ein *Bindeglied zwischen Kunde und Marke* und kann bei der Entwicklung von neuen Marken oder bei der Optimierung von bestehenden Marken sowie bei line extensions genutzt werden, um Kundenorientierung bei der Markenentwicklung zu verbessern. Im Bereich von Gebrauchs- und Investitionsgütern oder im Dienstleistungsbereich besteht ein ähnlicher und noch ausgeprägterer Zusammenhang zwischen Marke und Kunde. Hier ist er zum Teil noch stärker auf die *persönlichen Beziehungen* zwischen Anbieter und Nachfrager ausgerichtet und wird in der Literatur u. a. unter dem Heading „Customer Relationship-Management" beschrieben. Ein gezieltes Management der Beziehung zwischen Marke und Konsument kann die Produkterfahrungen und damit das langfristige Kaufverhalten der Verbraucher positiv beeinflussen.

1.3.2.2 Marken-Beziehungen und Identifikationsstufen für Konsumenten

Im Marketing und in der Markenführung spielt der Begriff der *Markenloyalität* eine immer wichtigere Rolle. Das Bestreben einer jeden Marke sollte es mittel- bis langfristig sein, treue Kunden zu finden, die der Marke über lange Jahre, trotz aller Wettbewerbebemühungen, ihre Gunst erweisen. Es ist sozusagen das idealtypische Anliegen der Marke, dauerhafte Präferenzen zu schaffen, die auch den noch so verlockenden Preisangeboten von Mitbewerbern standhalten können. Mit der Loyalität zu einer Marke geht auch eine besondere Beziehung zu ihr einher.

In der neueren Literatur finden sich Ansatzpunkte für die Beziehungstheorie zwischen Anbieter und Kunde (Customer Relationship Marketing, CRM) und ebenso in der Markenführung (vgl. Fournier, 2000, S. 137 ff.). Diese kann man als *Brand-Relationship-Management* beschreiben. Eine Marke kann für denjenigen, der sie benutzt, oder für die Zielgruppe, an die sie gerichtet ist, geradezu zu einem nutzenorientierten Beziehungsobjekt werden und begründet damit bestimmte subjektiv relevante Bedeutungen, die von Ablehnung bis hin zur Personifizierung gehen können.

In der Literatur wird eine Beziehung definiert als die Fähigkeit eines Beziehungspartners, zu einem Subjekt oder Objekt einen unabhängig beeinflussbaren und definierbaren Austausch zu unterhalten (vgl. Hinde, 1979), der ihm einen gewissen Sinn stiftet (Nutzen, Wert).

Unter den Markenforschern hat sich besonders David Aaker (1996, S. 99) mit der Marke als nutzenrelevantem „Beziehungspartner" beschäftigt. Für ihn werden Konsumenten vor allem dann Beziehungen zu Marken aufnehmen, wenn diese sich zur Selbstdarstellung besonders eignen. Aaker zählt neben den funktionalen vor allem die emotionalen Benefits einer Marke als geeignet zur *Selbstdarstellung* (Self-Expressive Benefits) auf.

Über bestimmte Marken und deren wahrgenommene Benefits definiert und demonstriert demnach eine Person ihre situationsspezifische *Rolle* gegenüber sich selbst und nach außen (z. B. die Frau als Mutter, als Ehefrau, Sportlerin, Gastgeberin, erfolgreiche Geschäftsfrau). Der Eignungsgrad einer Marke zur Selbstdarstellung hängt von verschiedenen Faktoren ab. Zum einen hängt die Selbstdarstellung von der *Art des Produktes* selbst ab, d. h. wie hoch diese in der Eignungs-Hierarchie zur Eigen-Identifikation des Konsumenten angesiedelt ist:

> *Beispiel:* Die hochwertige **Markenuhr** am Handgelenk des Nutzers, welche von vielen Menschen im Umfeld des Konsumenten wahrgenommen wird, hat für diesen wahrscheinlich eine weit wichtigere Identifikations-Bedeutung als das **Putzmittel**, das er gerade benutzt. Die **Automobilmarke**, die jemand fährt, vermittelt ihm wahrscheinlich andere Bedeutungen (Prestige, Selbstwertgefühl, Sicherheit, Funktionalität, ästhetisches Empfinden) als die Marke seiner Krankenversicherung. Die Zigarettenmarke, die jemand raucht, vermittelt ihm ein anderes Gefühl als die Kaffeemarke oder die Waschmittelmarke.

Zum anderen definiert sich die Bedeutung der Beziehung zu einer Marke danach, ob es sich um einen so genannten „öffentlichen", für jeden sichtbaren (Uhr, Schmuck, Taschen, Kleidung, Zigaretten) oder um „privaten Konsum" (Matratzen, Schuheinlagen, Toilettenpapier) handelt. Mit anderen Worten: Der generelle Grad der *Akzeptanz und der Relevanz einer Marke* innerhalb des Bezugsfeldes, mit denen der Konsument zu tun hat, ist von hoher Bedeutung für seine Markenwahl. Schließlich hängt der Identifikationsgrad einer Marke von den *Zielpersonen* selbst ab, inwieweit diese sich für eine Marke bzw. für ein Produkt interessieren (Involvementkonzept): Auto- oder HiFi-Freaks haben andere Einstellungen den jeweiligen Marken gegenüber als andere Personen, für die ein Automobil eher ein Fortbewegungs- und Transportmittel ist als ein Status- und Prestigeobjekt. So kann für den leidenschaftlichen Heimwerker eine sehr teure Bohrmaschine die gleichen Identifikationsfunktionen erfüllen wie die „Lange-Uhr" am Handgelenk des Uhrenkenners.

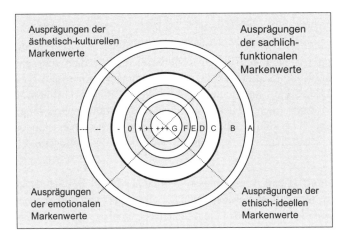

Abbildung 1.10: Identifikationsstufen des Konsumenten gegenüber Marken

Die oben dargestellten einzelnen Identifikationsstufen des Konsumenten mit den Marken und ihren Werten können wie folgt beschrieben werden:

> G: = Personalisation
> F: = Expression
> E: = Identifikation
> D: = Akzeptanz
> C: = Relevanz/Toleranz
> B: = Distanz
> A: = Diskriminanz

Die Abbildung 1.10 in Zielscheibenform bildet die unterschiedlichen Stufen der Identifikation einer Zielperson mit der Marke ab. Die Dimensionen der Identifikation können sich aus der subjektiv wahrgenommenen Ausprägung (als Ratingskala mit den Ausprägungen $-$, $--$, $-$, 0, $+$, $++$, $+++$ etc.) der Markenkernwerte (sachlich-funktionale, ästhetisch-kulturelle, emotionale, ethisch-ideelle Kernwerte) zusammensetzen. Je höher eine oder mehrere für den Konsumenten relevante Benefit-Ausprägungen sind, umso höher ist die Stufe der Identifikation.

Als „höchste Stufe" auf der Identifikationsleiter mit einer Marke kann die so genannte *„Personalisation"* (G) beschrieben werden. Hier identifiziert sich der Konsument so vollkommen mit der Marke, dass diese gewissermaßen zu einem unverzichtbaren Teil seiner eigenen Persönlichkeit, seiner Identität wird. Sie wird geradezu zu seinem eigenen Markenzeichen.

> *Beispiele:* Fidel Castro mit seiner Cohiba-Zigarre, Helmut Schmidt und seine Reyno-Zigaretten, sowie den Schnupftabak etc. Hier entsteht die höchste und die stabilste Markenbindung, die über Jahrzehnte, ja ein Leben lang anhalten kann.

Die *„Expression"* (F) als Identifikationsstufe bezeichnet Marken, mit denen eine Person seine spezifische Rolle (Status/Prestige/guter Geschmack/Mode- und Trendbewusstsein, erfolgreich im Beruf etc.) und seine Persönlichkeit (Bildung/Auftreten etc.) besonders zum Ausdruck bringen möchte. Hier kann sich die Person durchaus auch mehrerer Marken bedienen, sofern diese dem Rollenauftritt gerecht werden (verschiedene Kleidungsstücke von unterschiedlichen Markenhäusern, Parfums, Körperpflegemittel, Uhren, Automobile etc.).

Die *„Identifikation"* (E) als Aneignungsstufe mit einer Marke bezeichnet Marken, die den Konsumenten in ihren Leistungsausprägungen (Benefits) vollkommen überzeugt haben und „hinter denen die Person stehen kann". Sie passt ideal in sein Vorstellungssystem, was ihm eine Marke bieten sollte („Gönn dir mal was Besonderes", „Ariel – nicht nur sauber, sondern rein", „du darfst", „Sheba" – Katzenfutter etc.). Diese erfüllen ebenso ein gewisses Anspruchsniveau, das die Bezugsgruppe oder der kulturelle bzw. ökonomische Standard direkt oder indirekt als Leistungsmerkmal vorgibt (und „überprüfen" kann).

Die Aneignungsstufe der *„Akzeptanz"* (D) bezieht sich auf Marken, welche in den Augen der Konsumenten den „allgemein üblichen Standard" voll erfüllen, welche sich bewährt haben und mit deren Benutzung man „nichts falsch machen" kann, nach dem Slogan „… da weiß man was man hat", „die Milch macht's" etc. Dies können Produkte wie Waschmittel, Putzmittel, Süßigkeiten etc. sein.

Die Aneignungsstufe der *„Toleranz"* (C) bezieht sich meist auf Marken des täglichen Bedarfs, die keine ausgeprägte Präferenzmarken für den Konsumenten und somit austauschbar geworden sind (häufig Butter, Salz, Zucker, Werkzeuge, Werkstoffe wie Zement, Nägel, Schrauben etc.). Es kann sich aber auch um Marken handeln, die für andere Personen weitaus wichtiger sind (Uhren, Autos etc.). Hier spielen u. a. personenbedingte Präferenzen bei der Aneignungsstufe eine erhebliche Rolle.

Die *„Distanz"* (B) zu einer Marke bezeichnet entweder die deutlich kritische Einstellung (z. B. aus ethisch-ideellen Erwägungen heraus) oder das Nichtbeschäftigen mit einer Marke oder einer Produktgattung, weil diese für den Betreffenden nicht relevant ist. Die Gründe hierfür können aus der Informationsüberlastung kommen, die Markenkommunikation erreicht die Zielpersonen nicht, oder die Zielpersonen sind nicht (noch nicht oder nicht mehr) an der Marke interessiert.

Die letzte Stufe, die *„Diskriminanz"* (A) gegenüber einer Marke, bezeichnet eine Haltung der Ablehnung und der Diskriminierung gegenüber der Marke. Gründe hierfür können früher gemachte schlechte Erfahrungen sein (z. B. mit Versicherungen, Urlaubsreisen oder Marken, die weit unter dem üblichen Standard liegen etc.) oder ideologische Ursachen haben (z. B. dogmatische Vegetarier gegenüber Fleisch oder so genannte militante Nichtraucher gegenüber Rauchern oder Zigaretten).

1.3.2.3 Der Konsumprozess

Sowohl die Aneignung von Markenwissen als auch der Aufbau von Beziehungen zur Marke laufen immer während eines gewissen zeitlichen Prozesses ab, in dem es bestimmte Phasen der Vorbereitung zum Kauf, der Informationssammlung zum Kauf, dem Kauf selber und des anschließenden Konsums der Marke gibt. Dieser gesamte Zeitablauf kann als Konsumprozess anschaulich in einer Kreislaufdarstellung beschrieben werden.

Die nachfolgende Abbildung 1.11 stellt das Modell der Markenkommunikation in Phasen dar, in welchem die vorigen Überlegungen Eingang finden. Aus dieser Darstellung ergeben sich für die Markengestaltung (z. B. Werbe- und Verpackungskommunikation) einige Anforderungen, auf die später näher eingegangen werden soll. Die Phasen sind eingeteilt in: a) Informationsphasen der Kaufentscheidung, b) Kaufentscheidungstypen (nach low/high Involvement-Typen), c) Art der Marken, wie Verbrauchs-, Gebrauchs-, Dienstleistungs-, Investitionsmarken und d) (direkte/indirekte) Instrumente der Markengestaltung selbst.

42 1 Die Grundlagen des Marken-Design

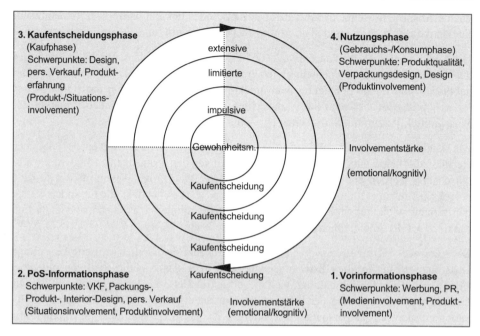

*Abbildung 1.11: Das 4-Phasen-Modell des Konsumprozesses
(vgl. Linxweiler, 1998b, S. 182)*

Das Modell geht von der Überlegung aus, dass verschiedene Einflussfaktoren im Verlauf von Vorabinformationen, PoS-Informationen, gespeicherten Informationen, Entscheidungstypen, Produktnutzung etc. auf die aktuellen und/oder die künftigen Kaufentscheidungen einwirken können, auf die im Folgenden eingegangen werden soll.

Der Prozess beginnt, wie die Abbildung zeigt, in einer *ersten Phase* mit der Information über eine Marke mittels klassischer Werbung oder über andere, z. B. eine direkte, dialogorientierte Kommunikation. Eine *zweite Phase* schließt sich an, die so genannte PoS-Phase oder Präsentationsphase des realen Produktes (der Marke). Hier bestimmt z. B. die sachliche und die emotionale Beratungsqualität des Verkaufspersonals den weiteren Verlauf des Konsumprozesses. Diese Phase fällt häufig mit der *dritten Phase*, der Kaufentscheidungsphase, zusammen. Die *vierte Phase* ist schließlich die Nutzungs- bzw. Konsumphase, in der reale Produkt- und Dienstleistungserfahrungen im Zusammenhang mit der Haupt- und den Nebenleistungen (Reparaturservice, Ersatzteilservice) gesammelt werden.

Der Einstieg des Konsumenten in diesen Prozess kann in jeder Phase stattfinden. Wenn jemand beispielsweise die Marke geschenkt bekommen hat, ohne dass er vorher die Marke kannte, dann befindet er sich direkt in der Konsumphase. Oder der Konsument sieht beim Kaufhausbummel im Regal ein Produkt, das er bislang noch nicht kennt und das er aus Neugier kauft. Hier befindet er sich bei seinem „Einstieg" in der PoS-Phase, bzw. Kaufentscheidungsphase usw. In Bezug auf diese Konsumphasen lassen sich u. a. folgende Fragen stellen:

> - Welche Rolle spielt die **Marke** selbst in den einzelnen Phasen des Kommunikationsprozesses?
> - Welche Rolle spielen die einzelnen **Wahrnehmungs-, Beurteilungs-** und **Entscheidungsprozesse** der Konsumenten in den verschiedenen Phasen?
> - Welche Rolle spielen die unterschiedlichen **Gestaltungs-** und **Kommunikationsinstrumente** in den verschiedenen Phasen?
> - Welche Rolle spielen die **Marketinginstrumente** in den verschiedenen Prozessphasen?

Hier soll deutlich gemacht werden, dass, ausgehend von einer prozessorientierten Betrachtung des Markenkonsums und der Markenkommunikation, das Spektrum an Einflussfaktoren auf die Markenwahl zunehmend umfangreicher wird. Basierend auf dieser Einteilung in Phasen der unterschiedlichen Produktpräsenz (einmal symbolisch bei der klassischen Werbung, einmal real in der PoS-Situation, bzw. beim Konsum) kann die bereits beschriebene Unterscheidung in das *„direkte"* und in das *„indirekte"* Marken-Design vorgenommen werden.

Bei einer Erhebung der Hochschule Pforzheim (vgl. Linxweiler/Metzger, 2000, S. 16 f.) und bei GfK-Erhebungen (vgl. Grimm, 1996, S. 332 ff.) zeigte sich, dass weit über 70 Prozent der Befragten sich beim Kauf von Produkten des täglichen Lebens an ihren bereits gemachten eigenen Erfahrungen orientierten, während die Werbung als Informationsquelle eine eher untergeordnete Rolle spielte (7 Prozent bei größeren Anschaffungen und 10 Prozent bei Produkten des täglichen Bedarfs).

Aus den Ergebnissen der Studien wird ersichtlich, dass die Nutzungsphase von Marken im Konsumprozess für den Aufbau von Markenwissen und für die spätere Kaufentscheidung bei den Überlegungen des gesamten Marken-Design von großer Wichtigkeit ist, wird sie doch in vielen gängigen Betrachtungen zum Erwerb von Markenwissen vernachlässigt. Andere Phasen der Markenkommunikation, wie die PoS-Phase, spielen nach verbreiteter Ansicht eine ebenfalls große Rolle bei der Markenwahl. Untersuchungen haben ergeben, dass bis zu 60 Prozent der *Kaufentscheidungen* nicht zu Hause, sondern erst am Ort des Einkaufs getroffen werden (vgl. Frey, 1994, S. 226).

Die *Phasen* der „Markeninformationen" beginnen bei der

1. Vor-Informationsphase, d. h. bei der klassischen Werbung in Form von Fernsehspots oder bei der Print-, Hörfunk- oder Kinowerbung. Diese sind zeitlich und/oder geografisch mehr oder weniger stark getrennt von der eigentlichen Kaufsituation. Hier werden dem Konsumenten die vollständigen Markenwerte und -symbole (emotionale, ethisch-ideelle, ästhetisch-kulturelle, funktional-sachliche) in der Absicht dargeboten, dass der Konsument diese lernt und als ganzheitliches Markenbild in seinem Gehirn abspeichert. Die klassische Werbung ist bestrebt, mit ihren Mitteln der Anzeige oder der Spots, akustische und/oder visuelle Markenwelten zu vermitteln. Ihr Ziel ist es, zunächst einen starken „Carry Over-Effekt" aufzubauen, damit die Informationen bis zur Kaufentscheidung am PoS entweder gespeichert und aktiv abgerufen werden können oder aber „gestützt" (z. B. über so genannte Bild- oder Textreminder auf der Verpackung) wieder in Erinnerung gebracht werden. Ein anderes Werbeziel ist es, sich im Gedächtnis der potenziellen Kunden gegen andere Wettbewerbs- oder Substitutionsmarken durchzusetzen.

In dieser ersten Phase der Vorinformation kann die Markeninformation ebenso über persönliche Gespräche oder über PR-Maßnahmen, wie z. B. über redaktionelle Beiträge in Zeitungen, Zeitschriften oder dem TV stattfinden. Nach dem *AIDA*-Stufenmodell (*A*ttention–*I*nterest–*D*esire–*A*ction) oder dem *ADIDAS*-Stufenmodell (*A*ttention–*D*ecoding–*I*nterest–*D*esire–*A*ction–*S*atisfaction) kann in dieser Phase bereits Aufmerksamkeit, Interesse, sowie im optimalen Fall Kaufwunsch geweckt werden. In dieser Phase dominieren die Instrumente der „indirekten Markengestaltung" (klassische Werbung, Brand Publicity etc.).

2. In der zweiten Phase, der *PoS-Informationsphase*, kommen sowohl die Instrumente der direkten Markengestaltung als auch die der indirekten Markengestaltung zum Einsatz. Es sind die Produktpräsentation, die Produkte und ihre Verpackungen selbst sowie die Verkaufsförderungsmaßnahmen, PoS-Radio, PoS-TV und die persönliche Beratung „vor Ort" beim Verkauf. Sie sollen den Kaufimpuls auslösen und dabei die Markenbotschaften (aus der Werbung) stützen und aktualisieren. Rund 60 Prozent aller Kaufentscheidungen werden am PoS getroffen. Dieser hohe Anteil belegt die Bedeutung von so genannten „below the line", und PoS-Management-Maßnahmen. Am PoS kommen in der Regel zwei von vier Kaufentscheidungstypen mit ihrer Entscheidung zum Einsatz: Hier entscheidet der *„Impulskäufer"* und der *„Gelegenheitskäufer"* (limitierte Kaufentscheidung). In diese beiden Kategorien fallen z. B. die *Schnäppchenjäger*, die *Erinnerungsplanungskäufer*, die *Frustkäufer*.

Durch Verpackungsabbildungen oder Sonderdisplays, die auf die Vorinformationsphase (z. B. Werbespots) Bezug nehmen, können die Markenwelten aus den Fernsehspots oder der Printwerbung in der PoS-Phase wieder in den Köpfen der Zielgruppen aktiviert werden. Der Erinnerungsplanungskäufer kann z. B. über einen Hinweis, wie PoS-Radio oder Displays, zum Kauf aktiviert werden, etwa: „Haben Sie noch genug Milch, Butter, Kaffee etc. zu Hause?", oder: „Jetzt schon an den Geburtstag, an Weihnachten, an den Hochzeitstag etc. denken!"; „Gönnen Sie sich mal wieder etwas richtig Gutes zum Wochenende!".

3. Die dritte Phase der *„Kaufentscheidung"* fällt – zumindest in Supermarktsituationen, in denen der Käufer am Regal durch den Griff zum Produkt entscheidet – mit der Phase der PoS-Situation zusammen. In dieser Phase können noch „Bedenken", z. B. als Äußerung von wahrgenommenem Kaufrisiko, sowie kognitive Dissonanzen in Form von Selbstfragen auftreten, wie: „Ist dieses Produkt wirklich das geeignete?", „Brauche ich dieses Produkt wirklich?", „Kann ich mir das überhaupt leisten?". Die Dissonanzen oder das wahrgenommene Kaufrisiko können in dieser Phase gezielt abgebaut werden, indem man entsprechende Hinweise auf die Verpackungen aufbringt (z. B. Stiftung Warentest-Note, Garantieerklärung) oder diese Vorbehalte in der Verkaufsberatung ausräumt. Beim impulsiven oder beim gewohnheitsmäßigen Kauf kommen solche Fragen so gut wie gar nicht auf.

4. Die vierte Phase, die *„Nutzungsphase",* ist die Zeit des Markengebrauchs, des Konsums, in welcher der Konsument prüfen kann, ob die Marke die in der Werbung, Promotion, Verkäuferinformation vermittelten Markenwerte und Benefits erfüllt. In dieser Phase kann sich entscheiden, inwieweit die Marke das Potenzial hat, sich zur *Stamm-Marke* zu entwickeln, welche nach und nach gewohnheitsmäßig gekauft wird (das sind die Markentreue-Produkte, wie Zigaretten, Bier, Süßwaren, manche Modemarken). Hier kann sich auch entscheiden, ob die Marke zu einem Gelegenheits- und „Rosinenpickerprodukt" wird, bei der man lernt, dass sie zu einem Vorzugspreis eingekauft werden kann. In der Phase der Nutzung entscheidet sich desgleichen, auf welche Marke man sich etwa langfristig festlegen will, weil die Produktqualität, das Design, das Handling, die Benutzerfreundlichkeit überzeugt. Stark dominierend sind in dieser Phase die Produktleistung selbst, sowie die Aufmachung des Produktes über das Verpackungs-Design oder über die Produktgestaltung, die Garantien, der Nachkaufservice.

Diese Produkterfahrungen, an denen sich einer GfK-Untersuchung (vgl. Grimm, 1996, S. 332 ff.) zufolge 77 Prozent der Befragten beim Kauf von Produkten des täglichen Bedarfs orientieren, können sich stark auf die künftige Kaufentscheidung auswirken oder sich positiv bzw. negativ auf die Glaubwürdigkeit der Werbung ausdehnen (Brand attitude towards the advertising). Die beschriebenen Phasen müssen nicht in zeitlicher oder räumlicher Abfolge stattfinden. Sie können auch gleichzeitig oder in anderer Reihenfolge auftreten. Wichtig ist hierbei vielmehr, dass es mehrere Phasen und Einflussfaktoren, wie direkte oder indirekte Markengestaltungsinstrumente, gibt, die sich auf die Kaufentscheidung auswirken, und dass diese Phasen sich wiederum gegenseitig beeinflussen können.

Während der Konsumphasen können, je nach Ausprägung des *Involvements,* d. h. nach der Ich-Beteiligung bei der Informationsaufnahme, unterschiedliche *Kaufentscheidungstypen* dominieren. Das erwähnte Involvement ist ein Maß für das persönliche gedankliche oder emotionale „Engagement", das für ein bestimmtes Marken-/Produktangebot, in einer bestimmten Situation oder für eine Werbeinformation eines bestimmten Informationsmediums vom Betrachter aufgewendet wird.

Es kann des Weiteren als ein Maß dafür aufgefasst werden, welcher gedankliche und/oder emotionale „Aufwand" bei einer Kaufentscheidung selbst investiert wird. Je nachdem, welche Kombination und welches Ausmaß an gedanklichem/emotionalem Aufwand investiert werden, können verschiedene Kaufentscheidungstypen definiert werden. Im Folgenden werden vier verschiedene Typen vorgestellt:

Entscheidungstypen	kognitives Involvement	emotionales Involvement
Gewohnheitsmäßige Entscheidung	gering	gering
Impulsive Entscheidung	gering	hoch
Limitierte Entscheidung	gering mittel	mittel gering
Extensive Entscheidung	hoch hoch hoch	gering mittel hoch

Tabelle 1.2: Kaufentscheidungstypen (vgl. Kroeber-Riel/Weinberg, 1999, S. 362)

Das gewohnheitsmäßige Verhalten ist eines der stabilsten Verhaltensmuster. Die *gewohnheitsmäßige* Entscheidung wird besonders in der Nutzungsphase (in der Erfahrung mit dem Produkt) geprägt und kann von der Werbung oder von anderen Promotionsaktivitäten lediglich positiv „flankiert" werden. Demgegenüber sind die *impulsiven* Entscheidungen entweder stark produkt-, situations- und/oder persönlichkeitsabhängig. Die impulsive Kaufentscheidung wird aufgrund einer starken, emotionalen Motivation und ohne weitere kognitive, d. h. sachliche Überlegungen gefällt. Impulsives Entscheidungsverhalten ist tendenziell kurzfristiges Entscheidungsverhalten. Zwischen dem Kaufentschluss und der Kauf- oder Bestellhandlung vergeht meist sehr wenig Zeit.

Beispiele für impulsives Kaufverhalten: Bei *Produkten* sind die so genannten Impuls- oder Mitnahmeprodukte meist in Kassennähe (Kaugummis, Schokoriegel etc.) zu finden. *Persönlichkeitsbedingtes* Impulsverhalten liegt z. B. oft bei so genannten „Frustkäufen" vor. *Situationsbedingte* Impulskäufe finden sich besonders bei Schlussverkaufsaktionen. Die *limitierten* Entscheidungen können so genannte Erinnerungskaufentscheidungen oder Gelegenheitskaufentscheidungen sein (Produkte im Sonderangebot). Hierbei handelt es sich meist um Kaufentscheidungen für Produkte des täglichen Lebens, bei denen ein geringes oder allenfalls ein mittleres Involvement vorliegt. Demgegenüber ist das rationale und/oder emotionale Involvement bei *extensiver* Kaufentscheidung meist mittel bis hoch. Extensive Kaufentscheidungen werden vor allem bei Produkten mit komplexeren Funktionen und hohem wahrgenommenem Kaufrisiko oder bei besonders teuren „Investitionen" getroffen. Beispiele hierfür sind Autos, Häuser, Kameras, Personal Computer etc.

Die *Arten der Marken*, wie z. B. Konsumgütermarken, Dienstleistungsmarken, Investitionsgütermarken, spielen bei der Kaufentscheidung insofern eine Rolle, als dass man mit steigender Komplexität der Produkte und mit steigendem Preis eine höhere Ich-Beteiligung (kognitives Involvement) annehmen kann.

1.3.3 Wahrnehmung von Sinnesreizen

Der menschliche Körper besitzt eine Unzahl von Sensoren, Sinnesrezeptoren, um Geräusche, Geschmäcker, Gerüche, Sichtbares, Tastbares, Wärmequellen, etc. zu registrieren, im Gehirn entsprechend zu Wahrnehmungserfahrungen zu verarbeiten und zu speichern. Dieses Kapitel geht auf die Aufnahme, die Verarbeitung und Speicherung von Sinnesreizen, wie sie von jeder Marke ausgehen, näher ein und versucht, eine Verbindung herzustellen zwischen den Mechanismen und den Erkenntnissen aus der *Wahrnehmungspsychologie* und den daher für eine effiziente Markengestaltung erforderlichen Bedingungen.

1.3.3.1 Sensualität für Markeninformationen

Informationen werden über die Sinnesorgane aufgenommen und an das Gehirn zur Verarbeitung und Speicherung weitergeleitet. Von besonderem Interesse sind hierbei Erkenntnisse darüber, wie die einmal verarbeiteten Informationen bei der Wiedergabe später organisiert und genutzt werden. Man kann im menschlichen Gehirn zwei Verarbeitungsbereiche für Reize unterscheiden:

Die *linke Hirnhälfte*, die für alle sprachlich-logischen Reizverarbeitungen und die *rechte Hirnhälfte*, die für nichtsprachlich-visuelle Reize zuständig ist, wobei aus neueren neurologischen Befunden hervorgeht, dass verschiedene Hirnregionen für die Unterstützung von räumlichen (z. B. auch Klangquelle, Raumtiefe) und von sonstigen visuellen Aspekten zuständig sind (vgl. Anderson, 2001, S. 119 ff.).

Die Hemisphärenforschung hat gezeigt, dass bei rechtshändigen Menschen die obige Einteilung gilt und die rechte Hemisphäre wesentlich leistungsfähiger (schnellere, gleichzeitige, automatische Verarbeitung, große Speicherkapazität, keine kognitive Kontrolle) ist, als die linke Hälfte (langsamer, sequentielle Verarbeitung, weniger Speicherkapazität, kognitive Kontrolle).

Man geht heute davon aus, dass die effizienteste wahrnehmungsbasierte Wissensrepräsentation, d. h. die Organisation und Nutzung von Informationen im Langzeitgedächtnis, durch „doppelte Kodierung" von Reizen (sprachliche und visuelle Reize) geschieht, die sowohl die linke als auch die rechte Hirnhälfte ansprechen (vgl. Anderson, 2001, S. 108 f.).

Die Reizmuster in Form von multisensualen Reizen werden im Gehirn als innere „Gedächtnisbilder", so genannte *Imageries*, repräsentiert. Paivio (1971, 1986), einer der Begründer der Imagery-Forschung, hat immer wieder darauf hingewiesen, dass hier nicht nur visuelle Reize, sondern auch *Reize anderer Sinnesmodalitäten*, wie akustische Reize oder Geruchsreize in einer modalitätsspezifischen Form, als Imageries angesehen werden können.

Schweiger (1978, S. 129 ff.) hat interessante Versuche gemacht, das *akustische Image* von Ländern zu ermitteln, indem er die Testpersonen aufforderte, den Ländern Musikstücke zuzuordnen.

Auch dürfte vielen das *akustische* Markenbild von „Bitburger Bier" (Stay just a little bit longer) oder „Beck's Bier" (Sail away) genauso gut im Gedächtnis sein, wie das typische grüne Segelschiff der Marke „Beck's", oder die Abbildung der Dresdner Semper Oper in der „Radeberger Bier"-Werbung.

Des Weiteren geht man heute davon aus, dass innere, d. h. mentale *bildliche und ebenso auch verbale* Vorstellungen, wenn sie einen bestimmten Komplexitätsgrad überschreiten, oft in Einzelvorstellungen (die je einen „Sinn" ergeben) zerlegt und hierarchisiert werden. Beispiel:

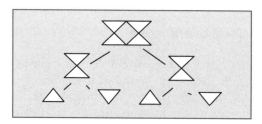

Abbildung 1.12: Mögliche Zerlegung und Hierarchisierung einer Figur (Quelle: Anderson, 2001, S. 124)

Ein weiteres Ergebnis aus der Forschung der kognitiven Psychologie ist die Erkenntnis, dass sich Menschen mit ihrer Erfahrung innere Lagepläne über ihre Umwelt, so genannte *mental maps,* bilden. Man prägt sich den inneren Lageplan des Weges zur Arbeit ein, man nutzt einen Lageplan beim Einkauf durch den Supermarkt, wenn man seinen Lieblingsjoghurt ansteuert oder bei der Orientierung in der Stadt oder in der Natur.

Ein Hotel, das beim ersten Betreten unübersichtlich und verwinkelt erscheint, ist nach mehrmaligem Besuch schon gar nicht mehr so komplex, weil man bestimmte prägnante Anhaltspunkte wie einen Plan im Kopf registriert hat (vgl. auch Kroeber-Riel/Weinberg, 1999; Hart/Moore, 1973; Thorndike/Hayes-Roth, 1982). Die Wahrnehmung kann aktiviert und gelenkt werden sowohl durch äußere Reize als auch durch innere Reize, wie z. B. durch Träume, Visionen, Vorstellungen, wie sie auch durch halluzinogene Drogen erzeugt werden können.

Unsere Betrachtungen sollen sich in den folgenden Erläuterungen ausschließlich auf die äußeren Reize und ihre Wirkung auf die Wahrnehmung richten. Bevor auf die einzelnen Sinnesorgane eingegangen wird, kommen wir zunächst zum Gesamtsystem der sensorischen Rezeptoren und der externen Reize aus der Umwelt. Ein systematisierter Überblick über die Sinnesorgane und die dazugehörigen Sinnesmodalitäten soll wie folgt gegeben werden:

Sinnesorgane	Sinnesmodalität
Sehsinn Hörsinn Geruchssinn Geschmackssinn Gleichgewichtssinn	visuell auditiv olfaktorisch gustatorisch vestibulär
Drucksinn Temperatursinn Berührungssinn Vibrationssinn Schmerzsinn	taktil
Kraftsinn	kinästhetisch

Tabelle 1.3: Sinnesorgane und Sinnesmodalität

Die obigen Sinnesorgane nehmen bestimmte spezifische Reize aus der Umwelt auf und verarbeiten diese im Gehirn modalitätsspezifisch zu bestimmten Wahrnehmungseindrücken. So bestimmen neben den so genannten hohen und niederen Sinnesorganen, wie Seh-, Hör- und Geruchs- sowie Geschmacks- und Gleichgewichtssinn, die taktilen Sinne mit ihren verschiedenen Ausprägungen, auch der so genannte Kraftsinn, die Wahrnehmung des Menschen.

Der Kraftsinn, der kinästhetisch aufgenommen wird, nimmt Stoß-, Zug- und Druckkräfte wahr und wird entweder über partielle Stellen der Körperoberfläche aufgenommen oder über den gesamten Körper. Es gibt im Markt Spielzeuge in Form von faustgroßen Kapseln, so genannten „Spin-Balls", bei denen durch mechanische Dreh-Einwirkung des Spielers Trägheitskörper schnell rotierend in Gang gesetzt werden, welche durch die dabei entstehende und freiwerdende Fliehenergie eine beeindruckende Kraft auf den Menschen ausübt, der diese Rotationskugel in den Händen hält.

Welche modalitätsspezifischen Reize von welchem Sinnesorgan in welcher Weise aufgenommen werden, ist in den folgenden Ausführungen von Interesse. Bestimmte Wahrnehmungseindrücke, die von außen kommen, können mit mehreren „höheren" Sinnesorganen wahrgenommen werden, wie z. B. Farben, Formen, Materialien, selbst Töne oder Klänge können sichtbar gemacht werden, wenn sie entsprechend moduliert sind (Mundbewegungen, kalte Luft tritt aus dem Mund aus etc.).

Klang kann man nicht nur hören sondern auch fühlen (Vibration der Schallwellen am Lautsprecher). Die folgende Tabelle soll eine Übersicht vermitteln, welche Zeichen aus der Umwelt wir über welche Sinnesorgane aufnehmen und verarbeiten können:

Zeichen / Rezeptoren	Sehen	Riechen	Schmecken	Hören	Tasten/ Hautempfinden	Gleichgewichtssinn
Material/Substanz Konsistenz (hart/weich, flüssig/fest, rau/glatt)	x	(x)	(x)	(x)	x	
Form Linie/Fläche/ Größe/Struktur/ Textur	x				(x)	
Farbe Licht/Helligkeit/ Sättigung/ Schatten	x				(x)	
Duft (gasförmig)		x	x			
Aroma fest/flüssig			x			
Klänge Lautstärke/ Klanghöhe	(x)			x	(x)	
Bewegung Erschütterung/ Richtung/ Schnelligkeit	x			(x)	(x)	
Temperatur	(x)	(x)			x	
Räumlichkeit oben/unten vorne/hinten	x			(x)	x	x
Kraft (Druck, Stoß, Zug etc.)					x	(x)

Tabelle 1.4: System der Zeichen und der menschlichen Wahrnehmungsrezeptoren
(x): = trifft nur in wenigen Fällen oder nur indirekt zu (z. B. Temperaturempfinden zwischen Sonne und Schatten auf der Haut)

1.3.3.2 Visuelle Wahrnehmung (Sehen)

Die visuelle Wahrnehmung kann unter folgenden Aspekten betrachtet werden:

- Wie findet die visuelle Wahrnehmung von Reizen, wie Farben, Objekte, Größe, Helligkeit, Räumlichkeit, Bewegung etc. statt?
- Welche Relevanz hat die Wahrnehmung in Bezug auf die Marke und für deren Gestaltung?

Das Verständnis der visuellen Wahrnehmung setzt Informationen über die Sehorgane (Auge, Linse, Hornhaut, Netzhaut, Stäbchen, Zapfen, Sehnerven), sowie die spektrale Sehempfindlichkeit von Licht voraus. Auf eine ausführliche Darstellung der Physiologie der Sehorgane, wie Rezeptoren und die neuronale Verarbeitung der visuellen Informationen, muss hier verzichtet werden. Dennoch sollen einige grundlegende Sachverhalte dargestellt werden: Das menschliche Auge ist in der Lage, Lichtwellen (Lichtenergie, die sich wellenförmig ausbreitet) in einem Spektrum zwischen ca. 360 Nanometer (nm) ($= 10^{-9}$ m) bis etwa 760 nm wahrzunehmen. Diese Lichtwellen werden als Farben wahrgenommen (ca. 400 nm = blau, 500 nm = grün, 600 nm = gelb, 700 nm = rot).

Der Bereich innerhalb des sichtbaren Spektrums, für den das menschliche Auge am empfindlichsten ist, hängt davon ab, ob vorwiegend mit Stäbchenrezeptoren oder mit Zapfenrezeptoren, den „Empfänger-Antennen" für optische Signale im menschlichen Auge, wahrgenommen wird. Stäbchenrezeptoren sind empfindlicher für schwächeres, kurzwelligeres Licht, d. h. blaues, bzw. violettes Licht, während Zapfenrezeptoren empfindlicher für stärkeres, langwelligeres Licht, d. h. für gelbes, oranges und rotes Licht sind. Wir nehmen blaue Gegenstände, Produkte und Verpackungen bei weniger hellem Licht „heller" wahr als rote Gegenstände.

Abbildung 1.13 zeigt die Nervenbahnen vom Auge zur gegenüberliegenden Seite des Gehirns. Diese treffen sich in der Kreuzung der Sehnerven. Die linke Hirnhälfte ist für den

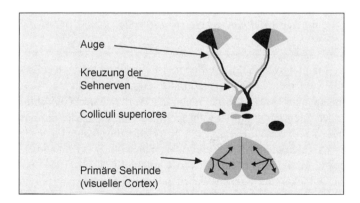

Abbildung 1.13: Nervenbahnen vom Auge zum Hirn (Quelle: Anderson, 2001, S. 40)

rechten Teil der wahrgenommenen Welt, die rechte Hirnhälfte für den linken Teil der Welt verantwortlich. Im Gehirn verzweigen sich die Sehnerven und werden von verschiedenen Arealen verarbeitet. So ist der so genannte Colliculus superior für das Lokalisieren von Objekten verantwortlich.

Kommen wir auf konkrete Erklärungsansätze der visuellen *Zeichenwahrnehmung* (figürliche Reizgebilde) zurück; sie sollen hier näher dargestellt werden, da sie für die Markengestaltung von besonderer Bedeutung sind: In der Wahrnehmungspsychologie gibt es eine Reihe von Erklärungen zur Wahrnehmung von Zeichen und Objekten. Die ältesten und bekanntesten sind die Erkenntnisse aus der Gestaltpsychologie, die u. a. auf Max Wertheimer (1912) zurückgehen. Er hat eine Reihe von Gestaltgesetzen gefunden, welche die Wahrnehmung von Zeichen (Gestalten) erklären können. Daneben haben sich in jüngerer Zeit einige für die Markengestaltung interessante *Erklärungsansätze* zur Entstehung und Interpretation visueller Wahrnehmung etabliert. Diese Ansätze erklären die Wahrnehmungsentstehung von Zeichen u. a. in verschiedenen zeitlichen Stufen. Visuelles Wahrnehmen und Erkennen hängt auch immer von der Interpretation bereits bespeicherter Bilder und Bedeutungen im Gehirn ab.

Abbildung 1.14: Eine Darstellung, die nur dadurch einen Sinn ergibt, indem wir Details aus unserem früheren Wahrnehmungswissen (Hund) entnehmen und mit der Abbildung vergleichen (Quelle: James/Anderson, 2001, S. 38)

In einer ersten (präattentiven) Stufe werden meist einzelne Elemente eines Gebildes identifiziert, sodann werden die Elementarmerkmale verknüpft, um als Objekt wahrgenommen zu werden, indem man diese Wahrnehmung mit vorhandenen Gedächtnisinhalten vergleicht. Nach der Theorie der Stufenwahrnehmung werden Erklärungsansätze geliefert, wie die *Textontheorie* von Bela Julesz (1984, S. 41–45), die *Geonentheorie* von Biederman (1987, S. 115–147) – Erkennen von dreidimensionalen Objekten anhand elementarer Teilkörper – oder die *Raumfrequenztheorie* von Campbell/Robson (1968, S. 551–566) zur Physiologie der Objekt- und Szenen-Wahrnehmung (Fourier-Analyse und Fourier-Synthese) (vgl. Goldstein, 1997, S. 181 ff.) Auf diese Ansätze soll nachfolgend, mit Schwerpunkt auf die Gestaltpsychologie, eingegangen werden.

Die Gestaltpsychologie

Die *Gestaltpsychologie* ist eine Disziplin der kognitiven Psychologie. Ihre Forschungsgegenstände sind die Gestalt, die Ganzheit und die Ordnung (organization), nicht aber die Empfindungen und deren Verbindung als primäre Einheiten von Erleben und Verhalten. Die Gestaltpsychologie hat ein altes ganzheitliches Prinzip der visuellen Wahrnehmung, das Prinzip der „Übersummativität", wiederentdeckt (Aristoteles: „Das Ganze ist mehr als die Summe seiner Teile").

Für das Marken-Design bedeutet dieses Prinzip, dass die erlebnisbezogenen Wirkungen von einzelnen wahrgenommenen Figuren (Zeichen) einer Marken-Gestalt, wie z. B. der Name, Packung, Farbe, Material, Form, Geruch, Geschmack in ihrer Wirkung nicht isoliert gesehen werden können, sondern immer einen Gesamteindruck entstehen lassen. Diese Wirkungen hängen vom jeweiligen Kontext (örtlich, sachlich, situativ, affektiv) ab und können durch diesen mehr oder weniger stark verändert werden. Zwischen den einzelnen Gestaltelementen ergeben sich häufig unerwartete und nicht vorhersehbare Wechselwirkungen, die beim Design-Vorgang zu berücksichtigen sind. Gestalten sind, wie die bereits dargestellte Übersicht gezeigt hat, überwiegend visuell, haptisch oder auditiv wahrnehmbarer Natur und werden durch ihre Stofflichkeit (Materialität) oder durch Nichtstofflichkeit (Töne, Schwingungen) gebildet. Sie können bei der Erklärung von Gesetzmäßigkeiten für die Markengestaltung herangezogen werden.

Zum Begriff der „*Gestalt*" gibt es die unterschiedlichsten Auffassungen. Hier sollen nur zwei mögliche Definitionen aufgeführt werden:

- Komplexe und anschauliche Reizgebilde, die im Hinblick auf ausgezeichnete und von Einzelheiten abstrahierende figurale Eigenschaften beschreiben und voneinander unterschieden werden können bzw. bei deren Auftreten die figuralen Eigenschaften einen die Einzelheiten überspielenden Eindruck hinterlassen.
- In der neueren Forschung wird versucht, die Metrik der formalen oder figuralen Komponenten auf Analysatoren des Wahrnehmungssystems zu beziehen.
- In der Verhaltensforschung ist die Gestalt Bezeichnung für solche komplexen Reizkonstellationen, die regelmäßig und relativ überdauernd Reaktionen einer bestimmten Klasse auslösen (Schemata), (vgl. Fröhlich, 1994, S. 186 f.)

Bedingungen für eine Gestalt sind (Merkwort: „W A T Z"):

- **W**ahrnehmungsinhalt (muss wahrgenommen werden)
- **A**bgehobenheit (Gestalt muss sich vom Untergrund abheben)
- **T**ransponierbarkeit, d. h. bei Veränderung (in anderes Material, Vergrößerung, Verkleinerung) etwa eines Kreises muss die Gestalt des Kreises erhalten bleiben
- **Z**usammengehörigkeit einzelner Gestaltelemente

Im Rahmen der gestaltpsychologischen Forschungen wurden zahlreiche Regelmäßigkeiten der Wahrnehmungsorganisation, *„Gestaltgesetze"* genannt, nachgewiesen. Diese Gesetze können lediglich Gestaltphänomene beschreiben, nicht aber erklären oder begründen. Die wichtigsten sollen hier erwähnt werden (vgl. Metzger, 1975):

a) Gesetz der Ähnlichkeit (law of similarity)

Elemente werden dann als zusammengehörig erlebt, wenn sie einander gleich bzw. ähnlich sind. Die Punkte und +/– Zeichen in der folgenden Abbildung bilden daher Zeilen und keine Spalten. Die Gleichheit oder die Ähnlichkeit von Elementen kann sich aber auch auf Größe, Farbe oder Material der Gestalt beziehen. Will man also Zusammengehörigkeitsmerkmale in einer Marke darstellen, kann dies über das Gesetz der Ähnlichkeit geschehen.

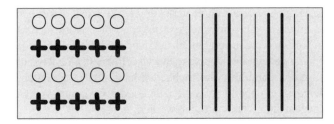

Abbildung 1.15: Gesetz der Ähnlichkeit

b) Gesetz der Nähe (law of proximity)

Elemente in raumzeitlicher Nähe werden als zusammengehörig erlebt. Bei diesem Gesetz ist der Übergang zum Gesetz der Ähnlichkeit fließend. In der nachstehenden Abbildung wird durch die Anordnungsnähe der Punkte ein Bild zweier Rechtecke wahrgenommen.

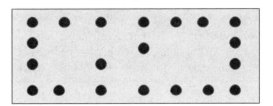

Abbildung 1.16: Gesetz der Nähe

c) Gesetz der Geschlossenheit (law of closure)

Nicht vorhandene Teile einer Figur werden in der Wahrnehmung ergänzt. Figuren, die ein geschlossenes Gebilde gegenüber anderen Figuren erzeugen, werden als solche bevorzugt vor anderen Gebilden (Gesetz der räumlichen Nähe) wahrgenommen und als zusammengehörig betrachtet. Dies ist in Abbildung 1.17 bei den offenen und bei den geschlossenen

Klammerdarstellungen der Fall, bei denen die geschlossenen Klammern (Gesetz der Geschlossenheit) als zusammengehörig wahrgenommen werden und nicht die dichter beieinanderstehenden offenen Klammern.

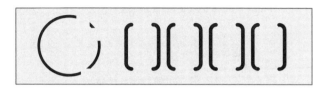

Abbildung 1.17: Gesetz der Geschlossenheit

Linien, die eine Fläche umschließen, werden unter sonst gleichen Umständen eher als Einheit aufgefasst, als solche, die sich nicht zusammenschließen (Bedeutung bei der grafischen Gestaltung von Produktetiketten).

d) *Gesetz der durchgehenden Kurve (des glatten Verlaufs)*

Linien, die gedanklich fortgeführt werden können, werden als durchgehende Linien wahrgenommen (ebenfalls von erheblicher Bedeutung bei der grafischen Gestaltung von Produktetiketten) (vgl.: Klöcker, 1980, S. 282).

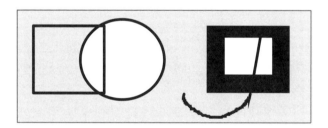

Abbildung 1.18: Gesetz der durchgehenden Kurve (Quelle: Klöcker, 1980, S. 282)

e) *Gesetz der Symmetrie (law of symmetry)*

Symmetrisch angeordnete Teile, Elemente oder Gegenstände werden leichter als zusammengehörig empfunden als wahllos oder zufällig einander zugeordnete (z. B. wichtig bei der Stapelung von Markenartikeln).

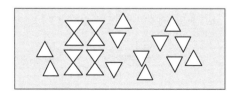

Abbildung 1.19: Gesetz der Symmetrie

f) Gesetz der Erfahrung

Erfahrung ist bei den vorangegangenen Gestaltgesetzen wahrscheinlich nicht erforderlich. Hier wird das Gesetz der Erfahrung als Festigung der individuellen „Gestaltdisposition" (der vorliegenden Schemata) einer Person verstanden.

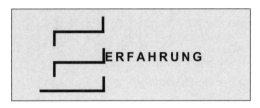

Abbildung 1.20: Gesetz der Erfahrung (Quelle: Klöcker, 1980, S. 283)

Weitere Gestaltphänomene liegen vor in den optischen Täuschungen, oder in den Umschlagmustern, wie den Rubinschen Figuren (Rubinsche Vase usw.).

g) Das Prägnanzgesetz oder das „Gesetz der guten Gestalt"

Dieses Gesetz bildet sich aus den vorangegangenen Gesetzen als übergeordnetes Gesetz heraus. Es besagt, dass eine Tendenz besteht, folgende Gestalteigenschaften als prägnante Figuren zu bezeichnen:

1. **Gesetzmäßigkeit:** Prägnant erscheint jedes Gebilde, an dessen Aufbau irgendwelche Gesetzmäßigkeiten merklich beteiligt sind, im Vergleich mit einem Gebilde ohne Ordnung, das „rein zufällig" oder „beliebig" zusammengewürfelt erscheint.

2. **Eigenständigkeit:** Prägnant heißen diejenigen geordneten Gebilde, die, wie der rechte Winkel oder das Quadrat und der Würfel, eine „eigenständige" Ordnung haben, im Vergleich mit denjenigen, die durch eine Art Verzerrung oder Verformung (Transformation), die das Ganze als solches ergreift, „von jenen abgeleitet" erscheinen.

   geordnet   ungeordnet   unverzerrt   verzerrt

3. **Integrität:** Unprägnant heißen gesetzmäßig aufgebaute Gebilde, die nicht als Ganzes verformt, aber an irgendwelchen begrenzten Stellen „gestört" sind. Dies kann auf dreierlei verschiedene Weisen geschehen:

   – es fehlt etwas   – es ist etwas zu viel   – es ist etwas falsch

Abbildung 1.21: Das Prägnanzgesetz (Quelle: Katz, 1969, S. 38, Metzger, 1975, S. 221 ff.; Behrens, 1982, S. 257)

Nach dem *Prägnanzgesetz* gehören der Kreis, das Dreieck und das Quadrat zu den guten Gestalten, wobei der Kreis am prägnantesten ist, da er ein Höchstmaß an Geschlossenheit (vgl. Gesetz der Geschlossenheit) aufweist. Ähnlich prägnant sind Dreieck und Ellipse sowie Quadrat und, mit einigem Abstand folgend, das Rechteck (vgl. Tetra-Pak-Gebilde). Nach dem Prägnanzgesetz tendieren unvollkommene („schlechte") Gestalten bei flüchtiger Betrachtung und bei der Speicherung im Gedächtnis zu „guten" Gestalten. Diese Tendenzen lassen sich tachistoskopisch nachweisen (vgl. Metzger, 1975, S. 224; Behrens, 1982, S. 256 ff. sowie Jacobi, 1972, S. 94 ff.)

1.3.3.3 Auditive Wahrnehmung (Hören)

Auditive Wahrnehmung wird durch Druckschwankungen der Luft ausgelöst: Das Trommelfell eines Menschen schwingt synchron mit den auftreffenden Schallwellen mit, die Gehörknöchel (Hammer, Amboss, Steigbügel) leiten sie weiter und verstärken sie, bis sie von haarähnlichen Zellen in der Schnecke – einer flüssigkeitsgefüllten, aufgerollten Röhre – verarbeitet werden. Durch Nervenzellen werden die Bewegungen der Härchen in elektrische Impulse umgewandelt, die vom Gehirn interpretiert werden.

Eine Gehörempfindung wird bei gleichbleibenden Schwingungen als Ton wahrgenommen und in anderen Fällen als Geräusch interpretiert. Wird die Intensität von 120 Dezibel überschritten, so wird die Schwingung als Schmerz wahrgenommen. Schallquellen werden durch die Abstimmung der beiden Gehörorgane relativ genau lokalisiert, da das Gehörsystem unterschiedlich stimuliert wird.

Das Gehörsystem kann auch die Aufnahme von auditiven Impulsen sehr genau selektieren (z. B. ist es möglich, sich in einer größeren Menschenmenge auf die Stimme einer bestimmten Person zu konzentrieren).

Der menschliche Hörbereich liegt zwischen etwa zwanzig und 20 000 Hertz (Schwingungsmaßzahlen für die Schallwellen). Schwingungen unter- oder oberhalb dieser Fre-

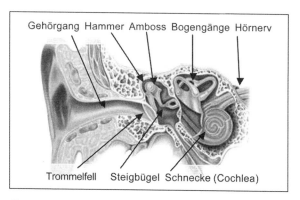

Abbildung 1.22: Das menschliche Gehörsystem
(Quelle: Bernafon Innovative hearing systems, 2002)

quenz können entweder überhaupt nicht oder nur mittels geeigneter Modulatoren (z. B. Ultraschallmodulation) bzw. bei extrem hoher Lautstärke wahrgenommen werden. Schallsignale können nach ihren *qualitativen Eigenschaften* in folgende Merkmale eingeteilt werden:

> - **Die Tonhöhe.** Niedrige Frequenzen werden als tiefe Töne und hohe Frequenzen als hohe Töne erlebt. Töne können aus verschieden hohen Frequenzen zusammengesetzt sein.
> - **Die Lautstärke** von Tönen, gemessen in Dezibel (dB). Geräusche ab etwa 120 dB empfindet der Durchschnittsmensch als schmerzhaft
> - **Die Lokalisation** von Geräuschen ist die Fähigkeit, festzustellen, woher die Geräuschquelle kommt.
> - **Die Klangfarbe** hat etwas mit der Geräuschquelle sowie mit dem Übertragungsmedium (Luft, Wasser, andere Medien) zu tun. Eine Trompete klingt „blechern" und hell, während eine Oboe „näselt". Glas klingt anders als Porzellan und Holz anders als Metall oder Kunststoff.

Nach Goldstein (1997, S. 371 ff.) erzeugen alle wahrgenommenen Schallwellen in unserer Umgebung (man denke an die Schallkulisse im Supermarkt) so genannte *„akustische Szenen"*, die dem Wahrnehmungsempfänger neben den eigentlichen Informationen (Musik, Werbedurchsagen) auch Informationen über die räumliche Situation selbst vermitteln: Hier werden unwichtige Informationen (z. B. Gebläsegeräusch, Tütenrascheln) in unserem Hirn „ausgefiltert", d. h. nicht bewusst wahrgenommen oder in den Szenenhintergrund gedrängt, andere wiederum werden zentral wahrgenommen, (z. B. die Werbedurchsage des PoS-Radios mit Telefonklingeln als Ankündigung). Die akustische Szene vermittelt uns weiterhin Informationen, woher die Schallsignale kommen. Ist der Raum, in dem wir uns befinden, groß, ist er klein, ist er leer oder vollgestellt, verbreitet die akustische Szene Ruhe oder Hektik, ist sie anziehend oder abstoßend, usw.

Akustische Signale können die Wahrnehmung von Situationen emotional „einfärben" oder gar entscheidend beeinflussen. Sie können auf andere Wahrnehmungsreize ausstrahlen, und sie sind oft unverzichtbarer Bestandteil von Botschaften, die uns auf einen bestimmten Sachverhalt hinweisen: So ist z. B. der typische „Zischlaut" beim Öffnen einer Deckelverschlusskonserve ein Zeichen für den bisher ungeöffneten Zustand und für die Frische des Inhalts.

Das Zischen beim Öffnen einer Mineralwasserflasche ist das Zeichen, dass der Inhalt frisch und durstlöschend ist (so genannte Irradiationseffekte). Ähnlich wie bei den Gestaltgesetzen des Sehens existieren für das Hören *„Hörgesetze"*, so genannte auditive Wahrnehmungsorganisationen. So gibt es das *Gesetz für die Ähnlichkeit von Tönen*, die als zusammengehörig wahrgenommen werden (vgl. Dowling und Harwood, 1986) oder das *Gesetz der guten Verlaufsgestalt von Tönen*, bzw. das *Gesetz der „Erfahrung" und das Gesetz des „Gedächtnisschemas"* für Melodien. Kroeber-Riel (1993b) beschreibt, dass akustische Bilder gedanklich oft mit visuellen Bildern (der Geräuschquelle) verbunden werden. Gerade akustische Bilder spielten in Radiospots eine zentrale Rolle, um eine lebendige Markenerinnerung zu erreichen und sachliche oder emotionale Eindrücke zu erzeugen.

1.3.3.4 Olfaktorische und gustatorische Wahrnehmung

Zwei weitere Sinnesorgane, die manchmal als „Stiefkind der Wahrnehmung" bezeichnet werden, sind der olfaktorische und der gustatorische Sinn, das Riechen und das Schmecken. Die Wahrnehmungsschwelle für verschiedene Düfte und für Geschmacksempfindungen ist ja auch von Mensch zu Mensch unterschiedlich. Frauen können grundsätzlich besser riechen und schmecken als Männer, was wahrscheinlich hormonelle Ursachen hat. Mit dem Alter nimmt die Fähigkeit zu Riechen allgemein ab. Während Kleinstkinder ihre Umwelt hauptsächlich mit der Nase wahrnehmen (z. B. finden sie den Weg zur Mutterbrust bei geschlossenen Augen), verlieren wir ca. ab dem 55. Lebensjahr erheblich an Riechfähigkeit.

Kommen wir zunächst zum Geruchssinn: Die beiden Nasenflügel folgen beim Riechen und beim Atmen einem raffinierten System der Arbeitsteilung: Sie wechseln sich alle drei bis vier Stunden ab, so dass immer nur eins der beiden Nasenlöcher riecht und atmet, während das andere eine Ruhepause hat (vgl. Internet: G-Netz.de/Mensch/Sinne, 2002). Der menschliche Geruchssinn erzeugt spezifische Geruchswahrnehmungen, wenn bestimmte Moleküle von gasförmigen Substanzen an Geruchsrezeptoren in der Nase ankommen.

Diese gelangen über die Riechschleimhäute in die Nasenhöhle. Die Riechschleimhaut ist aus Basal- und Stützzellen gebildet, aus denen die Riechzellen hervorragen. Jede dieser über zehn Millionen Zellen mündet in einen Riechknopf, der von wenigen winzigen Riechhärchen besetzt ist. Diese sind in der Lage, gelöste Duftmoleküle aufzufangen, und verwandeln die Gerüche von chemischen Informationen in elektrische Signale, d. h. in einen Nervenimpuls, um. Die Nervenfasern leiten den Impuls durch die so genannte Siebbeinplatte in den Riechkolben.

Von dort werden die Geruchsreize an die unterschiedlichen Gehirnzentren übermittelt, in denen die Gerüche bewusst gemacht, d. h. wahrgenommen werden. Der Riechkolben ist ein vorgeschobener Teil des Endhirns und liegt beim Siebbein. Das Siebbein, das die zentrale Schädelbasis bildet, beinhaltet winzige Öffnungen für die Fasern der Riechzellen. Der Riechkolben leitet die Geruchinformationen direkt zum limbischen System, genauer gesagt in die Mandelkerne und in den Hippocampus, wo die sekundäre Verarbeitung stattfindet. Dieser älteste Teil des menschlichen Gehirns verarbeitet nicht nur Gerüche sofort und ohne Kontrolle durch das Großhirn, sondern er steuert zusätzlich auch das Gefühlsleben und beherbergt das Gedächtnis für Düfte.

60   1 Die Grundlagen des Marken-Design

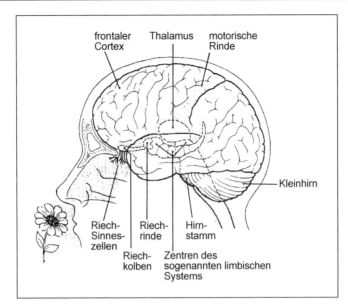

Abbildung 1.23: Der menschliche Geruchssinn
(Quelle: Internet brain.exp.univie.ac.at, 2002)

Manche Forscher beschreiben den Geruchssinn als weit geöffnetes „Tor zur Seele", das sofort Stimmungen auslösen kann, die vernunftmäßig kaum kontrollierbar sind (vgl. Schuster, 1994, S. 31 ff). In der neueren Forschung wird zunehmend von der „Wiederentdeckung" eines eigenständigen und aktiven Riechorgans, dem so genannten *„Vomeronasalorgan"* (VNO), auch als Jacobson-Organ bezeichnet, berichtet (vgl. Montgomery, 1996, S. 30 ff.). Dieses Organ ist eine kleine Vertiefung (ca. 0,2 – 2 Millimeter) und soll tausendmal empfindlicher als der normale Geruchssinn sein. Das Vomeronasalorgan soll chemische Stoffe (Pheromone), wie z. B. Sexuallockstoffe, aufnehmen können, die als Geruch nicht wahrgenommen werden. In winzigsten Mengen (dreißig Pikogramm) können die Pheromone, welche aus Sexualhormonen (männliche oder weibliche) in den Schweißdrüsen gebildet werden, die Stimmungen von Menschen verändern, ohne dass dies den Betroffenen bewusst wird.

Das Vomeronasalorgan wurde bereits 1703 von einem holländischen Militärarzt beim Menschen entdeckt. Es wird als grubenförmige Öffnung zu beiden Seiten der unteren Nasenwand (oberhalb des Pflugscharbeins) beschrieben, das die Pheromone direkt über die Vomeronasalnerven (Nervus terminalis) in den Hypothalamus sendet. Von hier aus werden Körperfunktionen, wie Euphorie, Freude und Entspannung direkt gesteuert. Der Hypothalamus steuert daneben Hormone, Angst, Appetit, Puls und vieles mehr. Einige Pheromonstoffe veränderten in Versuchen die Körperfunktionen der Probanten, etwa den Puls, die Pupillengröße oder die Hauttemperatur, sowie deren Stimmungslage. Durch Pheromone kann ein Mensch auch sexuell anregend oder abstoßend wirken. Zwei Menschen mit ähnlichen Genen lehnen sich – wahrscheinlich über entsprechende Pheromonbotschaften – instinktiv ab. Dies ist gewissermaßen eine Einrichtung der Natur, um auszuschließen, dass Nachkommen entstehen, deren Immunschutz gefährliche Lücken aufweist. Bisher hat man ca. 25 menschliche Pheromone entdeckt. Im Markt gibt es zwischenzeitlich Parfums (z. B. Pherox und Pheromax), denen Pheromonprodukte zugesetzt sind (Androstenone, Androstenol) und die den sexualen Reiz einer Person erhöhen sollen. Man bezeichnet sowohl den *Geruchs-* als auch den *Geschmackssinn* als starken emotionalen (affektiven) „Torwächter" des Körpers, der dazu dient, solche Substanzen zu erkennen und dem Gehirn zu melden, die entweder vorteilhaft oder aber nachteilig für den Körper sind (vgl. Goldstein, 1997, S. 459).

Olfaktorische Markenbilder (Duftbilder) werden im modernen Marketing sehr wirkungsvoll eingesetzt. Das Gedächtnis für Geruchsbilder ist sehr gut ausgeprägt. Es scheint sogar „vergessene Erinnerungen" wieder zu erwecken. Eine sinnvolle Gliederung der Gerüche und der Geruchsqualitäten hat Paul Jellinek (1965, S. 121) in einem so genannten „Geruchsquadrat" zusammengefasst:

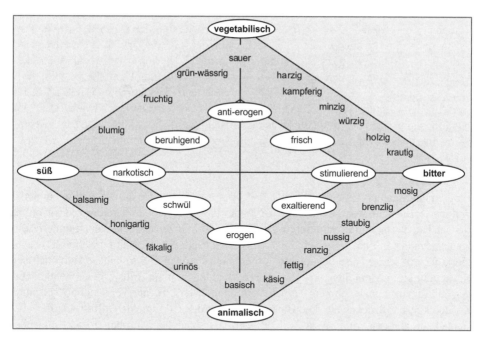

Abbildung 1.24: Das „Geruchsquadrat" (Quelle: Jellinek, 1965, S. 211)

Gefährliche Stoffe schmecken und riechen oft unangenehm, nützliche Dinge riechen oft angenehm. Der Mensch besitzt einen guten Geruchs- und Geschmackssinn, der wesentlich empfindlicher reagiert als bisher angenommen wurde. Zum Vergleich: Der Mensch hat zwar nur etwa zehn Millionen Geruchsrezeptorzellen, während der Hund etwa eine Milliarde besitzt. Dennoch ist die einzelne menschliche Rezeptorzelle für den Geruch genauso leistungsstark wie die vieler Tiere (vgl. deVries/Stuiver, 1961).

In Versuchen wurde erkannt, dass Menschen unterschiedliche Geruchsintensitäten überraschend gut wahrnehmen und erkennen können (vgl. Cain, 1977, S. 467 ff.). Des Weiteren hat man festgestellt, dass das Geruchssystem Gerüche ausgezeichnet erkennen kann, wenngleich es Schwierigkeiten hat, diese ohne Hilfe zuzuordnen. Werden verschiedenen Gerüchen die richtigen Benennungen zugeordnet (z. B. Kümmel, Anis, Orange, Gras etc.), dann ist das Geruchssystem ohne Schwierigkeiten in der Lage, diese richtig zuzuordnen.

Übrigens sind die meisten Aromen Mischungen aus einer großen Anzahl von einzelnen Duftstoffen. So besteht z. B. Kaffeeduft aus mehr als 200 verschiedenen Duftstoffen, die das Gehirn zu der Einzelinformation „Kaffee" zusammensetzt.

> *Anwendung in der Markengestaltung:* In alten Wiener Kaffeehäusern werden die Dielenböden morgens vor Geschäftsöffnung mit frisch gemahlenem Kaffee bestreut und dieser mit dem Besen in die Ritzen gekehrt. So empfängt das Etablissement den ersten Gast am Morgen bereits mit einem wohligen Aroma frischen Kaffees. Ähnliches geschieht bei Brotläden, die nicht mehr selber backen, aber den warmen Duft von frischem, knusperigem Brot per Gebläse bis auf den Gehsteig pusten. Eine Damenwäsche-Kette lässt einen Duft von Blumen durch die Läden wehen, selbst die Müllsäcke einer Plastik-Firma aus den USA riechen so sauber wie frischgeplättete Leintücher, weil sie mit Duftstoffen behandelt sind. Neue Zerstäubertechniken, kombiniert mit raffinierten Luftbefeuchtern und Klimaanlagen, bringen, statt Duftkerzen-Aroma, dezente natürlich anmutende Düfte in die Wohnungen, die öffentlichen Gebäude, Büros oder in die Supermärkte. Manche Düfte wirken anregend, andere wiederum entspannend (vgl. Horx, 1993, S. 50).

Einige Unternehmen geben sich ein *Duft-Corporate-Identity* für die Nase. Wie ein neues Auto zu riechen hat, wie die Fluglinie Air France (Chanel Nr. 5 auf den Flugzeugsitzen) zu riechen hat, das ist mittlerweile schon ein Thema für ein Expertenteam von Designern. Das Unternehmen Audi hat eigens einen Duftexperten (Spitzname: „Marder-Schmidt") engagiert, der mit seiner Nase begutachtet, ob ein neues, vom Band rollendes Auto auch neu riecht oder ob in Autoteilen, wie etwa Türverkleidungen, nicht Rohstoffe verwendet wurden, die einen unangenehmen Geruch verbreiten, wie z. B. die Verwendung von alten Zwiebelkunststoffsäcken etc. Die Unternehmen werden CI-gerechte Duftbotschaften aussenden: angefangen vom Eau de Toilette oder Aftershave der Mitarbeiter und Kundenberater über die Markenverpackungen, die bedufteten Messestände und Besprechungsräume bis hin zu duftbehandelten Broschüren und Werbeartikeln (vgl. Horx, 1993, S. 51). Das ist Gestaltung, Design von Produkten und CI-Gestaltung, welche mit der Nase wahrgenommen wird und weit reichende Wirkungen auslöst, die im Marken-Design noch stark vernachlässigt werden.

1.3 Die Konsumenten als Zielgruppen von Marken

Der Geschmackssinn (gustatorischer Sinn)

Wenn über den Geschmackssinn gesprochen wird, sollte man sich vergegenwärtigen, dass an der Entstehung von Geschmackseindrücken mehr als nur die Geschmacksknospen der Zunge beteiligt sind. Es sind tatsächlich alle „fünf Sinne" – Sehen, Hören, Tasten, Schmecken und Riechen – beteiligt. Bei näherer Betrachtung der so genannten Nahprüfung (Nahrungsaufnahme mit dem Mund) kommt man auf fünf sensorische Systeme, die durch entsprechende Hirnnerven repräsentiert sind. Zunächst zum Geschmackssinnesorgan, der Zunge: Sie ist mit ihren längs und quer verlaufenden Muskelfasern sehr beweglich (vgl. Internet G-Netz.de/Mensch/Sinnesorgane, 2002). Bei der Nahrungsaufnahme lenkt die Zunge die Nahrung zu den Zähnen und kontrolliert den Zerkleinerungsprozess. Gleichzeitig nehmen wir mit der Zunge die Geschmacksrichtungen süß, salzig, sauer und bitter wahr. Dazu dienen vier Arten von Papillen mit insgesamt 9000 Geschmacksknospen, die sich auf dem Zungenrücken befinden.

Die *Fadenpapillen* (Papillae filiformes) sind über den gesamten Zungenrücken verteilt. Ihre Spitzen übertragen mechanische Einflüsse auf zahlreiche Nervenenden und bilden so die Grundlage für den Tastsinn der Zunge. Die *Blätterpapillen* gruppieren sich in zwei Reihen an jeder Zungenseite direkt vor den Wallpapillen. Die *Pilzpapillen* liegen am Zungenrand und auf der Zungenspitze. Sieben bis zwölf warzenförmige *Wallpapillen* liegen im hinteren Teil der Zunge. Die Geschmacksknospen der Papillen enthalten 30–80 Rezeptorzellen. Diese nehmen über die Geschmacksporen Kontakt zur Oberfläche auf. Die Rezeptorzellen wandeln „Geschmack" in elektrische Impulse um und leiten diese weiter an die Enden von sensorischen Nervenfasern im Zungenkörper. Ob die Zuordnung bestimmter Geschmacksqualitäten auf spezifische Areale der Papillen auf der Zunge zutreffend ist, oder ob jede Papille für alle Geschmackqualitäten empfindlich ist, wird noch kontrovers diskutiert.

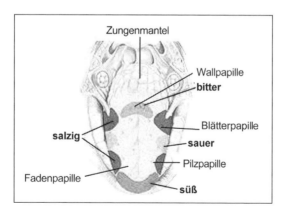

Abbildung 1.25: Geschmacksrezeptoren der menschlichen Zunge (Quelle: Internet G-Netz.de 2002)

64   1 Die Grundlagen des Marken-Design

Der Geschmack „süß" wird vornehmlich von der Zungenspitze wahrgenommen, „salzig" und „sauer" von den Zungenrändern und „bitter" vom hinteren Teil der Zunge. Die Geschmacksknospen für „bitter" sind 10.000mal empfindlicher als jene für „süß"; auf diese Weise können die meist bitteren giftigen Substanzen schnell wahrgenommen werden. Die Geschmacksknospen werden im Laufe des Lebens zunehmend unempfindlich gegen Reize. Ihre Zahl reduziert sich von circa zehntausend bei der Geburt auf später sechshundert bis zweitausend (vgl. WDR-Fernsehen, www.quarks.de/essen/0202.htm 1997).

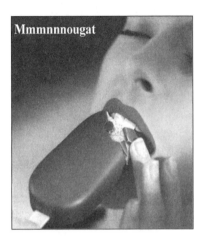

Abbildung 1.26:   Demonstration des Geschmackserlebnisses von Speiseeis in der Werbung

Neben der Geschmacksqualität werden noch drei Arten von Geschmacksinformationen aufgenommen, nämlich die Intensität des Geschmacks, die vom Tastnerv (Trigeminus) wahrgenommene Qualität von Speisen/Getränken (Textur, Temperatur, Konsistenz, chemosensorische Qualität) und eine insgesamt gefühlsorientierte Komponente, welche man als so genannten *hedonischen Wert* (wahrgenommenes Wohlgefühl oder wahrgenommenes Gefühl der Abstoßung, wie z. B. Ekel) bezeichnet.

Ob uns etwas gut schmeckt oder nicht, wird zum Teil durch angeborene Faktoren bestimmt und zum Teil durch den physiologischen Zustand (Entbehrung, Lernen) beeinflusst. Ein viertes Sinnesorgan ist ebenfalls an der Geschmackswahrnehmung mittelbar beteiligt. Es ist das Gehör, welches etwa beim Zermalmen von spröden, knusprigen Objekten, wie z. B. Knäckebrot, Chips mit Informationen zum Geschmack beisteuert, die den sensorischen Gesamteindruck von Nahrungsmitteln mitprägen können (vgl. Burdach, 1988, S. 7).

Der Geruchssinn (olfaktorischer Sinn)

Einen wesentlichen Anteil am Geschmackserlebnis und somit am Geschmackssinn hat der olfaktorische Sinn, das Riechen. Viele Geschmacksaromen, die man zu schmecken glaubt, werden in Wahrheit gerochen, was man z. B. beim Essen von Schokolade überprüfen kann, wenn man sich dabei die Nase zuhält. Man wird dann im Wesentlichen süß schmecken, jedoch keinen spezifischen Schokoladengeschmack feststellen. Dieser wird erst dann wieder wahrgenommen, wenn man die Nase öffnet.

Bei Sensoriktests auf der Basis von Geschmack und Geruch für Getränke oder Speisen bzw. Süßwaren werden häufig von geschulten Fachleuten neben bestimmten Geruchsdimensionen, wie stechend oder sauer, süß oder holzig, auch Geschmackskomponenten wie Honiggeschmack, Minze, Beeren, dann Nachgeschmack auf der Zunge, Mouth feeling etc. als Qualitätsdimensionen getestet und gegeneinander verglichen. Ähnliches kennen wir bei Weinverkostungen, wenn davon gesprochen wird, dass der Wein nach Eisbonbons schmecke, langen Abgang habe, dass er schmelzig auf der Zunge liege, usf.

1.3.3.5 Die Hautsinne (haptisch-somatische Wahrnehmung)

Der Begriff „Haptik" ist die Lehre vom Tasten. Er geht auf das griechische Wort „haptikos" zurück und bedeutet soviel wie: anfassen, berühren, greifen (vgl. Meyer, 2001, S. 1). Der Tastsinn befindet sich beim Menschen zum großen Teil in der äußeren menschlichen Hautfläche. Die menschliche Haut wiegt ca. dreieinhalb Kilogramm, und sie hat eine Oberfläche von etwa eineinhalb Quadratmeter.

Die Haut ist nicht nur eine schützende Oberflächenbedeckung, sondern sie ist durch ihre vielzähligen Rezeptoren auch das größte Sinnesorgan des Menschen. In nur einem Quadratzentimeter Haut befinden sich sechs Millionen Deckzellen, vier Meter Nervenkabel, 150 Schmerzpunkte und 500 Sinneszellen.

Die einzelnen Hautregionen sind jedoch unterschiedlich empfindlich: Die Lippen sind neben der Zunge der empfindlichste Körperteil. Gegenüber der Haut sind die Lippen zehnmal empfindlicher.

Außerdem finden sich in einem Quadratzentimeter Haut durchschnittlich 15 Talg- und 120 Schweißdrüsen (am Rücken 55/cm^2, an der Handfläche 400/cm^2). Letztere produzieren unter normalen Bedingungen bis zu einem dreiviertel Liter Schweiß pro Tag.

Auf der Hautoberfläche eines Menschen leben mehr Lebewesen als Menschen auf der Erdoberfläche. Ein Quadratzentimeter Haut ist von Millionen Mikroorganismen übersät. Die Haut wird ständig erneuert. Alle vier Wochen verliert der Mensch eine vollständige Hautschicht. Außerdem wachsen die Haare pro Tag um etwa ein drittel Millimeter, im ganzen Leben also ca. zehn Meter.

Am Körper finden sich noch weitere 25.000 Haare, sowie 600 Augenbrauen- und 400 Wimpernhaare. Beim Linkshänder wachsen die Nägel an der linken Hand schneller, beim Rechtshänder die an der rechten Hand. Mit den Hautsinnen werden folgende Reize wahrgenommen:

- **taktile Wahrnehmung**, die durch Berührung mit der Haut zustande kommt: *Mechanoreception* (Druck, Berührung, Vibration, Kitzel)
- **Temperaturwahrnehmung**, *Thermoreception* (Wärme, Kälte) die durch die Erwärmung oder durch die Abkühlung der Haut entsteht,
- **Schmerzwahrnehmung**, *Nociception* (Schmerz, evtl. Jucken), die durch eine hautschädigende Beeinflussung entsteht.

Die Empfindungen der Haut entstehen in den äußeren Schichten, der Epidermis, oder der Oberhaut und der so genannten Lederhaut. Hier sitzen Sensoren oder Rezeptoren, die verschiedene Schwingungsbereiche (Frequenzbereiche) optimal wahrnehmen können und somit differenzierte Hautreizungen registrieren können, wie Druck, Wärme, Kälte, Hautdehnung/Gelenkdehnung, Stellung der Gliedmaßen, Schmerz, Temperatur oder Vibration (vgl. Goldstein, 1997, S. 432 f.).

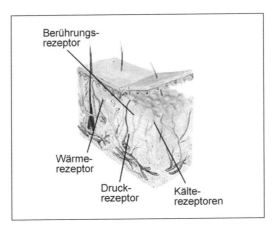

Abbildung 1.27: Die Haut mit ihren Sinnesrezeptoren (Quelle: Internet G-Netz.de, 2002)

Das Wahrnehmungsvermögen der Haut ist von Körperbereich zu Körperbereich sehr unterschiedlich. So ist die taktile Unterscheidungsfähigkeit (gemessen am kleinsten wahrnehmbaren Abstand zweier Druckpunkte auf der Haut) an Unterarm, Wade und Oberschenkeln z. B. zehnmal größer als am Daumen. Die höchste Unterscheidungsfähigkeit liegt im Bereich der Waden, gefolgt von Schulter, Oberschenkel, Rücken, Oberarmen, Unterarmen, Brust und Bauch. Selbst die Fußsohle ist nach diesem Schema empfindlicher als Stirn, Nase oder Wangen (vgl. Weinstein, 1968, S.195–218).

Meist betrachtet man die Sinneswahrnehmung durch die Haut als etwas so Selbstverständliches, dass dieses (fast) größte menschliche Sinnesorgan einem gar nicht mehr bewusst wird. Erst, wenn man einen Sonnenbrand hat, die Hand eingeschlafen und gefühllos ist, der Fuß in Gips ist, oder wenn die taube Wange nach der Spritze vom Zahnarzt nicht „wach" werden will, wird man sich dieser Sinne wieder bewusst.

Eine große Zahl von Markenprodukten beziehen sich primär oder sekundär auf die Hautwahrnehmung, wie z. B. Hautcremes, Sonnencremes, Cremes gegen Insektenstiche, Weichspüler für Schmusewolle, Zahnbürsten, Eiscreme, Heißgetränke, Whirlpools, Kinderwindeln, Kondome, Tauchanzüge, Kleidung aller Art und viele andere Produkte. Durch die haptische Wahrnehmung erfährt man sehr viel über die Beschaffenheit eines Wahrnehmungsgegenstandes – ob er rau, glatt, heiß, kalt, rund, eckig, weich, hart, groß, klein, ist etc.

Ein großer Teil von menschlicher Kommunikation läuft über die Haptik ab. Von Medizinern wird behauptet, dass die Fähigkeit, Liebe und Geborgenheit zu geben und zu empfangen, zum größten Teil über die Intensität des Körperkontaktes zwischen Mutter und Kind ausgebildet wird.

Abbildung 1.28: Symbolisches haptisches Markenbild zur Verdeutlichung der Weichheit

Haptische Markenbilder findet man sowohl in *realen* haptischen Markenbildern, wie z. B. in der Verpackung (grobes Gewebe der Dry-Sack-Sherry-Flasche, Strohpapier der Underberg-Flasche, durch Drücken den Reifegrad von Obst prüfen, Stoffqualität prüfen etc.) als auch in *symbolischen* haptischen Markenbildern in der Werbung (Darstellung von Daunenfedern für Weichheit).

Die Erkenntnisse über die Verarbeitung der oben beschriebenen Reize sowie deren Beitrag zur ganzheitlichen Markenwahrnehmung sind noch relativ unerforscht. Man ist hier daher noch weitgehend auf Vermutungen angewiesen.

1.3.3.6 Die Objektwahrnehmung im Zusammenspiel der Sinnesorgane

Im Marken-Design geht es meist darum, Marken zu gestalten, die mehrere (menschliche) Sinne zugleich ansprechen. Daher ist es wichtig, die gemeinsamen Einflüsse und Wirkungsweisen von Material, Form, Farben, grafischen Zeichen etc. auf verschiedene Sinnesmodalitäten zu beachten und bei der Gestaltung entsprechend zu berücksichtigen. Durch geschickte Komposition einer Marke mit unterschiedlichen Reizmodalitäten (Geruch, akustischer Reiz, Haptik etc.) kann man das Markenerlebnis häufig sehr wirksam und nachhaltig vermitteln (vgl. Kroeber-Riel/Weinberg, 1999, S. 123).

Hier ist zu beachten, dass sich mit der Kombination von Reizen für verschiedene Sinnesmodalitäten diese sich gegenseitig derart beeinflussen können, dass der Gesamteindruck verändert werden kann. So kann sich die Änderung der Verpackungsgestaltung auf die Wahrnehmung der gesamten Marke auswirken (vgl. Münnich, 2002, S. 66). Diese Ausstrahlung wird als *Irradiation* bezeichnet (ein Einzeleindruck hat Auswirkung auf die Beurteilung eines anderen Einzeleindrucks, z. B. Farbe von Margarine beeinflusst den wahrgenommenen Fettgehalt).

In diesen Bereich fällt auch das Phänomen der *Synästhetiker*. Das sind Menschen, die in der Lage sind, Sinnesreize (z. B. einen Ton) mit anderen Sinneseindrücken zu verbinden (z. B. der Ton ist gelb). Bei Synästhetikern haben Farben einen akustischen Klang, Gerüche sind eckig oder hart, oder Musik ist farbig. Bei Synästhetikern existieren im Gehirn Gedächtnis- und Wahrnehmungseinheiten in unterschiedlichen Modalitäten, die miteinander verbunden sind (vgl. Meyer, 2001, S. 41). Münnich (2002, S. 68) hat eine Modalitätsmatrix verschiedener Reizmodalitäten vorgeschlagen, die einen Überblick über die Verbindung von Einzel-Sinneseindrücken gibt:

Reizmodalität	Olfaktorik	Gustatorik	Akustik	Optik
Gustatorik	Aroma			
Akustik	Akust. Geruchs-Assoziation	Akust. Geschmacksassoziation		
Optik	Duftbilder	Opt. Geschmacksassoziation	Akustische „Szenen"	
Haptik	Gefühlter Geruch	Mundgefühl „Mouthfeeling"	Akust. Fühlvermögen	Optisch-haptische Formqualität

Tabelle 1.5: Kombination verschiedener Sinnesmodalitäten (Quelle: Münnich, 2002, S. 68)

In der Markenartikelindustrie ist beispielsweise bei Fruchtsäften oder anderen Genussmitteln, wie Schokoladen, Pralinen, Kartoffelchips, Joghurt mit Fruchtstückchen oder Speiseeis mit Nussstücken das so genannte „Mouthfeeling", d. h., das Gefühl im Mund, ein wichtiger Aspekt des Marken-Design. Wie fühlt sich ein Pudding, eine Schokoladenrippe, ein direkt gepresster Saft mit Fruchtfleisch im Mund an? Ist das Gefühl voll, pastös, weich, zäh, fest oder ist es wässrig, dünn, zart etc.?

> Dementsprechend kennt man im Marken-Design auch eine (nicht ganz ernst gemeinte) Segmentierung von Zielgruppen in der Genussmittel- und besonders in der Schokoladenindustrie in so genannte „Beißer" und „Lutscher": Die „Beißer" sind meist männlichen Geschlechts, sind harte Burschen und Kämpfernaturen, die sich sprichwörtlich durchs Leben beißen und entsprechende Marken bevorzugen, wie etwa Ritter Sport XXL-Schokolade, Wick-Bonbons oder Kernbeißer-Schokolade. Sie bevorzugen ebenso Fischermans Friend, Toblerone, besonders trockenen Wein, den man ja auch „beißt" oder Air Wave-Kaugummi. Demgegenüber gehören die „Lutscher" zu einem Segment, das vorwiegend von Frauen und von „Softies" besetzt ist. Ihre Lieblinge in der Markenwelt sind Milka (die zarteste Versuchung…), Pullmoll-Bonbons, Yoghurette, Likör und Cremissimo-Eis.

Die Wechselbeziehungen zwischen Gerüchen und atraktiven inneren Bildern werden besonders auch bei Reinigungsmitteln eingesetzt, und die entsprechenden Verpackungen werden farblich, bildlich und olfaktorisch so gestaltet, dass sich die gewünschten positiven emotionalen Eindrücke als inneres Duftbild beim Konsumenten einstellen (vgl. Münnich, 2002, S. 70).

Abbildung 1.29: links: Mr. Proper „Apfelduft", rechts: „Der General Bergfrühling"

2 Die Marke

2.1 Der Begriff der Marke

Das Wort „Marke" lässt sich aus seinem etymologischen Begriff ableiten. Neben dem mittelhochdeutschen „marc" (Grenzlinie, Grenze) und dem französischen Begriff „marquer" (markieren, kenntlich machen) steht auch der englische Begriff „mark" (Marke, Merkmal, Zeichen) für die Beschreibung der Marke. Das englische Wort „Brand" lässt sich aus dem Begriff „Brandmarke" ableiten, das für die Brandzeichen-Markierung von Rindern mit einem glühenden Eisen steht. Der Begriff „Brandmarken" steht auch heute noch für das Kennzeichnen eines Übeltäters oder eines vom Schicksal Gezeichneten.

2.1.1 Wurzeln, Entwicklung und Gegenwart der Marken

Die historischen Wurzeln der Marke gehen zurück bis ins *Altertum*. Auf ägyptischen, griechischen und römischen Amphorenverschlüssen wurden schon markentypische Siegel gefunden, welche die Herkunft und Inhalte der Behältnisse kenntlich gemacht haben. Auch aus zahlreichen Funden ehemaliger römischer Handwerkssiedlungen haben die Archäologen spezifische Werkstattzeichen zuordnen können. So wurden auf Dachziegeln, Glasbalsamarien, Terra-Sigillata-Schalen „Markenzeichen", teils als Abdrücke der Pfote des Haushundes, angebracht, die ein Abwehrzeichen gegen böse Hausgeister waren und zugleich den Absender kenntlich gemacht haben. Diese Zeichen trugen damit schon den Charakter einer besonderen Marke, die eine gewisse emotionale und magische Kraft besaß und zugleich den Charakter eines Herkunfts- und eines Qualitätssiegels hatte. Dieses alte abergläubische Brauchtum ließ sich auch bei uns bis vor etwa einer Generation noch beobachten, wenn z. B. beim Betonieren des Stallbodens über den noch nicht getrockneten Estrich ein Hund „gejagt" wurde (vgl. Schmitt, 1998).

Abbildung 2.1: Trittsiegel in römischen Dachziegeln aus Neipel (Quelle: Schmitt, 1998, www.Neipel.de)

*Abbildung 2.2: Strafe des Untertauchens betrüglicher Bäcker in der „Rossschwemme"
zu München (Quelle: Hinckeldey, 1989, S. 464)*

Mit der Weiterentwicklung der handwerklichen Fähigkeiten bildeten sich im Laufe der Jahrhunderte Handels- und Handwerksvereine heraus. Die *Hanse* und die *Zünfte* sorgten durch ihre Sanktionssysteme und durch straffe Organisation für eine perfekt funktionierende Produktion und Warenwirtschaft. Besonders bei den Handwerkszünften wurde auf die Einhaltung einheitlicher Warenqualitäten geachtet. Dafür sorgten äußerst strenge und wirksame Zunftsregeln. Verkaufte etwa ein Bäcker Brote, die nicht der vorgeschriebenen Zusammensetzung und/oder dem vorgeschriebenen Gewicht entsprachen, so wurde dieser im Beisein von Schaulustigen in einen speziellen Käfig gesperrt und in einen Fluss getaucht.

Den Handwerksbetrieben wurde von der Zunft vorgeschrieben, ihre eigenen Zeichen zu entwerfen und diese in der Zunftrolle registrieren zu lassen. Damit war im Falle eines Mangels ein Durchgriff auf den Hersteller möglich, und der Erwerber konnte sich ohne Risiko den Waren mit Herkunftssiegel anvertrauen. Dies war besonders bei Produkten mit schwer erkennbaren Qualitätsunterschieden wichtig. Das Brotgewicht kontrollierten damals vier „Brotschauer". Betrügerische Bäcker wurden entweder mit den Ohrläppchen an ihre Tür genagelt oder bei einer „Bäckertaufe" ins Wasser getaucht. Bierkontrollen sind bereits seit 1150 aktenkundig: Die Prüfer gossen das Getränk auf einen Holzstuhl und setzten sich darauf – bleiben ihre Lederhosen nach einer guten Stunde kleben, reichte der Malzzucker im Bier aus. Die Stadt Weißensee gestattete 1434 für Bier nur „Hopfen, Malz und Wasser". Wer Ruß, Kümmel oder Fichtenspäne verwendete, wurde kurzerhand für vier Wochen aus der Stadt gejagt (vgl. Ebner, 2001). Das bayerische Reinheitsgebot bei Bier von 1516 wurde besonders streng gehütet. Verstöße gegen dieses Gebot wurden häufig mit dem Entzug des Braurechtes bestraft.

„Der faulen Wein mit gutem Wein mischt, sein Leben verwirkt", steht im Soester Stadtrecht von 1120. Wer sich nicht an sein öffentliches Gelöbnis hält, reinen Wein zu verkaufen, verliert seine Hand oder zumindest sein Fass. Pantschern wurden Stifte durchs Ohr getrieben, auch Auspeitschen und Schanzarbeiten waren äußerst beliebt. Der Rat von Nürnberg befahl Ende des 14. Jahrhunderts, Wein sei nur „mit Eiern ohne die Schalen, Milch, Kieselsteinen, Lehm und Ton anzurichten", nicht jedoch mit Asche, Senf oder Speck. Besonders gefährlich war Blei, das die Säure des Weins brechen sollte. An Bleivergiftung starben 1706 in Stuttgart einige Kunden des Hanns Jakob Ehrni aus Esslingen „also ist ihm zu wohlverdienter Strafe der Kopf abgeschlagen worden" (vgl. Ebner, 2001). So durften die Fischer lebende Fische und Krebse nicht länger als acht Tage anbieten und gesalzene Fische erst dann verkaufen, wenn durch den Beschauer Stichproben entnommen und die Fässer mit dem eingebrannten städtischen Siegel gekennzeichnet waren. Den Metzgern war es verboten, dem Fleisch durch Zusätze ein frischeres Aussehen zu verleihen.

Die Qualitätskontrolle des Weines wurde in Nürnberg von drei vom Rat als „Schauer" vereidigten Männern ausgeübt. Sie besorgten sich selbst von jedem Wirt eine Kanne Wein. Auf der Kanne wurde mit Kreide der geforderte Preis geschrieben, unter den Boden der Name des Wirtes; letzteres, um unparteiisch urteilen zu können. Die Kannen wurden in einem Zimmer des Rathauses auf einen schachbrettartig eingeteilten Tisch, gestaffelt nach Preisen, aufgestellt. Dann wurde der Wein verkostet und durch Mehrheitsbeschluss der beste erkoren. Der Preis des Sieger-Weines und der Name des ausschenkenden Wirtes wurden anschließend öffentlich angeschlagen und somit jedermann zur Kenntnis gebracht (vgl. Hinckeldey, 1989, S. 422 ff.). Die Einhaltung und Garantie der Qualitätssicherheit von markierten Waren sorgte für die stetige Entwicklung und die Verfestigung eines ausgeprägten Markenbewusstseins, vorwiegend bei Lebensmitteln und handwerklichen Erzeugnissen jener Zeit.

Mit dem Anbruch des *Industriezeitalters* trat ein grundlegender Wandel in der Bedeutung der Marke ein. Die rapide ansteigende Bevölkerungszahl, ausgelöst durch die Fortschritte in Ernährung, Arbeitsformen und nicht zuletzt der Medizin, führte zu verstärkter Massennachfrage. Die aufkommende Gewerbefreiheit und der schwindende Einfluss der alten Zunftsorganisationen ließ die Zahl der Anbieter und der Massenproduzenten schnell wachsen. Parallel dazu änderten sich die Strukturen des Handels, um der neuen Situation der Märkte gerecht zu werden. Für den Verbraucher hatte dies eine gewisse Anonymisierung von Produkten und Leistungen zur Folge.

Für den Produzenten entwickelte sich umgekehrt ein unwägbarer Markt mit unsicherer Nachfrage und den damit verbundenen Risiken des Absatzes. An die Stelle der persönlichen Anpreisung von Erzeugnissen, wie man dies seit jeher von den Wochenmärkten kannte, trat für die Massenprodukte nun die Massenkommunikation – die „Reklame". Dieser Reklame hatte in der Vergangenheit ein eher unseriöser Ruf angehangen, entsprach sie doch nicht den damaligen Verhaltenvorstellungen des Marktgeschehens.

Das änderte sich jedoch bald, denn mit dem Auftreten von neuen Waren erfüllte die „Reklame" das aufkeimende Informationsbedürfnis vieler Verbraucher. Die Produkte wurden bald verbrauchs- und familiengerecht abgepackt, an die Stelle von Säcken und Spitztüten traten nun Flaschen, Karton- und Spanschachteln. Diese trugen fortan spezifische

Namen und Produktbezeichnungen. Die Markennamen waren entweder *Herstellernamen,* wie „Maggi" oder „Merck", *Herkunftsnamen,* wie „WMF" (Württembergische Metallwarenfabrik) oder so genannte *Akronymnamen*, wie Persil (**Per**borat **Sil**ikat), Sinalco (**Sine Alco**hol) oder auch *Fantasienamen,* wie Odol oder FA.

Dies war die Zeit, in welcher der Gründer der Marke „Maggi", der Italo-Schweizer Julius Maggi, begann, Suppen aus Gemüsemehl mit hohem Nährwert, kurzer Zubereitungszeit und erschwinglichen Preisen zu produzieren und auf den Markt zu bringen. 1886 gelang Julius Maggi eine zusätzliche Produktentwicklung, die seinen Namen von da an weltbekannt machte – die „Maggi-Suppenwürze". Diese neuen Produkte entsprachen den damaligen Anforderungen, in der die arbeitenden Schichten der Industriebevölkerung durch einseitige Kost zunehmend an Unterernährung und Eiweißmangel litten (vgl. Aeschbacher, 1994, S. 67 ff.).

Der Firmengründer Julius Maggi erkannte schon damals die Bedeutung einer starken Produktausstrahlung und eines klaren Markenbildes als wichtige Faktoren langfristigen Erfolgs. Die prägnante Flaschenform, der Maggi-Stern und die markanten Farben „rot" und „gelb" mit der grafischen Umsetzung, die von ihm selbst entworfen wurden, bestimmen noch heute das Markenbild „Maggi".

Werbung gehörte schon von Anfang an zum Bestandteil von Maggis Verkaufsphilosophie, denn der Firmengründer richtete bereits 1886 ein „Reclame- und Pressebüro" ein, das kein geringerer leitete als der spätere berühmte Dramatiker Frank Wedekind. Er dichtete für Maggi u. a. folgenden Reclamespruch:

> **Vater und Sohn**
>
> „Vater, mein Vater!
> Ich werde nicht Soldat,
> Dieweil man bei der Infanterie
> Nicht Maggi-Suppe hat!"
>
> „Söhnchen, mein Söhnchen!
> Kommst du erst zu den Truppen,
> So isst man dort auch längst nur Maggi's
> Fleischconservensuppen."

Unter der 1889 geschaffenen Markenphilosophie „Maggi unterstützt die Kochkunst der Hausfrau" werden heute fast 300 verschiedene Produkte angeboten. Rund fünfzig Millionen Euro werden gegenwärtig pro Jahr in die Markenwerbung Maggi investiert, um für Kontinuität, permanente Aktualität und Vertrauen, sowie für die Sympathie der Marke zu sorgen. Maggi ist zu einem Gattungsbegriff für Küchenwürze geworden. Selbst die Liebstöckelpflanze – die als Hauptgeschmackskomponente der Suppenwürze dient – ist heute als „Maggi-Kraut" bekannt, obgleich in der Maggi-Würze kein Liebstöckelkraut enthalten sein soll. Die Entwicklung der eigenständigen Flaschenform sowie der Farbcodes sind

Beispiele für die Kontinuität, mit der das Markenbild von Maggi entwickelt worden ist. Maggi ist heute eine der großen Dachmarken für Fertiggerichte mit einer umfangreichen Markenfamilie, die sich bis zu Tiefkühlkost entwickelt hat.

Das *moderne Markenwesen* nach dem zweiten Weltkrieg wird von Bruhn (1994, S. 10 ff) in fünf Phasen eingeteilt, die sich in Anlehnung an die unterschiedlichen Entwicklungen des Marketing darstellen lassen:

Nach der *ersten Phase der Dominanz und Preisbindung von Herstellermarken* in den 50er und den 60er Jahren, in denen die Markenartikler versuchten, ihre Produkte und Dienstleistungen als Marken zu stärken, kam die *zweite Phase der Handels- und Gattungsmarken* (70er Jahre), wo der erstarkte Handel die Hersteller allmählich mit ihren eigenen Marken konfrontierte und für reichlich Konfliktpotenzial sorgte. In den 80er Jahren entwickelte sich infolge wachsender Verdrängungsstrategien der Markenartikler eine ausgeprägte *Wettbewerbsorientierung* in der Markenstrategie.

Austauschbarkeit der Produkte, ausgereifte Märkte und Low-Involvement-Verhalten der Konsumenten führte zu neuen Ansätzen des Erlebnismarketing und der Erlebnismarken. Die *vierte Phase* wird beschrieben als die *Phase der Entwicklung von Dienstleistungs- und Investitionsgütermarken,* sowie der zunehmenden Bedeutung von *Öko-Marken und internationalen Marken* (90er Jahre).

Eine *fünfte Phase* des Markenwesens wird charakterisiert durch die Entwicklung von *Stadt- und Regionenmarken*, sowie durch die *Polarisierung lokaler versus globaler Marken* und das Aufkommen von *Personenmarken* (Luis Vuitton, Gianfranco Ferré etc.).

Neben dieser Phaseneinteilung gibt es eine Reihe weiterer Ansätze, welche die Änderung von Marken in Abhängigkeit zu seinem Lebenszyklus betrachten oder die sich mit der Dynamik der Zielgruppen (Lifestyle-Ansatz, Milieu-Ansatz etc.) auseinander setzen. Diese Aspekte werden in den späteren Erläuterungen an geeigneten Stellen aufgenommen.

2.1.2 Der Markenbegriff in Theorie und Praxis

Die Komponenten und Einflussfaktoren, die eine Marke kennzeichnen, sind vielfältig. Im ersten Kapitel wurden die Kontextfaktoren Unternehmen, Kunden, Umfeld, Handel etc. genannt. Hier sollen die direkt zur Marke gehörigen Aspekte, wie Philosophie, Form, Vertrauen etc. angesprochen werden. Der Markenbegriff wird in den Lehrbüchern vielgestaltig und akademisch beschrieben. In der Praxis herrschen zweckmäßige, oft branchen-, lebenszyklus- oder produktionsstufengebundene Definitionen vor. Allen ist der Anspruch gemeinsam, das Prinzip der Marke zu erkennen und daraus gewisse Konstanten für die Gestaltung und die Vermarktung ableiten zu können. In diesem Abschnitt sollen einige Erklärungsansätze für den Begriff der Marke bzw. des Markenartikels erläutert werden.

In den 60er Jahren wurde der Markenartikelbegriff noch weitgehend nach seinen Merkmalen *(merkmalsorientierter Ansatz)* auf „für den privaten Bedarf geschaffene Fertigwaren" beschränkt. Er galt für Produkte, die „in einem größeren Absatzraum unter einem besonderen, die Herkunft kennzeichnenden Merkmal in einheitlicher Aufmachung, in gleicher Menge, sowie in gleichbleibender oder verbesserter Güte erhältlich sind und sich dadurch, sowie durch die für sie betriebene Werbung die Anerkennung der beteiligten Wirtschaftskreise (Verbraucher, Händler und Hersteller) erworben haben" (Mellerowicz, 1964, S. 39).

Damals wurde mehr von einem Markenartikel denn von einer Marke gesprochen. Erst seit Ende der 70er Jahre sind auch Dienstleistungsmarken in Deutschland schutzfähig. Gleichwohl gab es bereits längst solche bekannten Dienstleistungsmarken wie „Wüstenrot", „Steigenberger Hotels", „Allianz Versicherungen", „Deutsche Bundespost" oder „Dresdner Bank".

Der *instrumentelle Ansatz* des Markenbegriffes (vgl. Meffert, 1979, S. 19 ff.) berücksichtigt in seiner Definition bereits solche Güter und die Leistungen, die immer dann als Marke angesehen werden können, wenn sie marketinginstrumentspezifische Merkmale wie Qualität, Preis, Werbung oder Distribution zu einem gewissen Grad aufgewiesen haben. Neben dem *absatzsystemorientierten Ansatz* (vgl. Alewell, 1974, S. 1218 ff.) und dem *erfolgsorientierten Ansatz* (vgl. Berekoven, 1978) steht der Markenbegriff streng im absatzbezogenen und marktbezogenen Kontext. In der amerikanischen Literatur hat sich schon früh der Markenbegriff aus *wettbewerbsorientierter Sicht* gebildet. Nach dieser Sichtweise definiert Kotler die Marke demnach wie folgt:

„Die Marke ist ein Name, ein Begriff, ein Symbol oder Design, bzw. eine Kombination daraus, die ein Produkt oder eine Dienstleistung in eindeutiger Weise hervorheben und von Mitbewerbern unterscheiden" (vgl. Kotler, 1989). Dieser Markenbegriff geht bezüglich seiner Merkmale weit über die Vorstellungen der 60er Jahre hinaus. Er schließt neben den Markenartikeln alle sonstigen denkbaren kommerziellen und nunmehr auch alle nichtkommerziellen Leistungen ein, wie Rohstoffmarken, die als Ingredient Brands bezeichneten Zwischenprodukte (Enka-Viskose, Nutra-Sweet; Pentium-Prozessor). Zu den Marken gehören ab sofort auch Dienstleistungen, wie Autowaschdienste, Pizza-Service, Personenmarken, wie Tennis-Profis, Filmstars oder gar Vereine, und Religionsgemeinschaften.

Im Marketing wird vielfach auch von einem *wirkungsbezogenen Markenansatz* (vgl. Bruhn, 1994, S. 8 f.) gesprochen. Dieser Ansatz betrachtet die Marke weder aus Anbietersicht oder aus Sicht der Rechtsprechung noch merkmalsbezogen, sondern über das Vorstellungsbild und über die subjektive Wahrnehmung des Konsumenten. Demnach kann als Marke bezeichnet werden, was die relevanten Zielgruppen als Marke wahrnehmen. Dieser Ansatz bezieht die psychologischen und soziologischen Aspekte, wie Emotionen, Motivationen, Einstellungen, sowie Konsumentenverhalten im sozialen Umfeld in die Markenbetrachtungen mit ein. Auf eine Kurzform gebracht, könnte man den Begriff der Marke unter Berücksichtigung psychologischer Aspekte wie folgt beschreiben:

> **Marke = Produkt/Leistung + Bedeutung für den Konsumenten**

Aus der *Sicht von Marken-Designern* sind Marken Produkte und Leistungen mit folgendem Anforderungsprofil (Wondrascheck, 1993, S. 79):

> – „Marken sollen dem Verbraucher einen Nutzen bieten,
> – das Markenangebot soll Sinn machen und Sinn geben für Verbraucher und Gesellschaft,
> – die Marke soll Zukunftskraft besitzen,
> – die Marke muss Mitverantwortung für das *„Raumschiff Erde"* tragen,
> – die Marke soll Lebensfreude vermitteln,
> – die Marke muss einen Wohlfahrtsbeitrag leisten."

Die vorstehenden Forderungen weisen auf Werte hin, die in der jüngeren Vergangenheit bei den Konsumenten mehr und mehr Bedeutung erlangt haben. Dazu gehören in erster Linie ethisch-ideelle Nutzen von Marken, wie Umweltschutz, Glaubwürdigkeit und Rücksichtnahme auf gesellschaftliche Werte (z. B. die begrenzten Rohstoffressourcen, Berücksichtigung von Menschenrechten in allen Ländern, faire Einkaufspreise, faire Entlohnung, menschenwürdige Arbeitsbedingungen etc.).

Der Markenbegriff aus Sicht der Gesetzgebung

Die Rechtsprechung hat mit dem Inkrafttreten des Gesetzes über den Schutz von Marken und sonstigen Kennzeichen (MarkenG), das mit dem 1.1.1995 wirksam wurde, den Begriff der Marke wie folgt definiert (§ 3, Abs. 1, MarkenG):

> „Als Marke können alle Zeichen, insbesondere Wörter einschließlich Personennamen, Abbildungen, Buchstaben, Zahlen, Hörzeichen, dreidimensionale Gestaltungen einschließlich der Form einer Ware oder ihrer Verpackung sowie sonstige Aufmachungen einschließlich Farben und Farbzusammenstellungen geschützt werden, die geeignet sind, *Waren oder Dienstleistungen eines Unternehmens* von denjenigen anderer Unternehmen zu unterscheiden."

Diese Aufzählung ist nicht umfassend. Weitere Zeichenformen sind zulässig, also etwa Tast-, Geschmacks- und Geruchszeichen (vgl. Eisenmann, 1995, 114 ff.). Die gesetzgeberische Festlegung des Markenschutzes ist auch aus Gründen der Harmonisierung der unterschiedlichen Markengesetze in den Staaten der Europäischen Union, sowie im Rahmen der Schaffung des EU-Binnenmarktes notwendig geworden. Wie auch immer die Marke definiert wird, man kann davon ausgehen, dass es *den* richtigen oder *den* falschen Markenbegriff nicht gibt. Die Definitionen sind letztlich eine Sache der Zweckmäßigkeit ihres Umgangs und somit auch abhängig von der Betrachtungsweise der Branchen oder Unternehmen, die direkt in die Marke involviert sind.

Aus *Sicht des Marken-Designs*, das sich eng an den wirkungsbezogenen bzw. konsumentenbezogenen Ansätzen orientiert, sollen folgende *vier* Kernmerkmale herausgestellt werden, die ein Produkt oder eine Leistung als Marke kennzeichnen.

Eine Marke muss:

1. ein eigenständiges, mit Bedeutung versehenes **Markenbild** besitzen, das Attraktivität, Einzigartigkeit, Klarheit und einen überzeugenden Benefit aufweist,
2. **Kontinuität und Dynamik** in ihrem Lebenszyklus mit frühzeitiger Orientierung an veränderte gesellschaftliche Rahmenbedingungen und **Konsistenz** in ihrem inneren Aufbau haben,
3. hohen **Qualitätsstandard** und **Innovationsfähigkeit** besitzen,
4. Glaubwürdigkeit, Loyalität, Sympathie und Vertrauen **(Markenguthaben)** aufbauen.

Auf die obigen Merkmale soll in den folgenden Erläuterungen zur Struktur der Marke näher eingegangen werden.

2.1.3 Markentypologien

In der Praxis der Markenführung existiert eine Vielzahl von Bezeichnungen, die im Zusammenhang mit Marken benutzt werden. Aus dem Spektrum der Typologien sollen in diesem Abschnitt die gängigsten zusammengestellt und erläutert werden.

1. Die *Einzel- oder Monomarke* bezieht sich auf ein singuläres Produkt oder eine Leistung, die für sich alleine genommen den Status eines Markenartikels bereits erreicht. Es gibt zu der Monomarke keine Produkt- oder Leistungsvarianten und keine Erweiterungen auf verwandte Anwendungsbereiche. Ein Beispiel für den Konsumgütersektor sind Zigarettenmarken, wie „Milde Sorte", „Basic" etc. Im Gebrauchsgüter- und Investitionsgütersektor sowie im Dienstleistungsbereich sind Einzel- oder Monomarken gleichfalls zu finden. Aus Gründen des Imagetransfers sowie aus Gründen der Markt- und Produktdifferenzierung befinden sich jedoch die Einzelmarken mehr und mehr auf dem Rückzug. Die Monomarke erlebt, wenn sie erfolgreich ist, häufig eine Ausweitung (z. B. Light, mit Filter, mit Menthol), um die Vorteile der größeren Zielgruppenabdeckung vorwiegend in preislich orientierter Marktsegmentierung (Preisdifferenzierung, *Premium- oder Erstmarke* versus *Zweitmarke, Drittmarke,* Kompetenzausdehnung, Wettbewerbsgründe etc.) zu nutzen.

2. *Gruppenmarken*: Werden bestimmte Warengruppen oder Dienstleistungen, die in einem markentechnisch sinnvollen Zusammenhang zueinander stehen (z. B. gleiche Vertriebswege, zusammengehörige Saisonartikel, verwandte Warengruppen) unter einer gemeinsamen Markenbezeichnung geführt, dann kann man von *Gruppenmarken* sprechen. Beispiele hierfür sind *Handelsmarken,* wie „Naturkind" (Tengelmann-Gruppe), „Füllhorn" von REWE oder bestimmte Elektrogeräte, wie die Marke „Elite" von Kaufhof (Metro-

2.1 Der Begriff der Marke

Markenmerkmale	Markentyp	Beispiele
Anzahl der Marken	Mono-/Einzelmarke Familienmarke Gruppenmarke Dachmarke Virtual Brands	Underberg, Red Bull Nivea/Tesa Füllhorn Maggi, Starbucks Virgin, ebay, amazon
Preisdifferenzierungsgrad der Marke	Erstmarke Zweitmarke	WMF-La Galleria WMF-Tischfein
Markenanbieter (institutionell)	Herstellermarke Handelsmarke Dienstleistungsmarke Systemmarke	Valensina Naturkind Allianz, SAP Smart
Markierungsart	Wortmarke Zeichenmarke Bildmarke Hörmarke (akust. Marke) Geruchsmarke	Siemens 4711 Lacoste Krokodil Telecom, Beck's Chanel Nr. 5
Produktion/Vermarktung	Eigenmarke Lizenzmarke Fremdmarke	Bahlsen Leibniz Keks Coca-Cola Palazzo Schoko-Keks
Geografische Reichweite der Marke	Lokalmarke Regionalmarke Kulturgeograf. Marke Nationale Marke Internationale Marke Globale Marke	Bruch Bier F6-Zigaretten Bommerlunder Warsteiner Bier Nivea Coca-Cola

Tabelle 2.1: Übersicht über Markentypologien

Gruppe). Die *Handelsmarken* sind Produkte oder sonstige Leistungen, die von Handelsorganisationen in deren Vertriebssystemen angeboten werden und die in den letzten Jahren eine immer größere Bedeutung erlangt haben. Aktuell geht man davon aus, dass Handelsmarken im Lebensmitteleinzelhandel mit steigender Tendenz ca. 19,2 Prozent (2001) des Verbrauchsgüterangebotes in Deutschland ausmachen.

3. *Familienmarken/Dachmarken:* Familienmarken und Dachmarken werden häufig in einem Atemzug genannt. Es handelt sich dabei um mehrere Varianten einer Marke (meist Herstellermarke), die ihre Namensbezeichnung als Dach entweder im Unternehmensnamen trägt (VW, Audi, Maggi, Jacobs, Dallmayr etc.) oder die innerhalb des Unternehmens einen eigenen Namen hat und hier meist für die Konsumenten eine größere Rolle spielt als das Unternehmen selbst. Beispiele sind: Beiersdorf/Nivea, Henkel/Persil, Henkel-Schwarzkopf/Schauma. Im letzteren Fall spricht man häufig von Familienmarken. Wie bei

80   2 Die Marke

der Gruppenmarke spielen auch bei der *Dachmarke/Familienmarke* vor allem Image-Transfer-Überlegungen die bestimmende Rolle.

Andere Gründe für eine Familienmarken- oder Dachmarkenstrategie („umbrella branding strategy") sind Produkterweiterungen im Sinne eines „Systemgedankens" (z. B. alles für den Tisch; WMF-Marke Tischfein) oder systematische Kundenbindungsstrategien im Zeitablauf (z. B. Coca-Cola Koffeinfrei auch für Kinder, Coca-Cola-Light für die Kalorienbewussten etc.). So hat es beispielsweise die Marke „Nivea" geschafft, aus einer ursprünglichen Monomarke („Nivea" Hautcreme) in den letzten Jahren eine umfangreiche Markenfamilie für die Körperpflege (Haut und Haar) aufzubauen. Ähnliche Entwicklungen haben sich bei „Maggi" und bei „Knorr" im Sektor Fertiggerichte ergeben.

Ob eine Dachmarkenstrategie erfolgreich ist, hängt von einer Vielzahl von Faktoren ab, die Gegenstand umfangreicher Marktforschungsuntersuchungen sind. Eine Gefahr der Dachmarkenstrategie kann darin bestehen, dass durch die Ausweitung ihres Waren- oder Dienstleistungsangebotes nicht die gewünschte Nachfrageausweitung erzielt wird, sondern das bestehende Nachfragevolumen lediglich von der Kernmarke auf die ausgedehnte Markenfamilie verstreut wird (Vampireffekte). Ein weiteres Risiko kann darin bestehen, dass durch die Ausweitung der Markenfamilie das ursprünglich klare und prägnante Markenbild „ausbleicht". Der Markenauftritt und damit die Vorstellung von der Marke bei den Kunden verliert an Konturenschärfe. Die Marke selbst besitzt nicht mehr die Kraft und die Prägnanz ihres Auftrittes, um sich aus dem Umfeld der Wettbewerbsmarken erfolgreich abzuheben.

Beispiel: Viele Varianten der Automobilmarke „Ford" in Deutschland lassen einen einheitlichen gestalterischen Auftritt weitgehend vermissen. Das Unternehmen nützt nicht die Chance, seinen bekannten Namen mit einem für alle Varianten verbindlichen Auftritt und „Gesicht" auszustatten, um dem Kunden Geschlossenheit und Einheitlichkeit der Marke zu bieten. Die Körperpflegemarke „Fa" (Henkel/Schwarzkopf) hat ihr Sortiment, z. B. bei Duschlotions, erheblich ausgedehnt und macht es den Konsumenten damit nicht gerade leicht, eine klare Wahl zu treffen. Mit der Ausdehnung ging eine Vervielfältigung von Farbvarianten einher, die den einstigen farblichen Grundcode, nämlich die Farbe blau (Symbol für den Himmel und das Meer), regelrecht haben verschwimmen lassen.

Abbildung 2.3: Unterschiedliche Gesichter einer großen Marke – Ford
(Quelle: www.ford.de)

Als erweiterte Form der Marke haben sich in den letzten Jahren, bedingt durch den rasanten technologischen Wandel, besonders durch das Internet, die Online-Marken oder die so genannten Virtual Brands gebildet. Hierunter sind Marken zu verstehen, die überwiegend im Internet-Bereich oder Mobilfunkbereich auftreten. Die Marken ebay (Auktionsportal im Internet), Yahoo, Google (beides Internet-Suchmaschinen) oder Marken, die weitgehend von neuen Medien unabhängig sind, wie Virgin (Virgin Airlines, Virgin Railway, Virgin Megastores, Virgin Cola) sind typische Beispiele für solche Marken. Sie erreichen eine Nutzergemeinschaft, die über Online-Medien kommuniziert und ansonsten weitgehend anonym und verstreut über den gesamten Globus verteilt ist. Sie ist eine künstliche, eine virtuelle Gemeinschaft. Auf die Marke und deren mediale Aspekte geht dieses Buch näher ein im Kapitel 6.4 „Mediale Aspekte des Marken-Design".

4. Herstellermarken: Die am stärksten verbreiteten Marken sind die so genannten *Herstellermarken,* die in allen Bereichen der Konsumgüter- und Investitionsgüterindustrie sowie des Dienstleistungssektors zu finden sind. Herstellermarken sind selbst bei agrarischen Erzeugnissen zu finden (Wiesenhof-Hähnchen, Gut Springheide-Eier, Chiquita-Bananen, Cap-Äpfel etc.).

5. Dienstleistungsmarken: Seit 1979 ist die Schutzfähigkeit von *Dienstleistungsmarken* in Deutschland gesetzlich geregelt. Die zunehmende Mobilität unserer Gesellschaft (Reisegesellschaften, Fluggesellschaften, Transportunternehmen etc.), die rasante Fortentwicklung der Informations- und Kommunikationstechnologie (Online, Telefon, Telefax, Kabelfernsehen, Satellitenantennen, WAP-Handies, UMTS-Technologie) sowie das allgemein gestiegene Service-Bewusstsein in den Industriegesellschaften (Reinigungsdienste, Restaurants, Versicherungen, Erlebnisparks etc.) machen den allgemeinen Trend zur Dienstleistung in unserer Gesellschaft deutlich. Wie bei den klassischen Markenartikeln entwickeln sich viele Dienstleistungen rasch zu eigenständigen Marken mit einer eigenen Dynamik.

6. Nach der Art der Markierung kann in *Wortmarken, Zeichenmarken* (Ziffern und Zahlen, wie 4711, BASF oder HB), in *Bildmarken* und in *kombinierte Wort-/Bildmarken* unterschieden werden. Wortmarken sind z. B. „Siemens", eine Zeichenmarke ist das „BASF-Logo". Wortbildmarken sind z. B. das „Lacoste-Krokodil", „Du darfst", das „Bayer-Kreuz", das „Merck"-Signet etc. Reine Bildmarken sind das „Camel-Kamel" auf Schuhen oder Hosen.

Abbildung 2.4: Wortmarken und Wortbildmarken bekannter Marken

7. Des Weiteren kann man in *Eigenmarken* (vom Hersteller selbst vermarktete Marken) und in *Fremdmarken* (vom Hersteller produziert, aber nicht selbst vermarktet), sowie in *Lizenzmarken* unterscheiden. Das sind Produkte wie etwa „Coca-Cola", dessen Rezeptur der Hersteller dem Lizenznehmer zur Verfügung stellt und meist beim Lizenznehmer abgefüllt und vertrieben wird.

8. Schließlich soll noch die Einteilung nach der geografischen Reichweite der Marke (Bruhn, 1994, S. 27 ff.) erwähnt werden. Hier kann zwischen *lokaler, regionaler, nationaler, kulturgeografischer, internationaler und globaler Marke* differenziert werden. Zu den lokalen Marken kann noch eine große Anzahl von Biermarken gerechnet werden – besonders im ländlichen Raum – während regionale Marken sich auf größere Gebiete (z. B. Bundesländer oder auch Nielsen-Gebiete) beziehen können (bestimmte Zigarettenmarken, wie „Kurmark", „Lasso", „Roth-Füchsel" oder „F6").

Eine nationale Marke ist innerhalb einer Staatsgrenze verbreitet, während bestimmte Marken, welche die Konsumgewohnheiten eines bestimmten Kulturkreises repräsentieren, auch über Staatsgrenzen hinweg distribuiert werden können (Aalborg, Bommerlunder etc.). Zu den bedeutendsten internationalen Marken, die inzwischen zu Weltmarken, zu Global Brands, geworden sind, kann man McDonald's, Coca-Cola, Marlboro, Pantène pro V, Mercedes-Benz, Porsche sowie Nescafé rechnen.

2.1.4 Markenwertansätze

Neben dem Design der Marke steht ihr Wert als Erfolgsfaktor heutzutage im Mittelpunkt der Betrachtungen. Der monetäre Wert der Marke rückt immer mehr in den Fokus von Controllern, weil der International Accounting Standard Board (IASB), eine weltweite Rechnungslegungsorganisation, sich zum Ziel gesetzt hat, bis zum Jahr 2005 eine global einheitliche und verbindliche Bewertungsrichtlinie für die Bilanzierung von Markenwerten zu verabschieden und umzusetzen. Ab diesem Zeitpunkt werden in allen Bilanzen die Markenwerte eines Unternehmens zu aktivieren und damit nachweisbarer Vermögens-Teil eines Unternehmens sein.

Die Marke wird dann spätestens mit der Umsetzung einer entsprechenden Richtlinie auch buchhalterisch zum *zentralen Erfolgsfaktor* für das Unternehmen. Ihre Leistung und ihr Ertrag sind aber bereits heute Messlatte für den gesamten Unternehmenserfolg und damit für alle marktbezogenen unternehmerischen Tätigkeiten. Ebenso wie ein Unternehmen, wie ein Grundstück, so hat die Marke, unabhängig von ihrer physischen Substanz, einen Wert, der quantitativ ermittelt werden kann, und der für das Unternehmen in vielerlei Hinsicht wichtig ist.

Bei der Bilanzierung (z. B. beim Erwerb eines Marken-Goodwills), bei der Lizenzierung oder beim Verkauf von Marken muss ein *monetärer Markenwert* bereits heute ermittelt werden (vgl. Esch, 1999, S. 962). Dies wird in der Regel kein reiner Substanzwert der physischen Marke (Summe der auf Lager befindlichen Produkte) sein. Eine starke Marke hat sich in der Regel ein hohes Vertrauen der Konsumenten erworben, das für sich genommen schon einen hohen Wert für den künftigen Erfolg darstellt.

Eine Marke ist neben ihrer Bekanntheit womöglich durch Patente oder Markenrechte international geschützt, und sie hat sich einen Vertriebsweg geebnet, in den investiert worden ist. Kurzum: Der Wert einer Marke ist mehr als nur die Summe der bisherigen Verkaufserlöse und der Substanz, er besteht in allererster Linie aus dem Potenzial der nachhaltigen künftig zu erwirtschaftenden Erlöse und muss dementsprechend ermittelt werden.

Der Wert einer Marke sowie ihre Substanz und ihr Potenzial lassen sich, wie bereits angesprochen, sowohl in quantitativer Hinsicht (Wie viel Geld ist die Marke wert?) als auch in qualitativer Hinsicht (Wie kommt die Marke bei den Zielgruppen an?) ermitteln. Der *quantitative monetäre Markenwert* ist infolge von Firmenkäufen, Fusionen und Markenerwerb besonders für die Investoren von Bedeutung, wobei sich die Frage stellt: Was muss ich für die Marke zahlen? Diese Fragen stellen sich vor allem in Ländern, in denen eine bilanzielle Aktivierung des Markenwertes gesetzlich zulässig und/oder geboten ist. Auch bei der Frage nach dem monetären Markenwert bei Lizenzverhandlungen, beim Erwerb von Markenrechten oder bei Rechtsstreitigkeiten ist die Ermittlung eines geeigneten monetären Markenwertes wichtig. Bei der Ermittlung eines „richtigen" oder „objektiven" Markenwertes sind sich die Fachleute über die Messansätze und die Methoden zur Markenwertermittlung keineswegs einig. Die meist stark abweichenden Ergebnisse von unterschiedlichen Messansätzen verschiedener Institutionen bei der Bewertung der Global Brand „Coca-Cola" mögen die Spannbreite der ermittelten Markenwerte illustrieren.

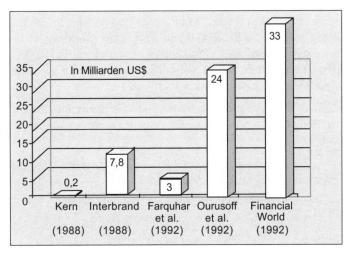

Abbildung 2.5: Markenwerte für Coca-Cola (Quelle: Bekmeier-Feuerhahn, 1998, S. 62)

Aus monetärer oder investitionsorientierter Sichtweise kann der Markenwert u. a. beschrieben werden als der „Barwert aller zukünftigen Einzahlungsüberschüsse, die der Eigentümer aus der Marke erwirtschaften kann" (Kaas, 1990, S. 48). In der Praxis wird mitunter, in Anlehnung an Erfahrungsregeln, der *acht- bis zehnfache Betrag* der markenbezogenen durchschnittlichen letzten Drei-Jahres-Ergebnisse (vor Steuern) angegeben.

Ein exakter monetärer Markenwert kann, neben ertragsorientierten Ansätzen, insbesondere aus dem *„strategischen Interesse"* des Erwerbers an der Marke abgeleitet werden und ist mit abdiskontierten Ertragswerten nur unzureichend zu quantifizieren. Aus *Marketingsicht* wird der quantitative Wert einer Marke beschrieben mit dem Wert, d. h. dem zusätzlichen Umsatz oder Ertrag, den ein Produkt/eine Leistung durch die spezifischen Marketing-Mix-Maßnahmen bei den Kunden *nachhaltig*, d. h. über einen längeren Zeitraum, erzielt. Insgesamt ist der Markenwert als immaterieller Wert nur schwer objektiv zu ermitteln und zu quantifizieren (vgl. Esch, 1999, S. 961).

Die Markenwertansätze allein sagen jedoch noch nichts über die *Ursachen* für das Zustandekommen eines hohen oder niedrigen Markenwertes aus. Die Gründe für einen hohen oder niedrigen Markenwert sind aber ausschlaggebend zur Steuerung der Marke und daher von besonderem Interesse. Auf diesen Aspekt gehen wir an anderer Stelle genauer ein.

Zunächst soll aber auf einige weitere praxisorientierte Modelle der Markenwertmessung eingegangen werden. Bei der Messung kann in monetäre, nicht-monetäre und in gemischte Ansätze unterschieden werden. Nicht monetäre Ansätze beziehen sich häufig auf Image-Werte der Marke oder auf Bekanntheitswerte. Diese Ansätze gehen davon aus, dass ein gutes Markenimage unabdingbare Voraussetzung für den künftigen Marken-Verkaufserfolg ist und daher bei der Wertbetrachtung berücksichtigt werden muss.

Der *Brand Rating*-Ansatz von Icon und Dr. Wieselhuber & Partner AG ist ein gemischter Ansatz, der sowohl qualitative als auch quantitative Elemente bei der Bewertung enthält.

Nach diesem Ansatz wird der monetäre Markenwert ermittelt, indem die qualitative Markenstärke (Eisberg-Modell von Fa. Icon Brand Navigation, Nürnberg) mit einem quantitativ ermittelten Preisabstandsindex (Markenbonus) und einem Faktor für das künftige Markenpotenzial (Brand Future Score) multipliziert wird. Auf die genauere Betrachtung des Eisberg-Modelles wird später näher eingegangen.

Das *Interbrand-Modell* zur Bewertung von Marken ist ein gemischtes ökonomisch-verhaltensorientiertes Modell auf Scoring-Basis, das folgende Kriterien berücksichtigt:

> a) die Marktbeeinflussungsmöglichkeiten (Marktanteil, Handelsdurchsetzung, Produktvorteile, Wettbewerber, Zukunftsaspekte);
> b) Stabilität, wie Historie, aktuelle Position, künftige Entwicklungschancen;
> c) Markt (Wettbewerbsstruktur, Volumen, Segmente, Trends, Dynamik);
> d) Internationalität (Vergangenheit, Gegenwart, Zukunft);
> e) Trend der Marke (Entwicklung, Status, Planung);
> f) Marketing-Unterstützung
>   (Werbung, Verkaufsförderung, Marktpräsenz, künftige Strategie);
> g) rechtlicher Schutz der Marke (vgl. Hammann, 1992, S. 223 f.).

Das *Marken-Bilanz-Modell* und der *Brand Performancer* von Nielsen sind ebenfalls ein gemischtes ökonomisches und qualitatives Modell mit den folgenden Kriterien:

> a) Was gibt die Marke her? (Marktgröße, -entwicklung, -wertschöpfung);
> b) Welchen Anteil holt die Marke aus ihrem Markt?
>   (wertmäßiger/relativer/Gewinn- Marktanteil, MA-Entwicklung);
> c) Wie beurteilt der Handel die Marke?
> d) Was tut das Unternehmen für die Marke?
>   (Produktqualität, Preisverhalten, Share of Voice);
> e) Wie stark sind die Konsumenten der Marke verbunden?
>   (Treue, Vertrauen, Erinnerung, Identifikation, Share of mind);
> f) Wie groß ist der Geltungsbereich der Marke?
>   (vgl. Hammann, 1992, S. 223 f.)

Das *Marken-Kraft-Modell* der GfK, Nürnberg, ist ein rein ökonomisches Modell und stellt zur Berechnung des Markenwertes die Erlöse und die Kosten einer Marke gegenüber, wobei die Erlösseite von Daten des GfK-Handelspanels beigesteuert werden und die Kostendaten aus den jeweiligen Markenunternehmen kommen. Die Markenkraft ist nach diesem Modell eine Residualgröße, die sich aus der Differenz zwischen dem Marktanteil der Marke und dem Teil des Marktanteils aus der Wirkung des kurzfristigen Marketing Mix ergibt (vgl. Maretzki/Wildner, 1994, S. 102).

Der *Brand Asset Valuator* der Werbeagentur Young & Rubicam wird seit 1993 zur qualitativen Markenbewertung eingesetzt und ist in 24 Ländern an über 12000 Marken verwendet worden. Vier Faktoren kennzeichnen dieses Modell. Die ersten beiden Faktoren (*Differenzierung und Relevanz*) geben das Wachstumspotenzial der Marke an, während die Faktoren *Ansehen* und *Vertrautheit* für das Image der Marke stehen (vgl. Werner/Richter, 1998, S. 25).

Das *Eisberg-Modell* von Icon zur Ermittlung des Markenwertes ist das derzeit bekannteste Markenwertmodell und rein verhaltensorientiert. Nach diesem Ansatz ergibt sich der Markenwert, d. h. die Markenstärke, aus dem Markenbild (Markeniconographie) und dem Markenguthaben (vgl. Esch/Andresen, 1997, S. 20). Das Markenbild umfasst nach diesem Ansatz die Bekanntheit, die Klarheit und Attraktivität des inneren Markenbildes, die Eigenständigkeit des Markenauftrittes, die Einprägsamkeit der Werbung sowie den subjektiv wahrgenommenen Werbedruck. Das Markenguthaben beinhaltet die Markensympathie, das Markenvertrauen und die Loyalität zur Marke. Auf dieses Modell wird im weiteren Verlauf noch näher eingegangen.

Bei der *gestaltungs- und marketingorientierten Steuerung* von Marken geht es zum einen um die Beantwortung der Ursachen von positiven oder negativen Markenentwicklungen. Es geht darüber hinaus darum herauszufinden, *warum* ein hoher oder ein niedriger Markenwert zustande gekommen ist, und zunächst interessiert vor allem die Frage, wie geeignete gestalterische Maßnahmen abgeleitet werden können, die zur nachhaltigen Erhaltung bzw. Verbesserung der Marke führen (vgl. Esch, 2000, S. 964). Ein weiterer Aspekt, der sich im Zusammenhang mit der Gestaltung einer Marke stellt, ist die Frage nach der Auswirkung von Gestaltungsalternativen auf die Attraktivität einer Marke und damit auf den nachhaltigen Erfolg der Marke im Markt. Im Mittelpunkt des Interesses stehen hier somit die Aspekte der qualitativen Diagnose, der Steuerung und des *Marken-Design*. Die *diagnostischen* Schlüsselfragen zum Markenstatus können wie folgt lauten:

> 1. Wie und unter welchen Umständen nehmen die Konsumenten Markenbotschaften auf, wie werden diese im Gehirn verarbeitet und gespeichert und als gespeichertes Wissen wieder reaktiviert?
> 2. Was sind die Ursachen dafür, dass eine bestimmte Marke bei den Konsumenten mehr oder weniger bevorzugt, d. h. erfolgreicher ist (Markenstatus und Substanz) als andere Marken?
> 3. Was bestimmt den künftigen Erfolg oder Misserfolg einer Marke bei den Konsumenten (Potenzial)?
> 4. Welche Möglichkeiten stehen dem Markenmanagement zur Verfügung, um den Markt zum Vorteil für die Marke zu beeinflussen (Handel, Wettbewerb etc.)?
> 5. Wie muss eine Marke gestaltet sein und im Markt auftreten, damit sie von den relevanten Zielgruppen bevorzugt wahrgenommen, akzeptiert, präferiert wird, Vertrauen erhält und langfristig loyal gekauft wird?

Diesen diagnostischen und „therapeutischen" Fragestellungen an die Marke und an die Konsumenten folgen die Fragestellungen nach den *ökonomischen Auswirkungen*, d. h. nach dem tatsächlichen monetären Wert, den eine gut geführte Marke für das Unternehmen erwirtschaftet. Wenn die Marke im Mittelpunkt der Betrachtungen steht, dann muss sie sowohl qualitativ als auch quantitativ, sowohl ökonomisch als auch verhaltenswissenschaftlich erfasst und gemessen werden können. Immerhin muss der quantitative Einfluss der Marke oder des Markenwertes auf das Unternehmensergebnis deutlich erfassbar sein. Es muss sich, mit anderen Worten, der monetäre Wert der Marke errechnen und zuordnen lassen, genauso wie die Stärke des kommunikativen Einflusses der gestalterischen Markeninstrumente auf das Kaufverhalten nachweisbar sein muss.

Der *absolute* Wert, den die Marke ökonomisch erwirtschaftet, ergibt sich aus den Erträgen, die von der Marke in einer Periode erzielt werden, unabhängig vom Vorhandensein einer Konkurrenzmarke. *Relative Markenwerte* können nach den vorher beschriebenen Ansätzen, wie dem GfK-Modell, in Ansatz gebracht werden oder mittels des gemischten Brand Rating-Modells ermittelt werden. Für eine Betrachtung aus Markenführungssicht bieten sich außer Ertragsbarwerten geeignetere Benchmarks an, wie Ertrags-Zielvorgaben oder Vergleiche mit dem Umsatz oder Ertrag im Branchendurchschnitt oder auch Vergleiche mit dem Marktanteil des oder der wichtigsten relevanten Konkurrenten. Für die Betrachtung aus Sicht der Markenführung selbst sind jedoch ökonomische und monetäre Wertansätze zunächst wenig hilfreich. Hier benötigt man verhaltensorientierte Markenansätze, um eine Marke gestalten und „führen" zu können.

2.2 Theoretische Erklärungsansätze der Marke

In der Fachliteratur finden sich eine Reihe von Erklärungsansätzen zur Marke (Markentheorien). Diese Ansätze versuchen, die Marke aus jeweils unterschiedlichen Denkhaltungen zu erklären. Bei diesen Erklärungsansätzen werden Forschungsperspektiven, Haltungen zu Vorgehensweisen der Markenplanung, der Markenanalyse und Diagnose sowie der Umfeldeinflüsse, auf die Marke berücksichtigt. Aus der Vielzahl der Denkhaltungen sollen im Folgenden der identitätsorientierte Ansatz, der verhaltenswissenschaftliche Erklärungsansatz, der funktionenorientierte Ansatz und der Ansatz des Markentypenlebenszyklus genannt werden. Diesen Ansätzen gemeinsam ist eine interdisziplinäre Sichtweise der Markentheorie (z. B. aus der Physik, Soziologie, Psychologie, Kulturanthropologie etc.).

2.2.1 Der identitätsorientierte Ansatz der Markenführung

Der identitätsorientierte Ansatz der Markenpolitik (vgl. Meffert et al., 2002, S. 28 f.; Aaker, 1996; Kapferer, 1992, S. 39 f.) stellt eine starke Identität der Marke als Voraussetzung für die nachhaltige Bildung von Vertrauen des Konsumenten in den Vordergrund. Das Vertrauen in die Marke ist demnach Voraussetzung für die Bildung von langfristiger Loyalität seitens der Konsumenten. Im Mittelpunkt des identitätsorientierten Ansatzes der Markenführung stehen das unternehmensinterne absenderbezogene Konzept des Markenaufbaus (Markenidentität) und das unternehmensexterne vom Konsumenten wahrgenommene Image der Marke, die sich wechselseitig beeinflussen.

Eine stärkere Einbeziehung des innenorientierten Konzeptes der Marke über das externe Markenimage hinaus ist aus folgenden Gründen in den letzten Jahren notwendig geworden: Waren die Konsumenten in früheren Zeiten noch weitgehend in der Lage, eine Marke dem Absenderunternehmen zuzuordnen (Maggi, Nestlé, Ritter Sport etc.), so sind es heute weitgehend anonyme Großkonzerne, die ein ganzes Markenportfolio führen (Kraft, Jacobs, Suchard, Marlboro wird von Philip Morris gemanagt). Sie müssen dafür Sorge tragen, dass bei den Zusammenlegungen von Markenportfolios und administrativen Funktionen das Selbstbild oder die Identität einer Marke nicht verwässert werden.

Diese *duale Sichtweise der Marke* (interne und externe Sicht) bedingt einen ebensolchen Managementprozess: nämlich einen außen- und einen innengerichteten Managementprozess mit der strategischen Zielsetzung einer funktionsübergreifenden Vernetzung aller Marketingentscheidungen, welche bei der Markenführung in einem Unternehmen notwendig werden (vgl. Meffert et al., 2002, S. 30). Hierzu gehören die grundlegenden Marketingentscheidungsprozesse, bei denen davon ausgegangen wird, dass in einer gegebenen Entscheidungssituation aus einer Anzahl von markenpolitischen Alternativen, im Hinblick auf festgelegte *Ziele,* die optimale Lösung mittels eines geeigneten Entscheidungsalgorithmus zu wählen ist.

Der Lösungsweg hinsichtlich der übergreifenden als auch einzelner markenpolitischer Entscheidungsprobleme ist in verschiedene Phasen eingeteilt, die deutlich voneinander abgegrenzt sind: die *Analyse- und Bewertungsphase, die Visions- und Zielformulierungs-*

phase, die Strategiephase, die Umsetzungsphase und die Kontrollphase. In der Phase der *Basisentscheidungen* werden die Status- und Bewertungsaspekte analysiert und auf dieser Basis die Visions- und Zielformulierungsentscheidungen bezüglich der Marke oder des Markenportfolios getroffen.

Meffert stellt als bewährte Erfolgsprinzipien der Markenführung sechs Rahmenbedingungen oder -aspekte heraus, die in der Praxis konsequent angewendet werden sollten *(6-C-Konzept)* (vgl. Meffert, 1994, S. 195):

1. **Competence-Aspekt:** Markenkonzepte mit klarer Problemlösungskompetenz in der Gebrauchs-, Verbrauchs- und Entsorgungsphase ausstatten
2. **Credibility-Aspekt:** Glaubwürdigkeit der Marke gegenüber kritischen Konsumenten und der Öffentlichkeit aufbauen und stärken
3. **Concentration-Aspekt:** Konzentration der Unternehmensressourcen auf wenige starke Marken
4. **Continuity-Aspekt:** Kontinuität des Markenauftrittes als Orientierungshilfe bei der Markenwahl einhalten
5. **Commitment-Aspekt:** Gemeinsame Ausrichtung der Unternehmenskultur auf konsequentes und verpflichtendes Innovationsstreben ausrichten
6. **Cooperation-Aspekt:** Partnerschaftliche Zusammenarbeit von Hersteller und Händler zur frühzeitigen Anpassung an Marktänderungen berücksichtigen

2.2.2 Der funktionenorientierte Ansatz

Im Rahmen von *funktionenorientierten Betrachtungen* stellt Koppelmann (1994b, S. 220 ff.) die *Beziehungen zwischen den Marktteilnehmern* von Marken in den Mittelpunkt seiner Betrachtungen. Diese sind Hersteller, Handel, Käufer/Verwender und Konkurrenzunternehmen. In Anlehnung an systemtheoretische Betrachtungen handelt es sich bei dem funktionenorientierten Ansatz um die Analyse der Beziehungen zwischen den Systemelementen (d. h. Marktteilnehmern und Marke).

Bei diesem Ansatz wird die Markenpolitik als der wichtigste Teil der Produktpolitik bezeichnet und als Teil der „zeichenbezogenen Produktgestaltungspolitik" definiert. Das bedeutet, dass die Marke mittels ihres Markenauftrittes oder Markenbildes in Form von Zeichen oder Zeichensystemen stellvertretend für das physische Produkt und/oder die Leistung eine *Symbolfunktion* übernimmt, die als Basisfunktion der Marke bezeichnet werden kann.

Sodann übernimmt die Marke im Beziehungsgeflecht der Marktteilnehmer bestimmte *Teilfunktionen,* die den Marktteilnehmern zugeordnet sind (z. B. Rationalisierungsfunktion, Risikoreduzierungsfunktion, Emotionalisierungsfunktion, Demonstrationsfunktion etc.). Zur Wirkungserklärung der Markenfunktionen werden Erklärungsansätze aus der *Gestaltpsychologie* (Figur-Grund-Abhebung) sowie aus der *Lerntheorie* (Theorie der Konditionierung) herangezogen.

Des Weiteren wird dargestellt, unter welchen Bedingungen verschiedene Wirkungsbeziehungen angestrebt werden und welche Markenfunktionen besonders zu betonen sind. Nach diesem Ansatz sollen alle Aspekte der *Markengestaltung* aus zeichentheoretischer Überlegung (Semiotik) hinsichtlich der Gestaltungselemente (Syntax), der Gestaltungsinhalte (Semantik) und der Gestaltungswirkungen (Pragmatik) hinterfragt werden.

2.2.3 Der Ansatz des Lebenszykluskonzeptes

Der Erklärungsansatz des *Lebenszykluskonzeptes für Marken* (Markentypenlebens-Zyklus) (vgl. Bruhn, 1994b, S. 241 ff.) geht von dem Lebenszyklusmodell des Marketing aus und besagt in seiner allgemeinen Form, dass Produkte oder Dienstleistungen eine begrenzte Lebensdauer haben. Marken haben, ebenso wie Lebewesen, klar strukturierte Entwicklungsphasen, die durch jeweils besondere Merkmale voneinander unterscheidbar sind und welche eine differenzierte Markenpolitik erforderlich machen können.

Der Ansatz des Markentypenlebenszyklus ist empirisch nicht nachgewiesen, beruht jedoch teilweise auf praktischen Erfahrungen. Die Betrachtungen sind idealtypische Annahmen, bei denen zu berücksichtigen ist, dass die Entwicklung der Marken in ihrem Lebenszyklus von verschiedenen Marktbedingungen und dem Agieren der Marktteilnehmer abhängt. Dennoch bietet dieser Ansatz einige aufschlussreiche Erkenntnisse, die bei den Überlegungen zum Marken-Design eine Rolle spielen können.

Allgemein kann der Lebenszyklus für eine Marke eingeteilt werden in die Einführungsphase, oder

a) *Markenaufbauphase*, die gekennzeichnet ist durch starkes aber riskantes Marktwachstum mit hohem Qualitätsbewusstsein der Konsumenten und tendenziell niedrigem Preisbewusstsein. Die Kommunikationsziele in dieser Phase sind der Aufbau und die Stabilisierung von Bekanntheit im relevanten Markt. Dem Aufbau folgt die

b) *Markenabsicherungsphase* (Wachstumsphase) mit stark steigenden Wachstumsraten und dem Innovator/en (Hersteller) als Anbieter. Sofern es sich bei der Marke um ein technologieintensives Produkt handelt, sind die Eintrittsbarrieren von Wettbewerbern noch relativ hoch (Patente, fehlendes Know-how etc.). Die Marke wird in dieser Phase neben den „Innovatoren-Typen" unter den Konsumenten auch bereits von den so genannten „Frühadopter-Konsumenten" (Neophile) gekauft. In der dritten Phase, der

c) *Phase der Markendifferenzierung* (Reifephase) treten bereits die ersten Handelsmarken mit der Marke vergleichbaren Leistungsmerkmalen auf. Der Markt wird zum Oligopol. Die Wachstumsraten sind immer noch positiv. Aufgrund der jetzt niedrigeren Markteintrittsbarrieren und dem geringen Marktrisiko werden Nachahmer angelockt. Kommunikativ müssen jetzt Akzeptanz und Positionierung der Marke erreicht werden. Das Preisbewusstsein beginnt zu steigen, das Qualitätsbewusstsein fällt aufgrund der austauschbaren hohen Marken-Standards. Die Marktsättigungsphase oder

d) *Phase der Markenimitation* ist gekennzeichnet durch verstärkte Präsenz der Handelsmarken, durch Aufkommen von Gattungsmarken und stagnierende Marktvolumina.

Die Aktivitäten der Markenartikler wenden sich jetzt verstärkt auch dem Handel zu, die breite Mehrheit der Konsumenten kauft die Marken mit hoher Preissensibilität. Der Wettbewerb wird härter. Die Phase der

e) *Markenspaltung* trennt die „Markenspreu" vom „Markenweizen". Das Marktwachstum ist nun konstant oder gar fallend bei gleichzeitigem hohen Preis- und Qualitätsbewusstsein der Konsumenten. Es wird verstärkt rationalisiert, schwache Handelsmarken und Marktfolgermarken treten den Rückzug an, nur die starken können sich behaupten. Diese müssen in dieser Phase neben Positionierungskommunikation beim Endverbraucher verstärkt handelsgerichtetes Marketing betreiben. Der Markenspaltungsphase folgt die letzte Phase im Lebenszyklus der Marke, die

f) *Markenpolarisierung*, bei der, bedingt durch das Verschwinden der meisten Anbieter, eine Konzentrationssituation vorherrscht und das bestehende Marktvolumen sich auf wenige verbleibende Anbieter verteilt. Das bedeutet für diese wieder konstantes oder steigendes Wachstum mit gleichzeitiger Stärkung und Ausbau von Kernmarken.

2.2.4 Die verhaltensorientierte Markentheorie

Die *verhaltensorientierte Markentheorie* geht, im Gegensatz zu den vorher genannten Ansätzen, nicht von mehreren Sichtweisen der Marktteilnehmer aus, sondern setzt ausschließlich bei der *Markenwahrnehmung der Konsumenten* an und stellt deren Wirkung auf den Konsumenten in den Mittelpunkt (vgl. Berekoven, 1978, S. 35 ff.). Diese Betrachtungsweise rückt die *subjektiv* wahrgenommene Realität aus Kundensicht rund um die Marke in den Vordergrund. Man denke in diesem Zusammenhang an den so genannten „Placeboeffekt" bei Medikamenten, der mehrfach nachgewiesen worden ist. Hier bewirkt ein objektiv nicht vorhandener Wirkstoff via subjektiv wahrgenommener Wirkungskraft eine derart nachhaltige Beeinflussung, dass die Wahrnehmung sich auf das subjektive und häufig auch auf das objektive Befinden messbar auswirkt (vgl. Jellinek, 1996, S. 420 ff.).

Die subjektive Wahrnehmung von Marken ist kein passiver Prozess der Informationsverarbeitung, sondern ein mehr oder weniger aktiver Vorgang, der durch a) *Umwelteinflüsse* (wie Situationsbedingungen, Atmosphäre, Beleuchtung, Musik), durch b) *soziale Determinanten* (z. B. Normen und Werte, Gruppeneinflüsse, persönliche und Massenkommunikation, Kultur und Subkultur) und durch c) *psychische Determinanten* (z. B. Aktivierung, Emotionen, Motivationen, Einstellungen) beeinflusst wird (vgl. Kroeber-Riel/Weinberg, 1999). Der verhaltenswissenschaftliche Ansatz der Markenpolitik wird in der einschlägigen Marketingliteratur heute vielfach beschrieben (u. a. Kroeber-Riel 1992; Wiswede 1978; Behrens, 1994, S. 200 ff.; Weinberg 1992; u. v. a. m.).

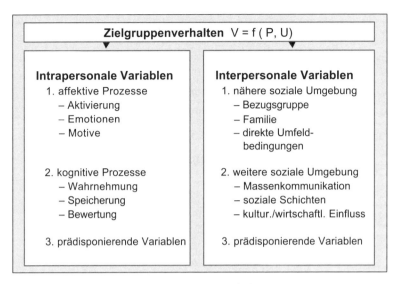

*Abbildung 2.6: Determinanten des Zielgruppenverhaltens
(Quelle: Meffert, Marketing, 1993, S. 146)*

2.3 Die Marke zwischen Unternehmen und Markt

Welchen Stellenwert hat die Marke für das Unternehmen? Welchen Stellenwert hat die Marke für den Markt und für das Umfeld? Gehen wir zunächst von folgender Grundannahme aus: Wenn unternehmerisches Handeln in den Industriegesellschaften vorwiegend nach profitorientierten Zielen gesteuert wird, dann ist mittel- und langfristig der Erfolg eines Unternehmens durch die Tätigkeit in den *Absatzmärkten* bestimmt und wird erst in zweiter Linie durch den Erfolg in anderen Bereichen, wie z. B. Kostenmanagement, Beschaffungs-, Arbeits- oder Kapitalmärkten eines Unternehmens determiniert.

Die marktbeeinflussenden Faktoren und Perspektiven der Marke stützen sich demnach auf eine *Dominanz von Absatzmärkten*, d. h. auf die Konzentration auf die Kunden und Zielgruppen unter Einbeziehung aller sonstigen relevanten Perspektiven. Das folgende „strategische Markendreieck" oder *„BrandCard-Modell"* (vgl. Linxweiler, 2001, S. 40) zeigt das Marken-Markt-System, angelehnt an das „strategische Dreieck" des unternehmerischen Erfolgs.

Bei dem obigen so genannten BrandCard-Modell stellt die Marke den zentralen Erfolgsfaktor im Wertschöpfungsprozess zwischen Unternehmen und Markt dar. Der Erfolg einer Marke wird beeinflusst vom Unternehmen, dem Markt oder den Kunden, vom Handel, den Wettbewerbern, den Zulieferern und nicht zuletzt von der Umwelt oder den Umfeldbedingungen. Ein *Einwand*, der sich aus der obigen Dreiecksdarstellung ergeben könnte, mag lauten: „Warum steht bei dem Modell *die Marke im Mittelpunkt und nicht der Konsument?* Schließlich ist der Kunde der Abnehmer der Marke, und die Marke hat sich nach dem Kun-

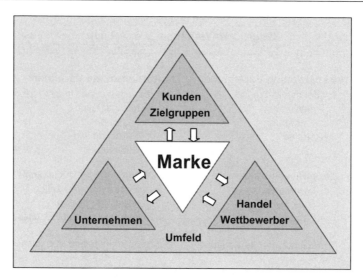

Abbildung 2.7: „BrandCard-System" im Markt

den zu richten und nicht umgekehrt" (vgl. Linxweiler, 2001, S. 47 ff.). Dies kann wie folgt beantwortet werden: „Nicht der Kunde, sondern die Marke schafft *über* den Kunden den Erfolg und die Wertschöpfung. Das Unternehmen kann auf die Marke einen direkten und aktiven Einfluss und über diese damit auf den Markt ausüben, wogegen sie den Kunden nicht in seinem Sinne direkt beeinflussen kann."

Die Marken müssen sich bis zu einem gewissen Maße an den Kundenwünschen orientieren, wie sie übrigens auch die Restriktionen des Umfeldes, der Konkurrenz, des Handels und der Lieferanten zu berücksichtigen haben. Die Marke ist jedoch das dominierende gestaltbare Schlüsselobjekt im gesamten Wertschöpfungsprozess und nicht der Kunde. Der Kunde ist vielmehr, neben dem Unternehmen selbst, der dominante Einflussfaktor auf die Marke selbst (vgl. Linxweiler, 2001, S. 40 f.).

Eine als Delphi-Studie angelegte Umfrage der Unternehmensberatung „Droege & Comp" aus dem Jahr 2000 bei Marketing-Experten der deutschen Wirtschaft erbrachte das Ergebnis, dass die *Markenführung* und damit das Marken-Design der derzeit *zentrale und wichtigste Werttreiber* im Unternehmen sei (vgl. Roth, 2000, S. 17). Nach diesen Befunden zu urteilen, hat die *Marke* eine zentrale Stellung im gesamten Wertschöpfungsprozess: Sie ist der „sichtbare oder materialisierte" Leistungs-Ausdruck aller Entscheidungen und Aktivitäten eines Unternehmens, der sich auf die relevanten Märkte, die Beschaffungs- und die Absatzmärkte bezieht und darüber hinaus das Ergebnis des innerbetrieblichen Leistungsvermögens ist.

Die Marke hat so gesehen auch eine *integrative* Funktion: Sie verknüpft das Gefüge zwischen Unternehmen, Markt und Umfeld miteinander und bringt diese in ein funktionsfähiges System, welche den Markt, die Kundenbedürfnisse, Handel und Zulieferer mit der betrieblichen Leistungserstellung in einen verknüpften Zusammenhang bringt und zu einem leistungsfähigen Ganzen zusammenfasst. Diese integrative Funktion macht die Marke zum dominanten Erfolgsfaktor und zum zentralen Leistungstreiber. Wie bereits beim identitätsbezogenen Ansatz der Markenführung angesprochen, kann die Marke aus zwei Blickrichtungen definiert und verstanden werden: aus der internen Blickrichtung des Unternehmens und aus der externen Blickrichtung der Konsumenten, des Handels, des Umfeldes heraus.

Vom *Blickwinkel des Vermarkters* aus kann die Marke identitätsorientiert, instrumentspezifisch und organisatorisch betrachtet werden. Organisatorisch gesehen ist die Marke am schlüssigsten dem Verantwortungsbereich *Marketing* zuzuordnen, denn hier „enden" alle marktgerichteten innerbetrieblichen „Produktionsaktivitäten".

Das Marketing ist, mit anderen Worten, dafür verantwortlich, dass aus dem Produkt eine Marke wird. Im klassischen Sinne bestimmt das marketingpolitische Instrumentarium die marktbezogenen Aktivitäten für eine Marke. Die Marke ist aus instrumentspezifischer Sicht demnach das Ergebnis der gesamten Marketing-Mix-Aktivitäten, wie Produkt- und Sortimentspolitik, Preis-/Konditionenpolitik, Distributionspolitik und Kommunikationspolitik.

> **Marke aus Unternehmenssicht = Produkt/Sortiment + Preis/Konditionen + Distribution + Kommunikation**

Die Marke aus *identitätsorientierter Sicht* zeigt einen Aufbau, der mit den innersten Werten, den so genannten Core-Values der Marke beginnt und sich über die Brand Philosophy, die Brand Strategy, Brand Design (im Sinne von Gestaltung der „Marken-Hardware"), Brand Behavior, Brand Culture, Brand Communication und die Brand Identity entwickelt Auf den identitätsbezogenen Ansatz der Markenführung wird im Kapitel 2.4.1 „die Markenidentität" näher eingegangen.

Aus dem *Blickwinkel der Abnehmer* oder des Kunden betrachtet, ist die Marke der Ausdruck der von ihm wahrgenommenen spezifischen unternehmerischen Leistungsbündel, bezogen auf eine markierte Leistungseinheit. Der Konsument nimmt die innerbetrieblichen Aktivitäten zur Leistungserstellung in aller Regel nicht wahr, er sieht nur ihr Ergebnis, nämlich die Marke (vgl. Linxweiler, 2001, S.45 ff.).

Die Marke ist für ihn, bildlich gesprochen, eine *Batterie*, die ihm Energie spendet. Das Unternehmen ist, wiederum bildlich gesprochen, die „Ladestation", welche die Batterie immer wieder auflädt. Die Energien, die in die Batterie „Marke" fließen sollen, dürfen nicht „geerdet" werden oder gar als Negativenergien die Ladung in der Marke „neutralisieren". Der in diesem Buch dargestellte Ansatz soll sicherstellen, dass die vielfältigen unternehmerischen Maßnahmen auf die Marke gerichtet sind und nicht in beliebige Richtungen diffundieren, denn damit würden sie die „Schubkraft" der Markenaktivitäten schwächen und möglicherweise wertvolle Ressourcen vergeuden.

Hierbei ist zu beachten, dass die Marke im Austausch mit dem Markt auf verschiedenen Ebenen entgeltet wird, nämlich mit dem direkten Kaufpreis und mit nichtfinanziellen Werten, wie etwa Sympathie, Vertrauen, Loyalität vonseiten der Kunden. Finanzielle Erfolgskennzahlen spiegeln damit nur bedingt die Situation und die dynamische Entwicklung von Schlüsselgrößen für das „Wohl oder Wehe" einer Marke wider. Der in Geld gemessene Erfolg einer Marke sollte nicht ausschließlich, sondern als Kennzahl zusätzlich zu qualitativen und dynamischen Kenngrößen für Erfolgsbetrachtungen herangezogen werden.

2.4 Die Struktur der Marke

Die Struktur oder das *Wesen der Marke* verweist auf eine jeder Marke eigene Ordnung oder ein Prinzip. Die Marke wird daher bisweilen mit Begriffen umschrieben, wie „Markenpersönlichkeit", „Markenarchitektur", „Markenikonographie", Marken-Code", „Markenimage", „Markenidentität", „Markencharakter", „Markensinn", „Markenwert" etc. Diese Beschreibungen sollen die Idee von einer dynamischen Gesamtstruktur der Marke kennzeichnen, die durch ein System von mehr oder weniger konkreten funktionalen und emotionalen Merkmalen, von Erlebniswelten, von Visionen, Werthaltungen, Normen und Idealvorstellungen repräsentiert sein kann.

In der Literatur wird das Wesen einer Marke mitunter mit der *menschlichen Persönlichkeit* verglichen, um zum Ausdruck zu bringen, dass eine erfolgreiche Marke mehr sei als nur ein statisches Produkt oder eine gleichbleibende Leistung. Bereits Hans Domizlaff (1951) hat die Marke als lebendiges Gebilde betrachtet und sie mit dem Gesicht eines Menschen verglichen, dessen Kleidung sich ändern könne, ohne dass die Vertrautheit zur Person dadurch leide. Das Gesicht selbst dürfe sich bei der Marke jedoch nicht ändern. Auch Kapferer (1992, S. 40 f.) spricht im gleichen Zusammenhang von der *Markenidentität,* die sich sinnentsprechend aus dem Vergleich mit der „Carte d'identité", dem Personalausweis, ableiten lasse. Damit wird zum Ausdruck gebracht, dass die spezifische Identität von Marken durchaus in Analogie zur Identität von Gruppen oder eines Individuums erfasst werden kann. Wiedmann (vgl. Wiedmann, 1994, S. 1034 f.) zählt die Herausbildung einer unverwechselbaren Markenpersönlichkeit bzw. einer prägnanten Markenidentität zu den zentralen Erfolgsfaktoren der Markenpolitik.

Der Gedanke der Markenidentität soll zum Ausdruck bringen, dass Marken – unabhängig von ihrem Auftreten über die Werbung oder die Verkaufsförderung – in ihrer Grundkonzeption über viele Jahre hinweg in ihrem individuellen Charakter als Ganzheit identifizierbar und attraktiv bleiben sollen. Identifikation schließt den Vergleich mit konkurrierenden Marken ein und beinhaltet die Forderung nach markenspezifischen Profilen, um sich von der Konkurrenz abzuheben. Die Attraktivität der Marke beinhaltet die Forderung nach klarer, sympathischer, aktivierender und ansprechender Gestaltung des gesamten Markenauftrittes.

2.4.1 Die Markenidentität

Der Begriff „Identität" wird im Duden (1990, S. 331) u. a. beschrieben als die Existenz eines Individuellen und Unverwechselbaren sowie die als „Selbst" erlebte innere Einheit einer Person. Die *Identität* einer Marke kann in Anlehnung an die obige Umschreibung wie folgt definiert werden: Sie ist eine unverwechselbare Gesamtheit von Marken-Elementen und von Prozessen, die zur Entstehung und Absicherung einer einzigartigen Marke führen können. Die Elemente oder Bausteine einer Marke sind z. B. die physischen und psychologischen Leistungen, wie etwa das Produktäußere der Marke, Verpackung, Form, Farbe und Konsistenz der Produkte selbst, ihre Werbung, ihre Distribution, ihr Preis. Die Markenprozesse tragen zur kommunikativen und physischen Wirkung der Marke auf den Konsumenten bei (Sättigung, Emotionen, Motivationen), sie beeinflussen ihren Auftritt, ihre Kultur, ihr Verhalten. Die Markenidentität beinhaltet auch die Interaktions- und Entwicklungsebene der Marke (vgl. Wiedmann, 1994, S. 1036) nach innen und nach außen. Die Markenidentität bezeichnet somit die *Gesamtheit* der Marke in ihrer Konzeption, ihrer Struktur und in ihrem Auftritt.

Kapferer (1992, S. 41 ff.) umschreibt den Begriff der Markenidentität mit den Fragen: Wer bin ich? Welches sind meine *besonderen* Kennzeichen? Wodurch unterscheide ich mich von den anderen? Was sind meine zentralen Grundwerte? Woran glaube ich? Wie sind meine Persönlichkeit und mein Charakter? Wie ist meine Grundstimmung? Bin ich eher humorvoll, sachlich, eitel, gediegen, melancholisch, temperamentvoll, zurückhaltend, höflich, kess etc.? Wie trete ich langfristig auf? Wen nehme ich in meine Familie auf? Wie glaubwürdig bin ich? Wie verantwortungsvoll gehe ich mit meinem Umfeld (spezifische Zielgruppen, Gesellschaft, Umwelt etc.) um usw.?

Die zentralen Merkmale, welche die *Identität von Marken* kennzeichnen, sind:

> - die **Besonderheit** und **Einmaligkeit** der Marke, d. h. die unverwechselbare Individualität und Besonderheit der Markenkernelemente und des Markenbildes,
> - die **Beständigkeit**, d. h. die (dynamische) Kontinuität der Identität der Marke im Zeitablauf und
> - die **Konsistenz und** die **Kongruenz** von Markenelementen und dem gesamten Markenauftritt durch innere und äußere Stimmigkeit der Elemente. Konsistenz meint den widerspruchsfreien inneren Zusammenhang von Sachverhalten und Kommunikation, während Kongruenz die Einheit von Firmen-, Produkt- und Werbestil bedeutet (vgl. Wiswede, 1992, S. 89).

An diesen Identitätsmerkmalen wird nochmals deutlich, dass diese mit dem Begriff der menschlichen Persönlichkeit aus der *Individualpsychologie* vergleichbar sind. Die *Psychologie* beschreibt die Identität von Menschen als „Bezeichnung für eine auf *relativer Konstanz von Einstellungen und Verhaltenszielen* beruhende *überdauernde Einheitlichkeit* in der Betrachtung seiner selbst oder anderer." (vgl. Fröhlich, 2000, S. 212). Die soziologische Identität lässt sich nach Krappmann (1971, S. 9) folgendermaßen beschreiben: Sie ist die Besonderheit des Individuums, denn sie zeigt auf, auf welche Weise das Individuum in verschiedenartigen Situationen eine Balance zwischen widersprüchlichen Erwartungen, zwischen den Anforderungen der anderen und den eigenen Bedürfnissen sowie zwischen dem Verlangen nach Darstellung dessen, worin es sich von anderen unterscheidet, und der Notwendigkeit, Anerkennung der anderen für seine Identität zu finden, gehalten hat.

Der identitätsbezogene Ansatz der Markenführung (vgl. Meffert et al., 2002, S. 28 f.; Aaker, 1996; Kapferer, 1992, S. 39 f.) betrachtet die Markenidentität als duales Konzept von der Unternehmensseite und von der Konsumentenseite aus. Die Markenstruktur aus der unternehmerischen Innensicht wird als Markenidentität bezeichnet, die Marke aus Konsumentensicht nennt sich Marken-Image. Die nachfolgende Abbildung soll das Kommunikationssystem der Markenidentität und des Markenimage verdeutlichen: Der linke Block der Abbildung steht für die Marke aus konzeptioneller Sicht des Unternehmens, die sich am umfassendsten über ihr Gesamterscheinungsbild, ihre *Brand Identity (BI)*, definiert. Der rechte Block repräsentiert die Markenwahrnehmung und die Markenbewertung aus Empfängersicht, als Markenimage oder Brand Image bezeichnet.

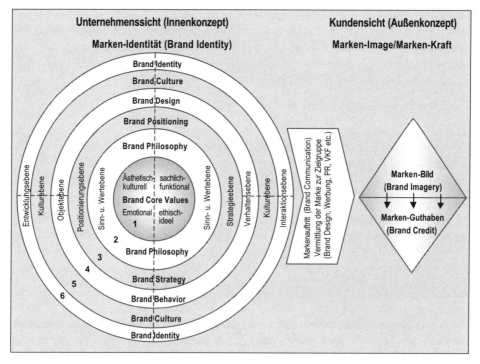

Abbildung 2.8: Das System von Markenidentität (Brand Identity) und Markenimage (Brand Image)

Die *Markenidentität* besteht aus sechs Ebenen (siehe Abbildung), deren nächste Ebene jeweils die vorhergehende Ebene oder „Schale" bildlich gesprochen wie eine „Zwiebel" („Zwiebelmodell") mit einschließt. Während die *Markenidentität* die Struktur der Marke aus Absendersicht/Unternehmenssicht beschreibt, ist das Gegenüber der Markenstruktur auf der Empfängerseite das *Markenimage* bzw. das Brand Image. Der Empfänger macht sich ein Bild von einer Marke, bestehend aus verfügbaren aktuellen und gespeicherten Informationen, und bewertet diese Eindrücke nach seinen individuellen Bewertungsschemata. Diese subjektiven Bewertungsschemata können, je nach wahrgenommener Wichtigkeit der Marke oder nach anderen, z. B. auch situativen Bedingungen, von extensiv-rational bis zu intuitiv-emotional ablaufen.

Beispiele für derartige subjektive Bewertungen können wie folgt lauten: Benötige ich die Marke, d. h. ist die Marke für mich aktuell relevant? Wirkt die Marke und ihre Kommunikation auf mich eher positiv oder eher negativ? Ist die Marke geeignet, die einzelnen Bedürfnisse im Vergleich zu anderen Marken optimal zu befriedigen, usw. Im Idealfall stimmen *Markenidentität* und *Markenimage* inhaltlich überein. Das wäre dann der Fall, wenn *alle* Elemente des unternehmensseitigen Identitätskonzeptes kommuniziert und vom Konsumenten richtig aufgenommen, verstanden, erinnert und wiedergegeben würden. Das dürfte in der Praxis kaum der Fall sein, denn der entscheidende Unterschied in der Darstellung der Markenstruktur zwischen beiden Seiten besteht darin, dass:

1. Markenkonzepte aus Unternehmensseite notwendigerweise Zielvorstellungen, Strategien und Wertekomponenten enthalten, die dem Konsumenten nicht über die Marke kommuniziert werden (sollen),
2. das innere Markenbild jedes individuellen Konsumenten durch persönliche Determinanten, wie „Vorurteile", verfestigte alte Images etc. geprägt ist und sich daher von der Markenidentität aus Unternehmenssicht unterscheidet (vgl. auch Kirsch und Trux, 1983, S. 52 f.)

Eine Marke wird im Idealfall umso differenzierter und widerspruchsfreier wahrgenommen, je konsistenter, kontinuierlicher und klarer die zuvor beschriebenen sechs Ebenen der Markenidentität von Unternehmensseite konzipiert und umgesetzt werden. Bei Imagedefiziten der Marke können die verschiedenen Konzeptionsebenen der Markenidentität auf Schwächen hin untersucht werden.

Nun zu den einzelnen Elementen des unternehmensseitigen Konzeptes der Marke, dem *Markenidentitätskonzept:* Die Wurzel der Markenidentität sind die Markenkernwerte oder *BrandCoreValues* (Ebene 1). Sie legen fest, welche innersten Wertekombinationen die Marke auszeichnen. Die *Markenphilosophie* (Ebene 2) legt fest, was die Marke ist (ihre Kernleistungen), welche Visionen, Weltbilder, Ideen und Überzeugungen einer Marke zugrunde liegen und wie diese strukturiert sind. Die *Brand Philosophy* wird auch als die Sinn- und Werteebene der Markenidentität bezeichnet. Sie beinhaltet in ihrem Kern die Markenkernwerte. Des Weiteren beinhaltet die Markenphilosophie (Brand Philosophy) die Zielvorstellungen und Visionen, welchen Weg die Marke in Bezug auf ihre Positionierung, ihre physische Weiterentwicklung, ihren Marktauftritt, ihre Produktausweitung und ihre geografische Entwicklung etc., einschlagen soll. Ist die Brand Philosophy formuliert, dann kann aus ihr die Brand Strategy und die *Brand Positioning* (Ebene 3) erarbeitet werden. Auf der nächsten, der 4. Ebene, wird das Markenäußere (die Gestaltung mit Form, Farbe, Logos etc.), das *Brand Design* und das *Brand Behavior* entwickelt. Die vorgenannten vier Ebenen münden gleichsam in die kulturelle Ebene der Marke, der *Brand Culture* (5. Ebene) und schließlich in die Interaktions- und Entwicklungsebene der Marken-Identität oder *Brand Identity* (Ebene 6). Diese Ebenen werden nachfolgend einzeln erläutert.

2.4.2 Die Markenkernwerte (Brand Core Values)

Die *Markenkernwerte* als wichtigster Ausgangspunkt der Markenkonzeption verdienen hier eine etwas intensivere Betrachtung. In der Praxis wird häufig von Markenkern und Kernwerten gesprochen, ohne dass diese eine nähere Würdigung in der entsprechenden Literatur finden. Daher sollen hier verschiedene Ansichten und Beispiele zu Markenkernwerte-Überlegungen dargestellt werden. Unterschiedliche Interpretationen des Markenkerns und seiner Werte finden sich in der Literatur nur vereinzelt, u. a. bei Karmasin (1993, S. 64 ff.) und bei Siegmund-Schultze (1992, S. 82 ff.). Siegmund-Schultze beschreibt den Markenkern als die Summe der inneren Werte oder als die substanzielle Kompetenz einer Marke. Karmasin (1993, S. 64) geht von einer allgemeineren Betrachtung aus und beschreibt Werte „… ganz allgemein als kulturelle, gruppenspezifische und personale Konzeptionen des Wünschenswerten…", wobei Werte als Grundlage von unterschiedlichen Motiven, d. h. als innerste Antriebskräfte des Verhaltens, beschrieben werden können.

Ausgehend von der *Motivationspsychologie* unterscheidet Karmasin (1993, S. 64 ff.) drei unterschiedliche Konzeptionen von Werten: *a) kulturelle Werte,* die von der jeweiligen Kultur zu einem gegebenen Zeitpunkt definiert und als wünschenswert, möglich oder verboten festgelegt werden und wie diese zu erzielen und zu demonstrieren sind (z. B. Werte wie Höflichkeit, Umweltverantwortung, Glaubwürdigkeit etc.); *b) soziale Werte,* die von einzelnen sozialen Gruppierungen, wie Familie, Arbeitskollegen, Schule, sonstige Bezugsgruppen etc. festgelegt werden (z. B. Prestige, Status, Nächstenliebe, Hilfsbereitschaft etc.); *c) individuelle Werte,* wie etwa das Wertesystem „Lebensqualität" (vgl. auch Wilkes, 1996, S. 3 ff). Wir bedienen uns im Folgenden zur Erklärung der Markenkernwerte sowohl der Ansätze aus der *Motivationspsychologie* als auch der Ansätze aus der kognitiven *Wahrnehmungspsychologie*. Folgende Darstellung soll das Markenkernmodell mit seiner Wertestruktur, den Core Values, verdeutlichen. Sie fasst die Wertebegriffe, die einer Marke zugrunde liegen können, in einem System zusammen und beantwortet „umgangssprachlich" die Frage nach dem „Kern" der Marke: *„Wer bin ich?":*

---

1. **sachlich-funktionale Werte** einer Marke, wie monetärer Wert, Qualität, Funktionsprinzipien, Leistung, Garantien etc.
2. **ästhetisch-kulturelle Werte**, wie Poesie, Schönheit, Sinnlichkeit, Bildung, Auftreten, Rituale etc.

3. **emotional-motivationale Werte**, wie Liebe, Erotik, Angst, Abenteuer, Glück, Vertrauen, Freundschaft, Freiheit, Prestige, Status, Luxus etc.
4. **ethisch-ideelle Werte**, wie Sinn, Verantwortung, Selbstverwirklichung, Glaubwürdigkeit, Echtheit, Natürlichkeit, Umwelt etc.

Nach Theiler (1995, S. 7 f.) sind die sachlich-funktionalen Werte des Markenkerns eine objektive Voraussetzung für den Markterfolg. Die zunehmende funktionale Austauschbarkeit von Produkten und Leistungen sowie Marktsättigung in den industrialisierten Ländern, Informationsüberlastung und Wertewandel haben ästhetisch-kulturelle, emotionale und ethische Werte in den letzten Jahren zunehmend in den Vordergrund treten lassen.

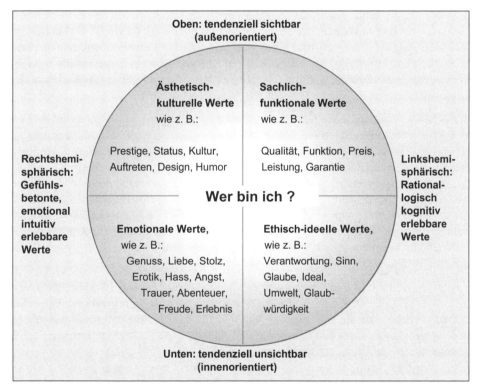

Abbildung 2.9: Das System der Marken-Kernwerte

Die emotionalen und ethischen Werte ersetzen nach Theiler nicht die funktionalen und ästhetischen Werte, aber sie differenzieren sie. Die Produkte eines „Body Shop" könnte beispielsweise jeder Apotheker herstellen. Deren ästhetische, emotionale und ethische Werte, die sie erst zu Marken machen, aber offensichtlich nicht.

Der *erste Aspekt* des vorstehenden Schaubildes ist die Einteilung in *vier Quadranten*. Diese Darstellung veranschaulicht unter verschiedenen Gesichtspunkten die Inhalte und die Wertestruktur eines Markenkerns. Die zentrale Frage, die der Marke zugrunde liegt, lautet: *„Wer bin ich?"*. Hier wird die Wertestruktur der wesentlichen Kernmerkmale ausgewiesen, die eine Marke ausmacht. Die horizontale Struktur des Markenkerns, wie sie in Abbildung 2.9 abgebildet ist, lässt als *zweiten Aspekt* auch einen Verweis auf die Erkenntnisse der *Hemisphärenforschung* zu, obgleich diese Zuordnung eher spekulativer Natur ist, da die gesamten Erkenntnisse der Hemisphärenforschung kontrovers diskutiert und immer wieder angezweifelt werden.

Bei der menschlichen Informationsverarbeitung kann man die aufgenommenen Reize einteilen in die abstrakt-verbalen und die konkret-sensualen Informationen wie Bilder, bildhafte Episoden, oder auf einer anderen Modalitätsebene Gerüche, Mimik, Bilder, Geräusche. Bildliche Informationen werden meist durch „innere Bilder" oder *„Imageries"* repräsentiert, die dafür sorgen, dass die Menschen sich Informationen besser merken und auch leichter abrufen können. Die Hemisphärenforschung (vgl. Paivio, 1971) hat herausgefunden, dass diese inneren Bilder bei rechtshändigen Menschen in der rechten Hirnhälfte gleichzeitig (analog) verarbeitet und repräsentiert werden, wogegen alle logisch-analytischen und verbalen, d. h. eher kognitiven Vorgänge bei diesen Menschen in der linken Hirnhälfte nacheinander (sequenziell) verarbeitet werden.

Bildliche und emotionale Werte, wie die ästhetisch-kulturellen und die emotionalen Werte, sind im vorseitigen Schema auf der (vom Schema aus gesehen) rechten Seite, analog zur rechten Hirnhälfte, abgebildet. Es handelt sich hier um Werte, die eher affektiv, also gefühlsorientiert, erlebt werden. Diese werden tendenziell rechtshemisphärisch verarbeitet. Die beiden anderen Wertepaare – die sachlich-funktionalen und die ethisch-ideellen Werte – stehen dementsprechend auf der linken Seite, da sie meist logisch-sequenziell in der linken Hirnhälfte verarbeitet werden. Das schließt nicht aus, dass konkrete, bildlich wahrgenommene funktionale Eigenschaften einer Marke in beiden Hirnhälften aufgenommen und verarbeitet werden.

Bildinformationen können beispielsweise mit geringerer gedanklicher Anstrengung aufgenommen, verarbeitet und erinnert werden und sind darüber hinaus stärker einstellungsändernd (vgl. Liu, 1986, S. 27–60, Ruge, 1988) als verbale Informationen. Diese Erkenntnisse haben für die Markengestaltung und für das gesamte Marketing erhebliche Bedeutung (vgl. zur Thematik: Kroeber-Riel/Weinberg, 1999, S. 343 ff.). Besonders durch die zunehmende Informationsüberflutung ist die Nutzung von Imageryerkenntnissen von erheblicher Bedeutung, um vor allem im Falle wenig involvierter Konsumenten eine Marke gegenüber anderen konkurrierenden Marken auffällig und sichtbar zu machen sowie die Markenerinnerung abzusichern.

Die Darstellung in Abbildung 2.9 lehnt sich unter einem *dritten Aspekt* an die Überlegung an, die aus der Psychoanalyse kommt und auch in der Markentheorie vereinzelt zu finden ist: Es gibt einerseits Werte, die in der Marke latent vorhanden sein können. Sie sind nicht *direkt* sichtbar und können nicht so bewusst, im Sinne von kognitiver Reflexion, erlebt werden (untere Hälfte der Darstellung, d. h. „unter der Bewusstseinsoberfläche" oder

Markenguthaben genannt). Dies sind die Wertepaare „emotionale Werte" und „ethisch-ideelle Werte". Die Ausprägungen dieser Werte, wie Freude, Kummer, Trauer, Verantwortung, Glaubwürdigkeit, Umweltbewusstsein etc. sind an der Marke selbst nicht direkt ablesbar. Wenn überhaupt, dann versucht die Werbung, emotionale Inhalte der Marke zu vermitteln.

Andere Werte wiederum sind an der Marke selbst zu erkennen. Es sind u. a. die Funktion, Form, Farbe, Geruch, Akustik, Oberfläche. Sie werden bewusster erlebt (obere Hälfte der Darstellung, d. h. „oberhalb der Bewusstseinsoberfläche") und werden in einem anderen Zusammenhang auch *Markenbild* genannt. Die beiden Wertepaare „ästhetisch-kulturelle Werte" und „sachlich-funktionale Werte" in der oberen Hälfte der vorigen Abbildung sind die beiden Elemente des *Markenbildes* (vgl. auch Esch/Andresen, 1997, S. 11 ff).

Man könnte, spekulativ gesprochen, – im Sinne der *Maslowschen Bedürfnishierarchie* – bei der Abbildung der Markenkernwerte eine Wertehierarchie konstruieren, die auch als Hierarchie bei der Analyse der Markenidentität gewählt werden könnte. Eine solche *Analyse* begänne bei den individuellen Basiswerten, den sachlich-funktionalen Werten der Marke, wie Qualität, Basisfunktion, Leistung und würde danach die emotionalen Werte erreichen. Hierauf folgten dann die ästhetisch-kulturellen und die ethisch-ideellen Markenwerte, frei nach der Brechtschen Hierarchie: „Zuerst kommt das Fressen und dann die Moral".

Die ethisch-ideellen Markenwerte beinhalten Dimensionen von Werten, wie z. B. Sinn, Autenthizität, Ursprünglichkeit, Verantwortung, Glaubwürdigkeit oder gar *Spiritualität.* Dies sind postmaterielle Werte, die offensichtlich nach den Jahren des Materialismus und der Erlebnisgesellschaft als Suche nach neuen, besseren und dauerhafteren Lebenskonzepten verstanden werden können. Hierin spiegelt sich ein möglicher Wertewandel von der so genannten *„Erlebnisgesellschaft"* zur *„Erkenntnisgesellschaft"* wider. Sie ist gekennzeichnet durch eine Abkehr von materiellen und erlebnisorientierten Werten und durch eine verstärkte Zuwendung zu ethisch-ideellen Werten, wie Postmaterialismus, Idealismus etc.

Die Core Values der Marke müssen vom Konsumenten als *relevant* und *glaubwürdig* wahrgenommen und akzeptiert werden. Markenkernwerte beziehen sich *nicht* primär auf Anwendungsaspekte des Produktes, sondern repräsentieren relevante Systeme von Werten, auf deren Grundlage die Kundennutzen (Benefits) formuliert werden. So ist für die Marke *Nivea* beispielsweise nicht primär relevant, dass sie ursprünglich eine Handcreme war, sondern dass sie für *Werte,* wie Pflege, Sicherheit, Zuverlässigkeit, Mütterlichkeit stand (vgl. Karmasin, 1993, S. 172).

Beispiel: Die Marke „Du darfst" ist eine kalorienreduzierte Streichmargarine von Unilever, die in den späten 70er Jahren dem aufkommenden Bedürfnis vieler Frauen nach Kalorienreduktion, Schlanksein, Selbstbewusstsein in idealer Weise entsprochen hatte (vgl. Karmasin, 1993, S. 374 ff.).

Abbildung 2.10: Wertestruktur (Core Values) der Produktlinie „Du darfst"

In Bedürfnisstufen ausgedrückt, könnte sich die Wertestruktur von „Du darfst" etwa wie folgt darstellen:

1. Stufe: Fettarme, kalorienreduzierte Streichmargarine = **„Grundbedürfnis"** nach Sättigung/Brotaufstrich ohne dabei zuzunehmen (sachlich-funktioneller Markenkernwert), dies bedeutet für den Konsumenten:

2. Stufe: Schlank bleiben, schön sein, schöne Kleider tragen = **„Zusatzbedürfnis"** (ästhetisch-kultureller Markenkernwert), d. h. für den Konsumenten:

3. Stufe: Bewundert und geliebt, gemocht werden, gutes Gefühl dabei haben (Narzissmus), eine erotische Ausstrahlung haben = **„Liebesbedürfnis"** (emotionaler Markenkernwert), d. h.

4. Stufe: Erfüllung des Idealbildes, Steigerung des Selbstbewusstseins = **„Selbstverwirklichungsbedürfnis"** (ethisch-ideeller Kernwert)

Die von der Wertestruktur einer Marke via Kernbotschaften als Benefits in das Markenbild übersetzten sachlichen, emotionalen, ästhetischen oder ethischen Erlebnisse werden von den Konsumenten wahrgenommen und als Schlüsselsignale, Claims, Farbcodes, Gerüche, Geschmackseindrücke, Formen, Strukturen, Texturen im Gehirn kodiert und gespeichert.

Das emotionale Erleben der Zigarettenmarke „Marlboro" ist beispielsweise nicht das (abstrakte) Wertepaar „Freiheit und Abenteuer", sondern die konkrete, variationsreiche Erlebniswelt der Cowboys, wie sie durch Fernsehen, Kino und Plakatwerbung vermittelt worden ist. Das konkrete Bild selbst steht sinnbildlich für die Erlebniswelt von Freiheit und Abenteuer und beinhaltet allenfalls das Versprechen für den Konsumenten, durch den Konsum der Zigaretten die spezifischen Werte von Freiheit und Abenteuer zu erleben.

> Zur Verdeutlichung des Beschriebenen sollen noch einige *Beispiele* aufgezeigt werden (vgl. Karmasin, 1993): Bestimmte *Weichspüler* wurden noch Anfang der 70er Jahre den Hausfrauen über das so genannte „schlechte Gewissen" kommuniziert. Sie wurden mit dem Benefit beworben, dieses schlechte Gewissen wieder loszuwerden, wenn man nur den richtigen Weichspüler nahm. In jener Zeit kam das Produkt dem Bedürfnis entgegen, den *sozialen Normen* einer guten Hausfrau zu entsprechen. In gewisser Weise wurde durch die damals vorherrschenden Wertekomplexe „sozialer Standard einer guten Hausfrau" (*ethisch-ideeller* Wert der damals gängigen gesellschaftlichen Norm einer guten Hausfrau) die Angst vor gesellschaftlicher Missbilligung genutzt und höchst erfolgreich in der Werbung umgesetzt.

Jahre später sorgten die gleichen Weichspüler für strahlende Babies in flauschigen Badetüchern. Offensichtlich hatten sich die Wertedimensionen gewandelt von „sozialem Standard" hin zu einem höchst *individuellen und emotionalen* Wert, nämlich dem Bedürfnis, sein Baby in flauschigen Badetüchern lachen zu sehen. Die Weiterbewerbung im Sinne einer Disziplinierungsideologie hätte auch keinen Erfolg mehr gehabt, fand doch im Laufe der 70er Jahre ein starker Wertewandel in Richtung Toleranz und Befreiung von gesellschaftlichen Zwängen statt.

Heute steht den Markenmachern ein anderes Repertoire von Werten zur Verfügung, mit denen Marken konzipiert werden können, wie z. B. der Wert der Umwelt- und Gesundheitsverantwortung, der von vielen ökologischen Marken besetzt worden ist (Body Shop, Demeter, Naturkind, Greenpeace etc.) oder der „Wert des schönen Lebens", dem in vielen Ländern der Dritten Welt oder in Kriegsregionen der „Wert des Überlebens" gegenübersteht. Der „Wert des schönen Lebens", der sich durch Trends, wie Genuss- und Erlebnis-Orientierung, Hedonismus oder Convenience (vgl. Popcorn, 1996) ausdrückt, ist in Marken wie Euro-Disney Land, Robinson Club oder in vielen Luxusgütermarken, wie Hermès, Porsche oder Mont Blanc zu finden.

Waren vor fünfzehn Jahren oft noch sachlich-funktionale Markenwerte (Qualität, Leistung, Bedienungsfreundlichkeit etc.) ausschlaggebend für die Bedürfnisbefriedigung und die Markenstandards der Konsumenten, so haben sich durch den Wertewandel und nicht zuletzt auch durch die stetige Angleichung von qualitativen Leistungsmerkmalen der Produkte die Wertepräferenzen beim Erwerb von Marken geändert. Heute zählen zusätzlich zu den materiellen, an der Marke sichtbaren und sachlich funktionalen Werten, immer mehr emotionale, erlebnisbetonte (vgl. Schulze, 1996) und ästhetische Werte zu den gefragten Markenwerten. Daneben rücken auch ethisch-moralische Werte, wie Verantwortung, Glaubwürdigkeit und gesundes Leben in den Vordergrund der so genannten *Core Values* vieler Menschen.

Die Beziehung zwischen den *Kernwerten einer Marke* und den *Wertvorstellungen der Zielgruppen* bilden ein wichtiges Pendant, denn zwischen beiden muss es eine gewisse Ähnlichkeit, ja Entsprechung geben, wenn der Konsument sich für eine Marke entscheidet. Seine Entscheidung basiert nämlich zu einem gewissen Grad auch auf der Überlegung, inwieweit die Wertvorstellungen des Kunden mit den Wertvorstellungen der Marke übereinstimmen. Der Grad der Gleichheit zwischen den beiden Wertvorstellungen kann als so genannte *„Entsprechungshypothese"* formuliert werden, die jedoch empirisch nicht gesichert ist. Diese Hypothese lautet wie folgt:

> Die Konsumenten bevorzugen tendenziell solche Marken, deren Wertestruktur mit ihren eigenen Werten (Wünschen/Idealen) übereinstimmen oder diesen ähnlich sind.

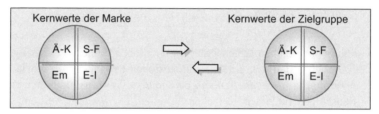

Abbildung 2.11: Entsprechungshypothese der Kernwerte (vgl. Linxweiler, 2001, S. 163)

2.4.3 Brand Philosophy und Brand Positioning

2.4.3.1 Brand Philosophy

Der Aufbau einer neuen Marken-Identität beginnt, wie beschrieben, mit der Auswahl der relevanten Kernwerte. Sind diese festgelegt, dann wird in einer zweiten Stufe die Marken-Philosophie formuliert. Die Markenphilosophie kann als das „Grundgesetz" oder die „Verfassung" einer Marke verstanden werden. In dieser ist idealerweise verankert, was die Marke ist (ihre Kernleistungen). Des Weiteren ist in der Philosophie festgehalten, welche Visionen, Weltbilder, Ideen und Überzeugungen der Marke zugrunde liegen und wie ihre Visionen und Ideen strukturiert sind.

Basierend auf den Visionen werden in der Markenphilosophie grundsätzliche strategische Ziele und Zielvorstellungen bezüglich ihrer Weiterentwicklung in der Zukunft, ihrem Marktauftritt, ihrer Produktausweitung und ihrer geografischen Entwicklung formuliert. Zusätzlich zu diesen eher sachlich orientierten Grundsätzen werden in der Brand Philosophy *ethisch-ideelle Grundsätze* der Markenführung und insbesondere bezüglich der Markenkommunikation, bezüglich des Umgangs mit den Ressourcen und den Mitarbeitern sowie des Umfeldes festgehalten. Zusammengefasst kann gesagt werden, dass sich die Marke in ihrer *Brand Philosophy* in Beantwortung der folgenden Fragen (vgl. im Folgenden Raffée/Wiedmann, 1993, S. 47) definiert:

- „Wer sind wir?"
- „Was bieten wir?"
- „Wie sind wir?"
- „Was sind unsere Visionen?"
- „Was sind unsere Ziele?"
- „Was sind unsere Grundsätze?"
- „Worauf beruht unser Erfolg?"
- „In welchen Märkten bewegen wir uns?"
- „Was unterscheidet uns vom Wettbewerb?"

Die Brand Philosophy kann, ähnlich wie die Unternehmensphilosophie, in einem *Handbuch* zusammen mit dem *Brand-Design-Manual*, dokumentiert werden. Sie steht somit verbindlich für jeden, der mit der Marke zu tun hat, als Richtlinie zur Verfügung. Die Bedeutung der Brand Philosophy für das Marken-Design liegt auf der Hand: Sie bildet die qualitative und teilweise quantitative Grundlage und Richtlinie für alle gestalterischen Entscheidungen, die im Markenmanagement getroffen werden. Somit hat das Manual einen richtungsweisenden und auch begrenzenden Einfluss auf die Markengestaltung und die Rahmenbedingungen des Design-Manuals.

2.4.3.2 Brand Positioning (Markenpositionierung)

Ist die Markenphilosophie festgelegt und spezifiziert, können die konkrete Position oder die markentypischen inneren Bilder definiert werden, welche die Marke bei den Konsumenten oder im Vergleich zu den Konkurrenzmarken haben soll. Die Markenpositionierung legt fest, welche spezifische kommunikative Markenwelt eine Marke in der Vorstellungswelt der Konsumenten einnehmen soll. Die Positionierung stellt außerdem dar, in welcher Beziehung die Marke zu den Konkurrenzmarken steht, falls solche in einer Produktkategorie bestehen und markenrelevant für die *Präferenzen* der Konsumenten sind. Die Markenpositionierung ist, zusammengefasst, das *Bindeglied* zwischen der eigenen Marke, dem Konkurrenzumfeld und der Vorstellungswelt der Konsumenten.

Das *Ziel* der Markenpositionierung (und gleichzeitig des Marken-Design) ist die *Schaffung von Präferenzen* für die Marke durch eine prägnante und differenzierte Markenkommunikation bei den Konsumenten. Trommsdorff/Zellerhoff (1994, S. 352) bezeichnen eine *Präferenz* als *relative Einstellung*, die den Grad der Bevorzugung einer Marke vor einer anderen zum Ausdruck bringen soll. Die Präferenzbildung setzt voraus, dass die präferenzbildenden Items einer Marke deutlich und unverwechselbar wahrgenommen werden. Die Marke muss eine einzigartige „Position" in der Vorstellung des Verbrauchers einnehmen, welche nicht verschwommen ist und von dem Vorstellungsbild einer anderen Marke nicht überlagert werden kann.

Marken-Design ist Markenpositionierung!

Unter beiden Begriffen versteht man die Bildung von einstellungs- und präferenzrelevanten inneren Markenbildern (verbal, optisch, akustisch etc.) in der subjektiven Wahrnehmungswelt der Zielpersonen. Aus Absendersicht kann die Markenpositionierung als konsumenten- und ebenso als wettbewerbsorientierte Kombination der Markenleistungen beschrieben werden.

Die Positionierungsitems der Marken können sich aus der Kombination von *Markenkernwerten* ableiten. Diese Werte werden über die zugehörigen *Nutzeneigenschaften* in Markenitems transformiert und zu einem Markenprofil gestaltet. Sachlich-funktionale Markenitems sind z. B. hochwertig, stabil, neue Funktionen, wirksam etc. Ästhetisch-kulturelle Items sind u. a. geradlinig, poetisch, pur, schräg, intelligent, hübsch, kultiviert etc. Zu den emotional-affektiven Items zählen Markenmerkmale wie zart, genussvoll, sexy usw. Ethische Items sind beispielsweise Bezeichnungen wie fair (Produkte, wie „Trans-fair"-Tees), gesundheitsbezogene Items, umweltorientierte Items usw.

Die oben beschriebenen Nutzeneigenschaften können aber ebenso multisensuale, nichtverbale Items sein, die bestimmte gewünschte Assoziationen und Gefühle auslösen, wie Formen, Farben, Düfte, Musik, Oberflächenbeschaffenheiten, Geschmacksempfindungen sowie viele andere Merkmale. Es handelt sich hier um *Tonalitäten,* d. h. emotional gefärbte Stimmungen, wie Sonnenuntergang, Freude, Lächeln, Geselligkeit, sowie motivationale Items, die an Status, Prestige, Selbstverwirklichung, gesellschaftliche Akzeptanz appellieren. Sie sollen für den Konsumenten wahrnehmbar, nacherlebbar und markenrelevant sein.

Positionierungen kann man sowohl bei den Kernwerten als auch bei den Leistungen von Marken und bei ihren Nutzen (Benefits), ja selbst bei den Reason Whys und sogar den Tonalitäten vornehmen. Allgemein geht man davon aus, dass eine Markenpositionierung zumeist auf allen vorbeschriebenen Ebenen vorgenommen wird. Diese Ebene der Nutzenaussagen (Benefits) ist betreffs ihrer Inhalte für den Konsumenten direkt interessant und relevant. Die Konsumenten wollen schließlich danach urteilen, welche Nutzen ihnen eine Marke verschafft und welche Nutzenvorteile sie gegenüber Konkurrenzmarken haben. Neben der Nutzenpositionierung ist auch die Reason-Why-Positionierung interessant. Reason-Why-Positionierungen werden z. B. dann eingesetzt, wenn die Nutzen verschiedener Marken austauschbar sind und der Kunde nach der Marke mit der höheren Glaub-

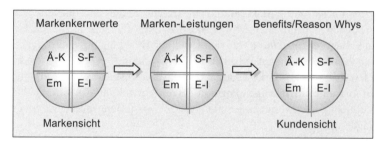

Abbildung 2.12: Entwicklungsstufen der Kernwerte bis zu den Marken-Benefits (vgl. Linxweiler, 2001, S. 238)

würdigkeit sucht. Die Glaubwürdigkeit der Marke wird meist über den Nutzenbeweis, den Reason Why, vermittelt. Den Aufbau der Markenpositionierungselemente, angefangen vom Kern bis zu den kundenorientierten Benefits kann man als *„Entwicklungshypothese"* der Markenkernwerte bezeichnen. Diese Stufen der Wertehierarchie von den Werten über Eigenschaften bis zum Nutzen (vgl. Reynolds/Gutman, 1988, S. 12) finden auch bei der bereits behandelten „Means-End"-Theorie in den Mittel-Ziel-Ketten ihren Niederschlag.

Die Entwicklungshypothese beinhaltet die Forderung, dass sich die Markenleistungen des Unternehmens, wie Qualität, Design, Materialien, Beratungsleistungen, CD, Werbung etc. kontinuierlich und konsistent aus den Kernwerten der Marke entwickeln müssen. Die Benefits sowie die Tonalitäten und die Reason Why's wiederum müssen sich ihrerseits ebenso konsistent aus den Leistungen selbst ableiten lassen. Am Anfang dieser Kette steht jeweils das Set der Markenkernwerte. Der Markenkern als Ausgangs- und Kulminationspunkt des gesamten Marken-Design wirkt, bildlich gesprochen, wie ein zentraler Dreh- und Angelpunkt, auf den sich alle Bereiche, wie Unternehmen, Kunde, Zulieferer und Handel, Wettbewerb und Umfeld beziehen und der von sich aus auf diese Bereiche mit der Marke selbst wieder ausstrahlt.

Auf jeder dieser oben beschriebenen Entwicklungsstufen kann eine Positionierung durchgeführt werden. Es ist schon sehr aufschlussreich, bereits eine Positionierung auf der Ebene der Markenkernwerte vorzunehmen, um festzustellen, wie unique und wie trennscharf man bereits hier im Vergleich zur Konkurrenz auftritt. Zur Verdeutlichung der Positionierung soll zunächst die Ebene der Wertepositionierung in der Automobilindustrie gegenüber Konkurrenzmarken dienen. Ergänzend sei bemerkt: Je stärker die Abweichung von den Wettbewerbsmarken ist und je klarer die Marke kommuniziert wird, umso prägnanter ist die Positionierung. Die Positionierungsitems können in ihren Ausprägungen (z. B. über eine 5-stellige Ratingskala) durch Befragungen bei den relevanten Zielgruppen erhoben werden. Abbildung 2.13 zeigt ein konstruiertes Beispiel aus der Automobilindustrie, wie solche Positionierungs-Items und -profile aussehen könnten (vgl. Pflaum/ Linxweiler, 1998, S. 65 ff.).

Im folgenden Beispiel ist die Automobilmarke „A" in ihrer Positionierung am stärksten auf den sachlich-funktionalen Kernwert der „High Tech"-Orientierung ausgerichtet. Sie legt ebenfalls einen hohen Wert auf ihr Automobil-Design, weniger aber auf die emotionale Positionierung sowie auf ethisch-ideelle Kernwerte. Demgegenüber hat Automobilfabrikat „B" ein fast entgegengesetztes Positionierungsprofil. Es betont den Fahrspaß seiner Autos und legt noch mehr Wert auf das Design, während es die ethisch-ideellen und die sachlich-funktionalen Werte fast völlig ausklammert. Die Positionierungen der Automarken könnten sich in folgenden unterschiedlichen Markenslogans ausdrücken:

> Marke A: „Überlegenheit durch High Tech und Design"
> Marke B: „Schöne Wagen für mehr Fahrspaß"

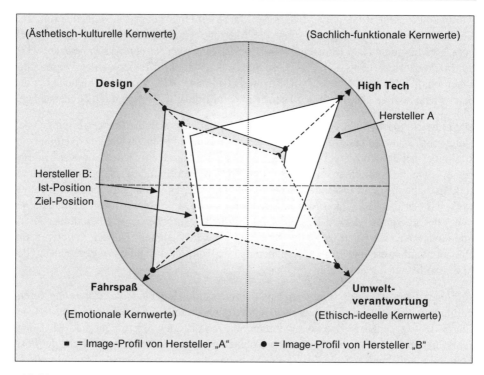

Abbildung 2.13: Positionierungsprofile zweier Automobilfabrikate (konstruiert) im Kernwerte-Schema der Marken (Brand Core Values)

In der Positionierungsphase formulieren die Brand Manager ihre Ist- sowie ihre neue Zielpositionierung. Im obigen Automobilmarkenbeispiel soll die Zielpositionierung der Marke „B" sowohl beim emotionalen Kernwert „Fahrspaß" als auch beim ästhetischen Kernwert „Design" und der ethisch-ideellen Position „Umweltverantwortung" stärker ausgebaut werden. Die Position „High Tech" dagegen soll sich in unserem Beispiel nicht verändern. In der Markenpraxis werden die Soll-Positionierungen häufig über Ideal-Image-Erhebungen („Wie müssten die Werteausprägungen im Idealfall sein?") bei den Zielgruppen erfragt. Das hat nicht selten zur Folge, dass man eine Me-Too-Positionierung verfolgt, weil die von den Zielgruppen geäußerten Idealvorstellungen überwiegend von den Vorstellungen über den jeweiligen Marktführer einer Branche geprägt sind (vgl. hierzu auch Kroeber-Riel, 1992, S. 208).

Eine Markenpositionierung kann graphisch aber auch unabhängig von den zuvor beschriebenen vier Kernwerten dargestellt werden. Im Falle von ein-, zwei- oder dreidimensionalen Markenpositionierungen kann diese graphisch wie in Abbildung 2.14 aussehen.

Das folgende Bild zeigt eine dreidimensionale Abbildung von frei konstruierten Markenimages mit den Positionen der Konkurrenzmarken in einem Eigenschaftsraum von wett-

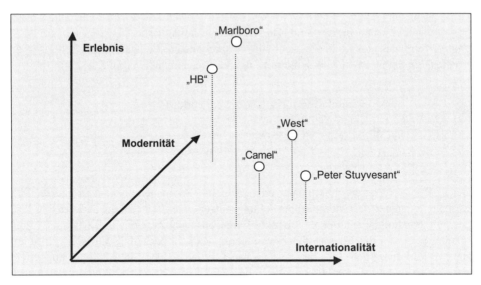

Abbildung 2.14: Ein Beispiel für eine Markenpositionierung aus drei Positionierungsitems für den Zigarettenmarkt

bewerbsrelevanten voneinander weitgehend unabhängigen Imagedimensionen. Die verschiedenen Ausprägungen der Imagedimensionen können beispielsweise über einer ordinalmetrischen Ratingskala, z. B. fünfpolig, von „trifft wenig zu" bis „trifft genau zu" mittels Befragung gemessen werden. Je näher die Positionen der Marken beieinander liegen, umso austauschbarer und weniger prägnant sind sie. Für jede der Marken könnte auch ein *Idealimage* eingetragen werden, bzw. es könnte eine fiktive Ideal-Marke in die Messung mit aufgenommen werden. Das Idealimage dieser fiktiven Marke wird, wie die vorliegenden Ist-Images auch, bei den Konsumenten über die jeweiligen Imagedimensionen abgefragt. Die abgefragten Idealimages können dabei als Benchmarks für die Präferenzen der Marken aufgefasst werden. Wenn man mit seiner Positionierung die *Erreichung des Idealimages* anstreben will, kann ein Grund dafür darin liegen, dass man das Marktpotenzial für dieses Segment möglichst stark nutzen möchte. Man kann auch versuchen, mittels geeigneter Strategien das Idealimage an das Ist-Image anzupassen (was jedoch kaum gelingen dürfte) oder sich möglichst weit weg von den Wettbewerbspositionen zu positionieren (Differenzierungsziel).

Die Positionierung von Marken, besonders unter Einbeziehung von Idealimages, ist laut Kroeber-Riel (1992, S. 208) häufig mit Problemen verbunden, besonders dann, wenn eine Idealposition nicht hinreichend nach Zielgruppen differenziert oder aber falsch bestimmt wird, weil die Marktforschungsmethoden nicht ausreichen, um die Erlebniswünsche der Konsumenten mit ihren zeitlichen Verschiebungen genau zu bestimmen.

Das stärkste Gegenüber zu einer Ideal-Image-Strategie ist die radikale Differenzierungsstrategie in Form einer *Neupositionierung* in einem völlig anderen Eigenschaftsraum.

Diese Maßnahme kann gewählt werden, wenn die „besten Plätze" im bestehenden Positionierungsfeld schon besetzt sind. Diese Strategie heißt *Positioning* (Ries/Trout 1986) und verfolgt das Positionierungsziel, die Marke einzigartig und unverwechselbar zu machen. Sie könnte nach Ries/Trout mit folgenden Faustregeln verbunden sein:

1. USP (Unique Selling Proposition, Konkurrenzvorteil)
2. KISS (Keep it simple and stupid.)
3. FIRST (Sei als erster am Markt.)
4. VOICE (Gehe mit großer Lautstärke in den Markt.)

Der USP wird meist als funktionaler oder sachlicher Alleinstellungsnutzen interpretiert, weshalb in neuerer Zeit andere Alleinstellungsnutzen, wie UAP (Unique Advertising Proposition), der auf die emotionale Produktdifferenzierung abzielt, oder UBI (Unique Brand Imagery), das auf die Alleinstellung des inneren Markenbildes als Schlüssel-Nutzen abzielt, diskutiert werden. Im oben beschriebenen Sinne ist der Alleinstellungsnutzen ein subjektives inneres Markenbild mit all seinen sachlichen und sonstigen (emotionalen, motivationalen) Dimensionen.

2.4.4 Marken- und Marktstrategien

Ein weiterer Schritt auf dem Weg von den Markenkernwerten zur Brand Identity ist die Festlegung der Markenstrategie. Diese kann auf der Grundlage der Marken-Ziele und der Marken-Positionierung formuliert werden. In Zeiten zunehmender Wettbewerbsverschärfung, Informationsüberflutung, qualitativer Austauschbarkeit von Produkten und Dienstleistungen, Wertewandel und rasanter Änderung der Kommunikationsmöglichkeiten stellt sich die Frage nach *sinnvollen langfristigen Wegen* von Marketingstrategien. Unter den vorbeschriebenen Bedingungen ist die Marke ein zentrales Marktgestaltungsmittel (vgl. Becker, 2001, S. 501 ff.). Die Marke, die in der Lage ist, eine anonyme Leistung zu individualisieren, zu personalisieren und zu profilieren, kann für den Abnehmer in einer unübersichtlicheren Konsumwelt eine stärke Orientierungsfunktion übernehmen. Damit spielt sie die Rolle eines strategischen Schlüsselfaktors im Marktgeschehen.

Die *Markenstrategie (Brand Strategy)* kann als Teil der Marketingstrategie angesehen werden, und diese ist wiederum Teil der Unternehmensstrategie. Schwerpunkt der nachfolgenden Erläuterungen sind die Markenstrategien. Die *Brand-* oder *Marken-Strategien* bestimmen, welche *generellen* und meist auch langfristigen Vorgehensweisen mit der Marke im Markt verfolgt werden sollen. Werden die Ziele durch die Konzentration auf eine einzige Strategie, d. h. auf eine konzentrierte generelle Vorgehensweise festgelegt, kann man von einer Einzelstrategie sprechen, wie etwa die grundsätzliche Vorgehensweise bei der Preis- und Konditionensetzung, der Produktpolitik, der Distributions- und Kommunikationspolitik.

Wählt man mehrere Instrumente oder Schwerpunkte beim Verfolgen der Ziele aus, verfolgt man eine Kombinationsstrategie (Beispiel: Präferenzstrategie und Marktentwicklungsstrategie). Hier lassen sich unterschiedliche Kombinationen des strategischen Vorgehens darstellen, die ausgewählt, bewertet und selektiert werden müssen. Bevor auf die Markenstrategie als Einzelstrategie eingegangen wird, sollen die Arten von Strategien und Strategiekombinationen angesprochen werden.

Die Arten der Strategien und die Strategiekombinationen

Wenn man zunächst einmal über das direkte instrumentbezogene Strategieumfeld der Marke hinausblickt, dann finden sich benachbarte Bereiche in der Markenführung, die als sekundäre Einflussfaktoren den Markterfolg entscheidend mitgestalten können. Diese Bereiche tragen mit ihren Leistungen ebenso zur Wertschöpfung bei wie die Markeninstrumente selbst. Es sind die Bereiche des Unternehmens der Mitarbeitermotivation, der Qualitätsarbeit bis hin zur Kooperation mit den Lieferanten, dem Handel, ja sogar zeitweise Kooperationen mit der Konkurrenz (so genannte Koopetition).

Die Qualität und das Design von Rohteilen für ein Endprodukt, welches vom Lieferanten kommt, müssen in ihrer Gestaltung zum angestrebten Design passen und beeinflussen damit die Überlegungen zur Marken-Gestaltung mit. Die Umfeldbereiche, wie das Investitionsklima, die gesetzlichen Rahmenbedingungen, die Infrastruktur einer Industrieregion bis hin zu sozialen Belangen nehmen Einfluss auf die langfristigen Planungen und damit auf die Strategien einer Marke.

Diese müssen als indirekte Erfolgsfaktoren in einer erweiterten Strategie berücksichtigt werden. Eine solche erweiterte Strategie-Matrix, die jeweils eine Zweier-Kombination von Strategien zeigt und alle den Markenerfolg beeinflussenden Perspektiven berücksichtigt kann wie folgt dargestellt werden:

Strategien	**Brand/** Instrumente	**U**nternehmen	**M**arkt/ **K**unden	**H**andel/ **W**ettbewerb	**Um**feld
Brand/ Instrumente	**B – Strategien**				
Unternehmen	U/B – Strategien	**U – Strategien**			
Markt/ Kunden	M/B – Strategien	M/U – Strategien	**M – Strategien**		
Handel/ **W**ettbewerb	H/W/B – Strategien	H/W/U – Strategien	H/W/M – Strategien	**H/W – Strategien**	
Umfeld	Um/B – Strategien	Um/U – Strategien	Um/M – Strategien	Um/H/W – Strategien	**Um – Strategien**

Tabelle 2.1: Kombinierte Strategien-Matrix (B = Brand, M = Markt, W = Wettbewerb, Um = Umfeld, H = Handel, U = Unternehmen)

Die vorstehende Tabelle 2.1 ist folgendermaßen zu lesen: Die diagonalen, fett unterlegten Strategien von links oben nach rechts unten sind *Einzelstrategien* (reine Marken-Strategien, reine Unternehmens-Strategien, reine Kunden-Strategien etc.). Für Marken-Design-Überlegungen sind die in der dunklen Spalte aufgeführten Strategiekombinationen die wichtigsten, da sie direkt der Marke zuarbeiten. Alle anderen Strategien sind kombinierte Strategien, wie z. B. die *„M/B-Strategie"*, die in der Lesart nach Becker (vgl. Becker, 2001, S. 148 ff.) als „Marktfeldstrategie" bezeichnet wird.

Diese Strategie ist eine Kombination aus Marken-Instrument- und Markt-Strategie und läuft auf die Ansoffsche Produkt-Markt-Matrix hinaus. In dieser Matrix wird beispielsweise eine Kombination aus Handlungsalternativen bezüglich der Produktstrategien (alt/neu) und Handlungsalternativen der Marktstrategien (alt/neu) vorgenommen, und es werden hieraus diverse Strategie-Pfade abgeleitet (vgl. Becker, 2001, S. 380 ff.). Da die Ansoffsche Produkt-Markt-Matrix gewissermaßen der Klassiker der Strategiekombinationen (Markt- und Marken-Instrument-Strategie) darstellt, soll sie zum besseren Verständnis der weiteren Darstellungen etwas näher beschrieben werden:

Die Ansoffsche Produkt-Markt-Matrix

Die Markt-Marken-Strategie (Kombinationen aus Markt und Markeninstrumenten) bezieht sich auf verschiedene Aktionsausprägungen von Marken bzw. des Marktes. Diese langfristigen Gestaltungsentscheidungen, die Markt und Marke betreffen, gehen auf die strategischen Überlegungen von Ansoff (1966) zurück und betrachten die Aktionsmöglichkeiten, die sich aus der gegenwärtig-neu-Kombinationsbetrachtung von Markt und Marke (Produkt) ergeben.

Produkte \ Märkte	gegenwärtig	neu
Gegenwärtig	**Marktdurchdringung**	**Marktentwicklung**
neu	**Produkt-/Markenentwicklung**	**Diversifikation**

Tabelle 2.2: Die vier grundlegenden marken-/marktfeldstrategischen Optionen (Quelle: Becker, 2001, S. 148, nach Ansoff, 1966)

Bei der *Marktdurchdringung* wird nichts Grundlegendes an den Produkten und bei der Marktbearbeitung geändert. Es wird lediglich eine *Erhöhung der Marktanteile* auf dem bestehenden Markt angestrebt durch:

(1) Intensivierung der Produktverwendung bei bestehenden Kunden (durch Produktmodifikation, Beschleunigung des Ersatzbedarfes durch künstliche Obsoleszenz z. B. in der Mode, Vergrößerung der Verkaufseinheit, z. B. Familienflasche oder durch verstärkte Markenkommunikation). Eine Ausschöpfung kann des Weiteren erreicht werden durch

(2) Gewinnung neuer Kunden im bestehenden Markt (durch Produktverbesserung, zusätzliche Argumentation, Preisreduktionen etc.) oder durch
(3) Gewinnung von Nichtverwendern dieser Produktgattung (durch Warenproben, neue Absatzkanäle, andere Preisstellung etc., vgl. Becker, 2001, S. 148 ff.).

Die *Marktentwicklung* sucht für bereits existierende Produkte neue Märkte, die entweder geografischer Natur sein können (Eintritt in neue Auslandsmärkte), neue Marktsegmente innerhalb bestehender geografischer Märkte durch Schaffung neuer Anwendungen erschließen können oder neue Teilmärkte über geeignete Produktvariationen (Größenvarianten, Inhaltsvarianten, Farbvarianten, Geschmacksvarianten etc.) eröffnen.

Die *Produkt-/Markenentwicklung* bedeutet Innovation und Variation von Produkten/Marken. Hierauf wird in späteren Kapiteln ausführlich eingegangen. *Diversifikation* bedeutet das Ausbrechen aus dem gegenwärtigen Markt und das Ausbrechen aus dem gegenwärtigen Marken- oder Produktprogramm. Sie bedeutet Ausrichtung des unternehmerischen Handelns auf völlig neue Produkte und auf neue Märkte (vgl. Ansoff, 1966, S. 132), die bisher nicht im Produktprogramm aufgetreten sind und welche auch auf den ersten Blick nicht hineinzupassen scheinen. Es werden in der Literatur drei Arten der Diversifikation unterschieden:

(1) Horizontale Diversifikation: Erweiterung des bisherigen Produktprogrammes um ähnliche bzw. verwandte Produkte für die gleichen Zielgruppen. Beispiel: Maggi als Hersteller von Würzen, Suppen usw. führt als Diversifikationsmaßnahme Tiefkühlkost ein.
(2) Vertikale Diversifikation: Aufnahme von Produkten in das Programm, welches dem bisherigen Programm nachgeschaltet oder vorgeschaltet ist. Beispiele: Ein Modekonfektionär gliedert auf der vorgelagerten Stufe eine Stoffweberei ein (Vorstufen-Diversifikation) und gründet auf der nachgelagerten Stufe Verkaufsläden (nachgelagerte Diversifikation).
(3) Laterale Diversifikation: Neueintritt in völlig andere Produktbereiche. Beispiel: Ein Versicherungsunternehmen engagiert sich in der Hochseefischerei.

2.4.4.1 Die reinen Marken-Strategien (B-Strategien)

Die reinen Markenstrategien beziehen sich zunächst ausschließlich auf die Festlegung der Handlungsmöglichkeiten, welche die Marke selbst zu bieten hat. Diese Handlungsalternativen von Markenstrategien lassen sie sich wie nachfolgend gezeigt einteilen:

---
1. Markeninstrumentstrategien
2. Markenlebenszyklusstrategien
3. Markentypenstrategien

---

1. Markeninstrumentstrategien: Sie betreffen die *Instrumente der Markenpolitik* selbst, wie etwa die grundsätzliche Vorgehensweise bei der Preis- und Konditionensetzung, die Produktstrategie, die Distributions- und die Kommunikationsstrategie. Hier lassen sich unterschiedliche Kombinationen darstellen, die ausgewählt, bewertet und kombiniert werden müssen. Diese Kombinationen stellen sich, wenn man die Preisbetrachtung und die Distributionsbetrachtung hier außer Acht lässt, wie folgt dar:

		Kommunikation (Werbung/PR/Verkaufsförderung)	
Produkt		Alt	Neu
	Alt	Statusstrategie Produkt/ Kommunikation	Kommunikations-Entwicklungsstrategie
	Neu	Produkt-Entwicklungsstrategie	Produkt-/Kommunikations-Entwicklungsstrategie

Tabelle 2.3: Produkt- und Kommunikationsstrategie-Matrix

Die Tabelle 2.3 ist ähnlich der Ansoffschen Produkt-Markt-Matrix zu interpretieren. In den hier vorliegenden Strategiekombinationen sollen die beiden Markeninstrumente Produkt und Kommunikation in den Vordergrund gestellt werden, da diese in den klassischen Bereichen der Konsumgütermarken üblicherweise (noch) dominieren.

Zur obigen Tabelle selbst: Bei der *alten Produkt-/Kommunikationsstrategie* (linker oberer Quadrant) werden die wichtigsten Markenparameter, nämlich Produkt und Kommunikation, nicht geändert. Es findet allenfalls eine Produktanpassung oder -aktualisierung statt, ohne an der Qualität oder am Produktäußeren etwas zu ändern. Auch die Kommunikation ändert sich nicht oder nur unwesentlich.

Beispiel: Diese Strategie ist seit Jahren bei der Zigarettenmarke Marlboro oder bei West, Becks-Bier, Stuttgarter Versicherung etc. zu verfolgen. In Deutschland wird seit 1963 mit dem Marlboro-Cowboy geworben, seit 1993 mit dem Slogan „Test it" und seit den 70er Jahren mit dem Stuttgarter Versicherungsmann, der den Elefanten stemmt. Diese Marken agieren allesamt sehr erfolgreich im Markt.

Die *Kommunikations-Entwicklungsstrategie* zeichnet sich durch ausgeprägte Variation oder Innovation in der Werbung und/oder Verkaufsförderung bei der Marke aus, wobei das Produkt weitgehend gleich bleibt.

Beispiele hierfür sind die relativ häufig wechselnden Werbekampagnen für die Marken Coca-Cola, Mc Donald's, Audi, BMW etc. Das strategische Feld der *Produktentwicklungsstrategie* steht für eine stetige Produktverbesserung bei weitgehend gleichbleibender bzw. kontinuierlicher Werbung. Beispiele hierfür sind Pentium von Intel (Intel Pentium 1 bis 4), Dr. Best Zahnbürsten von Glaxo-Smith-Kline oder Gillette Rasierklingen („Mach 1" bis „Mach 3").

2.4 Die Struktur der Marke

Die Strategie der neuen *Produktentwicklung und der Kommunikationsentwicklung* läuft auf das klassische Relaunch-Strategie-Konzept hinaus. Die Marke soll durch neue Produkte und durch neue Werbung wieder völlig neu aufgefrischt werden.

Beispiele hierfür sind: die Körperpflegeserie von „Fa", Waschmittelauftritte, wie Persil etc. Die *Markenstrategien (B-Strategien)* werden meist unter Berücksichtigung der Vorgehensweisen in den *Märkten* vorgenommen, was die Matrix um eine zusätzliche Dimension, nämlich um die Marktstrategien, erweitern würde.

Diese Matrix kommt der klassischen Ansoff-Matrix am nächsten, nur, dass sich die Strategiematrix einschließlich der Berücksichtigung der vier klassischen Markeninstrumente (Preis, Promotion, Place, Product) auf fünf Dimensionen erweitern würde. Die nachfolgende Abbildung zeigt das hypothetische Beispiel einer Strategiekombination, die auf den bestehenden Markt setzt (alter Markt).

			Markt	
			Alt	Neu
Marke	Promotion	Alt		
		Neu	x	
	Produkt	Neu	x	
		Alt	x	
	Preis	Neu		
		Alt		
	Place	Alt		
		Neu	x	

Tabelle 2.4: Marken-/Markt-Strategie-Matrix

Bei den zur Marke gehörenden Instrumentalstrategien dagegen wird in unserem Beispiel eine neue Promotion-Strategie (Kommunikationsentwicklungsstrategie) für die Marke angestrebt sowie eine neue Preis- und Distributionsstrategie. Das heißt konkret, dass vielleicht aufgrund einer kommunikativen Neupositionierung (Relaunch) der Marke neue Werbekampagnen entwickelt werden sollen und über grundsätzlich neue Vertriebswege nachgedacht wird, wie etwa den Direktvertrieb.

Durch diese neuen Maßnahmen möchte man sich ein Preispremium im bestehenden Markt sichern. Eine Gesamtstrategie ist immer durch die Kombination mehrerer Einzelstrategien geprägt. Die Möglichkeiten der Strategiekombinationen sind in der obigen Darstellung aufgeführt.

Weitere Ausprägungen von reinen Markenstrategien orientieren sich an strategischen Handlungsanforderungen bei den verschiedenen Stadien des Markenlebenszyklus oder in Abhängigkeit der Markentypen, die es zu betreuen gilt.

2. *Markenlebenszyklusstrategien:* Jede Marke, jedes Produkt hat, ähnlich wie ein Lebewesen, einen Lebenszyklus, den es durchläuft. Dieser beginnt normalerweise mit der Entwicklung, führt über die Markteinführung, das Marktwachstum, die Reifephase, der Sättigung, Degeneration und schließt ab mit der Phase des Verschwindens aus dem Markt.

In manchen Darstellungen schließt sich noch eine Recycling- oder eine Entsorgungsphase an. Markenoptimisten bestreiten einen derartigen Lebenszyklus für die Marke und gestehen diesen nur einzelnen Produkten zu.

Die Marke soll schließlich für eine Ewigkeit gemacht werden. Sie soll immerzu prosperieren und stetig wachsen und stark sein. Es soll hier dennoch für die Marke ein endlicher Lebenszyklus unterstellt werden.

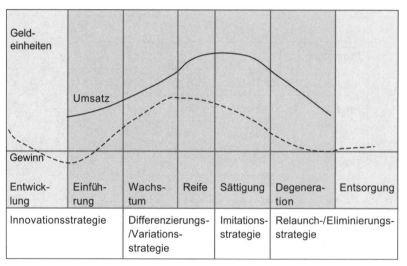

Abbildung 2.15: Marken-/Produktlebenszyklusdarstellung (dunkle Felder: Marktpräsenz der Marke)

Betrachtet man die markenstrategischen Handlungsalternativen in den einzelnen Abschnitten des Produkt- oder Markenlebenszyklus, so kann man diese, ausgehend von der Markenentwicklungsphase über die Markeneinführungsphase bis zur Relaunch- oder Degenerationsphase, in einer Markenlebenszyklusstrategie mit folgenden Einzelstrategien einteilen:

a) Innovationsstrategie
b) Differenzierungs- und Variationsstrategie
c) Imitationsstrategie
d) Relaunchstrategie oder Eliminierungsstrategie

2.4 Die Struktur der Marke

relative Bedeutung der Markentypen	Klassische Markenartikel / Handelsmarken / Gattungsmarken					
Merkmale \ Phasen	Markenaufbau	Markenabsicherung	Markendifferenzierung	Markenimitation	Markenspaltung	Markenpolarisierung
Wachstum	stark steigend	stark steigend	steigend	konstant	konstant fallend	konstant steigend
Marktsituation						
Marktstruktur	Hersteller als Anbieter (Monopol)	Hersteller als Anbieter (Monopol)	Hersteller und Handel (Oligopol)	Hersteller und Handel (Polypol)	Hersteller und Handel (Polypol)	Hersteller und Handel (Oligopol)
Eintrittsbarrieren	Hoch (Technologie)	Hoch (Technologie)	Schwach (Technologie)	Schwach (Preis)	Hoch (Preis u. Technologie)	Hoch (Preis/Technologie)
Marktrisiko	sehr hoch	hoch	gering	gering	hoch	sehr hoch
Herstellersituation						
Strategische Ausrichtung	Wachstum	Wachstum	Profilierung/ Differenzierung	Differenzierung	Rationalisierung	Konzentration
Kommunikationsziele	Bekanntheit	Bekanntheit	Image	Image	Image	Image
Produktpolitik	Produktinnovation	Ausbau von Produktvorteilen	Horizontale Differenzierung	Horizontale/ vertikale Differenzierung	Absicherung der A-Marken	Stärkung/ Ausbau der A-Marken
Handelssituation						
Stellung des Handels	Absatzmittler	Absatzmittler	Absatzmittler/ Hersteller	Absatzmittler/ Hersteller	Absatzmittler/ Hersteller	Absatzmittler/ Hersteller
Sortimentspolitik	Aufnahme v. Innovationen	Listung mehrerer Marken	Einführung v. Handelsmarken	Einführung v. Gattungsmarken	Auslistung v. Handelsmarken	Konzentration auf attraktive Marken

Tabelle 2.5: Lebenszyklusphasen der Marken (vgl. Bruhn, 1994, S. 251); (Fortsetzung s. Seite 118)

relative Bedeutung der Markentypen	Klassische Markenartikel / Handelsmarken / Gattungsmarken					
Merkmale \ Phasen	Markenaufbau	Markenabsicherung	Markendifferenzierung	Markenimitation	Markenspaltung	Markenpolarisierung
vertikales Marketing						
Zielrichtung des Marketing	Konsumentenorientiert	Konsumentenorientiert	Konsumenten-/handelsorientiert	handelsorientiert	handelsorientiert	Handels-/konsumentenorientiert
Markentypenwettbewerb	zwischen Herstellermarken	zwischen Herstellermarken	zwischen Hersteller- u. Handelsmarken	zwischen Hersteller-Handels-/Gattungsmarken	zwischen Hersteller- und Gattungsmarken	zwischen Hersteller- und Gattungsmarken
Käuferverhalten						
Konsumententypen	Innovatoren	Frühadopter	breite Mehrheit	breite Mehrheit	hybride Konsumenten	hybride Konsumenten
Preisbewusstsein	niedrig	niedrig	höher	hoch	hoch	polarisiert
Qualitätsbewusstsein	hoch	hoch	schwach	schwach	hoch	polarisiert

Tabelle 2.5 (Fortsetzung)

Die Lebenszyklusabschnitte und die Situationsvariablen bezüglich der Marktcharakteristika, des vertikalen Marketing und der Marktteilnehmer zeigt Tabelle 2.5.

Tabelle 2.5 ist, wie andere Lebenszyklusmodelle auch, idealtypisch dargestellt. Der tatsächliche Lebenszyklus wird von einem Vielfachen an Faktoren beeinflusst, die im Einzelfall zu stark abweichenden Daten führen können.

Von *Marken- oder Produktinnovationen* wird in der Literatur (vgl. Meffert, 2000, S. 373 ff.) häufig dann gesprochen, wenn Marken neu eingeführt werden und wenn sie für das Unternehmen *und* für den Markt neuartig sind, wie z. B. die erstmalige Einführung des Fernsehens, Inline-Skater, Internet etc. Eine Marke kann vom Konsumenten auch als Innovation erlebt werden, wenn diese neben den sachlich-funktionalen Nutzen neue ästhetische, emotionale oder ethische Nutzen aufweist.

Die *a) Innovationsstrategie* einer Marke steht überwiegend in den Phasen vor der Einführung einer Marke und während der Phasen der Einführung, des Markenaufbaues, sowie der Markenabsicherung im Vordergrund. Kommunikationspolitische Maßnahmen, wie Werbung, Promotionsmaßnahmen und PoS-/Distributionsmaßnahmen werden hier verstärkt eingesetzt. Die Reifephase einer Marke, die durch stagnierende Wachstumsraten und hohe Konkurrenzintensität gekennzeichnet ist, hat zur Folge, dass die Marke sich jetzt noch stärker über ihren Markenauftritt differenzieren muss. Es werden zur bestehenden Marke zusätzlich *Variationen* eingeführt, um benachbarte Marktsegmente abzudecken und somit zusätzliche Marktzutritte von Konkurrenten oder Abwanderungstendenzen von bestehenden Markenkäufern zu neuen Substitutmarken zu verhindern. Die langfristigen Entscheidungen zur Gestaltung der Marke, die in diesen Phasen getroffen werden, können als Phasen der *b) Differenzierungs- und Variationsstrategie* bezeichnet werden.

In der gleichen Phase sowie in der Sättigungsphase eines Markenzyklus tritt die Konkurrenz über so genannte *Imitations-* oder Me-too-Marken auf. Diese *c) Imitationsstrategien* sind mehr oder weniger versteckt bei vielen Handelsmarken zu finden. Da diesen Marken häufig die nötige Eigenständigkeit durch den Markenauftritt fehlt, werden deren Defizite mitunter durch geeignete Preis- und PoS-Platzierungsmaßnahmen ausgeglichen.

Imitationsstrategien sind klassische Trittbrettstrategien, welche die Dynamik erfolgreicher Marken für die eigenen Produkte auszunutzen suchen. Sie haben aber auch einen gewissen marktregulierenden Charakter auf die Preise von etablierten Marken sowie gewisse Anschubeffekte auf die Innovationsdynamik von klassischen Marken.

Markendegeneration und Schrumpfung von Marktanteilen sind Signale für zusätzliche (oder abschließende) markenstrategische Maßnahmen, die entweder in der *d) Relaunch-* oder in einer *Eliminierungsstrategie* bestehen können. *Relaunchstrategien* gehen nicht selten mit einer radikalen Neupositionierung der Marke einher.

In einem solchen Fall ist die Marke entweder nicht mehr zeitgemäß in ihrem kommunikativen Auftritt bzw. subjektiven Markenbild (z. B. Zigarettenmarke HB, Underberg), weil das noch tragende Marktsegment stark geschrumpft ist, oder sie ist, durch andere Gründe bedingt, im Abstieg begriffen. Dies könnten z. B. die Änderung der Konsumgewohnheiten sein (z. B. Pfeiferauchen, Zigarrenrauchen, Spirituosenkonsum), Änderungen in der Mode, Preisverfall auf dem relevanten Sektor oder technologischer Wandel.

Relaunchstrategien sind neben den Innovationsstrategien die risikoreichsten, da sie, besonders was etwaige Änderungen in der Positionierung des Markenbildes angeht, Gefahr laufen, für neue Zielgruppen nicht glaubwürdig genug zu sein (z. B. die Relaunch-Kampagne für die Zigarette HB: „Offen für"). Derartige Relaunchmaßnahmen lösen bei den Stammkunden häufig extreme Verunsicherung aus, weil diese die alten Markenwerte (für HB: „HB rauchen, heißt frohen Herzens genießen", d. h. Genuss, Heiterkeit, Ärger gelassen nehmen) in neuen werblichen Auftritten nicht mehr wiederfinden.

Die *Marken-* oder *Produkteliminierung* beinhaltet die Entscheidung zum Ausstieg aus dem für die Marke relevanten Markt aus Rationalisierungsgründen, Rentabilitätsüberlegungen, Programmstrukturüberlegungen bzw. Produktlebenszyklusüberlegungen. Fällt in einer solchen kritischen Phase der Marke die strategische Entscheidung, die Marke zu eliminieren, so ist zu bedenken, dass sich die dabei ausgelösten Images negativ auf die (bei einer Dach- oder Familienmarke) verbleibenden Marken auswirken können. Entsprechend sorgsam sollte bei einer Eliminierungsstrategie vorgegangen werden.

Ein zielgerichteter Ausstieg aus einer Marke kann bei Familienmarken sehr wichtig sein. So gibt es bei Unternehmen, die ein breit gefächertes Produktsortiment am Markt anbieten (z. B. Besteckserien, Glasserien, Porzellanserien), ein vorgeplantes Ausstiegsprogramm, das sich über viele Jahre mit garantierten Nachkaufoptionen hinziehen kann.

Bei der WMF AG geht beispielsweise das offizielle Besteckprogramm beim Ausstieg zunächst in das so genannte Sonderprogramm (mit gesonderten Prospekten und Ankündigung des Auslaufens der Marke) über. Nach etwa zwei bis drei Jahren sind die Auslaufmodelle noch im Rahmen eines Serviceprogramms zu erhalten, ehe sie endgültig ausgelistet werden. Einzelteile des ausgelaufenen Modelles können dagegen noch viele Jahre lang nachbestellt werden.

3. *Markentypenstrategien:* Die Markentypenstrategien sollen die strategischen Fragen nach der Art der Markentypen sowie nach der Anzahl der Marken, die unter einem Markennamen geführt werden sollen, beantworten und erläutern. Unter dem gemeinsamen Nenner der Markentypenstrategien können, für unsere Zwecke stark vereinfacht, folgende Einzelstrategien eingeordnet werden:

> **a) Einzelmarkenstrategien**
> **b) Familienmarkenstrategien**
> **c) Dachmarkenstrategien**

Die *a) Einzelmarkenstrategie* kann gewählt werden, wenn ein Unternehmen verschiedene Produkte mit jeweils stark voneinander differierenden Positionierungen anbietet. Der Vorteil einer Einzelmarkenstrategie ist z. B. die Flexibilität in der Markenpolitik. Hier braucht bei einer Markenänderung auf die anderen Marken des Unternehmens kaum Rücksicht genommen zu werden, da keine negativen Transfereffekte zu erwarten sind.

Ein Nachteil einer Einzelmarkenstrategie könnte darin bestehen, dass in die Einzelmarken große finanzielle Investitionen gesteckt werden müssen, um sie über die Massenkommunikation in den Markt zu bringen, wobei verwandte Kompetenzfelder ggf. nicht abgesichert sind. In solche benachbarten Kompetenzfelder könnten bei einer Einzelmarkenstrategie ohne größere Behinderung die Konkurrenten einsteigen. Einzelmarken, wie Smarties, Twix, Dash, KitKat etc. haben unter den Fittichen großer, finanzstarker Unternehmen trotz der oben beschriebenen etwaigen Nachteile weiterhin gute Erfolgsaussichten.

Die *b) Familienmarkenstrategie* steht von ihren Merkmalen her gesehen zwischen der Einzelmarken- und der Dachmarkenstrategie. Hier wird für eine bestimmte Produkt- oder Leistungsgruppe (z. B. *La Galleria*-Geschenkartikel oder die *Ambiente*-Besteckserie der Firma *WMF*) eine einheitliche Marke gewählt. Alle Produkte, die unter dieser Familienmarke angeboten werden, profitieren somit von dem gemeinsam aufgebauten spezifischen Markenimage. Der Werbeaufwand für die Marke verteilt sich auf mehrere Schultern, und neu hinzukommende Produkte partizipieren am bereits aufgebauten Markenguthaben der Familie. Weitere Vorteile einer Markenfamilie sind die Verbesserung der PoS-Präsenz der Marke sowie die Möglichkeit der Markenaktualisierung durch Produktlinienerweiterungen (so genannte Line extensions) und die Erhöhung der Markteintrittsbarrieren für die Konkurrenz. Andererseits beschränkt sich diese Strategie auf gemeinsame oder benachbarte Nutzenfelder, und bei einem entstehenden Negativimage eines Familienmitgliedes kann sich dieses auf die gesamte Markenfamilie ausdehnen.

Die *c) Dachmarkenstrategie:* Die Dachmarke ist mit dem Corporate Brand gleichzusetzen und spielt besonders im Gebrauchsgüterbereich und im Dienstleistungsbereich eine wesentlich bedeutendere Rolle als im klassischen Markenartikelbereich der Konsumgüterindustrie. Klassische Dachmarken sind Produkte wie *Benetton* Bekleidung, *Sony* HiFi-Geräte, *Grundig* Fernseher, *Bosch* Elektrogeräte, *JOOP!* oder *Jil Sander*. Die Vor- und Nachteile von Dachmarkenstrategien entsprechen in etwa denen der Familienmarkenstrategie.

Die Vor- und Nachteile von Dachmarkenstrategien wurden vor dem Hintergrund der Einbeziehung immer zahlreicher Einzelprodukte unter das Markendach immer wieder kritisch diskutiert (vgl. u. a. Winderlich, 1993, S. 34; Hauser, 1997, S. 161 ff.). Nachteilig kann sich die Verlagerung der Marke auswirken, wenn entweder durch zahlreiche Adoptionen von Einzelmarken/Produkten die Schärfe des Markenbildes leidet oder wenn die Dachmarke z. B. nicht in den neu angelagerten Kompetenzfeldern zu Hause ist. Durch solche Ausweitungen können die Kompetenz, die Glaubwürdigkeit und das Markenbild leiden.

2.4.4.2 Marktstrategien

Die Marktstrategien beziehen sich schwerpunktmäßig auf die langfristige gestalterische Ausrichtung des (Absatz-)Marktes. Der Absatzmarkt kann zunächst zielgruppenspezifisch/segmentspezifisch gesehen werden (Marktparzellierung). Er bezieht sich dann auf die Auswahl und die Art der Bearbeitung von Kundengruppen oder potenziellen Kundengruppen in einem definierten Absatzgebiet. Er kann aber auch geografisch definiert werden (Marktareale). Hier wird festgelegt, welches Absatzgebiet langfristig bearbeitet werden soll. Demnach können zwei grundsätzliche Marktstrategien unterschieden werden:

1. **Marktparzellierungsstrategien (Zielgruppenstrategien)**
2. **Marktarealstrategien (Zielregionenstrategien)**

1. Marktparzellierungsstrategien (Zielgruppenstrategien) betreffen nach Becker (2001, S. 237 ff.) zwei grundlegende Bearbeitungsmöglichkeiten des Absatzmarktes, nämlich:

a) Eine undifferenzierte Bearbeitung des (z. B. geografisch definierten) Marktes ohne Fokussierung auf bestimmte Zielgruppen (Segmente). Diese Strategie wird auch *Massenmarktstrategie* genannt. Als Beispiel sei der Klassiker unter den Universalcremes in der pflegenden Kosmetik genannt: *Nivea-Creme*. Sie kann als Konsumartikel für alle (jedes Alter, jede Region) und für jeden Zweck der Hautpflege (trockene Haut, Sonnenschutz etc.) bezeichnet werden. Massenmarktstrategien können darauf ausgerichtet sein, den gesamten Markt abzudecken (alle Menschen in diesem Markt). In diesem Fall ist von einer *Massenmarktstrategie mit totaler Marktabdeckung* die Rede (z. B. Nivea). Sie kann sich aber auch auf bestimmte Teile des Marktes konzentrieren (z. B. nur Männer, nur junge Menschen, nur Menschen ab 35). Diese Strategie bezeichnet Becker (2001, S. 238) als *Massenmarktstrategie mit partialer Marktabdeckung* (z. B. Oil of Olaz als Tag- und Nachtcreme für die Frau). Hierzu ist zu sagen, dass die meisten Marken im Verlauf ihres Lebenszyklus durch eine line extension von der Massenmarktstrategie auf differenziertere Marktstrategien übergegangen sind.

b) Eine solche differenzierte Strategie ist die *Marktsegmentierungsstrategie*. Ausgangspunkt für eine Segmentierung der Märkte nach spezifischen Zielgruppen ist der verschärfte Wettbewerb in jenen Märkten, die durch ihr Wachstum ursprünglich mit satten Renditen gelockt haben. Hinzu kommen Marktsättigungserscheinungen, die oft dazu führen, dass die Renditen durch die Verschärfung der Preiskämpfe sinken. In dieser Situation muss sich die Marktbearbeitung ändern. Ausgangspunkt einer neuen Marktbearbeitung kann die Marktsegmentierung sein. Sie liefert genaue Informationen über die Zielgruppen und die Bedürfnisse der Kunden, die durch spezifischere Marken befriedigt werden konnten.

2. *Marktarealstrategien* (Zielregionenstrategien) lassen sich in Anlehnung an Becker (2001, S. 299 ff.) unter dem Aspekt der geografischen Ausdehnung wie folgt unterteilen:

> a) **Nationalstrategien** (Lokal-, Regional- und Nationalstrategien)
> b) **Internationalstrategien** (Regionenstrategien, Weltmarktstrategien)

Beinahe jede Marke hat zunächst einmal einen *nationalen Ausgangspunkt*. Nicht selten hat sich die Marke von einer Lokal- oder Regionalmarke (z. B. bei Brot, Bier, Konserven, Wein) allmählich zu einer nationalen Marke entwickelt. Mit fortschreitender *Internationalisierung* der Märkte (EU, NAFTA, ASIAN) sowie der in den letzten Jahren ständig gestiegenen Mobilität und einer großen Vielfalt von spezifischen Möglichkeiten der Kommunikation und dem internationalen Angebot an qualifizierter Arbeit hat sich für Unternehmen eine weitere Ausdehnung, auch ihrer Markenpräsenz, über die Grenzen hinweg etablieren können. Mit der Internationalisierung von Marken wird das Bestreben der Unternehmen deutlich, die erfolgreichen heimischen Marken ebenso in anderen Ländern durchzusetzen (vgl. u. a. Kreutzer, 1991, S. 4 ff.).

> Ein *Beispiel* für einen europaweit einheitlich geführten Euro-Marken-Typ ist die Speiseeismarke „MAGNUM" von Unilever/Langnese. Ein weiteres Beispiel ist die Marke „Beck's" Bier, die international verbreitet ist. Allgemeine Konzentrationstendenzen auf Märkten mit etablierten Produkten sowie Marktsättigungserscheinungen zwingen die Konzerne häufig dazu, ihre Markenkonzepte zu internationalisieren, um langfristig ihr Fortbestehen und ihre Weiterentwicklung abzusichern. Viele erfolgreiche Marken warten jedoch nicht den Marktdruck zur Internationalisierung ab, sondern gehen die weltweite Expansion unter einem einheitlichen Markenbild frühzeitig aktiv an, so z. B. UPS (United Parcel Service), Lloyd's Versicherungen, Holiday Inn (Hotelketten), Marlboro, Coca-Cola, Nikon, Nivea.

2.4.4.3 Überprüfung der Marken- und Marktstrategien

Markenstrategien sind immer generelle und meist langfristige Entscheidungen über den künftigen Weg zum Erfolg. Es können auf diesem Weg nicht alle Handlungsalternativen, die dem Entscheider zur Verfügung stehen, verfolgt werden, weil die Marke nicht über unbeschränkte Ressourcen finanzieller, personeller und organisatorischer Art verfügt. Daher ist es bei der Strategieformulierung besonders wichtig, die relevantesten Erfolgstreiber der jeweiligen Strategie sowie ihre Funktionsprinzipien zu analysieren und auszuwählen. Am Ende eines Strategiefindungsprozesses wird ein Pfad von ursächlichen Erfolgsfaktoren stehen, die miteinander in enger Wirkungsbeziehung stehen müssen. Diese aktiven und kritischen Erfolgstreiber oder -faktoren müssen die Marke nach vorne bringen – denn erstere sind die Garanten des Erfolgs. Eine Grobprüfung der gewählten Strategien mittels Strategie-Checks (so genannter *3 K-Check*) sollte stets als Entscheidungshilfe genutzt werden.

1. **Konsistenzprüfung:** Hier wird überprüft, ob die ausgewählte Strategiekombination mit den generellen Zielen, der Brand Philosophy und der Corporate Philosophy des Unternehmens in Übereinstimmung steht.
2. **Kompetenzprüfung:** Überprüfung, ob der Absender/die Marke die benötigten Kompetenzen für die gewählte Strategiekombination hat (Image) und ob die organisatorischen und finanziellen Ressourcen für die Strategie vorhanden sind.
3. **Konsequenzprüfung:** Es soll die Strategie ausgewählt werden, die am besten umsetzbar ist und oder das geringste Risiko birgt und/oder die besten Erfolgswahrscheinlichkeiten/-aussichten hat.

Endgültige Klarheit, ob eine festgelegte Strategie zum Erfolg führt, zeigt die Praxis im Markt und bei den Kunden. Der Prozess, der dorthin führt, ist der Prozess der Maßnahmenplanung oder der Markenpolitik und der Umsetzung im Markt.

2.4.5 Brand Design und Brand Behavior

2.4.5.1 Das Brand Design

Das *Brand Design* „übersetzt" die Marken-Visionen sowie die Marken-Philosophie und die gewählte Positionierung sowie die Strategie für die Marke innerhalb der strategischen Leitlinien in sensual wahrnehmbares Marken-Äußeres. Hier gilt es, idealtypische Markenbilder zu entwickeln, die klar, lebendig, unique und assoziationsreich genug sind, um vom Konsumenten bemerkt, verstanden, akzeptiert und präferiert zu werden.

Das sind im Einzelnen die Produktformen, die Farben, Logos, Signets, der Name, die Packungsgestaltung, die Werbung und alle weiteren kommunikativen Aktivitäten für die Marke.

Das Brand Design als zentraler Markenaspekt, dem in diesem Buch besonderer Raum gegeben wird, ist das wichtigste Bindeglied zwischen der Konzeptionsebene der Marke auf Absenderseite und der Wahrnehmungsebene der Marke bei den Zielgruppen. Auf dieses „Bindeglied" zwischen Konzeptionsebene und Wahrnehmungsebene bei Konsumenten wird im Folgenden noch näher eingegangen.

2.4.5.2 Brand Behavior (Das Markenverhalten)

Ein weiterer wichtiger Teil des Aufbaus einer Markenidentität ist das *Brand Behavior (BB)*, das „Markenverhalten". Im Markenverhalten kommen einerseits die Tonalitäten der Marke zum Ausdruck und andererseits die Dienstleistungsaspekte und die Aspekte der Dialogkommunikation der Marke (Stichwort Systemmarke).

Die Tonalität einer Marke beschreibt ihr Verhalten und den Charakter der Marke, wie: jugendliche Marke (Clearasil), moderne Marke (Lipton), aufgeschlossene Marke (Virgin), erotische Marke (Lätta) sowie bei Dienstleistungsmarken, wie Versicherungen oder Banken, das Verhalten der Menschen und der gesamten Organisation, welche hinter der Marke stehen und als Botschafter der Marke gelten können.

Zum Markenverhalten können unterschiedliche Merkmale zusammengefasst werden, wie:

- die kommunizierte Tonalität des Markenauftrittes (Werbe-Tonalität)
- Art der Präsentation am PoS (Regal-, Zweit-, Sonderplatzierungen)
- Sonderaktionen, Promotion-Maßnahmen der Produkte
- Markenbezogene Serviceleistungen, Reklamationsreaktionen, Verhalten der Mitarbeiter gegenüber den Kunden
- Hotline Informationen, Events, Auftritt gegenüber dem Handel
- Innovationsdynamik der Marke, Relaunchaktivitäten, Marktauftritt etc.

Das Markenverhalten (Brand Behavior) könnte bei einer Befragung wie folgt erhoben werden: „Wie empfinden Sie die Marke X?":

eher statisch ------------------------------	eher dynamisch (z. B. Innovationsgrad)
eher laut ----------------------------------	eher leise (z. B. Werbeauftritt)
eher zuverlässig ---------------------------	eher unzuverlässig (z. B. Qualität)
eher attraktiv -----------------------------	eher unattraktiv (z. B. Packungsgestaltung)
eher modern --------------------------------	eher altmodisch (z. B. neue Produktlinien)

Des Weiteren könnten folgende Markenvorstellungen bei der Ermittlung des Brand Behavior/Brand Culture abgefragt werden: „Wie würden Sie die vorliegende Marke einordnen?"

aktiv --------------------------------------	passiv
klar ---------------------------------------	unklar
stark --------------------------------------	schwach
laut ---------------------------------------	leise
wild ---------------------------------------	sanft
ordentlich ---------------------------------	chaotisch
dynamisch ----------------------------------	undynamisch
egoistisch ---------------------------------	altruistisch
intelligent --------------------------------	dumm
kultiviert ---------------------------------	unkultiviert etc.

Die Umsetzung der Brand Strategy in das Brand Design bildet die Objektebene der Marke. Das Markenverhalten repräsentiert die Verhaltensebene der Marke. Beide zusammengenommen lassen eine neue 5. Ebene der Markenidentität entstehen: die Markenkultur.

2.4.6 Brand Culture und Brand Communication

2.4.6.1 Brand Culture (Die Marken-Kultur)

Die *Brand Culture (BC)* beschreibt die Marke unter dem Aspekt, wie sie sich im Laufe der Zeit als Träger kultureller Ideologien, Mythen, Legenden und kultureller Schemata entwickelt hat. Die Marken-Kultur kennzeichnet den „Charakter" sowie die kulturellen Ausprägungen der Marke in Form von unterschiedlichen Merkmalen, wie:

- die Umsetzung der ethisch-ideellen Kernwerte in die Markengestaltung
- Historie/Tradition der Marke und deren Berücksichtigung in der Gestaltung
- Sensibilität/Niveau der Markengestaltung (Packung, Werbung etc.)
- markenbezogene Sonderleistungen, kulturelle Engagements, wie Sponsoring etc.
- Art und Stil des Umgangs mit den Kunden (z. B. bei Reklamationen) etc.

Die Brand Culture (Marken-Kultur) könnte bei einer Befragung wie folgt erhoben werden: „Wie empfinden Sie die Marke X?"

> eher verantwortungsvoll -------------- eher verantwortungslos (z. B. Gesundheit)
> eher legendär ------------------------ eher nicht legendär (z. B. Markenhistorie)
> starker Markenmythos ---------------- schwacher Markenmythos (z. B. Begehrlichkeit)
> eher poetisch ------------------------ eher unpoetisch (z. B. Packungsgestaltung)
> eher harmonisch ---------------------- eher unharmonisch (z. B. neue Produktlinien)
> eher niveauvoll ---------------------- eher niveaulos (z. B. Markenauftritt) etc.

Die Marken-Kultur bildet in Verbindung mit der *Brand Communication (Markenauftritt)* schließlich die letzte, 6. Ebene, die *Markenidentität (Brand Identity)*. Die Markenidentität bezeichnet somit die *Gesamtheit* der Marke in ihrer Konzeption, ihrer Struktur und in ihrem Auftritt nach außen.

2.4.6.2 Brand Communication (Die Marken-Kommunikation)

Die *Brand Communication oder der Markenauftritt* ist integrativer Bestandteil der Markenidentität und bildet gleichsam die „Nabelschnur" vom Absender zum Empfänger, die den Konsumenten mit der Markenbotschaft versorgt. Die Markenbotschaft soll beim Empfänger im Gedächtnis haften bleiben und dessen Einstellungen und Verhalten zugunsten der dargebotenen Marke beeinflussen. Die stärkere Durchsetzung der interaktiven Medien, wie Internet, E-Commerce etc. sorgen zunehmend dafür, dass die Konsumenten sich noch aktiver in den Kommunikationsprozess dialogisch einschalten können. Aus der Marken-Kommunikation wird zunehmend eine interaktive Austauschbeziehung zwischen Hersteller/Händler und Kunde.

Die Brand Communication *(Markenauftritt)* besteht aus *direkter Markengestaltung* (Packungsgestaltung, Slogan, PoS-Gestaltung, Produktgestaltung) und *indirekter Markengestaltung* (Werbung, Promotion) und aus den Determinanten des Markenverhaltens (Brand Behavior), sowie der Brand Culture (Markenkultur). Er gibt der Marke ihre „Gestalt", ihre Bedeutung und ihren äußeren Charakter. Dies ist die Gesamtheit der objektiv vorhandenen Merkmale einer Marke, wie:

> - wahrnehmbare Werte (Bedeutungen) des Markenkerns
> - äußere Beschaffenheit der Marke
>   (Name, Logo, Farbcodes, Formcodes, Preise, Qualitäten, Verpackung etc.)
> - Distribution im Handel (Verfügbarkeit)
> - Kommunikation
>   (Werbedruck, Promotion, Events, Direktmarketing, Displays, Slogans, USPs etc.)
> - Benefits, Reason Whys, Tonalitäten etc.

Diese Zusammenhänge, sowie Ansätze, Vorschläge und Beispiele zur optimalen Markengestaltung aus verhaltens- und kommunikationsorientierter Sicht, werden in den Ausführungen der kommenden Kapitel näher erläutert. Doch zunächst noch einige Erläuterungen zur Marke, wie sie aus der Sicht des Kommunikationsempfängers, des Konsumenten, wahrgenommen wird: die Marke als bewertetes Vorstellungsbild oder als Markenimage.

2.4.7 Das Marken-Image (Bojenmodell)

In der Abbildung 2.8 am Beginn des Kapitels 2.4.1 (Das System von Markenidentität (Brand Identity) und Marken-Image (Brand Image)) wurden zwei Sichtweisen der Marke erörtert: Die linke Darstellung zeigte das Konzept der Markenidentität als unternehmensinterne Sicht der Marke. Auf der rechten Seite war das Bojenmodell dargestellt. Der Begriff der „Markenboje" ist auch als Analogiebegriff zu verstehen, mit dem darauf hingewiesen werden soll, dass jede Marke, ähnlich wie in der Schifffahrt jedes Schiff, Orientierungsmarkierungen benötigt, an denen sie sich ausrichten kann. Dieses Modell wird in der Praxis auch als „Eisberganalogie" bezeichnet (vgl. Andresen, 1994, S.11 f.). Mittels des Bojenmodells kann man anschaulich verdeutlichen, wie die Kunden Marken wahrnehmen und beurteilen. Daher kann man dieses Modell auch als Marken-Image-Modell bezeichnen, da hierin zum Ausdruck gebracht werden soll, dass es in erster Linie um die aus Konsumentensicht wahrgenommenen inneren Bilder der Marke geht und daneben um die Beurteilung der Marke.

Das Modell der Marken-Boje lässt, allgemein formuliert, diagnostische Aussagen über die Gründe zu, warum eine Marke gerade stark oder schwach ist und welche Erfolgsfaktoren geändert werden sollten. Es wurden in der Markenpraxis funktionale Abhängigkeiten zwischen Markenbild- und Markenguthabenelementen gefunden, die ursächliche Aussagen zulassen und desgleichen Hinweise darauf ermöglichen, an welchen Markentools man erfolgreich ansetzen kann (vgl. Andresen/Esch, 2001, S. 1017 ff.).

Einen wesentlichen Beitrag zur verhaltenswissenschaftlichen Bestimmung und Evaluation von Markenerfolgsfaktoren, welche auf empirischen Grundlagen basieren, haben u. a. Andresen/Esch (2001, S. 1011 ff.) vorgelegt. Auf diesen Beiträgen bauen die obigen und die nachfolgenden Betrachtungen zum Teil auf. Die Abhängigkeit des Markenguthabens von den Elementen des Markenbildes ist in zahlreichen Untersuchungen bestätigt worden (vgl. auch Esch/Andresen, 1997, S. 22 ff.).

So konnte u. a. ein valider Zusammenhang auf die Frage gefunden werden, ob die Güte des inneren Markenbildes den Aufbau des Markenguthabens fördert. Über 2000 Marken wurden untersucht, und ein Zusammenhang mit einer Varianzaufklärung von über 30 Prozent konnte gefunden werden (vgl. Andresen/Esch, 2001, S. 1021 ff.). Während das (innere) Markenbild durch Änderung im Auftritt der Marke direkt und relativ kurzfristig beeinflussbar ist, ist die Beeinflussung der einstellungs- und verhaltensrelevanten Markenerfolgs-Faktoren im Markenguthaben nur über den Umweg des Markenbildes zu erreichen und im Ergebnis ein eher „langfristiges Unterfangen".

Das Markenimage- oder Bojenmodell besteht in der Abbildung aus zwei Teilen:

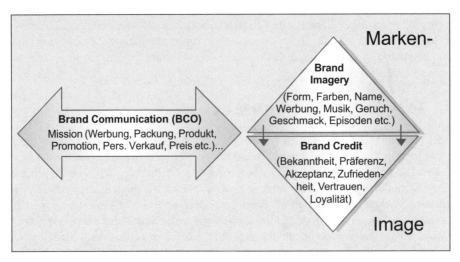

Abbildung 2.16: Das Bojenmodell des Markenwertes (Quelle: Linxweiler, 2001, S. 149, in Anlehnung an Esch/Andresen, 1997, S. 20)

Der *obere Teil* beinhaltet alle sichtbaren und sensual wahrnehmbaren Markenbestandteile, wie Formen, Farben, Verpackungen, Slogans, Markenname, Preise, Werbespots, Promotionsaktionen. Diese direkt wahrnehmbaren Marken-Botschaften bilden beim Konsumenten innere Repräsentationen der Marke und werden auch als inneres Markenbild oder Brand Imagery bezeichnet. Aufbauend auf diesem inneren Markenbild entsteht beim Konsumenten eine Beurteilung oder eine Meinung von der Marke. Dieses auch als Markenguthaben bezeichnete Set von Merkmalen, wie Bekanntheit, Akzeptanz, Sympathie, Präferenz, Vertrauen oder Loyalität zur Marke im *unteren Teil* der Boje ist ausschlaggebend für den Erfolg der Marke.

Die hier vorgenommene Betrachtung der Marke aus dem Blickwinkel der Kunden hat zum Ziel, die Marke in den Köpfen der Zielgruppen zu verankern und aus dieser „Position" heraus Präferenzen, Verkäufe und langfristig Loyalität und Unternehmenserfolg zu generieren. Diese Zusammenhänge können mittels zahlreicher im Markt befindlicher Modellansätze dargestellt werden. Hier soll ein spezifischer Ansatz, in Anlehnung an das in der Praxis bewährte Eisberg-Modell (vgl. Andresen/Esch, 2001, S. 1011 ff.), verwendet werden: das *Bojenmodell*, das als *Ursache-Wirkungsystem von kommunikativen Markenerfolgsfaktoren* verstanden werden kann.

2.4.7.1 Markenidentität – Grundelemente des Bojenmodells

Zur besseren Nachvollziehbarkeit dieses Ansatzes ist es hilfreich, zunächst noch einmal den kommunikativen oder verhaltensrelevanten Wert der Marke aus der Sichtweise der

Konsumenten zu verstehen. Das Markenimage bzw. die kommunikative Markenkraft ist eine Betrachtung der Marke aus der subjektiven Sicht der Konsumentenseite. Diese Sichtweise versucht, in einem Teil des Modells darzustellen, welche wahrnehmbaren Markenmerkmale aus der Kommunikation dem Adressaten im Kopf verankert sind. Im zweiten Teil des Modells wird die „Auswirkung" der inneren Wahrnehmungsmerkmale (des Markenbildes) im Sinne einer „Bewertung" durch den Konsumenten vorgenommen.

Diese „Bewertung" (Markenguthaben) kann auch als Response des Konsumenten aufgefasst werden (im Sinne des psychologischen S-I-R-Modells). Die Merkmale des Markenguthabens werden in der Praxis teilweise auch als Ausprägung der intervenierenden Variablen (S-I-R) interpretiert. Die Auffassungen über die Zuordnung und die Gewichtung von einzelnen „Erfolgsfaktoren" innerhalb des Markenbildes und des Markenguthabens gehen zum Teil auseinander und werden kontrovers diskutiert. Weitgehend unbestritten ist die Abhängigkeit der Markenguthaben-Faktoren von der Ausprägung der Markenbildfaktoren, welche in zahlreichen praktischen Untersuchungen gefunden worden ist (vgl. Andresen, 1994, S. 11, Esch/Andresen, 2001, S. 1011 ff.). Das Markenbild, das auch als „Markenikonografie" oder „Brand Imagery" bezeichnet wird, beinhaltet als *Erfolgsfaktoren* innere Markenbilder (aktuelle Vorstellungsbilder oder Gedächtnisbilder). Diese können sein: gestaltete Form- und Farbcodes, Logos, Markenslogans, Markenname, Werbebilder, Verpackungsdesign, Markenjingles, Gedächtnisspuren, Gerüche, Materialien, Haptik, episodische Bildabläufe, Assoziationen. Sie weisen auf die Bedeutungen der wahrgenommenen und gestalteten Marken-Merkmale hin und können spezifische Stimmungen und Eindrücke auslösen. Das Markenbild kann auch durch ein Feld oder einen Rahmen von inneren Assoziationen (Brand Frames) beschrieben werden (vgl. Herrmann, 1999, S. 125 ff.). Während sich die oben genannten Faktoren des Markenbildes auf den konkreten Inhalt, d. h. auf das „Was" des Markenbildes beziehen, stellt sich notwendigerweise ebenso die Frage nach der Güte oder dem „Wie" und „Wie viel" der Faktoren. Das sind die *Kennzahlen oder -ziffern* der Erfolgsfaktoren im Markenbild.

Die Elemente des Markenbildes müssen so ausgewählt und gestaltet sein, dass sie die folgenden Anforderungen bzw. „*Güte-Kriterien*" erfüllen. Sie sind die *Kennzahlen* für die Erfolgsfaktoren des Markenbildes und müssen

> a) zur **Prägnanz** und **Dynamik** des Markenbildes beitragen,
> b) **Leistung**, **Benefits**, **Reason Why** und **Relevanz** aufweisen,
> c) klare **Tonalität** vermitteln und **Stimmigkeit** haben,
> d) die Marke klar vom Wettbewerb **differenzieren**.

Die *a) Prägnanz und Dynamik* des Markenbildes wird u. a. durch folgende Merkmale bestimmt: Klarheit und Lebendigkeit/Dynamik des Markenbildes, Assoziationsreichtum (Brand Frame), Sensualität (Optik, Haptik, Gustatorik, Olfaktorik, Akustik), Stereotypie des Markenauftrittes (Cowboy als Stereotyp für Marlboro, Tiger steht für Esso etc.) und wahrgenommener Werbedruck, d. h. Präsenz der Werbung in den Medien.

Die *b) Leistung und Relevanz* des Markenbildes bestehen idealtypisch aus den folgenden Merkmalen: Core Values der Marke, Leistungen und Qualität der Marke, Consumer Benefits, Reason Why und aktuelle/künftige Relevanz für die Konsumenten, d. h. Bedürfnisentsprechung gegenüber Konkurrenzmarken. Hier kommt auch das künftige Potenzial der Marke zum Ausdruck.

Die *c) Tonalität und Stimmigkeit des Markenauftrittes* hat starken Einfluss auf die wahrgenommene affektive Attraktivität und schafft spontane Hinwendung/Abwendung gegenüber der Marke. Stimmigkeit oder „Passung" (vgl. Hermann, 1999, S. 147 ff.) meint interne/externe Passung der Marke, wie *Konsistenz* in den Markenaussagen, *Kongruenz* der Gestaltungselemente untereinander, *Kompatibilität* der einzelnen Marken und schließlich *Kontinuität* der Markenauftritte im Zeitablauf (4 Ks der Stimmigkeit).

Die *d) Differenzierung der Marke* vom Wettbewerb sorgt für eine deutliche Abgrenzung und gewährleistet die Einzigartigkeit der Marke, die eine der wichtigsten Voraussetzungen dafür ist, dass die Marke überhaupt erst differenziert wahrgenommen wird. Differenzierung wird durch unique Positionierung in den Feldern aus den Core Values gewonnen und hat die Ausprägungen „sachlich-funktional", „ästhetisch-kulturell", „emotional" und „ethisch-ideell".

Die zuvor beschriebenen Forderungen an die *Erfolgsfaktoren* muss die Marke in ihrem Markenbild auf zwei verschiedenen Ebenen erfüllen: Die erste Ebene ist die *objektiv wahrnehmbare Ebene* der sichtbaren bzw. direkt wahrnehmbaren Markenelemente, wie Farbe, Form, Klang, Material. Die zweite Ebene ist die eher unsichtbare und subjektive semantische Ebene: die *Bedeutungen* von Form, Klang, Farbe, Slogans, Namen, welche die Marke vermittelt und welche den Konsumenten nicht immer bewusst ist.

Hier geht es um die wahrnehmungsbezogenen und interpretativen Aspekte der *Marken-Semiotik*, der Lehre von den Marken-Zeichen (vgl. Linxweiler, 2001b). Man kann sagen, dass *Bedeutungszuordnungen* von Markenbildern ein starker Antriebsmechanismus für die Präferenzbildung der Konsumenten bei der Bewertung von Marken darstellen. Daher ist die Bedeutungsqualität von Markenbildelementen auch den Erfolgsfaktoren zuzuordnen.

Die objektiv wahrnehmbaren Elemente des Markenbildes und ihre subjektiven Bedeutungsassoziationen „zahlen" gewissermaßen auf das *Markenguthaben* ein: Sie beeinflussen die Ausprägungen der Markenguthaben-Elemente positiv. Die Elemente des Markenguthabens können als Reaktionen oder als Bewertungen des inneren Markenbildes bezeichnet werden, welche die Adressaten gegenüber der Marke entwickeln.

Markenguthaben-Elemente können sowohl als *Erfolgsfaktoren* und in ihrer Ausprägung zugleich als *Kennzahlenwerte* interpretiert werden. Die *erste Stufe* des Aufbaus von Markenguthaben ist der Aufbau von *Bekanntheit* bei den Konsumenten. Das innere Markenbild soll in den Köpfen der Zielgruppen gefestigt werden und passiv oder aktiv abgerufen werden können. Die passive Bekanntheit ist das so genannte Wiedererkennen oder „Recognition". Die aktive Bekanntheit wird als freies Erinnern oder als „Recall" bezeichnet.

Das nächste Ziel beim Aufbau von Markenguthaben ist die Gewinnung von *Sympathie* und Akzeptanz der Marke bei den Zielgruppen. Der Aufbau von Sympathie wird bekannterweise zum großen Teil aus der Bekanntheit gespeist, nach dem Motto: „Bekanntheit schafft Sympathie". Hieraus entsteht eine spezifische *Einstellung* zur Marke, die Voraussetzung für deren Akzeptanz ist. Die *Akzeptanz* einer Marke ist Voraussetzung dafür, dass der Konsument die Marke vor anderen bevorzugt. Akzeptanz und Präferenz sind wiederum Voraussetzung für die Schaffung von Vertrauen gegenüber einer Marke. *Zufriedenheit und Vertrauen* werden durch Qualität, Glaubwürdigkeit und Kontinuität im Markenauftritt geschaffen. Erst wenn Vertrauen gegenüber der Marke aufgebaut und gefestigt worden ist, kann das wichtigste Ziel einer Marke erreicht werden: die *Loyalität, d. h.* die Treue des Konsumenten zu seiner Marke. Um den kommunikativen Markenerfolg zu messen, ist mittels der zugehörigen Kennzahlen eine *Markenstatuserhebung* aus Sicht der Zielgruppe erforderlich. Hier werden durch verbale oder nonverbale Erhebungen die Ausprägungen der einzelnen Markenerfolgsfaktoren, wie Klarheit des Markenbildes, wahrgenommener Werbedruck, Attraktivität, Dynamik des Markenbildes, Bekanntheit, Vertrauen, Sympathie, Loyalität gemessen und entweder mit Vergangenheitswerten und/oder mit Benchmarks (Ausprägung bzgl. der wichtigsten Konkurrenzmarken) verglichen und gesteuert. Loyalität lässt sich beispielsweise durch folgende Frage erheben: „Würden Sie dieses Produkt auch dann noch kaufen, wenn ein anderes Produkt die gleichen (oder bessere) Merkmale aufweisen würde?" In einer *Imagery-Untersuchung* von Gruner + Jahr AG & Co. (1996, S. 7 ff.) wurde der Markenstatus über die Items Bekanntheit der Marke, Inneres Markenbild (Sympathie, Qualität, Vividness, Dynamik) und aktuelle Verwendung der Marke gemessen. Hier wurde neben dem kommunikativen Erfolg auch der Kauf der Marke erhoben.

2.4.7.2 Der Brand Life Cycle (Markenlebenszyklus)

Die *strategische Position einer Marke* im Verlauf ihres Lebensweges, der hoffentlich möglichst lange dauert, ist ein wichtiger Ausgangspunkt bei der Bewertung der Markenkraft und bei den Überlegungen zum aktuellen und zum künftigen Marken-Design. Der Zusammenhang zwischen Markenbild und Markenguthaben im Verlauf eines Marken-Lebenszyklus soll daher mittels der nachstehenden Portfolio-Darstellung veranschaulicht werden: Innerhalb des umseitigen Vierfelder-Schemas haben die Marken je nach Markenwert verschiedene Positionen. Diese Positionen können pro Marke durch einen Kreis (Größe des Kreises kann für Ertrag oder Umsatz stehen) im entsprechenden Feld positioniert werden. Hier können auch die wichtigsten Konkurrenzmarken erscheinen.

Bei neuen Marken ist das innere Marken-Bild bei den Zielgruppen noch nicht stark ausgeprägt. Folglich kann sich auch noch kein hohes Marken-Guthaben in Form von Bekanntheit, Akzeptanz etc. ausgebildet haben. Hier befindet sich die Marke noch im Feld der „jungen Marke" oder der Newcomer. Die nächste „Station" im idealtypisch angestrebten Entwicklungspfad ist das Feld der „wachsenden Marke" oder des Hoffnungsträgers. Hier ist das innere Markenbild deutlich stärker ausgeprägt und hat folglich schon ein Guthaben in Form von Bekanntheit und Akzeptanz aufgebaut.

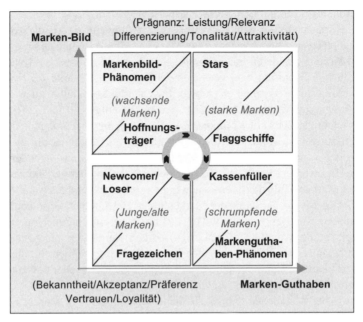

Abbildung 2.17: „Brand-Life-Cycle" als Zusammenhang zwischen Markenbild und Markenguthaben

Kontinuierliche Markenführung sollte die Marke in die Lage versetzen, sich in das Feld der „starken Marken" zu bewegen und damit ein Star oder ein Flaggschiff zu werden. In diesem rechten oberen Feld ist das Markenbild deutlich ausgeprägt, und auch das Markenguthaben ist maximal. Wird das Markenbild nicht kontinuierlich gepflegt, kann es zu *Erosionen* im Bild und im Guthaben kommen, und die Marke wird zur schrumpfenden Marke oder zum Fragezeichen.

In einigen Ausnahmen kann es bei der Entwicklung von Marken-Images zu Extremfällen von Markenphänomenen kommen, wie dem *Markenbildphänomen* und dem *Markenguthabenphänomen*. Marken-Phänomene sind untypische Ausprägungen im Markenbild oder Markenguthaben, die dadurch zu erklären sind, dass entweder externe Einflussgrößen (Konkurrenz, wirtschaftliche Einflüsse etc.) oder interne Einflussgrößen, wie fehlende Relevanz der Marke usw. den Aufbau von Markenguthaben oder des Markenbildes hemmen.

Ein Markenbildphänomen liegt z. B. dann vor, wenn das Markenbild zwar klar und deutlich ausgeprägt ist, die Marke aber dennoch nicht akzeptiert wird, weil sie nicht glaubwürdig ist oder weil deren Werbung abgelehnt wird. In einem solchen Fall kann sich Markenguthaben nicht aufbauen. Markenguthabenphänomene können entstehen, wenn eine Marke, obwohl schon lange nicht mehr beworben, immer noch ein hohes Glaubwürdigkeitsguthaben und Vertrauensguthaben bei den Zielgruppen hat.

2.4 Die Struktur der Marke 133

Man hört beispielsweise durch Dritte, wie gut eine Marke sein soll, kennt die Marke aber selbst nicht aus der Werbung, aber man glaubt diesen Empfehlungen von Dritten. Bei sehr alten Marken, welche nicht mehr beworben werden, ist dies noch zu beobachten (z. B. Hoffmanns Spezialstärke, Klosterfrau Melissengeist, Kölnisch Wasser etc.).

2.4.7.3 Die Bojenanalyse (Image-Status der Marke)

Die Analyse des Markenimage oder der Markenboje steht immer am Anfang der Markenarbeit und kennzeichnet, zusammen mit dem Ist-Markensteuerungsrad (siehe Abschnitt 2.4.8) den Markenstatus. Das Ergebnis der Markenimage-Analyse ist ein detailliertes aber auch möglichst ganzheitliches Bild, welches der Konsument von der Marke hat und wie er die Marke einschätzt.

In *Befragungen* zu den einzelnen Erfolgsfaktoren der Marke (Farbe, Form, Qualität, Werbedruck, Klarheit etc.) bewerten die Konsumenten die Faktorausprägungen im Vergleich zu vorher festgelegten Benchmarks, wie Ideal-Images oder Konkurrenzmarken, die mitunter (z. B. bei icon Brand Navigation) zu einem Branchendurchschnitt gemittelt werden.

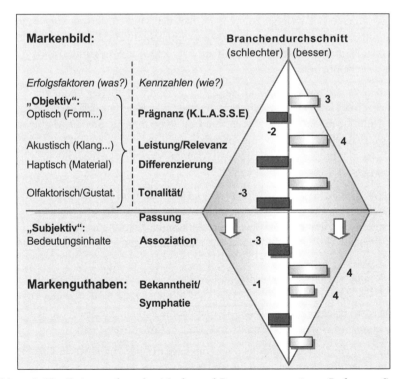

Abbildung 2.18: Bojenanalyse der Marke und Bewertung an einem Reference Score (vgl. auch Völker, 1999, S. 35)

An diesen Benchmarks muss sich die Marke messen lassen, und es entstehen durch den Vergleich zwischen Marke und Benchmark in der Konsequenz Stärken- Schwächenprofile. Diese Profile geben Aufschlüsse darüber, wo die Defizite oder die Stärken der Marke gegenüber den Benchmarks liegen. Die vorstehende Abbildung zeigt eine vergleichende Stärken-Schwächen-Analyse der Markenboje. Als Benchmarks sind hier die jeweiligen Durchschnittswerte der Branche zugrunde gelegt.

Die obige Darstellung gilt für Marken aus dem Bereich der klassischen Markenartikelindustrie. Bei Marken der Dienstleistungsbranche oder der Investitionsgüterindustrie bzw. bei Internet-Marken stehen im Markenbild die *wichtigsten Inputfaktoren* für den Kunden, wie etwa: Preiswürdigkeit, Qualität, Zuverlässigkeit, Schnelligkeit des Service, Freundlichkeit des Service oder Handlingfreundlichkeit der Maschinen.

Dementsprechend sind die wichtigsten Outputfaktoren des Markenguthabens in der Dienstleistungsgüterindustrie neben Akzeptanz, Präferenz, Zufriedenheit und Loyalität die Kooperationsbereitschaft der Kunden mit dem Lieferanten, Informationsbereitschaft etc.

2.4.8 Das Markensteuerungs-Modell

Das Markensteuerungs-Modell ist ein Instrument, mit dem festgelegt werden kann, welche Steuerungselemente mit welcher Ausprägung bei der Markenführung eingesetzt werden müssen, um in bestimmter Weise auf die Markenguthabenwerte Einfluss nehmen zu können. Daneben kann das Steuerungsmodell auch Aspekte der Werbemittelstrategie und der Mediastrategie beinhalten.

Wenn man die Marke nach ihrem Auftritt, d. h. nach ihrem Äußeren, betrachtet, dann kann man zunächst (objektiv) sichtbare Merkmale feststellen, wie Form, Farben, Verpackungsgestaltung, die Produktkonsistenz selbst und die markenbegleitenden Maßnahmen, wie Werbung, Verkaufsförderung, Events, Internetauftritt usf. Diese objektiv wahrnehmbaren „Zeichen", welche die Marke aussendet, werden unter dem Begriff Markenmantel zusammengefasst (Ebene 1 in der Abbildung 2.19).

Des Weiteren besteht das Markenäußere aus Gestaltungskonstanten, wie Qualitäten, Geschmacksrichtungen, Farben, Formen, Slogans, Markenname, Markenpräsenter etc., welche zur kontinuierlichen und dauerhaften Identifikation der Marke unerlässlich sind und welche wesentlich zur Vertrauensbildung in die Marke beitragen können. Sie sind typisch für die Marke.

Diese Merkmale bezeichnet man allgemein als den *Markenkern*, d. h. als die wichtigste wahrnehmbare Substanz der Marke. Das sind zumeist prägnante Formen (Coca-Cola-Flasche, Maggi-Flasche, Odol-Flasche) oder prägnante Farben, wie Marlboro-Rot, Telekom-Magenta, Mercedes-Silbergrau, Underberg-Grün, Yellow-Strom-Gelb.

Im Idealfall sollen die Elemente des Markenkerns die gesamten Werte der Marke verkörpern, welche wiederum im Markenkernwerteschema festgehalten werden sollen. Die Markenkernmerkmale sollten als „eiserner" Bestand der Marke, wenn überhaupt, dann nur sehr behutsam gestalterisch geändert werden.

2.4 Die Struktur der Marke

Zum Markeninneren gehören auch die Markensemantik, d. h., die Bedeutungen der Markenmerkmale sowie die Markenkernwerte. Mit der Semantik der Marke sind bestimmte Konnotationen (Verweise) auf Symbole, auf tiefere, nicht direkt wahrnehmbare Bedeutungen und der Marke „innewohnende" Werte zu verstehen, die man an dieser zunächst nicht direkt erkennen kann.

Sie sind aus dem Markenäußeren jedoch interpretierbar. Die Markenkernmerkmale senden meist mehr oder weniger eindeutige „Botschaften" durch ihre Symbolik aus, die wesentlich zur Identität der Marke beitragen. Auf diese Aspekte werden wir später im Abschnitt „Semantik der Marke" ausführlicher eingehen.

Alle oben beschriebenen Aspekte für die Steuerung der Marke lassen sich im folgenden Markensteuerungsmodell zusammenfassen.

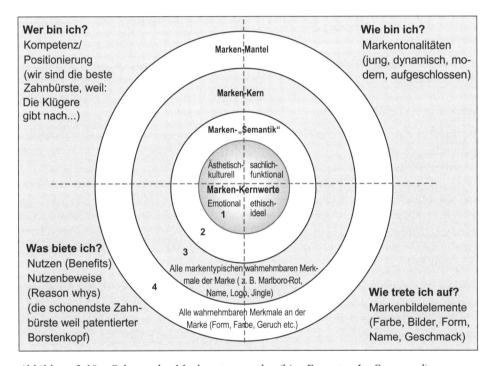

Abbildung 2.19: Schema des Markensteuerrades (hier Experten-Ist-Steuerrad)
(Quelle: in Anlehnung an Andresen/Nickel, 2001, S. 600)

Vorgehen bei der Erstellung eines Markensteuerrades

Das Vorgehen bei der Erstellung eines Markensteuerrades für eine bestehende Marke soll anhand der folgenden Schritte dargestellt werden: Ausgangspunkt ist bei bereits bestehenden Marken eine Statuserhebung des Markenimage mit dem so genannten Ist-Steuerrad.

1. Internes Ist-Steuerrad: Bei einer Gruppendiskussion oder einem Brainstorming tragen die Mitglieder der Runde zunächst alle Merkmale der Marke, die bereits bestehen, zusammen. Das können Formen, Farben, Logos, Name, Geschmack, Geruch, Slogan, Jingles, Werbeauftritte etc. sein. Darüber hinaus sollen auch die Nutzen, die Nutzenbegründungen (Reason Whys) und die Tonalitäten (Tonalitäten sind Eigenschaften der Marke, wie jung, dynamisch, modern, aufgeschlossen etc.) des Markenauftritts erhoben und festgehalten werden.

In einer neuen Runde werden alle Merkmale, die für die Marke typisch sind, gesondert festgehalten, denn diese Merkmale gehören zum Markenkern und dürfen nicht ohne weiteres verändert werden. Danach folgen Interpretationen über weitere *Bedeutungen* der Merkmale. Welche Bedeutung haben z. B. die Marken-Farben Rot, Blau oder Grün für die Marke? Schließlich können aus den Bedeutungen die Kernwerte, die der Marke zugrunde liegen, zugeordnet werden. Die Zuordnung kann über das oben abgebildete Schema des Markensteuerrades (Markensteuerrad, vgl. Andresen/Nickel, 2001, S. 600) vorgenommen werden.

2. Kunden Ist-Steuerrad: Nun wird in einer Konsumentenbefragung die Analyse der externen Markenbeurteilung vorgenommen. Hier geht man nach der gleichen Vorgehensweise vor, wie in Schritt 1 beschrieben. Die Konsumenten werden aufgefordert, alles was ihnen zur Marke X einfällt, zu nennen.

In einem zweiten Schritt werden Benefits, Reason Whys und Tonalitäten der Marke und der wichtigsten Konkurrenzmarken (Y, Z) bei den Konsumenten abgefragt, bewertet (z. B. anhand einer Ratingskala) und in das Ist-Markensteuerrad (X, Y, Z) der Konsumenten eingetragen. Items oder Bestandteile einer solchen Befragung können sein: „Welche Marken aus der Branche XY sind Ihnen bekannt?" (Relevant Set); „Mit welchen Vorstellungsbildern verbinden Sie spontan die Marken X, Y, Z?"; „Wie klar, attraktiv, dynamisch ist für Sie Ihr Vorstellungsbild der Marken X, Y, Z?"; „Wie glaubwürdig, sympathisch, vertrauenswürdig sind Ihrer Meinung nach die Marken X, Y, Z?"; „Welche Gesamtnote würden Sie den Marken X, Y, Z geben?".

Die Ausprägungen der Antworten können entweder nur nach Häufigkeit der Nennungen durchgeführt werden oder ordinalskaliert z. B. auf einer 5-stelligen Ratingskala abgefragt werden. (An den jeweiligen Endpolen der Skala würden demnach folgende Ausprägung stehen: „Sehr gute Note" 1 – 2 – 3 – 4 – 5 „wenig gute Note"). Es sollte sich hierbei um Eigenschaften bzw. Eindrücke handeln, die:

1. direkt oder indirekt konsistent die gesamte Markenkommunikation begleiten,
2. relevant und glaubwürdig sind und zu der Marke passen,
3. einen Rückschluss auf die Core Values der Marke zulassen,
4. mit geeignetem Instrumentarium messbar sind und
5. nachweisbar zum Kommunikations- oder Verkaufserfolg einer Marke beitragen können.

2.4 Die Struktur der Marke   137

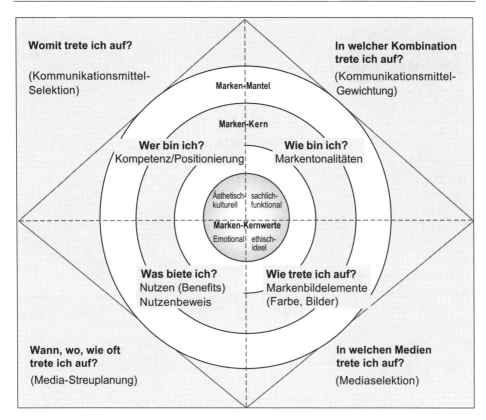

Abbildung 2.20: Das kommunikative Markensteuerungsmodell

Abbildung 2.20 geht noch einen Schritt weiter: Sie nimmt zusätzlich Überlegungen zu etwaigen Kommunikationsmitteln, wie der Kombination von Anzeigen, Spots, Plakate, On-Pack-Promotions auf und stellt die Frage nach der Media-Strategie mit der Media-Gewichtung und dem Streu-Plan. Bei den mediastrategischen Fragen geht es um die generelle Festlegung, in welchen Medien (TV, Kino, PoS, Direct Mailings, Tageszeitungen etc.) für die Marke geworben werden soll und endet in der genauen Planung der Auftritte über die Media- oder Streupläne (In welchem Medium trete ich wann, wie oft auf?)

Übertragen auf das Beispiel der Whiskeymarke „Jack Daniel's" (vgl. icon, 1993, S. 27 ff.), ergibt sich folgende Beschreibung und Darstellung:

Die Markenkompetenz aus Verbrauchersicht wird durch den Namen „Jack Daniel's" mit dem Zusatz „Der Original Tennessee-Whiskey" angegeben. Das ist, auf den Visitenkarten- oder auf den Personalausweisvergleich übertragen, der Name, die Herkunft sowie die Berufsbezeichnung der Marke.

Bei der Analyse des inneren Markenbildes von Jack Daniel's (vgl. icon, 1993, S. 27) wurden vom Verbraucher folgende Markenbildelemente erinnert: Tennessee, der Süden der

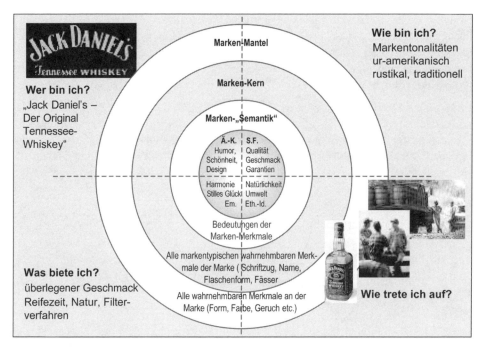

Abbildung 2.21: Kommunikatives Markensteuerrad am Beispiel „Jack Daniel's"-Whiskey

USA, der typische Schriftzug, das Etikett, Holzfässer, die Zeit zum Reifen, der überlegene Geschmack etc. In der Tonalitätsumsetzung wurden die Benefits, wie der Geschmack, die Reifezeit, die Reinheit etc. durch werbliche Darstellungen, wie ur-amerikanisch, rustikal, Freundschaft, Vertrauen und Tradition untermauert.

Exkurs: Markensteuerung und Copy Strategy

Während das Bojenmodell aufzeigt, wie stark oder schwach einzelne Markenerfolgsfaktoren des Markenbildes und Markenguthabens sind, kann das *Markensteuerungsmodell* als Instrument genutzt werden, um die kommunikative Seite der Marke über die reine Copy Strategy hinaus zu steuern. Die Copy Strategy ist ein terminus technicus aus der Werbung und beinhaltet die *verbale Beschreibung* der Inhalte eines Werbekonzeptes. Bestandteile der Copy Strategy sind folgende:

Positionierung (verbale) der Marke/**Kompetenz** der Marke
Kundennutzen (Benefit) als Grundnutzen oder Zusatznutzen
Nutzenbegründung oder Nutzenbeweis (Reason Why)
Tonalität (Charakter/Eigenschaft der Marke, Flair der Kommunikation)

Bestandteile der *Copy Strategy* sind: werblicher Nutzen der Markenleistung für die Kunden (Benefits). Die *Benefits* können aus den Core Values abgeleitet werden und entweder sachlich-funktionaler Art (Marke X erleichtert Ihre Arbeit), ästhetischer Art (Marke X hat ein wunderschönes Design), emotionaler Art (Marke X macht Sie glücklich) oder ethisch-ideeller Art (Marke X verschafft Ihnen ein gutes Gewissen) sein.

Ein weiterer Aspekt der Copy Strategy ist der *Reason Why*, welcher die angebotenen Benefits durch irgendwelche Belege „beweisen" oder begründen soll, frei nach dem Motto: „Was eindeutig bewiesen ist, wirkt glaubwürdiger" (Marke X ist acht Jahre lang in slawonischen Eichenfässern gereift). Schließlich legt die Copy Strategy als dritten inhaltlichen Bestandteil des Kommunikationskonzeptes noch die *Tonalität* (werbliches Flair) fest. Das ist die Stimmung der Kommunikation, der Charakter der Marke, die Eigenschaften einer Marke (Marke X ist jung, dynamisch, selbstbewusst).

Die *Positionierung* oder die *Kompetenz* der Marke lassen sich in der Copy Strategy außerdem niederschreiben. Sie sind gewissermaßen die Verdichtung der gesamten Aussagen, die zu einer Marke genannt werden können, und sollen ihr eine einzigartige Stellung in den Köpfen der Konsumenten verleihen, kraft ihrer Argumente oder kraft ihres gesamten faktischen, emotionalen, ästhetischen Auftritts.

Aus der zuvor beschriebenen klassischen Copy Strategy lässt sich noch nicht herauslesen, mit welchen konkreten Bildern, Tönen, Gerüchen, Haptik etc. eine Marke ausgestattet werden soll. Darin liegt eine Schwäche der herkömmlichen Copy Strategy begründet, die auf dieser Basis eine konkrete Markenbeschreibung folglich nur teilweise vornehmen kann. Aus der Forschung und der Praxis der Markenführung weiß man aber längst, dass gerade die Bilder, die Farben, die Jingles, die Logos, Gerüche, Geschmack, Haptik, kurz die Markenikonografie, von entscheidender Wichtigkeit für die Marke sind.

Eine präzise Markensteuerung kann demnach ohne konkrete Angaben zu den Markenbildbestandteilen nicht auskommen. Sie benötigt auch *Grundsätze für die qualitative Anwendung* der kommunikativen Markeninhalte. Mit anderen Worten: Es reicht nicht aus, irgendein Bild, irgendeinen Slogan, irgendeinen beliebigen Geschmack vorzugeben. Die Inhalte müssen bestimmten qualitativen Anforderungen genügen, die im Markenbild aufgeführt sein müssen und im Folgenden erwähnt werden sollen. Es sind (Abkürzung: „**KLASSE**"):

> **K**larheit des Markenbildes (Uniqueness, Einfachheit, Prägnanz, Relevanz)
> **L**ebendigkeit (Dynamik, Spannung, Varietät)
> **A**ssoziationsreichtum (semantische Netze schaffend, Welten erzeugend)
> **S**tereotypie (Nutzung typischer innerer Vorstellungen über die Marke)
> **S**ensualität (die Marke soll mit allen Sinnen aufgenommen werden können)
> **E**indruck/Werbedruck (Bedeutung der Botschaften, Präsenz im Markt, begleitende Aktionen)

Die Fragen, welche sich die Designer beim Gestalten von Marken stetig stellen müssen, lauten: Sind das verwendete Schlüsselbild, die Hintergrundbilder, die Farben, Formen etc.

klar genug, um sofort richtig verstanden und behalten zu werden? Tragen die Gestaltungselemente zu mehr *Lebendigkeit, Assoziationsreichtum, Uniqueness, Prägnanz, Stereotypie, Sensualität, richtiger Bedeutung* bei? Sind die gestalterischen Inhalte der Markenbotschaft überhaupt *relevant* für die entsprechende Zielgruppe? Nur wenn alle Punkte positiv beantwortet werden können, kann von einem qualitativ sauberen Entwurf gesprochen werden.

Dass die designerische Ausführung selbst ohne Defizite und Makel umgesetzt werden muss, versteht sich von selbst. Drei wichtige letzte Aspekte bei der Markensteuerung dürfen nicht außer Acht gelassen werden: Es sind die Bedeutungen von *Markenbotschaften*, die „Semantik" sowie die Berücksichtigung von *Markenkernwerten* und der verantwortungsvolle Umgang mit den *Markenkernelementen*. In einem Markensteuerungsinstrument sollten diese Punkte nicht unberücksichtigt bleiben.

Zur *Bedeutung* von Markenbotschaften: Wir wissen von der Farbe, dass Rot nicht gleich Rot ist. Dieselbe Farbe kann, je nach Individuum und je nach Situation und Kontext, unterschiedliche Bedeutungen haben. Für den einen ist Rot die Farbe der Liebe und Leidenschaft, für den anderen mag Rot für Rache und Blut stehen. In den USA ist die häufigste Assoziation mit Rot: „Zimtgeschmack" (Wrigleys Kaugummi mit Zimtgeschmack ist rot verpackt). Diese Thematik ist für das Design von erheblicher Bedeutung. Der Semantik ist in diesem Buch daher ein ganzes Kapitel gewidmet.

2.5 Die Markeninstrumente und das Marken-Design

Die Marke aus Unternehmenssicht ist etwas anderes als die Marke, wie sie der Konsument sieht. Der Konsument erlebt die Marke vollendet und verkaufsbereit im Regal, der Markenmacher muss diese erst kreieren. In diesem Kapitel wird die Marke von Seiten der Unternehmenssicht betrachtet, nämlich, wie die Marke aufgebaut wird und was getan werden muss, um sie im Markt erfolgreich zu platzieren.

Aus Unternehmenssicht ist die Marke dennoch nicht lediglich ein Produkt. Die Marke ist mehr. Sie besteht aus einer Ganzheit der Einzelelemente, und sie ist das Ergebnis des Einsatzes verschiedener markenpolitischer Instrumente. Diese können nach herkömmlicher Auffassung unterteilt werden in: Preis/Konditionen, in Produkt/Service, in Distribution und in Kommunikation.

Genauso wenig wie die Marke selbst, darf das Marken-Design als *integrierter* Bestandteil der Planung, Gestaltung und Vermarktung von Marken ausschließlich auf die Produkte und den Service beschränkt sein. Marken-Design heißt auch: kommunikative Gestaltung der Konditionen und Preise. Die Gestaltung von Marken reicht über die Produkt- und Sortimentsgestaltung und alle Aspekte der Kommunikationspolitik hinaus bis zur Gestaltung des Auftrittes von Kundenberatern und Verkaufspersonal, einschließlich der Gestaltung der Vertriebswege, Logistik und der Präsentationsgestaltung (Displays, Schaufenster etc.) am Point of Sale (PoS).

Abbildung 2.22: Die Markeninstrumente im System von Marke, Markt und Unternehmen

2.5.1 Produkt-, Sortiments-, Servicepolitik und Marken-Design

Die Produkt-, Sortiments- und Servicepolitik umfasst alle Maßnahmen, bei denen das Produkt oder die Leistungskombination aus Produkten und Service als absatzpolitisches Instrument zur Umsetzung der Marketingziele eingesetzt werden. Koppelmann (1989) zählt zum Produktmix die Produktgestaltung, die Image- und Markenpolitik sowie das Produktdesign und die Verpackungsgestaltung. Meffert (2000) zählt zu den produkt- und programmpolitischen Entscheidungen des Marketing neben den Informationsgrundlagen (strategische und operative Informationsgrundlagen) der Produktinnovation, Produktvariation, Produktdifferenzierung und der Produkteliminierung auch die Verpackungs- und Programmgestaltung.

Die Freiheitsgrade des Marken-Design, d. h. die gestalterische Arbeit ohne technische, wirtschaftliche oder sonstige Beschränkungen der Produkt- und Servicegestaltung ist in den Branchen und Industriesektoren unterschiedlich. Während etwa beim Schmuck-Design oder bei der Gestaltung von Verbrauchsgütern (z. B. Schokoriegelform, -farbe, Verpackungsgestaltung etc.) der Designer vergleichsweise unbeschränkt kreativ tätig sein kann (größere emotionale und ästhetische Gestaltungsfreiräume), so schränken diese sich schon bei der Gestaltung von Investitionsgütern (Kraftwerk, Rohstoffe, Motoren) stark ein.

Die Produktgestaltung ist hier fast ausschließlich auf die rein technisch-funktionalen ingenieurbezogenen Aspekte reduziert. Im Bereich von Dienstleistungsgütern beschränken sich die Möglichkeiten des Designs nur noch auf die Gestaltung von Beziehungen oder die Gestaltung des spezifischen Service. Den beschriebenen Zusammenhang der Gestaltungsfreiräume nach Industriesektoren soll das folgende Schaubild verdeutlichen:

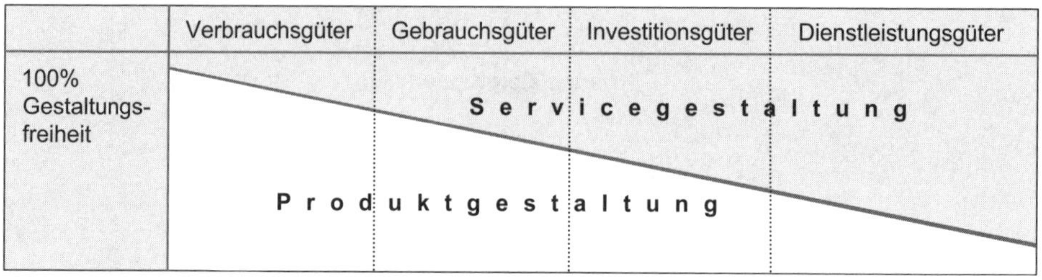

	Verbrauchsgüter	Gebrauchsgüter	Investitionsgüter	Dienstleistungsgüter
100% Gestaltungsfreiheit	Servicegestaltung			
	Produktgestaltung			

Abbildung 2.23: Gestaltungsfreiheiten der Produkt-, Sortiments-, Servicegestaltung in den verschiedenen Industriesektoren

Durch zunehmende Austauschbarkeit und Qualitätsangleichung bei Standardprodukten im low- und middle tech-Level sehen sich die Markenmacher verstärkt veranlasst, nach neuen Gestaltungsfeldern zu suchen. Diese sehen sie häufig im Ausbau der Servicegestaltung bzw. im Ausbau des Produkt-/Service-Mix. Die Integration von Dienstleistung in den Design-Gedanken ist z. B. an der Hochschule für Gestaltung zu Köln gelungen. Dort existiert seit Jahren ein eigener Studiengang des Service-Design.

Gerade bei der Gestaltung von Leistungen rund um die Marke wird immer mehr erkannt, wie wichtig Kundenbindungsaktivitäten zur Sicherung und Stärkung der Geschäfte sind. Diese Erkenntnis hat zur Folge, dass die Gestaltung des Produkt-/Sortiments- und Service-Mix mehr und mehr *langfristig* gesehen wird und sich Konzepte durchsetzen, welche die Gestaltung ganzer Problemlösungspakete für die Kundenbeziehung über einen größeren Zeitraum vorsehen. Es wird in systematischen Problemlösungszusammenhängen gedacht, wenn von Kundenleistungen die Rede ist. Hier entsteht eine neue, interessante Markenkategorie, die *Systemmarke* (vgl. Dudenhöffer, 1998).

2.5.2 Marken-Design und Preispolitik

Die Preis- und Konditionengestaltung für eine Marke hat aus Konsumentenperspektive mehrere Funktionen, die wesentlich zu seiner Markenwahrnehmung und zu seinem Markenerlebnis beitragen. Neben seiner rein *monetären Funktion* als Entgelt für die Marke setzen der Preis und die Konditionen eine Reihe von zusätzlichen *Signalen*, die für den Konsumenten bestimmte Bedeutungen haben und die bewusst als Gestaltungsinstrument bei der Marken-Gestaltung eingesetzt werden können.

Der Preis dient als *Qualitätsindikator* für die Marke, wenn zum Beispiel aufgrund von subjektiven oder objektiven austauschbaren Qualitäten oder austauschbaren Designs bei einer Marke der Preis den einzigen direkt wahrnehmbaren Unterschied demonstriert.

Ein solches preisgerichtetes Urteilsverhalten dient den Konsumenten besonders dazu, das *wahrgenommene Kaufrisiko zu vermindern* („lieber auf Nummer Sicher gehen"), oder es dient ganz einfach der *Bequemlichkeit beim Denken* (der Konsument greift auf einfache Denkschablonen zurück, wie auf den Preis als Qualitätsindikator) (vgl. Peter/Olson, 1990, S. 182 f.).

Diese Schlüsse werden durch psychologische Faktoren (Qualitätsinteresse, kognitives Konsistenzstreben, Entlastungsstreben) oder sozialgeprägte Faktoren, wie Streben nach Anerkennung, Statusdenken oder durch situative Faktoren (Zeitdruck, Informationsüberlastung etc.) zusätzlich mit beeinflusst. Man kann sagen, dass heutzutage ohne zusätzliche Informationen der Preis als reiner Qualitätsindikator (z. B. Positionierung über Werbung, sonstige kommunikationspolitische Maßnahmen) dem Kunden kaum noch zu vermitteln ist.

Das liegt zum Teil daran, dass der Konsument erkannt hat: Der Handel kann aus eigenem Wettbewerbsinteresse kaum noch Produkte und Marken minderer Qualität von seinen Lieferanten akzeptieren. Empirische Analysen der objektiven Preis-Qualitätsrelationen (z. B. Stiftung Warentest-Untersuchungen) zeigen jedoch, dass der Zusammenhang zwischen Preis und Qualität einer Marke nicht immer positiv ausfällt (vgl. Diller, 2001, S. 924).

Im Markenartikelbereich ist der Preis neben dem Qualitätsindikator oft ein *Prestigeindikator*, besonders für sozial auffällige Produkte, deren Konsum von anderen bemerkt werden sollen, um den sozialen Status des Konsumenten solcher Produkte anzuzeigen. Bei einer Untersuchung nach einer Zehn-Punkte-Skala wurden die Prestigewerte von Produkten (Zahlen sind Mittelwerte) wie folgt angegeben:

Starkes Prestigestreben		**Schwaches Prestigestreben**	
Kleidung	6,1	Schuhe	3,4
Autos	5,9	Armbanduhren	2,9
Reisen	5,7	Schallplatten	2,9
Kunstgegenstände	5,6	Farbfernseher	1,7
Möbel	5,4		

Abbildung 2.24: Prestigestreben als Motivation zum Konsum von verschiedenen Produkten/Leistungen (Quelle: Adlwarth, 1983, S. 189)

Ein altbekanntes Phänomen ist der nachfragefördernde Einfluss des Preises auf bestimmte Güter, auch als *Veblen-Effekt* bezeichnet. Aufgrund dieses Effektes kann es dazu kommen, dass nach Preiserhöhungen bei demonstrativen Preisen mehr Güter gekauft werden. Hier spielt die Motivation nach Prestigestreben durch die Demonstration starker Kaufkraft (finanzielle Stärke) des Konsumenten eine große Rolle (vgl. Kroeber-Riel/Weinberg, 1999, S. 156). Umgekehrt kann der Konsum von Billigpreisgütern einen ebenfalls *demonstrativen* Effekt haben, der die Motivation nach „*Preiscleverness*" oder *Protest* befriedigt. Hier wird der Preis zum *Cleverness-* oder *Protestindikator*. Menzel (1993, S. 55 ff.) stellt in diesem Zusammenhang die These auf, dass viele Konsumenten einer Marke heute zwar noch die Qualität glauben, aber nicht mehr die Preiswürdigkeit, weshalb man demonstrativ zu billigeren Alternativen greife, um zu signalisieren, dass man der Industrie ein Schnippchen schlägt bzw. dass man überhöhte Preise nicht akzeptiert. Der Preis wird zur Schlüsselinformation für Cleverness und Protest! So wirbt der amerikanische Super-Discounter Wal Mart, der seit Ende 1997 in Deutschland erfolgreich auftritt, mit dem Slogan: „Die Preise bleiben unten. Immer!" Mit 97 Märkten und rund 16.500 Mitarbeitern ist das Unternehmen stark gewachsen (vgl. url walmart.de).

Deutschlands renommiertester Discounter Aldi ist mittlerweile zu einer der stärksten Marken des Handels dank seiner Tiefpreise bei gleichzeitiger hoher Qualität geworden. Und seit einigen Jahren wirbt der Media Markt mit dem Slogan für die cleveren Konsumenten: „Ich bin doch nicht blöd". Selbst die Elektrokette „Saturn" hat die sparsame Konsumentin entdeckt und lässt sie hinausposaunen: „Geiz ist geil!".

> Der Hamburger Werber Michael Menzel führt die Geburtsstunde des cleveren Konsumenten auf den Preiskrieg auf den Zigarettenmärkten von 1983 zurück, als innerhalb weniger Monate nach einer drastischen Preiserhöhung (u. a. durch eine Steuererhöhung) die Marktanteile von so genannten HABI-MARKEN (Handelsbilligmarken), wie TIP, Club, Hobby von 0,6 Prozent auf 8,5 Prozent angestiegen waren. Der Konsument akzeptierte die Preiserhöhungen der Markenzigaretten nicht länger und stieg aus Protest auf die billigeren Handelsmarken um. Die Marktanteile der großen Markenartikler erholten sich erst, als diese ihre Preise wieder senkten (z. B. die Marke WEST).

Nach einer Studie von Grey (1996) existieren in Deutschland zwei Typen von preisbewussten Käufern, die etwa 64 Prozent der gesamten Käuferschaft ausmachen. Die erste Gruppe sind die klassischen Schnäppchen-Jäger (35 Prozent), deren Mentalität sich wie folgt umschreiben lässt: „Geld sparen = billig". Die zweite Gruppe sind die so genannten Smart Shoppers, deren Devise heißt: „Geld sparen = clever". In der Studie wird prognostiziert, dass der Anteil der Qualitätskäufer (36 Prozent) ständig abnehmen wird zugunsten der beiden anderen Gruppen. In einer amerikanischen Studie von Meer (1995) wird noch eine andere Kategorie der Markenkäufer, die „System Beaters" unterschieden. Dies seien markenbewusste Käufer, die bewusst nur von Aktion zu Aktion kaufen und die regulären Marken-Preise auf diese Weise systematisch unterlaufen. Esch (2003, S. 41) spricht in diesem Zusammenhang von einem Resultat verfehlter Markenführung. Kurzfristige Preisaktionitis dürfe nicht zu Lasten der Marke gehen, da sich sonst Markeninvestitionen nicht kapitalisieren ließen.

Gestaltungsbezogene Einflüsse auf die Preisbeurteilung haben neben den Preisen auch die Optik, Gestik oder verbale Preisangaben, wie Schriftgrößen, Art der Typografie, Etikettierung oder Plakatierung (Schnäppchenpreise, Preishammer, der Preisdaumen, Schnupperpreise etc.). Diese Stimuli werden zum *Preiskontext* gerechnet und sind laut Diller (2001, S. 899) empirisch belegte Einflussfaktoren auf die Preisbeurteilung.

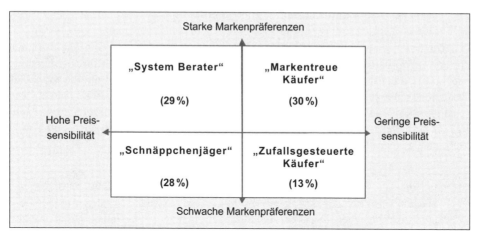

Abbildung 2.25: Preis- und markenorientierte Käufersegmente (Quelle: Meer, 1995, S. RC 6)

2.5.3 Marken-Design und Distributionspolitik

Die Distributionspolitik umfasst alle Bereiche des Vertriebes, der Lieferung, Marketinglogistik, Standortpolitik sowie der Verkaufs- und Außendienstpolitik für Güter und Dienstleistungen. Ein gut funktionierendes Distributionssystem kann einer Marke erhebliche Wettbewerbsvorteile verschaffen, so z. B. durch kurze Lieferzeiten, durch hohe Lieferqualität (besonders bei Frischware), durch hohe Termintreue, schnelle Bestellmöglichkeiten und gute fachliche Beratung und Verkauf.

Einen erheblichen Einfluss auf die Wahrnehmung und die Beurteilung von Marken, besonders von Exklusivmarken, hat die Wahl der Verkaufsläden, d. h. die *Standortwahl*. Bei der Beurteilung von hochwertigen Marken bezieht der Konsument nicht nur das Produkt selbst mit ein, sondern auch die Lage, Gestaltung und Ausstattung der Geschäfte, wo er die Marke einkauft, aber auch den *Auftritt des Verkaufspersonals*, mit dem das Geschäft abgeschlossen werden soll.

Im umgekehrten Fall wird die Attraktivität von Einkaufsstätten, Supermärkten oder SB-Warenhäusern auch von der Verfügbarkeit gängiger Markenartikel beeinflusst, so dass es sich manche Handelsunternehmen kaum leisten können, bestimmte bekannte Markenartikel *nicht* in ihrem Sortiment zu führen. Gerade bei der Gestaltung von höherwertigen Marken ist daher besonders darauf zu achten, wo und wie die Marke später dem Konsumenten angeboten wird. Diese Frage gehört genauso zum Marken-Design wie das PoS-Design. Hierbei geht es um die Gestaltung des Verkaufsladens oder der näheren Verkaufsumgebung sowie um die Gestaltung des Auftrittes von Verkaufspersonal oder Kundenberatern. Die Aspekte des Präsentations-Design und des PoS-Design sollen im weiteren Verlauf des Buches näher erläutert werden.

2.5.4 Marken-Design und Kommunikationspolitik

Die Kommunikationspolitik umfasst alle Maßnahmen, bei denen die klassische Werbung, die Verkaufsförderung, die Product Publicity, die Public Relations, das Direkt-Marketing oder sonstige meist massenmediale kommunikative Maßnahmen rund um die Marke als absatzpolitisches Instrument zur Umsetzung der Marketingziele eingesetzt werden. Die gestalteten kommunikationspolitischen Maßnahmen können auch als *indirektes Marken-Design* bezeichnet werden. Indirektes Marken-Design ist im Wesentlichen durch zwei Merkmale gekennzeichnet:

1. Die Botschaft wird nicht direkt über das physische Produkt/Leistung an den Konsumenten vermittelt, sondern **symbolisch** über Massenmedien, wie gedruckte oder elektronische Medien. Der Konsument hat hier nicht die Gelegenheit, durch direkte Markenerfahrung, wie Anfassen, Ausprobieren (z. B. Sitzproben, Geruchsproben etc.) oder sonstigen Umgang weitere Informationen zu sammeln.
2. Die Botschaft wird in der Regel nicht am PoP (Point of Purchase) vom Konsumenten aufgenommen. Er hat nicht direkt die Möglichkeit (bis auf Online-Kauf), eine Kaufentscheidung umzusetzen. Die Kommunikatoren verlassen sich vielmehr darauf, dass der Konsument die Botschaft gleichsam in seiner Erinnerung bewahrt, bis er die Gelegenheit zum Kauf der Marke hat, oder er soll gar dazu motiviert werden, aufgrund der indirekten Kommunikation die Marke zu kaufen.

Kommunikationspolitik ist überwiegend durch den Einsatz von klassischer Werbung für Marken gekennzeichnet. Daher soll in der folgenden Passage ein kurzer Überblick über den Stand der *Werbung in Deutschland* gegeben werden.

Nach den vergangenen Jahren des stetigen Wachstums in der Werbebranche, welches gekennzeichnet war durch Steigerungen in den Werbeausgaben von durchschnittlich vier Prozent pro Jahr, hat sich nach dem Zusammenbruch an den Börsen im Jahr 2001 in der Werbebranche eine starke Konsolidierungsentwicklung abgezeichnet. Einen Überblick über die Entwicklung der Investitionen in der Werbung in Deutschland von 1997 bis 2001 gibt Tabelle 2.6.

Nach den Daten des Jahres 2001 sind die Investitionen in Werbung (Aufwand für Honorare und Gehälter, Kosten für Werbemittelproduktion sowie für die Verbreitung der Werbung durch Medien) um 5,1 Prozent auf 31,51 Milliarden € gesunken. Im Vergleich zum Jahr 2000 mit einer Zunahme des Werbevolumens auf 33,21 Milliarden € war dies ein Rückgang von 1,7 Milliarden €. Für die Zukunft rechnet der Zentralverband der deutschen Werbewirtschaft (ZAW, Dachorganisation der 40 Verbände der werbenden Firmen in Deutschland) aber mit einer Stabilisierung des Werbemarktes (vgl. www.zaw.de, Stand 21.11.2002) auf moderatem Niveau (1 bis 3 Prozent Zuwachsraten). Der Verband geht im Übrigen davon aus, dass Deutschland weiterhin das drittstärkste Werbeland der Welt bleiben wird.

Investitionen in Werbung Deutschland nominal/Mrd €/gerundet (1 € = 1,95583 DM)					
Investitionen in Werbung	Deutschland gesamt Ergebnisse				
	1997	1998	1999	2000	2001
Gesamt Honorare, Werbemittelproduktion, Medien	28,94 +3,1 %	30,17 +4,2 %	31,44 +4,2 %	33,21 +5,6 %	31,51 −5,1 %
davon Einnahmen Werbeträger	19,79 +3,7 %	20,81 +5,1 %	21,83 +4,9 %	23,37 +7,1 %	21,68 −7,3 %

Tabelle 2.6: Werbung in Deutschland, 2002 Quelle Zentralverband der deutschen Werbewirtschaft (ZAW) ZAW-Jahrbuch

Die zyklischen Entwicklungen im Werbemarkt werden u. a. von folgenden Verhaltensweisen der Branchen beeinflusst: In Zeiten des wirtschaftlichen Abschwungs werden die Werbeinvestitionen in die Marke von den meisten Unternehmen drastisch abgebaut, während eine Minderheit von markenorientierten und meist spezialisierten Unternehmen weiterhin stark in die Markenkommunikation investieren. Langfristig werden diese Zyklen von neu entstehenden und wachsenden Branchen abgefedert, die für eine Verlagerung in der Marken-Werbung sorgen. So reduzierten viele saturierte und stagnierende Wirtschaftssektoren, wie Spirituosen, Möbel, Zigaretten oder Waschmittel in den vergangenen 20 Jahren ihre Werbeausgaben, während in anderen Branchen, wie in den Massenmedien, den Versicherungen oder in der Computerindustrie erheblich in den Aufbau der Marken und damit auch in die Werbung investiert wurde (vgl. www. zaw. de).

Während etwa im Werbejahr 2000 starke Sonderimpulse (zum Beispiel Firmenfusionen, allgemeine Börsenbegeisterung, Internetwirtschaft, Medienwettbewerb, Expo) zu einem erheblichen Wachstum der Investitionen in Werbung von 5,6 Prozent beitrugen, kippte dieser Trend 2001 ins Gegenteil: Flurbereinigung bei der New Economy, Absturz der Börsenkurse, Einbruch bei Stellenangeboten und Pkw-Anzeigen, Stimmungsabfall nach den Anschlägen des 11. September 2001 in New York sowie ausbleibende Sonderimpulse führten zum Minus bei den Werbeinvestitionen von 5,1 Prozent. Aber auch bei dieser radikalen Trendumkehr gab es kein allgemeines zyklisches Verhalten der werbenden Wirtschaft durch entsprechendes Einfrieren oder den Abbau von Werbeetats. Einzelne Branchen erhöhten deutlich ihre Werbeausgaben (Versandhandel +28 Prozent, alkoholfreie Getränke +17 Prozent, Tiefkühlkost +16 Prozen, Versicherungen +15 Prozent). Unter den 25 werbeintensivsten Firmen warb ein Drittel zum Teil deutlich stärker als im Vorjahreszeitraum (C & A +12 Prozent, Lidl +27 Prozent, Fiat +31 Prozent, Mannesmann Mobilfunk +26 Prozent, Coca Cola +43 Prozent) (www.zaw.de, Stand: 22.11.2002).

Hat die klassische Werbung ihren Zenit hinter sich?

Ausgelöst durch ein kontinuierliches Wachstum so genannter nichtklassischer Kommunikationsinstrumente in den letzten Jahren, wie Direkt-Marketing und Verkaufsförderung, Event-Marketing und Telefonmarketing und verstärkt von der Werbeflaute des Jahres 2001, wird zunehmend die Frage gestellt, ob die „klassische Werbung" ihren Zenit überschritten habe. Die Langzeitanalyse zeigt zwar ein kontinuierliches Wachstum der klassischen Werbung, jedoch gehen die Fachleute nach Angaben des ZAW (vgl. ZAW, 2002, S. 10 ff.) davon aus, dass der monetäre Zuwachs an Investitionen in die Werbung anhalten werde, wenn auch kleiner als in der Vergangenheit, weil die Investitionen in Werbung unabhängig von der momentanen Lage durch den anhaltenden Wettbewerb ein hohes Niveau erreicht hätten.

Man geht überdies davon aus, dass eine Zunahme der nichtklassischen Kommunikation auf die Individualisierung der Gesellschaft zurückzuführen sei, weil der Einzelne eine auf seine Bedürfnisse zugeschnittene Kommunikation erwarte. Diese ist weniger durch Massenansprache zu erzielen, als vielmehr durch maßgeschneiderte Kommunikation, wie Telefon-Marketing, virales Marketing, Guerilla-Marketing, Direkt-Marketing, Event-Marketing etc. Die Möglichkeiten der kommerziellen Kommunikation sind vielfältiger geworden und haben die Budgets, auf Kosten der Massenwerbung, stark verlagert.

Eine Übersicht über die werbeintensivsten Branchen und die Veränderungen ihrer Budgets von 2000 nach 2001 gibt Tabelle 2.7:

Die werbestärksten Branchen in Deutschland Rangfolge der Brutto-Medien-Investitionen 2001, Werte gerundet				
Branchen Rangfolge 2001	**2001 in Mio Euro**	**2000 in Mio Euro**	**Vergleich 2001/2000 in Prozent**	**Rangfolge 2000**
1. Massen-Medien	1703,12	1706,98	–0,2	1
2. Auto-Markt	1560,65	1564,86	–0,3	2
3. Handels-Organisationen	1094,59	1164,64	–6,0	4
4. Telekommunikations-Netze	875,22	1412,02	–38,0	3
5. Schokolade/Süßwaren	602,67	654,04	–7,9	5
6. Spezial-Versender	594,65	463,70	+28,2	9
7. Pharmazie Publikumswerbung	575,44	557,05	+3,3	7
8. Banken + Sparkassen	553,84	572,25	–3,2	6
9. Bier	360,17	387,36	–7,0	11
10. Unternehmens-Werbung	356,82	444,31	–19,7	10

Tabelle 2.7: Werbung in Deutschland 2002 Quelle: Nielsen-Werbeforschung S+P (Hamburg)/ZAW-Berechnung, ZAW-Jahrbuch

Der Einsatz der klassischen Kommunikationsmaßnahmen ist in den diversen Industriesektoren unterschiedlich intensiv. Während bei Massenverbrauchsgütern des Konsumgütersektors traditionell die Budgets für die klassische Werbung am höchsten sind, nehmen sie bei der Gebrauchs- und Investitionsgüterindustrie tendenziell ab.

Die Gestaltung der klassischen Werbung und der Verkaufsförderung/PoS-Marketing, Dialog-Marketing und Public Relations ist ein wesentlicher Aspekt des Marken-Designs. Auf die Werbemittelgestaltung wird in Abschnitt „Komplexere Techniken der indirekten Markengestaltung" und in Abschnitt „Gestaltung der Kommunikationsmittel" ausführlich eingegangen.

3 Die Konzeption des Marken-Design

Der Prozess des zielgerichteten Handelns, vor allem in Unternehmen, verlangt ein geordnetes und strukturiertes Vorgehen. Das Marken-Design sollte, wie das Marketing, auf einer Planung, d. h. auf einem schlüssigen, integrierten marketing- und konsumentenorientierten Ansatz aufbauen. Die heutigen Markt- und Umweltkonstellationen sind zu komplex, die Möglichkeiten des Einsatzes der verschiedenen Kommunikationsinstrumente sind zu verschieden, als dass eine allein formalistisch und nach dem „Bauchgefühl" ausgerichtete Markengestaltung unternehmenspolitisch sinnvoll, ja verantwortbar wäre. Grundlage eines strukturierten planerischen Vorgehens, auch beim Prozess der Markengestaltung, sind *Konzepte* im Sinne von gedanklichen Entwürfen über die Ziele, die Struktur und das Vorgehen des Handelns (vgl. Becker, 2001, S. 3 f., S. 469 ff.).

Im Bereich des Design gibt es eine Vielzahl von unterschiedlichen abgeschlossenen Planungsvorgehensweisen. Ein Beispiel für die Stufen vom Auftrag bis zur Präsentation im *Produkt-Design* mag dies veranschaulichen:

1. Entwicklungsauftrag und Pflichtenheft
2. Informations- und Erkundungsphase
3. Ideenskizzen
4. Technische Zeichnung
5. Stückliste
6. Arbeitsvorbereitung
7. Produktion/Fortschrittsbericht
8. Kostenkalkulation
9. Präsentation/Bewertung

Die Konzeption des hier vertretenen Marken-Design-Ansatzes geht über eine solche Stufenbeschreibung hinaus, denn sie muss, wenn sie integriert mit der Marketingplanung durchgeführt werden soll, eng mit der Marken- und der gesamten Marketingkonzeption abgestimmt sein, da sie ein fester Bestandteil der Marketingkonzeption selber ist. Sie muss nicht zuletzt mit der gesamten Unternehmenskonzeption kompatibel sein.

In diesem Kapitel geht es weniger um abgeschlossene Vorgehensweisen bei der Erteilung eines Gestaltungs-Auftrages an einen Designer für ein Produkt, eine Web-site oder eine Dienstleistung, sondern es geht um die Erstellung, d. h. um die Gestaltung einer umfassenden Markenkonzeption. Die Entwicklung einer solchen Konzeption ist als analytischer und als kreativer Prozess zu verstehen, da sie ein wichtiger Teil des Marken-Design-Prozesses ist.

3.1 Konzeptionsgrundlagen des Marken-Design

Marken-Design kann aufgefasst werden als die Planung, Konzeption und Durchführung von kreativen Markenentwicklungs- und Markenführungsvorhaben. Marken-Design hört nicht mit der Verabschiedung des Markennamens, des Logos oder Signets, der Verpackungsgestaltung oder dem Form-Design auf. Marken-Design ist ein Prozess, der die Marke unaufhörlich während ihrer gesamten Lebensphase begleiten muss. Marken-Design beginnt bereits bei der Markenkonzeption.

> Unter einer Markenkonzeption versteht man die integrierte Planung, Organisation, Durchführung und Erfolgskontrolle von strategischen und operativen Aktivitäten, die sich mit allen Maßnahmen der Markenführung, von der Situationsanalyse bis zum Feedback, beschäftigen.

Eine *Marken*konzeption, ebenso wie die *Marketing*konzeption, ist in einen strukturierten *Aufbau* (Struktur des Konzeptes) und in einen ebenso strukturierten *Ablauf* (Prozess der Konzeption und der Umsetzung) gegliedert, welcher ein weitgehend vollständiges Abbild des Status, der Bewertung, der Zielformulierung, der Strategie, Umsetzung und Kontrolle der Aktivitäten rund um das Marken-Design abbildet. Die Konzeption ist ein „Atlas" und ein „Fahrplan" zugleich: Der Atlas sagt mir: „Wo bin ich" und der Fahrplan sagt mir: „Wo will ich wann mit welchen Mitteln hin?"

Eine formalisierte Übersicht über einen möglichen Aufbau und Ablauf eines Konzeptionsschemas für die Markenführung und das Marken-Design soll nachfolgend erörtert werden. Sie ist als Tabelle darstellbar und gliedert sich in einen Spaltenbereich, der die Struktur aller am Marken-Design beteiligten Perspektiven oder Erfolgsbereiche aufzeigt und in einen Zeilenbereich, in welchem die Ablaufschritte bezeichnet werden.

In Tabelle 3.1 sind in den Kopfspalten (Strukturbereich) neben der Marke selbst auch das Unternehmen, die Kunden, der Handel/Lieferanten, ja selbst der Wettbewerb und das Umfeld in die Überlegungen einbezogen. Diese Bereiche sind beispielhaft als wesentliche den Markenerfolg beeinflussende Perspektiven aufgeführt.

Welche Erfolgsperspektiven im Einzelfall für eine Marke wichtig sind und damit in die Tabelle aufgenommen werden, muss von Fall zu Fall, d. h. bei der einzelnen Marke, entschieden werden. Man spricht daher auch von einem Individualkonzept der Markenkonzeption. Eine derartige Tabelle kann auch für ein einzelnes Produkt und für den Design-Prozess selbst erstellt werden.

Die Tabelle gliedert sich somit in einen Spaltenbereich und in einen *Zeilenbereich*, der, angefangen vom Status (Situationsanalyse) über die Bewertung des Status (SWOT-Analyse) und der Zielformulierung sowie der Strategiefestlegung alle Schritte bis hin zur Maßnahmenplanung, Umsetzung und Kontrolle beinhaltet.

3.1 Konzeptionsgrundlagen des Marken-Design

Schema der Markenkonzeption mit Struktur und Prozess			Marke	Unter-nehmen	Kunde/Markt	Handel/Lieferant	Wett-bewerb	Umfeld
			A	B	C	D	E	F
1	Status							
2	Bewertung							
3	Vision/Ziel							
4	Strategie							
5	Maßnahmen							
6	Umsetzung							
7	Ergebnis/Kontrolle							

Tabelle 3.1: Schema der Markenkonzeption mit Struktur- und Prozessdarstellung

Die Situationsanalyse oder der Status eines Konzeptionsprozesses ist der erste Schritt. In ihr enthalten sind auch im Idealfall die Markengrundsätze und -leitlinien, kurz die Markenphilosophie. In die Situationsanalyse gehen desgleichen die Bewertungen der Stärken und Schwächen sowie der Chancen und der Risiken (SWOT-Analyse) der Marke ein. Diese, sowie die Potenzialbetrachtungen sind Grundlage für eine realistische Visions- und Zielformulierung einer künftigen Markenstrategie.

Eine Vision ist eine Festlegung, worin eine Marke oder eine Organisation langfristig ihre Position sieht. Man kann eine Vision auch als eine sehr allgemeine und langfristige Zielformulierung bezeichnen, die einen maximalen Anspruch daran stellt, was man einmal erreicht haben will. Die Zielplanung ist konkreter und im Zeithorizont kürzer als eine Vision. Sie ist die qualitative und die quantitative Festlegung dessen, was man durch ein konkretes Vorgehen an Umsatz, Absatz, Marktanteil, Image etc. erreichen möchte.

Die Ziele orientieren sich dabei an der realistischen Einschätzung, welche Ziele man kurz-, mittel- und langfristig erreichen will und ob diese Ziele mit den zur Verfügung stehenden Mitteln überhaupt erreicht werden können. Die Zielplanung ist durch zwei Aspekte gekennzeichnet, die sich ergänzen: erstens durch die *absenderorientierten Ziele* (Umsatzsteigerung, Marktanteilssteigerung, Image etc.) und zweitens durch die empfängerorientierten, d. h. *konsumentenorientierten Ziele* (Befriedigung funktionaler, emotionaler, ethischer oder ästhetisch-kultureller Bedürfnisse).

Wenn die *Ziele* im Sinne der Markenphilosophie festgelegt sind, ist der *Weg* des grundsätzlichen Vorgehens (die „Route") zu definieren. Diese Konzeptionsstufe ist die *Strategie*, welche durch ein generelles Vorgehen (nicht detailliert) und durch mittel- bis langfristige zeitliche Orientierung gekennzeichnet ist. Die Strategie kann auch als grundlegender Handlungsrahmen des Vorgehens bezeichnet werden (vgl. Becker, 2001, S. 2 f.). Entscheidend für die Strategie ist ihr Charakter der generellen Festlegung oder des Grundsätzlichen, an der sich alle Unternehmensbereiche orientieren sollten. Eine Strategie hat wesentliche Steuerungs- und Ausrichtungsfunktion für den Einsatz der Maßnahmen rund um das Marken-Design. Die konkreten Maßnahmen (Markenmix) stellen den eigentlichen *Aktivitätenprozess* dar. Der Markenmix ist der geplante, gestaltete und durchgeführte Einsatz der markenpolitischen Instrumente (Preispolitik, Produktpolitik, Distributionspolitik, Kommunikationspolitik) sowie der Prozess des Marken-Design selbst. Der Prozess des Marken-Design ist instrumenteübergreifend. Er ist auf den *Zielmarkt* gerichtet. Auf die Gestaltungsphase folgen die Umsetzung und die Erfolgskontrolle der Aktivitäten. Die abschließende *Erfolgskontrolle* steht wieder als Ausgangspunkt des Konzeptionsprozesses für die Analyse der neuen Situation.

3.2 Das Prozessschema der Markenkonzeption

Das Prozessschema der Markenkonzeption in Abbildung 3.1 soll die zeitliche und sachliche Reihenfolge der verschiedenen Planungsphasen in einer anderen Logik als die inhaltlich gleiche zuvor gezeigte Tabellendarstellung verdeutlichen.

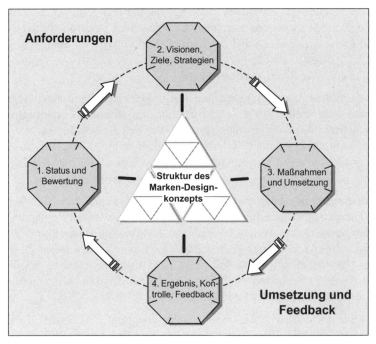

Abbildung 3.1: Prozess des Marken-Design-Konzepts als Handlungsrahmen der Markenführung

Der Planungsprozess beginnt mit der Konzeption des 1) Marken-Status (Strukturaufbau des Markensystems festlegen mit Marke, Unternehmen, Kunden, Umfeld, etc. und alle relevanten Daten zum Status sammeln). Danach kommt die Phase der Bewertung (SWOT-Analyse, Finanz-, Ressourcenanalyse), welcher die Phase der 2) Visionen, Zielformulierung (mit Briefingphase, d. h. Aufgabenstellung an Agenturen) und Strategieentwicklung folgt. Die dritte Phase leitet die 3) Maßnahmenplanung und Umsetzungsphase (mit Gestaltungs-, Produktionsphase) ein und geht in die 4) Ergebnis/Kontrollphase über.

3.3 Analyse-Phase des Marken-Design (Status/Bewertung)

Die Situationsanalyse und die Bewertung der Situation sind die notwendige Vorarbeit für die Einschätzung der gegenwärtigen Lage und für die Formulierung der Ziele, der Strategien und der künftigen Aktionsmöglichkeiten, welche die Marken betreffen (vgl. Meffert, 2000, S. 63 ff. sowie Becker, 2001, S. 667 ff.). In der Analyse-Phase wird zunächst die markenindividuelle *Perspektiven-Struktur* festgelegt. In einem Team von Fachleuten werden alle wichtigen Erfolgsperspektiven rund um die Marke zusammengetragen. Erfolgsperspektiven sind externe und/oder interne Bereiche, die direkt oder indirekt auf den Markenerfolg Einfluss nehmen können. Diese können von Marke zu Marke verschieden sein. In jedem Fall sind es als interne Perspektiven die *Marke* selbst und das *Unternehmen* mit seinen Mitarbeitern, der unternehmensinternen Infrastruktur, wie Maschinen, Logistik, Fuhrpark etc., welche am Markenerfolg beteiligt sind.

		Struktur (Perspektiven des Marken-Design)					
		Marke	Unter-nehmen	Kunde/Markt	Handel/Lieferant	Wett-bewerb	Umfeld
		A	B	C	D	E	F
Status	1						
Bewertung	2						

Tabelle 3.2: Struktur-Perspektiven des Marken-Design

Externe Perspektiven des Markenerfolgs sind an erster Stelle die *Konsumenten*, die Kunden, die mit ihrem Geldbeutel und ihrem Kopf über den Markenerfolg abstimmen. Je nach Branche oder Marktbereich beeinflussen der Handel, die Lieferanten und/oder der Wettbewerb und sogar das Umfeld (die Öffentlichkeit, die Gesetzgebung, die technologischen und wirtschaftlichen Rahmenbedingungen) den Erfolg der Marke. Sind die Strukturen, d. h. die Perspektiven, der Marke festgelegt, dann werden alle verfügbaren Daten (über Marke, Unternehmen, Kunden, Handel, Lieferanten, Wettbewerber, Umfeld) zusammengetragen und ausgewertet. Dabei ist die Marktforschung behilflich, die entweder über eigene Untersuchungen (field research) oder mit Sekundärforschung, d. h. mit erworbenen Daten (z. B. Panels, Branchenstudien etc.) den Status rund um die Marke erhebt. Wenn alle Informationen zum gegenwärtigen Stand der Marke auf dem Tisch liegen, schließt sich ein zweiter Schritt der Findung von Erfolgsfaktoren innerhalb der Perspektiven an. Eine Arbeitsgruppe listet z. B. alle in Frage kommenden wichtigen Erfolgsfaktoren der Marke selbst auf. Das können etwa folgende sein: Logo, Benefits, Leistungen der Marke, Reason Why, Tonalitäten, Design, Produktvarianten, Qualität der Produkte, Beratungsqualität, usw. Nicht selten kommen hier 50 und mehr Erfolgsfaktoren nur für die Marke selbst zustande. Das gleiche wird für die restlichen Perspektiven, wie Unternehmen, Kunden, Handel etc. durchgeführt.

3.3.1 Selektions- und Bewertungsphase der Erfolgsfaktoren

Es ist oft sinnvoll, in einem separaten Selektionsprozess die Menge der Erfolgsfaktoren auf ein übersichtliches Maß, d. h. auf die wichtigsten Erfolgstreiber zu reduzieren. Konzentration auf das Wesentliche ist in dieser Phase wichtig. Des Weiteren muss man wissen, welche Faktoren an „oberster Stelle" oder an unterster Stelle in einer *Wirkungshierarchie des Markenerfolgs* stehen.

Eine solche Hierarchie könnte beginnen a) bei der Motivation der Mitarbeiter. Diese beeinflussen ggf. positiv die b) Arbeitsergebnisse, wie z. B. das Marken-Design (Form, Farben, Signet, Logo etc.). Das Marken-Design wiederum beeinflusst positiv c) die Kundenzufriedenheit. Die Kundenzufriedenheit beeinflusst positiv die Geschäfte, d. h. den d) Umsatz und damit den Markenerfolg und letztlich den Return on Investment (ROI).

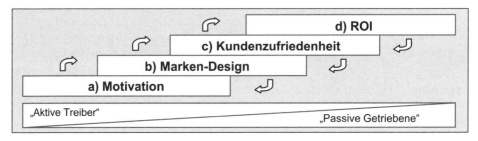

Abbildung 3.2: Ursache-Wirkungsstufen von Erfolgsfaktoren

Eine brauchbare Methode zur Erhebung von gegenseitigen Einflüssen der Erfolgsfaktoren ist die Cross-Impact-Analyse. In dieser wird nach der Auswirkung des aktiven und nach dem passiven Einfluss jedes Erfolgsfaktors auf den jeweils anderen gefragt. Will man die Erfolgsfaktoren bewerten, so ergeben sich meist zwei Bewertungskomponenten, die eine Rolle spielen. Die erste Komponente ist die Wichtigkeit des Faktors für den Erfolg, und die zweite Komponente ist die Ausprägung des Faktors selbst.

3.3 Analyse-Phase des Marken-Design

> *Beispiel:* Man kann in einer Befragung im Unternehmen die Mitarbeiter nach der **Wichtigkeit** (W) der Motivation für das Arbeitergebnis fragen. Diese kann man auf einer Skala von 0 = unwichtig bis 6 = sehr wichtig einstufen. In einem zweiten Schritt kann man die Mitarbeiter fragen, ob die Motivation im Unternehmen hoch oder niedrig ist (hoch = +3, niedrig = –3). Dies ist die **Ausprägung (A)**.

Der Wert für die **Wichtigkeit (W)** eines Faktors bemisst sich an der Einflussnahme des Faktors auf den Erfolg oder nach der Beeinflussung dieses Faktors durch einen anderen, vorgelagerten Faktor. In manchen Beiträgen wird die Wichtigkeit auch als „Treiberstärke" bezeichnet. Diese letztere Bezeichnung reduziert die Erfolgsfaktoren jedoch meist auf ihren aktiven Beitrag zum Erfolg und nicht auch auf ihren passiven Beitrag.

Der passive Beitrag eines Erfolgsfaktors bezeichnet die Stärke, mit welcher der jeweilige Faktor von anderen Faktoren angetrieben wird. Die jeweilige Summe der aktiven oder der passiven Faktorenauswirkungen sind ein Indiz für die direkte oder indirekte *Wichtigkeit* des Faktors für den Markenerfolg. Ein Beispiel ist in Tabelle 3.3 dargestellt.

auf / Einfluss von	1 ROI	2 Kundenzufriedenheit	3 Marken-Design	4 Motivation	Σ **aktive Treiber**
1 ROI		0	0	2	2
2 Kundenzufriedenheit	4		0	3	7
3 Marken-Design	1	4		3	8
4 Motivation	1	3	4		8
Σ **passive Treiber**	6	7	4	8	25

Tabelle 3.3: Cross-Impact-Analyse (vgl. Linxweiler, 2001, Müller, 2000, S. 54 f.)

Das Schema ist wie folgt zu lesen: Der ROI (Return on Investment) als Maßzahl für die Rendite des eingesetzten Kapitals in die Marke bezeichnet den Markenerfolg. Dieser hat einen aktiven Einfluss (auf einer Skala von 0 bis 5) auf die Motivation der Mitarbeiter von 2, d. h.: Wenn der Ertrag stimmt, dann sind die Mitarbeiter motiviert.

Der ROI hat in unserem obigen Beispiel keinen erkennbaren aktiven Einfluss auf die Kundenzufriedenheit und auf das Marken-Design. In der Summe der aktiven Erfolgstreiber (rechte Spalte) ist der ROI mit dem Punktwert „2" angegeben, während der Erfolgsfaktor 4. Motivation ein wesentlich stärkerer aktiver Treiber mit der Summe von „8" ist.

In der vertikalen Summe ist die Tabelle wie folgt zu lesen: Der ROI wird in der Summe von „6" sehr stark und positiv von anderen Erfolgsfaktoren (nämlich von der Kundenzufriedenheit, dem Marken-Design und der Motivation) beeinflusst oder getrieben. Man bezeichnet die „getriebenen Faktoren" auch als passive Faktoren oder passive Treiber. Daher die Summenbezeichnung der Spalten. Je höher die aktive und/oder passive Summe eines Erfolgsfaktors ist, umso *wichtiger* ist der Faktor für den Markenerfolg, und umso höher steht dieser in der Priorität der Instrumente. Diese werden genau weiterverfolgt.

Sie werden z. B. verstärkt und ausgebaut, während die Faktoren, die weder starke aktive noch starke passive Treiber sind, vernachlässigt werden (Träge Faktoren), es sei denn, sie erweisen sich als Faktoren mit hohem Potenzial in der Zukunft oder als so genannte *„hidden drivers"*. Das sind Faktoren, deren tatsächlicher vielleicht bedeutender Einfluss auf den Markenerfolg (noch) nicht erkannt worden ist. Typische „hidden drivers" sind die so genannten Soft Facts im Unternehmen, wie das Betriebsklima, die Qualität des Vorgesetzten oder die Informationspolitik und der Informationsfluss. Die Bedeutung dieser „hidden drivers" kommt im Ansatz der „Balanced Scorecard" (vgl. Kaplan/Norton, 1997) und im Ansatz der „BrandScoreCard" (vgl. Linxweiler, 2001) zur Berücksichtigung.

Eine adäquate Übersicht über die Positionierung der einzelnen Faktoren nach ihren aktiven oder passiven Einflussstärken lässt sich mit der *Impact-Matrix* darstellen. Sie positioniert die Faktoren in vier Felder: Die Felder der passiven Treiber, der aktiven Treiber und der kritischen Faktoren sind Felder, in denen die wichtigen Faktoren positioniert sind. Faktoren, welche in die Quadranten der „Trägen Faktoren" fallen, können für eine weitere Betrachtung eliminiert werden.

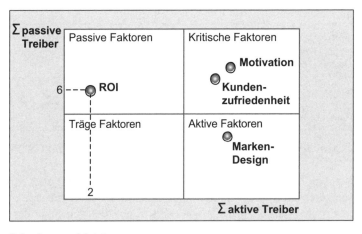

Abbildung 3.3: Impact-Matrix

Diese Matrix wird über alle markenrelevante Perspektiven und deren zugehörige Erfolgsfaktoren aufgestellt. Je nachdem, wie viele Erfolgsfaktoren man insgesamt im Marken-Design-Konzept berücksichtigen oder ausschließen will, je weiter nach rechts oder links und je weiter nach oben oder nach unten wird man die Quadranten verschieben. Diese bilden dann das „Anspruchsniveau" der wichtigsten Faktoren. Hier kommt es nach dem Motto „weniger ist mehr" insbesondere darauf an, sich auf die wirklich wichtigen Treiber zu konzentrieren. Mit dem hier bisher beschriebenen Vorgehen wird zunächst die *Wichtigkeit* der Erfolgsfaktoren bestimmt. In einem weiteren Schritt muss die *Ausprägung* dieser Faktoren erhoben werden. Mit anderen Worten: Wir wissen, wie wichtig die Motivation der Mitarbeiter für den Markenerfolg ist. Wir wissen noch nicht, wie motiviert die Mitarbeiter tatsächlich sind. Kam man bisher mit Arbeitsgruppen von Experten aus, so müssen nun die Ausprägungen der Faktoren empirisch erhoben werden. Für interne Faktoren wird man z. B. eine Befragung oder eine Beobachtung im Unternehmen bei den Mitarbeitern vornehmen. Die Ausprägungen der externen Faktoren, wie z. B. Kundenzufriedenheit oder Markenstatus (Markenbild/Markenguthaben) werden von Marktforschungsunternehmen in Gruppendiskussionen, Tiefeninterviews oder strukturierten repräsentativen Befragungen erhoben. Man kann diese Ausprägungen auch als Stärken- oder Schwächenausprägungen erheben (z. B. von –3 große Schwäche bis +3 große Stärke). Diese können absolut, d. h. ohne Vergleichsmaßstab angegeben werden oder als relative Stärke-Schwäche-Analyse (relativ zur Konkurrenz, relativ zur Branche, relativ zu einem erstrebten Anspruchsniveau, etc.). Zusammen mit der Darstellung der Wichtigkeit (oder z. B. der Stärke des Einflusses eines Erfolgsfaktors auf das Markenguthaben) lässt sich eine so genannte *Treiberanalyse* erstellen, in der eine gewichtete Stärke-Schwäche-Analyse wiedergegeben werden kann.

Die einzelnen Quadranten der Treiberanalyse sind folgende: Erfolgsfaktoren mit hoher Wichtigkeit und hoher relativer Stärke in der tatsächlichen Ausprägung fallen in das *„Renner-Feld"*. Sie sind die Sieger-Faktoren. Sie sind die Stütze der Marke, denn sie sind starke

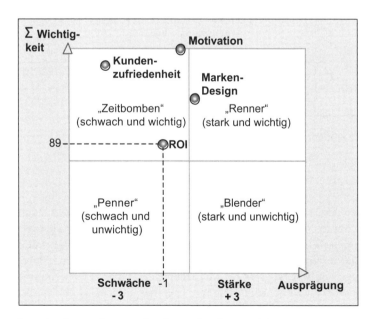

Abbildung 3.4: Treiberanalyse, in der die Wichtigkeit und die Ausprägung von Erfolgsfaktoren zusammengefasst sind

Treiber, und sie sind gut ausgebildet. In das *„Zeitbombenfeld"* dagegen fallen alle Erfolgsfaktoren, die wichtig sind, die aber Defizite in ihrer Ausprägung haben, d. h. sie sind schwach aber wichtig. Sie ticken gleichsam wie eine Zeitbombe.

Wenn man sich nicht um sie kümmert, können sie gefährlich werden und die Marke schädigen. Erfolgsfaktoren, welche vergleichsweise unwichtig sind und schwach ausgeprägt sind, sind dem „Penner-Feld" zuzuordnen. Sie können vernachlässigt werden, soweit sie keine „hidden drivers" sind. Im Feld der „Blender" finden sich alle Faktoren, für die man sich stark gemacht hat. Sie sind Stärken, aber für den Markenerfolg völlig unwichtig. Man hat mit ihnen sozusagen auf das falsche „Pferd" gesetzt. Mit diesem Vorgehen ist die Selektion und die Status-Bewertung der Erfolgsfaktoren weitgehend beschrieben. Wie die Vorgehensweise bei der zentralen Erfolgsperspektive und ihren Erfolgsfaktoren, bei der Marke selbst, im Einzelnen strukturiert sein kann, das soll in den folgenden Abschnitten erläutert werden.

3.3.2 Der Marken-Status

Die Analyse der Marke und ihrer anderen relevanten Perspektiven beginnt mit der Marke selbst. Im Marken-Status wird alles erhoben und zusammengestellt, was zum Thema Marke selbst bisher intern oder extern bekannt geworden, relevant und bewertbar ist.

		Marke	Unternehmen	Kunde/ Markt	Handel/ Lieferant	Wettbewerb	Umfeld
		A	B	C	D	E	F
Status	1						
Bewertung	2						

Tabelle 3.4: Perspektiven des Marken-Design – der Marken-Status

3.3.2.1 Status der Markenidentität

Eng im Zusammenhang mit dem Markenstatus steht ein Begriff, auf den hier noch einmal eingegangen werden soll, da er immer wieder unterschiedlich interpretiert wird und daher häufig für unscharfe Zuordnungen sorgt: die Markenidentität. Die Markenidentität ist ein Begriff für die Gesamthaftigkeit der Markenpersönlichkeit aus interner Sicht. Sie ist, vereinfacht gesagt, ein Bild, wie sich die Menschen eine Marke in ihrer Gesamtheit vorstellen sollen. Hierbei ist zu unterscheiden zwischen der internen, d. h. unternehmensbezogenen Markenidentität (Brand Identity) und der externen, äußeren, d. h. kundenbezogenen Markenidentität (Brand Image). Von der internen Markenidentität weicht die externe Markenidentität oder das Markenimage zum Teil erheblich ab.

Nicht alle Informationen und Botschaften, die von den Markenmachern in die Marke gelegt worden sind, werden von den Zielgruppen auch vollständig und richtig verstanden. Der inhaltliche Unterschied zwischen den konzipierten Botschaften und den von den Zielgruppen richtig verstandenen Botschaften der Marke macht die Differenz zwischen Markenidentität und Markenimage aus. Mit anderen Worten: Die interne Markenidentität unterscheidet sich vom externen Markenimage durch die umfangreichere und genauere Beschreibung der Marke, wie z. B. der Kernwerte, der Marken-Philosophie, der Marken-Strategie, des Marken-Design, des Brand Behavior, der Marken-Kultur und der Marken-Kommunikation.

Die kundenorientierte Identität, das Image der Marke, beinhaltet meist weniger Informationen über die Marken, nämlich alle Assoziationen, die ihm zur Marke einfallen und alle Bewertungen, wie Sympathie, Vertrauen, Präferenzen, Akzeptanz, Loyalität zur Marke, nicht aber: Core Values, Philosophie etc. Eine ausführliche Beschreibung der beiden Identitätsansätze wurde bereits im Kapitel 2.4.1 „Die Markenidentität" vorgenommen. Bei der Erhebung der Ist-Situation der Marke ist auch danach zu fragen, ob die Marke bereits im Markt auftritt (bestehende Marke) oder ob diese noch zu entwickeln sind (neue Marke). Das Vorgehen der Statuserhebung ist in beiden Fällen grundverschieden. Bei neuen Marken nähert man sich der Markenidentität ausgehend von ihren innersten Werten, den Core Values. Untersucht man hingegen bestehende Marken, so wird man zunächst alle wahrnehmbaren Merkmale, die durch die Marke selbst vermittelt werden, darstellen.

Über bestehende Marken lassen sich sowohl interne Experten-Einschätzungen der Marke als auch Daten aus dem Markt erheben. Bei bestehenden Marken ist die Findung der internen und externen Markenidentität vergleichsweise einfach: Ausgehend von den wahrnehmbaren Merkmalen bis zu den inneren Marken-Kernwerten werden die Identitätselemente der Marke nacheinander herausgearbeitet und den Elementen zugeordnet. Bei neuen Marken muss dagegen eine Markenidentität entwickelt werden. Über die externe Identität, d. h. das angestrebte Image einer künftigen Marke, kann gleichwohl Rat bei Focus Groups, d. h. bei ausgewählten typischen künftigen Konsumenten der Marke, eingeholt werden. Des Weiteren kann man über die Marke einen Status durch Mitarbeiter des Unternehmens (Expertenstatus) und einen Status durch Befragung der Konsumenten (Konsumentenstatus) durchführen. Eine Systematisierung der Möglichkeiten einer Markenstatus-Erhebung soll die nachfolgende Übersicht (Tabelle 3.5) darstellen.

Die interne Markenidentität (Fall A) ist gleichzusetzen mit einer umfassenden Markenkonzeption einschließlich ihrer Kernwerte, Philosophie, Strategie, Kultur und dem Auftritt (Design, Behavior und Kommunikation). Bei einer neuen Marke muss diese erst entwickelt werden, und eine Statusuntersuchung bezieht sich demnach zunächst auf alle die Marke beeinflussenden Faktoren und Perspektiven, wie Unternehmen, Mitarbeiter, Markt, Konkurrenz, Umfeld etc. Eine solche interne Identität sollte von erfahrenen Mitarbeitern und Experten durchgeführt werden. Die Konsumenten können hier nur fallweise (z. B. bei der Statusabfrage nach ihren Bedürfnissen und Vorlieben) herangezogen werden. Falls, wie erwähnt, *noch keine Marke besteht* und diese erst einmal entwickelt werden soll, dann sollte, soweit möglich, die Formulierung der Vision und der Markenphilosophie bereits

	Neue Marke liegt vor		**Bestehende Marke liegt vor**	
	Experten-status	Konsumenten-status	Experten-status	Konsumenten-status
A Interne Identität Unternehmensbezogene Marken-Identität (Brand Identity)	1 Entwicklung einer Brand Identity durch Experten	2 –	3 Brand-Identity-Status durch Experten	4 –
B Externe Identität Konsumentenbezogene Marken-Identität (Brand Image)	Focus Groups entwickeln Ziel-Brand-Image	–	Brand Image-Status durch Experten/Focus Groups	Brand Image-Status durch Zielgruppen/ Konsumenten

Tabelle 3.5: Möglichkeiten der Markenstatus-Erhebung

direkt nach der ersten Phase der Analyse erfolgen. In der Brand Philosophy wird festgelegt, welche Kernwerte (Core Values) der unternehmerischen Idee (Vision) für die Marke zugrunde liegen sollen, welche Leitlinien der Markenziele, des operativen Handelns sowie der Unternehmensphilosophie, wie Umwelt- und Arbeitsschutz, Mitarbeiter, Forschung/Entwicklung, Finanzen, des Verhaltens nach innen und nach außen gelten sollen.

3.3.2.2 Analyse der internen Marken-Identität

Nachfolgend werden die idealtypischen Schritte erläutert, die bei der Statuserhebung der Markenidentität neu zu entwickelnder Marken gegangen werden können. Als Schema kann das Markenidentitätsschema (Zwiebelschema) im Kapitel 2.4.1 (Markenidentität) herangezogen werden. Die Vorgehensweise ist von innen (angefangen bei den Kernwerten der Marke) nach außen (bis zu Markenkommunikation und Markenidentität). Die Identitätsanalyse nehmen wir hier am Beispiel einer fiktiven *Schokoriegel-Marke* (Markenname: *„JamJam"*) vor:

1. Schritt: Bevor auf die konkrete Marke eingegangen wird, müssen zunächst der Status und die vorherrschenden Kernwerte der entsprechenden Produkt-Kategorie geklärt werden, welcher die Marke „JamJam" zuzuordnen ist. Man kann davon ausgehen, dass die inneren Vorstellungen von einer Marke auch wesentlich durch die Markenbilder der gesamten Kategorie geprägt werden. So bildet sich im Laufe der Zeit ein stereotypisches Set von Vorstellungen und Werten einer Produktkategorie heraus, welches „Leitbild" für alle in dieser Kategorie existierenden Marken sein kann. Gegen die zentralen Werte der Kategorie sollte man nicht verstoßen, da die Marke als untypisch, ja vielleicht sogar als Außenseiter, betrachtet werden könnte und eine „untypische" Marke bei der Mehrheit der relevanten Konsumenten Akzeptanzprobleme erzeugen dürfte.

Beispiel für gestalterischen Verstoß gegen die Stereotypen der Kategorie: Ein Designer wurde von einem Schweizer Schokoladenhersteller beauftragt, eine neue Marke mit einer ansprechenden Verpackung zu entwerfen, die einen frischeren, internationaleren Charakter haben sollte. Der Designer präsentierte einen Vorschlag, welcher von allen Seiten hochgelobt wurde und umgesetzt wurde. Auf der Verpackung waren frische Farben zu sehen und viele Flaggen und Wimpel. Die Schokolade wurde von den Konsumenten nicht angenommen, und bei einer Befragung stellte sich heraus, dass die Kunden bei der Verpackung an die typische Gestaltung von Skiwachs erinnert wurden.

In einer Gruppendiskussion oder einem Brainstorming werden zunächst alle erkennbaren „prototypischen Werte" der a) *Oberkategorie von Schokoladenriegel gesammelt*. Es werden z. B. typische Werte der Oberkategorie „Süßigkeiten aus Schokolade" zusammengetragen und in das Kernwerteschema eingeordnet (naschen, verwöhnen, Freude bereiten, lutschen, beißen, kleinen Hunger stillen, belohnen, Energiezufuhr, einschließlich psychoanalytischer/motivationaler Aspekte). Danach erfolgt eine Gruppendiskussion oder ein Brainstorming über die prototypischen Werte der b) *Produktkategorie* (z. B. Schokoladenriegel sammeln und dann in das Kernwerteschema eintragen).

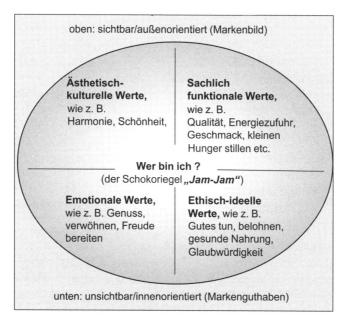

Abbildung 3.5: Beispiel für einige prototypische Werte im Kernwerteschema der Produktkategorie (vgl. Linxweiler, 1998b, S. 180 f.)

2. Schritt: Analyse der bestehenden oder möglichen *Markenphilosophien (Sinn- und Wertebene)* für die Oberkategorie und die neue Marke: Das sind die bestehenden, bzw. die zu formulierenden Kernwerte, wie Traditionen, Visionen, Idealvorstellungen, Werthaltungen, Normen und Ziele, die sich in einem Markenleitbild (Brand Philosophy) finden. Sie sollen u. a. folgende Fragen der Marke beantworten:

Philosophie	Gestern		Heute		Künftig	
	wir	Wettbewerb	wir	Wettbewerb	wir	Wettbewerb
Wer bin ich? (Kernwerte)						
Was biete ich? (Benefits/R. W.)						
Wie bin ich? (Tonalitäten)						
Worauf beruht mein Erfolg?						

Tabelle 3.6: Elemente der Markenphilosophie

(Beschreibung der sachlich-funktionalen sowie der ästhetischen, emotionalen und ethisch-ideellen Markenphilosophien); b) Was biete ich? (Welche Nutzen kann ich meinen Zielgruppen mit welcher Begründung anbieten?); c) Wie bin ich? (mein Charakter, meine Stimmung, meine Mentalität, Tonalität); d) Worauf beruht mein Erfolg? (Was sind meine besonderen Erfolgsmerkmale, wie Zuverlässigkeit, Preiswürdigkeit, Innovationsfreudigkeit, überlegene Produktnutzen?). Diese Beschreibungen werden, sofern möglich, mit denen der Wettbewerber verglichen und für die Vergangenheit, Gegenwart und die Zukunft einer Bewertung unterzogen, wie in obiger Tabelle 3.6 aufgeführt. Die Bewertung kann zugleich auch als Stärke-Schwäche-Analyse des Markenkerns und der Positionierung a) gegenüber Wettbewerbern, b) gegenüber prototypischen Werten der Oberkategorie und der Produktkategorie benutzt werden.

3. Schritt: Analyse und Bewertung des *Marken-Design (Brand Design).* Hier werden Packungsgestaltung, PoS-Auftritt etc. der Kategorie und der in Frage kommenden Marke, sofern als erste Entwürfe vorhanden, analysiert. Es handelt sich hierbei um einen internen Check von objektiven Merkmalen der Marke. Objektive Merkmale können sein: Gehalt, Inhalte, Kalorien, Formen, Farben, Geruch, Geschmack etc. Wie sieht die Marke im Vergleich zu den Wettbewerbsmarken aus, bzw. wie könnte sie aussehen? Wie sollte sie sich künftig entwickeln? Wo liegen ihre Stärken und Schwächen, wo liegen ihre Chancen und Risiken für die Zukunft? Hier könnte ein ähnliches Bewertungsschema wie das obige Bewertungsschema des Markenkerns angewendet werden.

4. Schritt: Analyse des Brand Characters/Brand Behavior + Brand Culture alleine und im Vergleich zum Wettbewerb/zur Kategorie. Ausführliche Erläuterungen zu diesem Schritt finden sich in Abschnitt 2.4.5 und 2.4.6 „Marken-Design, Markenverhalten und Markenkultur". In den Aussagen zum Brand Character einer Marke kommen neben der Meinung über die Marke selbst auch die internen und die externen Meinungen über die Verhaltensweisen und Charaktere der Markenbetreuer (Kundenberater, Außendienst, Kundenservice etc.) und von begleitenden Aktivitäten, wie z. B. Promotionmaßnahmen, Events, Tonalitäten von Werbeauftritten, zum Ausdruck. Diese Analyse kann, wie oben erwähnt, sowohl intern als auch extern (bei den Zielgruppen) vorgenommen werden. Damit gehört ein Teil des Brand Character bereits zur externen Situationsanalyse der Marke (siehe nächster Punkt). Der Vorteil einer parallelen internen und externen Analyse des Brand Character liegt darin, dass die Ergebnisse anschaulich die Defizite zwischen Eigenbild/Wunschbild und dem Fremdbild (Wie wird der Charakter der Marke bei den Konsumenten gesehen?) aufdecken und dann leichter zu nachhaltigen Korrekturmaßnahmen führen können.

5. Schritt: Analyse und Bewertung der bestehenden *Markenkommunikation* im Vergleich mit der Branche. Die Bewertung kann folgende Aspekte beinhalten: Ist die gewählte Copy Strategy (Strategie über die Kommunikationsinhalte) gegenüber der Marke und dem Unternehmen sowie gegenüber den Zielgruppen adäquat gewählt? Sind die geeigneten Kommunikationsmittel (Anzeigen, Plakate, Mailings, Verpackungsdesign) integriert, d. h. abgestimmt eingesetzt worden? Sind geeignete Kommunikationsmedien, wie Kino, Fernsehen, Zeitungen, Internet, Plakatstellen etc. belegt worden? Wie hoch ist der *share of voice* (Marktanteil der wahrgenommenen Markenbotschaften im Vergleich zur Branche) im Verhältnis zum *share of communication spendings* (Prozentuale Ausgaben für Kommunikation im Vergleich zur Branche) etc.?

Diese ersten 5 Schritte der Markenanalyse geben zusammengenommen eine Zustandsbeschreibung der gegenwärtigen Markenidentität wieder. Die Zustandsbeschreibung ist, wie erwähnt, ein Bild aus Innensicht. Dieses Bild muss durch das Markenimage aus Außensicht ergänzt werden.

3.3.2.3 Die Analyse des Marken-Image (externer Markenstatus)

Mit der externen Markenidentität, d. h. mit dem Brand Image, sind alle Vorstellungen und inneren Bewertungen der Marke aus dem Blickwinkel von Außenstehenden, also von Kunden, potenziellen Kunden, der Fachpresse, der allgemeinen Öffentlichkeit, der Zulieferer gemeint (das Bojenmodell).

> Unter dem externen Marken-Image versteht man die Gesamtheit der aktuellen und inneren Vorstellungsbilder von Menschen über die Marke (Brand Imagery) und alle bewussten und unbewussten Bewertungen zur Marke (das Markenguthaben oder Brand Credit) von externen (Zielgruppen) eines Unternehmens.

6. Schritt: Die Wirkung und das Vorstellungsbild der Marke können nach außen mittels einer *Marken-Image-Analyse* erhoben werden. Das Markenimage ist die Ganzheit von Markenbildbeurteilungen und Markenguthabenbeurteilungen. Zum Vorgehen vergleiche auch Abschnitt 2.4.7 „Das Marken-Image". Die zu erhebenden Items einer Image-Analyse können in Frageform formuliert werden, wie z. B.: „Welche Marken aus der Branche XY sind Ihnen bekannt?" (Aktive Bekanntheit, Relevant Set); „Was fällt Ihnen alles zu der Marke Z ein (Markeniconografie, evtl. Tonalität, Benefits, Reason Whys)?"; „Wie klar, attraktiv, dynamisch ist Ihr Vorstellungsbild der Marke Z?"; „Wie glaubwürdig, sympathisch, vertrauenswürdig ist Ihrer Meinung nach die Marke Z?"; „Welche Gesamtnote würden Sie der Marke Z geben?" usw. Die Ausprägungen der Antworten können z. B. auf einer fünfstelligen Ratingskala erhoben werden (An den Endpolen der Skala würden folgende Ausprägung stehen: „sehr gute Note" 1 – 2 – 3 – 4 – 5 „wenig gute Note" oder „stimme voll zu – stimme nicht zu").

Die Statuserhebung des Markenimage kann man auch mittels eines so genannten „konsumentenorientierten Marken-Ist-Steuerrades" erheben. Dieses wurde ausführlich erläutert in Kapitel 2.4.8 „Das Markensteuerungsmodell".

3.3.3 Der Status der übrigen Erfolgsperspektiven

Neben der Ist-Identität der Marke, dem Status, den man für die Marke erhebt, interessieren bei der Analyse einer Markenkonzeption weitere Perspektiven, die unmittelbar oder mittelbar auf die Marke und ihren Erfolg einwirken. Diese sind zunächst das Unternehmen und seine Mitarbeiter aber auch *externe* Perspektiven, wie die Kunden, der Markt, Handel, Lieferanten und Wettbewerber sowie auch die Umfeldaspekte.

		Marke	Unternehmen	Kunde/Markt	Handel/Lieferant	Wettbewerb	Umfeld
		A	B	C	D	E	F
Status	1						
Bewertung	2						

Tabelle 3.7: Konzeptionsschema

Zusätzlich zur Unternehmensanalyse sind die *Zielgruppenanalyse,* die *Analyse des Handels* und der relevanten *Lieferanten/Dienstleister/Agenturen* sowie die *Wettbewerbsanalyse* und die Umfeldanalyse bei der Situationsanalyse von Bedeutung. Diese sollen hier nicht im Einzelnen beschrieben werden. Für Interessierte ist eine detaillierte Darstellung des Status der übrigen Erfolgsperspektiven im Lehrbuch BrandScoreCard (Linxweiler, 2001) aufgeführt.

3.3.4 Bewertung der Situationsanalyse

Wenn der Status für alle Perspektiven und Erfolgsfaktoren rund um die Marke und ihre relevanten Perspektiven abgeschlossen ist, folgt die *Bewertung* der Situationsanalyse. Dieses Assessment wird für alle Aspekte der Marke und deren relevante Perspektiven, einschließlich der Perspektiven Unternehmen, Kunden, Zielgruppen, Handel, Wettbewerb, Lieferanten und Umfeld durchgeführt. In der Bewertungsphase kommen u. a. die klassischen Analyse- und Bewertungs-Verfahren zum Einsatz. Diese sind z. B.:

Markenkern-/-image-/-positionierungsanalyse

Markensteuerrad

SWOT-Analyse

Portfolio-Analyse (PIMS, BCG, McKinsey)

Erfahrungskurvenanalyse

Wettbewerbsdynamikanalyse

GAP-Analyse

PEST-Analyse etc.

Die Bewertungsphase ist die direkte Vorstufe zur Zielformulierung und geht mit dieser oft zeitgleich einher. Anhand der bewerteten Analyse kann man sodann einschätzen, welchen Erfolgsfaktoren der Marke selbst (*Marken-Objektanalyse*) ein besonderer Wert beigemessen werden soll und wie hoch die finanziellen Mittel (*Marken-Finanzanalyse*) in etwa sein müssen, um realistische Ziele und Maßnahmen festzulegen (vgl. Huth/Pflaum, 2001, S. 87 ff.). Weitere Bewertungsansätze, die zur Entscheidungsfindung und zur Zielformulierung beitragen, sind Markenlebenszyklusanalysen, Portfolio-Analysen, *Potenzialanalysen, Ressourcenanalysen* oder Stärke-Schwäche- und Chancen-Risiken-Analysen für die Marke (SWOT, vgl. Becker, 2001, S.398 ff.).

Ein Beispiel für eine **SWOT-Analyse** soll die Bewertung verdeutlichen:

Merkmale	A. Wichtigkeit für die Marke 1–6 (unwichtig – wichtig)	B. Ausprägung gegenüber den größten Konkurrenzmarken (–3 bis +3)	Gesamtpunkte = (A × B)
Markenbild	4	2	8
Markenguthaben	3	–3	–9
Qualität der Marke	6	–2	–12
Ertragslage der Marke	5	1	5

Tabelle 3.8: Beispiel für die Bewertung der Analysedaten (Stärke-Schwäche-Analyse)

Jede einzelne Bewertung aus dem oben dargestellten Beispiel kann, für sich alleine betrachtet, entsprechende Änderungs- oder Verbesserungsmaßnahmen auslösen. Im obigen Beispiel können die Merkmale sowohl auf die kommunikativen Faktoren, wie *Markenbild* (Klarheit, Dynamik, Werbedruck, Bekanntheit) und *Markenguthaben*, Loyalität, Vertrauen, Sympathie, als auch auf Faktoren wie objektive Markenqualität, oder auch finanziell-ergebnisbezogener Art, wie Kosten- oder Ertragslage der Marke, untersucht und bewertet werden.

Sie können in ihrer Auswirkung daneben bezüglich des Unternehmens und der übrigen Perspektiven betrachtet und auf ihre wechselseitigen Einflüsse analysiert werden. Es ist ersichtlich, dass in jeder der drei Betrachtungen eine andere Zielformulierung getroffen werden kann. Bei Entscheidungsunsicherheit hilft man sich mit zusätzlichen Daten, wie *Umfelddaten, Prognosen* oder *Zukunftsprojektionen* und wendet ggf. zur Entscheidungs- und Zielfindung spezielle stochastische Entscheidungsmodelle an. Stärke-Schwäche-Analyse und Chancen-Risiken-Analyse können wie nachfolgend erläutert in einer *SWOT-Analyse* (*S*trenghts-*W*eaknesses-*O*pportunities-*T*hreats) einander gegenübergestellt werden und dann zu differenzierten Strategien führen.

3.3.4.1 SWOT-Analyse

Die SWOT-Analyse ist ein Bewertungs-Ansatz, der darauf gerichtet ist, konkrete Entscheidungsvoraussetzungen für eine fundierte Zielplanung zu schaffen (vgl. Becker, 2001, S. 104 f. ; Wilson/Gilligan, 1997, S. 50 ff.). Die Bezeichnung „SWOT-Analyse" steht für die Abkürzungen: S = Strengths (Stärken), W = Weaknesses (Schwächen), die nach herkömmlicher Lesart als unternehmensinterne Komponenten interpretiert werden. Die Abkürzungen O = Opportunities (Chancen) und T = Threats (Risiken) werden nach herkömmlichem Verständnis als unternehmensexterne Komponenten bzw. Erfolgsfaktoren bezeichnet. Hier soll die SWOT-Analyse breiter betrachtet werden. Die Begriffe werden auch in einem anderen als dem bisherigen Zusammenhang erläutert, wie noch gezeigt werden soll.

Im Mittelpunkt der SWOT-Analyse-Phase steht die *Bewertung* der Erfolgsfaktoren für die Marke. Die wichtigsten Bewertungsansätze (Wichtigkeit der Faktoren und Ausprägung der Faktoren) sind bereits erläutert worden. In diesem Kapitel werden diese einer Punktbewertungsmatrix (Scoring-Verfahren) zugeführt und Prioritäten der Bearbeitung festgelegt. Des Weiteren werden die *Bewertungen für die Zukunft* eingeschätzt (Auswirkungen auf Chancen und Risiken) und erneut einem Ranking unterzogen. Hier soll, wie erwähnt, die Bewertung mittels einer *modifizierten SWOT-Analyse* dargestellt werden, welche nicht nur in unternehmensinterne und unternehmensexterne vorhandene Faktoren unterscheidet, sondern auch in Vergangenheits-/Gegenwartswerte und in Zukunftswerte. Diese modifizierte Version stellt somit neben der Frage: „Wo stehen wir heute?" auch die Frage nach den künftigen Chancen und Gefahren, d. h.: „Wo könnten wir künftig stehen?".

Die SWOT-Analyse bezieht auch „unerkannte" potenziellen Erfolgsfaktoren ein, welche bei der Impact-Analyse für die Marke vielleicht (noch) nicht als wichtig erkannt worden

3.3 Analyse-Phase des Marken-Design   169

sind und daher nicht berücksichtigt wurden. Damit wird eine Schwäche der bisherigen SWOT-Vorgehensweise behoben, die nur solche Vergangenheits- oder Gegenwarts-Faktoren berücksichtigt, die tatsächlich im Unternehmen vorhanden sind. Bei einer SWOT-Analyse oder einem SWOT-Check (vgl. auch Horváth & Partner (Hrsg.), 2000, S. 76.) werden die Bewertungen z. B. über ein gewichtetes Scoring-Modell vorgenommen.

Erster Schritt: Zunächst werden die relevanten aktiven, passiven und kritischen Faktoren mit den summierten Scores aus der Cross-Impact-Tabelle als Gewichtung **(W)** in die SWOT-Tabelle übernommen.

SWOT-Analyse	Unternehmens-Intern					Unternehmens-Extern				
Ver-gangen-heit/ Gegen-wart = **S**trengths (Stärken) (+) **W**eakness (Schwä-chen) (–)	Marke					Kunden/ Markt	Handel-/Lief. Wettbewerb		Umfeld (PEST)	
	Merk-male	Wich-tung	Auspra-gung	WxA	Prio-rität	Merk-male	Wich-tung	Auspra-gung	WxA	Prio-rität
	Moti-vation	9	–1	–9	2	Rohstoff	5	–1	–5	3
	Termin-Treue	6	1	6	3	Kooper.	6	–3	–18	1
	Qualität	16	–2	–32	1	Zufriedht.	10	1	10	4
	Klarheit	10	2	20	5	Loyalität	8	–1	–8	2
	Bekannt-heit	6	1	6	3	Akzeptanz	11	1	11	5
Zukunft = **O**ppor-tunities (Chancen) (+) **T**hreats (Risiken) (–)	Marke					Kunden/ Markt	Handel-/ Lief. Wett-bewerb		Umfeld	
	M	W	A	Entw.	WxAxE	Pr.	M	W	A	E	WxAxE	Pr.
	Mot.	9	–1	1,4	–12,6	2	Rohstoff	5	–1	1,2	–6	3
	Term.	6	1	1	6	3	Kooper.	6	–3	1,2	–21,6	1
	Qualität	16	–2	0,5	–16	1	Zufriedht.	10	1	1	10	4
	Klarheit	10	2	1,5	30	5	Loyalität	8	–1	2	–16	2
	Bekannt-heit	6	1	2	12	4	Akzeptanz	11	1	1,5	16,5	5

Tabelle 3.9: SWOT-Tableau (Anmerkung: Entw. (E) = künftige Entwicklung des Wertes (von –x bis 0 bis +x))

Zweiter Schritt: Anschließend werden die aktuellen Stärken und Schwächen der relevanten Bereiche und Faktoren über ein Polaritätenprofil mit Benchmarks erfasst. Basis für die Ausprägungen im Polaritätenprofil bilden Expertenaussagen von Mitarbeitern und von Externen, wie unabhängigen Beratern oder Kunden, welche die Marke und den relevanten Markt gut kennen. Sie geben an, um wie viel besser oder schlechter beispielsweise die Produktqualität, der Service, die Werbung etc. im Vergleich zum wichtigsten Wettbewerber ausgeprägt sind. Eine Ausprägung eines Faktors, welche besser als die Wettbewerbsleistung ist, wird mit einem Plus (+) gekennzeichnet, dementsprechend erhalten die schlechteren Werte ein Minus (−).

Dritter Schritt: Die *Gewichtungen* (W) werden mit den jeweiligen Ausprägungen (A) der Faktoren multipliziert. Das Ergebnis ist ein Indikator für die gewichtete Stärke oder Schwäche des jeweiligen Faktors. In der Zukunftsbetrachtung (Opportunities/Threats) werden diese Indikatoren (W×A) zusätzlich mit einem *Entwicklungsindex (E)* multipliziert, der die künftige Bedeutung des Faktors und damit die Chancen oder die Risiken für den Faktor in der Zukunft angibt. Dieser Faktor kann zwischen einem negativen Multiplikator (−x) (d. h. für die Zukunft extrem riskant), und 0 (d. h. für die Zukunft völlig unbedeutend) sowie einem beliebig hohen Multiplikator liegen (+x) (d. h. für die Zukunft extrem wichtig).

Die Zahlen der SWOT-Tabelle (S. 169) sind teils aus der CEC-Analyse übernommen (Gewichtung = W), teils sind sie als Beispiel für Stärke-Schwächen-Ausprägungen eingefügt (z. B. für A = Ausprägung, Pr. = Priorität, M = Merkmale, E = Entw. = Entwicklung).

Beispiel für die Matrix (S. 169): Ein hoher Minus-Wert eines Faktors im Feld „W×A" kommt durch die Multiplikation der Gewichtung (W) mit dem Faktor Ausprägung (Stärke oder Schwäche) zustande und weist auf eine große Schwäche hin. Einem solchen Faktor kann beispielsweise aufgrund der Dringlichkeit einer Verbesserung eine hohe Bearbeitungs-Priorität (Pr.) zugewiesen werden. Ein hoher Plus-Wert weist indes auf eine Stärke hin, die entsprechend in der Priorität (bei beschränkten internen Kapazitäten) weniger dringlich sein mag.

In der SWOT-Tabelle können auch Faktoren stehen, die sich laut Expertenmeinung als wichtige Treiber erwiesen haben, jedoch bisher vom Management noch nicht berücksichtigt worden sind. Diese können folglich auch keine Ausprägungs-Werte (A) aufweisen. Sie stehen im Feld für die künftigen Chancen-Risiken und können mit einem hohen Minus-Wert versehen werden, um auf die besondere Dringlichkeit ihrer Berücksichtigung hinzuweisen. Der SWOT-Check hat die bisherigen qualitativen Erfolgsfaktoren durch nummerische Bewertung in quantitative Erfolgsfaktoren, d. h. in Kennzahlen, umgewandelt und diese dadurch mit einem Standard (z. B. Konkurrenz-Kennzahlen, absolute Ausprägungen) vergleichbar gemacht.

Auswertung und Konsequenzen aus der SWOT-Analyse: In der untenstehenden Matrix-Kombination Chancen/Stärken (Absicherungsfeld) sollte strategisch darauf hingezielt werden, die Position gegenüber etwaigen Wettbewerbern mittels innovatorischen und/oder kostensenkenden Maßnahmen auszubauen und abzusichern. Im Falle eines Markteintrittsversuches sollten sofortige geeignete Maßnahmen (z. B. totale Marktabdeckung, markteintrittsverhindernde Preise etc.) ergriffen werden.

Kennzahlen der Erfolgsfaktoren	**Künftige Chancen** (Faktor gewinnt an Bedeutung) „O" (E: ≥ 1)	**Künftige Risiken** (Faktor verliert an Bedeutung) „T" (E ≤ 1 oder neg.)
Gegenwärtige Stärken der internen/externen Erfolgsfaktoren „S" (W×A (+))	Stärke halten und ausbauen	Faktoren in andere Marken/ Innovationen umschichten
Gegenwärtige Schwächen interner/externer Faktoren oder neue Potenziale „W" (W×A (–))	Faktoren stark verbessern und neue Potenziale erkennen und innovativ einsetzen	Aussteigen und neu strukturieren

Tabelle 3.10: Strategische Alternativen für Erfolgsfaktoren bei bestehenden Marken

Die Kombination Risiken/Schwächen weist darauf hin, dass sowohl gegenüber etwaigen Wettbewerbern als auch im Markt so erhebliche Defizite bestehen, dass im Zweifel ein Ausstieg bzw. ein Abbruch von geplanten Marktaktivitäten ratsam ist, sofern die Schwächen und die Risiken nicht zu beheben sind. In den beiden übrigen Kombinationen (Stärke/ Risiko bzw. Schwächen/Chancen) ist abzuwägen, ob die bereits bestehenden Stärken im Markt ein mögliches Risiko gegenüber künftigen Markt- und Konkurrenteneinschätzungen wettmachen können, oder ob hier vor einem weiteren Vorgehen die Risiken durch geeignete Sicherungsmaßnahmen kalkulierbarer gemacht werden können. Das gleiche Vorgehen gilt für die Kombination Chance/Schwächen.

Potenziale als künftige Chancen: Potenziale sind Möglichkeiten und Chancen für die Zukunft, deren Realisationswahrscheinlichkeit mehr oder weniger sicher abgeschätzt werden kann. Im Kontext zur Markenführung können Potenziale sowohl in Erfolgsfaktoren als auch in angestrebten Ergebnissen enthalten sein. So verspricht man sich etwa von einem Mitarbeiter mit Management- und Führungspotenzial, dass er im Unternehmen künftig wesentlich zum Geschäftserfolg beiträgt.

Auch Erfolgsfaktoren, wie Motivation oder Teamfähigkeit, wie Attraktivität und Uniqueness einer Marke können „Zukunftspotenzial" in sich tragen, nämlich dann, wenn sie zunehmend wichtiger werden. Potenziale, gleich welcher Art, müssen von einem verantwortungsvollen Management systematisch aufgedeckt, erkannt und entwickelt werden, um auf ihrer Grundlage Wettbewerbsvorteile zu schaffen. Potenziale oder Chancen können in einer ähnlichen Weise wie Risiken über Früherkennungssysteme (FES) (vgl. Bea/Haas, 1997, S. 269 ff.) identifiziert und bewertet werden.

3.3.4.2 Die Marken-Finanzanalyse

Die *Marken-Finanzanalyse* ist der Ausgangspunkt für die *Budgetbestimmung* des Marken-Design. Budgetpläne für die Finanzierung der Markenführung werden meist für ein Wirtschaftsjahr entweder für eine Marke, eine Produktgruppe/Markenfamilie oder für einen Produktbereich aufgestellt und in verschiedene Teilprojekte zerlegt. Die Aufgaben der *Marken-Finanzanalyse* beziehen sich auf die Bewertung der finanziellen Aufwendungen für die Marke in der Vorperiode sowie auf die Erstellung der *Budgets für die Markenbetreuung* des künftigen Planungszeitraumes.

Sowohl bei der Finanzanalyse der Vorperiode als auch bei der Budgetplanung der Zukunft treten zum Teil erhebliche Bewertungsprobleme auf. Im klassischen Marketing wurden unterschiedliche *Modelle* der Budgetfestlegung diskutiert, die teilweise vergangenheits-, konkurrenz-, oder ertragslagenorientiert sind und die sich an vielen Fakten ausrichten, so z. B. auch an den spezifischen Zielvorgaben für die Marke selbst (Marktanteil, Bekanntheit, Image etc.).

Im Marketingalltag haben sich eine Reihe von Budgetierungsverfahren herausgebildet, die sich an zum Teil recht einfachen Vergleichsdaten orientieren. Die Bezugsgrößen reichen hier vom prozentualen Anteil vom Umsatz, vom Werbeetat, vom Marketingetat, den Gesamtinvestitionen bis zu Vergleichsgrößen, die sich am branchenüblichen Durchschnitt (Share of Brand-Spendings) oder an ähnlichen Daten ausrichten. Diese Bezugsgrößen sind nicht ganz unproblematisch. Die Markenüberlegungen eines Unternehmens sollten sich weder durch das kurzfristige Verhalten seiner Mitbewerber bestimmen lassen, noch von der momentanen wirtschaftlichen Ertragslage des Hauses abhängig sein.

Solche Budgetierungsrichtlinien tragen nicht selten dazu bei, direkte oder indirekte Meetoo-Marken in den Markt zu bringen, weil man glaubt, mit ähnlichen Spendings wie die Konkurrenz das geringste Risiko einzugehen. Empfehlenswert wäre es, den Gestaltungs-Etat für eine Marke auf der Basis der zu lösenden Kommunikationsprobleme bei den Zielgruppen zu planen, die sich aus den Situationsbewertungen und den daraus resultierenden Zielrichtlinien für die Zukunft ergeben. Weiterhin können als Basis auch Vergangenheitswerte über die Marken-Aktionen der letzten Jahre in eine solche Planung eingehen. Damit kommt die Kontinuitätsorientierung der Markenführung zum Tragen.

3.4 Die Zielformulierungs- und Briefingphase

Ziele sind Planungs- und Orientierungshilfen für ein Unternehmen. Sie sind durchführbare, messbare und erreichbare Vorgaben für die zukunftsgerichteten unternehmerischen Aktivitäten und bilden deren Ergebnismaßstab (vgl. auch Meffert, 2000, S. 81 f. bzw. Nieschlag/Dichtl/Hörschgen, 2002, S. 829 f.). Grundlage für die unternehmerische Zielformulierung der Markengestaltung sind die Situationsanalyse und die Bewertungsphase. Letztere geben an, welche realistischen Rahmenbedingungen den Zielformulierungen zugrunde liegen. *Zielsysteme* für die Markengestaltung können nach verschiedenen Gesichtspunkten formuliert werden. Sie können nach kommunikativen Markenzielen, nach marktanteilsbezogenen, ergebnisbezogenen, funktionalen oder nach *übergeordneten Unternehmenszielsetzungen*, nach *zeitlichen Erwägungen*, nach *instrumentellen Gesichtspunkten* und ebenso nach ihrer *Relevanz für die Zielgruppen* formuliert werden (vgl. zu weiteren Zielsystemen Becker, 2001, S. 12 ff.).

Ein *Briefing* ist ein möglichst genau aber knapp formulierter Auftrag an einen Auftragnehmer (in der Regel eine Agentur), in dem alle relevanten Daten, Rahmenbedingungen und Ziele sowie Budgetvorstellungen niedergelegt sind, um einen Auftrag umfassend zu erledigen.

3.4.1 Zielformulierungsphase

Ziele sind allgemein immer so zu formulieren, dass sie (vgl. Meffert, 2000, S. 84, Becker, 2001, S. 20 ff.):

1. den Bewertungsmaßstab der Zielerreichung angeben,
2. das erreichbare Endergebnis und ggf. die Zwischenergebnisse definieren,
3. den zeitlichen Horizont mit den Zwischenetappen (Milestones) festlegen,
4. die Verantwortlichen und die Mitarbeiter bestimmen und
5. die Mittel zur Zielerreichung (finanzielle, sachliche, personelle) nennen.

Markenziele können sowohl ökonomischer als auch nicht-ökonomischer Natur sein. Sie sind meist mehr oder weniger eng verbunden mit Kunden- und Marktzielen oder mit Wettbewerbs- oder Umfeldzielen. An dieser Stelle sollen daher typische *ökonomische* wie

Zielinhalte	Ökonomisch	Nicht-ökonomisch
Markenziele	Umsatz, Deckungsbeitrag, Absatz, Preis, gew. Distribution, markenbezogener ROI	Share of voice, Awareness, Klarheit, Attraktivität, Dynamik, Qualität, Service, Markenbild, Design
Kundenziele/Marktziele	Marktanteil, Kundenumsatz, Wiederkaufrate, Index Kaufvolumen	Kundenzufriedenheit steigern, Präferenz erhöhen, Akzeptanz verbessern, Vertrauen schaffen, Loyalität entwickeln, Markenguthaben steigern
Unternehmensziele	ROI, Shareholder Value, Gewinn, Aktienkurs, Marktposition, Kostensenkung	Time to market, Management-Skills, Zufriedenheit der Mitarbeiter, Effizienz-Steigerung
Zulieferer-/Handelsziele	Preisstabilität, verbesserte Konditionen, mehr Listungen	Kooperation verbessern, Rohstoffqualität verbessern, Lieferpünktlichkeit, mehr Handelsaktionen
Wettbewerbsziele	Stopp der Preiskämpfe	Koopetition
Umfeldziele	Erfüllung von Umweltauflagen	Lobbying, verbesserte Öffentlichkeitsarbeit

Tabelle 3.11: Zusammenhang zwischen Ziel, Strategie und Vision

nicht-ökonomische Ziele und ihre Kennzahlen für die Markenziele und die dahinter stehenden übrigen Bereichsziele dargestellt werden.

Visionen sind die allgemeinsten, anspruchsvollsten und zeitlich fernsten Zielvorstellungen. Sie zeigen die Fernziele einer Marke an und lassen sich herunterbrechen in strategische, perspektivische und operative Ziele.

Die klassischen Marken-Ziele, wie Image-Ziele, Umsatz- und Ertrags-Ziele sind somit in ihrer Zeitbezogenheit generell kurzfristiger als die Visionen. Sind die Visionen als Idealvorstellungen auf mindestens eine Dekade angelegt, so sind Marken-Ziele in der Regel kurzfristiger und können in strategische Ziele (langfristige und grundsätzliche Ziele), in Perspektiv-Ziele (mittelfristige Ziele) und in operative Ziele (kurzfristige Maßnahmen- und Ergebnis-Ziele) unterteilt werden. Auf den Etappen zum Langfrist-Ziel oder zur Vision gibt es immer Zwischenziele, die beispielsweise als perspektivische oder als operative Ziele formuliert werden. Der Weg zum Ziel wird durch eine Strategie-Formulierung vorgegeben. Das ist der generelle Weg oder die Route, wie man ein Ziel zu erreichen gedenkt. Der Zusammenhang zwischen Visionen, Zielen, Erfolgsfaktoren und Strategien lässt sich, bildlich übertragen, wie folgt veranschaulichen:

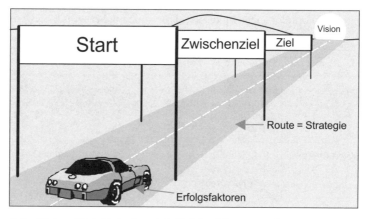

Abbildung 3.6: Vision, Ziel, Zwischenziel, Erfolgsfaktoren und Strategie

Die oben beschriebenen Ziele sind meist aus der SWOT-Analyse abgeleitete „Verbesserungsziele" oder Anpassungsziele. Hier geht es etwa um ein besseres Image der Marke, um einen höheren Umsatz der Marke oder um eine verbesserte Kundenbindung.

Die Ziele des Marken-Design, ob bestehend oder neu, sind häufig *Kommunikationsziele*. Kommunikationsziele bedeuten: Vermittlung von bestimmten Informationen bei den Zielgruppen und mittel- bis langfristig eine gezielte Erreichung von gewünschten Einstellungen, Meinungen, Verständnis und Vertrauen sowie von klaren Vorstellungen über die Marke. Der Rückgriff auf qualitative kommunikative Ziele beruht auf der Hypothese, dass es einen engen Zusammenhang zwischen positivem Markenimage und langfristigem Markenerfolg gibt.

3.4 Die Zielformulierungs- und Briefingphase

Allerdings ist ein solch eindeutiger Zusammenhang in der unternehmerischen Praxis aufgrund des vielfältigen Zusammenwirkens der anderen Unternehmensaktivitäten nicht klar nachzuweisen (vgl. auch Becker, 2001, S. 84 f.). Bezogen auf den Brand Identity-Prozess ist damit die Vermittlung eines positiven Brand Image verbunden, das zunächst nur über den Markenauftritt, d. h. über die Vermittlung einer möglichst attraktiven Brand Culture, bestehend aus Brand Design und dem Brand Behavior, geschehen kann.

Ein Beispiel aus der Image- bzw. Bojenanalyse soll dies verdeutlichen. Im nachstehenden Beispiel hat die Analyse des Markenbildes und -guthabens sowohl Stärken als auch Schwächen gegenüber dem Branchendurchschnitt ergeben, die behoben, bzw. ausgebaut, also an die künftigen Erfordernisse angepasst werden sollen. Die gestrichelten Balken sind Soll- oder Zielvorgaben, welche Werte die jeweiligen Erfolgsfaktoren in einem definierten Zeithorizont erreichen sollen.

Kommunikative Marken-Ziele (Markenbildziele) beziehen sich auf die Entwicklung von Markenguthaben. Sie leiten sich aus dem Erreichen der *Markenguthabenziele* ab, indem mittels der Markenbildfaktoren (Prägnanz, Leistung, Relevanz, Tonalität, Passung und

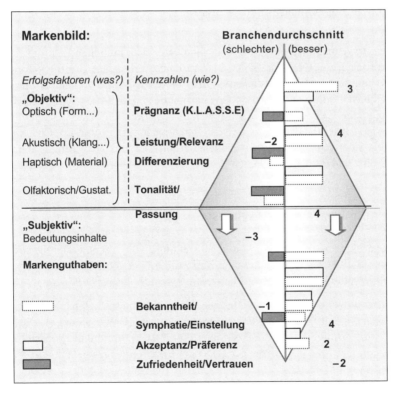

Abbildung 3.7: Bojen- oder Imageanalyse der Marke und Bewertungen an einem „Reference Score" mit Zielvorgaben

Differenzierung) Markenguthaben aufgebaut wird, wie Bekanntheit, Akzeptanz, Präferenz, Vertrauen und insbesondere Loyalität gegenüber der Marke. Damit sind Markenguthabenziele eigentlich Kunden-Ziele oder kundenbezogene Ziele. Diesen Marken-Zielen werden alle anderen nachgeordnet in dem Sinne, dass jene den Markenzielen „zuarbeiten". Diese nachgeordneten oder Sekundärziele sind z. B. interne Ziele, Handels-, Lieferanten-, Wettbewerbs- und Umfeldziele.

3.4.2 Die Briefing- und Positionierungsphase

Der Zielformulierungsphase schließt sich die *Briefing- und Positionierungsphase* an. Auf letztere ist in Abschnitt 2.4.3.2 „Markenpositionierung" ausführlich eingegangen worden. Die *Briefingphase* ist die Phase der Zielpräzisierung in Form einer konkreten, in aller Regel schriftlichen und kurzen Aufgabenbeschreibung. Ein Briefing ist, allgemein formuliert, die Beschreibung eines Auftrages an interne Stellen oder an eine Werbe- oder Design-Agentur (vgl. Mühlbacher, 1994, S. 133). Im Briefing sind alle für die Entwicklung einer gestalterischen Markenkonzeption relevanten Fakten und Unterlagen zusammengetragen. Es enthält wesentliche Informationen zur Situationsanalyse, zur Bewertung sowie zu den Zielen der Markengestaltung (s. Tabelle 3.12).

Das Briefing muss präzise und unmissverständlich formuliert sein und sollte immer mit der zu beauftragenden Stelle/Agentur/Consultant etc. auch mündlich besprochen werden, um die Ausgangslage für beide Seiten klar zu machen. Unklare Briefinganforderungen sind z. B.: „ein tolles Image erreichen", „Eine moderne Marke verkaufen", jung, dynamisch, Zeitgeist, traditionell etc. Die folgende Tabelle zeigt ein Beispiel für eine Briefingcheckliste, mittels derer man alle wesentlichen Informationen für eine Gestaltungsaufgabe auf ihr Vorhandensein und auf ihre Vollständigkeit nachprüfen kann. Die Checkliste dient daneben als Kontrollblatt zur Aufgabendelegierung und zur Überprüfung aller wesentlichen Termine und der veranschlagten Kosten.

3.5 Die kommunikative Markenstrategie

Auf die Briefingphase, d. h. auf die Aufgabenstellung an die Agentur oder die zuständigen hauseigenen Stellen, folgt zunächst eine Konzeption über die Inhalte der Aufgabenumsetzung. Das ist die kommunikative Markenstrategie oder *Brand Strategy*.

Die Markenkernwerte (Core Values) und die Positionierung (spezifische Leistungen) bilden die *Grundlage* der kommunikativen *Markenstrategie* (Brand Strategy). Die Bestandteile der Markenstrategie sind die Positionierung und die Kommunikationsstrategie. Die *Positionierung* der Marke wird auf der Basis der Core Values festgelegt. Auf dieser baut die *Kommunikationsstrategie* mit den folgenden Bestandteilen auf: die *Copy Strategy* („Was bieten wir?", d. h. Benefits und Reason Whys; „Wie sind wir?", d. h. Tonalität), die *Kommunikationsmittelstrategie* (vergleichbar mit der Werbemittelstrategie) und die *Mediastrategie*. Die Markenstrategie bestimmt den generellen Rahmen für ihre Umsetzung in die

Briefinginhalte	Beschreibung	Verantwortlich	Termine Soll	Ist	Kosten Soll	Ist	o.k.
A. Formulierung der Aufgabenstellung (Wer, Was, Wann, Warum, Wo etc.)							
B. Interner Markenstatus (Leitlinien, Philosophy etc.)							
C. Externe Brand Image-Analyse							
D. Externe Situationsanalyse: Markt-, Zielgruppenanalyse, Wettbewerbsanalyse etc.							
E. Bewertung der Situationsanalyse: Objektanalyse, Finanzanalyse, Potenzial-, Ressourcen-, Stärke-Schwächen-Analyse, Chancen-Risiken-Analyse							

F. Ziele d. Markengestaltung, wie:
• Strategische Ziele
  – Core Values
  – Brand Philosophy
  – Positionierungsziele
  – Brand Image etc.
• Operative Ziele
  – Teilziele zu strategischen Zielen							

G. Formulierung des Aktionszeitraumes, des Aktionsgebiets und des Etatrahmens							
H. Formulierung sonstiger Eckdaten: – Dauer Strategie- und Gestaltungsphase – Pretests, Produktion – Einsatz und ggf. Posttests etc.							

Tabelle 3.12: Beispiel für eine Briefingcheckliste des Marken-Design

Objektebene (Brand Design) und in die Verhaltensebene (Brand Behavior), sowie die Kommunikation nach innen und nach außen. Basierend auf der inhaltlichen Strategie werden die Vorstellungen gestalterisch umgesetzt. Diese Umsetzung erfolgt in mehreren Stufen. Sie beginnt bei Rohskizzen, so genannten „Scribbles" oder „Roughs", und endet bei den fertigen Reinzeichnungen, der Verpackungs- oder Produktgestaltung oder dem Video.

178 3 Die Konzeption des Marken-Design

Zunächst aber zu den Stufen der *kommunikativen Marken-Strategie*: Die Markenstrategie beschreibt inhaltlich die Wege und die Instrumente, d. h. die Struktur, wie die Zielvorgaben kommunikativ im Einzelnen umgesetzt werden können. Die Marken-Strategie unterteilt sich in folgende Einzelstrategien:

> a) **Positionierungs- und Zielgruppenstrategie**
> b) **Marken-Copy-Strategy**
> c) **Gestaltungsmittel-Strategie**
> d) **Media-Strategie**

Die *a) Positionierungsstrategie* legt fest, welche zentralen Leistungen und spezifischen Markenpositionen dem Konsumenten vermittelt werden sollen. Die *Zielgruppen- oder Segmentierungsstrategie* bestimmt, an welche Konsumenten die Positionierung gerichtet ist. Des Weiteren ist in der Zielgruppenstrategie möglichst genau angegeben, durch welche geografischen, soziodemografischen, sowie psychografischen und verhaltensbezogenen Merkmale die jeweiligen Zielgruppen gekennzeichnet sind. Die oben beschriebenen vier Strategien bilden das so genannte „Steuerrad" der Marken-Strategie, das wie folgt dargestellt werden kann (vgl. Linxweiler, 1997a, S. 28 sowie Andresen/Nickel, 2001, S. 600):

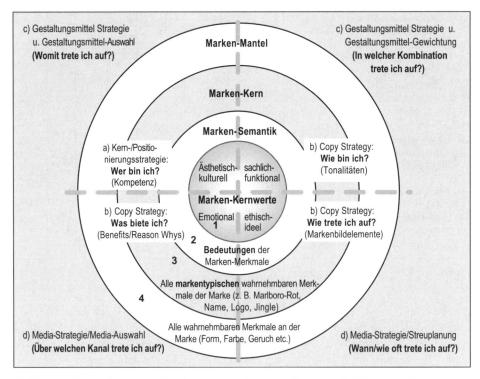

Abbildung 3.8: Schema des Markensteuerrades (hier Experten-Ist-Steuerrad) (in Anlehnung an Andresen/Nickel, 2001, S. 600)

Mit dem Steuerungsinstrument der Markenstrategie bestimmt man den „Kurs" der Marke. Im Zentrum der Markensteuerung steht die a) *Markenkern-Strategy* mit den Kernwerten und der Positionierung der Marke (Wer bin ich?). Hierauf baut die gesamte Markenidentität (Brand Identity), d. h. ihre Persönlichkeit, auf. Die potenziellen Kunden werden in der Zielgruppenplanung selektiert und bestimmt (An wen wende ich mich?). Auf der Basis der Zielgruppenanalyse (Marktsegmentierung, Verbraucheranalyse, Typologie der Wünsche etc.) werden für die spezifische Aufgabenstellung die Adressaten genau festgelegt, sofern sich dies detailliert planen lässt. Die *b) Copy Strategy* legt die inhaltlichen Punkte der Markenstrategie fest. In der *c) Gestaltungsmittel-Strategie* sind die kreativen Vorschläge zur Umsetzung zu finden, die als Kommunikation über die Marke und über ihre direkte und indirekte Kommunikation (Werbung) an die Zielgruppen gehen. Die Festlegung sowie die Selektion der genauen Schaltungen geschieht über die d) *Media-Strategie*. Das ist die Mediaauswahl und die Streuplanung. Nun zu den Bestandteilen der Markenstrategie. Die Ermittlung und Gestaltung der Markenkernwerte sowie die Positionierung wurden bereits dargestellt, sodass im Folgenden direkt auf die Marken-Copy Strategy eingegangen wird.

3.5.1 Die Marken-Copy-Strategy

In der Darstellung der Markenkernwerte ist erläutert worden, dass bei deren Betrachtung eine Einteilung in affektive und in kognitive Ausprägungen (linkes und rechtes Feld) vorgenommen werden kann. Aus dieser Einteilung heraus lassen sich die Komponenten der Copy Strategy zuordnen. Die oben (Abb. 3.8) dargestellte (erweiterte) *Copy Strategy* umfasst sowohl die bildliche Beschreibung des Markenauftritts (Iconografie/Markenbild) als auch die verbale Beschreibung der werblichen/kommunikativen Umsetzung der Kommunikationsstrategie und besteht aus den *Consumer Benefits* = „Was bieten wir?", den *Reason Whys* = meist kognitive Begründung der Benefits sowie der meist affektiven *Tonalität* = „Wie sind wir?".

Als *Consumers Benefits* werden nicht nur die sachlichen Nutzen angesehen, sondern auch die emotionalen, ästhetischen und ethischen Nutzen der Markenleistungen. Diese Betrachtung geht über die übliche Unterteilung in die sachlichen Benefits (USP = Unique selling proposition) und in die emotionalen/werblichen Benefits (UAP = Unique advertising proposition) hinaus und bezieht auch die ästhetisch-kulturellen und die ethisch-ideellen Benefits in der Darstellung der Markenbildelemente mit ein.

> *Beispiel:* Ein sachlich-funktionaler Benefit kann z. B. sowohl durch die *bildliche Darstellung* eines starken Menschen (in der Markeniconografie) kommuniziert werden (Mr. Proper), um Stärke und Reinigungskraft zu dokumentieren. Sie kann auch durch eine sprachliche (schriftliche) Nutzendarstellung der Marke (Warsteiner – „Das einzig Wahre"; Persil Megaperls – „Beste Persil Reinheit mit Colorschutz"; „Das beste Persil Color aller Zeiten") vermittelt werden. Der entsprechende *Reason Why* würde sich bei Persil Megaperls wie folgt darstellen: Neue Waschmittel-Technologie, Spezieller Colorschutz XY für frische Farben, Hochergiebig – durch sparsamen Dosierspender etc.

Daneben beinhaltet die Copy Strategy die *affektive* Seite der Markeninformationen, die den emotionalen Charakter der Marke prägt: Das ist die *Tonalität*, repräsentiert durch die Fragestellung: „Wie bin ich?". Der Tonalität eines Markenbildes liegen zunächst die emotionalen und ästhetisch-kulturellen Kernwerte zugrunde, wie z. B. Schönheit, Bildung, Kultur, Glück, Liebe, Prestige. Diese Werte sind in spezifische wahrnehmbare Botschaften (z. B. als Musik, schöne Menschen, Sonnenuntergang, festliche Stimmung, Duft etc.) d. h. in Tonalitäten umgestaltet worden. Die Tonalität kann sowohl sprachlich als auch bildlich in der Copy Strategy repräsentiert werden und zeigt sich auch in der Markeniconografie.

Weitere bildliche *Tonalitäts-Beispiele*: Darstellung von Cowboys am abendlichen Lagerfeuer, das Eintauchen des Klippenspringers in die Brandung, was dem Benefit Frische der Biermarke „Beck's" seine emotionale Tonalität verleiht, oder die Katze, die mit Frauchen schmust. Solche emotionalen Eindrücke werden meist automatisch und mit wenig gedanklicher Reflexion ganzheitlich (rechtshemisphärisch) wahrgenommen.

Die *Tonalität* einer Markenkommunikation kann darüber hinaus an *affektive Bedürfnisse* appellieren (Bedürfnisweckung), wie z. B. Befriedigung von Genuss, Liebe, Schönheit. Hier können die ausgelösten Emotionen bisweilen von den geplanten und dargebotenen Markentonalitäten abweichen. Die wesentliche Frage ist in einem solchen Fall: Wie kann ich eine emotionale Markeninformation so gestalten, dass diese bei den relevanten Zielgruppen zu den gewünschten Emotionen führen? Hier helfen Informationen über die Wirkung von Bildstereotypen weiter, d. h. es müssen Untersuchungen darüber durchgeführt werden, welche Schemata von Bildern welche spezifischen Emotionen auslösen. Nachdem die Benefits sowie die Reason Whys und die Tonalität festgelegt worden sind, kann auf dieser Grundlage mit der Umsetzung der ersten Ideen begonnen werden. Diese Kreativstufe wird auch als die Stufe der *Copy-Technik* bezeichnet. Eine Systematisierung von typischen Copy-Techniken (Schemata) ist in der nachstehenden Tabelle 3.13 dargestellt.

Zu den *sachlich-funktionalen* Copy-Techniken gehören folgende:
Die *„Sicherheits- und Verlässlichkeitstechnik"* appelliert u. a. an das Grundbedürfnis nach Absicherung im Leben. Die Adressaten für diese Technik sind neben den Kernzielgruppen z. B. Investoren, Geschäftspartner, Mitarbeiter. Sicherheit und Verlässlichkeit lassen sich aus funktional-sachlichen Erwägungen heraus ableiten. Das sind die materiell-existenziellen Sicherheitsbedürfnisse heute und in der Zukunft. Die *„Sicherheits- und Verlässlichkeitstechnik"* wird des Weiteren bei Marken und Unternehmen mit hohem subjektiv wahrgenommenen Risikopotenzial (Luftfahrt, Chemische Industrie, Gentechnik, Verkehr, Krisensituationen) angewendet. Das können Statements in Hauptversammlungen sein („Mit uns sicher in die Zukunft!"), Erklärungen gegenüber den Mitarbeitern auf Betriebsversammlungen oder entsprechende Anzeigen, bzw. Spots („Auf diese Steine können Sie bauen!"). Weitere Varianten von „funktional-sachlich" orientierten Copy-Techniken sind die *„Innovations- und Dynamisierungstechnik"* („Vorsprung durch Technik", „Immer einen Schritt voraus") oder die *„Informations- und Kompetenztechnik"* („Ford – besser ankommen", „Ellen Betrix – The Care Company", „Dresdner Bank – Die Beraterbank").

Zu den Copy-Techniken, die auf *ästhetisch-kulturellen Werten* aufbauen, gehören die *„Klassik- und Traditionstechniken"*, die an die Erfahrungen, die allgemeine Akzeptanz

Marken-Copy-Techniken (ausgewählte Beispiele)	Consumer-Benefits (Beispiele)	Reason Whys/Tonalitäten (Beispiele)	Marken/Branchen (Beispiele)
Sachlich-funktionale Copy-Techniken:			
Sicherheits- und Verlässlichkeitstechnik	Sicherheit, Zuverlässigkeit, Schutz	Garantien, Testergebnisse, Härtetest, sachlich, seriös	Versicherungen: „auf diese Steine können Sie bauen"
Innovation und Dynamik-Technik	Auf dem neuesten techn. Stand sein, Innovator sein	Entwicklungsergebnisse, dynamisch, neugierig	Autos, Computer, neue Medien, „Vorsprung durch Technik"
Informations- und Kompetenztechnik	Solide Leistung, Verlässlichkeit, informiert sein, Ehrlichkeit, Transparenz	Testimonials, Slice of Life, Anerkennung, Bestätigung	Banken, Unternehmensberatungen, „Die Beraterbank"
Ästhetisch-kulturelle Copy-Techniken:			
Klassik- und Traditionstechnik	Zeitlosigkeit, Beständigkeit, „Original sein" etc.	Urkunden, Produkt-Design, Understatement, Gediegenheit, Tradition	Bierwerbung, Bauhaus-Design, klass. Mode, Asbach, Weine
Modernitäts- und Avantgardetechnik	„In sein", Innovator sein, mit der Zeit gehen, Meinungsführer sein	Auszeichnungen, Veröffentlichungen, Neuentwicklungen	Haute Couture, Parfums, Design, Kunst, neue Mediennutzung
Kulturtechnik	Gebildet sein, Lebensqualität haben, Kultur haben	Testimonial, Presenter, seriös, gebildet sein	Ethnofood, Reisen, Theater, Kulturen, Kino, Lesen
Emotionale Copy-Techniken:			
Emotionale Technik	Liebe, Erotik, Abenteuer, Freude, Erlebnis, Egoismus	alle Emotionen	Zigaretten, Parfum, Mode, Autos, Reisen, „Freude am Fahren"
Status- und Prestigetechnik	geachtet, respektiert werden, erfolgreich sein	Testimonial, Presenter, Souveränität, Dynamik	Accessoires, Mode, Autos, Schmuck, Uhren
Harmonietechnik	in Harmonie leben, geliebt/gemocht werden, akzeptiert werden, zufrieden sein etc.	Slice of life, Natur, Familie, Side by side	Wasch-, Reinigungsmittel, Kaffee, Sheba, Jack Daniel's-Whiskey

Tabelle 3.13: Copy-Techniken in der Markengestaltung (Fortsetzung s. S. 182)

Marken-Copy-Techniken (ausgewählte Beispiele)	Consumer-Benefits (Beispiele)	Reason Whys/Tonalitäten (Beispiele)	Marken/Branchen (Beispiele)
Ethisch-ideelle Copy-Techniken:			
Normentechnik (Sitte und Moral)	Vorbild/tadellos sein, aus Konventionen ausbrechen	Testimonials, Slice of life	Rundfunkgebühren
Selbstverwirklichungstechnik	seine Möglichkeiten und Grenzen kennen lernen	Testimonials, Ego	Zigaretten, Sportartikel „Find your limits"
Verantwortungs-/ Glaubwürdigkeitstechnik	Weitsicht, Vorbildlichkeit, Verantwortung übernehmen	Beurkundung, Testimonial, Zertifikate, Menschlichkeit	Umweltbereich, Ehrenämter
Glaubens- und Visionstechnik	Sinnfindung, Zukunftsentwürfe, Visionär sein	Testimonials, Vision, Optimismus	neue Technologien, Parteienwerbung etc.

Tabelle 3.13 (Fortsetzung)

und die Kontinuität, sowie etwaige Bestandteile ästhetisch-kulturell ausgerichteter Marken- oder Firmenphilosophien anknüpfen. Viele Brauereien nutzen beispielsweise die „Traditionstechnik" in ihrem Unternehmensauftritt („Brautradition seit 1599", „gebraut nach dem Deutschen Reinheitsgebot von 1516" etc.). Aber auch Unternehmen der Konsumgüterindustrie und der Investitionsgüterindustrie stützen einen Teil ihrer Kompetenzen auf diese Techniken (z. B. Maggi, Nestlé, Merck etc.). *„Modernitäts- und Avantgardetechniken"* sind besonders bei jungen Industriezweigen anzutreffen, wie in der Computerbranche, dem Privatfernsehen, der Sport- und Freizeitindustrie, der Gentechnik, dem Design und in der Kunst.

Zur *Kulturtechnik* sind insbesondere folgende Werte, Bedürfnisse, Leistungen und deren Benefits zu zählen: gebildet sein, Lebensqualität erleben, Kultur erleben, Kultiviertheit ausstrahlen etc. Zur Vermittlung von entsprechenden Benefits und Proofs werden Techniken wie die Testimonialtechnik, Präsentertechnik etc. herangezogen.

Beispiele: Ethnofood (China, Mexico, afrikanisch), Mode mit kulturellen Anklängen (orientalisch, japanisch, südamerikanisch etc.), Uhren (da Vinci, Spirit of St. Louis, Lange Uhren etc.), Reisen in fremde Kulturen, Antiquitäten, klassische Musik, Jazz, Klassische Literatur, Wohnungseinrichtungen.

Die *emotional* orientierten Copy-Techniken begleiten mehr oder weniger intensiv alle anderen Copy-Techniken als emotionale Grundstimmungen oder Tonalitäten. Sie können genauso gut selbständig für sich auftreten wie die *emotionale Technik,* und sind in der

Lage, Emotionen, wie Erlebnis, Selbstbewusstsein, Glücklichsein etc. zu vermitteln (z. B. „Aus Freude am Fahren", „Die Erlebnisreisegesellschaft"). Die emotionalen Copy-Techniken benötigen in der Regel keinen „Reason Why", da sie als Emotionen häufig keinen Begründungszusammenhang haben. Eine weitere Ausprägung der emotionalen Techniken ist die *Status- und Prestigetechnik*, die das Bedürfnis nach sozialer Rollendefinition und Einordnung aufnimmt. Hier geht es darum, mittels Marken den eigenen Status innerhalb der unterschiedlichen Bezugsgruppen, mit denen man interagiert, besser zu definieren. Bedürfnisse, die hieraus erwachsen, sind: geachtet und respektiert werden, einen festen (evtl. möglichst hohen) Status in der Gruppe einnehmen, soziale Integration, erfolgreich sein etc. Mit sozial auffälligen Produkten/Marken, wie Accessoires, Mode, Kleidung, Zigaretten, Autos, Schmuck, Uhren, Wohnungseinrichtungen lassen sich diese Bedürfnisse nach Demonstration des sozialen Status befriedigen.

Die *Harmonietechnik* als emotionale Marken-Copy-Technik geht von den Bedürfnissen vornehmlich älterer Menschen der unteren bis mittleren Bildungsschichten nach Ruhe, Harmonie, Konfliktfreiheit, Frieden aus und setzt diese mittels entsprechender Markengestaltung um. Ein Beispiel für den Appell an das Harmoniebedürfnis ist der Wunsch nach der heilen Welt, in der es keine Sorgen und Nöte, Ängste und Gewalt gibt. Produkte wie Kaffee, Frühstücksprodukte, Regionalrundfunksendungen, Heimat- und Tierfilme, Volksmusik mögen hierfür stehen. Ein anderes Harmoniebedürfnis ist emotionale Nähe und Zuwendung. An dieses Bedürfnis wird besonders bei Tiernahrung, z. B. „Sheba" für Katzen oder „Belohnungshäppchen" für kleine Hunde appelliert. Der Markt für Heimtiernahrung, besonders für die höherpreisigen Produkte, ist in den letzten Jahren bedeutender geworden: Abbildungen von schmusenden Katzen oder von den kleinen cleveren Hunde-Freunden fürs Leben, die den Frauchen oder Herrchen ein seliges Lächeln entlocken, dominieren die Tonalitäten der Markenkommunikation. Einer der vielen Gründe für den Tierboom mag sein, dass gerade Heimtiere, wie etwa Katzen oder Hunde, dem Harmonie- und Liebesbedürfnis, dem Bedürfnis nach Fürsorge, Verwöhnung und emotionaler Nähe entgegenkommen. Man wird geliebt und gebraucht, egal ob man schön oder hässlich, intelligent oder dumm, faul oder fleißig, erfolgreich oder erfolglos ist (vgl. Karmasin, 2000, S. 68 f.). Weitere Produkte, die geeignet sind, u. a. das Bedürfnis nach Harmonie zu befriedigen, sind Wasch- und Reinigungsmittel (Sauberkeit, Reinheit schafft Zufriedenheit, Anerkennung, Harmonie), Blumen und alle Produkte, die das Bedürfnis nach Gemütlichkeit, Behaglichkeit, Nestwärme, Ausgeglichenheit erfüllen (vgl. hierzu auch Schulze, 1996, S. 292 ff.). Zu den *ethisch-ideellen* Copy-Techniken gehört die *Normentechnik*, die an Sitte, Anstand und Moral appelliert. Diese Technik wurde vor zwei Jahrzehnten noch häufiger eingesetzt als heute (Appell an das schlechte Gewissen (Lenor), schwitzende Menschen, die von der Umgebung abgelehnt werden (Rexona) etc.). Heute sind Appelle eher erfolgreich, die nicht disziplinieren wollen, sondern entweder ein Verhalten bestärken (Du darfst) oder die zum offenen Bruch mit etablierten Normen oder Konventionen auffordern (Raucherkampagne: „Ich mich entschuldigen?", Lewis, Peugeot 106-Werbung). Neben der *Normentechnik* gehören die *Selbstverwirklichungstechnik*, die *Verantwortungs- und Glaubwürdigkeitstechnik* sowie die *Glaubens- und Visionstechnik* zu den Umsetzungstechniken der ethisch-ideellen Copy-Techniken.

Selbstverwirklichungstechnik: Das Streben nach Selbstverwirklichung ist ein dominierendes Motiv, das besonders bei jüngeren Menschen der mittleren und gehobenen Bildungsschichten zu finden ist. Schulze (1996, S. 312 ff.) beschreibt diese Zielgruppen als spezifisches ich-bezogenes Milieu, das in seinen Existenzformen den Antityp des Harmoniemilieus darstellt und seine alltäglichen Manifestationen in Betätigungen zum Ausdruck bringt, wie: alternative Szene aufsuchen, neue, teilweise extreme Sportarten treiben, intellektuelle Orientierung, Kultur, usw. Seine Kleidung ist unkonventionell und eher alternativ, seine Restaurants sind Öko-Restaurants, bessere Italienische Restaurants, und seine Musik ist Jazzmusik, neue Musik oder Klassik. Dieser Typ mag seine Bedürfnisse, seine Sonderstellung und Kreativität mit dem Konsum entsprechender Marken zum Ausdruck bringen. Marken wie „Lucky Strike", „Spirit" (The taste of peace) oder „Gauloises" bieten dem Konsumenten derartige Identifikationsrahmen mit ihrem Auftritt an.

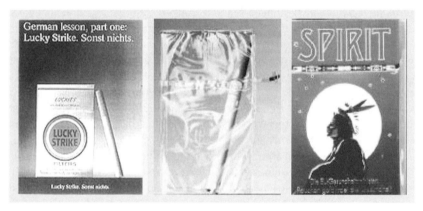

Abbildung 3.9: Zigarettenmarken als Identifikationsstifter?

Verantwortungs- und Glaubwürdigkeitstechnik: Wenn Markenkonzepte auf der Glaubwürdigkeitstechnik aufgebaut werden sollen, dann müssen sie ihre Leistungen sehr strengen Qualitätskriterien unterziehen und dies nach außen kommunizieren. Das geschieht in Form von Garantieerklärungen, Beurkundungen, neutralen Tests etc. Marken, die als neu, besser, leistungsfähiger ausgelobt werden, müssen dann die Erwartungen voll erfüllen. *Glaubens- und Visionstechniken* appellieren an Zielvorstellungen, die meist in der ferneren Zukunft liegen und die sich kaum durch Daten oder Fakten untermauern lassen. Sie haben gleichwohl einen hohen *ideellen Wert,* weil sie jenseits des konkret Beweisbaren liegen und dennoch Orientierungsperspektiven für die Zukunft einer Marke bieten können. Derartige Techniken können z. B. in den Brand Manuals eingesetzt werden.

3.5.2 Die Gestaltungsmittel-Strategie

Die Gestaltungsmittel-Strategie befasst sich mit der Beantwortung folgender Fragen des Markenauftritts:

1. Womit trete ich auf? (Gestaltungsmittel-Auswahl)
2. In welcher Kombination trete ich auf? (Gestaltungsmittel-Gewichtung)

Mittel der Markengestaltung sind Ausdrucksformen der Markenkommunikation (verbal oder nonverbal), mit denen die Marke nach innen und nach außen auftritt. Die wichtigsten Gestaltungsmittel und Kommunikationsträger zeigt Tabelle 3.14:

Gestaltungsmittel	Kommunikationsmedien					
	Produkte	Dienstleistungen	face to face	Printmedien	FFF-Medien	sonstige
direktes Marken-Design Produkt-/Leistungsgestaltung Verpackungsgestaltung Präsentationsgestaltung – Branding/Markenzeichen Beratung, Service etc.						
indirektes Marken-Design Klassische Werbung (Spots, Anzeigen, Plakate etc.) Promotions/Events/ Direktmarket, Sponsoring, Umfeldgestaltung, PR sonst. indir. Marken-Design						

Tabelle 3.14: Einteilung von Gestaltungsmitteln und Markenkommunikations-Medien

Die *Kommunikationsmittel-Auswahl* richtet sich überwiegend nach der *Zielsetzung der Markenkommunikation*, nach den *Zielgruppen*, der *Copy Strategy* und nach den *Möglichkeiten* der Kommunikationskanäle aus. Weitere *Auswahlkriterien* der Kommunikationsmittel sind folgende (vgl. Huth/Pflaum, 2001, S. 112 f.):

- Möglichkeiten der **Wirkungsmessung** der Kommunikation
- Möglichkeiten der **gezielten Streuung** der Kommunikationsmittel
- Möglichkeiten des **kurzfristigen Einsatzes**
- **Angemessenheit** des Mitteleinsatzes
- **Einstellung** der Zielgruppen zum Kommunikationsmittel und zum -Kanal

Die Kommunikationsmittel-Gewichtung knüpft an die Auswahlkriterien und deren Bewertung an und versucht, ein der Aufgabe entsprechendes optimales Kommunikationsmittel-Mix festzulegen. So kann eine Kommunikations-Kampagne beispielsweise nur dann erfolgreich sein, wenn alle relevanten Zielgruppen über alle adäquaten Mittel angesprochen werden (z. B. klassische Werbung, Packungsgestaltung, Verkaufsförderung, Events, entsprechende Distribution etc.). Die Kommunikationsmittel-Gewichtung wird im Allgemeinen als prozentuale Aufteilung des Projektbudgets für die jeweiligen Marken angegeben.

3.5.3 Die Marken-Media-Strategie

Medien oder Kommunikationskanäle sind Instrumente der Kommunikationsstreuung. Durch sie werden die Markeninformationen an die Zielgruppen übermittelt. In der Kommunikationssprache sind Medien die Kanäle, über welche die Botschaften der Marke vom Sender (Unternehmen) an die Empfänger (Zielgruppen) gelangen.

Die klassischen Medien sind alle *Massenmedien* der Massenkommunikation, wie Fernsehen, Funk, Film, Plakate, Zeitschriften, Tageszeitungen, Broschüren, Kataloge, aber auch *Einzelmedien* der direkten Kommunikation, wie PoS-Auftritt, Telefonkontakt, Telefax, Messen, Ausstellungen, Vorträge, Diskussionen, persönliche Gespräche. Die neuen Medien, wie Internet, Intranet, CD-ROM, CD-I, T-Online, Digitales Fernsehen, Videokonferenzen, Mobilkommunikation, nehmen in der Media-Strategie der Markenkommunikation einen zunehmend wichtigeren Platz ein.

Von der Media-Strategie erhält man die Auswahl von Medien, die den folgenden Anforderungen (*streustrategischen und streutaktischen Zielen*) genügen sollen. Die Marken-Aktivitäten sollen zur richtigen Zeit und auf möglichst wirtschaftliche Weise (vgl. Unger/Dögl, 1995, S. 76 ff.) unter Berücksichtigung folgender Zielsetzungen durchgeführt werden:

1. adäquate Medien für die Zielgruppen auswählen *(Affinität),*
2. mittels geeigneter Medienkombinationen/-kumulationen die Zielgruppen personell und räumlich effizient erreichen *(Reichweite),*
3. mittels geeigneter Medienkumulationen/-kombinationen bei den Zielgruppen eine bestimmte optimale Kontakthäufigkeit pro Zeitraum *(Kontaktfrequenz)* erzielen.

Diesen Zielen stehen häufig innerbetriebliche Budget- oder Kapazitätsrestriktionen gegenüber, die eine Erreichung beider Ziele in vielen Fällen nicht ermöglichen. Daher gilt es, angemessene Prioritäten zwischen Affinitäten, Reichweiten und Kontaktfrequenzen zu formulieren.

1. Ein adäquates Maß für eine Vorselektion von Medien sind die *Zielgruppenaffinität* und der *Affinitätswert*. Die Zielgruppenaffinität gibt uns an, wie gut die Mediennutzer des fraglichen Mediums mit der definierten Zielgruppe übereinstimmen. Die Zielgruppenaffinität lässt sich mit einer Kennziffer, dem Quotienten aus Zielgruppenanteil am Medium (z. B. Medium A: 30 Prozent) und aus Zielgruppenanteil an der Gesamtbevölkerung (z. B.

20 Prozent) ausdrücken. In diesem Falle wäre die Zielgruppenaffinität: 30 Prozent/20 Prozent = 1,5. Fazit: Das fragliche Medium repräsentiert einen überdurchschnittlich hohen Anteil der angestrebten Zielgruppe im Vergleich zum Zielgruppenanteil an der Gesamtbevölkerung. Bewertet man dieses Affinitätsmaß noch mit den Schaltkosten des Mediums A (z. B. 10 000,- €/1,5 = 7500,- €/Affinitätspunkt), so erhält man den *Affinitätswert* des Mediums. Dieser lässt sich mit den Affinitätswerten anderer Medien vergleichen (z. B. Medium B: 40 Prozent Zielgruppenanteil → Affinität B = 2,0, Schaltkosten Medium B: 16 000,- € → 16 000,- €/2,0 = 8000,- €/Affinitätspunkt). Im obigen Falle wäre also aus Kostengesichtspunkten Medium A (7500,- €/Affinitätspunkt) dem Medium B (8000,- €/Affinitätspunkt) vorzuziehen, obwohl Medium B die höhere Affinität hat.

2. Zur endgültigen Entscheidung über die Auswahl des geeigneten Mediums müsste der Affinitätswert zusätzlich mit der *Medienreichweite* gewichtet werden, denn erst diese sagt etwas über die Anzahl der mit dem Medium erreichten Zielpersonen aus. Die *Reichweite* ist zunächst lediglich ein Maß dafür, wie viele Zielpersonen mit einer oder mehreren Schaltungen erreicht werden können. Diese Kennzahlen werden in Prozent der gesamten Bevölkerung ausgedrückt. Die *quantitative Reichweite* erfasst die Zahl der erreichten Zielpersonen, die *qualitative Reichweite* die Zusammensetzung (z. B. nach Bildung, Geschlecht, Einkommen, Lebensstil etc.) und damit die Qualität der erreichten Personen. Die quantitativen Reichweiten werden oft in einem Zielgruppenprofil qualifiziert (z. B. über Media-Analyse-Untersuchungen von Zeitschriften oder der Arbeitsgemeinschaft Media-Analyse e.V. und Media-Micro-Census GmbH, über Verbraucher-Analyse (VA) oder die Allensbacher Werbeträgeranalyse, AWA) und werden z. B. zur Bestimmung der oben angesprochenen Zielgruppenaffinität herangezogen.

Bei den *quantitativen Reichweiten* kann man mehrere Arten unterscheiden: Die *Einzelreichweite* gibt den prozentualen Anteil der Bevölkerung an, der mit der einmaligen Schaltung eines Mediums erreicht wird. Die *kumulierte Reichweite* gibt die Reichweite *eines Mediums* bei mehrmaliger Schaltung an. Die *kombinierte Reichweite* gibt die erreichten Zielpersonen bei der Schaltung von *verschiedenen Medien* an. Bei der Addition der Einzelreichweiten der Medien ergibt sich die *Bruttoreichweite*. Diese enthält jedoch viele Überschneidungen, weil Personen mehrfach erfasst werden (interne Überschneidung bei

---

Der **Durchschnittskontakt** (Kontaktzahl, Überschneidungskoeffizient) gibt an, wie viele Kontakte pro Zielperson erreicht worden sind. Die **Gross Rating Points** (GRP) geben Auskunft über die Anzahl der Kontakte pro Zielperson und ermöglichen Aussagen über den relativen Kommunikationsdruck einer Marke:

Durchschnittskontakt	= Bruttoreichweite (BRW)	: Nettoreichweite (NRW)
Gross Rating Points (GRP)	= Bruttoreichweite (BRW)	: Anzahl der Zielpersonen
Tausender – Auflagenpreis (TAP)	= Bruttoinsertionspreis	: Auflage × 1000
Tausender – Leserpreis (TLP)	= Bruttoinsertionspreis	: NRW × 1000
Tausender – Kontaktepreis (TKP)	= Bruttoinsertionspreis	: BRW × 1000
Tausender – Zielpersonenpreis (TZP)	= Bruttoinsertionspreis	: Zielgruppenanzahl × 1000

Abbildung 3.10: Ausgewählte Mediakennzahlen

Reichweitenaddition eines Mediums, externe Überschneidungen bei Reichweitenaddition von Medienkombinationen). Rechnet man die Überschneidungen aus den Bruttoreichweiten heraus, erhält man die *Nettoreichweiten* einer Medienkumulation oder Medienkombination. Weitere Kennzahlen in der Reichweitenberechnung sind folgende (vgl. Huth/ Pflaum, 2001, S. 181 f.; Unger/Dögl, 1995, S. 78 ff.).

Mit den Reichweiten ist noch nichts über den tatsächlichen Kontakt gesagt, denn der Leser kann die Anzeige einfach überblättern oder gar nicht in die Zeitschrift schauen. Ob ein Kontakt letztlich zustande kommt, hängt also von der Person selbst, von der Situation, von der Verfügbarkeit des Mediums, von der Medienkombination, von der Gestaltung der Anzeige und nicht zuletzt von der Häufigkeit der Schaltung, der Kontaktfrequenz, ab.

3. Allgemein kann man sagen, dass die *Kontaktfrequenz* (z. B. Anzahl der Anzeigenschaltungen pro Zeiteinheit) umso höher sein muss, je weniger interessant die Markenbotschaft für die Zielgruppen ist. Der Leser ist hier weniger involviert und lernt die Botschaft schlechter als bei einer Anzeige, die für ihn schon aufgrund der Inhalte interessant ist (vgl. Unger/Dögl, 1995, S. 80, S. 138 ff.). Eine bestimmte Mindestkontakthäufigkeit sollte jedoch nicht unterschritten werden, da entweder die Botschaft dann noch gar nicht gelernt werden konnte (in Abhängigkeit der Zielgruppeninvolvements, d. h. Ich-Beteiligung) oder bereits wieder vergessen wurde. Hier konnten sich häufig aufgrund des niedrigen Bekanntheitsgrades noch keine stabilen Sympathien gegenüber der Anzeige entwickeln (vgl. Kroeber-Riel/Weinberg, 1999, S. 341 f; Kroeber-Riel, 1993a, S. 130 f.).

3.6 Die Gestaltungs- und Umsetzungsphase

In der Gestaltungs- und Umsetzungsphase geht es um die konkreten Maßnahmen zur Verwirklichung der geplanten Markenaktivitäten. Im Mittelpunkt dieser Aktivitäten steht zunächst das Brand Design, die gestalterische Entwicklung des Markenauftritts, sofern es um die Neugestaltung einer Marke geht. Hat man sich endgültig auf eine Version geeinigt, dann sind alle Design-Aspekte in einem Design-Manual festzuhalten.

3.6.1 Das Brand-Design-Manual

Das Brand-Design-Manual, mitunter auch als Style Guide oder Design Guide bezeichnet, ist eine schriftliche und meist illustrierte die Marke betreffende Zusammenstellung von:

> Grundsätzen und Kernwerten,
> Markenname und Markenzeichen,
> Signets und Logos,
> Typografie und Textgestaltung,
> Verhalten und Architektur,
> Symbolen und Slogans,
> Form- und Farbcodes,
> Aufteilungen und Rastern,

in Form eines Handbuches oder eines sonstigen Datenträgers, in dem alle gestalterischen Richtlinien, Beispiele und Vorlagen für das Design der Marke festgehalten sind. Das Design-Manual kann auch Firmengrundsätze, Philosophien und Visionen sowie Zielformulierungen enthalten und dient als Vorlage und Orientierungsrichtlinie für alle mit der Gestaltung betrauten Stellen, wie Agenturen, Hausgrafikern, Architekten, Partnerunternehmen, Medien etc.

Die Beschreibung der Designvorgaben muss dabei so exakt erfolgen, dass Designer und Werbeagenturen in die Lage versetzt werden, es notfalls nachzugestalten. Neben den zulässigen Farbvarianten, Größen und Abstandsangaben, Regeln der Kombination mit Schriften oder anderen Gestaltungselementen sollten auch die konzeptionellen Hintergründe und Begründungen, weshalb bestimmtes Design so und nicht anders vorgegeben wird, dargestellt sein. Am Beispiel von drei Marken – einer Konsumgütermarke (Wella), einer Dienstleistungsmarke (Deutsche Telecom) und einer Investitionsgütermarke (BASF) sollen die einzelnen Bestandteile eines Corporate Design-Manuals aufgezeigt und erläutert werden.

Abbildung 3.11: Beispiele für CI-Richtlinien von drei verschiedenen Marken

Zunächst zur Marke *Deutsche Telekom*: Die Vision des Konzerns: „Wir werden die Telekom zum kundenfreundlichsten, sympathischsten und erfolgreichsten Unternehmen unserer Branche machen und in der Informationsgesellschaft weltweit immer wieder neue Maßstäbe setzen" (www.telecom3.de).

Das Markenzeichen der *Deutschen Telekom* ist als Konzernzeichen ein T, das in eine Reihe von mindestens vier Digits eingebunden ist. Diese Digits – vier quadratische Punkte – sollen die digitale Welt der Telekommunikationstechnik symbolisieren und sollen die Leistungen der Deutschen Telekom sichtbar machen. Der Konzern setzt die Digits umfassend zur profilierenden, prägnanten und symbolhaften Kennzeichnung ein. Umfassend meint, sowohl graphisch in Form der vier Punkte als auch akustisch in Form eines Jingles, der aus fünf markanten Klangabfolgen besteht. Das CD-Manual schreibt vor, dass die Digits als Reihe grundsätzlich nur in einer Richtung, also entweder nur waagerecht oder nur senkrecht eingesetzt werden, wobei vor oder nach dem T mindestens drei Digits stehen müssen. Wird das T weiter in das Format hineinbewegt, werden weitere Digits sichtbar. Das T bewegt sich dynamisch in den Raum hinein und soll nie mittig, am Rand oder in Ecken stehen.

Abbildung 3.12: Beispiele für CI-Richtlinien von drei verschiedenen Marken

Das *Wella*-Markenzeichen ist ein kombiniertes Markenzeichen, bestehend aus einem Bildbestandteil (Signet) und aus einem Textbestandteil (Logo). Dieses Markenzeichen darf, nach Vorschrift des CD-Manual, nur in Kombination mit einem vollständigen Markenzeichen gezeigt werden. Es ist also nicht zulässig, entweder nur den Logoteil alleine oder den Signetteil alleine in Werbemitteln zu verwenden.

Das Zeichen darf nur in bestimmten definierten Farbkombinationen gezeigt werden. Das Markenzeichen lässt die Führung bestimmter Unternehmensbereiche mit dem Slogan nur in direkter Anbindung an das Wella-Zeichen zu. Der oben gezeigte Slogan „Perfectly You" wird in dieser Form nur im Zusammenhang mit der Produktkommunikation genutzt.

Abbildung 3.13: Kombinationsmöglichkeiten des Wella-Markenzeichens

BASF

Abbildung 3.14: BASF-Logo

Das Logo das BASF (*B*adische *A*nilin- und *S*oda-*F*abrik) ist eine reine Wortmarke. Das Firmenzeichen ist ein eigenständiges, speziell gestaltetes Bild und Symbol, das nie aus Standardschriftzeichen einer verfügbaren Schrift erzeugt werden kann.

Originalvorlagen sind als Reinzeichnungen oder Dateien erhältlich. Das BASF-Logo ist schwarz. Auf dunklen Hintergründen erscheint das Firmenzeichen in weiß. Das Firmenzeichen BASF darf in Fließtexten, Überschriften und Schlagzeilen von Kommunikationsmitteln nicht eingesetzt werden. BASF erscheint in solchen Fällen als Firmenname in derselben Schrift, Schriftgröße und Farbe wie der umgebende Text. Jedes Kommunikationsmittel einer BASF-Gesellschaft muss das BASF-Logo in seiner originären Gestalt tragen. Der Firmenname soll buchstabiert (B-A-S-F) und *nicht als Wort* gelesen werden. In Frankreich spricht man den Markenname wie ein Wort aus („Basf").

Die *Farbcodes* eines Markenzeichens sind ebenfalls ein grundlegendes Gestaltungselement des Corporate Design, weil sie sich ebenso wie das Logo leicht einprägen und schnell wiederzuerkennen sind. *Klassische Beispiele sind das Gelb der Post, das Rot von Ferrari oder das Pink der Deutschen Telekom.* Bei der Wahl der Markenfarben sind viele Aspekte zu beachten. Zum einen sollten die Farben in den gängigen Farbstandards der Druckindustrie (entweder Euro-Skala, RGB, Pantone-Farben, HKS-Farben etc.) enthalten sein, und auch ihre Verfügbarkeit als Folienfarbe ist zu beachten. Weiterhin muss darauf geachtet werden, dass kein Konkurrent bereits eine ähnliche Farbe gewählt hat. Sollte auch der Einsatz von Farbabstufungen zulässig sein, so müssen auch diese nach Druckraster prozentual aufgeführt werden. Letztlich sollte noch festgelegt werden, wofür welche Farbe in welchem Umfang eingesetzt werden darf. Meist gibt es eine Hauptfarbe und eine oder mehrere Sekundärfarben, die nur für bestimmte Zwecke (Hervorhebungen) oder bestimmte Produkte und Dienstleistungen verwendet werden.

Das *Gestaltungs-Raster* ist eine genaue rechnerische Definition der Positionierung (des Stands) eines Layouts, beispielsweise eines Briefbogens, eines Plakates oder einer Visitenkarte. Ein einheitliches Gestaltungsraster ist etwa bei Geschäftsdrucksachen eines Unternehmens unabdingbar. Briefbogenvordrucke, Visitenkarten, Prospekte etc. müssen durchgängig gestaltet sein, damit der Empfänger (Kunde) sofort den Absender (Unternehmen) erkennt (s. Abb. 3.15).

Hauptaufgabe des Rasters ist es, Texte und Abbildungen durch ein festgelegtes Ordnungsprinzip zu gliedern. Zur Rastergestaltung gehören Positionierungen von Logos innerhalb einer Gestaltung, die Abstände dieser zu anderen Gestaltungselementen, virtuelle Achsen

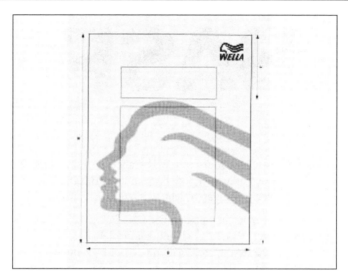

Abbildung 3.15: Raster für eine Wella-Personalanzeige

und Linien, an denen Gestaltungselemente wie Texte oder Bilder ausgerichtet werden und Größen und Formatangaben für die häufigsten Gestaltungsmittel, wie Prospekte, Kataloge, Handzettel oder Kundenzeitschriften. Weiterhin sollte hier festgelegt werden, wie Flächen zu gestalten sind, und auch, welche Bildrasterung und Farbrasterung beim Flächendruck empfohlen wird.

Im obigen Beispiel der Wella-Personalanzeige ist festzuhalten, welche Mindestgröße (Breite, Länge) einzuhalten ist oder wie groß das optimale Verhältnis von Höhe zu Breite zu sein hat (im Wella-Beispiel war das optimale Verhältnis der Anzeigenproportion von Höhe (H) zu Breite (B) 4 zu 3. Den Rasterwert des Signetzitates (angeschnittener Frauenkopf) ist ebenfalls anzugeben (in diesem Beispiel 15 Prozent Schwarz).

Die *Markenschrift oder Typografie* sollte so gewählt werden, dass sie zu den Core Values und zur Tonalität der Marke passt und sich gleichzeitig aktualisieren lässt. Die Wahl einer bestimmten Schriftart sollte im Design-Manual ausführlich begründet werden. Es sollte auch ersichtlich sein, in welchen Schnitten (fett, halbfett, mager, outline etc.) die gewählte Schriftart verwendet werden soll. Es sollte stets darauf geachtet werden, dass Schriften für den Druck und Schriften für Screendesign häufig unterschiedlich sind. Beispielsweise können Schriften auf Internetseiten nur dann angezeigt werden, wenn der Computer des Betrachters über diese Schriftart verfügt. Darum sollte man sich vorsichtshalber mehrere Markenschriften zulegen, z. B. eine für Printmedien und eine weitere für elektronische Medien. Es sollte daneben genau angegeben sein, für welche Belange welche Schriften verwendet werden dürfen (z. B. für Logo, für Fließtext, für Produktbezeichnungen, für Packungsaufschriften etc.).

Franklin Gothic Condensed

Franklin Gothic Extra Condensed

Franklin Gothic Book

Franklin Gothic Book Oblique

Franklin Gothic Demi

Franklin Gothic Demi Oblique

Elegant Garamond Roman

Elegant Garamond Italic

Elegant Garamond Bold

Abbildung 3.16: Schrifttypen für die Marke Wella

Zwei Grundschriften sind bei *Wella* ausgewählt worden, die alle kommunikativen Funktionen erfüllen: Es ist die Franklin Gothic (eine Grotesk-Schrift) und die Elegant Garamond (eine Antiqua-Schrift).

Die *Textgestaltung* ist ein eigenes Kapital im Brand-Design-Manual. Hierin wird festgelegt, wie Texte aufgebaut und formatiert sein müssen, die als Werbung oder Information an interne und externe Bezugsgruppen weitergegeben werden. Vergleichbar ist diese Beschreibung mit der Definition einer Formatvorlage in Word, die die Formatierung von Dokumenten vereinfacht. Neben Abständen zu Blatträndern, Absatzformatierungen, Ausrichtungen, Schriftarten und -stilen für Textabschnitte (Überschriften, Mengentexte, Beispiele, Bildunterschriften etc.) sollten auch Positionierung und Formatierung von Tabellen, Bildern und Aufzählungen festgehalten werden. Für die am häufigsten verwendeten Dokumente, wie Angebote, Anschreiben, Faxe, E-Mails, Formulare etc. sollten Vorlagen gefertigt werden, die über Intranet allen Mitarbeitern zugänglich gemacht werden.

Eine Marke als Unternehmensmarke (Corporate Brand) drückt sich nicht nur in ihren Logos, Signets und Bildern aus, sondern auch in der Architektur ihrer Unternehmensgebäude. Der Eindruck der *Architektur*, das auf die Besucher und die Mitarbeiter wirkt, sollte auch Teil der markenbezogenen und damit firmenbezogenen Identität sein. Eines der eindrucksvollsten Beispiele von identitätskonformer Marken-Architektur unserer Zeit ist der „Vierzylinder", das Verwaltungsgebäude der BMW in München von 1972 (s. Abbildung 3.17).

Dieses Gebäude stellt in abstrahierter Form die vier Zylinder eines Motors dar. Es ist Ausdruck eines technologisch-innovativen Grundgedankens. Büroausstattung und Bürogröße signalisieren die Bedeutung von Mitarbeitern und Mitarbeitergruppen wie Führungskräfte durch Größe von Büros und deren Ausstattung mit Pflanzen, Gardinen, Möbelprogrammen.

194 3 Die Konzeption des Marken-Design

*Abbildung 3.17: Das Verwaltungsgebäude der BMW in München
(Quelle: http/home.tonline.de, Foto: W. Leonhard 1998)*

Auch die alltäglichen, scheinbaren Kleinigkeiten sollten in den Überlegungen Platz finden. So ist beispielsweise die Art der *Werbe- und PR-Geschenke* sehr wichtig. Auch hier kann ein Unternehmen sein Firmenbild wirkungsvoll unterstützen. Dazu kommen weitere Aktivitäten des Unternehmens wie *Ausstellungen, Vortragsveranstaltungen, Tage der offenen Tür, Sponsoring* im sportlichen, kulturellen und sozialen Bereich. Die visuelle Eigenart, die sich durch alle Bereiche des Unternehmens, von der Zoll-Maßeinheit bis zur Entscheidung über Kunstsponsoring, Bilderankauf, Sponsoring und sogar Engagement in Wissenschaft, Kultur, sozialem Bereich und Umweltschutz, zieht, sind ein Ausdruck der Markenkultur und eine Visitenkarte für das Unternehmen oder die Marke. Auch die alltäglichen Kleinigkeiten sollten in den Design-Überlegungen und im Manual Platz finden.

Das Design-Manual sollte ebenfalls Auskunft geben können über die Bedingungen für den Einsatz der Kommunikationsmittel und Designs in den verschiedenen Medien, über die lizenzrechtlichen Kriterien bei einer Lizenzierung sowie über die Kontaktpersonen zur Koordinierung.

Das Design-Manual ist keine einmalige Angelegenheit. Es muss ständig aktualisiert werden, und es sollte praktische Beispiele von Prospekten, Visitenkarten, Zeitschriften etc. enthalten, um den neuen Mitarbeitern Auskunft über die Regeln des Marken-Design zu geben. Das Design-Manual sollte sowohl in gedruckter als auch digitaler Form bei allen verantwortlichen Gestaltern, Managern, die mit der Marke umgehen, vorliegen. Der digitalen Version können auch Vorlagen für das Logo und die Kommunikationsmittel beigefügt

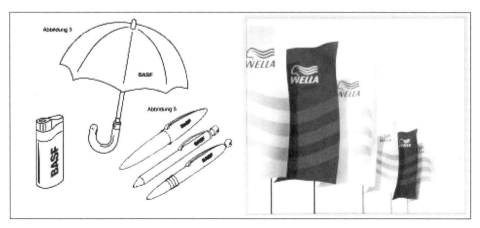

Abbildung 3.18: Werbegeschenke und sonstige Kommunikationsmittel im Design-Manual festhalten

werden. Abhängig von den lizenzrechtlichen Bestimmungen können auch Fotos, Illustrationen, Schriftarten zusammen mit den Design-Manual verteilt werden.

3.6.2 Die Umsetzung

Die Marken-Gestaltungsphase umfasst den Zeitraum von der Genehmigung der Marken-Strategie bis zu den ersten Vortests (Pretests) der gestalteten Kommunikationsmittel. Dies ist die Zeitspanne der intensivsten Zusammenarbeit zwischen dem Kunden und der Agentur oder dem Marken-Berater und verlangt eine effiziente Abstimmung und Kooperation zwischen beiden.

Gerade die Aktivitäten der Markenkoordinatoren sind oftmals stark von äußeren Terminzwängen und kurzfristigen Anforderungen der Unternehmensleitung geprägt und erfordern nicht selten eine hohe Stresstoleranz und ein effizientes Zusammenarbeiten aller Beteiligten. Die Phase der Gestaltung stellt meist die kürzeste Zeitspanne der gesamten Aktivität einer Kampagne dar.

In dieser Phase kommen die Copy-Techniken, die zuvor beschrieben worden sind, zum Einsatz, wenn es um die Gestaltung des Markenauftritts geht, wenn das Produkt- und das Verpackungsdesign, die Anzeigen, Spots, Zeitschriften, Plakate etc. gestaltet werden sollen. Von der Zeichnung des ersten Einfalles (Scribble, Rough, Sketch) über das Rohlayout (detaillierte Zeichnung) bis zur *Reinzeichnung* (digitale oder manuelle Druckvorlage mit Standangaben von Text und Bild) reicht diese Phase der Gestaltung. In diese hektische Zeit fallen viele Abstimmtermine und Änderungswünsche, weil sich bei der Visualisierung von z. B. einer Anzeige erfahrungsgemäß noch viele Vorstellungen neu entwickeln oder vorhandene Vorstellungen verändern.

Sind die endgültigen Testversionen gefunden und abgesegnet, werden in der anschließenden Phase zusammen mit dem Auftraggeber anhand von Computerausdrucken (Bubble

Jets) oder von fast farbechten *Aufsichtsvorlagen* (Dye-Transfers) noch Korrekturen vorgenommen, bevor dem Kunden die Andrucke (die ersten Probedrucke) der Testversionen zur letzten Begutachtung und für die letzten Farbkorrekturen präsentiert werden.

In dieser Phase sind die Druckfilme (meist vier Grundfarbenfilme mit Cyan (Blau), Magenta (Rot), Yellow (Gelb) und Black (Tiefe)) bereits als gerasterte Lithos fertiggestellt. Neue Verfahren erlauben eine Umgehung von Druckfilmen. Hier werden direkt aus dem Computer heraus Druckplatten hergestellt (Computer to Plate) oder sofort gedruckt (Computer to Press).

Die angedruckten Versionen werden zum Pretesting (Vortest) an Marktforschungsinstitute gegeben, die in Labortests die für die Zielsetzung günstigste Alternative auswählen. Als vereinfachtes Vortestverfahren, das nur eingeschränkt geeignet ist, kann innerhalb des Hauses bei ausgewählten und sachverständigen Personen eine so genannte „*atmosphärische Beurteilung*" der Vorschläge vorgenommen werden.

Checkliste „Printanzeige"	Beschreibung	Verantwortlich	Termine Soll	Ist	Kosten Soll	Ist	o.k.
A. Liegt ein Layout (Computer-Layout, Desk-Top Publishing-Layout, Entwürfe, Modelle) vor?							
B. Liegen Originaltexte, Fotos, tech. Zeichnung, Standangaben, Logos, Illustrationen vor?							
C. Schriftarten, Schriftgrade festgelegt?							
D. Farbigkeit exakt festgelegt, alles 3x Korrektur gelesen, Material/Formate geprüft?							
E. Freigabe durch Brand-Manager, Marketing-Manager, PR-Abteilung, Rechtsabteilung, Patentabteilung, Geschäftsleitung etc.							
F. Reinzeichnungen der Varianten angelegt mit exaktem Text u. Bildern, Formaten?							
G. Verständlichkeitstest der Vorlagen bei internen Mitarbeitern durchgeführt?							

Tabelle 3.15: Checkliste für die Entstehung einer Print-Anzeige

Checkliste „Printanzeige"	Beschrei-bung	Verant-wortlich	Termine Soll	Ist	Kosten Soll	Ist	o.k.
H. Produktionsangaben auf Rein-zeichnungen/bei Fertigungs-modellen/Prototyp angegeben? – Farbangaben/Farbmuster? – Welche Zeichen sind Angaben, welche Zeichen werden mitgedruckt? – Genügend Überfütterung? – Sind Passermarken vorhanden? – Was ist noch zu überarbeiten? – Ist techn. Umsetzung problemlos?							
I. Werden mehrere Lithofilme für verschiedene Werbeträger (Zeitungen) benötigt?							
J. Liegt Sicherungskopie aller Unterlagen vor?							
K. Liegen Andrucke vor? Qualität bzgl. Format, Blitzer, Stand, Farbtreue, Stanzung, Material							
L. Kann die endgültige Litho/Satz/Druck/Konfektionierung freigegeben werden?							
M. Sonstige Punkte (z. B. Pretests) durchgeführt?							

Tabelle 3.15 (Fortsetzung)

Diese Beurteilungen beziehen sich auf die interne/externe Experteneinschätzung, wie die verschiedenen Designs voraussichtlich bei den Zielgruppen ankommen könnten. Diese Vorgehensweise ist zwar primitiv, geht aber davon aus, dass solche Aktivitäten, die im eigenen Haus schon nicht akzeptiert werden, extern langfristig kaum durchsetzbar sind.

3.7 Die Produktions- und Durchführungsphase

Die Produktionsphase beginnt mit der endgültigen Auswahl der gestalteten und vorgetesteten Alternativen (Verpackung, Produkte, Plakate, Anzeigen, Prospekte). Bei umfangreicheren Aufgaben, wie etwa bei einer Anzeigen-Kampagne oder einem TV-Spot, wird die Koordination und die Durchführung meist von einem Team von Produktionern innerhalb der Agentur oder aber von externen Dienstleistern übernommen, die sich auf die Gestaltung und die Produktion der unterschiedlichsten Kommunikations-Mittel spezialisiert haben. Auch in dieser Phase arbeiten die Projektverantwortlichen mit Zeitplänen und Checklisten, um alle Maßnahmen zum richtigen Zeitpunkt zu ergreifen.

Die Produktion und die Schaltung einer Markenkampagne erfordern häufig die Beauftragung von mehreren externen Stellen, wie Design- und Werbeagentur, Media-Agentur, Fotografen, Lithoanstalten, Druckereien, Satzstudios und sonstigen Dienstleistern. Meist wird die Koordination und die Beauftragung von einer Full-Service-Agentur übernommen,

Checklisteninhalte	Beschreibung	Verantwortlich	Termine Soll	Termine Ist	Kosten Soll	Kosten Ist	o.k.
A. Liegt ein farbverbindlicher Andruck der Lithoanstalt vor (einschl. Filmen)?							
B. Sind Filme mit Andruck, Adressen, Terminen, Stanzvorlagen, Papierart, Konfektionierungswünschen bei Druckerei/en?							
C. Korrekturen vorgenommen, Druckfreigaben vorliegend?							
D. Druckunterlagentermine bei Verlagen/Anlieferung/Druck bei Verlagen?/Versandzeit							
E. Schriftliche Auftragsbestätigung der Verlage/Rechnungsstellung geklärt? Rabatte?							
F. Skonto/Zuschläge/Mal-/Mengenstaffel/Sonderplatzierung/Anschnittszuschläge etc.							
G. Alle Druckvorlagen/Andrucke/sonstige Angaben bei Verlagen?							
H. Belegexemplare angefordert und bekommen? Anzeige sofort auf Mängel geprüft?							
I. Sonstige Punkte (Kennziffernanzeigen mit schriftl. Anforderung geschaltet etc.)							

Tabelle 3.16: Beispiel für eine Produktions- und Schaltungscheckliste einer Print-Anzeige (als Beilagenanzeige oder als integrierte Anzeige)

die bereits für sich herausgefunden hat, mit wem sie am reibungslosesten und am besten zusammenarbeiten kann.

Ein umfangreiches Adressbuch, das für Deutschland, nach Postleitbereichen gegliedert, und auch für das europäische Ausland sowie für die USA und für Südafrika viele Serviceadressen (Designer, Fotografen, Kuriere, Promotionsagenturen, PR-Agenturen, Fernseh- und Rundfunkanstalten, freie Produktioner etc.) beinhaltet, ist die „Red Box" (Red Box-Verlag, Hamburg Harvestehude). Im Rahmen der Produktions- und der Durchführungsphase werden zunächst genaue Schaltungs- und Produktionszeitpläne angefertigt und Angebote bezüglich einzelner Produktionsschritte, wie Litho, Druck, Foto, Film bei Spezialagenturen eingeholt.

Die fertigen und verabschiedeten Vorlagen, Texte, Drehbücher gehen an die Druckerei, die Fotografen, die Filmagentur und werden produziert. Gleichzeitig werden von der Media-Agentur die Schaltungen in den Print-, Film- oder Fernsehmedien gebucht und die endgültigen Druckvorlagen, Filme, Radiospots an die Medien übermittelt.

3.8 Die Ergebnis- und Kontrollphase

In der Ergebnis- und Kontrollphase wird geprüft, ob die durchgeführten Maßnahmen *effizient* (vollständig, fehlerfrei, ökonomisch, in angemessener Tonalität) und unter Einhaltung der gesetzten *Rahmenbedingungen* (Budgetziele, Zeitziele, Kapazitätsziele) ausgeführt worden sind. Sodann wird die Erfolgskontrolle der Maßnahmen vorgenommen. Diese hängt von den Zielsetzungen der Kampagne ab. Markengestaltungs-Ziele sind im Normalfall nichtökonomische Ziele, d. h. Kommunikationsziele, die in verschiedene Erfolgsstufen eingeteilt werden können (vgl. Kroeber-Riel, 1993a, S. 118 ff.):

Das ist zum ersten die *Kontaktwirkung*, die Frage also, ob durch die gestaltete Marke, das Verpackungsdesign, die Anzeige, den redaktionellen Beitrag, die Broschüre, den Fernsehspot, überhaupt ein Kommunikationskontakt bei den Zielgruppen zustande kommen kann oder zustande gekommen ist.

Danach ist nochmals zu prüfen, ob die Kommunikationsinhalte richtig verstanden worden sind (*Informationsverarbeitungswirkung*). Die Prüfung der Informationsverarbeitungswirkung erfolgt jedoch meist schon im Pretest bei der Selektion der am besten geeigneten Gestaltungs-Versionen. Schließlich interessiert daneben noch Frage, ob die Inhalte behalten wurden (*Informationsspeicherungswirkung*) und ob diese etwas zur gewünschten Einstellungsänderung (*Imagewirkung*) beigetragen haben.

Die Ergebnisprüfungen, die als Posttests durchgeführt werden, vergleichen meist die Ist-Werte mit den Zielwerten und gehen dann wieder in eine Analyse, Bewertung und in eine Neuformulierung von Markenzielen über. Die nachfolgende Checkliste über das Vorgehen bei der Ergebniskontrolle eines Markenauftritts ist als grobe Vorgehensweise zu verstehen, bei der vorbereitende Fragen zum Budget, zu den Markenzielen, den Rahmendaten und zu den Controlling-Methoden geklärt werden. Hier werden die Zuständigkeiten für die einzelnen Maßnahmen festgelegt sowie ein Termin- und ein Budgetrahmenplan erstellt.

Checklisteninhalte	Beschrei-bung	Verant-wortlich	Termine Soll	Ist	Kosten Soll	Ist	o.k.
A. Gibt es einen Etat für die Erfolgs-kontrolle/Marktforschung? (Wenn ja, wie hoch?)							
B. Welches sind die Kampagnen-Ziele? (ökonomische/außerökonomische/strategische/operative/Oberziele/Bereichsziele)							
C. Welches waren die Rahmendaten? (Zielgruppen/Kampagnenzeitraum/Mittel/Kosten/Probleme/Gebiete/etc.)							
D. Welche Zielerreichungsgrade/Erfolge sollen gemessen werden? (ökonomische/außerökonomische)							
F. Wer soll Erfolgskontrolle vornehmen? (Agenturen/Marktforschung/InHouse)							
G. Briefing zur Erfolgskontrolle vorhanden? (an Agentur/Marktforschung/InHouse)							
H. Erstellung des Posttest-Designs erfolgt? (zusammen mit Agentur/Marktforschung/InHouse-Abteilungen)							
I. Durchführungsplan erstellt?							
J. Durchführung/Ergebnis/Konsequenzen							
K. Sonstige Punkte							

Tabelle 3.17: Beispiel für eine Checkliste einer Erfolgskontrolle

3.9 Tests im Marken-Design

Wenn Marken gestaltet werden, dann können sich der Marken-Designer und Marken-Manager bei der Wahl der Gestaltung nicht allein auf ihre Erfahrung oder gar ihre Intuition verlassen. Es wäre eine Anmaßung, von sich selbst zu behaupten, man wüsste immer genau, was der Konsument wolle und was ihm gefalle. Die Dynamik auf den Märkten ist viel zu groß, die Menschen reagieren zu unterschiedlich auf Marken, als dass man diese ohne weiteres zuverlässig vorhersehen könnte. Im Zweifelsfall wird man sich daher

	Apparative Verfahren	Nicht-apparative Verfahren
Pretest		
Informationsaufnahme	Blickaufzeichnung	„Lautes Denken"
Informationsverarbeitung	Tachistoskop, Elektrodermale Reaktion („Lügendetektor"), Programmanalysator, Apparent size Meter, Zöllner-Verfahren	Assoziationsprüfungen, Zuordnungstests, Exploration, Methode lauten Denkens,
Informationsspeicherung	Computerbefragung	Befragung (mündlich/schriftlich/fernmündlich)/Beobachtung, Copy-Test
Einstellung	Computerbefragung	Befragung/Beobachtung
Verhaltenstest		Verhaltensbeobachtung, Testmarktsimulation (TESI)
Posttest		
Recall/Recognition	Computerbefragung	Befragung (mündlich/schriftlich/fernmündlich), Day after Recall (DAR),
Produktwahl	Scanneraufzeichnung, appar. Beobachtung (Videoüberwachung)	Beobachtung/Befragung (Panel)
Erstkauf/Wiederkauf	Elektronisches Panel	Beobachtung/Befragung (Panel)
Loyalität		Beobachtung/Befragung (Panel)

Tabelle 3.18: Übersicht über die Testverfahren in der Markenführung

genauere Informationen über die Wirkung von Markengestaltung direkt bei den Zielgruppen mittels Tests (Befragungen, Beobachtungen etc.) beschaffen. In diesem Kapitel sollen einige ausgewählte Möglichkeiten dargestellt werden, wie Markenführungsmaßnahmen auf ihre Wirkung hin getestet werden können. Hierbei handelt es sich in erster Linie um die Evaluation der Wirksamkeit von Anzeigen, von Verpackungen oder Produkt-Design, von Werbe-Spots oder Markenzeichen/Markenslogans sowie von Markenwahlprozessen.

Bei der Systematisierung von markenbezogenen Tests soll zum einen nach den Verfahren oder Testmethoden unterschieden (apparative oder nichtapparative Verfahren) und zum anderen soll nach dem Zeitpunkt der Tests bei den Probanden in Pretests (vor der Kaufgelegenheit) und in Posttests (nach der Kaufgelegenheit) eingeteilt werden.

3.9.1 Pretest-Verfahren

Die Pretest-Verfahren werden eingesetzt, um sich *vor* Einführung von Marken in den Markt, vor der Schaltung von Anzeigen, bzw. Spots über die Wirksamkeit der Gestaltung bei den Zielgruppen einen Eindruck zu verschaffen. Zeigen die Ergebnisse noch nicht in die gewünschte Richtung (Aktivierung, Emotionen, Einstellungen, Informationsspeicherung etc.), so kann in diesem Falle noch ohne größeren Schaden nachgebessert werden. Pretests sollen somit zu einem Zeitpunkt durchgeführt werden, zu dem noch mit vertretbarem Aufwand Änderungen in der Gestaltung vorgenommen werden können.

3.9.1.1 Blickaufzeichnung

Das Verfahren, mit dessen Hilfe ermittelt werden soll, wie der Blickverlauf einer Person beim Betrachten eines Gegenstandes ist, bezeichnet man als Blickaufzeichnungsverfahren. Hierbei werden die Augenbewegungen beim Betrachten eines Gegenstandes registriert und festgestellt, welche Merkmale des Objektes in welcher Reihenfolge und in welcher Dauer betrachtet werden. Der Blickverlauf selbst geschieht in Saccaden (Sprüngen), wobei keinerlei Informationsaufnahme stattfindet und in Fixationen (Blick verweilt auf einem Punkt), wobei die fixierten Merkmale und deren unmittelbares Umfeld aufgenommen und verarbeitet werden.

Die wichtigsten Parameter des Blickverhaltens sind die Fixationshäufigkeit, -reihenfolge und -dauer. Sie geben Aufschluss über den jeweiligen Aufmerksamkeitsgehalt eines Objektes. Beispiel: Blickverlaufsaufzeichnung bei der Betrachtung eines Türgriffes (gestaltet von Phillippe Starck).

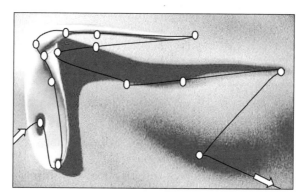

Abbildung 3.19: Beispiel für eine Blickverlaufsaufzeichnung

Die Anwendung der Blickaufzeichnung ist denkbar zur Prüfung der wichtigsten Details eines Design (werden meist zuerst und am längsten fixiert) sowie zur Prüfung des Aufmerksamkeitsgehaltes von Produkten, z. B. im Regal. Zu diesem Zweck könnten verschiedene Verpackungsentwürfe zu Konkurrenzprodukten platziert und den Versuchspersonen dargeboten werden. Die Blickaufzeichnung kann direkt oder indirekt erfolgen. Die direkte

Messung geschieht mit Hilfe einer Spezialbrille, welche die Versuchsperson trägt, oder mittels einer Infrarotprojektion. Ein Nachteil kann darin bestehen, dass sich die Versuchsperson ständig über den Testcharakter der Situation im Klaren ist und es daher zu Verzerrungen des „natürlichen" Verhaltens kommen kann. Bei dem indirekten Verfahren werden Augenbewegungen mit einer Kamera aufgenommen und dann vom Beobachter den fixierten Objekten zugeordnet. Wegen der Problematik der Zuordnung bleibt der Einsatz der indirekten Methode auf Bilder oder visuelle Vorlagen mit wenigen Elementen begrenzt.

Es sind drei Methoden der Blickaufzeichnung gängig:

a) das Kamera-Verfahren des Instituts Compagnon (Marktforschungsinstitut Stuttgart),
b) das Verfahren mit dem NAC eye mark recorder,
c) berührungslose Blickaufzeichnung bei computergestützten Verfahren (SMI).

a) Blickaufzeichnung mittels Kamerabeobachtung

Beim „Compagnon-Verfahren" sitzt die Versuchsperson an einem Spezialtisch, und ihre Augenbewegungen werden beim Studium des Werbeträgers, der die Anzeigen enthält, mit einer für die Versuchsperson nicht erkennbaren Kamera registriert. In der Auswertung werden dann die mit einer Kamera registrierten Anzeigenelemente entsprechend zugeordnet. Dieses Vorgehen wird als sehr realistisch, aber im Hinblick auf die Aussagen als problematisch angesehen.

b) Blickaufzeichnung mittels Brille

Bei der Methode mit einem NAC eye mark recorder (Spezialbrille) wird beobachtet, wie oft, wie lange und in welcher Reihenfolge eine Versuchsperson welche Elemente der Anzeige betrachtet. Dieses Verfahren wird allgemein als das „wissenschaftlichere", weil genauere Verfahren angesehen. In der Brille befinden sich pro Auge eine Infrarotlichtquelle und zwei Fotozellen. Beim Betrachten eines Bildes wird infrarotes Licht auf die Augen gestrahlt, reflektiert, von einer Fotozelle aufgefangen und in elektrisches Potenzial umgewandelt und aufgezeichnet.

c) berührungslose Blickaufzeichnung bei bildschirmgestützten Medien (SMI)

Das *Remote Eyetracking Device* ermöglicht die Blickverlaufsregistrierung bei Nutzung bildschirmgestützter elektronischer Medien. Der Vorteil des von der Berliner Firma *Senso-Motoric Instruments* (SMI) entwickelten Systems ist die berührungslose Funktionsweise. Die Versuchspersonen bekommen hier keine „Blickaufzeichnungsbrillen" aufgesetzt, was ihr Blickverhalten beeinträchtigen könnte. Ihr Wahrnehmungsverhalten entspricht mit diesem System eher den realen Bedingungen der Mediennutzung.

In ca. einem Meter Abstand vom Probanden wird das *Remote Eyetracking Device* unterhalb des Stimulus-Monitors aufgestellt. Eine schwache Infrarot-Lichtquelle beleuchtet das Auge der Versuchsperson. Die in den Eyetracker integrierte CCD-Kamera liefert ein schwarzweißes Videobild des Auges. Dieses zeigt neben der Pupille auch einen durch das infrarote Licht erzeugten Reflexpunkt auf der Hornhaut, den Cornealen Reflex.

Eine Analyse-Software (*iView*) berechnet aus dem relativen Abstand von Pupille und Hornhautreflex die Blickbewegung. Mit Hilfe von spezieller Videohardware lässt sich ein bewegter Cursor in das vom Stimulusmonitor abgegriffene Signal einrechnen, er zeigt den Blickverlauf. Die Software bietet umfangreiche statistische Funktionen zur Analyse der Augenbewegungen. Neben Fixationsfolgen können beispielsweise Betrachtungszeiten für definierte Screenbereiche ermittelt werden. Bei bewegtem Bild ist derzeit noch eine manuelle Auswertung der auf Videoband gespeicherten Blickverläufe notwendig. Nach der einmaligen Kalibrierung des Probanden erfolgt die Blickaufzeichnung vollautomatisch. Ein von Schrittmotoren angetriebenes Spiegelsystem kompensiert Kopf- und Körperbewegungen des Probanden mit einer Geschwindigkeit von maximal 10°/Sekunde. Bei einer Distanz von einem Meter zur Versuchsperson kann somit auf einer Fläche von 40 × 40 cm nachgeführt werden.

3.9.1.2 Tachistoskopisches Verfahren und Perimeter-Test

Das tachistoskopische Verfahren gehört zu den aktualgenetischen Methoden von Markentests. Aktualgenetische Methoden untersuchen die prozessuale Entstehung der (optischen) Wahrnehmung. Bei dem vorliegenden Verfahren werden mittels eines Tachistoskops, welches entweder als Projektionstachistoskop (Bildprojektionen auf eine Leinwand) oder als Einblick-Tachistoskop (Guckkasten, in dessen Innenseite ein Bild oder ein Objekt aufgestellt ist) zur Anwendung kommt, kann ein Objekt für unterschiedliche Zeitdauern, beginnend bei etwa einer Millisekunde, exponiert werden, um die jeweils bei verschiedenen Darbietungszeiten wahrgenommenen Eindrücke zu erfragen.

Hierbei können Informationen über die erste, gefühlsmäßige Interpretation des wahrgenommenen Gegenstandes bei sehr kurzen Darbietungszeiten gewonnen werden. Bei sukzessiver Steigerung der Expositionszeiten des Objektes (bis ca. einer Sekunde) können Erkenntnisse über den Prozess des genaueren Erkennens, Verstehens und Interpretierens des Dargebotenen gewonnen werden.

Die erste gefühlsmäßige Interpretation des Gesehenen wird vielfach als Anmutung bezeichnet. Sie wird bei sehr kurzen Darbietungszeiten noch nicht von rationalen Erwägungen überlagert oder korrigiert, sodass es möglich ist, Informationen über eine thematisch „richtige" Anmutung zu gewinnen, also zu prüfen, ob der erste diffuse Eindruck in der Richtung des exponierten Produktes liegt, oder einen ganz anderen, vielleicht unbeabsichtigten, Eindruck liefert.

Mit einer längeren Darbietung können auch speziellere Informationen, wie die grafische Gestaltung eines Etikettes oder die Tape-Deck-Aufteilung einer Stereoanlage, auf ihre Wahrnehmung getestet werden.

Ein tachistoskopisches Vorgehen zur Messung der *akustischen Wahrnehmungsentstehung* ist ebenso vorstellbar wie das eben beschriebene Verfahren. Im Gegensatz zur optischen Wahrnehmungsmessung werden bei der Messung der akustischen Wahrnehmung mittels eines Gerätes Töne oder Melodien kurzzeitig bzw. in variierenden Dispositionszeiten dargeboten und abgefragt, welche Assoziationen der Probant mit dem Dargebotenen verbindet.

Ein weiteres aktualgenetisches apparatives Verfahren ist die Prüfung des Blickwinkels mittels eines Perimeters. Dieses Gerät zeigt an, bei welchem Blickwinkel die visuelle Wahrnehmung des Objektes einsetzt, wie stabil die Objektform auch bei Verzerrung des Blickwinkels bleibt und wie lange die Hauptseiten des Objektes oder Produktes sichtbar bleiben. Das Produkt wird auf eine Rotationsplatte mit Grundmarkierungen positioniert und vor dem Betrachter gedreht, um das „Vorbeigehen" an einem Produkt zu simulieren.

3.9.1.3 Programmanalysator

Neben der Wahrnehmung und der Aktivierung ist die Stärke und die Richtung der Gefühlsreaktionen, d. h. der Emotionen, eine wichtige Komponente für die Akzeptanz einer Marke oder eines Wahrnehmungsgegenstandes. Eine Marke muss nicht nur sachlich überzeugen durch ihre Qualität und ihre Funktionen, sie muss auch gefallen. Emotionen kann man allgemein mündlich oder schriftlich abfragen. Das spontane Gefallen, die Spannung, welche z. B. bei einem Film an bestimmten Stellen auftritt und nicht einfach in Worte zu fassen ist, lässt sich jedoch über eine Befragung nur mit Mühe und meist hinterher ermitteln. Das kann Verzerrungen in der Erinnerung auslösen und oft zu unpräzisen Aussagen führen.

Eine einfache nicht-verbale, apparative Methode, mit der man spontane Emotionen (nichtverbale Gefallensreaktionen) während einer Darbietung oder Disposition von Reizmaterial (Produkt, Spot etc.) messen kann, ist der Programmanalysator. Dieses Gerät gleicht einem Kipphebel oder einem Joy Stick, den die Testperson in zwei Richtungen bewegen kann. Eine Richtung steht für positive und die andere entsprechend für negative Emotionen. Das Ausmaß der Hebel-Bewegung in die jeweilige Richtung gibt zugleich die Stärke der Emotionen an. Dieses Verfahren ist sowohl wissenschaftlich (vgl. Neibecker, 1985) als auch praktisch (Procter & Gamble) vielfach verwendet und untersucht worden und hat seine Eignung nachgewiesen.

3.9.1.4 Elektrodermale Reaktion (EDR) und EEG

Menschliche Aktivierung ist eine wichtige Voraussetzung dafür, dass Informationen überhaupt aufgenommen und verarbeitet werden. Der Grad der Aktivierung gibt uns Aufschluss darüber, wie aufnahmefähig eine Person für Informationen ist. Das Ausmaß der Aktivierung kann jedoch auch das Optimum für die Leistungsaufnahme übersteigen, wenn z. B. Panik auftritt. Dann nimmt die Leistungsfähigkeit (Lernen, Verarbeiten von Informationen) ab.

In der Markenforschung ist es hilfreich zu wissen, inwieweit eine Anzeige, ein Produkt, ein Spot etc. in der Lage ist, den Betrachter auf sich aufmerksam zu machen. Von dieser Fähigkeit hängt es nicht zuletzt ab, ob eine Marke erfolgreich ist oder nicht. Ein geeigne-

206   3 Die Konzeption des Marken-Design

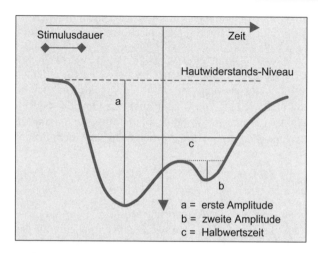

*Abbildung 3.20: Elektrodermale Aufzeichnung
(Quelle: Kroeber-Riel/Weinberg, 1999, S. 67)*

tes Verfahren zur Messung der menschlichen Aktivierung auf physiologisch-apparativer Ebene ist die Messung des elektrischen Hautwiderstandes mittels einer Apparatur. Dieser auch als Hautgalvanometer oder „Lügendetektor" bezeichnete Apparat misst die mit Aktivierungsschwankungen verbundenen Änderungen des elektrischen Hautwiderstandes an den Handinnenflächen beim Menschen. Zur Aufzeichnung der elektrischen Impulse wird ein Schreiber (Polygraph) verwendet, der die aufgenommenen Werte, die auf unterschiedliche Aktivierungsstärken und Dauern hinweisen, in Form von Kurven aufzeichnet.

Veränderungen im Aktivierungsniveau von Probanten stellen sich durch einen so genannten „Kurventrend" dar, wogegen die kurzfristigen, d. h. phasischen Schwankungen der Aktivierungen nach einem Einzelreiz durch entsprechende Kurvenausschläge wiedergegeben werden. Mit dem EDR kann nur die Aktivierungsstärke und -dauer gemessen werden, keinesfalls aber die Ausprägung, ob der Reiz als angenehm oder unangenehm empfunden wird.

Mit dem Elektroenzephalogramm (EEG) werden Aktivierungs-Schwankungen im Gehirn gemessen, um auf die Aktivierung über die bioelektrischen Vorgänge im Zentralnervensystem zu schließen. Dieses Verfahren ist vergleichsweise aufwändig.

3.9.1.5 Apparent-Size-Verfahren

Ein weiteres apparatives Verfahren ist die Prüfung der scheinbaren Größe eines Objektes. Gleich große Produkte können z. B. bei unterschiedlicher Farbgebung (schwarze Packung gegen weiße Packung) unterschiedlich groß wahrgenommen werden (Irradiationsphänomen). Die Prüfung wird mittels eines Apparent-Size-Meters durchgeführt, der aus einem dunklen Tunnel besteht, in dem an einer bestimmten Stelle eine Leuchtmarke angebracht ist und in dem ein Produkt auf einer Schiebeplattform nach vorn oder hinten geschoben werden kann, bis die Versuchsperson glaubt, das Produkt auf die gleiche Höhe zur Leuchtmarke gebracht zu haben. Aufgrund optischer Täuschung wird ein größer erscheinendes Produkt hinter der Leuchtmarke zu stehen kommen. Der Abstand zwischen Produkt/Objekt und Leuchtmarke ist das Maß für die scheinbare Größe.

3.9.1.6 Befragung und Gruppendiskussion

Unter diesem Begriff werden diverse Erhebungsmethoden zusammengefasst, die das Ziel haben, die Personen zu bestimmten Antworten zu veranlassen. Man kann grundsätzlich mündliche, schriftliche, telefonische, computergestützte Befragungen und in Gruppendiskussionen unterscheiden. Bei der Befragung kommen unterschiedliche Fragetechniken zur Anwendung: offene Fragen, geschlossene Fragen, W-Fragen (wer, was, wann, warum, wo, wie viel etc.).

Bei der Gruppendiskussion werden unter der Leitung eines qualifizierten Moderators sechs bis zehn nach bestimmten Kriterien ausgesuchte Mitglieder über ihre Meinungen und Einstellungen zu bestimmten Themenbereichen und Marken etwa ein bis vier Stunden lang befragt. Durch die Erzeugung einer möglichst alltäglichen Gesprächssituation und die Anregungen, offen über Themen zu sprechen, sollen bestimmte Hemmungen der Diskutanten schwinden und Erkenntnisse über verborgene Kaufmotive, Einstellungen und spontane Reaktionen auf Produkte etc. gefunden werden.

3.9.1.7 Die Methode des lauten Denkens

Ein verbales Verfahren, welches ohne Apparaturen auskommt und welches bei episodischen Darbietungen, wie z. B. Spots, Filmen, Musikstücken, zum Einsatz kommt, ist die Methode des lauten Denkens. Hier werden die Versuchspersonen gebeten, während der Darbietung des Reizmaterials begleitend ihre Eindrücke, Emotionen, Wahrnehmungen, Bewertungen etc. laut zu schildern. Diese werden aufgezeichnet und ausgewertet. Der Nachteil dieses Verfahrens besteht darin, dass nur solche Eindrücke verwertet werden können, die auch verbalisierbar und verbalisiert worden sind. Nichtsprachliche Eindrücke und Empfindungen können hier nur hilfsweise und indirekt ermittelt werden.

3.9.1.8 Assoziationsprüfung und Zuordnungstest

Bei der Prüfung von Assoziationen wird der Versuchsperson meist als Reizobjekt ein bestimmtes Produkt/Marke vorgelegt mit der Anweisung, ihre Gedanken, Gefühle, Emotionen spontan zu äußern. Mit diesem Verfahren können Aufschlüsse über die Gesamtheit der von den Marken ausgelösten Vorstellungen gewonnen werden, die wiederum gewisse Schlüsse zur Zustimmung/Ablehnung gegenüber der Marke zulassen. Es gehört hierzu auch die Abfrage über Assoziationen bezüglich der farblichen, grafischen, formalen und Material-Gestaltung der Marke. Wenn man etwa die Versuchsperson bittet, aufgrund einer vorgelegten Packung über den Inhalt zu assoziieren, können Erkenntnisse darüber gewonnen werden, welche Erwartungen über den Inhalt durch die Gestaltung des Verpackungsäußeren kommuniziert werden. Durch derartige Assoziationstests können im Vorwege etwaige später auftretende Erwartungsenttäuschungen beim Käufer der Marke vermieden werden. Ähnliche Erkenntnisse wie die Assoziationsprüfung vermittelt der Zuordnungstest.

> *Beispiel:* Bei einem Pralinen-Sortiment mit unterschiedlichen Preislagen ist beipielsweise nachzuprüfen, ob das Werterlebnis, das die Verpackungen der einzelnen Sorten kommunizieren, den tatsächlichen Preisauszeichnungen entspricht. Hierzu könnten Versuchspersonen aufgefordert werden, den Pralinenverpackungen die „richtigen" Preisschildchen, die angeblich durcheinander geraten waren, wieder zuzuordnen.

3.9.1.9 Exploration und Verhaltensbeobachtung

Weitere nicht-apparative Verfahren bei Markentests sind die psychologische Exploration von Konsumenten, die über ihr Markenerleben nach mehrfachem Produktgebrauch berichten oder zu Erfahrungen mit erstmals benutzten Produkten Stellung nehmen. Des Weiteren können Verhaltensbeobachtungen bei der Handhabung mit Markenprodukten wertvolle Aufschlüsse geben, um Erkenntnisse über die Gestaltung von Verschlüssen, Handgriffen, Bedienungsknöpfen etc. zu vermitteln.

3.9.2 Posttest-Verfahren

Die Posttest-Verfahren werden eingesetzt, um sich *nach* der Einführung von Marken in den Markt, *nach* der Schaltung von Anzeigen, bzw. Spots über die Wirksamkeit der Gestaltung bei den Zielgruppen einen Eindruck zu verschaffen. Die Wirksamkeit der Gestaltung kann z. B. entweder im erfolgten zusätzlichen Abverkauf (Erstkauf, Wiederholungskauf), in zusätzlicher Werbeerinnerung (Recall, Aided Recall, Recognition) oder in gestiegener Akzeptanz, Sympathie, Vertrauen, Loyalität oder Bekanntheit einer Marke zum Ausdruck kommen. Aufgrund der Ergebnisse eines Posttest-Verfahrens ist eine nachträgliche Änderung der Gestaltung mit zum Teil erheblichem organisatorischen und finanziellen Aufwand verbunden. Daher „rechnet" sich eine Vorprüfung der Gestaltung von Objekten in den meisten Fällen, falls nicht genügend Informationen über die Reaktionen der Zielgruppen bereits vorliegen.

Selbstverständlich können die zuvor angesprochenen Test- und Mess-Verfahren, sowohl apparative als auch nicht-apparative Techniken, auch nach Fertigstellung und nach der Markteinführung zur nochmaligen Überprüfung oder Absicherung der Gestaltung eingesetzt werden. In erster Linie kommen hier aber die ex post-Erhebungen in Form von

Befragungen und Beobachtungen mittels Fragebogen (z. B. beim Panel) oder mittels Computerbefragung (z. B. in der Testmarktforschung) zur Anwendung.

Weitere Methoden sind die *Tracking-Studien*, d. h. in gleichen Zeitabständen erhobene Akzeptanztests und Beurteilungstests von Werbeanzeigen, Werbespots oder sonstigen Werbemitteln oder die als *Panel* angelegten Befragungen derselben Personenkreise in regelmäßigen zeitlichen Abständen zum Einkaufsverhalten.

Recall/Recognition	Computerbefragung	Befragung (mündlich/schriftlich/fernmündlich), Day after Recall (DAR)
Produktwahl	Scanneraufzeichnung, appar. Beobachtung (Videoüberwachung)	Beobachtung/Befragung (Panel)
Erstkauf/Wiederkauf	Elektronisches Panel	Beobachtung/Befragung (Panel)
Loyalität		Beobachtung/Befragung (Panel)

Tabelle 3.19: Posttestverfahren

Als Posttests kann man auch *die Testmarktforschung* definieren, da diese unter quasirealistischen Bedingungen in einem abgegrenzten Markt stattfindet. Sie kann auch deshalb als Posttest bezeichnet werden, weil Produkte, welche in derartige Testmärkte hineinkommen, weitgehend die klassische Vortestphase abgeschlossen haben und nicht mehr wesentlich geändert werden können. Testmärkte können hier sehr kleine Märkte, so genannte Minimärkte (ein Supermarkt, eine Ortschaft etc.) sein oder regionale Testmärkte (ein Bundesland, Saarland, Berlin etc.). In Deutschland bieten derzeit zwei Institute Minitestmarktforschung an, die GfK in Nürnberg mit dem Behavior Scan und A.C. Nielsen in Frankfurt/M. mit Telerim. Bei beiden Testmethoden werden von Testhaushalten mit spezifischen Kundenkarten deren Einkäufe an den Scanner-Kassen genau registriert und ausgewertet. Die Testhaushalte erhalten auch besondere Testwerbung über eigene Zeitschriften und ein spezifisches TV-Programm mit entsprechenden Werbeblöcken.

4 Die Kommunikation des Marken-Design

Kommunikation ist ein Prozess, durch den eine Information oder eine Botschaft von einem Sender zu einem Empfänger übermittelt wird. Dieser Prozess gilt für Übertragungen von Nachrichten oder Informationen durch Zeichen aller Art unter Lebewesen und/oder technischen Einrichtungen, wobei Informations-Vermittlungssysteme technischer, biologischer, psychologischer, sozialer oder anderer Natur sein können und oft dynamische Systeme darstellen. Es gibt zahlreiche Abgrenzungsformen der Kommunikation, z. B. verbale versus nonverbale, Individual- versus Massenkommunikation, einseitige versus zweiseitige Kommunikation, oder man definiert die Kommunikationsform nach Art der kommunizierenden Zeichen: Wort, Schrift, Ton usw.

Die Gestaltung von Marken betrifft nicht nur das physische Design von Produkten und Verpackungen, sie umfasst hauptsächlich kommunikative Aspekte der Marke. Die Marke ist das gestaltete Zusammenspiel aller marketingpolitischen Instrumente, die beim Konsumenten zu einem sinnlich wahrnehmbaren Markenerlebnis beitragen. Damit wird deutlich, dass sich der hier gewählte Begriff des Marken-Design weniger an den traditionellen Design-Begriff anlehnt, sondern sich vielmehr an der Sicht der Konsumentenforschung und des Marketing ausrichtet. Kommunikative Markengestaltung kann über folgendes Schaubild (so genannte „BrandCard") dargestellt werden und vollzieht sich, wie nochmals dargelegt werden soll, im kommunikativen Prozess folgender Beteiligter:

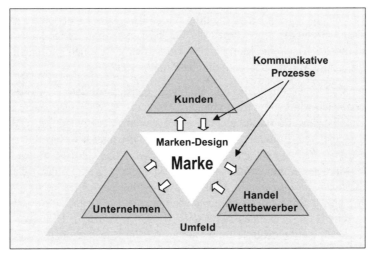

Abbildung 4.1: Das Marken-Design und die Marke im kommunikativen Kontext der Einflussfaktoren (Quelle: Linxweiler, 2001, S. 40)

In diesem Zusammenhang, wie sich Markengestaltung als Kommunikationsaufgabe darstellen und definieren lässt, sind folgende Fragestellungen von Belang:

1. Wie **funktioniert** (Marken-)Kommunikation (Welche spezifischen Erklärungsmodelle gibt es?)
2. Wer sind die **Beteiligten** an dieser Kommunikation?
3. Wie ist die Marke als Kommunikationsmittel und Kommunikationsträger **strukturiert**? (Was ist die Marke, wie ist sie aufgebaut, wie wird ihre Botschaft gedeutet?)
4. Wie **wirkt** die Marke auf die Empfänger (die Zielgruppen)?
5. Wie kann die Marke optimal entsprechend der kommunikativen Ziele **gestaltet** werden?

Dazu ist zunächst zu klären, von welchen kommunikativen Faktoren der *Entscheidungsprozess* der Markenwahl in seinem Ablauf beeinflusst wird (eigene Erfahrungen, Rat von Bekannten, Werbung, Verpackungsgestaltung, Impulsentscheidung etc.). Für die Gestaltung von Marken bedarf es daneben geeigneter Erklärungsmodelle, die Aussagen darüber zulassen, *wie* der Konsument die Marken-Zeichen aufnimmt, interpretiert und welche er gegebenenfalls präferiert (z. B. mittels motivpsychologischen, gestaltpsychologischen und kommunikationstheoretischen Erklärungsmodellen).

Geeignete Erkenntnisse können bei der Konzipierung eines *Markenstrukturmodells* (wie kann ich Marken aufbauen) verwendet werden und als gestalterische Leitlinien für die Umsetzung der Markenideen in die körperliche Markengestaltung genutzt werden. Es interessieren hier in erster Linie gestalterische, d. h. informationsvermittelnde Aspekte der Marke, soweit sie vom Konsumenten für seine Kaufentscheidung relevant sind und erst in zweiter Linie die Fragen der Produktions-, Qualitäts- und Preispolitik. Der Erfolg der Marke misst sich aus klassischer Marketingsicht an Erst- und Wiederkaufraten sowie am Marktanteil und am langfristigen Profit der Marke. Die zentrale Frage lautet daher: Wie (formal und inhaltlich) ist eine Marke zu *gestalten*, damit sie einen optimalen kommunikativen Beitrag zum Markenerfolg im obigen Sinne leistet?

Die *Ziele* der Markengestaltung, die auf dem Markt realisiert werden sollen, lassen sich aus den übergeordneten Marketingzielen ableiten. Marketingziele beziehen sich auf umsatz- bzw. marktanteilsbezogene Marktziele, wie z. B. Erhöhung der Erstkaufraten, Wiederkaufraten, Kaufintensitäten, Erhöhung der Marktanteile, Distributionskennzahlen, Preis- und Produktziele. Die *Ziele der Markengestaltung* (einschließlich des gesamten Instrumentariums der Marketingkommunikation, wie Verkaufsförderung, Public Relations) sind vorrangig *Kommunikationsziele* im Sinne der Vermittlung eines (inneren) *Markenbildes* (klares, relevantes, uniques und attraktives Markenbild, wie Logo, Design, Werbedruck, Promotion, Verpackung), welches seinerseits *Markenguthaben* in Form von Vertrauen, Sympathie, Loyalität entwickeln soll. Im Wettbewerb der Informationsflut wird sich, bildlich gesprochen, immer diejenige Information durchsetzen, die es schafft, sich an der inneren freien „Anlegestelle" des Konsumentengedächtnisses fest zu verankern. Dieses so genannte „relevant set" an schnell verfügbaren und abrufbaren inneren Markenbildern ist begrenzt. Es umfasst im Durchschnitt sechs bis sieben Marken. Die Marke, die es nicht schafft, sich dauerhaft im Kampf um die besten Plätze im Gehirn zu behaupten, wird von anderen verdrängt werden. Eine Marke muss von sich reden machen, Thema sein, mit Sympathie und Vertrauen aufgeladen werden, um sich aus dem Meer gleichwertiger Angebote herauszuheben. Die kommunikative Positionierung der Marke entscheidet daher nicht zuletzt über Erfolg oder Misserfolg. Sie muss ein dominantes, prägnantes, attraktives, aktuelles, glaubwürdiges und klares Bild von sich vermitteln, das den Bedürfnissen und Wertvorstellungen der Konsumenten möglichst entspricht oder diesen zumindest nahe kommt. Die Sprache, mit der die Marke auftritt, bedient sich häufig einer symbolischen Sprache und vermittelt so ihre Werte und ihre Benefits oder transportiert ihre Tonalitäten und Markenwelten. Diese Übersetzung zielgruppengenau zu leisten, ist eine der größten kommunikativen Herausforderungen an die Marke (vgl. Schönborn/Moltmann, 2001, S. 19)

4.1 Das Modell der Markenkommunikation

Markengestaltung heißt gestalterisches Vermitteln von Markenformen und Markeninhalten, die sich in folgenden Fragen formulieren lassen: *Wie* muss ich gestalten, damit meine Marke optimal von den Zielgruppen wahrgenommen, verarbeitet und im Gedächtnis behalten wird? Welche Aussagen, welche Bedeutungen und welche Werte müssen meine Marken tragen (*was* muss ich kommunizieren), um von den Zielgruppen präferiert zu werden? Beide Fragen betreffen die *Kommunikation* der Marke. Ein geeignetes Erklärungsmodell hierfür ist *das Modell der Markenkommunikation*, das im Folgenden näher erläutert werden soll.

Das *Grundmodell der Kommunikation:* Hier soll ein Kommunikationsmodell zugrunde gelegt werden, das an die bekannte Lasswell-Formel (Who says what (how) in which channel to whom with what effect?) anknüpft und *semiotische*, d. h. Zeichenaspekte der Kommunikation einbezieht.

Der Kommunikationsprozess startet mit der gestalterischen Umsetzung oder „Codierung" der Markeninformationen in Sprache, Schriftzeichen, nonverbale Kommunikation, wie Gestik, Mimik, Tonfall oder graphische Zeichen, Töne, Bilder. Die Kommunikation kann als direkte persönliche Kommunikation oder indirekt, über einen Massenkommunikationskanal (Print, TV, Tonträger, Plakate), ablaufen. Der Kommunikationsprozess ist dann erfolgreich, wenn die Reaktion des Empfängers einer Nachricht den vorgegebenen Kommunikationszielen (z. B. richtiges Dekodieren der Zeichen, Speicherung der Information, emotionale und/oder kognitive Reaktion) entspricht. Die Kontrolle des Kommunikationserfolges kann, in Form einer Rückkoppelungsinformation, durch Produkttests, Werbewirkungstests, Umsatzanstieg etc. mittels Marktforschung erhoben werden.

Kommunikation ist ein Schlüsselbegriff der Semiotik, der Lehre von den Zeichen. Kommunikation beruht nach der Auffassung der Semiotik immer auf dem Austausch von Zei-

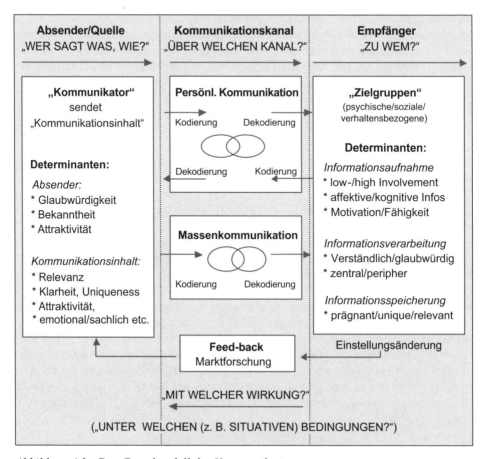

*Abbildung 4.2: Das Grundmodell der Kommunikation
(in Anlehnung an die „Lasswell-Formel" der Kommunikation)*

chen. Sie kann nur dann funktionieren, wenn Sender und Empfänger die gleiche Bedeutung mit den gesendeten Zeichen verbinden. Dies setzt wiederum eine Vielzahl von Zuordnungen auf der Grundlage mehrerer Zeichenvorräte (Repertoires) auf beiden Seiten voraus. Um eine Bedeutung transportieren zu können, von dem, der sie aussenden möchte, zu dem, der sie empfangen soll, bedarf es einer Umwandlung, bzw. Übersetzung des Zeichenrepertoires (Codierung) möglichst in das Zeichenrepertoire, welches dem Empfänger der Botschaft geläufig ist.

Codes treten selten isoliert auf, sie bilden mit anderen Codes ein Repertoire von Zeichen. Die Repertoires sind Zeichenvorräte auf beiden Seiten der Kommunikationskette, die ein Teil des Erfahrungs-/Erkenntnishorizonts darstellen. Der im Repertoire enthalten Vorrat an Zeichen ist über spezifische Relationen miteinander verknüpft. Nach diesem Modell haben sowohl der Kommunikator als auch der Rezipient ihr eigenes Zeichenrepertoire.

Je nach Art der Beziehung der Repertoires decken sich diese mehr oder weniger. Eine Verständigung ist nur möglich, wenn es, wie dargestellt, eine Schnittmenge gibt. Zeichen, die nicht dieser Schnittmenge angehören, werden nicht verstanden. Eine vollständige Deckung ist allerdings nur ein Idealzustand der Theorie (vgl. Kindervater, 2001, S. 74).

Wird die Botschaft des Kommunikators nicht aufgenommen bzw. unvollständig oder aber falsch verarbeitet oder gespeichert, dann liegen *Kommunikationsbarrieren* vor.

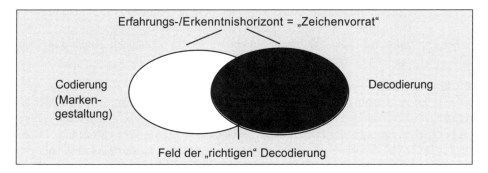

Abbildung 4.3: Codierungs-/Decodierungsfelder bei der Kommunikation (Quelle: Kaltenbach, H. G., 1975, S. 22)

Diese Barrieren können u. a. durch die Unterschiedlichkeit des Zeichenvorrates von Kommunikator und Rezipient gebildet werden. Des Weiteren können andere Faktoren eine Rolle spielen, wie fehlende Aktivierung, fehlende Prägnanz der Kommunikation, externe Störeinflüsse, wie Informationsüberlastung oder Ablenkungsreize.

Für die Marke bedeutet dies, dass die gestaltete Botschaft z. B. ein Slogan, Jingle, Logo oder auch ein bestimmtes Produkt, zwar so angelegt sein mag, dass sie bestimmte „Deutungsweisen" betont und den Konsumenten in eine entsprechende Richtung leitet. Dennoch liegt es letztendlich am Rezipienten, ob er dieses oder jenes Phänomen als Markenbotschaft identifiziert, bzw. die Botschaft einer bestimmten Marke zuordnet. Entscheidend sind dabei neben der Art der Information und Involvement oft kommunikative Erfahrungen des Rezipienten, Motivation, Rat von Bekannten, Verpackungsgestaltung, Impulsentscheidung und zahlreiche andere Determinanten.

Der Marken-Designer hat einen Einfluss darauf, wie die Marke kommuniziert, er kann Bedeutungen erzeugen, indem er gewisse Marken-Zeichen bewusst *nicht* auswält. Die Kontrolle des Kommunikationserfolges kann, in Form einer Rückkoppelungsinformation, durch Produkttests, Werbewirkungstests, Umsatzanstieg etc., mittels Markt- und Markenforschung erhoben werden.

4.2 Die Zeichentheorie (Semiotik)

Die Grundlage aller *Kommunikationsprozesse* bilden *Informationen*. Diese bestehen aus komplexen Zeichensystemen. Ohne die Existenz von Zeichen wäre es nicht möglich, sich im täglichen Leben zurechtzufinden. Die wichtigsten Zeichen sind die unserer Sprache. Diese ermöglicht Kommunikation mit anderen Menschen. Neben der Sprache gibt es eine Fülle von Zeichen, die uns umgeben, viele davon dienen der Orientierung. Die Bedeutung, die Zeichen für den Einzelnen haben, sind unterschiedlich, weshalb leicht Missverständnisse in der Kommunikation auftreten, wenn die „Zeichen" falsch verstanden werden. Zeichen können vereinfacht als eine mehr oder weniger reduzierte oder komprimierte Form von Information von etwas anderem beschrieben werden (vgl. Kowalski, 1975, S. 24). Zeichen weisen über sich hinaus auf etwas, was sie bezeichnen. Sie sind Stellvertreter von Dingen und Zusammenhängen.

Mit der Theorie der Semiotik der Marken und im Marketing beschäftigten sich bereits in den 60er Jahren Roland Barthes und Umberto Eco. In den 70er Jahren entwickelte sich ein Trend hin zum verstärkten Einsatz qualitativer Forschungsmethoden im Marketing. Damit kam es auch zur Annährung zwischen der Semiotik und der Marketingforschung. Da der inhaltliche Fokus des markenbezogenen Marketing auf den Produkten selbst lag, ging es in erster Linie darum zu ergründen, welche Zeichen und Botschaften die Waren kommunizierten, andererseits ging es aber auch darum, den Warenaustausch als einen Austausch von Botschaften zu untersuchen (vgl. Fritz, 2000, S. 508). Weitere Annäherungen waren durch das wachsende Interesse der Trend- und Marketingforschung an kulturwissenschaftlich fundierten Ansätzen in der Werbetheorie motiviert. Marketing, Semiotik und Konsumforschung haben mittlerweile weitgehend zusammengefunden, um Botschaften der Konsumgüter interdisziplinär und aus sich ergänzenden Perspektiven zu erforschen.

Bei der Semiotik des *Design* geht es um die Untersuchung und die Gestaltung von Zeichen, welche von zwei- oder dreidimensionalen Objekten ausgehen. Hier spielen die so genannten kommunikativ-ästhetischen und die Symbolfunktionen eine große Rolle. Da insbesondere Produkte, ob Konsumgüter oder Gebrauchsprodukte, in den vergangenen Jahren mehr und mehr auch zu symbolträchtigen Alltags- und Kultobjekten wurden, hat die Semiotik im Designbereich mittlerweile einen beachtlichen Stellenwert erlangt. Die Semiotik bei den *Designwissenschaften* wurde bereits in den 20er Jahren des letzten Jahrhunderts am Bauhaus und nach dem Krieg in den 50er Jahren in der Ulmer Schule (Hochschule für Gestaltung) untersucht. In den 70er Jahren befasste sich vor allem Max Bense (1971, S. 77) mit der semiotischen Ästhetik beim Produkt-Design. Bense untersuchte insbesondere Produkte im Sinne industrieller Formgestaltung, widmete sich daneben aber auch architektonischen und werbegraphischen Themen. Heute ist ein Produkt in der Konsum- oder Gebrauchsgüterindustrie ohne zielgerichtet gestaltete Zeichen kaum noch denkbar (vgl. Kindervater, 2001, S. 75 ff.).

4.2.1 Theoretische Ansätze der Semiotik

Im Zentrum der theoretischen Ansätze der Semiotik stehen die jeweiligen Zeichenmodelle. Die Begründer der allgemeinen zeichentheoretischen Richtung sind Charles Sanders Peirce und darauf aufbauend Charles William Morris. Die sprachwissenschaftliche Richtung ist insbesondere durch Ferdinand de Saussure geprägt. Allen Zeichendefinitionen in der Semiotik ist gemeinsam, dass immer eine Zeichenrelation vorhanden ist. In allen semiotischen Theorien ist ein Zeichen etwas, das für etwas anderes steht. Generell kann zwischen *dyadischen* (Saussure) und *triadischen* (Peirce, Morris) Zeichenmodellen unterschieden werden. Die einfachen Zeichenauffassungen (dyadische Relationen) gehen von einer Beziehung zwischen zwei Objekten aus, wobei das eine Objekt für das andere steht, bzw. auf das andere verweist. Neben dieser Zeichenrelation (semantisches Kriterium) wird als weitere Bedingung der meisten Zeichentheorien das Vorhandensein eines Empfängers (Rezipienten) des Zeichens (pragmatisches Kriterium) vorausgesetzt, für den das Zeichen eine Bedeutung hat, so z. B. bei triadischen Theorien (vgl. Gallert 1998, S. 25). Nachfolgend soll kurz auf die triadischen Zeichenmodelle eingegangen werden.

4.2.1.1 Charles Sanders Peirce – das System der triadischen Zeichenrelation

Der Philosoph, Mathematiker und Logiker Charles Sanders Peirce (1839–1914) gilt als wichtigster Stellvertreter der neueren allgemeinen Semiotik. Seine Zeichentheorie, die er in über 50 Jahren entwickelte, wird als die „Peircesche Basis- oder universalistische Theorie" bezeichnet. Sie ist die allgemeinste Zeichentheorie und bildet die Basis für viele weitere Ansätze. Die Stuttgarter Schule, v. a. Elisabeth Walther und Max Bense entwickelten die Peircesche Theorie zu einer allgemeinen Zeichenlehre weiter (Bentele/Bystrina 1978, S. 20; Nöth 2000, S. 59; Walther 1979, S. 45). Peirce entwickelte verschiedene Zeichendefinitionen, die alle auf einer triadischen Relation beruhen. Die allgemeinste Definition für Zeichen lautet: Das Zeichen ergibt sich aus einer „dreifachen Verbindung zwischen dem Zeichen, der bezeichneten Sache und der im Geist produzierten Kognition" (Peirce, CP 1.372, CP 2.228, zitiert nach: Nöth 2000, S. 62 ff.). Das „Zeichen an sich" besteht grundsätzlich aus einer triadischen Struktur, d. h. jedes Zeichen kann in so genannte Zeichenbezüge eingeteilt werden. Die drei Zeichenbezüge eines Zeichens sind:

1. der (Zeichen) Mittelbezug (ursprünglich: Repräsentamen),
2. der Objektbezug,
3. der Interpretantenbezug.

Nach dieser dreiheitlichen Beziehung besteht das Zeichen (Zeichenrelation) aus einem Etwas (Mittel), das sich auf ein anderes Etwas (Objekt) bezieht oder für dieses steht und für jemanden (Interpret) eine gewisse Bedeutung (Interpretant) hat. Ein weiteres Merkmal des Peirceschen Zeichens ist, dass alle drei Bezüge des Zeichens gleichzeitig wirksam sein müssen. Ansonsten liegt kein vollständiges Zeichen vor (Walther 1979, S. 50). Triadische Zeichenrelationen können in der Realität nie für sich alleine stehen, sondern Zeichen knüpfen stets an andere Zeichen an (Walther 1967, S.113).

> Dieser Sachverhalt soll an seinem *Beispiel* verdeutlicht werden: Ein Unternehmen möchte eine Marke im Ausland positionieren, wo es noch völlig unbekannt ist. Die Zeichen der Marke (Farbe, Logo etc.) werden noch nicht verstanden und können demzufolge noch nicht gedeutet werden (oder werden gar anderen Marken mit ähnlichen Marken-Zeichen zugeordnet). Ein Bezug der Marken-Zeichen auf die Marke ist zwar gegeben, aber solange diese keine Bedeutung haben, existiert im semiotischen Sinn eigentlich noch keine Marke. Erst wenn bekannt ist, wie die Zeichen zu interpretieren sind, handelt es sich um eine vollständige Marke (vgl. Kindervater 2001, S. 43).

Ein Zeichen allein kann, wie erläutert, nicht Zeichen sein. Eine Wirkung des Zeichens auf ein interpretierendes Bewusstsein (meistens als Interpret bezeichnet) ruft immer neue Bedeutungen hervor, generiert somit immer neue Zeichen (u. a. Nöth 2000, S. 62; Schönrich 1999, S.19 ff., S. 45ff.; Walther 1979, S. 113, S. 123).

Kennzeichen des Zeichens bei Peirce:

- Zeichen (Mittel) sind immer eingebunden in triadische Relationen, d. h. sie sind stets Teil eines Beziehungsgefüges. Zeichen vermitteln zwischen Objekt und Interpretant.
- Alle drei Zeichenbezüge müssen gleichzeitig wirksam sein. Weist also ein „Etwas" eines dieser Phänomene nicht auf, so liegt kein vollständiges Zeichen vor.
- Ein Zeichen entsteht nur im Bewusstsein eines Interpreten, der diese Relation bildet. Nur was als Zeichen in diesem Sinne interpretiert wird, ist auch ein Zeichen.
- Ein Zeichen allein kann nicht vollständiges Zeichen sein. Die so definierte triadische Zeichenrelation liegt nie in sich abgeschlossen vor, sondern ist immer in einen Prozess eingebunden. Interpretanten (v. a. Bedeutungen) werden auch wiederum interpretiert, d. h. die Bedeutung eines Zeichens konstituiert sich im Prinzip in einer unendlichen Folge von Interpretanten.

Ziel von Peirce war es, eine Logik der Zeichen und ihrer Kommunikation zu entwerfen (Werner 1999, S. 31). Seine Theorie ist die bislang umfassendste. Sie enthält relevante Bausteine einer allgemeinen Semiotik, wie etwa die kategoriale Grundlegung seiner Zeichendefinition, seine Zeichenrelation sowie seine Zeichenklassifikation. Ebenfalls ist die Peircesche Theorie durch eine weitgehend konsistente Terminologie gekennzeichnet. Die Elemente der Theorie sind logisch aufeinander aufgebaut und methodisch relativ fundiert. Im Mittelpunkt steht dabei der relationale, bzw. der funktionale Charakter der Zeichenbezüge. Peirce war der erste Semiotiker, der Zeichen nicht nur nach charakteristischen Merkmalen untersuchte, sondern das Zeichen in Beziehung zu etwas anderem betrachtete. Seiner Ansicht nach ist ein Zeichen nicht als statisches Gebilde, sondern als dynamischer Prozess zu sehen, in dem Beziehungen wirksam werden (Walther 1979, S.46). Anhand der Peirceschen Basistheorie ist etwa eine Differenzierung der Marken-Zeichen und der jeweiligen Gestaltungsmittel der einzelnen Zeichen möglich. Überdies können kommunikative Wechselwirkungen zwischen der Marke und dem Unternehmen, sowie Produkte auf ihre Bedeutung und Wirkung hin, durch die Theorie analysiert werden.

4.2.1.2 Charles William Morris – das behavioristische Zeichenmodell

Der amerikanische Philosoph Charles William Morris (1901–1979) entwickelte seine Zeichentheorie in den 30er und 40er Jahren des letzten Jahrhunderts vor dem Hintergrund des Behaviorismus mit sozialpsychologischem Schwerpunkt (Nöth 2000, S. 88). Bei seiner Arbeit knüpfte er teilweise an die Zeichentheorie von Peirce an. Morris Zeichentheorie beschreibt eine Verhaltenssemiotik, in der das Zeichenverhalten in drei Dimensionen der Bedeutung (signification) bestimmt wird: Im „Kennzeichnen", im „Bewerten" und im „Vorschreiben" (oder „Befehlen") (Walther 1979, S. 45 ff.). Das Zeichenmodell bildet bei Morris die Basis für die Analyse von Semioseprozessen. Morris definiert die Semiose, ähnlich wie Peirce, als „Vorgang, in dem etwas als ein Zeichen fungiert" (Adjouri 1993, S. 130). Er sieht im Zeichen ebenfalls eine triadische (Semiose-) Relation. Bezogen auf die Marke lässt sich aus der Morrisschen Definition von Zeichen Folgendes ableiten: Ein Marken-Zeichen, welches stellvertretend z. B. für ein Produkt steht, kann eine Reaktionsdisposition auslösen, obwohl das entsprechende Produkt nicht anwesend ist (Nöth 2000, S. 92 ff.).

Ebenso wie Peirce bildet Morris eine dreistellige Relation, wobei ein Zeichenträger, also das, was als Zeichen fungiert, mit drei anderen semiotischen Korrelaten in Beziehung steht. Diese sind:

- das Designat oder Denotat: also das, worauf sich das Zeichen bezieht, bzw. was bezeichnet wird (vgl. bei Peirce: Objekt),
- die anderen Zeichen im Kontext des Zeichenträgers,
- der Interpretant, also die Wirkung: der Effekt des Zeichens auf einen Interpreten, Kraft dessen das fragliche Objekt für diesen Interpreten ein Zeichen ist. Genau wie bei Peirce ist der Interpret das interpretierende Bewusstsein.

Die Analyse des Zeichenträgers führt zu den drei Dimensionen der Semiotik. Diese sind die drei großen Forschungszweige der Zeichentheorie nach Morris: Die *Syntax* (= *Syntaktik*), die *Semantik* und die *Pragmatik* (Nöth 2000, S. 90 f.). Mit seinem Ansatz strebte Morris eine allgemeine Theorie der Zeichen in allen möglichen Erscheinungsformen an (Gallert 1998, S. 38). Ein wesentlicher Aspekt dabei ist, dass er die Zeichen in Verhaltenszusammenhängen sieht (Bentele/Bystrina 1978, S. 49). Auch wenn die erklärte Unabhängigkeit der Dimensionen vom heutigen wissenschaftlichen Standpunkt aus in Frage gestellt wird, scheint die Dreiteilung als Modell einen hohen analytischen Wert zu besitzen, und sie hat großen Einfluss auf die Theoriebildung, sowohl innerhalb der Semiotik sowie auch in anderen Wissenschaften (Bentele/Bystrina 1978, S. 49). Im Weiteren soll ausschließlich auf das Morrissche Modell der Semiotik eingegangen werden.

4.2.2 Die Semiotik der Marken

Es ist naheliegend, die Erkenntnisse aus der Semiotik auf das Marken-Design zu übertragen und damit eine Integration von Semiotik und Markentheorie anzustreben. Im kulturellen Spannungsfeld zwischen Kreativität, Manipulation und Information, Bild und Text,

4 Die Kommunikation des Marken-Design

Ideologie und ökonomischer Tatsache bieten sämtliche Botschaften der Marke umfangreiche Gelegenheiten zu semiotischen Analysen. Richtig angewandt wird die Semiotik zum Dolmetscher für die Botschaften der Marke (vgl. Kindervater, 2001, S. 77 ff.).

Eine *Marke*, die als Zeichensystem kommunikativ vom Sender zum Empfänger gelangen soll, muss zunächst aus einem vom Sender aufgebauten Zeichenvorrat *codiert* werden. Der Empfänger kann die Markeninformation nur dann *decodieren* (verstehen und richtig interpretieren), wenn er über ein ähnliches oder gleiches Wissenssystem von Zeichen (Syntaktik), Zeichenbedeutung (Semantik) und Zeicheninterpretation (Pragmatik) verfügt. Die Theorie von Zeichen (Semiotik) kann nach dem Morrisschen Ansatz in drei Faktoren aufgegliedert werden, die in ihrer „Abstraktion" in Richtung der Pragmatik abnehmen (vgl. Cherry, 1967, S. 262 ff.). Diese Theorie liefert das „Grobraster" für die nachfolgenden Betrachtungen:

> *Syntaktik* (Denotation): Sie bezieht sich auf die Zeichen selbst sowie auf das Verhältnis und die Verknüpfung eines Zeichens zu einem anderen Zeichen.
> *Semantik* (Konnotation): Diese bezieht sich auf die inhaltliche Bedeutung, d. h. auf den Sinngehalt der Zeichen.
> *Pragmatik* (Evokation): Sie bezieht sich auf die kommunikative Wirkung von Zeichen/Informationen auf die Informationsempfänger.

Den Zusammenhang zwischen den obigen Faktoren der Zeichenbildung und den Kommunikationsstufen der Markenbildung zeigt die nachstehende Tabelle mit einigen Beispielen:

Produkt/Leistung	Syntaktik (Denotation)	Semantik (Konnotation)	Pragmatik (Evokation)
Identifizierung +	Differenzierung +	Semantisierung	= Pragmatisierung
Produkt/Leistung +	Markierung (Label) +	Bedeutungsaufladung	= Marke
Bier +	Flaschenausstattung +	grünes Segelschiff	= Beck's Bier

Abbildung 4.4: Zeichentheoretischer Markenaufbau (Semiotischer Markenaufbau)

Das Repertoire an gestalterischen Mitteln, das als Zeichenträgervorrat zur Markengestaltung zur Verfügung steht, beschränkt sich nicht nur auf Form, Farbe und grafische Zeichenträger. Es umfasst alle sinnlich wahrnehmbaren Zeichenträger, wie neben den genannten die Helligkeit, Düfte, Aromen, Oberflächenbeschaffenheiten, Klänge, Töne und sogar Temperaturen, Vibrationen und Räumlichkeit. Die Tabelle 4.1 stellt nochmals das Repertoire an Zeichenträgern den menschlichen Sinnesorganen gegenüber:

4.3 Syntax (Syntaktik)

Zeichenträger \ Rezeptoren	Sehen	Riechen	Schmecken	Hören	Tasten/Hautempfinden	Gleichgewichtssinn
Material/Substanz Konsistenz: hart-weich, flüssig-fest, rau-glatt,	x	(x)	(x)	(x)	X	
Form Linie, Fläche, Struktur, Textur	x				X	
Farbe/Licht Helligkeit, Sättigung Schatten	x				(x)	
Duft (gasförmig)	(x)	x	x		(x)	
Aroma (fest, flüssig)		x	x			
Klänge/Töne	(x)			x	(x)	
Bewegung (Erschütterung, Schwingung)	x			(x)	X	(x)
Temperatur	(x)	(x)	x	x	X	
Räumlichkeit (oben-unten, hinten-vorn)		x			(x)	X x

Tabelle 4.1: System der Zeichenträger und der menschlichen Wahrnehmungsrezeptoren(x) = trifft nur in wenigen Fällen oder nur indirekt zu (z. B. unterschiedliche Temperaturempfindung zwischen Sonne und Schatten auf der Haut)

4.3 Syntax (Syntaktik)

Die Syntaktik bezieht sich, wie erwähnt, auf die Zeichen selbst sowie auf das Verhältnis und die Verknüpfung eines Zeichens zu einem anderen Zeichen. Hierbei werden als Zeichen alle wahrnehmbaren und interpretierbaren Wahrnehmungsmuster verstanden, wie z. B. bestimmte interpretierbare graphische Zeichen, Formen, Farben, Geruchs- und Geschmacksstoffe, akustische Zeichen, Temperatur, Druck, Materialien, Oberflächen etc.

222 4 Die Kommunikation des Marken-Design

Verknüpfung der Zeichenelemente (Syntax)

Wie mehrere Buchstaben ein sinnvolles Wort ergeben können und mehrere Wörter einen Satz usw., so stehen alle Zeichen, ob materiell oder immateriell, in einer bestimmten Relation zueinander, deren Verknüpfung man als Syntaktik bezeichnet. Tabelle 4.2, die im Anschluss weiter erläutert wird, stellt die Ordnungsprinzipien der verschiedenen Zeichenbeziehungen dar (vgl. Kerner/Duroy, 1980, S. 274):

Ordnungsfaktoren	Relation der Zeichen	Ordnungsgrade	Zeichenbeziehungen
Ort	Gleichheit	extreme Ordnung	Richtungsschemata
Richtung	Ähnlichkeit	relative Ordnung	Ortsschemata
Maß	Verschiedenheit	Unordnung	Maßschemata
Menge	Gegensätzlichkeit	Chaos	Mengenschemata
Ausprägung	Form, Farbe, Textur		Zeitschemata
zeitl. Abstand			

Tabelle 4.2: Eine Syntaktik der Zeichen (Kerner/Duroy, a.a.O.)

Die folgende Abbildung soll die Ordnungsfaktoren von *visuellen* Zeichen verdeutlichen:

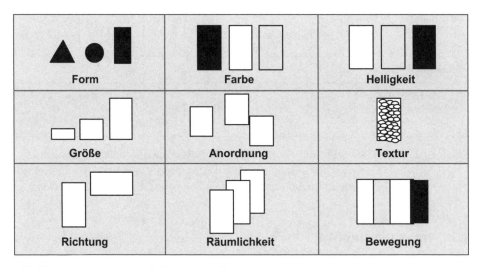

Abbildung 4.5: Eine Syntaktik der visuellen Zeichen
(Quelle: Adjouri, 1993, S. 117; vgl. Braun, 1987, S. 10)

4.3.1 Syntax-Ordnungsfaktoren

Syntaktische Ordnungsfaktoren sind *Zeit, Ort, Richtung, Maß, Menge und Abstand* der Zeichen.

> Ein *Beispiel* für eine Veränderung des Ordnungsfaktors Ort und Richtung: Bei einer teuren Markensektflasche bleiben die Form selbst sowie das Etikett unverändert. Das Etikett ist jedoch beim Aufkleben hochgerutscht und hängt noch etwas schief (Orts- und Richtungsänderung eines Zeichens). *Fazit:* Aus einem guten Markensekt kann schon durch diese kleine Veränderung ein weniger guter Sekt werden, was sich auch auf das gesamte Marken-Design auswirken kann (Änderung der Marken-Information).

Ein weiteres Beispiel: Selbst ein geringes Zeichenrepertoire kann durch Mengenänderung und Ortsvariation zu einem umfangreichen Programm vielfältiger denkbarer „Markenzeichen" werden (Veränderung durch das Verfahren der Variation).

Abbildung 4.6: Neue Gebilde durch Variation der Relation und der Ordnungsgrade (vgl. Kerner/Duroy, 1980, S. 252)

a) Die Relation der Zeichen

Kommunikation beruht u. a. auf dem Prinzip des Vergleichens. Die Zeichenelemente, mit denen Marken kommunizieren, können in Kombinationen untereinander entweder gleich (obige Abbildung), ähnlich oder verschieden sein.

b) Die Ordnungsgrade der Zeichen

Regelmäßige Wechselbeziehungen von Zeichen (Farb-, Form-, Materialzeichen und graphische Zeichen) innerhalb von Zeichenkomplexen bezeichnet man als *Zeichenordnung* (vgl. Kaltenbach, 1975, S. 59). Der Ordnungsgrad ist messbar an der Regelmäßigkeit, mit der sich Zeichenbeziehungen wiederholen, wobei Zeichenzusammenhänge folgende Ordnungsgrade einnehmen können:

- **extreme Ordnung**
- **relative Ordnung**
- **Unordnung und**
- **Chaos**

Beispiel: Man vergleiche die Ordnungsgrade der Auslagen eines Kaufhauswühltisches mit einem geordneten Gläserregal.

4.3.2 Die Zeichenbeziehungen

Wie entstehen aus der Beziehung verschiedener elementarer Zeichen, wie Form, Farbe, graphische Zeichen, räumliche Orientierung, Ordnung/Unordnung, Objektwahrnehmungen? Aus dieser Frage sind Theorien von Wahrnehmungspsychologen hervorgegangen, die alle auf der *Wahrnehmung von elementaren Merkmalen* und ihren Beziehungen zueinander sowie auf deren Verknüpfung und deren Vergleich mit vorhandenen Gedächtnisinhalten basieren. Die Wahrnehmungsentstehung von Objekten nach diesen Stufen wird u. a. anhand der *Merkmalsintegrationstheorie* beschrieben. Treisman (1993, S. 5–34) hat bei einer Kurzzeitdarbietung (eine Fünftelsekunde) von Reizmustern verschiedener Farben und Formen herausgefunden, dass diese Elementarmerkmale auf einer ersten Wahrnehmungsstufe nicht mit einer Zuordnung verbunden sind und daher auch falsch verknüpft werden können (ein rotes X, blaues S und grünes T wurde häufig als rotes S und grünes X wahrgenommen). Das führte zu der Theorie, dass verschiedene Zeichenmodalitäten zunächst in getrennten physiologischen Kanälen verarbeitet werden.

Wichtiger für die Markengestaltung ist die Frage nach dem optimalen Erkennen von dreidimensionalen Formen, wie Geräten, Verpackungen, Handling etc. Biederman (1987, S. 115–147) wählt in seiner Theorie des Erkennens anhand *elementarer Teilkörper* (Zeichenbeziehungen höherer Ordnung oder Geonentheorie) einen anderen Erklärungsansatz unter Voranstellung der Frage: Können dreidimensionale Gebilde aufgrund von einfachen Formkomponenten („Geone", d. h. geometrisches Ion), die in diesem Gebilde enthalten sind, leichter wahrgenommen werden? Aus einer kleinen Anzahl von elementaren dreidimensionalen Gebilden oder Bausteinen, wie z. B. Kugel, Zylinder, Quader, Rohr, Kegel, Pyramide kann man Tausende von Objekten darstellen. In zahlreichen Versuchen hat Biederman nachgewiesen, dass man Objekte (Verpackungen, Geräte, Markenartikelformen) leichter erkennen kann, wenn man seine wichtigsten „Geone" erkennt, auch wenn es nur wenige sind. Eine entscheidende Rolle scheint hierbei zu spielen, in welcher Zeichen-Beziehung diese Geone wiederum zueinander stehen.

Zeichenelemente, wie die oben beschriebenen „Geone" oder elementarere Zeichen, wie Punkt, Strich, Kreis, Quadrat etc. sind in der Lage, bestimmte Wahrnehmungswirkungen zu erzeugen. Tabelle 4.3 systematisiert die Wirkungen.

4.3 Syntax (Syntaktik) 225

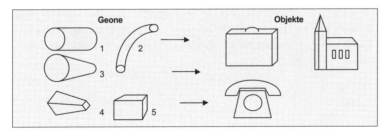

Abbildung 4.7: Kombinationen von Geonen (1–5) werden zu Objekten (Biederman, 1997, S.115 ff.)

Wirkungen Zeichenrelationen	affektive Wirkungen Aktivierung/Emotionen Motivationen/Einstellungen	kognitive Wirkungen Verständnis/ Infoverarbeitung Infospeicherung
Platzierungsrelationen (Texte/graphische Zeichen/Bilder/) Untergründe/Leerräume Vordergrund-Hintergrund oben-unten/links-rechts Richtung/Abstand/Größenrelationen Spiegelbild/auf dem Kopf stehend		
Kombination/Permutation Muster, Schraffuren, Rapporte etc.		
Beziehung der Elemente Beziehungslos Nebeneinanderstehend Integration Desintegration Gleichheit/Ähnlichkeit/ Unterschiedlichkeit		
Dramaturgie Aktivierung/Spannung/Entspannung		
Sonstige Farbigkeit/Schwarz-Weiß Erkennbarkeit/Dekodieranspruch (Wissen, Kontextbezug etc.) Neuartigkeit/Ungewöhnlichkeit Schlüsselelemente Ablenkungselemente Assoziationsreichtum Headline/Subheadline/Fließtext Kontrast/Figur-Grund-Abhebung Text-/Bildentsprechung		

Tabelle 4.3: Zeichenrelationen und ihre Auswirkungen auf die Wahrnehmungswirkungen

Die Tabelle 4.3 kann als Checkliste dienen, nach der man bei der Markengestaltung die Syntaktik der Zeichen auf die menschliche Wahrnehmung einschätzen bzw. empirisch überprüfen kann, um gewünschte Wirkungen zu erreichen bzw. um unerwünschte Wahrnehmungswirkungen auszuschließen.

4.4 Semantik

Die funktionale Austauschbarkeit der Produkt- und Leistungsangebote führt mehr und mehr dazu, dass sich die Marken zunehmend über ihren *Bedeutungsgehalt*, ihre Semantik, differenzieren (vgl. Horx/Baumann, 1996, S. 292 ff.). Gemeint ist damit die Vermittlung von Markenaussagen, Markenwerten und Markenbedeutungen, die beim Konsumenten Bilder und Emotionen auslösen und ihn langfristig an die Marke binden sollen.

Die Semantik der Markenzeichen bezieht sich auf die *inhaltliche Bedeutung*, d. h. auf den *Sinngehalt* der Zeichen, die durch die Markengestaltung kommuniziert werden sollen. Vielen Zeichen, die uns tagtäglich begegnen, ordnen wir Zusatzbedeutungen zu.

Im Zusammenhang mit dem Bedeutungssystem „Marke" sind die Begriffe *„Denotation"* und *„Konnotation"* erwähnenswert. Unter der *„Denotation"* ist die mit dem Zeichen (Wort, Bild) gemeinte Sachbezeichnung zu verstehen. Das ist die direkte, unmittelbare Bedeutung eines Wortes, Satzes, Textes oder sonstigen Zeichens, mit anderen Worten: im allgemeinen Sinne die Lexikondefinition eines Begriffes. Der Begriff Denotation leitet sich ursprünglich von lat. *denotatio* ab, was soviel wie Bezeichnung bedeutet.

Der Begriff der *„Konnotation"* geht über diesen unmittelbaren Zusammenhang hinaus und bezeichnet das darüber hinaus Mitgemeinte, die zusätzlichen Bedeutungen eines Bildes, Gegenstandes, Wortes, Satzes oder sonstigen Zeichens.

Die Konnotation ist somit nicht der referenziellen, sondern der affektiven Bedeutung zuzuordnen. Ihr Name leitet sich ab von lat. *connotatio*, was so viel wie Mitbezeichnung bedeutet. Dies ist der Teil des Zeichens, der ein bestimmtes Bild oder eine Emotion beim Adressaten auslöst. Diese Assoziationen können sowohl positiver als auch negativer Art sein.

> *Beispiele:* Die Taube ist ein Vogel, steht aber auch für den Frieden. Gelb ist eine Farbe, in unseren Kulturkreisen weckt sie aber auch die Bedeutung „Post". Mit der Marke Davidoff verbindet man edle Zigaretten, Zigarillos, Düfte und Luxus; eher für den Mann als für die Frau. Die Bedeutungen, die man mit der Marke assoziiert, hängen sehr stark von diesen Produkten ab. In diesem Bedeutungssystem war es Davidoff nicht möglich, eine Marken-Erweiterung mit Kaffee zu etablieren.

Man kann die Zeichenträger (Farbe, Form, Text, Zeichen, Duft, Klänge) nach deren inhaltlicher Bedeutung, deren denotativen Bedeutung und konnotativen Sinngehalt (Semantik) in vier verschiedene semantische Klassen einteilen (vgl. Behrens, 1982, S. 149):

1. Zeichen, die unmittelbar auf bestimmte Bedeutungen hinweisen
   (z. B. Hinweis „Hier öffnen") auf Verpackungen
2. Zeichen, die assoziativ mit bestimmten Bedeutungen verknüpft sind
   (z. B. blaue Farbe wirkt kalt, rote Farbe wirkt warm etc.)
3. Zeichen, die durch Konventionen mit bestimmten Bedeutungen verknüpft sind
   (z. B. Tachometeranzeige in einem Wagen)
4. Zeichen, die in der Massenkommunikation (Werbespots) bereits in die gewünschte Richtung interpretiert werden (z. B. durch Riechen an der Kaffeeverpackung demonstrieren, wie gut der Kaffee ist)

Beispiel: Eine Billiguhr mit grobem Armband in einer Warenschütte vermittelt zunächst in diesem Umfeld und mit entsprechender Gestaltung eine Botschaft des für gehobene Ansprüche Gewöhnlichen, qualitativ Minderwertigen und Unattraktiven. Eine völlig andere Bedeutung würde die gleiche Uhr bekommen, würde sie beispielsweise in einer Panzerglasvitrine eines Nobelladens (ohne Preisauszeichnung) liegen oder von einer elegant gekleideten Person während eines Konzerts am Arm getragen werden.

Spekulativ gesprochen führen die wahrgenommenen Inkonsistenzen zwischen den an der Uhr beobachtbaren Eindrücken (billig, gewöhnlich) und dem konträr dazu stehenden Umfeld (Nobelladen, elegante Person) wahrscheinlich zu Dissonanzen bei der Beurteilung des Produktes (und deren Reduktion, im Sinne von: „Das muss ein besonderes Produkt sein").

Sie könnten Dissonanzen bei der Beurteilung des Umfeldes entstehen lassen bzw. gegebenenfalls zu Bedeutungsverstärkung führen (im Sinne von: „Es muss einen besonderen Grund haben, dass eine solche Person gerade diese Uhr trägt").

Im entgegengesetzten Fall, bei der luxuriösen, teuren Uhr kann sich das Image, d. h. die Eigenschafts- und Wertedimension, genauso konträr darstellen wie im obigen Beispiel. Ein mit goldenem Gehäuse und Brillanten besetzter Chronometer vermittelt ein völlig anderes Markenimage, je nachdem, ob er am Handgelenk eines Stardirigenten oder einer zwielichtigen Person aus der „Unterwelt" prunkt.

Beim Vorhaben, Marken bewusst mit Bedeutungen aufzuladen, muss man neben Erfahrung und einem kreativen Gespür für Bedeutungen, auch einige semiotische Prinzipien beachten:

- „Bedeutung" ist keine statische Entität, sondern eine relationale, dynamische, kontextuale und variable Größe (vgl. Bode, 1999, S. 158).
- Bedeutung resultiert immer aus dem „Mitwirken" eines ganzen Systems, einer Struktur, einer Ordnung zwischen Zeichen.
- Ein einzelnes Zeichen hat nur im Kontext Bedeutung, es erhält seine Bedeutung durch die Beziehung zu anderen Zeichen (Semiose).

- Bedeutung ergibt sich aus dem, was das Zeichen nicht ist (vgl. Karmasin, 1998, S. 145).
- Einen sehr effizienten Weg, Bedeutungen zu vermitteln, erhält man durch die sinnvolle Kombination von Relationen zwischen Zeichenelementen.
- Die Bedeutung von Marken leitet sich neben dem Produkt aus den Marken-Zeichen, aus dem Bezug dieser Zeichen zu anderen Zeichen und aus dem internen und externen Kontext des Interpreten ab.

4.4.1 Marke, Mythos und Semantik

Der Begriff Mythos stammt aus dem Griechischen und heißt soviel wie „Wort" und „Erzählung". In einem gängigen Bedeutungszusammenhang kann man Mythos auch als Person, Sache oder Begebenheit umschreiben, welche aus mitunter irrationalen Vorstellungen heraus eine herausgehobene Alleinstellung haben und daher häufig bewundert oder gar glorifiziert werden (vgl. Fremdwörter-Duden, 1990, S. 522). Grundsätzlich haben Mythen stets eine Orientierungsfunktion: Sie wirken sinngebend und erklärend. Mythen haben Funktionen der Welterklärung und der Handlungssteuerung und in einzelnen Fällen Vorbildfunktion.

Starken Marken werden oftmals Bedeutungen und Werte zugeschrieben, die weit über den funktionalen Nutzen des Produktes hinausreichen. Sie werden zu Ikonen einer ganzen Branche, sie stehen prototypisch für die gesamte Kategorie und erhalten über diesen Mythos eine abgehobene Bedeutung, die von anderen Marken nicht erreicht wird. Der Mythos baut, ähnlich wie die Marke, auf einem semiotischen System auf, wobei dem Mythos Objekt eine über das eigentliche hinausgehende Bedeutung verliehen wird. Voraussetzung für die Mythenbildung ist ein entsprechender Bedeutungstransfer mythischer Inhalte (vor allem durch Massenmedien). Marken haben zwar nur sehr weitläufig etwas mit traditionellen Mythisierungsprozessen zu tun, aber die Kenntnis mythischer Muster, ihrer Abläufe, Wirkungsweisen etc. können Anregungen für das Markenmanagement sein, um Marken mit mythischem Charakter aufzubauen. Ein wesentlicher zu beachtender Punkt ist aber, dass Marken im Unterschied zu Mythen aktiv generiert und gesteuert werden, mit dem Ziel, sich nachhaltig im Kopf des Verbrauchers zu verankern. Mythen lassen sich jedoch in Bezug auf die Marke nicht ohne weiteres „konstruieren" (vgl. Kindervater, 2001, S. 88). Doch Marken koppeln oft an bestehende kulturelle Mythen an, z. B. an den Mythos der Schönheit, oder an den Cowboymythos. Nur einige wenige schaffen den Sprung ohne solch eine Kopplung, wie z. B. Coca-Cola.

„Eine Cola ist eine Cola, und selbst Unmengen von Geld können keine bessere Cola sichern als die, die der Streuner an der Ecke trinkt. Alle Coca-Colas sind gleich […] Liz Taylor weiß das, der Präsident weiß es, und der Streuner weiß es, und Sie wissen es auch".

Andy Warhol

4.4.2 Markenmythos und Kultmarken

Im Zusammenhang mit dem Markenmythos steht der Begriff der Kultmarke. In der ursprünglichen Bedeutung meint der vom lateinischen colere = pflegen abgeleitete Begriff cultus die äußere Form einer Gottes- oder Heiligenverehrung, bzw. die an feste Vollzugsformen gebundene Religionsausübung einer Gemeinschaft.

Der Begriff Kultmarke steht für all jene Marken, welche von einer Anhängerschaft in bestimmter Art und Weise getragen oder konsumiert werden und bis zu einem gewissen Grad als Merkmal oder Ausweis der Zugehörigkeit des Nutzers zu dieser Community dienen können. Voraussetzung für den Kultstatus einer Marke dürfte demnach sein, dass sie geeignet ist, zu einem gewissen Grad eine zentrale Ideologie der Fan-Gemeinde zu repräsentieren. Diese Ideologie muss nicht notwendigerweise die Marke selbst betreffen. Es kann die Ideologie von „Freiheit und Abenteuer" sein (z. B. durch Harley Davidson oder Marlboro verkörpert) oder die Ideologie von „Individualität und Unabhängigkeit" (verkörpert in der legendären 2 CV-Ente).

4.4.3 Anwendung von Metaphern in der Markenführung

Es gibt in der Markenführung eine Reihe von anschaulichen Beispielen, wie mittels einer Verbindung von Markenname und einem Bild, einem Slogan, einem Jingle oder dergleichen, den Marken neue, gewünschte Bedeutungen zugeordnet werden konnten, welche die Positionierungen und die Benefits der Marken verstärkt haben.

Ob direkt über den Markennamen, wie „Weißer Riese", „Meister Proper", „Der General", „Lions", „Jaguar", „Ford Mustang", oder indirekt über die Symbolik der Markenwelt, wie bei „Marlboro", „Esso", „Beck's Bier", „Jever", „Underbergs Kräuterfee", jede der Marken hat sich einer Metapher für Stärke, Sauberkeit, Weltoffenheit, Individualität, Freiheit etc. bedient, um sich in ihren Aussagen nachhaltig zu positionieren. Man kann Bilder, welche eine starke Eigensymbolik besitzen, wie den Tiger für Stärke, den Mustang für Schnelligkeit, den General für Gründlichkeit etc. als Instrument zur Generierung von Markenbildern gezielt einsetzen.

Dabei versucht man, allgemein gesprochen, von einem komplexen Symbolsystem bestimmte positive Eigenschaften herauszufiltern und zunächst zu isolieren, um sie dann im neuen Kontext wieder mit ähnlichen oder mit anderen Bedeutungen zu versehen. Hierbei sollte man darauf achten, dass die gewählten Bedeutungsträger mit ihren Bedeutungen der Zielgruppe vertraut sind.

Metaphern können sich mit der Zeit aber auch verändern, stärker oder schwächer werden. So hat sich im Laufe der Jahre die Symbolik einiger Marken abgenutzt, wie z. B. „Weißer Riese", „Ajax mit dem Wirbelwind", „fettes Essen als Symbol für den Wohlstand", oder der Marlboro-Cowboy als Symbol für Abenteuer und Freiheit. In der Regel werden die Bilder stärker im Gedächtnis behalten als die dazugehörigen Slogans, so dass Symbole und Metaphern durchaus von zunehmend „inhaltsleeren Bildern" überlagert werden können.

Welche Bedeutungen einige ausgewählte Marken besitzen und wie sich einzelne Marken hierin voneinander unterscheiden, sollen folgende *Beispiele* illustrieren (vgl. Kindervater, 2001, S. 77 ff.):

> Alle Biere stillen den Durst, aber *Beck's* hat eine andere Bedeutung als *Radeberger*: Beck's inszeniert einen Raum der Sehnsucht und des Abenteuers, Radeberger einen Vergangenheitsraum mit einer großen, kulturellen Tradition.
> Alle Autos der Luxusklasse sind technisch hervorragend. Einen *Mercedes* oder *BMW* zu kaufen heißt auch, die Bedeutung und das Gefühl zu kaufen. Alle anderen wissen, dass BMW für Freude am Fahren sowie eine gewisse Sportlichkeit steht, während Mercedes perfekte Qualität und Weltgeltung verkörpert.
> *Kinderüberraschung* ist mehr als Schokolade. Sie spielt eine ganz besondere Rolle in zwischenmenschlichen Beziehungen, besonders zwischen Eltern und Kindern, und kann als Zeichen der Liebe und Zuneigung fungieren.
> *Haribo Goldbären* sind weit mehr als gefärbte Geleemasse. Mit ihnen taucht der Konsument ins (unbeschwerte) Kinderreich ein.

Die oben beschriebenen objektiv vorhandenen Markeninformationen sagen noch nichts darüber aus, was diese bei den Konsumenten bewirken. Diese können die Marke entweder sehr attraktiv finden, sie können diese aber auch schlichtweg ignorieren. Sie fühlen sich nicht angesprochen, sie interessieren sich grundsätzlich nicht für die Produktkategorie oder sie sind nicht die Mediennutzer, in welchen die entsprechenden Informationen geschaltet sind.

4.5 Pragmatik

Im folgenden Abschnitt soll auf die Anwendung und den Zweck der Kommunikation von Marken näher eingegangen werden. In der Zeichentheorie beschreibt die Pragmatik die Wirkungen von Kommunikation (Zeichen) bei den Zielgruppen. Das können *affektive* (aktivierende, emotionale, motivationale), *kognitive* (rationale) oder auch *konative* (verhaltensbezogene) Wirkungen sein. Da das Feld der denkbaren Kommunikationswirkungen und der Kommunikationsabsichten der Gestalter sehr groß ist, ist eine Strukturierung und Typisierung der möglichen Einflüsse auf den Empfänger angebracht. Schon Kaltenbach (1975) weist auf die Problematik einer Typisierung aufgrund der engen Verflechtung von semantischen und pragmatischen Aspekten hin. Er unterscheidet in einen *thematischen* und einen *nicht thematischen* Bereich von Aussagen, der in etwa der nachfolgend beschriebenen Unterteilung in Anlehnung an Kroeber-Riel/Weinberg (1999, S. 100) in *affektive* und in *kognitive* Informationen entspricht.

Das Modell der Pragmatik soll hier in Anlehnung an die Systematik des bereits erläuterten „Markenkernmodells" dargestellt werden. Es ist sowohl auf Unternehmen als „Marke" als auch auf einzelne Produkte und Dienstleistungen, die sich als Marken profilieren wollen, anwendbar: Hier wird das „Markenkernmodell" nochmals in Frageform erläutert: Wer bin ich (Markenkern)? Wie bin ich (affektive Prozesse = Tonalität)? Was biete ich (kognitive Prozesse = Benefit/Reason Why)? Wie trete ich auf (reales und symbolisches Markenbild)? Welchen Eindruck mache ich (Markenguthaben?). Das Markenkernmodell wird mit der Abbildung 4.8 in die „Pragmatik" der Kommunikations- bzw. Zeichentheorie übersetzt, die nachfolgend erläutert werden soll.

Die nachstehende Abbildung zeigt die Gestaltungselemente der Kommunikation (die „Zeichenträger"), die „Rezeptoren" (Sinne) beim Empfänger der Informationen. Des Weiteren werden die Wirkungsmöglichkeiten der Markengestaltung auf kognitive und/ oder affektive Prozesse beim Empfänger dargestellt. Der Gestaltungs-Prozess bedient sich der Zeichenträger (Material, Klänge, Gerüche, Geschmacksstoffe, Form, Farbe, graphische Zeichen), um die Kommunikationsinhalte zu gestalten. Aus der Sicht der Zeichenträger lassen sich das Material (Stoff), Klänge, Gerüche, Geschmacksstoffe, Form und Farbe mit leichter Dominanz als Instrumente für die affektiven Informationen anwenden, während grafische Zeichen (Pfeile, Wörter, Logos etc.) bei den kognitiven Wahrnehmungsprozessen den größeren Einfluss haben können. Bei der Wahrnehmung von Informationen, seien es Marken- oder Unternehmensinformationen, spielen diese affektiven und kognitiven Informationen als Elemente eine Rolle, egal, ob sie über den Markenartikel direkt (real) aufgenommen oder über die Werbung indirekt (symbolisch) zur Entstehung eines inneren Markenbildes beitragen.

Ähnlich der hier gemachten Einteilung in affektive und kognitive Informationen unterscheidet schon Koppelmann so genannte Anmutungsansprüche als Ergebnis von affektiven Prozessen (Fehlen des Bewussten, Überlegten, Abwägenden) und Sachansprüche als Ergebnis kognitiver Wahrnehmungsprozesse.

Die *modalspezifische Wahrnehmung* (Sehen, Hören, Schmecken, Tasten, Riechen) wurde bereits erläutert (vgl. Abschnitt 1.3.3 „Die Wahrnehmung von Sinnesreizen"). Es sei hier noch anzumerken, dass ein Wahrnehmungsgegenstand im Allgemeinen mehrere Sinne anspricht. Kroeber-Riel fordert daher, die Verbundwirkungen von dargebotenen Reizen unterschiedlicher Modalität zu beachten und Reize, die mehrere Sinne ansprechen, nicht auf eine Modalität zu reduzieren, sondern diese (in der Gestaltung) möglichst multisensual darzubieten. Auf den unteren Themenkomplex des Schaubildes, der die Einstellungen, Sympathie, Loyalität und Vertrauen etc. beschreibt, wurde ebenfalls bereits eingegangen. Bei diesen Determinanten des Markenguthabens handelt es sich um „Messgrößen", welche die kurz- und langfristigen Reaktionen des Konsumenten auf die Kommunikation aufzeigen sollen.

Affektive Marken-Informationen und deren Wirkungen auf die Empfänger

Die affektiven Marken-Informationen (d. h. solche Informationen, die affektive Wahrnehmungsprozesse auslösen sollen), beinhalten, wie die zuvor beschriebene Übersichtsdarstellung zeigt, Aktivierungsinformationen, die durch ihre auffällige Gestaltung Aufmerksamkeit auf sich ziehen sollen, sowie emotionale und ästhetische Informationen.

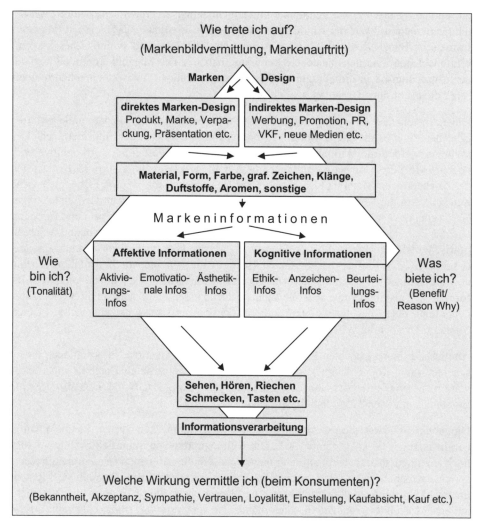

Abbildung 4.8: Struktur der pragmatisch orientierten Markengestaltung

4.5.1 Aktivierungsinformationen in der Markengestaltung

In der Markenkommunikation gestaltete Aktivierungsreize sollen Antriebsprozesse, d. h. innere Spannungen, beim Empfänger auslösen, die mit zwei Vorgängen verbunden sind: *Aufmerksamkeit* (Bereitschaft, Reize aufzunehmen) und *Orientierungsreaktionen* (unmittelbare Zuwendung zur reizauslösenden Information). Die Aktivierung fördert die Verarbeitung und die Speicherung von aufgenommenen Reizen (Verstärkerwirkungen). Bei Vorliegen mehrerer Reize führt Aufmerksamkeit zu einer Reizauswahl, wobei tendenziell die stärkeren Reize bevorzugt aufgenommen werden. Um die Wirkung der Markengestaltung zu erhöhen, kann der Empfänger gezielt durch markenspezifische Reize aktiviert werden. Hierbei ist neben den *situativen* Spezifika auch der Grad des *Involvements* (persönliche Ich-Beteiligung) beim Reizempfänger zu beachten. Sucht z. B. der Konsument gezielt nach einem bestimmten Produkt, so bedarf es für ihn der Aktivierung in weit geringerem Maße als eine wenig involvierte Person.

Bevor bestimmte Reize Aktivierung auslösen können, müssen sie zunächst einmal entschlüsselt, d. h. als solche erkannt werden. Reize, die sehr gezielt Aktivierung auslösen können, lassen sich in Anlehnung an Kroeber-Riel/Weinberg (1999, S. 71 ff.) z. B. wie folgt einteilen:

> a) **primär-emotionale Reize**
> b) **primär-kognitive Reize**
> c) **primär-physische Reize**

4.5.1.1 Primär-emotionale Reize zur Aktivierungsauslösung

Sie lösen Erregungen aus, die als Emotionen erlebt werden. Diese Reize werden im Wesentlichen über so genannte „*ererbte*", genetisch vorprogrammierte *Schemata* (erotische Reize, Gegenstände, die ein Kindchenschema beinhalten, abgebildete Augen oder Reize mit verfestigter kultureller Bedeutung wie das Bild eines Cowboys etc.) ausgelöst. Während beim indirekten Marken-Design mittels Werbeanzeigen und Spots regelmäßig mit primär-emotionalen Reizen Aufmerksamkeit ausgelöst wird, ist in der Produkt- und Packungsgestaltung Derartiges kaum oder überhaupt nicht zu finden, obgleich hier durch Verpackung, Displays, Deckenhänger, Regalstopper etc. vielfältig Gelegenheit zu gezielter aktivierender Gestaltung gegeben wäre. Hinzu kommt, dass starke emotionale Reize wegen der genetischen „Vorprogrammierung" sich praktisch nicht abnutzen und deshalb mit der Forderung vereinbar sind, die Marken-Verpackungen nach dem *„Kontinuitätsprinzip"*, d. h. mittel- bis langfristig gleichbleibend zu gestalten. Daher kann man für das Marken-Design folgende Forderung formulieren:

> **Nutze das direkte Marken-Design in der Packungsgestaltung und in der Präsentationsgestaltung, um am Point of Sale (PoS) gezielt Aktivierung mittels emotionaler, physischer und kognitiver Reize zu erzielen!**

4.5.1.2 Primär-kognitive Reize zur Aktivierungsauslösung

Sie sollen Aktivierung auslösen, die durch *gedankliche* Konflikte, Widersprüche und/oder Überraschungen die Wahrnehmung vor unerwartete Aufgaben stellen und dadurch die

Informationsverarbeitung stimulieren. Es handelt sich um Reize, die mehr oder weniger weit von einem festen *Wahrnehmungsschema* abweichen. Beispiele sind: Sierra Tequila mit rotem Hut als Verschlusskappe, WC-Ente mit geschwungenem Hals etc.

*Abbildung 4.9: Primär-kognitive Reize zur Aktivierungsauslösung
(Foto: Diego Bally, Zürich)*

Zur Erzeugung von primär-kognitiven Aktivierungsreizen werden und wurden in der klassischen Werbung oftmals Widersprüche zwischen Bild und Text benutzt: VW steht am Berg, Kommentar: „Dies ist eine Gämse", oder eine Abbildung der Stuttgarter Versicherung, in der eine Frau einen Elefanten in die Luft stemmt. Meyer-Hentschel (1988, S. 65 ff.) weist darauf hin, dass solche kognitiven Überraschungstechniken auch leicht Reaktanz hervorrufen und sich diese Reize relativ schnell abnutzen können (wie ein Witz, den man schon zum vierten Mal gehört hat). Es müsse daher stets geprüft werden, ob und mit welcher Stärke diese Techniken verwendet werden und inwieweit sie zu nachteiligen Nebenwirkungen führen können.

4.5.1.3 Primär-physische Reize als Aktivierungsauslöser

Diese Reizarten gehören zu den am *häufigsten* angewandten Methoden, um durch direktes Marken-Design bei den Betrachtern Aktivierung zu erzeugen. Aufgrund ihrer *sensorischen Qualität* (Größe, intensive Farben, Bewegungen etc.) lösen diese Reize Aufmerksamkeit und Orientierungsreaktionen aus. Diese Technik funktioniert besonders dann, wenn dadurch – besonders bei Markenartikeln im Regal – eine sensuale Ausgliederung aus dem Produktumfeld erzeugt wird. Nach gestaltpsychologischen Erkenntnissen besitzen Wahrnehmungsfelder eine gewisse Tendenz zur gestalthaften Ausgliederung von Figuren (umgrenzte, gegliederte Bereiche, die sich von einem unstrukturierten Grund abheben) (vgl. Sander, 1972, S. 103).

Diese als Figur-Grund-Differenzierung bezeichneten Prozesse hängen zum Teil von der optischen Prägnanz der Figur und zum Teil von der optischen Prägnanz der Umgebung ab.

Einer grellroten Verpackung würde man bereits ein gewisses Aktivierungspotenzial zuordnen. Steht dieses Produkt jedoch in einem Umfeld von vielen anderen grellroten Packungen, so ist eine Figur-Grund-Abhebung nicht gegeben, sie geht „unter". Beispiel: rote Verpackungen im Snack-Regal bei Chips-Tüten.

Es gibt Farbpigmente, die wie Interferenzfarben bei Schmetterlingsflügeln oder schillernden Vogelfedern wirken. Diese Farbpartikel (Markenname „Iriodine") haben die Eigenschaft, je nach Betrachtungswinkel des Beobachters in ihre Komplementärfarben umzuschlagen (aus Blau wird Gelb, aus Rot wird Grün etc.). Verpackungen, die mit solchen Farben ausgestattet sind, scheinen, sich optisch im Regal zu „bewegen" („moving colors"), indem der vorbeigehende Beobachter einen plötzlichen Farbwechsel wahrnimmt. Hierdurch entsteht im gestaltpsychologischen Sinne bereits eine „Figur-Grund-Abhebung" durch die *Eigenbewegung* des Betrachters.

Primär-physische Aktivierungswirkungen können auch durch bestimmte *räumliche Anordnungen* (z. B. Stapelung zu großen Gebilden) von Produkten erreicht werden, die dadurch verstärkt werden können, dass sich durch die Anordnung der graphischen Gestaltung beim Stapeln der Name oder Farb-, bzw. Bildrapporte (wie bei Tapetenmustern) auf den jeweils nächsten Packungen fortsetzt. Man denke bei dieser Art von Aktivierungsreizen auch an Getränkekioske in Form von überdimensional großen „Coca-Cola"-Dosen oder riesige Zeppeline in Form von Sekt-Flaschen, wie sie bei Promotion-Aktionen gelegentlich angewandt werden.

Um bei der Vielfalt der Gestaltungselemente sowie deren Aktivierungswirkungen nicht auf spekulative Allgemeinaussagen angewiesen zu sein, ist die von einer gewählten Reizkonstellation ausgelöste Aktivierung zu messen. Da Aktivierungsprozesse im Zusammenhang mit Funktionen des zentralen Nervensystems stehen, die entweder durch Außenreize oder durch Reize aus Hirnregionen (Innenreize) ausgelöst werden, können diese nur indirekt gemessen werden. Hierfür stehen drei Möglichkeiten zur Verfügung:

> Messung auf der
>
> 1. **physiologischen Ebene** (Ermittlung körperlicher Funktionen, die mit der Aktivierung zusammenhängen, z. B. Messung des elektrischen Hautwiderstands, Pupillometrie),
> 2. **subjektiven Ebene** (z. B. durch Personenbefragung),
> 3. **motorischen Ebene** (z. B. Kopfbewegung bei der Orientierungsreaktion) (vgl. Kroeber-Riel, 1992, S. 58 ff.).

Unter den obigen Messverfahren sind diejenigen auf der physiologischen Ebene durch psychobiologische Methoden (EEG (Hirnstrommessung)) oder Hautwiderstandsmessung (EDR) am ehesten geeignet, da sie die Aktivierungsprozesse am zuverlässigsten erfassen können.

4.5.2 Emotionale Informationen in der Markengestaltung

Im vorangegangenen Abschnitt wurde die Markengestaltung unter dem Aspekt betrachtet, wie ihre Informationselemente Aufmerksamkeit bei den Konsumenten auslösen können und wie diese Aufmerksamkeitswirkungen gemessen werden können. Das Thema der emotionalen Marken-Informationen betrachtet die *gefühlsmäßigen* und die *motivierenden* Elemente von gestalteten Informationen für eine Marke.

Die *Wortschöpfung „emotivational"* wäre hier sinnvoller, weil in der einschlägigen Literatur die Unterscheidung zwischen Emotion und Motivation meist zu einem Verwirrspiel von theoretischen und spekulativen Begriffen führt. Allgemein versteht man unter Motivation: Emotion (zentralnervöse Erregungsmuster + kognitive Wahrnehmung) + kognitive Zielorientierung. Hier werden beide Begriffe gleichwertig unter der Wortschöpfung emotivational geführt. Sie stellt damit ihre begriffliche Nähe und Wechselseitigkeit im Wahrnehmungsprozess heraus. Ferner soll durch diesen Begriffskonstrukt darauf hingewiesen werden, dass der Einsatz von emotionalen Markeninformationen stets auch auf eine Zielorientierung (Kaufwunsch, Hunger, Durst etc.) ausgerichtet sein kann.

Die Marketing-Literatur der letzten Jahre hat zum Thema emotionale Marken- und Produktdifferenzierung zahlreiche Beiträge geliefert, die zum größten Teil die Werbung, Verkaufsförderung, PR (indirektes Marken-Design) behandeln. In diesem Abschnitt soll besonderes Augenmerk auf das direkte Marken-Design, d. h. auf die Produkt- und Packungsgestaltung, gelegt werden. Emotivationale Marken-Informationen sind inhaltlich weitgehend mit dem in der Design-Theorie verwendeten Begriff „sinnliche Funktionen" (vgl. Bürdek, 1980, S. 60) oder mit dem Begriff der „Anmutungsleistungen" (vgl. Friedrich-Liebenberg, 1976, S. 95) gleichzusetzen. Friedrich-Liebenberg führt u. a. folgende durch Marken zu kommunizierende Leistungen auf: *Wertleistungen* (kostbar, luxuriös), *Zeitleistungen* (modern, antik, zeitlos), *Besonderheitsleistungen* (prachtvoll, extravagant, fantastisch).

4.5.2.1 Emotionale Informationen als Elemente der Markengestaltung

Das Modewort des „Erlebnismarketing" (vgl. Weinberg, 1992) ist unter dem Begriff der emotionalen Markendifferenzierung noch immer in aller Munde. Es geht um sinnliche Konsumerlebnisse, die in der Gefühlswelt der Konsumenten verankert sind und ihre Werte, Lebensstile und Einstellungen beeinflussen. Weitgehend austauschbare, ausgereifte Produktqualitäten, Marktsättigung in den westlichen Industrieländern, wenig involvierte Konsumenten etc. ließen die Markenmacher nach neuen „USPs" (Unique Selling Propositions) und neuen Markenpositionierungen suchen.

Bei der Vermittlung *emotionaler* Konsumerlebnisse durch die Marke unterscheidet man in *Stärke, Richtung und Qualität* von Emotionen. Der Zusammenhang zwischen Stärke von Emotionen und verbesserter Wahrnehmung sowie „Stimulierung" wurde bereits im letzten Abschnitt erwähnt.

Die Qualität der Emotionen bezieht sich auf spezifische emotionale Erlebnisse (Zusatzerlebnisse), die mit dem eigentlichen funktionellen Konsum einer Marke wenig oder gar nichts mehr zu tun haben, deretwegen aber immer häufiger bestimmte, „emotional aufgeladene" Marken gekauft werden. Sie haben zunächst noch keine motivationale (kognitiv zielorientierte) Komponente.

> *Beispiele* für emotional aufgeladene Marken sind: Campari (Was sonst?), die ihre Emotionalität lediglich durch die rote Farbe des Getränkes in Verbindung mit der gefühlsgeladenen Situation von Mann und Frau verbinden. Hier wird „noch" nicht an die motivierende Komponente, wie Erfolg, Prestige, Abenteuer, Tradition, Zuverlässigkeit, Appetitlichkeit appelliert. Es wird jedoch schon die Kraft der kontinuierlichen Werbung mit dem gleichbleibenden Produkt-Design deutlich, die diese Marke so unverwechselbar gemacht hat. Ähnlich wie die Markenentwicklung der Marlboro (Freiheit und Abenteuer) hat hier die Technik der *„emotionalen Konditionierung"* zum Erfolg der Marke geführt, nämlich nach dem Muster: „Biete ein Produkt in gleichzeitiger Verbindung mit einem wiederholt und über lange Zeit immer wieder dargebotenen positiven emotionalen Reiz!" Der Konsument verbindet automatisch, wie der „Pawlowsche Hund", den neutralen Reiz mit dem positiv emotionalen Reiz, sodass der ursprünglich emotional neutrale Reiz nach einer Konditionierungsphase emotional positiv erlebt wird.

Bei der Vermittlung emotionaler Markenerlebnisse hat sich herausgestellt, dass von *Bildern* besondere Wirkungen ausgehen. Diese Wirkungen von Bildern gehen insbesondere darauf zurück, dass emotionale Reize (wie Kinder, Landschaften, Speisen etc.) *direkter* über Bilder als über die Sprache wiedergegeben und vermittelt werden können. Bilder lösen (aufgrund ihrer rechtshemisphärischen Verarbeitung) automatisch und ohne weitere gedankliche Kontrollen emotionale Erlebnisse aus, während sprachliche Reize bewusster und im Allgemeinen mit stärkerer kognitiver Kontrolle aufgenommen und verarbeitet werden (vgl. Kroeber-Riel, 1992).

Die Verwendung von Bildern bei der *direkten Markengestaltung* beschränkt sich auch heute noch weitgehend auf die Abbildung des Produktinhaltes im gebrauchsfertigen Zustand. Hierbei werden leider die durch die klassische Werbung vermittelten Bilderlebnisse in die Gestaltung des Verpackungsdesigns zu wenig miteinbezogen. Beispiel: Licher Bier warb in der klassischen Werbung mit Natur (Eisvogel) und sehr prägnanter Musik.

Übertragen auf die obige Aussage könnte man z. B. das Eisvogelmotiv als Aufkleber auf die Flaschenrückseite, auf die Bierdeckel, auf die Tropfenfänger der Gläser oder als Darstellung auf einer Six-Pack-Verpackung aufbringen. Hierdurch wäre ein zusätzlicher emotionaler *Recognition Effect* zwischen wahrgenommener Werbung und dem Produkt im Verkaufsregal geschaffen. Folgende Forderung kann sich daraus ergeben:

> **Biete durch gestalterische Analogie zwischen Werbung und Produkt-/Verpackungsgestaltung sowie PoS-Gestaltung einen emotionalen gedanklichen „Anker" für den Konsumenten an!**

Wer prüft nicht vor dem Kauf eines neuen Shampoos oder eines Duschgels die emotionale Wirkung des Inhalts mit seiner Nase? Mit der *Duft*verwendung werden im Marketing *zwei Ziele* angestrebt: Gestaltung einer aktivierenden und emotional anregenden Atmosphäre oder Vermittlung von spezifischen emotionalen Konsumerlebnissen.

Der Einsatz von *Musik* zur emotionalen Erlebnisvermittlung könnte über die bisher eingesetzte Praxis der Einkaufsatmosphäre schaffenden Hintergrundmusik in den Läden eigentlich auch spezifisch für die Bewerbung bestimmter durch Musik kenntlich gemachter Produkte (Mr. Proper, der General etc.) verwendet werden.

Gerade für die Vermittlung emotionaler Konsumerlebnisse ist der adäquate Einsatz *verschiedener Reizmodalitäten* (Bild, Material, Duft, Musik etc.) wichtig. Hier greift der Ansatz des integrierten Marken-Design-Begriffes in besonderem Maße: Es geht nicht nur um die Vermittlung von emotionalen *multisensualen Konsumerlebnissen* durch *einen* Kommunikationskanal (z. B. durch die Werbung). Effizientes Marken-Design hat gerade hier die Aufgabe, das Zusammenwirken von direktem *und* indirektem Marken-Design optimal zu gestalten!

> *Beispiel*: Eine gelungene, da ganzheitliche Umsetzung durch das direkte und indirekte Marken-Design ist der Gestaltaufbau von Mr. Proper. Die auf dem Etikett dargestellte „Heldenfigur" (Seeräuber, Geist aus der Flasche, verstärkt durch Einsatz von Duftstoffen) wird in der Form der Flasche wiederholt (breite Schulterpartie, Querrippen als starke Arme, keilförmig verbreiterte Verpackungsform als Taillensymbol) und verstärkt somit durch die Form die Reinigungskraft dieses Putzmittels. Der Kopf (Verschlusskappe) wird betont klein gehalten (nach der Stereotype: starker Mann hilft schwacher Frau; vgl. Größer, 1991, S. 292). Hiermit wird das stark emotionale Markenbild aus der Werbung in fast allen Elementen des Verpackungs-Design, bis hin zur kräftigen farblichen Gestaltung und dem Einsatz von Duftstoffen, widergespiegelt und verstärkt.

Leider wird heutzutage vielfach aus vordergründigem Kostendenken auf das Design von emotional prägnanten Produkt- und Verpackungsformen verzichtet, weil man glaubt, diese Defizite durch eine graphische Gestaltung ausgleichen zu können. Das führt zu einer Vielzahl von austauschbaren und wenig emotional aufgeladenen Verpackungen.

Man denke nur an die allseits bekannte klassische Stereotype bei Joghurt: tiefgezogene Kunststoffbecher mit Aluminium-Siegel-Deckel. Man kennt zwar die *Kosteneinsparungen*, die durch eine regaloptimale und logistikgerechte „Tetra-Brick-Version" gegenüber prägnanten Formen erzielt werden können. Die *zusätzlichen Erträge*, die eine emotional funktionierende Verpackungsform einbringen würde, wird man aber nie in Erfahrung bringen können!

4.5.2.2 Motivationale Informationen als Elemente der Markengestaltung

Motivationen sind Emotion (zentralnervöse Erregungsmuster + kognitive Wahrnehmung) + kognitive Zielorientierung. Mit dem Rezept, das nach wie vor Gültigkeit hat: „Wecke ein Bedürfnis und zeige, wie es mit Deinem Produkt befriedigt werden kann", können die Motivinformationen grob umrissen werden. J. Gros (1983, S. 59 ff.) spricht in seinem Konzept der *Produktsprache* in diesem Zusammenhang von *Symbol-Funktionen*. Das sind gestaltete Informationen, die eine markenspezifische Bedeutung vermitteln sollen, wie Prestige, Gruppenzugehörigkeit, Abenteuer, Freiheit, Modernität. Hier wird zusätzlich zu den Gefühlen an einen gewissen *Belohnungswert* der Produkte appelliert (Wer Marlboro raucht, erlebt das Gefühl von Freiheit und Abenteuer; wer Ferrero-Rocher isst, ist wer! wer König Pils trinkt, der gehört dazu; wer Malteser Aquavit trinkt, gönnt sich ja sonst nichts!). Eng mit der ursprünglichen Bedeutung des Symbols verknüpft sind Begriffe wie *Status-Symbol, Prestige-Symbol*, In-Sein, Dazugehören usw.

Marken, die für eine soziale Schicht von Benutzern typisch sind, können diese soziale Schicht symbolisieren, sie werden zum Symbol des sozialen Status. Marken können eine Aussage machen über die Höhe des Einkommens, des Bildungsstandes, des gesellschaftlichen Umganges, der Weltoffenheit, etc. In diese Kategorie gehören Marken wie Chevas Regal, Glenfiddich-Whiskey, Havanna-Zigarren, Davidoff, Cartier-Parfum, Chanel, Ethno-Food, Peter Stuyvesant, Die Zeit, FAZ etc. Es gibt daneben Marken, mit deren Konsum der Verbraucher nach außen symbolisieren will, dass er ein „*cleverer Käufer*" ist. Solche Produkte haben oft ein hohes Motiv-Potenzial. Man denke nur an die Saturn- (Slogan: „Geiz ist geil!") oder an die Aldi-Käufer, die sich nach allgemeiner Ansicht in zwei Kategorien aufteilen: in a) den wirklich „*armen Schlucker*", der seine Groschen beisammen halten muss und zu dem Händler mit dem Niedrigstpreis geht. Und in b) den „*Cleveren*", welcher der Industrie ein Schnippchen schlägt, weil er davon überzeugt ist, dass die Markenartikel ihn mit ihren Hochpreisen gewissermaßen über den Tisch ziehen.

Dabei hat er längst durchschaut, dass die so genannten „No-Names" auf denselben Abfüllstationen laufen wie die teuren Markenartikel und den gleichen Qualitätsansprüchen genügen wie jene mit aufwändiger Werbung und Gestaltung. Dieser symbolisiert mit seinem *demonstrativen Konsum* bei Discountern, dass er nicht auf Konsum-Status-Symbole angewiesen ist. Er bevorzugt wahrscheinlich auch nicht den Smirnoff-Wodka mit den Zwiebeltürmchen als Schraubverschluss, sondern die höchst unscheinbare, um nicht zu sagen langweilige Flasche, in der ein Schnaps gleicher Qualität schwimmt. Zum Einkauf von HiFi-Geräten, PCs oder sonstigen Elektronikgeräten geht er natürlich zum „Media Markt", denn er sagt sich ständig: „Ich bin doch nicht blöd" oder: „Geiz ist geil!".

4.5.3 Ästhetikinformationen in der Markengestaltung

Ästhetische Informationen sprechen, ebenso wie die Motiv-Informationen, die Emotionen des Empfängers an und können subjektiv unterschiedlich erlebt werden. Da mit ästhetischen Informationen die Theorie der *Ästhetik*, also die Wahrnehmung des *Schönen,* angesprochen ist, steckt eine ästhetische Information (schön, hässlich, hübsch usw.) *als Produktsprache* praktisch in jeder gestalteten Information.

Gros (1983, S. 13 f.) und Bürdek (1980, S. 61) leiten ästhetische Informationen aus der Wahrnehmungs- und Gestaltpsychologie ab (z. B. Deutlichkeit, Ähnlichkeit von Gestaltmerkmalen, Gesetz der Nähe, Gleichgewicht u. a.). Unter *Deutlichkeit* werden die Ordnungsrelationen verstanden, bei denen durch bestimmte Entwurfsmaßnahmen schnelleres und leichteres Erkennen ermöglicht wird. Nach ästhetischen Maßstäben wird davon ausgegangen, dass ein Markenartikel oder ein Design, welcher/s *geordnet, eindeutig*, im *Gleichgewicht* ist, als schön empfunden wird. Bürdek und Gros (1980, S. 61) haben an der HfG Offenbach bereits in den 80er Jahren ein beachtliches „*Grundvokabular*" ästhetischer Gestaltungskriterien zusammengestellt.

Ästhetische Informationen durch Marken-Design können mit den Adjektiven schön-hässlich, geordnet-ungeordnet, einfach-kompliziert usw. beschrieben werden, welche durch Emotionsprofile gemessen werden können.

Es hat immer wieder Versuche gegeben, für den Begriff der Ästhetik einen messbaren und quantifizierbaren Ansatz zu entwickeln. Ein häufig verwendeter Begriff in der Ästhetik ist das so genannte „Ästhetische Maß". Dieser Begriff wurde im Jahr 1932 von dem amerikanischen Mathematiker Birkhoff formuliert (vgl. Birkhoff, G.D., 1932, S. 189 f.). Er definierte das ästhetische Maß (M) als einen Quotienten aus „Ordnung" (O) und „Komplexität" (C).

$$M = O / C$$

Birkhoff ging davon aus, dass ein Gegenstand „leichter und vergnügter" zur Kenntnis genommen wird, je leichter eine in ihm steckende Ordnung zu erkennen sei (vgl. Gunzenhäuser, 1975, S. 24). Die zweite, als Axiom betrachtete, Größe war, dass ein Kunstwerk, ein ästhetischer Gegenstand umso eher gefallen kann, je geringer die zu seiner sinnlichen Wahrnehmung erforderliche Anstrengung ist (eine Anstrengung zu sinnlicher Wahrnehmung ist proportional der Komplexität des Gegenstandes) (vgl. Klöcker, 1980, S. 251).

Die Birkhoffsche Formel wurde oft in Zweifel gezogen, dennoch wurden, von seiner Überlegung ausgehend, Erweiterungen durchgeführt, so z. B. von Gunzenhäuser und Garnich (1968). Die Birkhoffsche Formel für das ästhetische Maß wurde auch von Gros (1973, S. 20 f., S. 70 f.) aufgenommen und erläutert. Gros betrachtete den Zusammenhang zwischen Komplexitätsgrad und ästhetischem Gefallen wie folgt:

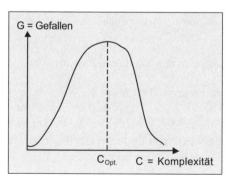

Abbildung 4.10: Zusammenhang zwischen Komplexität und Gefallen (Quelle: Gros, 1973, S. 20f.)

Das Ausmaß für das Gefallen eines Objektes nimmt mit der Höhe der Komplexität bis zu einem Optimalpunkt zu und fällt dann mit steigender Komplexität wieder ab. Diesen Zusammenhang erklärt Gros durch informationspsychologische Untersuchungen der Wahrnehmungskapazität, wonach nicht mehr als 10 bis 16 bit Informationen pro Sekunde aufgenommen werden können. Ist also das (neue) Informationsangebot des Wahrnehmungsgegenstandes zu groß, wird die menschliche Wahrnehmungskapazität überlastet und Objekte werden als „überladen", „verwirrend" und chaotisch bezeichnet. Ist dagegen das Informationsangebot entweder zu alt (bekannt) oder zu gering, dann ist das Neugierbedürfnis nicht ausreichend befriedigt, und die Objekte werden als monoton, langweilig und uninteressant bezeichnet.

Abbildung 4.11: Markenklassiker: Prägnanz durch Klarheit und einfache Formen (Quelle: Marken im Wandel der Märkte, 1994, S. 16)

In einer Studie mit 348 Personen von Esch und Langner (vgl. Esch, 2002, S. 198 ff.) wurden bei 28 Konsumgütern folgende zentralen Dimensionen der Markenästhetik ermittelt:

– *Harmonie* von Verpackungsfarben, Formen und Bildelementen
– *Modernität und Kultiviertheit* (Eleganz, Exklusivität, Zeitgemäßheit)
– *Emotionalität* (Produkte lösen freundliche, angenehme Emotionen aus)

Bei der Untersuchung von Produkten/Verpackungen spiegelten sich zwischen der schönsten und der hässlichsten Verpackung die größten Unterschiede in den obigen Dimensionen wieder. Weitere Einflüsse auf die Ästhetik gingen von der *Praktikabilität* (Handhabung) der Produkte und Verpackungen, von ihrer *Komplexität* sowie von ihrer *Vertrautheit* aus. Marken sollten sich auch ästhetisch, d. h. hinsichtlich der äußeren Gestaltung und Form und ihren „ureigenen" markentypischen Formstereotypen, voneinander abheben. Das gilt nicht nur für die Fast Moving Consumers Goods, sondern vor allem im Gebrauchsgüterbereich, wie in der Automobilindustrie, wo einige Automobil-Designs sich in ihrer äußeren Ästhetik immer mehr angleichen und somit in der Wahrnehmung der Konsumenten zunehmend austauschbar werden. Marken ohne uniques Design und ohne klares inneres Vorstellungsbild haben es schwerer, sich gegen die Konkurrenz durchzusetzen.

242 4 Die Kommunikation des Marken-Design

Abbildung 4.12: Drei „Van"-Modelle (VW-Sharan, Ford-Galaxy, Seat-Alhambra) im Vergleich (Bildquellen: www.ford.de, www.volkswagen.de, www.seat.de)

Kognitive Marken-Informationen und deren Wirkungen auf die Verbraucher

Während mit den affektiven Marken-Informationen eher die Antriebsvorgänge, wie Aktivierung, Emotionen, Motivationen und Ästhetik, in Verbindung mit kognitiven Informationsverarbeitungsprozessen beschrieben worden sind, handelt es sich bei den im Folgenden zu erläuternden kognitiven Marken-Informationen um eher sachlich-rational wirkende Design-Elemente auf der „Absenderseite" sowie um kognitive Informationsverarbeitungsprozesse auf der „Empfängerseite". Diese Informationsverarbeitungsprozesse lassen sich aufteilen in *Informationsaufnahme* (z. B. Wahrnehmung), *Informationsverarbeitung* (z. B. Denken, Problemlösen) und *Informationsspeicherung* (z. B. Lernen, Gedächtnis).

Die *Informationsaufnahme* und -verarbeitung von gestalteten Marken (Bildern) laufen, besonders bei Konsum-Marken des täglichen Bedarfs, weitgehend automatisch und mit geringen kognitiven Anstrengungen ab. Dieser automatische Ablauf der Infoaufnahme und Infoverarbeitung ist bei Marken-Bildern auf ein schematisches Erkennen zurückzuführen. Schemata sind gespeicherte, standardisierte Vorstellungen über typische Merkmale von Personen, Ereignissen oder Sachverhalten. So gehören zum *Schema* Blume die Vorstellungen der Blüte, des Blattes, des Stängels usw. (vgl. Petri, 1991, S. 185 ff.). Die Wahrnehmungsinhalte eines Markenbildes werden mit den inneren *Schemavorstellungen* verglichen. So bestimmen beispielsweise die Schemata, die wir von Marken haben, die aktuelle Beurteilung einer Marke. Auch die persönlichen Präferenzen für eine bestimmte Marke hängen wesentlich davon ab, inwieweit die wahrgenommene Marke auf bereits vorhandene innere Schemavorstellungen trifft (vgl. Meyers/Tybout, 1989). Bei der Informationsaufnahme ist zu berücksichtigen, dass Markenbilder (ob visuell, auditiv, olfaktorisch etc.) über die gewohnten Schemavorstellungen hinaus zusätzliche *Ereignisse,* d. h. weitere affektive und/oder kognitive Elemente, anbieten sollten. Bei der Anzeigengestaltung kommt es beispielsweise darauf an, „... Konturen und Fluchtlinien von Bildelementen so zu gestalten, dass sie auf das Informationszentrum gerichtet sind, z. B. auf das Produkt..." (vgl. Behrens, 1991, S. 150).

Bei der Informationsaufnahme von Markenbotschaften ist schließlich auch an die *Situation* des Empfängers zu denken. Informationskonkurrenz oder Informationsüberlastung sowie starke Umfeldablenkung von der eigentlichen Information haben dazu geführt, dass die Informationsaufnahme immer stärker beeinträchtigt wird. Das Wahrnehmen von gestalteten Markeninformationen wird in der Literatur als *Informationsverarbeitungsprozess* beschrieben, der von jedem einzelnen Individuum *subjektiv* anders interpretiert und in einen für ihn subjektiv sinnvollen Zusammenhang gebracht wird. Dieses Wahrnehmen hängt u. a. von den Eigenschaften der Markeninformationen, dem Individuum selbst (Aktivierung, Fähigkeiten) und von der Wahrnehmungssituation ab, in der diese Informationen dargeboten werden (vgl. Kroeber-Riel, 1993, S. 62 ff.). Es wurde festgestellt, dass erste emotionale Bewertungen von Bildern bereits in der vorbewussten Phase der Wahrnehmung stattfinden (Eindruck von Personen bei kurzfristiger Darbietung, etwas Angenehmes/Unangenehmes gesehen zu haben, ohne das Bild selbst erkannt zu haben) (vgl. von Rosenstiel, 1981, S. 64). Hierbei bestimmen die Reaktionen auf *Farben und Formen* den allerersten Eindruck wesentlich mit. Danach erfolgt die erste schnelle (und gedanklich kaum kontrollierte) Dekodierung durch den oben beschriebenen Schema-Vergleich, der das weitere Wahrnehmungsverhalten steuert. Dann erst folgt die Verarbeitung von einzelnen Bildelementen, wobei die *räumliche Anordnung* der Bilder für das Verständnis sehr wichtig zu sein scheint. Hierauf folgen assoziative Verknüpfungen, die zu einer ausgeprägteren Verarbeitung führen und innere Gedächtnisbilder (Imageries) aufbauen.

Das Entstehen und die Wirkung von bildlicher und sprachlicher *Informationsspeicherung* ist u. a. durch die Theorie der dualen Kodierung von Paivio erklärt. Nach dieser Theorie geht man davon aus, dass Informationen, egal ob sprachliche oder nichtsprachliche Reize, von Konsumenten oft in die Form innerer Bilder kodiert werden, wobei zwischen *Wahrnehmungsbildern* (innere Bilder, die während des Betrachtens von Gegenständen oder Bildern entstehen), so genannten „*eidetischen Nachbildern*" (innere Bilder, die nach dem Entfernen des Wahrnehmungsgegenstandes noch eine Zeitlang vorhanden sind), *Gedächtnisbildern* (gespeicherte Wahrnehmungsbilder) und zukunftsgerichteten bildhaften Vorstellungen (Antizipationen, „Träumereien") unterschieden wird. Besonders wichtig für das Marken-Design ist die Vermittlung eines möglichst lebendigen Markenbildes, das sich auch auf die *Lebendigkeit* des inneren Vorstellungsbildes der Marke auswirkt. Die Präferenzen für bestimmte Marken hängen von der Klarheit und Deutlichkeit des inneren Bildes ab (vgl. Stark, 1992, S. 152). So wird das *innere Bild* der Marke „Milka" oder „Camel" wahrscheinlich klarer sein, als die innere Vorstellung der Marke „Alpia" oder „Lord extra". Die beiden Erstgenannten werben sehr viel stärker mit dem Markenbild und haben auf der Verpackung konkrete Tierdarstellungen, die bei der „Camel" darüber hinaus auch noch sprachlich durch den Markennamen unterstützt werden. Die beiden letztgenannten haben eher weniger prägnante Packungen und bewerben ihre Marken weit weniger umfangreich. Es ergibt sich hieraus folgende Forderung:

Für die Wiedererkennung einer Markenwerbung durch die Markendarbietung im Regal sollte der Aufbau eines assoziationsreichen, gestaltfesten und eigenständigen, emotionalen Marken-Designs (direkt und indirekt), das in beiden Fällen mit Design-Elementen die Zusammengehörigkeit darstellt, eingesetzt werden!

Auch spielen der *Detailreichtum* von Abbildungen, besonders bei Fotoabbildungen, sowie die *räumliche Organisation* der Bildelemente für die Speicherung der Informationen eine wichtige Rolle, weil sie die Wirklichkeit besser darstellen können und auch vielfältigere Einzelheiten für gedankliche Anker bieten (vgl. Ruge, 1988, S. 105). *Dynamische* und *interaktive* Abbildungen unterstützen auch die Informationsspeicherung von Bilddarstellungen. Darüber hinaus hat man herausgefunden, dass Bildmotive (besonders in der Werbung), welche eine *persönliche Betroffenheit* auslösen und assoziationsreich sind, die Einprägsamkeit verstärken. Wie weit die Werbung durch Auslösung von Betroffenheit gehen darf, wurde in den letzten Jahren häufig diskutiert (Bennetton-Werbung, Otto Kern-Werbung).

4.5.4 Ethische Informationen in der Markengestaltung

Ethik ist die Lehre vom sittlichen Wollen und Handeln des Menschen in verschiedenen Lebenssituationen. Es geht hierbei auch um *Werte* (im Sinne von gut oder schlecht) als Bezugssystem des Verhaltens.

Abbildung 4.13: Ethische Anzeigen für Produkte – glaubwürdige Vergleiche?

In einer Zeit der Marktsättigung, der austauschbaren Produktleistungen, der immer höheren Produktversprechungen und der gleichzeitig wachsenden Skepsis vieler Verbraucher gegenüber der Werbung und gegenüber Markenartikeln ist die Frage nach den Werten, nach der *Glaubwürdigkeit* der Marken, wieder stärker in den Vordergrund getreten. Es wird weniger über die sachlichen und funktionalen Qualitätsmerkmale differenziert, sondern zunehmend über emotionale Erlebnisse, die jedoch manchmal Defizite an Glaubwürdigkeit aufweisen. Oft sind ethisch orientierte Positionierungen zu wenig glaubhaft mit dem Produkt selbst verbunden und können somit Akzeptanzdefizite aufweisen.

Beispiele: Shell warb im Frühjahr 1995 mit ihrem Engagement für die Umwelt und versuchte damals gleichzeitig, eine ausgediente Ölplattform im Atlantik zu versenken. „Hipp" warb für gesunde, ökologische Babynahrung und geriet in die Schlagzeilen wegen angeblich zu hohem Zuckergehalt in ihren Kindertees. Wenn die Marken nicht mehr den Wertvorstellungen der Verbraucher entsprechen, dann sind diese in immer stärkerem Maße bereit, sich aktiv zu „wehren". Dieser Trend hat seit längerer Zeit in den USA zu einer eigenen Fernsehsendung (Shame on You) geführt.

Eine beispielhafte Umsetzung der ethisch-idellen Positionierung zeigt das thailändische Tochterunternehmen des deutschen Chemie- und Pharmakonzerns Merck. Zusammen mit der lokalen Hilfsorganisation „Care" ist man eine langfristige Partnerschaft zur Hilfe der armen thailändischen Bevölkerung eingegangen. Die Hilfsorganisation wird nachhaltig finanziell und mit sonstigen Mitteln unterstützt, und man hat diese Zusammenarbeit sogar zum Slogan erhoben („Always one step ahead, because we care"). Hiermit hat sich das Unternehmen eine Alleinstellung in der ethisch-ideellen Positionierung gesichert und profitiert durch die Partnerschaft auch selbst von der Glaubwürdigkeit und der Akzeptanz dieser bekannten Organisation.

Abbildung 4.14:   Beispiel ethisch-ideeller Positionierung einer Corporate Brand

Mit ethischen Markenpositionierungen können sich Unternehmen dauerhaft und glaubwürdig positionieren und halten einen starken USP. Die entsprechenden Werte und Inhalte müssen jedoch konsequent gelebt werden und über das Marken-Design konsistent und kontinuierlich kommuniziert werden, um den Erwartungen der Konsumenten an die Marke gerecht zu werden.

Hierbei spielt vor allem glaubwürdige und verantwortungsvolle Unternehmenspolitik gegenüber den Herausforderungen der Zeit und den Wertevorstellungen der heutigen und zukünftigen Gesellschaft eine entscheidende Rolle.

4.5.5 Anzeicheninformationen in der Markengestaltung

Anzeicheninformationen beziehen sich in erster Linie auf die *praktischen Funktionen* einer Marke oder geben über technische oder andere Produktmerkmale Auskunft. Sie können als Bedeutungsträger interpretiert werden, die das unmittelbare Vorhandensein einer Marke, eines Ereignisses oder eines Sachverhaltes anzeigen (vgl. Fischer, Mikosch, 1984, S. 14 ff.; Gros, 1983, S. 68). Ein abgebrochener Kunststoffring an der Verschlusskappe einer Mineralwasserflasche ist zum Beispiel ein Anzeichen dafür, dass diese Flasche bereits geöffnet worden ist (evtl. Kohlensäureverlust). Eine Riffelung an der Verschlusskappe einer Zahnpastatube zeigt an: „Hier aufdrehen". Eine Lasche am Deckel einer Margarineschachtel/einer Tetra-Pak-Verpackung ist ein Anzeichen für: „Hier öffnen".

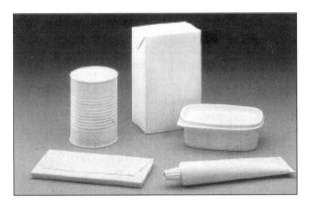

Abbildung 4.15: Verpackungen mit typischen Anzeicheninformationen: Schraubkappe, Öffnungslaschen, Dose

Anzeicheninformationen bei Marken können unterteilt werden in a) *Existenzinformationen* (Informationen über Existenz, materielle Beschaffenheit, Inhalt/Herkunft etc.) und in b) *Gebrauchsinformationen* (Informationen über Gebrauch, bzw. Handhabung eines Produktes).

4.5.5.1 Existenzinformationen

Sie werden als Minimalbedingung dafür bezeichnet, dass von einer Marken-Information gesprochen werden kann. Hierzu gehören die *Herkunftsanzeichen*, wie Markenname, Firmenlogo, charakteristische Formen, Hausfarben sowie die *Wesensanzeichen*, wie Produktgruppenanzeichen. Die Form der Lenorflasche z. B. ermöglicht es dem Konsumenten, die Marke als Weichspüler zu identifizieren. Es handelt sich hierbei um die so genannte „Produkt-Stereotypik" (vgl. Größer, 1991, S. 98) oder um Schemainformationen. Weitere Existenzinformationen sind die so genannten *Existenzanzeichen*. Zu ihnen gehören Markeninformationen, wie Füllmengenangaben, Herstell- oder Verbrauchsdatum, Informationen zur stofflichen Konsistenz etc.

Dass richtige Existenzinformationen durch Marken kein unwesentlicher Bestandteil des Marken-Design sind, kam u. a. in der ins Lebensmittelrecht aufgenommenen Bestimmung zum Ausdruck, wonach etwa Reinigungs- und Pflegemittel sowie Spielwaren so zu gestalten sind, dass sie nicht mit Lebensmitteln verwechselt werden können (deutliche Stereotypik). Diese Bestimmung kam u. a. deshalb zustande, um zu verhindern, dass Ausländer und Kinder bestimmte Putzmittel nicht mit Limonade verwechseln können (vgl. § 30, Ziff. 4, Gesetz zur Gesamtreform des Lebensmittelrechts vom 15.8.1974). Markeninformationen als Existenzinformationen geben meist in Form von Abbildungen und Produktangaben Auskunft über Inhalte, Zusätze, Konsistenz, Verfallsdatum etc. Manchmal können auch Fehlidentifikationen stattfinden, wenn Produkte in Verpackungen präsentiert werden, in welchen man diese zunächst nicht vermutet oder in welchen man andere Produkte vermutet. Die nachstehende Abbildung zeigt ein Götterspeiseprodukt in einer Tetra-Brick-Verpackung sowie ein Milchprodukt in einer Tube.

Abbildung 4.16: Götterspeise und Milchmädchen – Fehlidentifikation ist leicht möglich

Ein Packungs-Design etwa soll das Produkt (Art und Marke) und gegebenenfalls den Hersteller *eindeutig charakterisieren* können, um nicht zu Fehlidentifikationen und falschen Assoziationen zu führen.

Identifikationsprobleme dieser Art hatte beispielsweise ein Schweizer Schokoladenhersteller, der das Verpackungs-Design einer Schokoladensorte mit stilisiertem Flaggenschmuck bedruckte, was an einen internationalen Anlass erinnern sollte. Der Verkaufserfolg blieb aus, weil, wie sich nach einem Test herausstellte, dass die Graphik zu einer

Fehlidentifikation führte. Als Packungsinhalt wurden Farbstifte oder gar Skiwachs genannt (vgl. Debrunner, 1977, S. 69).

Ähnliche Fehlidentifikationen sind bei geändertem Verpackungsmaterial oder Verpackungsformen nicht auszuschließen, wenn es, durch Erfahrung, mit einem anderen als dem tatsächlichen Inhalt in Verbindung gebracht wird.

4.5.5.2 Gebrauchsinformationen

Gebrauchsinformationen werden bei Markenartikeln vorwiegend über visuelle, haptische oder akustische Gestaltungselemente kommuniziert. Diese reichen von der goldenen Aufreißbanderole von Zigarettenverpackungen bis zum wiederverschließbaren Milchkännchen oder dem „Frische-Dreieck" bei Müsli-Joghurt-Verpackungen mit getrennten Kammern.

Abbildung 4.17: Prägnante Forminterpretation der Gestaltung (Kuchenform, Milchkännchenform, Motorenzylinderfom, Stapelform, Riffelgreifzone

Die *Gebrauchsinformationen* stellen die Beziehung der *praktischen* Funktionen einer Marke zum Benutzer her. Der Konsument soll aus ihnen erkennen, wie die Marke zu handhaben ist. Einem Konservenglas sollte man ansehen können, wie dieses zu öffnen ist (Drehverschluss versus Pressverschluss). Einem Suppenschnellgericht sollte man ansehen können, dass man es sicher greifen und öffnen kann. Die Sicherheitsverschlusskappe von Reinigungsmitteln sollte so gestaltet sein, dass Kinder den Öffnungsmechanismus *nicht* sofort erkennen können.

Das folgende *Beispiel* soll verdeutlichen, wie eine Änderung von Gebrauchsinformationen auf einer o.b. Tampon-Verpackung zu falscher Handhabung führen kann:

Aufgrund von fehlenden Öffnungs-Hinweisen wurde die Verpackung häufig auf der falschen Seite geöffnet, sodass der Beipackzettel nicht sichtbar wurde. Die bereits geöffnete Packung war, weil aufgerissen, nicht wieder zu verschließen. Eine Änderung der Gebrauchsinformationen auf der Verpackung führte schließlich dazu, dass durch die deutlichen Hinweise „hier eindrücken" zusammen mit der neuen grafischen Darstellung ein richtiges Öffnen gewährleistet wurde.

Die Ermittlung von geeigneten Anzeicheninformationen kann im Falle der Existenz- bzw. Gebrauchsinformationen über ein Zuordnungsverfahren vorgenommen werden.

Beispiel: Für ein bestimmtes Kosmetikum, das sich in einer neutralen Tube befindet, soll aus einer Reihe von Verpackungsentwürfen derjenige herausgesucht werden, der dem Kosmetikum am besten entspricht. Das ist die Verpackung, die den Inhalt am besten kommuniziert. Eine Versuchsperson wird im Test angewiesen, sich mit dem Kosmetikum vertraut zu machen und es anschließend in die „richtige" Verpackung zurückzustecken (vgl. Spiegel, 1970, S. 129).

4.5.6 Informationen zur Markenbeurteilung

Wie bereits erläutert, dienen gestaltete Informationen nicht nur zur Auslösung von Emotionen und Motivationen gegenüber einer Marke, sondern auch – über die gedankliche Weiterverarbeitung – zur *Beurteilung* der wahrgenommenen Marken. Der *Unterschied* zwischen der Marken- oder *Produktbeurteilung* und der *Einstellung* zu einer Marke liegt darin, dass erstere sich auf die Wahrnehmung von Produkten/Marken bezieht, während letztere als Ergebnis einer gelernten und verfestigten Einstellung von vorausgegangenen Wahrnehmungsvorgängen zu verstehen ist (vgl. Kroeber-Riel, 1992, S. 276 f.).

Für den Marken-Designer sind die Kenntnisse über die Wahrnehmungs- und Markenbeurteilungswirkungen von gestalteten Informationen äußerst wichtig, tragen sie doch unmittelbar dazu bei, wie die Marke und ihre Bedeutung (Semantik) vom Konsumenten wahrgenommen und interpretiert wird. Der Informationsverarbeitungsprozess kann unterteilt werden in:

a) zur Verfügung stehende Informationen (aktuelle und gespeicherte Produkt- und Umfeldinformationen) sowie
b) Programme zur Informationsverarbeitung (einfache und komplexe Programme).

Von den direkt wahrgenommenen Informationen, wie Formen, Farben, Etiketten, Flaschengrößen, Stapelanordnung, Preisen, Sonderangeboten, Aktionen und dem gesamten Umfeld und sonstigen Situationen, schließt die Käuferin auf weitere Informationen (abgeleitete Informationen), d. h., sie befindet sich in einem Markenbeurteilungsprozess.

Die nachfolgenden Ausführungen unterstellen, dass in der Situation des Einkaufs von Markenartikeln der Konsumgüterindustrie keine komplexen Produktbeurteilungsprozesse, sondern *einfache* Schlüsse und Verknüpfungen von Informationen stattfinden, die auch als subjektive Verfahren einer Psycho-Logik bezeichnet werden (vgl. Kroeber-Riel/Weinberg, 1999, S. 295 ff.). Hierbei soll angenommen werden, dass der Konsument entweder von einer Information (Eindruck) auf eine andere Information schließt (*Ausstrahlung*), bzw. von einem Eindruck auf die wahrgenommene Produktqualität (*Schlüsselinformation*) oder dass der Konsument von der wahrgenommenen Produktqualität auf einen Einzeleindruck schließt *(Markenartikel-Effekt* oder *Halo-Effekt*).

Diese einfachen Schlüsse können auch als semantische Schemata bezeichnet werden. Die Schematheorie besagt verkürzt, dass man bei der Wahrnehmung und bei der Beurteilung von Wahrnehmungsgegenständen auf bereits erworbene schematisierte Erfahrungen in Form von inneren Bildern, Assoziationsnetzen, verfestigten Einstellungen zurückgreift und diese bei der Beurteilung der aktuellen Wahrnehmung zu Hilfe nimmt.

Olson (vgl. Olson, 1978, S. 706 ff.) zieht zur Erklärung dieser Phänomene das Konzept des *Gedächtnisschemas* heran, welches alle diejenigen Produktmerkmale und Verbindungen zwischen einzelnen Merkmalen speichert, die bei der Wahrnehmung einer Marke berührt werden. Bei der Präsentation eines Produktmerkmales wird nicht nur dieses präsente Element im Gedächtnisschema berührt, sondern über Verbindungen auch andere Produktmerkmale. Diese bezeichnet *er* als so genannte abgeleitete Eindrucksausprägungen (inferential beliefs), deren Anzahl und Stärke durch frühere Erfahrungen bestimmt werde.

Existiert etwa für ein dargebotenes Produkt noch kein solches Gedächtnisschema (z. B. Müsliriegel), so kann auf ähnliche Erfahrungsschemata (z. B. Schokoriegel) zurückgegriffen werden. Diese einfache schematische Informationsverarbeitung hat für den Konsumenten viele Vorteile: Sie ermöglicht es ihm, mit einer großen Menge an Marken-Informationen ohne große Anstrengungen fertig zu werden.

4.5.6.1 Schlüsselinformationen

Als so genannte Schlüsselinformation, bei denen von einem einzelnen Eindruck auf die gesamte Produktqualität geschlossen wird, können zum Beispiel der *Markenname,* das *Markenzeichen* oder der *Slogan* angesehen werden. Die Schlüsselinformationen ersparen dem Konsumenten die aufwändigere Verarbeitung von weiteren Informationen und helfen ihm, sein wahrgenommenes Kaufrisiko einzuschätzen. Beispiele aus der Werbung: Persil – da weiß man was man hat; Dr. Oetker – denn Qualität ist das beste Rezept etc.

Bei der Beurteilung von Produkten über Schlüsselinformationen greift der Konsument zu seinen vorgeprägten *Denkschablonen* oder auf einfache Beurteilungsschemata zurück (vgl. Peter/Olson, 1990, S. 182 f.). Häufig wird der *Preis* einer Marke als einfacher und sicherer Qualitätsindikator eines Produktes angesehen. Andere offensichtlich sichere Schlüsselinformation sind die so genannten *Gütezeichen*, die auf den Marken in Form von Siegeln, Testurteilen, Premium-Bezeichnungen etc. dargeboten werden, um dem Kunden die Produktbeurteilung zu erleichtern (vgl. Burton/Lichtenstein, 1990, S. 715 ff.). Als typischer „Qualitätsindikator" hat sich in der Bierbranche der „Premium-Begriff" etabliert. Er wird hier weitgehend als Qualitätsbezeichnung verstanden.

Material/Stoff als *Qualitätsindikator*: Eine Untersuchung über die Materialbeschaffenheit eines Produktes und deren Auswirkungen auf die wahrgenommene Qualität stammt von McDaniel und Baker (1977, S. 57 f.). Sie testen eine Wachsfolien-Verpackung und eine PE-Verpackung, welche beide die gleiche Qualität von Chips enthielten, auf die wahrgenommene Qualität des Inhaltes.

Dazu wurden den Versuchspersonen die Verpackungen ausgehändigt, und sie werden gebeten, den Inhalt zu probieren. Das Ergebnis war, dass der Inhalt in der PE-Verpackung, welche sich wesentlich schwerer aufreißen ließ als die andere Packung, als deutlich besser im Geschmack und als knuspriger wahrgenommen wurde. Hier wurde offensichtlich von der Schwierigkeit beim Öffnen der Verpackungen auf die Qualität des Inhaltes geschlossen. Die Bedeutung der *Farbe* als Schlüsselinformation hat Peterson (1977) für Brot festgestellt. Die Produktfarbe scheint demnach in der Wahrnehmung der Konsumenten bei der Qualitätsbeurteilung weit wichtiger zu sein als beispielsweise der Preis oder Informationen über den Nährstoffgehalt des Brotes. Bei einem anderen Test, der die Farbe als Schlüsselindikator der Qualität einer Marke zum Gegenstand hatte, wurden Frauen gebeten, zwei Gesichtscremes auszuprobieren (beide von gleicher Qualität, eine Creme weiß, die andere rosa). Alle Probantinnen erklärten kategorisch, dass die rosa Creme milder, besser für empfindliche Haut und gleichzeitig wirksamer sei als die weiße. Als eine Schlüsselinformation für die Qualitätswahrnehmung einer Marke kann auch die gestaltete *Herkunftsinformation* angesehen werden. Hierzu gehören z. B. das Mont-Blanc-Zeichen bei Schreibgeräten, der Mercedes-Stern, die Coca-Cola-Flaschenform oder die Bezeichnung „Made in…"

4.5.6.2 Ausstrahlungseffekte (Irradiationen)

Der Irradiationseffekt besagt, dass ein Informationsempfänger von einer bestimmten Markeneigenschaft (z. B. Geruch eines Reinigungsmittels) auf eine andere Markeneigenschaft (z. B. Reinigungskraft) schließt. Diese andere Markeneigenschaft muss hierbei objektiv gar nicht vorhanden sein. Die Bezeichnung „Irradiation" stammt aus Erkenntnissen der Gestaltpsychologie, die in der Literatur (vgl. von Rosenstiel/Ewald, 1979) in folgende drei Entstehungskategorien eingeteilt wird:

1. Die objektive Veränderung von Reizen führt zu einer wahrgenommenen Veränderung von *objektiv nicht* veränderten Reizen. Beispiel: Zwei gleich große Tetra-Pak-Verpackungen mit unterschiedlicher Farbgebung wirken unterschiedlich groß. Die weiße Verpackung in der Abbildung 4.18 wird größer wahrgenommen als die schwarze.

Abbildung 4.18: Irradiationseffekte mit „Schwarz und Weiß"

2. Die objektive Veränderung von Reizen führt zu *kognitiv* oder *emotional*, bzw. *motivational* veränderten Wahrnehmungen von nicht veränderten Reizen.

> *Beispiel*: Die Geschmackseinschätzung eines Weinbrandes führte aufgrund der Veränderung der Bleikapsel in eine (gesundheitlich weniger bedenkliche) Kunststoffkapsel gleicher Farbe zu einer massiven Verschlechterung der Geschmackseinschätzung des Weinbrandes gleicher Qualität. Der Geschmack von Margarine gleichbleibender Qualität führte aufgrund der geänderten Margarinefarbe zu einer veränderten Geschmackswahrnehmung.

Die Folgerung für das Marken-Design ist:

> **Vorsicht bei der Veränderung von Gestaltungselementen! Wenn die Konsumenten die bisherige Gestaltung einer Marke „gelernt" haben, werden sie eine veränderte Gestaltung an der Marke mit einer inhaltlichen Veränderung assoziieren! Hier sind die Auswirkungen stets zu prüfen!**

3. *Änderungen von Kognitionen, Motivationen oder Emotionen* führen zu veränderter Wahrnehmung von objektiv unverändert gebliebenen Reizen. Beispiel: Wenn jemand Hunger bekommt, bemerkt er den Geruch, der von frisch gebackenen Broten aus der Bäckerei kommt, früher und angenehmer als ein Gesättigter. Wenn das Wetter schlecht ist, schlägt dies mitunter negativ auf die eigenen Emotionen durch, man ist auch schlechter Stimmung.

Die Auswirkungen des Ausstrahlungseffektes sind hierbei umso stärker,

> a) je **diffuser und weniger ausgegliedert** die beeinflusste, objektiv unveränderte Eigenschaft ist. Diese wird jedoch subjektiv unterschiedlich erlebt (Geruch, Geschmack usw.)!

> b) je **weniger thematisch**, im Sinne einer bewussten Zuwendung, die beeinflussende, veränderte Eigenschaft erlebt wird, wie z. B. Farbe, Form usw.
> c) je **näher** die beiden Eigenschaften erlebnisgesetzlich miteinander **in Verbindung** stehen. Eine Hautcreme wird z. B. als komplexer Stoff erlebt, der zwangsläufig einen bestimmten Geruch und eine bestimmte Farbe hat (vgl. Spiegel, 1970, S. 132 f.).

So kann z. B. die Farbe von Eiscreme den wahrgenommenen Geschmack beeinflussen, oder die Farbe von Alkoholika hat einen Einfluss auf die Wahrnehmung der Alkoholstärke. Bei der Befragung zu einem gefärbten Spülmittel erklärten Hausfrauen vielfach, dass es zu scharf sei und die Hände angreife. Bei Tests stellte sich heraus, dass diese Eindrücke von der eigentümlich kalten, grünblauen Färbung des Spülmittels herrührten, welche die Assoziationen in Richtung eines scharfen, brennenden Mittels auslöste. Eine geringfügige farbliche Veränderung der Flüssigkeit führte zu harmloseren Eindrücken und ließ auch die Beschwerden nicht mehr aufkommen (vgl. Spiegel, 1970, S. 120).

Für die Marken-Gestaltung, besonders für das Design von Konsumgütern, aber auch bei der Gestaltung von Werbeanzeigen etc. ist die entsprechende Berücksichtigung und Einbeziehung von *Irradiationseffekten* von zentraler Bedeutung! Die Markengestaltung kann hier durch den Einsatz geeigneter Gestaltungselemente, wie Form, Farbe, Material etc. dafür sorgen, dass es zu optimalen Ausstrahlungseffekten im Sinne der gewünschten Kommunikation kommt. Da solche Änderungen in der Gestaltung meist zu neuen und oft nicht zuverlässig abschätzbaren Irradiationswirkungen führen können, sind diese Effekte im Einzelfall immer zu überprüfen.

Beispiel: Die führende Markenzigarette der ehemaligen DDR, *f6*, wurde nach der Wende vom Hamburger Reemtsma-Konzern übernommen und gestalterisch überarbeitet. Eine klarere, kontrastreichere Farbgestaltung mit mehr Weiß statt Braun sowie die typische Zigarettenfarbe Rot von West-Zigaretten sollten für eine geschmackliche Aufwertung der Zigarette sorgen, um mit der neuen Konkurrenz der etablierten West-Marken mithalten zu können. Die *f6* ist noch immer eine der führenden Zigarettenmarken in den neuen Bundesländern.

4.5.6.3 Markenartikeleffekte (Halo-Effekte)

Die *Gesamtqualität* einer Marke (z. B. Dr. Oetker-Produkte: „… denn Qualität ist das beste Rezept") kann wiederum die Wahrnehmung von *einzelnen Eigenschaften* einer Marke beeinflussen. Hinter dem Markenartikeleffekt scheint das Streben des Konsumenten nach *kognitiver Konsistenz* zu stehen. Wenn eine Marke als qualitativ positiv wahrgenommen wird, so besteht die Neigung, auch einzelne Eigenschaften dieser Marke, die vielleicht in keinem direkten Zusammenhang mit dieser stehen, positiv zu beurteilen. In der Literatur werden u. a. drei Punkte als Ursache für ausgeprägte Markenartikeleffekte genannt (vgl.: Beckwith/Kassarjian/Lehmann, 1978, S. 466 ff.):

> a) geringe Vertrautheit mit dem Produkt
> b) unklare oder nur subjektiv wahrnehmbare Produkteigenschaft
> c) hohe allgemeine Beliebtheit der Marke

Die Kenntnis und die adäquate Nutzung der Beurteilungsmuster der Konsumenten sind, wie die Bezeichnung Markenartikeleffekt schon sagt, eines der zentralen Anliegen der Markenführung und der Markengestaltung. Hier kommt das wichtige Ziel des Aufbaues von *Markenguthaben* durch Bildung von Marken-Vertrauen, Marken-Sympathie, Marken-Glaubwürdigkeit und Marken-Loyalität zum Ausdruck!

4.6 Semiotische Markenanalysen

Semiotik im Sinne von Marken-Design und von Markenführung kann als Forschungsfeld angesehen werden, welches sich damit auseinander setzt, wie Zeichensysteme, z. B. Worte, Bilder, Musik, Mythen, funktionieren, um Bedeutungen und die damit verbundenen Eindrücke, Kognitionen und Emotionen bei den Zielgruppen zu wecken. Semiotische Markenanalysen beschäftigen sich demnach mit den Zeichenträgern, d. h. mit der Marke und ihren Zeichen und mit dem Empfänger der Zeichen, mit den Konsumenten in ihren jeweiligen Situationen und in ihren sozialen, technologischen, politischen und kulturellen Kontexten. Semiotische Markenanalysen werden häufig auch mit der Intention durchgeführt, die nicht offensichtlichen (latenten) Botschaften der Marken und ihrer Zeichen zu entschlüsseln und deren „versteckte" Wirkungen auf die Zielgruppen oder eine Tiefenstruktur aufzudecken, zu nutzen und im Sinne einer bestimmten Zielsetzung zu steuern. Semiotische Tools können in jeder Phase der Markenkonzeption und des Markenmanagements genutzt werden. Die wichtigsten Anwendungen der semiotischen Markenanalyse bei den verschiedenen Phasen der Markenkonzeption sind folgende (vgl. Kindervater, 2002):

Anwendung in der Analysephase
– Bestimmung der Zielgruppen und des Umfeldes, Festlegen des Analysegebiets, je nach Relevanz des Kontextes; Kontextbedingungen prüfen
– Festlegung zusätzlicher Analyseverfahren, welche zum Einsatz kommen
– Wettbewerbs-/Marktanalysen (Zeichen von Wettbewerbsmarken erfassen)
– Unterstützung von Trend-/und Entwicklungsanalysen (z. B. Richtlinien für Markenbeziehungen und Markenzeichen entwickeln)

Anwendung in der Phase der Marketing- und Kommunikationsstrategie
– Unterstützung und Kontrolle kreativer Prozesse und der gesamten Konzeptentwicklung (z. B. Ideen auf Grundlage semiotischer Analyse entwickeln, Semantik-Status der Marke erfassen und gegebenenfalls neue Semantik entwerfen)

- Positionierungs-/Segementierungsanalysen
- Unterstützung bei der Ausdehnung der Strategie (z. B. kulturübergreifende Positionierung)
- Gegebenenfalls auch Unterstützung der Produktentwicklung

Anwendung in der Kontrollphase

- Aktuelle Maßnahmen modifizieren
- Unterstützung der Ergebniskontrolle anhand des Konzeptes
- Kontrolle der Aktualität, evtl. Aufspüren marginaler Störfaktoren
- Ermittlung der qualitativen Passgenauigkeit zwischen Medien und Marke

Semiotische Analysen sind immer von drei Fragestellungen anzugehen:

a) Welche Zeichen und welche Bedeutungen sendet die *Marke* selbst aus?
b) Wie werden die Zeichen von den *Zielgruppen* wahrgenommen und interpretiert?
c) Welche *Zeichen* sind zur Erreichung des Markenzieles sinnvollerweise bei der Marke einzusetzen?

Die Wahrnehmung und die Interpretation der Zeichen durch die Zielgruppen im jeweiligen (auch kulturellen) Kontext sind hier von entscheidender Bedeutung. Es geht z. B. darum, welche Marken-Zeichen und deren Bedeutungen die Konsumenten dazu bringen, die eine oder die andere Marke zu kaufen. Unter der Annahme, dass Konsumenten primär „Bedeutungen" und erst sekundär „Dinge" kaufen, wird auch die Kultur der Konsumenten erforscht (vgl. Oswald, 2001, a. a. O.). Man geht davon aus, dass die Erkenntnisse aus der Semiotik etwaige „Störungen" in den kommunikativen Prozessen zwischen unterschiedlichen Kulturen erklären können, weshalb etwa ein Zeichen einer Kultur in einer anderen Kultur missverstanden oder sogar überhaupt nicht als Zeichen erkannt wird.

Bei der Analyse von „Marken-Zeichen" ist eine Orientierung an der vom Empfänger bevorzugten „Leseweise" und dessen Zeichenrepertoire geboten. Hat man die Empfängertypischen Leseweisen und Zeichenrepertoires ermittelt, muss geklärt werden, ob der Sender (die Marke) die von dem Empfängern interpretierten Botschaften in dieser Weise tatsächlich beabsichtigt hat. Bei Abweichungen zwischen intendierten und interpretierten Zeichen ist zu klären, welche Zeichen und Kommunikationsmittel dem Sender zur Verfügung stehen, um seine Botschaft in der beabsichtigten Intention umzusetzen.

Hier sollen in Kürze drei praxisorientierte Verfahren angesprochen werden, welche die zuvor beschriebene Vorgehensweise mehr oder weniger berücksichtigen:

Das decoder®-Verfahren von Added Value, London
Das Verfahren Cultural Creativity® von Semiotic Solutions, London
Semiometrie® Verfahren von TNS Emnid, Bielefeld

4.6.1 Das decoder®-Verfahren von Added Value

Das „decoder®-Verfahren" ist von der Londoner Agentur Added Value (Marketing Consulting) zur Analyse von Marken in ihrem kulturellen Kontext entwickelt worden. Der decoder® will die verborgenen Zeichen von Marken an die Oberfläche bringen und versucht, die Richtung und den Weg der kulturellen Veränderungen von Zeichen im Laufe der Zeit abzuschätzen. Das Verfahren beruht auf den Konzeptbausteinen „Kultur" und „Codes". Die Art und Weise, wie Marken wahrgenommen werden, so die Hypothese, hängt größtenteils von kulturellen Einflüssen ab. Kultur forme das soziale Wesen und Wissen einer Gesellschaft. Die Individuen lebten in einer Welt von Zeichen und teilten sich gewisse Regeln und Codes.

Diese finden sich in verbalen und nonverbalen Zeichen, die der Verständigung zwischen den Individuen dienen. Die Codes ziehen sich nach Auffassung des decoder®-Verfahrens durch alle Ebenen einer Kultur und regeln das Verhalten in der Gesellschaft. Added Value versteht die Marke als ein Konstrukt, welches auf einer Menge offener oder auch versteckter Bedeutungen und Assoziationen basiert. Diese sind verbunden mit bestimmten verbalen Ausdrücken und Annahmen, sowie bewussten und unbewussten Vorstellungen, die beim Produzenten und Empfänger der Markenbotschaft gleichermaßen vorhanden sind (Zeichenrepertoire).

Added Value definiert die Semiotik im Sinne der Werbeforschung als Wissenschaft, die sich damit auseinander setzt, wie Zeichensysteme, z. B. Worte, Bilder, Musik, Mythen, funktionieren, um Bedeutungen darzustellen und Gefühle hervorrufen. Der decoder® stützt sich hauptsächlich auf die Erkenntnisse der linguistisch strukturalistischen Semiotik nach Saussure und Barthes. Dabei werden besonders folgende Schwerpunkte berücksichtigt (vgl. Kindervater, 2001, S. 111 ff.):

- verschiedene kulturelle „Grammatiken" (antropologische Aspekte)
- Bedeutungen visueller Darstellungen und Ikonografie (kunsthistorische Aspekte und Film-/Mediensemiotik)
- Mythen der Massenmedien, Werbung, Marken und Konsum

Vorgehen und Ziel

Der decoder® analysiert alle Aspekte im wettbewerblichen und kulturellen Umfeld des Zeichensystems Marke. Dazu werden Trends zu einem festgelegten Thema analysiert. Dabei wird alles berücksichtigt, was die Marke kommuniziert, außerdem wird die relevante Markenkommunikation der entsprechen Wettbewerber im jeweiligen Sektor analysiert. Die Zeichen- und Kontext-Analyse ist die Grundlage für die Entwicklung der Markenbotschaften über die jeweiligen Marken-Codes. Ziel ist es zunächst, die Botschaften der Marken zu verstehen sowie die Identifikation der Mittel und Wege des Transports zu den Zielgruppen. Die Marken-Codes werden auch danach geprüft, wie aktuell, dominant und zukunftsträchtig, d. h. künftig relevant, diese für die Zielgruppen sind. Mit Hilfe zusätzlicher Marktforschungsmethoden, z. B. Gruppendiskussionen, werden die spezifischen Codes für das weitere Vorgehen ermittelt. In entsprechenden Fokusgruppen werden Beurteilungen darüber erhoben, welche Themen und Codes auf die Zielgruppen am dynamischsten und motivierendsten wirken und welche Botschaften gegebenenfalls am meisten akzeptiert werden.

Einsatzgebiete

Bei Added Value wird der decoder® integrativ genutzt, d. h. Resultate, die der decoder® liefern kann, werden für alle Marken-Projekte genutzt, so z. B. bei Empfehlungen für das strategische Markenmanagement, bei qualitativen oder quantitativen Marktforschungs-Methoden, Design-Projekten usw. Hauptanwendungsgebiete sind:

- Marken positionieren und repositionieren
- Markenneueinführung
- Interkulturelle Markenpositionierung (Aufspüren von „Umbrellabedeutungen" für Codes, welche interkulturell klar und verständlich im Sinne der Marke übermittelt und interpretiert werden können).

4.6.2 Cultural Creativity®

Das Cultural Creativity®-Verfahren wurde von der Agentur „Semiotic Solutions" entwickelt, um sich die Einflusskraft kultureller Codes für das Management von Marken zu Nutze zu machen (vgl. Alexander/Valentine, 2001, S. 2–12; www.semioticsolutions.com). In ihrer Grundhypothese geht Semiotic Solutions davon aus, dass die Kommunikation der Marke im Markt generell dann am effektivsten ist, wenn diese eine gewisse kulturell bedingte Relevanz, bezogen auf das Lebensumfeld der Zielgruppen, hat.

Die Marke wird als ein komplexes System verstanden, welches in direktem Bezug zum Markt, zum Handel, zu den Zulieferern und zum Wettbewerb steht. Aus Markensicht ist die Marke durch ein branchenspezifisches Umfeld beeinflusst und eingebettet in entsprechende regionale, nationale und/oder weltweite Kulturcodes. Die Semiotik von Marken wird hier weitgehend unter dem Aspekt des interkulturellen Bedeutungstransfers beleuchtet. Es geht dabei im Wesentlichen um die Analyse des kulturellen Kontextes, der Codes, Metaphern und Mythen.

Vorgehen und Ziel

Cultural Creativity® ist ein qualitatives Verfahren, welches in zwei Blöcken mit folgenden Phasen durchgeführt wird (vgl. Kindervater, 2001, S. 113 ff.):

Im *ersten Block* geht es zunächst darum, die gesamte Kommunikation der Marke am Markt zu untersuchen, und zwar bezogen auf vergangene und gegenwärtige Kommunikation. Die schwerpunktmäßig zu untersuchenden Perspektiven sind das Unternehmen selbst, die Konsumenten und der Wettbewerb. Es geht darum, den Kontext der Marke so gut wie möglich aus sämtlichen Perspektiven zu erfassen.

Angefangen von Logo, Produkt und Verpackungen, bis hin zu PR-Maßnahmen und dem gesamten Handelsumfeld werden alle Aspekte untersucht. Das Ergebnis der ersten Analyse ist die Auflistung einer Art „kultureller Sprache und Grammatik", die mehr oder weniger deutlich in den Botschaften der Marke verschlüsselt sind. In einer zweiten Phase werden die markenrelevanten Aspekte des kulturellen Umfeldes analysiert und klassifiziert.

Es wird auch hinterfragt, welche im weiteren Sinne markenrelevanten Codes aktuell in TV, Kino, Presse, Mode/Style, Musik etc. zu beobachten sind und welche Einstellungen sich bei den Konsumenten zu diesen Codes feststellen und ableiten lassen. In der nächsten Phase werden die jeweiligen Ergebnisse der beiden ersten Phasen, die Markenkommunikation und deren kultureller Kontext, zueinander in Beziehung gesetzt.

Hieraus wird ein erster Gesamtüberblick erstellt, aus welchem sich Hypothesen zur Zieldefinition sowie zur Verwendung und Umsetzung von Marken-Codes im kulturellen Kontext ableiten lassen. Diese Hypothesen sind die Grundlage für alle nachfolgenden Schritte.

Im *zweiten Block* werden die aufgestellten Hypothesen zur Verwendung von Marken-Codes mit Hilfe von Kundengruppen im Rahmen eines „Brandworkshops" überprüft. Dabei wird je nach Ergebnis des Workshops das weitere Vorgehen strukturiert. Anhand der Ergebnisse werden entsprechend maßgeschneiderte Stimulus-Materialien (Positionierungsmodelle, Bedeutungskollagen, Moodboards) angefertigt.

Diese Materialien werden in einem nächsten Schritt ausgewählten Fokusgruppen präsentiert, welche ihrerseits die Ergebnisse kommentieren und gegebenenfalls bestätigen oder revidieren können. Die bestätigten Materialien dienen nach einer etwaigen Überarbeitung als erste Richtlinien für die Erarbeitung von endgültigen Vorlagen für das Marken-Design.

Die erarbeiteten Richtlinien können dabei helfen, den Markenauftritt zu planen, zu verbessern, etc. Jede Ausgabe, welche eine kreative Leistung erfordert, kann sich die zuvor beschriebenen Richtlinien zu Nutze machen.

Beispiel der British Telecom (England): Nachdem die Umsätze der British Telecom rapide abnahmen, engagierte man die Agentur Semiotic Solutions, welche zur Zielformulierung kam, dass die Dauer der Telefongespräche verlängert werden muss. Die Aufgabe für die Agentur war die Entwicklung einer entsprechenden geeigneten Kommunikationsstrategie. Zunächst wurden die Bedeutungen von Telefongesprächen für Kunden allgemein untersucht, und das Ergebnis der Untersuchung und der daraus entwickelte Ansatz war eine „Big Talk/Small Talk Strategie". Man hatte nämlich allgemein herausgefunden, dass kurze Gespräche der Information dienen, während die Bedeutung langer Gespräche weniger im Austausch von Informationen lag, sondern darin, dass letztere gut für die Seele sind, nach dem Motto: „Es tut einfach gut, mit jemanden zu reden". Daraufhin wurde die erfolgreiche Kampagne „It's Good To Talk" gestartet, welche auf einfache Art exakt die Bedeutung langer Telefongespräche widerspiegelte und von den Kunden auch entsprechend verstanden und genutzt wurde (vgl. Kindervater, 2001, S. 115).

4.6.3 Semiometrie®

Semiometrie® (vgl. Semiometrie-Kompendium, 2001, S. 1–13) von TNS Emnid, Bielefeld kann als ein Instrument zur qualitativen und zur quantitativen Zielgruppenbestimmung und -beschreibung angesehen werden. Gemessen werden nach dem Verfahren entsprechende verhaltensrelevante soziokulturelle Wertestrukturen. In Zusammenarbeit mit dem Trendbüro, Hamburg (vgl. Wippermann, 1999, S. 34), wurde das Instrument zur methodischen Verbindung von qualitativer Trendforschung und Marktforschung weiterentwickelt. Die *Grundhypothese* des Verfahrens lautet, dass das Verhalten von Menschen ursächlich von den individuellen Wertestrukturen bestimmt wird, welche jede Person in sich trägt. Diese Wertestrukturen sind das Ergebnis von persönlichen Veranlagungen sowie des Einflusses der näheren Umwelt, wie Elternhaus, Schule und Erziehung und des Einflusses der weiteren Umwelt, wie Massenmedien, gesellschaftliche Werte und Normen etc. Will man das Konsumentenverhalten, wie Einkauf, Entscheidung, Mediennutzung etc. erklären, dann sind diese Wertestrukturen zu erheben und zu messen.

Das Vorgehen und das Ziel der Semiometrie®

Der Semiometrie®-Ansatz greift die verbreitete Forderung nach zusätzlichen qualitativen Beschreibungen von Zielgruppen, neben quantitativen Analysen, auf und analysiert die Grundhaltungen und Wertesysteme von Konsumenten. Diese Analyse dient als zusätzliches Erklärungskriterium für Markenzielgruppen und Mediazielgruppen und kann als Basis für Marketingentscheidungen in der Markenführung genutzt werden.

Die Befragung

Der unterschiedliche Wertehintergrund von Zielgruppen äußert sich in einer spezifischen Grundhaltung, die über bestimmte verbale Begriffe und die Bewertung dieser Begriffe gemessen werden. So werden nach dem Semiometrie®-Verfahren bis zu insgesamt 210 (durch umfangreiche Vorstudien ausgewählte) Begriffe nach ihrer Bewertung abgefragt: Substantive, Adjektive, Verben; jedoch keine Modebegriffe. Diese Begriffe dienen als Basis der semiometrischen Untersuchungen. Die Befragten nehmen zu den Begriffen Stellung, indem sie durch Markierung eines Skalenpunktes angeben, inwieweit das jeweilige Wort in ihnen ein angenehmes oder unangenehmes Gefühl hervorruft.

Das Basismapping

Die Begriffe werden nach ihrer Bewertung zu interpretierbaren Merkmalsräumen verdichtet, die u. a. in Form von semiometrischen Basismappings ausgewiesen werden. Solche Basismappings werden jedes Jahr repräsentativ in der Bevölkerung erhoben.

Jeder einzelne Begriff wird über seine (in einer multifaktoriellen Analyse errechneten) Koordinaten im semantischen Raum positioniert. Damit kann z. B. die Begriffs- bzw. Wertepositionierung einer Zielgruppe mit einer anderen Zielgruppe verglichen werden.

260   4 Die Kommunikation des Marken-Design

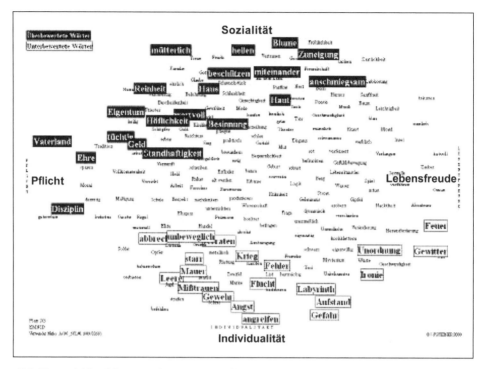

*Abbildung 4.19:   Mapping der Wertvorstellungen von Verwendern der Marke A
(Quelle: Kompendium Semiometrie)*

Von einer Zielgruppe überbewertete oder unterbewertete Begriffe werden im Mapping hervorgehoben. Die überbewerteten Wörter verkörpern die spezifischen Wertevorstellungen der Zielgruppe, wie hier im Beispiel der Verwender von Marke A.

Die Semiometrie® kann genutzt werden, wenn es darum geht, Zielgruppen qualitativ (und über eine Potenzialbestimmung auch quantitativ) zu beschreiben und Marketingentscheidungen dahin gehend zu überprüfen, ob sie die im Sinne der Markenführung richtige Zielgruppe treffen. Die Semiometrie wird auch in Verbindung mit der Trendforschung eingesetzt.

Die zuvor beschriebenen Verfahren richten ihren Blick zunächst auf den Einfluss des Kontextes, d. h. vornehmlich auf den Einfluss der kulturellen Werte und Normen sowie Einstellungen, welche das Verhalten der Konsumenten gegenüber der Marke mitbestimmen. Die Verfahren decoder® und Cultural Creativity® analysieren die Bedeutungen, welche den Konsumenten über die Marken angeboten werden. Das semiometrische Verfahren verortet demgegenüber zielgruppentypische, kulturell und gesellschaftlich geprägte und verbal ausgerichtete Begriffsbewertungen und Wertvorstellungen von Konsumenten.

Alle angesprochenen Verfahren tragen mit ihren Ergebnissen in gewisser Weise zum besseren Verständnis von Bedeutungen, Werten und Normen von Codes und Begriffen bei und können dabei bei der Auswahl und der Steuerung von markentypischen Zeichensystemen und Codes behilflich sein. Alle Verfahren versuchen wissenschaftliche Spielregeln wie Intersubjektivität, Logik und Widerspruchsfreiheit zu berücksichtigen. Auch werden messtheoretische Grundsätze wie Reliabilität und Validität berücksichtigt, jedoch sind alle Verfahren qualitative Ansätze, bei welchen gewisse subjektive Einflüsse nicht auszuschließen sind.

5 Die Techniken des Marken-Design

Dieses folgende Kapitel erläutert die konkreten Vorgehensweisen, wie neue oder bestehende Marken entwickelt oder weiterentwickelt, repariert oder relauncht werden können. Hier werden Techniken angesprochen, mit deren Hilfe man den semantischen und physischen Bestand einer Marke diagnostizieren kann, und wie man an die konkrete Gestaltung der Marke mittels Text, Bild, Branding, Formen, Farben etc. herangeht.

5.1 Kreativität und Marken-Design

Kreativität, so eine verbreitete Meinung, ist ein rein intuitiver Prozess des Erfindens und Erdenkens von Neuem, noch nie Dagewesenem. Kreativität sei eine Gabe, ein Talent, wie hohe Intelligenz oder naturgegebene Geschicklichkeit für eine Sportart. Kreativität müsse man den Kreativen, den Designern, den Textern, den Dichtern und Erfindern überlassen, die ihr Talent durch stetiges Trainieren, wie in einer Tennisschule, verfeinert und vervollkommnet haben. Kreativität sei demnach nicht erlernbar und nur etwas für „Künstler". Kreativität, das sei gesagt, ist ein Prozess, eine Technik, die sich, wie viele andere Techniken auch, erlernen lässt, denn sie ist nicht nur ein Ergebnis von Geistesblitzen und reiner Intuition.

Systematische Kreativität in der Markengestaltung bezieht sich auf den gesamten Prozess der Markenentwicklung von der ersten Idee über sachlich-funktionale Problemlösungen bis hin zur kommunikativen Umsetzung der Markenbotschaft. Hierfür sind spezifische standardisierte Techniken entwickelt worden, die sich systematisch bei der Suche nach Lösungen von Problemen einsetzen lassen.

Kreativitätstechniken bei der Markengestaltung sind Anleitungen, wie man mehr oder weniger systematisch zu Ideen für eine Marke oder für Problemlösungen rund um die Gestaltung von Marken kommt, wenn man mit herkömmlichen Methoden der Ideensuche, wie z. B. Gliedern, Ordnen, Variieren von bestehenden Lösungen, nicht weiter kommt.

Lösungsfelder für produktbezogene Probleme können Überlegungen folgender Art sein: Suche nach einem geeignetem Produkt oder geeigneten Produktvarianten, Markennamen, Zielgruppen, Marktsegmenten, Logo, Slogan, Jingle, Positionierung, Festlegung von geeigneten Marken-Kernwerten, Selektion von typischen Werten, Suche nach prägnanten Verpackungen, Farben, Formen, Materialien, Vertriebswegen, Fertigungstechnologien, Line Extensions, Funktionen etc.

Bei der Suche nach kreativen Ideen bei der Markengestaltung kann man folgende Problemlösungsstufen des Kreationsprozesses unterscheiden:

> Problemlösungen der Planungs- und Konzeptionsstufe (Konzeption der Kernwerte, Positionierung, Markenkonzept etc.)
>
> Problemlösungen der Gestaltungs- und Durchführungsstufe (Verpackungsgestaltung, Jingle, Logo, Markenname, Produktgestaltung, Fertigung, Kommunikationsgestaltung etc.)
>
> Problemlösungen der Ergebnis- und Kontrollstufe (PoS-Gestaltung, Logistik, Marktforschung etc.)

Bei näherer Betrachtung der obigen Beispiele ist erkennbar, dass einige Probleme eindeutige, im ökonomischen Sinne optimale Lösungen haben (wie z. B. Fertigungs- oder Logistikprobleme), während andere Probleme (Jingles, Logo, Markenname, Werbung, Produktgestaltung, Kernwertekonzeptionen) mehrere Lösungen zulassen, von denen nicht im Voraus die optimale Alternative bestimmt werden kann. Hier mögen nicht alle Details der Probleme bekannt sein; die optimale Lösung kann auch von zu vielen Variablen abhängen, die nicht ohne weiteres zu isolieren sind. In den letztgenannten Fällen führt eher eine intuitive, kreative als eine logisch-formale Suche nach Ideen zu akzeptablen Lösungsalternativen, die wiederum mittels analytisch-systematischen und intuitiven Vorgehensweisen (vgl. Schlicksupp, 1992, S. 59 ff.) zu Erfolg versprechenden Ideen führen können.

Vorgehensweisen zur Ideenfindung und deren Methoden	
Systematisch-berechnendes Vorgehen	**Intuitives-nichtkalkulierendes Vorgehen**
Problemanalyse (z. B. Zerlegung in Teilprobleme) Problemsynthese (z. B. Ordnen, Gliedern Strukturieren, Verbindungen) Kombinationen, Permutationen, Variationen etc.	Primärassoziationen Vergrößerung, Verkleinerung, Gegenteil, Ergänzungen, Vergleiche, Verwandlungen, Metamorphosen, Vitalisieren, Theater spielen, Dramatisieren, Verharmlosen, Verfremden, Vereinnahmen etc.
Systematische Methoden der Ideenfindung	**Intuitive Methoden der Ideenfindung**
Morphologischer Kasten Check-Listing Problemlösungsbaum Morphologisches Tableau Funktionsanalyse, Bionik etc.	Brainstorming Synektik Brainwriting Methode 635 etc.

Tabelle 5.1: Methoden analytisch-systematischer und intuitiver Vorgehensweisen bei der Ideenfindung von Markengestaltungsproblemen (Quelle: Schlicksupp, 1992, S. 59 ff.)

5.1.1 Problemanalyse

> *Beispiel:* Nachdem die Zigarettenmarke Camel ihren Camel-Mann aus der Werbung verbannt hatte und durch die Kampagne mit den verrückt-kreativen Kamelen ersetzt hatte, ging der Marktanteil kontinuierlich zurück, während die Marktanteile von Marlboro stetig stiegen. Der Marktanteilsverlust ließ sich auch nicht aufhalten, nachdem die Kampagne, welche die Stammraucher offensichtlich verunsichert hatte, wieder aufgegeben worden war. Wo lag das Problem? Wo lag die Ursache des Problems? Wo konnte angesetzt werden, um das Problem zu beseitigen?

In der Praxis werden Probleme mitunter nicht sorgfältig genug analysiert. Sie werden stattdessen häufig falsch interpretiert, d. h. nicht richtig verstanden, nicht richtig untersucht und es werden die falschen Schlüsse gezogen. Die Reaktion auf plötzlich auftauchende Probleme sind nicht selten hektischer Aktionismus und überschnelles Handeln. Eine umfassende und gründliche Analyse der Ist-Situation wird in vielen Fällen übergangen. Folgende Fragestellungen können helfen, Problemstellungen transparent zu machen:

- **Was ist das Problem?**
- **Wo** taucht/tauchen das Problem/die Probleme überall auf?
- Welche **Ursachen** könnte das Problem haben (Welches sind die Teilprobleme, wie wurde das Problem ausgelöst, wann und wo ist das Problem entstanden)?
- Was **erschwert** das Problem?
- Welche **Auswirkungen** hat das Problem (zeitliche, räumliche, funktionale, wirtschaftlich, kommunikative, sonstige Auswirkungen)?
- **Was ist zu tun,** um das Problem effizient zu lösen (Sofortmaßnahmen, Methoden zur Problemlösung, weiteres Vorgehen etc.)?
- **Was wurde bereits versucht**, um das Problem zu lösen (Warum ist der Versuch gescheitert)?
- Welche **Auswirkungen** hat die Lösung des Problems auf andere Ziele der Markenführung?

Abbildung 5.1: Problemanalyse beim kreativen Prozess

Am Anfang eines Design-Prozesses steht immer das Aufdecken und die vollständige, klare Definition etwaiger *Probleme* (Was sind die Probleme?) sowie der *Problemursachen* (Was liegt dem Problem zugrunde?), der *Problemauswirkungen* (Was folgt aus dem Problem, wenn es nicht beseitigt wird?), der *Problemstrukturen* (Gibt es Teilprobleme, welche Beziehungen haben diese zueinander?) und der *Problemprozesse* (Bestehen die Probleme weiter, lösen diese sich von selbst etc.?).

5.1.2 Kreativitätstechniken zur Ideenfindung

5.1.2.1 Analytisch-logische Methoden zur Ideenfindung

Zu den analytisch-logischen Methoden der Ideenfindung gehören u. a.:

- morphologische Methode,
- Funktionsanalyse,
- Checklist-Methode,
- Bionik,
- Problemlösungsbaum.

Die obigen Methoden der Ideenfindung zur Problemlösung können bei schon bestehenden Markenproblemen eingesetzt werden. Hier können Probleme meist präziser lokalisiert und quantifiziert werden als bei der Ideensuche nach neuen Marken, bei denen es meist nur Umfeldinformationen gibt oder Informationen, die sich nicht direkt auf die zu kreierende Marke beziehen.

Die morphologische Methode

Sie wurde von dem Schweizer Morphologen Zwicky (1959) entwickelt. Das Wesentliche bei dieser Methode liegt in der analytischen und in der synthetischen, systematischen Herangehensweise an ein Problem, bei der möglichst viele Lösungsalternativen zu erarbeiten sind und diese aufgrund bestimmter Bewertungsprinzipien auf wenige geeignete Lösungen reduziert werden müssen. Die Stufen zur Erstellung eines *morphologischen Kastens* und eines *morphologischen Tableaus* sind folgende:

1. **Stufe:** Festlegung des Problems
2. **Stufe:** Verallgemeinerung und umfassende Analyse des Problems, d. h. Zerlegung des Problems in wichtige Problemfaktoren
3. **Stufe:** Systematische Suche nach mögl. Problemlösungsansätzen (Lösungsvariablen) der aufgelisteten Problemfaktoren
4. **Stufe:** Bewertung der Lösungskombinationen wg. eines bestimmten Wertestandards (z. B. Punktbewertung) und Auswahl der Erfolg versprechendsten Kombinationen von Lösungen (mittels Verbindungslinien aufzuzeigen)

Zwei Beispiele der Struktur eines *morphologischen Kastens* sollen das Erläuterte verdeutlichen:

Problemfaktoren	Mögliche **Problemlösungsvariablen** (hier auf 3 beschränkt)		
Zigarettenprodukt	Stängel	Rolle	am Stiel
Zigarette lagern	Schachtel	Glas	Dose
anzünden	zünden	drücken	brechen
genießen	kauen	inhalieren	trinken
Rauchen beenden	Ausdrücken	ausdrehen	ausblasen
Entsorgen/lagern	inkorporieren	wegwerfen	neu stopfen

Tabelle 5.2: Erstes Beispiel: Gesucht werden Lösungen für eine neue Zigarette

Ein möglicher Lösungsweg könnte hier lauten: Zigarette in Form einer Rolle (Lakritz); Zigarette lagert in einer Dose (Kunststoff); Zigarette wird von der Rolle abgebrochen und mittels dieses Abbrechens aktiviert; Zigarette wird nicht inhaliert, sondern gekaut; Zigarette wird ausgedreht und gegessen etc.

Problemfaktoren	Mögliche **Problemlösungsvariablen** (hier auf 3 beschränkt)		
leicht zu öffnen und wieder verschließbar	große Lasche	Aufreißbanderole	„Bananen-schalenprinzip"
nicht krümeln	„Lutscher"	„Bonbons"	„Kaumasse"
Überraschungseffekt	„aufplatzen"	„Knallen, Krachen"	„Verfärben, Form ändern"
Belohnungseffekt	„Spiel"	„Schminken, Verkleiden"	„Gewinn, Schmuck"

Tabelle 5.3: Gesucht werden Lösungen für Kindersüßigkeiten mit Überraschungs- und Belohnungseffekt

Lösungsweg:	**Öffnungsmechanismus:**	Bananenschalenprinzip
	Krümelfrei:	Lutscher
	Überraschungseffekt:	Verfärbung, Formänderung
	Belohnungseffekt:	Schminken

Das morphologische Tableau

Das *morphologische Tableau* ist ähnlich wie der morphologische Kasten aufgebaut. Es besteht ebenfalls aus Faktoren und Problemlösungsvariablen, mit dem Unterschied, dass die Faktoren nach verschiedenen Gesichtspunkten in den Spalten und in den Zeilen aufgelistet sind. In den Kopfspalten sind beispielsweise Strukturfaktoren aufgelistet, welche das Problem in seinem Aufbau und in den Abhängigkeiten untereinander beschreiben. Strukturfaktoren bei einem Regenschirm beschreiben z. B., wie der Schirm aufgebaut ist, nämlich aus einem Griff, einem Gestänge, einem Öffnungsmechanismus und einer Wasser abweisenden Haut. In den Kopfzeilen werden dementsprechend alle ablaufbestimmenden Prozessfaktoren eingetragen. Das sind z. B. die Schritte des Bedienens eines Schirmes, wie: Tragen, Öffnen, Abschirmen, Wiederverschließen, zum Abtropfen abstellen etc. In den Koordinaten werden dann die Lösungsvarianten eingetragen.

Die weiß markierten Felder in Tabelle 5.4 sind so genannte „Null-Felder", d. h. die Lösungsvariablen, die hier erscheinen würden, sind entweder widersinnig oder nicht praktikable Lösungen. In jedem anderen Feld können beliebig viele Lösungsvariablen eingetragen werden. Die Kombinationen werden dann wieder, wie beim morphologischen Kasten, durch Pfeile miteinander verbunden und als mögliche Lösungswege selektiert. Falls die einzelnen Faktoren (Prozess-/Strukturfaktoren) noch weiter untergliedert werden müssen, dann können stärker differenzierte Folgetableaus eingerichtet werden.

Wichtig bei der Aufstellung von Problemfaktoren und Problemlösungsvariablen ist:

1. die Unabhängigkeit der Faktoren und Variablen voneinander
2. die Relevanz der Faktoren und Lösungsvariablen für das Problem
3. die Vollständigkeit der Faktoren bei der Beschreibung des Problems

Zur systematischen Erstellung eines morphologischen Kastens eignen sich Methoden wie:

1. Funktionsbeschreibungen und Struktur-/Prozessanalysen des Problems
2. „W"-Fragen (Wer, Wo, Wann, Was, Wie, Warum, Woher, Wohin etc.)
3. Analogien (z. B. aus der Natur, wie Bionik), Verfremdungen, Gegensätzlichkeiten, Verkleinerungen/Vergrößerungen, Sprichwörter etc.
4. Ursachenbeschreibungen und Auswirkungsbeschreibungen (Welche Ursachen, welche Auswirkungen?)

Die morphologische Methode ist für fast alle Problemstellungen geeignet, besonders für die systematische Lösung von komplexen Struktur- und Prozessproblemen, bei denen eine Vielzahl von Faktoren und Variablen zu berücksichtigen sind.

Die Checklisting-Methode (Attribute-Listing)

Diese Methode ist mit der morphologischen Methode vergleichbar, sie beschränkt sich jedoch auf den engeren Anwendungsbereich der Produktvariation, -erweiterung, -streichung

Prozessdaten \ Strukturdaten	lagern	transportieren	öffnen	Überraschung	essen	spielen	schließen
Material	Holz	Kunststoff/ Pappe	Banderole	Götterspeise	Götterspeise	Götterspeise	Pappe/ Band
Geschmack				Himbeere/Heidelbeere etc.			
Geruch							
Form							
Farbe							
Oberfläche							
Verpackung							
Haltbarkeit							
Temperaturbest.							
Kalorien							
Vitamine							
Gesundheit							
Preis							
Verfügbarkeit							

Tabelle 5.4: Morphologisches Tableau für eine Kindersüßigkeit

oder der Produktverbesserung etc. In diesen Fällen sind bereits Lösungen vorhanden, die nur noch variiert oder schrittweise weiterentwickelt werden sollen. Bei der Checklisting-Methode wird wie folgt vorgegangen:

1. Das Produkt oder die Leistung wird mit seinen einzelnen Merkmalen beschrieben (Funktion, Form, Farbe, Größe, Mechanismen etc.),
2. Zu jedem Merkmal wird eine Variation, Permutation, Alternative, Verbesserung etc. gesucht
3. Mittels eines Auswahlverfahrens (Punktbewertung, o. ä.) werden zu jedem Merkmal die interessantesten Lösungskombinationen ausgewählt

Merkmale	derzeitige Lösung	mögliche Alternativen		
Material	Wassereis	Milcheis	Sekteis	Weineis
Form	oval	eckig	rund	länglich
Farbe	wässrig	weiß	Champagner	rot
Graf. Zeichen	gelbe Sonne	Milchkuh	Sektglas	Trauben
Geschmack	Zitrone	Sahne	Champagner	Rotwein
Verpackung	Papiertüte	Tetra Pak	Kunststoff	Glas
Gestaltung	einfach	Alpenwelt	Opernwelt	festlich
Stil	einfach	ländlich	gediegen	festlich

Tabelle 5.5: Beispiel des Checklisting für Speiseeis

Der Problemlösungsbaum

Diese Methode eignet sich dazu, alle zu einem Problem gehörenden Alternativenlösungen zu erfassen und diese hierarchisch deduktiv bis in die kleinsten Lösungsbereiche zu verfolgen. Der Struktur eines Baumes ähnlich, beginnt man mit der Beschreibung der elementaren und wichtigsten Merkmale, Elemente bzw. Problemlösungsideen der Aufgabe. Diese verästeln sich bis in die kleinsten Merkmale. Das folgende Beispiel mag die Struktur des Problemlösungsbaumes veranschaulichen:

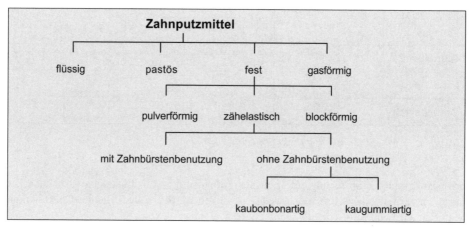

Abbildung 5.2: Beispiel Problemlösungsbaum für Zahnputzmittel

Die Funktionsanalyse

Die Funktionsanalyse zerlegt die Funktionsweise von Produkten in ihre Einzelfunktionen und sammelt gleichsam alle Arbeitsschritte, die durch das Produkt erfüllt werden müssen, um die Funktion des Objektes in anderer Weise oder in anderen Kombinationen einer Verbesserung zuzuführen. Ziel der Funktionsanalyse ist die Vereinfachung und die Erleichterung von Arbeitsschritten für den Benutzer eines Produktes/einer Marke.

> *Beispiel A:* Ein Hersteller von Süßigkeiten (Schokolade/Gummidrops/Snacks) sucht neue Produkte: Vorgehensweise wie im folgenden Beispiel beschrieben und zusätzliche Kombination der Gebrauchsabläufe beim Konsumieren (aufreißen, aufwickeln, abbrechen, herausdrücken, schlürfen, lutschen, abbeißen, kauen, beißen, Blasen machen, schlecken, schlucken, lecken etc.) aufführen.
>
> Eine hieraus resultierende Idee könnte wie folgt lauten: Crunchkeks für „Kernbeißer/ Kissenlutscher"-Typen. Außen knusprig mit Schokolade umhüllt, dann mit Keksmantel umhüllt und als Kern ein Gummidrops zum Lutschen.

> *Beispiel B:* Sektflasche
>
> 1. Alle Funktionen der Sektflasche werden aufgelistet
> 2. Durch eine Arbeitsanalyse, d. h. Sektflaschennutzung werden Ideen gewonnen, wie das Benutzen von Sekt verbessert werden kann
> 3. Die Tätigkeit wird in einzelne Haupt- und Unterfunktionen zerlegt:
>   - Sektflasche einkaufen, transportieren, lagern
>   - Sekt kühlen, Kapselhülle entfernen
>   - Korkendraht aufdrehen und entfernen
>   - Korken drücken und Sektflasche dabei von Personen weghalten, Kohlensäure entweder langsam entweichen lassen, Korken knallen lassen oder Flaschenhals köpfen
>   - Sekt in Gläser ausschenken/Sekt aus Flasche trinken etc.
> 4. Für jede einzelne Hauptfunktion werden mögliche andere Funktionserfüllungen erstellt, z. B. Sektkorken entfernen (z. B. Bügel-Schnappverschluss statt herkömmlicher Korken, Drehverschluss zum „behutsamen Öffnen" der Sektflasche etc.)
> 5. Jetzt erfolgt, analog der Methode des Morphologischen Kastens (siehe Morphologischer Kasten), eine tabellarische Erfassung der gesammelten Hauptfunktionen und der Kombinationen, wodurch man neue Anregungen erhält.

5.1.2.2 Spontan-kreative Methoden zur Ideenfindung

Brainstorming

Brainstorming ist die wohl bekannteste und am häufigsten angewandte kreative Methode zur Ideenfindung. Eine Gruppe von drei bis acht Personen, die aus fachlich unterschiedlichen Bereichen und aus möglichst ähnlichen Hierarchieebenen kommen sollten (keine hierarchischen Spannungen) sucht spontane Lösungen für ein bestehendes Problem. Wichtig bei dieser Methode sind folgende Leitlinien:

- Spontaneität – je schneller Ideen kommen, desto besser
- Quantität vor Qualität – je mehr Ideen, desto besser
- der Fantasie freien Lauf lassen – alles ist erlaubt
- Kritik ist nicht zugelassen – keine Killerphrasen
- positives soziales Klima schaffen – keine Konkurrenzsituation
- alle Ideen gehören der Gruppe – genannte Ideen dürfen aufgegriffen und weiterentwickelt werden

Die Ideen werden durch einen Protokollanten notiert oder mittels eines Rekorders aufgezeichnet.

Brainwriting (6-3-5-Methode)

Diese Methode der Ideenfindung funktioniert ähnlich wie das Brainstorming, wobei hier die Ideen der Gruppenteilnehmer schriftlich festgehalten werden. Eine der bekanntesten Brainwriting-Methoden ist die Methode 6-3-5. Hier schreiben sechs Teilnehmer jeweils drei Ideen innerhalb von fünf Minuten nieder. Nach Ablauf der Zeit werden die Notizen zwischen den Teilnehmern ausgetauscht und durch drei neue Ideen eines anderen Teilnehmers ergänzt. Dieser Vorgang wird solange wiederholt, bis jeder Teilnehmer 18 Lösungsvorschläge gesammelt hat. Im Idealfall wäre man nach 30 Minuten fertig und hätte 108 Ideen produziert.

Der Vorteil dieser Methode liegt darin, dass kein Moderator benötigt wird. Dominante Personen, die beim Brainstorming eine vorherrschende Stellung einnehmen würden, sind bei dieser Methode den anderen Teilnehmern gleichgestellt. Hier stellen die ausgefüllten Blätter das Protokoll dar, sodass im Zweifelsfalle festgestellt werden kann, woher eine Idee ursprünglich stammt. Ein Nachteil dieser Methode ist, dass keine Rückfragen bei eventuellen Missverständnissen möglich sind und dass aufgrund der begrenzten Zeit bei den Teilnehmern Stress entstehen kann, der Kreativitätsblockaden auslösen kann.

Brainwriting Pool

Diese Methode stellt eine Alternative zur 6-3-5-Methode dar und versucht die soeben genannten Nachteile aufzuheben, indem auf die zeitliche Abhängigkeit und auf vorgefertigte Formulare verzichtet wird. Der Problemsteller bereitet vor Beginn der Sitzungen einige Lösungen vor, schreibt diese auf ein bis zwei Blätter nieder und legt sie in die Mitte des Tisches. Während der kreativen Phase schreiben die Teilnehmer ihre eigenen Ideen auf. Gehen ihnen die Ideen aus, dann können sie ihr Blatt mit einem auf der Tischmitte befindlichen Blatt austauschen. Dieser Vorgang kann beliebig häufig durchgeführt werden. Die Teilnehmer erhalten somit immer neue Anregungen.

Buzz Session (Diskussion 66)

Eine größere Gruppe wird in zwei kleine Gruppen aufgeteilt. In beiden Gruppen werden ein Protokollant und ein Moderator ernannt, und durch Brainstorming werden neue Problemlösungsideen generiert. Nach sechs Minuten treffen sich beide Gruppen in einem gemeinsamen Raum wieder und tragen ihre Lösungsansätze vor. Danach wird ein neuer Problemgesichtspunkt aufgegriffen, der wieder in den beiden Gruppen separat bearbeitet wird. Man versucht, die verschiedenen Lösungsansätze zu integrieren.

Vorteil dieser Methode ist, dass durch die Aufspaltung des großen Teilnehmerkreises in kleine Gruppen jeder Teilnehmer aktiv am Problemlösungsprozess beteiligt wird. Der Grundgedanke liegt bei dieser Methode darin, Großgruppen (ab zehn Personen) in arbeitsfähige Kleingruppen aufzuteilen, um zu effizienterem Arbeiten zu kommen.

Synektik

Der Name leitet sich ab von „synechein" (griech.) und bedeutet „etwas miteinander in Verbindung bringen, verknüpfen". Bei der von W. J. J. Gordon entwickelten Methode sollen durch die *systematische Verfremdung* eines Problems in Form von Analogienbildung neue Ideen gefunden werden. Die Synektik gilt als die kreativste und anspruchsvollste Methode der Ideenfindung. Durch den Verfremdungsprozess wird versucht, Hemmschwellen/Denkblockaden in der Gruppe abzubauen und durch die Distanzierung vom Problem kreativitätsfördernde Denkweisen zu aktivieren. Die Gruppenzusammensetzung sollte wie bei der zuvor genannten Brainstorming-Gruppe heterogen sein. Zudem bedarf es einer intensiven Schulung der Teilnehmer und des Moderators in dieser Methode, da das Antrainieren des heuristischen Prinzips der Strukturübertragung sehr hohe Anforderungen an die Gruppe stellt.

1. Problem wird vom Diskussionsleiter erläutert und von Experten analysiert
2. Spontane Lösungsansätze nennen
3. Neuformulierung und Ursachenerkennung des Problems
4. Übereinstimmung des Teams zum Problemverständnis
5. Erste direkte Analogiesuche, z. B. aus den Bereichen Natur, Technik. Je nach Problemstellung bieten sich unterschiedliche Bereiche zur Analogiebildung an, wie Alltag, Kunst, Geschichte, Wirtschaft, Natur, Tierwelt, Geografie etc.
6. Persönliche Analogien suchen – Ich-Identifikation – „Wie fühle ich mich als ..."
7. Symbolische Analogien suchen – Hauptgefühl der persönlichen Analogie verdichten in einem Adjektiv und einem Substantiv, die paradox sein sollen/können
8. Beziehung Analogien – Problem, Detailanalyse der gefundenen Analogien
9. „Force Fit" – Übertragung der gefundenen Analogien auf das Problem
10. Lösung entwickeln

Der Zeitaufwand für eine Synektiksitzung liegt bei etwa einem halben Tag. Solche Sitzungen werden in der Praxis meist erst dann durchgeführt, wenn andere Methoden der Ideenfindung zu keinem befriedigenden Resultat geführt haben. Trotz des hohen Schwierigkeitsgrades hat diese Methode hohe Erfolgsaussichten bei der Suche nach geeigneten Problemlösungsansätzen.

5.2 Elementare Techniken des Marken-Design

Die elementaren Techniken des Marken-Design beziehen sich auf die Grundelemente der Markengestaltung, wie Form, Farben, Material, Klang, Duft- und Geschmacksstoffe, einfache grafische Zeichen sowie elementare Text- und Bildgestaltung. Diese Grundelemente der Markengestaltung rufen meist Zeichen hervor, welche, je nach Produktkategorie und Marke, ihre eigenen Bedeutungen generieren, wie in den vorangegangenen Abschnitten erläutert wurde. Sie bilden durch ihre meist vielfältigen Kombinationsmöglichkeiten wiederum neue Bedeutungen, so genannte *Codes*. Einen Überblick über die elementaren Gestaltungsmittel und deren Relevanz für die Wahrnehmungssinne gibt Tabelle 5.6.

Aus den folgenden Gestaltungselementen können diverse Zeichensysteme (Codes) gestaltet werden, indem visuelle, sprachliche, schriftliche, musikalische, ästhetische, filmische etc. Zeichen miteinander kombiniert werden. Marken-Zeichen im Sinne der Tabelle 5.6 sind überwiegend visuell wahrnehmbar, denn 80 Prozent der menschlichen Wahrnehmung sind Sinneseindrücke optischer Art. Sie lassen sich aber aufgrund ihrer unterschiedlichen Systemzugehörigkeit nur schwer isolieren und klassifizieren. Man spricht in diesem Zusammenhang auch von der Kohärenz der Zeichen. Dies bedeutet, dass jedes verwendete Zeichen, aus welchem Repertoire es auch stammt, und über welche Sinne es seine Botschaft vermittelt, auf seine eigene Weise die Botschaft der Marke kommunizieren muss, mit anderen Worten: Im Zusammenspiel der Zeichen muss sich ein roter Faden der Bedeutung finden, welcher die Markenbotschaft transportieren muss (vgl. Karmasin, 1998, S. 490).

Der Einfluss von Marken-Zeichen auf die Wahrnehmung kann unterschiedlich stark sein. Einige originäre Zeichen sind besonders wichtig für die Kommunikation der zentralen Markenbotschaften, denn sie besitzen stärkeren Symbolcharakter als andere Zeichen. Diese Zeichen sind in der Lage, wesentliche Markenbedeutungen eigenständig und prägnant zu kommunizieren. Sie können als Primärzeichen das Aushängeschild der Marke sein. Zu solchen Primärzeichen gehören in erster Linie der Markenname und symbolische grafische Zeichen, aber auch typische Zeichenkombinationen von Farben, Formen, Logos und Klängen.

Beispiele für starke Primärzeichen sind die Farbe Rot für Coca-Cola und Marlboro, die Farbe Gelb für die Post oder für Yello Strom, die Farbe Lila für Milka, die Magenta-Farbe für die Telekom oder die typischen Schriftzüge für Coca-Cola, Marlboro, Medima, Alete, TUI etc.

5.2 Elementare Techniken des Marken-Design

Sensualität / Gestaltungsmittel	visuell	auditiv	olfaktorisch	gustativ	haptisch	andere
Material/Stoff (fest/flüssig/gasförmig)	X	x	x	x	x	
Duftstoffe			x	x		
Geschmacksstoffe			x	x		
Form	X				x	
Größe	X	(x)			x	
Struktur	X				x	
Textur	X				x	
Farbe	X					
Helligkeit	X				(x)	
Sättigung	X					
Klang	(x)	x			x	
Lautstärke		x			x	
Klanghöhe		x				
Klangfarbe		x				
Rhythmus		x				
Zeichen/Worte/Texte	X	(x)				
Bilder	X				(x)	
Räumlichkeit	x	(x)			(x)	(x)
Bewegung	x	(x)			(x)	
Schnelligkeit	x	(x)			(x)	
Anordnung	x					
Richtung	x					

Tabelle 5.6: Elementare Gestaltungsmittel und Sensualität

Dabei kommt es darauf an, wie die Zeichen zusammengesetzt und kommuniziert werden und inwieweit diese bereits in den Wissens-Repertoires der Konsumenten etabliert sind. Bedeutungen können aber nur dann vermittelt werden, wenn die Marke selbst eine Botschaft, ein attraktives Werte-, Benefit-, Reason-Why- und Tonality-System hat. Ziel jedes Markenmanagement sollte es sein, für seine Kernbotschaften typische Marken-Zeichen mit Symbolpotenzial oder gar Symbolstatus zu etablieren. Dies gelingt nur, wenn alle Zeichen der Marke, sowohl derivative als auch originäre Zeichen, widerspruchsfreie Bedeutungen vermitteln, dissonanzfrei agieren (roter Faden) und eine relevante Botschaft haben. Umgangssprachlich formuliert könnte man sagen: Ein Stern auf einer Trabbi-Kühlerhaube macht diesen noch nicht zu einem Mercedes.

Gestaltete Zeichen für eine Marke sind per se noch keine Marken-Zeichen. Sie müssen über begleitende Kommunikation so mit Bedeutung aufgeladen werden, dass eine profilierende Markenbotschaft im Kontext entsteht und von den Empfängern der Botschaft auch klar und eindeutig verstanden wird. Damit eine einmal erreichte Bedeutung einer Marke im Laufe der Zeit nicht veraltet oder verblasst und der ständige notwendige Bedeutungstransfer zum Konsumenten aufrecht erhalten bleibt, müssen auch symbolische Zeichen von Zeit zu Zeit „modernisiert" werden, um aktuell und relevant zu bleiben.

Marken-Zeichen können für den Konsumenten daneben verlässliche Anmutungs- und *Identifikationsschemata* von Marken bilden, die dem Käufer die schnelle Einkaufswahl erleichtern. Identifikationsschemata sind Schlüsselelemente des Marken- und des Verpackungsdesign, die den *Form-Codes, Farb-Codes* etc. ähnlich sind und die sich im Zeitablauf relativ stabil halten können. Aus dieser Gestaltungskontinuität heraus haben sich für bestimmte Produktgruppen Codes herausgebildet, bei denen sich schnelle assoziative Zuordnungen zu den zugehörigen Verwendungskategorien bilden lassen. Diese einer Marke oder einer Produktgruppe zugehörigen typischen Formen, Farben, graphischen Zeichen oder Gerüche, werden als Identifikationsschemata oder als *Gattungs-Stereotypen* bezeichnet (vgl. Größer, 1991, S. 147 ff.).

Solche Gattungsstereotypen lassen sich bei vielen Konsumartikeln beobachten, so bei Joghurt- und Milchprodukten (PE-Becher oder Tetra-Pak-Verpackung) sowie bei Knabberartikeln (rote Schlauchbeutel), Süßwaren und Schokolade (rechteckige Tafel) usw. Die Zeichencodes oder -stereotypen funktionieren lerntheoretisch über das Konditionierungslernen, d. h. es werden die über Jahre hinweg gleich bleibenden Marken-Designs allmählich als Schlüsselschemata erkannt und abgespeichert und gedanklich mit der Produktgattung und den sonstigen Produkt- oder Markenitems, wie Preisstellung, Distribution, Art der Präsentation, Konsistenz des Inhaltes etc. in Verbindung gebracht.

Stimmt bei einer Marke etwa die Gestaltung der Verpackung nicht mit der Positionierung überein, so wird dies vom Konsumenten (mehr oder weniger bewusst) wahrgenommen und entsprechend negativ beurteilt. Eine Markenverpackung darf etwa im Verhältnis zu seiner preislichen Positionierung weder zu hochwertig noch zu minderwertig ausgestattet sein. Der Konsument wird beides nicht akzeptieren. Ist z. B. die Positionierung einer Marke niedrigpreisig, das Verpackungsdesign dagegen sehr hochwertig, dann kann ein dissonanter Markeneindruck entstehen. Der Konsument hat das Gefühl, es könne mit dem viel zu schönen Produkt zum Tiefstpreis etwas nicht stimmen.

Umgekehrt funktioniert ein hochpreisiges Produkt mit einem Discount-Design ebenso wenig. Andere Gestaltungsfehler können z. B. in Bezug auf die Ausstrahlung des Marken- und Produktcharakters gemacht werden, wenn etwa ein Haushaltsreiniger, der große Reinigungskraft kommunizieren soll, in einer schlanken Flasche mit weichen Konturen designt worden ist oder wenn eine Seife, die Weichheit und Cremigkeit vermitteln soll, in einer kantigen Umverpackung auftritt.

Die Herausbildung von Gestaltungscodes lässt sich wahrnehmungspsychologisch mit der Ökonomisierung des Wahrnehmungsaufwandes von komplexeren Gestalten erklären. Unter diesem Begriff ist die von Konsumenten vorgenommene Tendenz zu verstehen, aufgrund typischer Gestaltungszeichen bestimmte Schlüsselmerkmale bei Marken für die schnelle Zuordnung von Produkten zu einer bestimmten Warengruppe zu nutzen: Ein Joghurt wird schon aufgrund des Becherumrisses entsprechend der Warengruppe zugeordnet. Das gleiche gilt für Chipstüten, Weichspülerflaschen, Waschmittelbehälter, Deoroller, Zahnpastatuben, Duschgels, Ölflaschen, Margarinebecher, Butter usw. Hier hat der Konsument aus den Zeichencodes der Verpackungsformen oder der Materialien, des Standortes (z. B. im Kühlregal), der Farben etc. gelernt und gespeichert, so dass diese spontan zugeordnet werden können.

5.2.1 Material und sensuale Konsumerlebnisse

Während in der Massenkommunikation die verschiedenen *Produktmaterialien* lediglich indirekt über den Kommunikationskanal (Anzeige, Spot, Plakat, Broschüre etc.) auf den Empfänger wirken können, wird er am Markenartikel selbst direkt erlebt. Duftstoffe, Geschmacksstoffe und Klänge sind häufig Bestandteile der stofflichen Eigenschaften des Materials (etwa Parfums, Lebensmittel etc.) und können dementsprechend multisensual, nämlich optisch, haptisch, akustisch, olfaktorisch und/oder gustatorisch wahrgenommen werden. Sie sind somit in der Lage, einen größeren Vorrat an Informationsmodalitäten zum Empfänger zu transportieren, als über mono- oder duosensualen Medien, wie Plakate, Printanzeigen oder Spots. Demgegenüber kann jedoch die Materialität eines Markenartikels in Spots oder sonstigen Anzeigen bereits emotional und sachlich vorinterpretiert werden und so auf deren gewünschten Kommunikationsgehalt – ob emotional oder sachlich – hinführen, obgleich er nicht real wahrnehmbar ist (z. B. Nivea ist sanft und pflegend zur Haut, oder: Mmmmmmagnum!).

Die traditionelle Verwendung bestimmter Stoffe oder Materialien führt dazu, dass jedes Material (ob Inhalte oder Verpackung) in der Psyche des Konsumenten einen mehr oder weniger festen „psychologischen Platz" einnimmt, der sich nur langfristig ändert. Beispielsweise bereitet die Substitution von Glasflaschen durch Kunststoff- oder gar Kartonverpackungen (Tetra-Paks) für bestimmte Getränke (Wein, Bier) erhebliche Schwierigkeiten bezüglich der Akzeptanz durch den Käufer. Dass neben der visuellen Informationsaufnahme des Zeichenträgers Material auch das *Geruchserleben des Materials* eine nicht unbeträchtliche Rolle spielt, zeigen Produktbeispiele aus den USA, wonach alle möglichen Materialien mit Duftstoffen versehen werden. So gibt es dort schon nach Früchten riechende Spülbecken, nach Erdbeeren duftende Kinderschuhe oder nach Pfefferminze duftende Hula-Hoop-Reifen zu kaufen. Das Gedächtnis für Geruchsbilder ist sehr gut ausgeprägt. Es scheint sogar vergessene Erinnerungen wieder zu erwecken. Für Markenartikler werden neuerdings Duftterminals entwickelt (Markenname „aerome"). Es handelt sich dabei um Multimedia-Terminals und -PCs mit Duftfunktion, die am PoS aufgestellt werden und neben der Kaffeereklame den dazugehörigen Kaffeeduft entströmen lassen.

5.2.2 Form und sensuale Konsumerlebnisse

Ein zentraler Faktor einer Gestalt ist die Form. Sie kann sowohl in zweidimensionaler Ausprägung (z. B. als Etikett) oder in dreidimensionaler Ausprägung (z. B. als Verpackung) wahrgenommen werden, wobei hier neben der visuellen Wahrnehmung zusätzlich die taktile Wahrnehmung (bei Prägungen oder bei Verpackungs- und Produktformen selbst) eine Rolle spielen kann. Diese Wahrnehmung reduziert sich bei der Kommunikation über Massenmedien (z. B. Radio, Fernsehen, Anzeigen) auf die optische und taktile Wahrnehmung. Die optische und die taktile Prägnanz und damit die Gestaltfestigkeit einer gestalteten Kommunikation (Verpackung, Broschüre etc.) sind in hohem Maße von der Form abhängig, welche wesentlich am Gesamteindruck der Information teilhat.

Eng in Verbindung mit dem Zeichenelement der Form steht das Phänomen der „guten Gestalt". Über dieses Thema wurde besonders in den 70er und 80er Jahren des vorigen Jahrhunderts nachgedacht und publiziert. Man hat versucht, aus den bereits beschriebenen Gestaltgesetzen ein übergeordnetes Gesetz der „guten Gestalt", das so genannte „Prägnanzgesetz" zu formulieren. Dieses Gesetz besagt, dass eine Tendenz besteht, folgende Gestalteigenschaften als prägnante Formen oder Figuren zu bezeichnen (vgl. Metzger, 1975, S. 221 ff.):

1. **Gesetzmäßigkeit:** „Prägnant erscheint jedes Gebilde, an dessen Aufbau irgendwelche Gesetzmäßigkeiten merklich beteiligt sind, im Vergleich mit einem Gebilde ohne Ordnung, einem Gebilde, welches rein zufällig oder beliebig zusammengewürfelt erscheint."
2. **Eigenständigkeit:** „Prägnant heißen diejenigen geordneten Gebilde, die, wie der rechte Winkel oder das Quadrat und der Würfel, eine „eigenständige Ordnung" haben, im Vergleich mit denjenigen, die durch eine Art Verzerrung oder Verformung von jenen abgeleitet erscheinen."
3. **Integrität:** „Unprägnant heißen gesetzmäßig aufgebaute Gebilde, die nicht als Ganzes verformt, aber an irgendwelchen begrenzten Stellen gestört sind."

Zu den so genannten „guten Gestalten" zählen nach gestaltpsychologischen Erkenntnissen vor allem die Primärformen des Quadrates, Dreiecks, Kreises, wobei der Kreis, wie mehr-

Abbildung 5.3: Prägnante Produktformen des französischen Designers Philippe Starck (Hot Berta (links) und Juicy Salif (rechts))

fach erwähnt, als die prägnanteste Form angesehen wird, da er ein hohes Maß an Gleichförmigkeit und Geschlossenheit besitzt. Prägnante Formen dienen nicht selten zur Etablierung von Marken im Gebrauchsgüterbereich und zur Herausstellung von bestimmten typischen „Handschriften" der Designer, welche hinter diesen Marken stehen. Die Form wird somit sowohl zum Markenzeichen für das Produkt als auch zum Markenzeichen für den Designer.

Ähnlich wie bei der legendären Flaschenform der Marke Coca-Cola hat auch bei Absolut Vodka die Flaschenform eine wichtige Zeichenfunktion, vor allem im werblichen Auftritt, denn sie zieht sich als wichtigstes Element durch alle Werbemittelserien dieser Marke.

Hier wird deutlich, welche Rolle der Symbolcharakter für die Decodierung des Markenzeichens „Form" spielt. Hätte man nicht schon ähnliche Anzeigen dieser Marke gesehen,

Abbildung 5.4: Der Auftritt von Absolut Vodka in der Werbung (Quelle: www.aber.ac.uk/media/documents/s4B/sem09.html)

würde man hier wohl keine Rückschlüsse zur Marke „Absolut Vodka", geschweige denn zum Produkt „Wodka" ziehen. Auch die sprachlichen Zeichen müssen erst gelernt werden. Die Auswirkungen der Formgestaltung auf das sensuale Konsumerlebnis sollen an der *Stereotypik* von Weichspülerflaschen erläutert werden: Auslösereize der Formcodes von Weichspülern sind zum einen die dominierende Flaschenformen, häufig noch mit elliptischem Querschnitt, und mit weich anmutenden Formen. Weiterhin sind die typischen Farbcodes, insbesondere hellblaue, rosa oder fliederfarbene Pastellfarben zu erwähnen sowie die Symbolisierung der Weichheit über die in der Flaschenform integrierten und auf dem Etikett dargestellten Wellenlinien. Im Weichspülersektor kann die Marke Lenor/Downy (von Procter & Gamble) als Marktführer und Pionier des typischen Verpackungs-Design angesehen werden. Lenor hat sich zum Stereotyp für Weichspüler entwickelt. Eine ähnliche Stereotypik haben die Marken Kuschelweich (Unilever), Softlan (Colgate-Palmolive) und Vernell (Henkel). Als ein weiteres Beispiel von prägnanten Formcodes bei Markenartikeln seien die typischen Formen bei den Halsbonbons Pullmoll und Wick erwähnt. Während schon der Name Pullmoll phonetisch Weichheit und Rundlichkeit andeutet, welche in der Gestaltung der Dosenform (runde Metalldose) und in der Form der Bonbons selbst (rund und linsenförmig) zum Ausdruck kommen, stellt die Formensprache von Wick analog zum scharfen und einsilbigen Markennamen die Phonetik auch in der Gestaltung der Bonbons (dreieckig und scharfkantig) sowie in der Formgestaltung der Verpackung (rechteckig, kantig) den Charakter dieser Marke deutlich heraus (vgl. Dingler, 1997, S. 64 f.).

5.2.3 Farben und sensuale Konsumerlebnisse

Ein weiteres wesentliches Element der kommunikativen Gestaltungsmittel ist der Zeichenträger Farbe. Das Phänomen der Farbe wird verschieden gesehen: In der Physik wird Farbe als begrenztes Spektrum der Wellenlänge des Lichts definiert (zwischen 380 und 720 Nanometer). Die Psychologie definiert die Farbe als spezielle Sinnesempfindung. Als Zeichenelement in der Kommunikationstheorie definiert, ist Farbe ein Nachrichtenmedium mit unterschiedlichen Informationsmöglichkeiten. Von vorrangiger Bedeutung ist das Gestaltungsmittel Farbe bei allen Bereichen der Kommunikation. Der Farbe wird eine nachhaltige Wirkung auf die menschliche Psyche zugeschrieben. Unter den wirksamen Einzelreizen der Umwelt hat die Farbe einen hohen Stellenwert (vgl. Kroeber-Riel/Weinberg, 1999, S. 421 f.).

Farben entfalten vielfältige Wirkungen, die teilweise so nachhaltig sind, dass sie bis in die medizinische Verhaltenstherapie reichen. Daher ist es nicht verwunderlich, dass sie gezielt zur Markenprofilierung eingesetzt werden. Farben bieten Raum für vielfältige Assoziationen und infolgedessen für ebenso vielfältige Bedeutungszuordnungen. Dabei spielen die Kontexte, in denen Farben eingesetzt werden, eine entscheidende Rolle. Die Farbe Rot am Abendhimmel lässt völlig andere Gefühle entstehen, als die gleiche Farbe bei der Ampel, auf einem Plüsch-Herz, auf einem Feuerwehrauto, auf der Bundesdeutschen Flagge oder im Schlachthaus. Der Kontext ist das Kriterium dafür, ob eine Farbe als angenehm, bedrohlich, warm, süß, weich oder als bestimmtes Signal erkannt und empfunden wird. Allgemein kann man sagen, dass Farben umso angenehmer wahrgenommen und erlebt werden, je leuchtkräftiger und je gesättigter sie sind, wenngleich es Unterschiede nach Farbdifferenzierungsvermögen und „Farberziehung", so zum Beispiel dem kulturellen Kontext, gibt.

Farben und Farbassoziationen sind nach neueren Forschungsergebnissen besonders wichtig bei der menschlichen Bildverarbeitung. Sie verstärken die Wirkung von Markenbildern, vorausgesetzt, dass sie richtig, im Sinne der beabsichtigten Information, eingesetzt werden. So wird beispielsweise eine Frau signifikant unschuldiger, zärtlicher und ruhiger eingeschätzt, wenn sie ein weißes statt ein rotes Kleid trägt (vgl. Kroeber-Riel/Weinberg, 1999). Nach Farbpräferenzen unterschieden, hat sich bei fast allen empirischen Untersuchungen zwischen 1951 und der Gegenwart in der Bundesrepublik Deutschland die Farbe *Blau* eindeutig als die am meisten bevorzugte Farbe (ca. 38 Prozent), gefolgt von *rot* (ca. 20 Prozent), *grün* (ca. 15 Prozent) und *Gelb* (ca. 5 Prozent) herausgestellt (vgl. Heller, 2002).

Im Gegensatz zur Reihenfolge bei der Beliebtheitsskala der Farben steht die Rangfolge von erregenden Farben. Grün wird als besonders angenehm in unserer Kultur erlebt, jedoch als am wenigsten erregend. In anderen Kulturen (Muslimische Kultur) hat die Farbe Grün einen anderen Kontext (Farbe der Religion) und wird demnach anders erlebt. Die stärkste Erregungswirkung bei Farben geht von Rot aus. Danach folgen Orange, Gelb und Violett. Die Kenntnis von Farbassoziationen kann als wichtige sozialtechnische Grundlage im Marken-Design angesehen werden, da die meisten Farbassoziationen bei Menschen ähnlicher Kultur eine stark vergleichbare schematische Wirkung haben. In einer Untersuchung zu Farbassoziationen der deutschen Bevölkerung wurden aus einer Stichprobe von über 1800 Personen u. a. nachfolgende Ergebnisse herausgefunden (vgl. Heller, 1989). Diese Zuordnungen sind überraschend stabil und ändern sich nur langsam im Zeitverlauf:

Die Wahrheit		**Die Leere**		**Das Kühle**	
weiß	40 %	schwarz	37 %	blau	6 %
blau	27 %	grau	21 %	silber	14 %
gold	16 %	weiß	21 %	weiß	13 %
grau	5 %	grau	11 %	grün	6 %
Die Wärme		**Das Verführerische**		**Die Brutalität**	
rot	42 %	rot	31 %	schwarz	41 %
orange	23 %	rosa	19 %	rot	24 %
braun	12 %	violett	14 %	braun	18 %
gelb	8 %	schwarz	12 %	orange	5 %
gold	5 %	gold	7 %		

Tabelle 5.7: Bedeutung von Farben (Quelle: Heller, 1989)

	Gelb	Grün	Blau	Rot	Rosa
Gewichts-empfinden	leicht; je heller das Gelb, umso leichter wirkt es	variiert mit der Helligkeit	variiert mit der Helligkeit	variiert mit der Helligkeit	leicht
Tast-empfinden	weich, besonders wenn es ins rötliche geht	nicht ausgeprägt dunkel = hart	hellblau = weich	dunkelrot = eher rau	zart, sehr weich
Geschmack	rötlich = süß	grünlich = sauer salzig	fast neutral	würzig, knusprig, scharf	süßlich
Temperatur	warm, heiß mit rötlicher Färbung	frisch, kühl	kühl, frisch bis sehr kalt	warm, heiß	Hauttemperatur

Tabelle 5.8: Farben und Sinnesassoziationen (Quelle: Behrens, 1982)

Behrens (1982) gibt in der obigen Tabelle einige Beispiele für Farben, die unterschiedliche Bedeutungen zu verschiedenen Sinnesassoziationen wie z. B. Gewichtsempfinden, Tastempfinden, Geschmack und Temperatur zuordnen. Nach der Tabelle 5.8 müsste also z. B. bei der Verpackungsgestaltung von Fruchtsaftgetränken mit Zitrone darauf geachtet werden, dass die abgebildete Zitrone keinen zu starken Grünton erhält, denn gelbgrün wird laut Behrens mit bitter und mit unreif assoziiert.

Bei der farblichen Gestaltung von Marken stellt sich zunächst die Frage, welche Bedeutungen die Farben vermitteln sollen. An ein und derselben Verpackung kann die Farbgestaltung unterschiedliche Botschaften vermitteln.

Da ist zunächst die *Corporate Brand Color*, die Farbe, die der Marke allein zugehörig ist und dieser eine Alleinstellung gegenüber den Konkurrenten sichern soll. Neue Marken müssen sich an bestehenden Farb-Codes ihrer Konkurrenten und der gesamten Branche orientieren und nach der farblichen Nische suchen, denn die Marken-Farbe kann das entscheidende Zeichen der Differenzierung sein. Man denke dabei nur an Stromanbieter (Farbe Gelb als Stromfarbe), an Parteien (die Grünen, FDP, SPD, CDU, CSU etc.), an Autovermieter oder an Airlines.

Beispiele für typische Marken-Farben sind: Nivea-Blau, Marlboro-Rot, Coca-Cola-Rot, Jägermeister-Orange (war vorher grün dominiert), Telekom-Magenta, Underberg-Grün, Uhu-Gelb, Bildzeitungs-Rot, Milka-Lila, Mercedes-Benz-Silber. Es gibt auch Farb-Kombinationen, die sich als Markenfarben etabliert haben, so zum Beispiel: Maggi-Rot-Gelb, BMW-Blau-Weiß, Ikea-Gelb-Blau, Tesa-Blau-Rot, Knorr-Grün-Gelb-Rot, Ferrero-Rot-Weiß-Schwarz.

Neben der Marken-Farbe gilt es, die *Sortenfarben,* die Inhaltsfarben und/oder die Umfeldfarben so anzuwenden, dass diese sich gegenseitig nicht stören, nicht aufheben oder nicht irritieren. Die gesamte Farbgestaltung muss so vorgenommen werden, dass sie individuell ihren Zweck erfüllen und die anderen Farben nicht negativ beeinflussen und dabei die Gesamtanmutung optimal zur Geltung kommen lassen. Das ist nicht immer einfach. So ergeben sich mitunter Diskussionen darüber, welche Farbcodes in den Vordergrund gestellt werden müssen, so zum Beispiel bei der Gestaltung von Produkten mit mehreren Sorten, wie bei Saftmarken, wo relativ wenig Platz für die Etikettierung und somit für eine Farbkennung bleibt. Hier kann die Frage gestellt werden, ob eine prägnante Sortenkennung über verschiedene Farben die Zuordnung zur Markenfarbe noch zulässt oder sie völlig überdeckt. Es ist zu entscheiden, welchem Teil der Farbkommunikation die größere Bedeutung zugemessen werden soll: der Markenfarbe oder den Sortenfarben. Bei der Bestimmung von Sortenfarben (z. B. dunkelblau für schwarze Johannisbeere, gelb für Ananas, orange für Apfelsine, grün für Banane, rot für Blutorange etc.) muss auch darauf geachtet werden, dass der Markenfarbcode nicht von den Sortenfarben dominiert wird und dass bei der Auswahl der Sortenschriftfarbe noch eine genügend gute Lesbarkeit gewährleistet ist.

Bei den *Inhaltsfarben* geht es darum, farblich einen möglichst attraktiven Inhalt darzustellen. So kann es vorkommen, dass bei Produkten, wie z. B. Dosenfisch ein äußerlich sehr farbsatter Inhalt dargestellt wird, der mit dem wirklich Inhalt farblich nichts mehr zu tun hat. Da bei der Haltbarmachung von derlei Konserven der Abkochvorgang die Farben der Produkte oft verblassen lässt, entstehen die Unterschiede, die durchaus Irritationen beim Konsumenten auslösen können.

Farben sollten also immer in einem passenden Kontext zu ihrer Bedeutung und zur Marke bzw. zum Produkt stehen. Daneben weiß man auch, dass Farben grundsätzlich gesamthaft mit umgebenden Formen wahrgenommen und interpretiert werden, dass also eine enge Verbindung zwischen Form und Farbe bei der Wahrnehmung besteht (vgl. Welbers, 1996, S. 89 und Brandmeyer/Schmidt, 1999, S. 276). Ein zartes Blau oder Rosa passt nun mal nicht zu eckigen Behältnissen (z. B. bebe-Dosen, Lenor-Weichspüler), während kräftige Farben eher mit kantig und prägnant assoziiert werden.

Passt die psychologische Eigenbedeutung einer ausgewählten Farbe noch nicht optimal zur Markenwelt bzw. zu den typischen Farbcodes der Branche (man denke hier an typische Farben der Bierbranche, wie Braun, Grün, Golden, Silber), so kann man versuchen, die abweichende Farbcodierung mit einer spezifischen Bedeutung aufzuladen, die jedoch markenspezifisch und glaubwürdig sein sollte. Dieses Vorgehen ist in den meisten Fällen sehr aufwändig, da mit erheblichen Kommunikationsbudgets verbunden. Durch geeignete Kommunikationsmaßnahmen wurde z. B. im Laufe der Jahre aus einem für sich genommen extrem kühlen Blau der Inbegriff für die sanfte Pflege der Marke Nivea (vgl. Kindervater, 2001).

5.2.4 Töne/Klänge (Akustik) und sensuale Konsumerlebnisse

Der Stellenwert der akustischen Vermittlung von Markenzeichen und deren Wirkung beim Konsumenten wird oft unterschätzt. Klänge, Geräusche und Töne sind ein äußerst wirksames Kommunikationstool zur Vermittlung von Konsumerlebnissen und Markenzeichen. Die Akustik kann bei der Markengestaltung unter folgenden Gesichtspunkten betrachtet werden:

	Akustik	
Herkunft	natürliche Akustik (materialabhängig)	künstliche Akustik (materialunabhängig)
Geräusche	Zischen/Rascheln/Türen zuschlagen	Motorgeräusch, Brutzeln, Sektperlen
Töne	„Gläserklingen", Metallklang	Hupen etc.
Melodien	Singen, Pfeifen, Summen	Jingles in Spots, Instrumentalmusik etc.
Musik	Singen, Pfeifen, Summen	Konzerte, Computermusik etc.

Tabelle 5.9: Die Akustik

In der individuellen auditiven Wahrnehmung spielen Musik und Klang eine besondere Rolle. Sie wirken direkt über das Ohr auf das vegetative Nervensystem. Gefühle, die durch Musik und Klänge ausgelöst werden können, sind vom Hörer willentlich nicht zu beeinflussen und besitzen – richtig eingesetzt – eine starke emotionale kommunikative Kraft.

Ein Werbemensch hat einmal den Spruch kreiert: „Wenn Du nichts zu sagen hast, dann singe es!". Ein Markenname, der beispielsweise in der Radio- oder Fernsehwerbung gesungen oder mit einer prägnanten, evtl. bereits bekannten, Melodie unterlegt wird, hat die besten Chancen, sich unterschwellig ins Gedächtnis einzugraben und dort nachhaltig *musikalische Markenspuren* zu hinterlassen, wenn es sich um einfache, eingängige oder um bereits bekannte *Melodien* oder *Rhythmen* handelt. Beispiele dafür sind: der Telekom-Jingle, die Werbejingles von Coca-Cola und McDonald's. Man hat bei Untersuchungen festgestellt, dass angenehme Klänge/Musik die vordere linke Hirnhälfte stimulieren (linker frontaler Cortex), die für Annäherungsverhalten zuständig ist, während unangenehme Klänge die rechte Hirnhälfte stimulieren.

Der Klang des Türzuschlagens bei Automobilen wird häufig mit deren Qualitätsempfinden verbunden, das Geräusch der Motoren gibt Auskunft über die PS-Stärke des motorisierten Gefährtes. Beim Automobilhersteller Porsche sorgt eine spezielle Abteilung „Sound Engineering" für den richtigen Auto-Ton, das akustische Erleben des Sportwagens, das für den Käufer eines Porsches sehr wichtig ist (vgl. v. Sivers, 1999, S. 119 ff.). Der sechszylindrige Boxter-Sound ist ein prägnantes Marken-Zeichen für diesen Typ. Die Fahrzeugakustiker von Porsche optimieren permanent den Soundeindruck und harmonisieren sämtliche inneren und äußeren Geräuschquellen. Nach ausgiebigem Soundtuning erhält das Produkt Sportwagen den Porsche-Sound-Stempel.

Beim Öffnen von Konservengläsern deutet ein Zischlaut darauf hin, dass diese noch unter Vakuum gestanden haben und somit von fehlerfreier Qualität sind. Zum *akustischen* Erlebnis des Produktes (Materials) gehört beispielsweise auch das typische „Knacken" von Kandiszucker (der bernsteinfarbenen Kluntjes) im Friesentee oder das Knacken von Eiswürfeln im gekühlten Getränk sowie der Knackfroscheffekt bei Metalldeckeln für vakuumverschlossene Lebensmittel (Kinderbrei, Joghurt, Marmelade), wenn diese geöffnet werden.

Das prickelnde Geräusch zusammen mit den Sektperlen ist ein Hinweis darauf, dass der Sekt noch nicht abgestanden ist. Gewiefte Sammler von Überraschungsei-Figuren behaupten sogar, am typischen Geräusch beim Schütteln der verschlossenen Eier erkennen zu können, welche Figuren sich im Inneren befinden. Ebenfalls wird durch Schütteln von Kokosnüssen herausgefunden, ob diese noch Milch enthalten oder ob die Kokosnuss nur noch Mark enthält. Wer hat sich nicht schon einmal während des Kinobesuches über das störende Rascheln von Chipstüten geärgert?

So genannte Corporate-Sound-Konzepte für Marken oder gar für ganze Unternehmen erweitern die Unternehmens- und Markenkommunikation um wichtige Dimensionen der auditiv wahrgenommenen Emotionalität und schaffen bisweilen eine sehr viel stärker ausgeprägte Affinität und Identifikation bei Kunden, Mitarbeitern, Aktionären und allen, die es erreicht, als eine ausschließlich rational, auf den Intellekt ausgerichtete Kommunikation. In diesem Bereich haben sich Agenturen spezialisiert, wie z. B. die Agentur „Acusticbrand". Der Corporate Sound der Deutschen Telekom wurde etwa von Interbrand Zintzmeyer & Lux entwickelt. John Groves, Komponist für auditives Branding, zu dessen Kunden TUI und Nivea gehören, schafft eigene Markensounds.

Marken sollten immer dann auch akustisch kommuniziert werden, wenn das Auge nicht mehr erreichbar ist, beispielsweise bei Hörfunkspots. Es gibt aber auch Spekulationen darüber, dass sich auditive Reize offenbar schneller abnutzen als optische und somit Audiologos, Jingles und „Earcons" viel leichter nerven als ihre visuellen Pendants. Möglicherweise können sich die Menschen akustischer Umweltverschmutzung schwerer entziehen oder haben diesbezüglich einfach eine niedrigere Toleranzgrenze.

Grundsätzlich ist der Einfluss von Geräuschen auf die Wahrnehmung von Informationen, wie Markenname und Marke, noch zu wenig untersucht, obwohl es so gut wie keinen Radio- oder Fernsehspot gibt, der nicht zusätzlich zur gesprochenen Information die Werbung mit Musik oder anderen erlebnisfördernden Geräuschen ausstattet. Hier wird oft Schnelligkeit und Dynamik mit irgendwelchen Zischlauten oder dramatischer Musik unterlegt, Entspannung wird mit ruhigen Melodien oder mit Naturgeräuschen (Wasserplätschern, Vogelzwitschern) untermalt etc.

5.2.5 Text- und Bildgestaltung und sensuale Konsumerlebnisse

In der Markengestaltung geht es darum, zunächst die Bekanntheit einer Marke zu schaffen oder zu erhöhen, das Markenbild mit Attraktivität und Uniqueness auszustatten, um ein optimales Markenguthaben aufzubauen. Dies erreicht das Marken-Design neben den zuvor erläuterten vor allem mit den klassischen Gestaltungsmitteln, besonders durch *Texte, Bilder* und sonstige graphische Zeichen. Diese werden auf den Produkten selbst, in Direktwerbemitteln, Anzeigen, Spots der klassischen Werbung, PR-Aktivitäten oder durch die Gestaltung von Promotionskampagnen am Point of Sale (PoS) eingesetzt. Durch Praxistests und durch sonstige Untersuchungen (z. B. durch Blickaufzeichnung) haben sich im Laufe der Zeit Grundregeln der Bild- und Textgestaltung herausgebildet. Diese Grundregeln wurden gerade in den letzten Jahren durch Ergebnisse aus der Wahrnehmungs- und vor allem aus der Hemisphärenforschung bestätigt und weiter ergänzt.

Bei den *subjektbezogenen Erkenntnissen* der Wirkung von Markenkommunikation steht der Adressat im Vordergrund der Betrachtung. Die wichtigsten Determinanten, die bei der Gestaltung subjektbezogen zu beachten sind, beziehen sich auf das *Involvement*, die *Informationsüberlastung* und die *selektive Wahrnehmung* des Konsumenten.

Das *Involvement* bezeichnet, wie bereits erwähnt, das persönliche Engagement bzw. die Ich-Beteiligung des Empfängers einer Botschaft. Man unterscheidet graduell zwischen hohem kognitiven/emotionalen Involvement (high involvement; großes Interesse, große Aufmerksamkeit, gründliche Informationsverarbeitung) und niedrigem kognitiven/emotionalen Involvement (low involvement) des Empfängers. Die Ich-Beteiligung kann sich sowohl auf das Produkt oder die Marke (Produkt-/Markeninvolvement) als auch auf die Werbeträger (Medieninvolvement) oder die spezielle Situation (Situationsinvolvement), z. B. auf die Einkaufssituation, beziehen.

Weitere Involvementausprägungen könnten das *Umfeldinvolvement*, das *ästhetische* oder das *Preisinvolvement* sein. Ein hohes ästhetisches Involvement könnte dann vorliegen, wenn eine Person ein besonderes Interesse für schöne Subjekte oder Objekte hat und diese ihm bevorzugt auffallen. Die Person wird dementsprechend beim Umgang mit Marken des täglichen Bedarfs, mit gewohnten Situationen, mit durchschnittlichen Preisen, mit „gewöhnlichen Dingen ohne ästhetischen Anspruch" etc. eher Gleichgültigkeit (low involvement) zeigen.

Informationsüberflutung bezeichnet ein Phänomen der Überlastung, welches mit Zunahme des Angebotes an Informationen über die Medien (Fernsehen, Rundfunk, Zeitschriften, Internet) in den letzten Jahren immer stärker diskutiert wird. Es geht dabei u. a. um ein Informationsüberangebot an die Adressaten, die diese nicht mehr aufnehmen und verarbeiten können oder wollen, weil z. B.:

- viele Informationen nicht mehr wirklich neu sind,
- viele Informationen für den Einzelnen nicht relevant sind,
- viele Informationen in vielfachen „Variationen" (redundante Informationen) vorliegen.

Die Informationsüberflutung verändert das Informationsverhalten: Die angebotenen Botschaften werden flüchtiger und selektiver aufgenommen und verarbeitet als vorher. Bevorzugt werden solche Informationen, die sich aus der Informationsflut abheben und besonders schnell aufgenommen und gedanklich verarbeitet werden können.

Das sind in erster Linie Bildinformationen. Kroeber-Riel (1993b, S. 6 ff) gibt die Höhe des Informationsüberschusses in der Bundesrepublik mit 98 Prozent an. Mit der Zunahme der Informationsüberflutung geht die Tendenz mit verstärkter *selektiver Wahrnehmung* einher; das ist die Wahrnehmungsbereitschaft, interessante Botschaften entweder ausschließlich oder bevorzugt aufzunehmen und zu verarbeiten. Interessante Botschaften sind z. B.:

- Appelle an **grundlegende Bedürfnisse** des Menschen (Hunger, Durst, Anerkennung, Pflegetrieb etc.)
- Informationen, die wirklich **neu** und in gewisser Weise **relevant**, d. h. nutzbar sind (z. B. neues Medikament, neuer Geschmack, neue Sportart, Autoinformationen, aktuelle Geschehnisse etc.).
- Interessante Botschaften können auch (kognitiv) **ungewöhnliche** oder **emotional** und **physisch ansprechende** Botschaften sein, welche die **Neugierde** wecken, ohne dass die Information direkt eine Relevanz oder einen Vorteil erkennen lässt (z. B. Rubbel-, Vexier-, Faltbilder). Gerade kognitiv wirkende Informationen (ungewöhnliche Informationen) haben einen hohen Abnutzungseffekt (z. B. beim vierten Mailing, der Verpackung oder der Anzeige, die abgenutzte Superlativen, wie „Neu", „Ungewöhnlich", „Jetzt noch mehr Gewinnchancen", „Große Überraschung", „Für Sie noch günstiger" etc. verwendet, wird oft die gesamte Aktion unglaubwürdig).

Bei den *objektbezogenen Erkenntnissen* steht die Gestaltung von Text und Bild der Marke, bzw. des Werbemittels, im Vordergrund der Betrachtung. Die wichtigsten Determinanten, die bei der objektbezogenen Gestaltung zu beachten sind, beziehen sich auf die *Wahrnehmungshierarchien* von Botschaften. *Wahrnehmungshierarchien* gelten bei Informationen, die bevorzugt vor anderen Informationen wahrgenommen werden und sich für die Gestaltung von Anzeigen, Mailings, Texten etc. nutzen lassen. Wahrnehmungshierarchien lassen sich wie folgt systematisieren:

- **Konkrete** Wahrnehmung (Wirklichkeit) kommt vor **abstrakter** Wahrnehmung (Fernsehen mit bewegten Bildern, Abbildungen, Beschreibungen etc.).
- **Bewegte** Bilder kommen vor **unbewegten Bildern.**
- **Unbewegte Bilder** kommen vor **Texten.**
- **Bildreiche, konkrete Texte** kommen vor **bildarmen, abstrakten Texten.**
- **Abstrakte Texte** kommen häufig vor **Ziffern, Zahlen** etc.
- **Farb**wahrnehmungen kommen vor **Form**wahrnehmungen (in der Aktualgenese).
- **Oben** kommt vor **unten** (beim Betrachten von Texten und Anzeigen).

- **Links** kommt vor **rechts** (bei Textanzeigen mit lateinischer Schrift).
- **Große** Abbildungen kommen vor **kleinen** Abbildungen.
- **Konkrete** Abbildungen kommen vor **abstrakten** Abbildungen.
- **Emotionale Schemabilder** kommen vor **nichtemotionalen Bildern**.
- **Kurze Texte** kommen vor **langen Texten** usw.

Es gibt darüber hinaus in der Wahrnehmung bevorzugte *Bildrangfolgen*, die man aus Untersuchungen zum Blickverhalten ermittelt hat (Blickverlaufsaufzeichnungen mit der Augen-Kamera). Bei gleicher Größe und Farbigkeit gelten nach Vögele (vgl. Gottschling/ Rechenauer, 1994, S. 132 ff.) für Wahrnehmungsobjekte in etwa folgende Wahrnehmungshierarchien:

- **Menschen** kommen **vor Produkten** und sonstigen Motiven.
- **Gruppen** kommen **vor Einzelmenschen.**
- **Portraits** kommen vor **Ganzkörperdarstellungen.**
- **Auge und Mund** kommen **vor Portraits.**
- **Kinder** (und kleine Tiere) kommen **vor Erwachsenen**.
- **Menschen** kommen **vor Tieren** (allgemein).
- **Produktgruppen** kommen **vor Einzelprodukten** etc..
- **geschlossene Formen** (z. B. umrahmter Text) kommen **vor offenen Formen**.

5.2.5.1 Die Textgestaltung

Die Textgestaltung im Marken-Design bezieht sich zum einen auf Entwurf und Umsetzung von Texten auf den Produkten selbst, wie Verpackungstexte, Bedienungsanleitungen, Beipackzettel, Aufdrucke sowie auf die sprachliche Gestaltung von Werbeanzeigen oder Fernseh- bzw. Rundfunk- oder Kinospots. Textgestaltung beginnt bei der Auswahl der Schriftzeichen und reicht bis zum gesamten sprachlichen Auftritt der Marke. In den Kreativagenturen sind im Markengestaltungsprozess neben den Graphikern für die Textgestaltung spezielle „Texter" verantwortlich.

a) Die Gestaltung der Schriftzeichen (Typografie)

Die Typografie ist die Lehre von den Schriftzeichen. Man kann grob in zwei Schriftarten unterscheiden:

1. **Antiqua-Schriften** sind Schriftzeichen mit Serifen (Serifen sind kleine Querbalken oder „Häkchen" an den Buchstaben)
2. **Grotesk-Schriften** sind Schriftzeichen ohne Serifen

Weiterhin kann man in *lateinische* und *nichtlateinische Druckschriftzeichen* und in *Schreibschriftzeichen* sowie in *Schmuckschriftzeichen* und in *Sonderschriftzeichen* unterscheiden. Die Gliederung von Druckschriften erfolgt in Hauptgruppen nach DIN-Klassifikation. In der folgenden Abbildung soll eine Einteilung (in Anlehnung an die Klassifikation nach Berthold-Schriftbüchern) nach historischen Gesichtspunkten erfolgen, d. h. die Schriften, die geschichtlich zuerst benutzt worden sind (z. B. für die Gutenberg-Bibel) erscheinen in der Klassifikation zuerst:

Gruppe I:	Gebrochene Schriften (Gotik), wie Gotisch, Schwabacher, Rundgothisch, 𝔉raktur, Kanzlei, sonstige,
Gruppe II:	Renaissance-Antiqua (Old Style), wie Venezianische Renaissance-Antiqua, Französische Renaissance-Antiqua, kalligraphische Schriften,
Gruppe III:	Barock-Antiqua (Latines), wie Englische Antiqua, Barock-Antiqua, Holländische Antiqua etc.
Gruppe IV:	Klassizistische Antiqua (**Modern**), wie Neoklassizistische Antiqua, Klassizistische Antiqua etc.
Gruppe V:	Serifenbetonte Linear-Antiqua (Square Serifs), wie Clarendon, Egyptienne, Italienne, Tuscan, Latin,
Gruppe VI:	Serifenlose Linear-Antiqua (Grotesques), wie Serifs, Lapidar, Ältere Grotesk, Jüngere Grotesk,
Gruppe VII:	Antiqua-Varianten (Dekoratives), wie Jugendstil, Fancy, Pop, Stencil, Computer, Outline, Shaded,
Gruppe VIII:	Schreibschriften (Scripts), wie *handschriftliche Antiqua*, Pinselschriften, Federschriften, Kurrent,
Gruppe IX:	Nichtlateinische Schriften (Non Latins), wie Griechisch, Kyrillisch, Arabisch, Hebräisch etc.

Diese Schriften können in verschiedenen *„Schnitten"*, wie „mager" (dünne Schriftzeichen), „halbfett", „fett", „Outline" (Konturenschriften) sowie in „Italic", d. h. kursiv/schräggestellt gewählt werden. Es gibt bezüglich der Buchstabenabstände *enge* und *weite* Schriften sowie g e s p e r r t e Schriften (zwischen jedem Buchstaben ist ein Leerzeichen). Die Größe der Buchstaben bzw. Zeichen werden in *„Punkt"* (manchmal auch in mm angegeben). **Groß**gestellte Anfangsbuchstaben vor einem Fließtext heißen *„Initialen"*. „KAPITÄLCHEN" sind Großbuchstaben in der Höhe von Kleinbuchstaben. „VERSALIEN" sind Wörter in Großbuchstaben. Sonderzeichen, die das Ende eines (redaktionellen Textes) kennzeichnen, nennt man *„Abbinder"*.

b) Grundsätze der Textgestaltung

Um Texte zu gestalten, ist es notwendig, sich zunächst Informationen darüber zu verschaffen, wie die Aufnahme, die Verarbeitung und die Speicherung von Texten beim Konsumenten ablaufen. Experimentelle Untersuchungen haben ergeben, dass geübte Leser viele Wörter eines Textes, ja ganze Sätze oft ganzheitlich erfassen oder wahrgenommene Wortteile zu vollständigen Wörtern oder Satzteile zu vollständigen Sätzen ergänzen können. Ungeübte Leser benötigen mehr und meist auch längere Blick-Fixationen (Fixieren eines Textteiles zum Zwecke der Informationsaufnahme) sowie häufigere Rücksprünge mit ihren Blicken auf vorherige Textteile, um diese aufzunehmen und auswerten zu können.

Beim Lesen wird der Text häufig unbewusst in „Lautsprache" übersetzt (inneres Sprechen). Das kann auch aufgrund von ungewohnter Textgestaltung oder ungewohnter Typografie geschehen bzw. durch ungewöhnliche Bildeinstreuung in den Text, und es behindert eher das flüssige Lesen, als es zu fördern (vgl. Gottschling/Rechenauer, 1994, S. 136). Wie erfolgt nun der Lesevorgang, wie erfolgt das Verstehen und das Interpretieren von Texten bei der Markengestaltung? Der Lesevorgang bei Texten lässt sich in drei Stufen einteilen. Auf jeder Stufe lässt sich die Wirkung von Texten mit empirischen Methoden (z. B. mittels apparativer Testverfahren) überprüfen.

Stufen des Lernvorgangs	Geistige Prozesse	Gestaltungsansatz
Erkennen von Wörtern	• Visuelles Entziffern	Leserlichkeit durch drucktechnische und gestalterische Optimierung von Text und Anordnung
Verstehen von Sätzen und Satzfolgen	• Umkodierung in Lautsprache • Aktivierung von Begriffen • Aufteilung in syntaktische Einheiten • Herstellung inhaltlicher Bezüge • Herstellung von Beziehung zum Wissen und eigenen Worten der Zielgruppen	Verständlichkeit durch sprachliche und stilistische Textgestaltung
Einbau in das Vorwissen	• Einbau durch Assoziationen in semantische Netze, Verknüpfung • konzentrierte Textverarbeitung und Konzentration auf das Wesentliche	Stimulanz durch Stil, Beispiele, rhetorische Mittel und klare Textstruktur

Tabelle 5.10: Lernorientiertes Lesen in Anlehnung an Theorie nach Ballstaedt (vgl. Gottschling/Rechenauer, 1994, S. 135)

Markennamen, Headlines oder kurze Wörter können wie Bildelemente aufgenommen und gespeichert werden, wenn sie in ihrem „Schriftbild" prägnant als Ganzheit erkennbar sind. Meist sind dies kurze Wörter, bildhafte Markennamen (z. B. Frosch, Salamander, Boss, Camel etc.) oder bildhafte Headlines sowie allgemein positiv besetzte Worte (Ja, Neu, Gewinn, Spaß, Liebe, Urlaub, Traum etc.), die besonders bevorzugt fixiert werden. Für die Lesbarkeit und das Verstehen sowie das Speichern lassen sich aufgrund von empirischen Befunden folgende *Grundsätze* für die Textgestaltung der Marke aufstellen:

- **Antiqua-Schriften** (mit Serifen) sind besser lesbar als **Groteskschriften** (ohne Serifen), weil die „Füßchen" der Buchstaben eine feine Leselinie bilden und das Auge beim Lesen unterstützen. Bei Groteskschriften sind daher größere „Durchschüsse" (Zeilenabstände) zu empfehlen.
- **GROSSBUCHSTABEN** sind schlechter zu lesen als normale Schrift, weil sie wie ein BLOCK wirken und das Auge eine höhere Anstrengung zum Lesen braucht. Ungewöhnliche Schriften, S p e r r u n g e n oder Negativschriften sowie Schriften mit unruhigem Hintergrund oder mit geringem Kontrast sind ebenfalls schwer zu lesen.
- Im **Fließtext** sollte eine Schriftgröße von 8 bis 12 Punkt gewählt werden, kurze Zeilen und kurze Sätze, die mit wenigen Fixationen ausgewertet werden. Linksbündiger Flattersatz kann im Vergleich zum Blocksatz (wegen der gleichen Wortabstände) Vorteile bringen. Kurze Absätze signalisieren schnellere „Auswertbarkeit".
- Kein **Korrespondenz-Stil**, sondern möglichst an gesprochener Sprache orientieren (wie bei Brief oder Telefonat an Freund). Kurze, klare, einfache Sätze, keine Schachtelsätze oder zu viele Nebensätze. Ein Gedanke pro Satz. Kurze Wörter, keine Wortmonster („liefern" statt „Lieferung vornehmen", „Qualität der Bodenfliesen" statt „Bodenfliesenqualität"), Passivform vermeiden. Der Kunde soll handeln, bestellen und nichts „über sich ergehen" lassen. Konkret werden (statt groß – 100 Gramm, statt in Kürze – in zwei Tagen), Versprechungen **müssen** eingehalten werden.
- **Bildhafte** Wörter sind am einprägsamsten (rechte Hemisphäre). Sie geben ein konkretes Bild (Sonne, Blitz, Licht, Meer) wieder. **Bildnahe** Wörter sind Substantive, die erlebbare Zustände beschreiben (Liebe, Trauer, Hass, Eifersucht). **Bildleere** Wörter enden meist auf -ung, -keit, -ismus (Begrifflichkeit, Selbstentfaltung, Formalismus).
- In **Aktivform** und in **Sprechstil** schreiben (für „gehen" kann auch bildlich „taumeln, schlendern, stolzieren" stehen, was Bilder erzeugt und Stimmungen verstärkt). **Hilfsverben**, wie können, möchten etc. vermeiden. Statt „kann ich Ihnen schicken" sollte „schicke ich Ihnen heute" stehen. **Konkrete Adjektive** verwenden.
- „**Aküfi**" („Abkürzungsfimmel"), **Fach-** und **Fremdwörter** führen zu Missverständnissen und sollten vermieden werden. Bei Modewörtern, wie „geil", „grell", „cool", etc. ist Vorsicht angebracht, denn sie sind nur den entsprechenden Zielgruppen geläufig und veralten sehr schnell.
- **Persönlich** schreiben (statt von „wir bieten heute", „wir haben entwickelt", „es ist uns gelungen", sollte der **Leser** persönlich angesprochen werden: Name, Sie, Ihnen, Ihr) und den Leser in das Produkt verwickeln: „Profitieren Sie von diesen Produktvorteilen!". Das Produkt selbst sollte „persönlich" werden (Ratgeber, Experte, Organisationstalent etc.).
- Alle Möglichkeiten der **Beweisführung** (Reason Why) nutzen. Entweder durch Testimonials, Referenzen, Zertifikate, Testergebnisse, Dankschreiben, Wirkstoffe etc.
- **Wiederholungen** und Zusammenfassungen nutzen und den Leser leicht über Text und Bild zur Reaktion führen (Werbegeschenkbild, einfache Rücksendekarte mit vorgedrucktem Leserabsender, Gebühr bezahlt Empfänger etc.)

5.2.5.2 Die Bildgestaltung

Bilder werden allgemein als zweidimensionale Darstellungen von mehr oder weniger konkreten visuell erfassbaren Wahrnehmungsgegenständen beschrieben. Es handelt sich hierbei meist um „äußere" Darstellungen in Form von Fernsehaufnahmen, Videobildern, Dias, Fotos, Gemälden, Plänen, Skizzen. In einem weiteren Sinne können sich die Wahrnehmungs- oder Vorstellungsgegenstände aber auch auf „innere" Bilder beziehen.

Diese *inneren Bilder* können bildliche Vorstellungen in Form von direkten Wahrnehmungsbildern oder von bereits gespeicherten Gedächtnisbildern sein, die mehr oder weniger klare Vorstellungen von der Realität oder von Fantasiegebilden, Tagträumen etc. beinhalten können.

Soll man beispielsweise die Anzahl der Fenster am eigenen Haus nennen, so wird man sich wahrscheinlich zunächst in Gedanken vor das Haus stellen und in seinem inneren Vorstellungsbild des Gebäudes die Anzahl der Fenster abzählen. Innere Vorstellungsbilder, die sich in mehr oder weniger logischer Weise zusammenfügen können, sind Traumbilder, Halluzinationen oder künstlerisch abstrakte oder reale „Einbildungen".

a) Bildarten und Bildformen

In Anlehnung an Behrens (1996, S. 48 ff.) soll folgende Einteilung von Bildarten und dazugehörigen Bildformen die Zusammenhänge zwischen diesen darstellen:

	BILDER					
Bildformen	**äußere Bilder** (bildliche Darstellung)				**innere Bilder** (bildliche Vorstellung)	
Bildarten	abstrakt	stilisiert	naturalistisch	surreal	Wahrnehmungsbilder	Gedächtnisbilder
analoge logische direkte						

Tabelle 5.11: Systematik der Bilder

Wenn hier von *Bildgestaltung* die Rede ist, so geht es im Folgenden vorrangig um die Gestaltung von äußeren Bildern, also um konkrete bildliche Darstellungen, wie Markensignets, zweidimensionale Abbildungen von Etiketten, Plakaten, Anzeigen etc. Diese können nach der Darbietung beim Empfänger über das innere Wahrnehmungsbild zu einem mehr oder weniger stabilen inneren Gedächtnisbild beitragen. *Analoge Abbildungen* haben, im Gegensatz zum direkten Bezug einer Abbildung, eine indirekte Verbindung zum Referenzobjekt oder dem Referenzsachverhalt. Die Gestaltungsmethode der Symbolisierung wird in der Markenkommunikation häufig verwendet.

5.2 Elementare Techniken des Marken-Design 293

> *Beispiel:* Auf einer Anzeigenseite für den VW-Käfer der 60er Jahre für die USA war eine Mondlandefähre auf dem Mond abgebildet, darunter das VW-Logogramm mit dem Text: „It's ugly but it works". Weitere Beispiele für analoge Bilder: Der schlaue Fuchs von Wüstenrot, der den cleveren Kunden symbolisieren soll, der Weißer Riese – Mann, der für Kraft und Stärke steht. Der Jaguar als analoges Bild für die Schnelligkeit und Ausdauer des Automobiles. Auf diese Weise werden vorhandene Vorstellungen und innere Bilder genutzt, um Eigenschaften der Referenzobjekte zu veranschaulichen.

Logische Abbildungen sollen Sachverhalte, Strukturen, Modelle, veranschaulichen. Es handelt sich hierbei z. B. um Architekturpläne, technische Zeichnungen, Balken-, Kreisdiagramme, Organigramme etc.

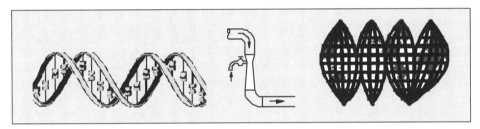

Abbildung 5.5: Logische Abbildungen (DNA-Strang, Wasserleitung, Weltkarte)

Direkte Abbildungen bestehen in der Regel aus unmittelbar *illustrierenden Bildern*. Diese können, wie bei den analogen und bei den logischen Abbildungen, einfachste *abstrakte Symbole* (meist piktografische Zeichen) sein, wie sie etwa in den altägyptischen Schriftzeichen verwendet wurden. Solche abstrakten Zeichen sind meist erklärungsbedürftig. Piktogramme findet man heute als Verkehrssymbole, Flaggensymbole, Gefahrensymbole, wie Hochspannung, Totenkopf, Explosionsgefahr. Im Marketing und in der Werbung finden sich Piktogramme häufig als Markenzeichen wieder (z. B. Novartis-Zeichen, Deutsche Bank etc.).

Neben den abstrakten Zeichen finden sich auf einer höheren Konkretisierungsstufe die *konkret-stilisierten* Bildzeichen, wie der Mercedes-Stern, die Mickey-Mouse, die

Abbildung 5.6: Abstrakte piktografische Symbole: Gift, Explosionsgefahr, Recyclingzeichen, Schweizer Flagge

Abbildung 5.7: konkret stilisierte Bildzeichen, wie ägyptische Figur, Hammer, Abschleppzeichen, Sportreiterzeichen

Iglo-Gabel, das Puma-Signet, ägyptische Figuren, Abschleppzeichen etc. oder in einer höheren Komplexität Karikaturen, wie die zeichnerische Darstellung des Red Bull-Spots, bis hin zu umfangreichen Zeichentrick- oder computeranimierten Darstellungen in Spots.

Die nächsthöhere Konkretisierungsstufe erreichen alle *konkret-naturalistischen* Abbildungen, wie naturalistische Reinzeichnungen, Fotoaufnahmen, Videos, Filme etc., die versuchen, die konkreten Objekte so naturgetreu wie möglich wiederzugeben.

Die höchste Konkretisierungsstufe bilden die *konkret-surrealen Abbildungen*, die, bedingt durch die modernen technischen Gestaltungsmöglichkeiten, immer pseudorealer werden und direkt visuell kaum noch von der Realität zu unterscheiden sind. Beispiele: Pseudo-realistische Jurassic-Parc-Trickaufnahmen von Sauriern, Cyber-Space und Virtual-Reality-Simulationen von Gebäuden, die noch im Planungsstadium sind oder die bereits nicht mehr exisitieren etc.

Abbildung 5.8: Konkret stilisierte und naturalistische Darstellungen von Markenzeichen

Einige Erkenntnisse zur Bildgestaltung, die sich im Wesentlichen auf Forschungsergebnisse von Kroeber-Riel und Weinberg (Kroeber-Riel/Weinberg, 1999) und die Wirkungen von Bildern (Wahrnehmungswirkungen und Gedächtniswirkungen) bei der Markengestaltung beziehen, sollen hier angesprochen werden. Daneben sollen einige Anregungen und Tipps zur Verwendung von Bildern bei der Markengestaltung gegeben werden. Wie sich die äußeren Bilder auf die inneren Bilder auswirken, wird am Rande angesprochen.

5.2 Elementare Techniken des Marken-Design

*b) **Wahrnehmungs- und Gedächtniswirkungen** von Markengestaltung mit Bildern:*

- Bilder können Informationen **schneller, wirksamer** und mit weniger kognitiver Kontrolle als Sprache vermitteln und können fiktive Wirklichkeiten und Emotionen besser als Sprache erzeugen.
- Bilder von Werbeanzeigen werden von wenig als auch von stark involvierten Lesern **vor** dem Text und **länger** als der Text betrachtet. Das bedeutet, dass Bilder meist besser als Texte wahrgenommen und verarbeitet werden (vgl. Kroeber-Riel, 1993b, S. 15 ff).
- Bilder werden im Gedächtnis in der rechten Hirnhälfte **gleichzeitig** und **wenig bewusst** verarbeitet. Das bedeutet, dass Bildinformationen die kognitive Prüfung unterlaufen können. Sie werden nach einer **räumlichen Grammatik** verarbeitet und **besser gespeichert** als sprachliche Informationen (vorne-hinten, oben-unten, links-rechts etc.) (vgl. ders., a.a.O, S. 24 ff.).
- **Innere Gedächtnisbilder** können durch **äußere Reize** unterschiedlicher Modalität (auch durch Melodien, Situationen, Geräusche und Gerüche) sowie durch innere Suchvorgänge aktiviert und gefunden werden (z. B. Name fällt einem nicht mehr ein: man sucht nach inneren Assoziationsnetzen, z. B. Geschehnissen, Namen von Begleitpersonen etc.(vgl. ders., a. a. O. S. 41).
- Die schnelle Aufnahme und Verarbeitung von Bildinformationen werden durch einen **schematischen Wahrnehmungsvorgang** möglich, der automatisch abläuft (vgl. ders., a.a.O., S. 54). Beim Betrachten eines Bildes greift man unbewusst auf gespeicherte und verfestigte typische Merkmale des relevanten Sachverhaltes zurück (Schemata) und vergleicht diese mit dem aktuellen Bild.
- Der Blick wird von den Bildelementen angezogen, die durch das Bildmotiv ein „inhaltliches Ereignis" oder durch ihre Gestaltung ein „visuelles Ereignis" schaffen (Beispiel: rostiger Nagel mitten unter vielen glänzenden Nägeln, blauer Apfel inmitten vieler grüner Äpfel etc. (vgl. ders., a.a.O., S. 60).
- Konkrete Bilder mit mehr Details und emotionaler Tönung sind einprägsamer (**Gedächtniswirkung**) als einfache Zeichnungen (Ausnahme: sehr originelle Zeichnungen u. Superattrappen). Bildmotive, die persönliche Betroffenheit auslösen und assoziationsreich sind, verstärken die Einprägsamkeit.
- **Interaktive** und **dynamische** Abbildungen unterstützen die Einprägsamkeit eines Bildes (vgl. ders., a.a.O., S. 81 f.).
- Bilder haben besondere „**Manipulationswirkungen**", sie werden meist als wahr beurteilt, da Bilder real vor Augen sind und da ihr Zustandekommen nicht oder wenig bewusst kognitiv kontrolliert wurde (Beispiel: gefälschte Fotos, surrealistische Begegnung des „Forrest Gump" im gleichnamigen Film mit dem amerikanischen Präsidenten Lyndon B. Johnson).

Ein *Praxisbeispiel* soll zeigen, wie durch geschickte Gestaltung die Verbindung zwischen Markenname und Bild hergestellt wurde und durch diese Maßnahme der gesamte Markenauftritt wesentlich eigenständiger, dynamischer und emotionaler gestaltet wurde. Es handelt sich hierbei um die österreichische Kräuterspirituosenmarke „Wunderlich-Rossbacher". Ziel der Maßnahmen war es, den sehr traditionellen, etwas „verstaubten" Auftritt der Marke jünger, dynamischer und sympathischer zu gestalten, ohne dabei die gelernte Flaschenausstattung selbst mit ihren für den Markt stereotypischen Wappen, Münzen und Typografien zu ändern und keine Verunsicherung bei den Stammverbrauchern über eine neue, ihnen ungewohnte Flaschenausstattung auszulösen.

Abbildung 5.9: Bildliche Umsetzung der Kräuterspirituose „Rossbacher"
            (Quelle: Wunderlich-Rossbacher)

Ein vielversprechender Ansatz war die bildliche Umsetzung und die Verstärkung des Markennamens, der sich aus den Begriffen „Ross" und „Bach" darstellt. Das neue Markenbild zeigt drei in wilder Flucht durch einen Bach galoppierende „Rosse" in unterschiedlichen Farben, nämlich das hintere in roter Farbe, das mittlere in weißer Farbe, und das vordere Pferd mit der Rossbacher Wappendecke stellt einen Rappen dar.

Abbildung 5.10: Verkaufsdisplay der Kräuterspirituose „Rossbacher"
             (Quelle: Wunderlich-Rossbacher)

Mit dieser vorbildlichen Gestaltungsmaßnahme wurde erreicht, dass eine im Sinne der dualen Codierung doppelte Speicherung des Markennamens, nämlich linkshemisphärisch über die Bezeichnung und rechtshemisphärisch über ein dynamisches, emotionales und den Markennamen unterstützendes Marken-Bild, entstanden ist. Welche spezifischen Emotionen das Markenbild in Verbindung mit der Kräuterspirituose selbst auslöst (z. B. Vorstellung einer frischen und spritzigen Kräuterspezialität) und ob die Kontexte des Bildes und des Produkterlebnisses kongruent sind, ist eine andere Frage, die gegebenenfalls über eine entsprechende Marken-Positionierung geklärt werden muss.

In einer amerikanischen Studie von Henderson und Cote (1996, S. 96 ff.) wurden 195 internationale Firmen- und Produkt-Signets (d. h. visuelle Darstellungen ohne Namen) nach verschiedenen Designmerkmalen, wie Komplexität, organische Beschaffenheit, Aktivität, Rundheit, Tiefe, Horizontalität, Symmetrie, Geschlossenheit, Repräsentativkraft, Dauerhaftigkeit, Bedeutung und wahrgenommene Vertrautheit getestet. Es wurden fünf affektive Beurteilungen nach Ratingskalen abgefragt, nämlich: mögen/nicht mögen, schlecht/gut, schlechte Qualität/gute Qualität, interessant/uninteressant, kennzeichnungskräftig/nicht kennzeichnungskräftig. Die Untersuchung erbrachte folgende Ergebnisse:

1. Elaborierte Signets wurden einfachen Signets vorgezogen.
2. Signets, welche klare Assoziationen auslösten, wurden bevorzugt.
3. Natürlich gestaltete Signets wurden bevorzugt.
4. Symmetrische Signets gefielen den Probanten besser als nicht symmetrische.

In einer anderen amerikanischen Studie von Schechter (1993, S. 3 ff.) wurden 1800 Konsumenten befragt, in welchem Maße sie aus einem Signet folgern, dass ein Unternehmen oder eine Marke vertrauenswürdig ist, Qualität anbietet, Produkte für einen modernen Lebensstil offeriert, die sie benutzen möchten. Die Studie brachte interessante Unterschiede zwischen verschiedenen Signet-Arten hervor. Bildliche Symboliken, auch solche in Schriften, förderten das Markenbild und das Markenguthaben (Image) insgesamt mehr als abstrakte Darstellungen oder reine Logos (Wortzeichen).

c) Sozialtechniken der Markengestaltung mit Bildern

Kroeber-Riel (1993b, S. 99 ff.) beschreibt die Sozialtechnik in Analogie zum Begriff der Technik. Er bezeichnet die Sozialtechnik als planmäßige Gestaltung unserer Umwelt unter Berücksichtigung und Verwendung von verhaltenswissenschaftlichen (sozialwissenschaftlichen) Gesetzmäßigkeiten. Für das Marken-Design ist die gestalterische Willkür von Designern und Textern, die sich häufig an formalästhetischen Überlegungen orientieren, heutzutage nicht mehr ausreichend. Erfolgreiches Marken-Design hat sich in erster Linie an der Wirkung der gesamten Kommunikation, so auch der Bildkommunikation, in Bezug auf das Verhalten der Zielgruppen, zu orientieren. Hierfür sind die Kenntnisse von Gesetzmäßigkeiten des Zielgruppenverhaltens Voraussetzung. Dass Kreativität und Intuition bei der Gestaltung und Umsetzung von geeigneten Sozialtechniken eine entsprechende Rolle spielen, ist selbstverständlich.

Einige sozialtechnische Regeln zur Markengestaltung:

- Erzeuge mit Bildern **Aktivierung** (Aufmerksamkeit), um eine Durchsetzung gegen die restliche Bilderflut zu erreichen! Aktivierung durch physisch intensive Reize (Größe, Farben, Bewegung etc.), durch emotionale Reize (wie Kindchenschema, Erotikschema etc.) oder durch überraschende Reize (Bilder, die gegen Wahrnehmungsschemata verstoßen) (vgl. Kroeber-Riel, 1993b, S. 101 f.).
- Erzeuge mit Bildern **Unterhaltungswert**, denn mangelnder Unterhaltungswert der Bilder hat bei geringem Involvement Vermeidungsverhalten zur Folge! Unterhaltungswert soll heißen, dass man mit den dargebotenen Bildern eine „Geschichte" erzählen sollte.
- Gestalte mit Bildern (und Texten) so, dass der Blick vorrangig auf die **Schlüsselbotschaften** fällt und ein Reihenfolgeeffekt für die Betrachtung erzielt wird (vgl.: ders., a.a.O., S. 115). Schlüsselbotschaften sind Bilder oder Texte, die wesentlich für das Verständnis der Kommunikation sind und zentral vermittelt werden sollen.
- Bei abstrakten Begriffen (Produkteigenschaften) **(Esels-) Brücken** mit Bildern und Zeichen bauen, um Wahrnehmungs- und Gedächtniswirkung der Kommunikation zu steigern (z. B. Werbekampagne: „Hoffentlich ist es Beton!").
- Benutze klar verständliche symbolische **Bildanalogien** (analoge Bilder), die als „Modell" von typischen Produkteigenschaften dienen können (z. B. Schatten eines galoppierenden Pferdes bei der Vermittlung der Marke Ford Mustang, Schatten oder Darstellung des Jaguar, des Puma etc.)!
- Unterstütze das Verständnis und die Erinnerung einer Werbebotschaft durch Bilder oder Bildelemente, die **leicht** in ein **vorhandenes Wahrnehmungsschema** der Empfänger eingeordnet werden können (Kräuterfee, Marlboro-Welt des Wilden Westens, Märchenwelten etc.) (vgl. a.a.O., S. 150)!
- Emotionalisierung sachlicher Informationen durch (nebensächliche) **Bildelemente mit emotionalen Klimawirkungen**. Diese unterstützen den Werbeerfolg (vgl. ders., a.a.O., S. 156)!
- Benutze emotionale Schemavorstellungen **(Schemabilder)**, wie Babyschema, Erotikschema (= **kulturübergreifende** Schemata) oder Tropenschema, Urlaubsschema, Sportschema, (= **kulturspezifische** Schemabilder); Feiern, Freizeitaktivitäten (= **zielgruppenspezifische** Schemabilder). Die stärksten emotionalen Wirkungen haben Schemabilder mit biologisch vorprogrammierten Wirkungsmustern, wie Kindchenschema, Erotikschema etc.
- Konzentriere dich bei niedrigem Empfängerinvolvement auf **starke Bilder** und nutze den Text nur ergänzend (vgl. ders., a. a. O., S. 226)!
- Vermeide **Bildersalat** und austauschbare Bilder in den Kommunikationsmitteln der Markengestaltung! Sie führen zu Irritationen und Abwehrverhalten!

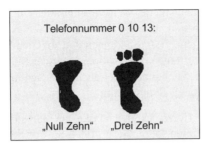

Abbildung 5.11: Piktogramm der Kampagne eines Telefonanbieters mit der Nummer 0 10 13

5.3 Komplexe Techniken des Marken-Design

Die komplexeren Techniken des Marken-Design beinhalten das Zusammenspiel aller gestalterischen Mittel in der Gestaltung. Hier geht es nicht nur um monosensuale Zeichen, sondern um die Forderung, dass Markenkommunikation sämtliche menschliche Sinneswahrnehmungen ansprechen muss, um sich gegen die Informationsflut zu behaupten (vgl. Linxweiler, 2003). Die *Reserven der Markengestaltung* liegen heutzutage neben den sprachlichen und den bildlichen Mitteln in der effizienten und der integrierten Nutzung der multisensualen Mittel, wie Klangerlebnisse, Dufterlebnisse, Haptik, Gustatorik.

Das *Marken-Design*, von dem hier die Rede sein soll, bezieht sich auf die Gestaltung des realen Markenbildes, d. h. auf die unmittelbar präsente Marke, wie sie sich uns als Packung oder Produkt im Regal des Supermarktes darstellt oder die uns auf dem Tisch in Gestalt von designten Nudeln, Goldfischli, Gummibärchen oder Salatbestecken gegenüberliegt.

Die Marke ist genauso in ihrer farblichen, gustatorischen, olfaktorischen oder taktilen Form gegenwärtig, wie in ihrer Ausprägung als Markenname, als Schriftzug oder Display. Sie tritt uns entgegen in der Freundlichkeit und dem Auftreten von Verkaufspersonal oder Monteuren genauso, wie in der angenehmen Atmosphäre eines gut gestalteten Ladens. Alles dies sind direkt gestaltete und gestaltbare Elemente des realen Markenauftrittes und somit unmittelbar vom Konsumenten in Verbindung mit dem Produkt, der Marke, erfahrbar.

5.3.1 Die Gestaltung des Markennamens (Branding)

Der *Name* ist der Repräsentant und zugleich die „Seele" des Markenartikels. Er ist ihr zentraler Bestandteil und damit das wichtigste verbale Erkennungsmerkmal, durch das die Marke ihre Identität erhält. Der Markenname kann einen Klang, eine Melodie, Poesie haben. Er birgt die vielfältigsten Assoziationen, und er kann Charakter haben: sanft, gebildet, einfach, dynamisch, statisch, dunkel, hell, modern, vorlaut, kantig, altmodisch, musikalisch, poetisch, zurückhaltend, klein, hochgewachsen, dick oder dünn usw. Markennamen können sozialer Indikator sein (Rolls Royce versus 2CV; Remy Martin versus Chantré; Rolex versus Dugena etc.), sie können den sozialen Status des Markenbesitzers signalisieren. Markennamen tragen die Positionierung der Marke in sich; sie sind Repräsentant von Markenwerten. Sie können aber auch zum Synonym für ganze Produktkategorien erhoben werden (Maggi, Tempo, Palm).

Der Markenname ist das Herzstück der Marke, an der sich die gesamte Gestaltung des Markenauftrittes orientieren sollte. Gotta (1994, S. 775) beschreibt Branding als: „Zusammenfassung einer Mixtur aus rationalen und nichtrationalen Werten, die durch den zu entwickelnden, warenzeichenrechtlich schutzfähigen Markennamen in Deutschland, Europa oder weltweit identisch repräsentiert werden können". Der Markenname soll, wenn er neu kreiert wird, nach Gotta, folgende Eigenschaften haben:

Er soll, wie die Marke selbst, *Neuigkeit* signalisieren und *Interesse* auslösen. Des Weiteren soll der neue Name *Eigenständigkeit* und *Unverwechselbarkeit* signalisieren. Diese beiden Eigenschaften sind dann erreicht, wenn ein Name ein gesamtes Segment repräsentieren und auch nicht kopiert werden kann. Der Markenname kann, wenn er nicht eigenständig genug ist, schnell zu Verwechselungen führen.

Abbildung 5.12: Verwechselungsgefahr bei ähnlich klingenden Markennamen (Quelle: Diego Bally, Zürich)

Wenn etwa die Marke „Kitekat" in Deutschland im Konsumentenbewusstsein als Katzenfutter abgespeichert ist, ist ein hoher finanzieller Aufwand notwendig, um den Käufern ein Produkt mit dem Namen „Kitkat" (ursprünglich englisches Produkt) erfolgreich als Schokoriegel zu verkaufen. Der Markenname steht als sprachliches Synonym für die Marke selbst. Er ist die Visitenkarte, welche die Marke als Persönlichkeit mit ihren Grundwerten und mit ihren Funktionen, Benefits, Reason Whys, Tonalitäten, kurz, mit ihren Charaktereigenschaften darstellt. Das *Branding als Instrument der Markengestaltung* befasst sich mit der Findung und der Gestaltung eines geeigneten Markennamens und mit den direkt dem Markennamen zugehörenden Bezeichnungen, Slogans, Namenszusätzen (Medium, Lights, Premium, Bio, Futur) oder anderer Zeichen, wie z. B. („+", „XO", „4711").

> Weitere *Beispiele* hierfür sind: Marlboro Lights, JOOP!, comma, 7 UP, SPALT, Persil Mega Pearls, Ellen Betrix – The Care Company, Dresdner Bank – die Beraterbank etc.

Eng im Zusammenhang mit dem Markennamen steht das *Markenzeichen*. Das Markenzeichen ist die bildliche Umsetzung des Markennamens. Der Schriftzug von Coca-Cola, das Lacoste-Crocodil, die Südzucker-Zuckerrübe, das DEA-Signet, der Dali-Schnurrbart oder der Dali-Schriftzug, alle sind prägnante Zeichen. Sie stehen meist in einem starken Zusammenhang mit dem Markennamen selbst und können diesen verstärken und individualisieren. Zusätzlich codieren Markenzeichen den Namen bildlich und schaffen so die Voraussetzungen für ein klares inneres Bild der Marke.

Bevor der Markenname und das Markenzeichen die erwünschten Assoziationen beim Konsumenten auslösen, müssen diese wahrgenommen, verarbeitet und gelernt werden. Wie bereits dargestellt, dient neben dem verbalen Markennamen dessen Gestaltung in Form eines prägnanten Schriftzuges (Typografie) und/oder in Form eines bildlichen Zusatzes dazu, den Namen selbst doppelt im Gedächtnis zu codieren und damit besser zu behalten. Doppelte Codierung bedeutet verbale (analytisch kognitive) *und* nichtverbale (multisensuale) Speicherung des Markennamens und des Markenzeichens (Logo und/oder Signet).

Der schriftlich oder verbal dargestellte Markenname alleine wird in den meisten Fällen vermutlich ausschließlich linkshemisphärisch, d. h. überwiegend über das analytische Verarbeitungssystem im Gehirn aufgenommen und verarbeitet. Von dort wird er erst durch interne Vergleiche im Sinne von inneren bereits vorhandenen Wissensschemata auch Emotionen und innere Bilder auslösen können. Dabei vernachlässigt der Markenname, wenn er alleine kommuniziert wird, die Möglichkeiten der multisensualen Markenvermittlung, z. B. solche, die nicht verbal dargestellt werden können, die aber gleichwohl höchst effektiv bei der Kommunikation von Markenerlebnissen sind. Diese sind Bilder, Gerüche, Töne und andere sinnesbezogene Reizkonstellationen.

Bei wenig involvierten Zielgruppen, d. h. bei Konsumenten, die wenig interessiert sind, reichen einfache gestalterische Maßnahmen der Markennamensbildung alleine nicht aus, um einen ausreichenden Lernerfolg zu erzielen. In diesem Falle kann beispielsweise auf die *Aktivierungstechniken* oder auf die Technik der *emotionalen Konditionierung* zurückgegriffen werden. Die unterschiedlichen Aktivierungstechniken können die Lernprozesse für einen Markennamen dann unterstützen, wenn vom Namensinhalt oder von der Art der Namenspräsentation selbst eine stark aktivierende Wirkung ausgeht. Dies ist bei einigen Parfum-Markennamen der Fall, wie z. B. bei „Ekstase", „Égoïste", „Obsession", „All About Eve", die als primär emotionale Aktivierung erotische Assoziationen auslösen können oder „Opium", „Poison", die Tabus oder Gefahr assoziieren. Primär kognitiv aktivierende Markennamen sollen gedankliche Widersprüche wecken oder Assoziationen auslösen, die vom Gewohnten weit abweichen, wie z. B. der Name des Tafelwassers „Bonaqua" oder der Energy-Drink „XTC" (dessen Name offenbar Assoziationen zu der „Mode-" und Designerdroge „Ecstasy" auslösen soll).

5.3.1.1 Branding und Klänge, Rhythmen, Melodien

Melodien, Rhythmen oder Klänge werden beim Branding entweder *direkt* in Verbindung mit dem Markennamen oder *indirekt* zur Unterstützung der Botschaft eingesetzt. Ein Markenname, der in einem Funk- oder Fernsehspot direkt gesungen wird (z. B. „Schneekoppe") oder der indirekt mit einer prägnanten, evtl. bereits bekannten Melodie unterlegt wird (z. B. „McDonald's"-Melodie: „Every time a good time"), hat gute Chancen, sich gleichsam unterschwellig ins Gedächtnis einzugraben und dort nachhaltig „musikalische Markenspuren" zu hinterlassen.

Abbildung 5.13: Prägnantes McDonalds Markenzeichen mit Slogan (als Jingle in Spots) (Quelle: www.mcdonalds.de)

Bedingung: Es sollte sich nach Möglichkeit um einfache, eingängige oder um bereits bekannte *Melodien* oder um *Rhythmen* handeln.

Beispiele für Markenjingles und -rhythmen sind folgende: „Sanostol", (Melodie-Noten: C-C-F); „Ei, Ei, Ei, Verpoorten" (Melodienoten: C-C-C-D-E-C); „Schneekoppe" „Nichts geht über Bärenmarke"; „Haribo macht Kinder froh"; „Maggi, immer eine gute Suppe"; „Sail away – Beck's Bier"; „Mars macht mobil ..."; oder die Rhythmen: „Zip, Zip, Zyllis"; „Presso, Presso" etc.

Einige der obigen Markenbeispiele wurden in dieser Form seit Jahren nicht mehr beworben und sind dennoch als Melodie oder als Rhythmus bestens in Erinnerung. Heute scheinen leider auditive Unterstützungen des Markennamens bei den Kreativen der Markenagenturen nicht mehr „in" zu sein.

Beispiele für *indirekte* Markenjingles und -rhythmen sind: „Sail away"-Melodie bei Beck's Bier Spot; „GARD-Haarpflegemittel" (Songtext: „Schönes Haar ist Dir gegeben, lass es leben mit Gard ..."); Seitenbacher-Müsli (lecker, lecker, lecker, lecker).

Häufig sind Markenjingles lediglich musikalische Hintergrundausstattungen, die für eine positive emotionale Atmosphäre, für Dynamik und Tempo der verbalen und bildlichen Darstellungen sorgen sollen. Sie fehlen daher in kaum einem Spot. Bei der Beobachtung von Fernsehspots für Markenwerbung fällt auf, dass viele Markenmelodien oder Hintergrundgeräusche nichtssagend und austauschbar sind und nichts tun, um die Wiedererkennung der Marke zu unterstützen.

Über die Gestaltung von *auditiven* Markenbotschaften gibt es noch zu wenige abgesicherte wissenschaftliche Erkenntnisse, um generelle Aussagen machen zu können.

5.3.1.2 Konzeption des Branding

Bei der *Konzeption des Branding* ist für den Markennamen eine Zielformulierung zu erstellen. Nach Herstatt (1994, S. 761) können *psychologische, rechtliche und handhabungsbedingte Ziele* festgelegt werden. Zu den *psychologisch* bedingten Zielen gehören u. a. die Erreichung eines hohen Aktivierungsgrades bei der Wahrnehmung der Marke, die schnelle Wahrnehmung und das zweifelsfreie Verständnis des Markennamens, die Auslösung positiver Emotionen, die Schaffung eines klaren und lebendigen inneren Markenbildes und die langfristige Gedächtniswirkung der Marke anhand des Markennamens.

Die *rechtlichen Ziele* des Branding betreffen im Wesentlichen den zeitlichen, sachlichen und räumlichen Schutzumfang des Markennamens. *Handhabungsziele* beschreiben die Bedingungen bezüglich des Logos (Bildzeichen und Typografie) bzw. die Bedingungen hinsichtlich eines zusätzlichen Slogans. Bei der Formulierung dieser Ziele ist auf deren unterschiedliche Gewichtung in Abhängigkeit der strategischen Markenziele zu achten. Um die obigen Ziele erreichen zu können, stehen dem Markengestalter aufgrund unterschiedlicher Ausgangssituationen eine Reihe von Strategien zur Verfügung, auf die im Folgenden eingegangen werden soll:

- **Markenname entspricht dem Firmennamen**
- **Markenname wird für ein ganzes Sortiment gewählt**
- **Markenname wird als Individualname eingeführt**

Wenn der Markenname dem *a) Firmennamen* entsprechen soll, dann geschieht dies meist aus Gründen der Erhöhung des Bekanntheitsgrades des Herstellers und impliziert die Absicht eines positiven Imagetransfers des Firmennamens auf das Neuprodukt. In diesen Fällen wird meist eine Entscheidung über Einzelmarken- oder Dachmarkenstrategie getroffen werden müssen, denn bei solchen Entscheidungen existieren neben dem Neuprodukt oft bereits andere Produkte mit eigenen oder identischen Markennamen, deren Image bei der Wahl eines Dachmarkennamens ebenfalls auf die anderen Produkte ausstrahlen kann. Damit verbunden ist die Frage, ob die Positionierung der neuen Marke mit dem bestehenden Firmenimage vereinbar ist oder nicht. Bei der Wahl eines Markennamens für ein neues Produkt kann jedoch, sofern der Rückgriff auf den Firmennamen nicht in Frage kommt, ein *b) Sortimentsname* gewählt werden wie z. B. Nivea (Beiersdorf), Polykur (Henkel Cosmetic) etc. Eine Dachmarkenstrategie, wie im Falle von Nivea oder Polykur birgt einerseits die Gefahr einer Verwässerung des Markenimage. Andererseits wird damit der Markenname auf mehrere Produkte ausgedehnt, womit die Möglichkeit verbunden ist, mit einem gegebenen Budget eine größere Reichweite zu erlangen, als dies bei einem Individualmarkennamen der Fall ist.

Wenn das Neuprodukt zu einer eigenständigen Markenpersönlichkeit aufgebaut werden soll, muss ein *c) Individualname* gefunden werden. Dieser kann verschiedene inhaltliche Merkmale aufweisen, die entweder in einem Bezug zum Produkt bzw. zur Leistung stehen oder aber völlig neutral sein können (vgl. Herstatt, 1994, S. 762 ff.):

- Markenname mit semantischer Aussage
- Markenname mit phonetischer Aussage
- Markenname mit phonetisch-semantischer Aussage
- Markenname ohne direkte Aussage (neutraler Name)

Markennamen mit *semantischer Aussage* beinhalten einen für die Zielgruppen interpretierbaren Bedeutungsgehalt, der das phonetische Klangbild in den Hintergrund rückt und entweder einen *symbolischen Charakter* oder einen unmittelbar *beschreibenden/auffordernden Charakter* haben kann. Markennamen mit symbolischem oder beschreibendem Charakter können direkt oder indirekt auf die Markenkernwerte, d. h. funktionalen, ästhetischen, emotionalen oder ethischen Kernwerte hinweisen.

Je nachdem, auf welchem Markenkernwert die Positionierung ihren Schwerpunkt hat, wird entweder ein emotionaler, ästhetisch-kultureller, produktbeschreibender oder ethisch begründeter Markenname gewählt. Der Markenname sollte nicht im phonetischen oder semantischen Gegensatz zur Produktpositionierung stehen, es sei denn zu Zwecken der gezielten (primär-kognitiven) Aktivierung, die ja oft mit gedanklichen Widersprüchen, Rätseln, Dissonanzen arbeitet. Zu den Markennamen mit *symbolischem Charakter* gehören die bereits erwähnten Namen, wie „Opium", „All about Eve", „Nightflight", „Red Bull", „Landliebe", „Lila Pause" etc. Symbolische Markennamen sollen Assoziationen auslösen, die eine Bedeutungswelt der Markenpositionierung im Sinne eines möglichst klaren und attraktiven inneren Markenbildes repräsentieren können. Assoziationen in diesem Sinne müssen vorher gelernt und mit Bedeutungen aufgeladen worden sein.

Bedeutungen im zeichentheoretischen Sinne der Semantik können Emotionen, Motivationen, Appelle an Normen, Genuss, Ästhetik usw. sein, die durch Schlagworte, Ziffern, Namen, Bezeichnungen etc. symbolisiert werden. Es gibt so viele Namensmöglichkeiten, wie es Symbolträger und Wissen zu den Symbolen gibt, z. B.: „1492", „Uncle Ben's", „Sherwood Forest", „Spirit", „Galaxy", „Fairy Tale". Unterstützt werden die Markennamen dabei von der gesamtem Marken-Gestaltung, wie im Falle des JOOP!-Parfums: „All About Eve":

Die Marke wird als Flacon und Faltschachtel zusammen mit echten Äpfeln und Schaufensterdisplay im Laden präsentiert. Die Faltschachtel ist in der Farbe mit einem warmen Rot mit apfelgrüner Typografie ausgestattet. Die Parfumflacons sind aus mattiertem Glas in Apfelform gestaltet. Das Markenerlebnis im Laden ist repräsentiert vom Apfelduft selbst sowie vom Duft des Parfums, von der weichen Haptik des Flacons und vom Präsentations-Design im Laden. Die Abbildung des Pärchens auf dem Display unterstützt die Kommunikation. Textlich wird das Parfum als fruchtig spritzig, gleichzeitig warm und sinnlich, sowie als provokant und verführerisch bezeichnet.

Unmittelbar *beschreibende Markennamen* bzw. Markennamen mit *auffordernder Charakter* haben gegenüber den symbolhaften Markennamen den Vorteil, dass diese sehr viel präziser auf produktbezogene Sachverhalte oder Aufforderungen eingehen können und damit klarer verständlich sind als jene. Durch ihre einfache Verständlichkeit haben sie oft auch Vorteile hinsichtlich ihrer kommunikativen Wirkung. Nachteile sind hier bezüglich des gesetzlichen Markenschutzes zu erwarten, da zumindest Markennamen mit zu enger Produktbeschreibung nicht ohne weiteres schutzfähig sind. Auch das Ziel, international einheitliche Assoziationen und Vorstellungen über den Markennamen auszulösen, wird bei diesen Namen durch ihre Sprachgebundenheit mitunter wesentlich erschwert.

Beispiel: Unmittelbar beschreibende Markennamen sind z. B. Produkte wie Volkswagen, Pfanni, Milka, Milfina-Schlagsahne, Südzucker etc. Markennamen mit Aufforderungscharakter sind z. B. Nimm 2, Merci, Trink 10, Back mich, Snack it, Risiko, Mensch Ärgere Dich nicht!, Knack und Back, Danke etc. Die Marke „Du darfst" von Unilever ist ein Paradebeispiel einer Marke mit positivem Aufforderungscharakter. „Du darfst" ist der Name einer erfolgreichen Markenrange für kalorienreduzierte Lebensmittel (Wurst, Käse, Margarine), die im Namen nicht ein Verbot ausspricht (du musst kalorienbewusster essen), sondern an etwas Wünschenswertes appellieren (Genuss ohne dick machende Konsequenzen).

In den letzten Jahren wurden häufig Markennamen kreiert, die aus bloßen Buchstaben- oder Zahlenkombinationen („XXL" von Ritter Sport, „XXS" bei Mikroprozessoren, „CK1" von Calvin Klein, HB „907", Lewi's „501", „MEXX" etc.) bestehen. Mit dieser Form der Namensgebung wird offensichtlich der Tendenz – vor allem bei der jüngeren Generation – entsprochen, sich mit verschlüsselten Abkürzungen (z. B. bei Gesprächen über Computer) zu verständigen und somit Insiderwissen sowie Kompetenz und Zugehörigkeit zu einer bestimmten Elite zu signalisieren.

Markennamen mit überwiegend *phonetischem Charakter* rufen in erster Linie aufgrund ihres Sprachklangbildes Assoziationen hervor, die z. B. mit Schnelligkeit/Gemächlichkeit, Wohlklang/Missklang oder Härte/Weichheit umschrieben werden können. In einer Studie über die Ausdrucksqualitäten von Konsonanten und Vokalen fand Ertel (1969) heraus, dass einige Konsonanten, wie „S" oder „Z" als stark, erregend, weniger angenhm, andere wiederum („M", „L") als ruhig, angenehm, zart erlebt werden. Bei den Vokalen werden das „I" und das „E" als hell und aktivierend, das „U" und das „O" als dunkel und eher ruhig empfunden.

> *Beispiele* für Markennamen, die den *phonetischen mit dem semantischen Charakter* verbinden, sind: Polo-Bonbons (der „O"-Laut ist gleichsam in der Form des Pfefferminzkomprimates (rund mit Loch – „das einzige Loch mit Pfefferminz drumrum") wiedergegeben und verstärkt somit visuell und haptisch (Zunge) die verbale Marke. Der Name Polo ist assoziativ verknüpft mit rollen, also rund und dynamisch. Ähnliche Markennamen, die über Vokal- und/oder Konsonantenwiederholungen arbeiten, sind OMO, ATA, IMI, Vizir, Odol, Pullmoll, Wick.

In den 80er Jahren brachte die Firma Henkel KGaA ein Waschpulverkonzentrat mit dem Namen PUR auf den Markt, das sich nicht lange auf dem Markt hielt. Der Name PUR sollte vermutlich zunächst für Sauberkeit und Reinheit stehen, hatte also neben dem *phonetischen* einen sehr starken semantischen Inhalt. Es ist zu vermuten, dass der Name mit dem als sehr dunkel und ruhig empfundenen Vokal „U" und dem eher weichen Konsonanten „P" die angestrebte konzentrierte Waschkraftsymbolik nicht genügend stark vermitteln konnte. Die Marke Vizir (flüssiges Waschmittelkonzentrat) hat dagegen das lautmalerisch starke und eher aggressive „Z" sowie zweimal das als hell und aktivierend interpretierbare „I" im Namenszug und symbolisiert phonetisch wesentlich stärker die ethischen Kernwerte Reinheit (im Sinne von saubere Wäsche und im Sinne von moralisch rein) und die funktionalen Kernwerte der Waschkraft und der Gründlichkeit.

Die Erkenntnisse über die emotionalen Anmutungen der Lautsymbolik können bei der Markennamensauswahl insofern eingesetzt werden, als hierbei solche *Vokale* und *Konsonanten* verwendet werden können, welche die gewünschten Markenemotionen am prägnantesten repräsentieren können. Bei der Gestaltung von Markennamen entscheidet letztlich die Kombination von Vokalen und Konsonanten sowie deren assoziative Bedeutung über den Wohlklang oder den Missklang. Herstatt (1994, S. 767) beschreibt Namen mit relativ vielen Vokalen als klanglich tendenziell angenehm. So verwundere es nicht, dass die italienische Sprache mit ihrem durchschnittlichen Verhältnis von Vokal zu Konsonant mit 46:54 als eine der wohlklingendsten Sprachen gilt, während bei der deutschen Sprache das Verhältnis von Vokal zu Konsonant bei etwa 40:60 liege.

Markennamen ohne direkte Aussage (neutrale Markennamen) lehnen sich ganz bewusst *nicht* an nationalsprachliche Bedeutungen an. Einer der Gründe für die Verwendung solcher Namen liegt darin, dass der Name bei der Ausbreitung der Marke auf internationale Märkte beibehalten bleiben kann, ohne die Bedeutung einer Aussage in einem anderen Land auf ihre Akzeptanz überprüfen zu müssen. Dieses Vorgehen muss mit einem erhöhten Werbeaufwand bei den Konsumenten „erkauft" werden, um den Namen bei den Konsumenten einzuprägen. Als Beispiel für einen solchen „Kunstnamen" sei der Name des Renault-Kleinwagens TWINGO aufgeführt, der als Name keine phonetischen Besonderheiten aufweist und auch keine direkte semantische Ableitung (höchstenfalls „Twin", „Twin Go" oder „Tango") erkennen lässt. Der Name ist in allen relevanten Märkten auf seine assoziative Bedeutung überprüft worden und hat keine Negativassoziationen ergeben.

Bei der *Suche* nach geeigneten Markennamen können alle gängigen Kreativitätstechniken herangezogen werden (z. B. progressive Abstraktion, KJ-Methode, Attribute Listing, Brainstorming, Methode 635, Brainwriting-Pool, SIL-Methode, TILMAG-Methode etc.) (zu den einzelnen Methoden vgl. Schlicksupp, 1989). Zur Variation von Buchstabenkombinationen können auch spezielle Computerprogramme herangezogen werden, wobei z. B. Namenslänge, Silbenzahl sowie mögliche Buchstaben und Buchstabenkombinationen vorgegeben werden können.

Um eine sinnvolle *Vorauswahl* zu treffen, sollten die Namensvorschläge über ein geeignetes Punktbewertungsverfahren, in dem die relevanten Bewertungskriterien, wie Wortklang, Assoziationsreichtum, Internationalität, Klarheit in den Aussprachen, phonetische Markenpassung, Einzigartigkeit, Neuheitsgrad, Sympathie, Passung zur Produktkategorie, Passung zu übrigen Marken, Passung zum Unternehmen etc., berücksichtigt werden. Nach der Vorauswahl erfolgt die *markenschutzrechtliche* Absicherung der selektierten Namen und schließlich über eine eingehende Prüfung die Endauswahl des Markennamens, der dem Produkt lebenslang beigegeben werden soll.

5.3.2 Die Gestaltung des Markenzeichens

Eng mit dem Markennamen verbunden ist das *Markenzeichen*. Unter einem Markenzeichen kann der typografische und/oder der bildlich gestaltete Markenname verstanden werden. Die typographische Gestaltung des Markennamens (z. B. Coca-Cola-Schriftzug, Alete-Schriftzug etc.) bezeichnet man als *Logo* (ethym. von Logogramm = Schriftzeichen). Eine bildliche Repräsentation der Marke wird als *Signet* (Zeichen, Siegel) bezeichnet.

Text/Logo	Bild/Signet				
	ohne Signet	abstrakt	stilisiert	naturalistisch	surreal
ohne Schrift		Deutsche Bank	Mercedes-Stern	Salamander	
Standard-Typografie	Persil, Storch Milasan, Laura Biagiotti	Vichy	Ponds, Iglo, Quelle, Eismann	Ralph Lauren, Penaten, Lacoste	
spezifische Typografie	Alete, demeter ESPRIT	Pioneer, Nike, CD, Spee	Triumph, Fjäll Räven, Ergee, Wick	Puma, Mustang, Falke	Expo-Hannover
prägnante Typografie	Coca-Cola, dunhill	Togal, Bellinda	Etienne Aigner, HIPP	Medima	

Tabelle 5.12: Übersicht über die Systematik von Markenzeichen (Logo und/oder Signet)

Das Logo ist eine typographische, d. h. schriftgestalterische Individualisierung, bzw. Charakterisierung des Markennamens, um diesem Uniqueness, Prägnanz, Sympathie, Dynamik etc. zu verleihen. Das Logo umfasst Buchstaben, Ziffern und Sonderzeichen sowie Farbe, Form, Größe, Materialität und gegebenenfalls Aussprache oder Melodie, Rhythmik, Betonung des Markennamens. Typische Beispiele für typographische Markenlogos sind: Milka, Nivea, Brandt, Coca-Cola, Braun.

Die Übersicht (*Tabelle 5.12, S. 307*) zeigt eine systematische Einordnung von Markenzeichen.

Das *Signet* ist die bildliche oder zeichenhafte Individualisierung der Marke durch eine graphische oder sonstige Zusatzausstattung zum Markennamen. Schon die frühe Imageryforschung anfangs der 70er Jahre kam durch systematische Untersuchungen zu dem Schluss, dass durch die Verwendung von zusätzlichen Bildelementen in einem Firmen- oder in einem Markennamen die Einprägsamkeit der Marke verstärkt werden kann.

Abbildung 5.14: Einige bekannte Markenzeichen

Je klarer dabei das Bildelement den Namen repräsentiert, desto leichter lässt sich die gesamte Marke lernen. Signets, die direkt auf den Markennamen hinweisen, sind z. B. die Shell-Muschel, das Camel-Dromedar, der „Falke"-Vogel, das Stern-Signet der gleichnamigen Zeitschrift, der Apfel des gleichnamigen „Apple MacIntosh"-Computer-Herstellers, der Polospieler zu Pferd von Polo, das Pferd für Mustang-Jeans, die Puma-Raubkatze. Signets können auch losgelöst vom Markennamen auftreten und über die gelernten Verknüpfungen die Fähigkeit erhalten, die gedankliche Präsenz des Markennamens im Gedächtnis zu verstärken. Beispiele hierfür sind der Mercedes-Stern, die Olympischen Ringe, der Bundesadler, das DEA-Signet, das Südzucker-Zeichen. Diese Zeichen sind im Laufe der Zeit gelernt und von so hoher Uniqueness und Prägnanz, dass sie kaum verwechselt und auch ohne dazugehörigen Markennamen direkt mit der dahinter stehenden Marke assoziiert werden können. Ein Markenzeichen, d. h. das Logo und/oder das Signet sollte nach folgenden Regeln („Sieben Gebote" der Zeichengestaltung) gestaltet sein:

1. Das Markenzeichen sollte so gestaltet sein, dass es den „Kern" der Marke direkt trifft, d. h. es sollte die Marke symbolisch veranschaulichen und nicht verkomplizieren. Es sollte **leicht interpretierbar** und nachvollziehbar sein.

2. Es sollte **animationsfähig** sein, d. h. das Markenzeichen sollte beweglicher, dynamischer Bestandteil der Präsentation sein, damit es als „bewegliche bildhafte Sequenz" im Gehirn abgespeichert werden kann. Bewegliche Bilder werden gegenüber starren Abbildungen schneller und besser gespeichert.
3. Das Zeichen sollte so **kontrastreich** gestaltet sein, dass es auch in **zweifarbiger** (Schwarz-Weiß) Abbildung und in **Negativschrift** gut erkennbar und interpretierbar ist (z. B. bei Telefax-Übermittlung oder Abbildung auf schwarzem bzw. weißem Grund).
4. Das Zeichen sollte so gestaltet werden, dass es auch bei **Verkleinerung** (z. B. bei Briefkopf oder Anstecknadel) und bei **Vergrößerungen** sowie bei **Sichtbeeinträchtigung** (schräge Sicht, ungünstige Beleuchtung etc.) gut erkennbar und interpretierbar ist.
5. Das Zeichen sollte so gestaltet sein, dass es leicht **merkfähig**, d. h. **prägnant** und **unique** ist und auch leicht **verbal** und **zeichnerisch** wiedergegeben werden kann. Beispiel: Das „Salamander-Zeichen" oder der „Erdal-Frosch", das „Puma-Zeichen", das „Camel-Zeichen" sind prägnant und unique im obigen Sinn.
6. Das Zeichen sollte, in Abhängigkeit zur Zielsetzung der Marke, möglichst **„zeitlos"** aber **dynamisch** sein. Es sollte „kurzfristigen Modeerscheinungen" standhalten und sich dennoch bis zu einem gewissen Grad aktualisieren lassen können, ohne seinen ursprünglichen Charakter und seine Aussage zu verlieren.
7. Das Markenzeichen sollte, in Abhängigkeit der Markenzielsetzung, auch in **anderen Kulturkreisen anwendbar** sein. Es sollte verstanden, richtig interpretiert und akzeptiert werden.

Marken-Signets müssen nach Bellezza (1987) für ihr Funktionieren darüber hinaus folgende Merkmale erfüllen:

1. **Zugriffsfähigkeit**: Das benutzte Bild muss schnell erlernbar sein und sich leicht im Gedächtnis einstellen.
2. **Assoziierbarkeit**: Das Bild sollte möglichst in einer formalen oder in einer inhaltlichen Beziehung zum Firmen- oder Markennamen stehen. Dazu könnten auch Merkformeln („Eselsbrücken") benutzt werden.
3. **Unterscheidbarkeit**: Das Bild muss sich durch visuelle Eigenschaften von anderen häufig verwendeten Bildern klar abheben.
4. **Umkehrbarkeit**: Durch assoziative Verknüpfung muss den Benutzern zum Bild der sprachliche Ausdruck (der Markenname) einfallen und umgekehrt.

Zusätzlich zu den obigen Forderungen sollte der Markenname bzw. das Markenbild so gestaltet werden dass es in möglichst enger Assoziation zum Produktbereich insgesamt steht, um die Verknüpfung der Kategorie zum Markennamen herzustellen. So könnte z. B. für ein neues Bier der Begriff „Bier" in den Markennamen neu und unverwechselbar eingebaut werden, sodass die Assoziationsbrücke von vornherein durch die Marke aufgebaut ist (etwa „BiBaBier", „BitBier" usw.). Der Markenname könnte durch ein Zeichen eines attraktiv dargestellten Bierglases in ungewöhnlicher Form etc. ergänzt werden. Diese Forderung knüpft an den Punkt zwei der leichten *Assoziierbarkeit* von Markenbildern an.

Was die abstrakten Bildzeichen anbelangt, so folgert Kroeber-Riel (1993b, S. 198) aus den obigen Forderungen, dass diese nicht oder meist nicht erfüllt werden. Abstrakte Zeichen hätten den Nachteil, dass sie sich im Vergleich zu konkret bildlichen Zeichen wesentlich schlechter lernen ließen (siehe: Zeichen der Deutschen Bank, Atari, Renault, BMW) und deshalb auch im Gedächtnis weniger auseinander gehalten und einer Marke oder einem Firmenzeichen nur relativ schwer zugeordnet werden können. Das hätte zur Folge, dass zur Durchsetzung eines Markenzeichens ein hoher Aufwand an Werbeinvestitionen erforderlich wäre. Ein Negativbeispiel wird in der „Degeneration" des Shell-Zeichens gesehen, das im Laufe der Zeit zunehmend abstrakter wurde und heute kaum noch an die ursprüngliche Muschel erinnert. Bei erneutem Lernen dieses Zeichens sei ein, im Gegensatz zu früher, erhöhter Lernaufwand nötig, um das Zeichen überhaupt als Muschel zu erkennen (siehe nachstehende Abbildung).

Abbildung 5.15: Veränderung des Shell-Marken-Signets (Quelle: Kroeber-Riel, 1993b, S. 197)

5.3.3 Die Gestaltung des Produktes/der Leistung

Wenn von Produkt-Design die Rede ist, denkt man an Gebrauchsgüter, an „die gute Form", an die „Swatch Uhr", an Phillippe Starck, die italienischen Star-Designer, die legendäre Ulmer Hochschule für Gestaltung, an die deutsche Design-Ikone Dieter Rams und sowieso an all die geschmackvollen Einrichtungen deutscher Wohnungen und ihre diversen Accessoires. Kaum jemand verbindet den Begriff Produkt-Design mit Konfekt, Nudeln, Knabberriegeln oder gar Kaugummikugeln, obgleich die wirtschaftliche Bedeutung von Verbrauchsgütern die der Gebrauchsgüter um ein Vielfaches übersteigt.

5.3 Komplexe Techniken des Marken-Design

Wenn gegenwärtig in der einschlägigen Fachliteratur von Produkt-Design oder ganz allgemein von Design die Rede ist, dann geht es in erster Linie um die ästhetische Gestaltung unserer Umwelt, vom Telefonhäuschen, über die Klobrille, dem Essbesteck bis zur Gestaltung von Benutzeroberflächen. Alles, was die Gestaltung von Konsumartikeln betrifft, die gegessen, getrunken, geraucht oder sonstwie verbraucht werden, wird in der Design-Fachliteratur, bis auf einige wenige Ausnahmen, ignoriert.

Da das Produkt-Design bei Gebrauchsgütern und Investitionsgütern ausführlich in der erwähnten Fachliteratur behandelt ist, geht dieser Abschnitt auf das Produkt-Design von Verbrauchsgüter- und Dienstleistungsmarken ein. Hier wird die Rede sein vom *Produkt-Design bei Verbrauchsgütern*, d. h. von den Möglichkeiten der Gestaltung eines Taschentuches, von Schokoladenriegeln, Parfums, Käse, Zigaretten, Nudeln, Waschmitteln, Zahnpasta mit farbigen Streifen etc.

Es soll ebenfalls das *Service-Design*, das im vorliegenden Erklärungszusammenhang als spezielle Form des Produkt-Design von System- und/oder Dienstleistungsmarken zu sehen ist, angesprochen werden. Service-Design meint die Gestaltung immaterieller Dienstleistungen im Zusammenhang zu einem materiellen Produktangebot (*Systemmarken*) oder von Organisationen, wie Kirchen, Banken, Reisebüros, Versicherungen, Transportunternehmen etc.

Bei näherer Betrachtung der Gestaltungsmöglichkeiten von *Verbrauchsgütern* wird deutlich, dass die Aufgabenbereiche von Konstruktion, Technik und Gestaltung nicht überschneidungsfrei abgrenzbar sind, gehen doch gestalterisch-konstruktive bzw. technische Maßnahmen von Lebensmitteltechnikern, Pharmazeuten, Chemikern, Ökotrophologen, Köchen, Dermatologen, Toxikologen, Agraringenieuren, direkt in die sinnlich wahrnehmbaren Produkteigenschaften einer Marke mit ein.

Durch die Rezeptur von Waschmitteln werden beispielsweise Aggregatzustand, Farbe und Geruch festgelegt. Geschieht dies mit der Absicht der Beeinflussung der subjektiv wahrnehmbaren Markeneigenschaften, so liegt nach dem hier vorliegenden Verständnis eine designorientierte Gestaltung der Marke vor, auch wenn deren Durchführung z. B. von einem Techniker und nicht von einem Designer geplant und umgesetzt worden ist.

Wenn demgegenüber zu erwarten ist, dass mit einer Produktentwicklungsmaßnahme technischer oder sonstiger funktionaler Art der Konsument diese Maßnahme nicht ausdrücklich an der Marke wahrnimmt, kann nicht von Marken-Design im obigen Sinne gesprochen werden. Dies wäre beispielsweise der Fall, wenn bei einem phosphathaltigen Waschmittel durch den Einsatz von Stellmitteln die Verklumpung verhindert werden soll. Aus Konsumentensicht ist die Rieselfähigkeit mittlerweile so selbstverständlich geworden, dass diese trotz Wahrnehmung erst bei „dissonantem" Erleben (Waschmittel klumpt) wieder bemerkt werden würde (vgl. Größer, 1991, S. 83).

Gerade bei der Gestaltung von Marken der Verbrauchsgüterindustrie ist das wahrnehmbare Marken-Design nicht von einem einzelnen Designer im herkömmlichen Sinne zu leisten, sondern dort bedarf es eines Teams von Fachleuten, in dem Marken-Designern die Aufgabe zukommen könnte, die gestalterische Konzeption und die Koordination des gesamten Marken-Design-Prozesses bei der Markenentwicklung zu übernehmen.

Das *Service-Design* als Gestaltung von Dienstleistungen und deren Marken gewinnt im Zuge der Etablierung des tertiären Sektors, besonders in den industrialisierten Ländern, zunehmende Bedeutung. Beim Service-Design im Zusammenhang mit Systemmarken geht es um die Konzeption und Durchführung der *Gestaltung von immateriellen Leistungen,* wie sie uns von Behörden, Ausbildungsstätten, Kirchen, Krankenkassen, Ärzten etc. zur Verfügung gestellt werden. Kabelanschluss und Satellitenschüssel sind sichtbare Zeichen an jedem Haus für die Service- und Erlebnisorientierung unserer Gesellschaft.

Wir wollen unterhalten werden und finden uns gleichzeitig immer weniger zurecht mit den vierzig verschiedenen Programmen, zwischen denen wir wählen können: Hier setzt eine Aufgabe von Service-Design ein, die Angebote attraktiver, verständlicher, überschaubarer und besser selektierbar zu machen. Die Installation von Geldautomaten oder die Umstellung der Bargeldzahlung auf Kreditkarten sind ebenfalls zum Gestaltungsbereich des Service-Design zu zählen. Service-Design kann die Konzeption und Durchführung eines Festes oder einer Open-Air-Veranstaltung sein, ebenso wie die Schulung von Angestellten einer Behörde, wie man den Kunden mehr Service bieten kann.

Auf dem Feld der pädagogischen Dienstleistung könnte es zum Beispiel um die Visualisierung von unsichtbaren Sachverhalten und deren Versinnbildlichung gehen, die uns bislang etwa nur abstrakt zugänglich waren. Ein Beispiel aus der Mathematik: Was den meisten von uns bisher als gefürchteter „Formelkram" in der Schule oder Universität begegnete, wird über Software-Design und durch die technologischen Möglichkeiten von PCs auf dem Computerbildschirm in transformierten faszinierenden Bildern sichtbar und damit viel besser nachvollziehbar als vorher. Man denke nur an die Farben- und Formenschönheit der Fraktale. So werden über *„Wissens-Design"* komplexe Zusammenhänge auch den weniger Begabten schnell zugänglich. Die unterhaltungsgerechte Vermittlung von komplexem Wissen und die optimale Selektion von für uns relevanten Informationen aus dem riesigen Kosmos von Daten (Stichworte wie Internetflut, Informationsüberlastung, Infomüll, Infoverschmutzung der Umwelt sind Anzeichen für die Handlingprobleme mit Daten) ist überhaupt eine von vielen Herausforderungen, die an das Service-Design als einem „Pfadfinder im Dschungel des Wissens" der Zukunft gestellt werden (vgl. Bolz, 1994, S. 130).

Service-Design könnte schließlich soweit gehen, dass mittels der neuen Medien selbst unser Denken geordnet, relativiert, bewertet, gestaltet werden kann – Brain-Design. Wenn wir bedenken, dass sich die Verdoppelung des Wissens zwischenzeitlich auf etwa fünf Jahre reduziert hat (gegenüber 80–100 Jahren im vorigen Jahrhundert) und sich durch die uns zur Verfügung stehenden technischen Möglichkeiten der Informationsverarbeitung und der Bildung noch weiter verkürzen wird, ist ein menschengerechtes Organisieren, Aufbereiten und Nutzen dieses Wissens erforderlich. *„Brain-Design"* als Service-Design verstanden, könnte schließlich bereits bei der Formulierung von Fragen als *Technik der Komplexitätsreduktion* von Informationen über Sachverhalte behilflich sein, um überhaupt erst die richtigen Fragen auf mögliche Antworten der Zukunft stellen zu können. Antworten, die etwa über eine Computersimulation vorweggenommen werden können *(Virtual Reality)*, sodass uns künftig vielleicht kostspielige und folgenschwere Erfahrungen erspart bleiben, die wir bislang noch weitgehend selbst machen. Das könnten komplexe Simulationen über den Treibhauseffekt, über politische Entscheidungen, über sportliche Aktivitäten, über das Verkehrswesen, über unsere individuellen Gesundheitsrisiken und deren Prävention sein usw. (vgl. Bolz, 1994, S. 130 ff.).

5.3.4 Die Verpackungsgestaltung

Während das Verpackungs-Design bei Investitionsgütermarken und bei Dienstleistungsmarken lediglich eine untergeordnete Rolle spielt, ist seine Bedeutung für die Gestaltung von Verbrauchsgütermarken erheblich. Da die ausgereiften Produkte der Konsumgüterindustrie und teilweise der Gebrauchsgüterindustrie kaum noch Qualitätsunterschiede und -vorteile gegenüber den Konkurrenzmarken haben, werden die Präferenzen der Konsumenten vor allem durch die kommunikative Vermittlung von Erlebnissen und Benefits geprägt. Die Verpackung trägt hier in hohem Maße zur Differenzierung und zur Profilierung der Marken bei. Die Verpackung und damit das Verpackungs-Design kann bei den meisten Konsumartikeln als „Hauptdarsteller" des gesamten Markenauftrittes bezeichnet werden. Ob in der klassischen Werbung, am PoS oder Zuhause beim Gebrauch; die Verpackung steht immer im Mittelpunkt der Wahrnehmung.

Berühmte Namen und Verpackungsformen stehen auf dem geschichtlichen Weg des Verpackungs-Design; angefangen mit der Odol-Flasche, Maggi-Flasche, Nivea-Creme-Dose, Coca-Cola-Flasche, Tempo-Taschentüchern, Toblerone usw. Das Verpackungs-Design hat sich in Deutschland im Laufe der letzten vierzig Jahre zu einer eigenen Branche herausbilden können, die einen erheblichen Anteil an der Entwicklung und dem derzeitigen Renommee des Marken-Design für sich beanspruchen kann. Martin Amann (1992, S. 15) schreibt: „Die klassische Werbung kann zwar Bedürfnisse wecken und Botschaften übermitteln. Am PoS ist die klassische Werbung jedoch machtlos. Neben Faktoren wie Preis und allenfalls Promotions ist im Supermarkt das Packungs-Design der Verkäufer des Produktes". Kroeber-Riel (1993b, S. 325 f.) fordert eine integrative Gestaltung von Packungsbotschaft und Werbebotschaft, damit die Konsumenten die kommunikativen Schlüsselsignale, die ihre Präferenzen für die Marke prägen, durchgängig wiederfinden:

> **Zeige die Verpackung in der Werbung!**
> **Zeige die Werbung auf der Verpackung!**

Die *Verpackung* einer Marke spielt für das Zustandekommen von *inneren Bildern* eine große *Rolle*. Dies bedeutet, dass direkte Kontakte und Erfahrungen mit Produkten und Dienstleistungen meist maßgebend für die inneren Bilder sind. In einer empirischen Untersuchung von Procter & Gamble Deutschland (interne unveröffentlichte Studie von 1987) wurde diese These bestätigt (vgl. Kroeber-Riel, 1993b, S. 253):

Nach Ergebnissen dieser Studie waren Verpackungen von Konsumgütern (Flaschen, Packungen, Dosen) eine *wesentliche Quelle* von inneren Bildern: 53 Prozent der inneren

Bilder über Coca-Cola waren beispielsweise von der prägnanten Flasche geprägt (nicht von der Coca-Cola-Dose); als nächstes folgten bildliche Vorstellungen von jungen Menschen (10 Prozent), deren Präsenz auf die Werbung zurückgeht. Die inneren Bilder zu Jacobs-Kaffee waren vor allem durch die Verpackungsfarbe geprägt (24 Prozent). Bei 21 analysierten Marken aus sieben Produktbereichen war die Verpackungsgestaltung stärker an den Nennungen über innere Bilder beteiligt als die Werbung, wobei vor allem der starke Einfluss der *Verpackungsfarbe* auf die inneren Markenbilder auffiel. Interessant ist der hohe Anteil einer einzigen bildlichen Vorstellung, die zu einer Marke geäußert wurde.

Mit großem Abstand folgten Äußerungen über eine zweite bildliche Vorstellung. Für das Zustandekommen eines dominierenden inneren Markenbildes scheint nach diesen Erkenntnissen in erster Linie die Produkt-, bzw. die Verpackungsgestaltung beizutragen und erst in zweiter Linie die Werbung! In den meisten Fällen konnte das innere Bild der Verpackung durch die Werbung vermittelt worden sein. Das ändert aber nichts daran, dass die Verpackung, bzw. das Produkt im Mittelpunkt des inneren Bildes steht und nicht, wie oft angenommen, die mit der Marke über den Werbespot kommunizierte Story. Eine andere empirische Studie der Hochschule Pforzheim (vgl. Linxweiler/Metzger, 2000, S. 11 ff.) scheint dies zu bestätigen. Es wurden Männer und Frauen zum Thema Verpackung und Werbung mit folgenden Ergebnissen befragt. Bei der Frage, welche Informationsquellen für das Produkt sie bevorzugen würden, antworteten 56 Prozent der Befragten zugunsten der Verpackung und lediglich 30 Prozent zugunsten der Werbung.

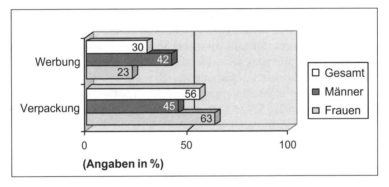

Abbildung 5.16: Werbung oder Verpackung? (Quelle: Linxweiler/Metzger, 2000, S.11)

Ein weiteres Ergebnis der Studie war, dass Farben als Zeichenträger auf der Produktverpackung vorrangig erinnert werden. Immerhin gaben fast 70 Prozent der Befragten an, sich an den Farbcode auf einer der Verpackungen, die sie eingekauft haben, erinnern zu können. Der Zeichenträger Farbe ist ein „wesentliches Element der kommunikativen Gestaltungsmittel". Farbe als Zeichenträger am PoS hilft offenbar bei der Orientierung, sie hat Signal- und Zuordnungscharakter. Überraschenderweise liegen Bild- und Schriftelemente mit 39 Prozent lediglich an zweiter Stelle, obwohl auch ihnen eine wichtige Aufgabe beim Aufbau der inneren Markenbilder beim Verbraucher zukommt.

Gibt es hierfür eine Erklärung? In einer Studie von 1996 (vgl. Witte, 1996, S. 91) wurde festgestellt, dass von 6500 untersuchten Produktverpackungen aus dem Supermarkt damals nur etwa 11 Prozent überhaupt markenspezifische Bilder und lediglich 5 Prozent Bildelemente aus einer aktuellen Werbekampagne aufwiesen. Das erhebt die Frage, warum auf Marken-Verpackungen spezifische Bilder, beispielsweise solche aus der Werbung, weitgehend ausgespart werden? Offensichtlich wird keine Notwendigkeit gesehen, markenspezifisch und integriert mit starken Bildern zu kommunizieren, aus welchen Gründen auch immer dies geschieht. Dennoch kamen bei der Frage an die Konsumenten, was sie von Werbebildern auf Verpackungen halten, rund 45 Prozent zu einer sehr hohen, bzw. hohen Zustimmung. Das ist noch kein sehr eindeutiges Ergebnis, aber immerhin ein Anlass, sich mit dieser Thematik intensiver auseinander zu setzen.

Neben seiner Verkaufsfunktion und Kommunikationsfunktion hat die Markenverpackung folgende zusätzliche Funktionen zu erfüllen: Sie ist *Transportbehältnis* und *Lagerhilfe* und muss als solches sowohl die funktionalen und ökonomischen Erfordernisse vom Hersteller zum Händler und vom Händler zum Verbraucher erfüllen. Hierzu gehören Palettentauglichkeit, Stapelfähigkeit, Belastbarkeit, Temperatur- und Lichtstabilität, sonstige Sperreigenschaften sowie Produktschutz und Handlingtauglichkeit. Die Verpackung als Produktschutz verhindert z. B. das schnelle Verderben von Ware. Früher gingen auch in unseren Breitengraden bis zu 40 Prozent aller Lebensmittel durch unsachgemäße Verpackung verloren. Heute sind es nur noch ca. 2 Prozent (vgl. Amann, 1992, S. 7 ff.) Erst durch die Fortschritte der Verpackung als Schutz des Inhaltes wurde es überhaupt möglich, ein derart breites Sortiment an unterschiedlichsten Produkten in den Handel zu bringen, wie wir es heute beim Einkauf vorfinden. Eine Verpackung muss sich selbstverständlich ohne große Mühe öffnen und wiederverschließen lassen. Sie muss eine Handlingsconvenience haben, die den unkomplizierten Umgang mit den Verpackungen und den Produkten, auch durch ältere oder behinderte Menschen, erlaubt.

Die immer wieder gestellte Forderung nach der *ökologischen Verpackung* ist durch gesetzliche Maßnahmen und durch betriebswirtschaftliche Optimierungen hinsichtlich einer Reduzierung von Verpackung weit vorangeschritten. Gleichwohl sollten Marken soviel Verpackung haben, wie es für den Transport, den Schutz, die Lagerung und die Markenkommunikation selbst nötig ist. Die aus solchen Ansprüchen resultierende Verpackung optimal zu gestalten, ist die Aufgabe der Marken-Designer. Hierbei sollte auch den wirtschaftlichen Aspekten der Hersteller und des Handels angemessen Rechnung getragen werden und etwaige politische Entscheidungen, wie z. B. die Einführung von Zwangspfand, sorgfältig abgewogen werden.

Ein „Zurück" zum „Offenausschank" von Konsumgütern, wie in der Vergangenheit immer wieder gefordert wurde, wird es allein aus hygienischen Gründen und aus Haltbarkeitsgründen der Produkte nicht geben, ganz abgesehen von den dann fälligen höheren Personalkosten im Handel, die sich unmittelbar auf die Kaufpreise auswirken würden. Wenn durch einen so genannten Offenausschank auch nur 5 Prozent mehr Lebensmittel verderben würden als heute, hätten wir ökologisch und volkswirtschaftlich genau das Gegenteil von dem erreicht, was wir mit den Packungsreduktionen eigentlich anstreben (vgl. Amann,

1992, S. 8). Ungeachtet dessen kann es sinnvoll sein, solche Güter offen anzubieten, die sich dafür ausgesprochen eignen, wie z. B. Gemüse, Früchte, Fleisch, Käse, Brot oder sonstige Backwaren.

Schließlich haben viele Verpackungen auch eine *Präsentationsfunktion,* wie z. B. das „Sahnekännchen" oder die Margarineverpackung, die Marmeladenschale, der Joghurtbecher auf dem gedeckten Tisch, die Zigarettenverpackung als „Visitenkarte" des Rauchers, die Eau de Toilette-Flasche attraktiv auf einem entsprechend gestalteten Verpackungsdisplay präsentiert, im Bad als Zeichen von Gepflegtsein und Emotionalität. Hier liegen noch erhebliche ungenutzte Potenziale für die Gestaltung von uniquen Verpackungen.

Da die Marken heute längst nicht mehr einzeln abgepackt über den Ladentisch gereicht werden, sondern sich aus dem Regal heraus von selbst verkaufen müssen, übernehmen sie längst die Kommunikationsfunktion, die vordem die Verkäuferin oder der Verkäufer innehatte. Zwangsläufig entwickelten sich bei vielen Produktkategorien durch die Verpackungsgestaltung bestimmte für den Konsumenten verlässliche Anmutungs- und *Identifikationsschemata,* die dem Konsumenten die Einkaufswahl erleichtern sollten.

Identifikationsschemata oder *Stereotypen* kann man z. B. auch bei flüssigen *Speisewürzen,* wie bei Maggi, beobachten. Die Maggi-Würze war Vorbild für ähnliche Würzen in Flaschen seit ihrer Einführung 1887. Angefangen bei der Flaschenform, beim Spritzstöpselverschluss bis hin zur typischen Braunfärbung des Glases, das infolge seiner Fähigkeit, UV-Strahlen zu absorbieren, die Lagerfähigkeit und Haltbarkeit des Inhaltes entscheidend verbessert hatte, setzte Julius Maggi Standards für die gesamte Produktkategorie. Dem Kontinuitätsprinzip blieb das Haus Maggi trotz vieler Designänderungen der Vergangenheit treu. Der Anmutungscharakter der Maggi-Flasche konnte konstant gehalten bzw. sogar verfestigt werden. Übrigens ziert gegenwärtig ein kleiner „Kreuzstern" die Flasche, der seit 1894 als Schutzmarke eingetragen ist und erst im Jahre 1987 wiederentdeckt wurde. Die Stereotypik der Maggi-Speisewürze übernahmen auch Knorr (Feine Würze), Zamek (Würze) und Aldi (Lachende Köchin).

Eine verwandte Stereotypik lässt sich bei vielen anderen Verpackungen von Konsumartikeln beobachten, so auch bei Joghurt- und Milchprodukten sowie bei Knabberartikeln, Süßwaren und Schokolade. Solche Verpackungsstereotypen oder Schemata funktionieren, wie an anderer Stelle bereits erwähnt, lerntheoretisch über das Konditionierungslernen. Es werden über Jahre hinweg die gleich bleibenden Verpackungsstereotypen allmählich als Schlüsselschemata gespeichert und gedanklich mit der Produktgattung und den sonstigen Produkt- oder Markenitems, wie Preisstellung, Distribution, Art der Präsentation, Konsistenz des Inhaltes etc. in Verbindung gebracht. Daraus lässt sich ersehen, dass die Gesamtanmutung eines Verpackungs-Design gleichsam ohne ein einziges geschriebenes Zeichen und nur über Form-, Farb- und Oberflächencodes zusammen mit den anderen gelernten Markeninformationen bereits den Produktcharakter kommuniziert.

Stimmt bei einer Marke das Marken-Design der Verpackung nicht mit der Positionierung überein, so wird dies höchstwahrscheinlich vom Konsumenten (mehr oder weniger bewusst) wahrgenommen und entsprechend negativ beurteilt.

> **Checkliste Gestaltung von Verpackungen:**
> - Liegt ein detailliertes **Briefing** vor?
> - Hat die Verpackung einen **optimalen Informationswert** (Signalwert, Wahrnehmungswert, emotionalen Wert, Gebrauchsinformationswert, Gestaltungshierarchien zu erkennen, Marke klar zu erkennen und zu verbalisieren etc.)?
> - Ist die Verpackung **eigenständig** gestaltet (Figur-Grund-Abhebung im Regal)?
> - Entspricht die Gestaltung dem angestrebten **Corporate Design** des Unternehmens, und lässt sich diese gut in das übrige Sortiment **integrieren** (z. B. Farbgleichheit innerhalb verschiedener Chargen oder Produktlinien)?
> - Sind alle (gesetzlich) **vorgeschriebenen Informationselemente** auf der Packung vorhanden (Gefahrenklassifikationen, Herstelldatum, Chargennummer, Absender, Angaben über Zusammensetzungen des Inhalts lt. Norm, Inhaltsmengenangaben lt. Norm, Verfallsdatum, Grüner Punkt, Scanner Code, Sicherheitshinweise etc.)?
> - Ist reibungslose **Etikettierung** gewährleistet?
> - Sind etwaige **Schutzrechte** und sonstige Rechte (UWG, MarkenG etc.) geprüft?
> - Sind alle **technischen Voraussetzungen** erfüllt (Materialverfügbarkeit, Qualitätskonstanz bei der Herstellung, Festigkeit, Diffusionsbeständigkeit, Slipeigenschaften, Geruchsneutralität, Lichtstabilität, Wasserdampfsperre, Temperaturstabilität, Säurestabilität, Stapelfähigkeit, Stapelfestigkeit, Abriebfestigkeit, Palettentauglichkeit, Migrationsbeständigkeit, Farbstabilität, Logistik, Abfüllung etc.)?
> - Soll der **Verpackungsinhalt sichtbar** sein?
> - Ist die Verpackung handlingfreundlich gestaltet (Abfüllung, Dosierung, Refilling)?
> - Sind die **Marke** und die **Produktbezeichnung deutlich zu erkennen** (in mehreren Sprachen gehalten)?

5.3.5 Das Präsentations-Design

Unter *PoS-Design* (Point of Sales Design) und *Präsentations-Design* ist die *Gestaltung des direkten und indirekten Umfeldes von Marken* zu verstehen. Das ist die Außen- und die Innengestaltung des Ladens genauso wie die physische Präsenz der Marken und deren Präsentation in Warenschütten, Warenaufstellern, Regalumfeld, Schaufenstern, Ausstellungen, Messen oder Neuheitenpräsentationen etc. Daneben kann man zum Präsentations-Design den *Auftritt des Verkaufspersonals* (Kleidung, Accessoires, verbales und nonverbales Verhalten) zählen.

5.3.5.1 *PoS-Design*

Marken-Design als *PoS-Design* verstanden, spielt bei Markenartikelunternehmen, die als Filialisten ihr eigenes Vertriebssystem haben oder ihren Vertrieb in Franchisesystemen regeln (z. B. WMF, Wienerwald, McDonalds, Automobilhersteller etc.), eine erhebliche Rolle. Auch beim Handel hat sich in den letzten Jahren der Trend zur Individualisierung und Abhebung im Sinne einer Profilierung als Marke erheblich verstärkt. *PoS-Design* als Marken-Gestaltungsinstrument verstanden, umfasst unter distributionspolitischen Überlegungen besonders zwei Aspekte:

> 1. **Auftritt des Verkaufspersonals**
> 2. **Laden-Design**

Eng mit der Wahrnehmung von Marken verbunden ist erstens das *Auftreten* (Erscheinungsbild und Verkaufsverhalten) *des Beratungs- und Verkaufspersonals*. Amerikanische Fast-Food-Ketten haben ihr Personal meist einheitlich uniformiert, und es existieren daneben für alle Mitarbeiter der Unternehmen häufig verbindliche Verhaltensnormen. Vielfach ist ein einheitlicher „uniformierter" Auftritt auch bei Messen und Präsentationen zu beobachten. Über die Wirkung von Kleidung in der Verkäufer-Käufer-Interaktion gibt es umfangreiche Untersuchungen. In Abhängigkeit von der Kleidung und der Interaktion wurden bei Studien signifikante Unterschiede der Personeneinschätzung gefunden. Solche Erkenntnisse sind besonders bei der Betrachtung von Dienstleistungsmarken relevant, wo die Menschen selbst gewissermaßen der wichtigste Teil der Marke sind.

Schoch (1969, S. 107 ff.) hat herausgefunden, dass die Käufer gewisse *Ähnlichkeiten der Verkäufer mit ihnen hinsichtlich Lebensstil* oder Interessen neben der Bekleidung als belohnend empfinden. Andererseits kann sich ein Ungleichgewicht bezüglich Kleidung oder Gesprächsinhalten zwischen Verkäufer und Käufer auch nachteilig auf den Verkaufserfolg auswirken. Intensive Verkaufsschulungen und Trainings sind daher besonders wichtig, um auf die unterschiedlichen Vorstellungen, Motivationen und Einstellungen der Konsumenten individuell eingehen zu können und damit auch die personenbezogene Markenwahrnehmung positiv zu lenken.

Der zweite Bereich des Marken-Design unter distributionspolitischen Gesichtspunkten, der hier angesprochen werden soll, ist das *Laden-Design*. Man kann beobachten, dass das gesamte Laden-Design im Zuge von so genannter *erlebnisbezogener Ladengestaltung* zunehmend in den Mittelpunkt des integrierten Markenauftritts beim Handel gerückt ist. Gründe für diese „trading ups" sind die Konsumtrends zu vermehrt *impulsiven Käufen*, zum *Shopping als Freizeitgestaltung* und das Bedürfnis nach prägnantem Markenerlebnis.

Zum *Laden-Design* gehören neben der *Ladengestaltung* im engeren Sinn (Laden-Layout, Möblierung, Dekoration, Beleuchtung, Musik, Klima etc.) die für Fernwirkungen wichtige *Fassadengestaltung*, die *Außenbereichsgestaltung*, wie Parkplätze, Eingangsbereiche, die *Schaufenstergestaltung* sowie die *Kassenraumgestaltung*. Die Ladengestaltung wird in der Literatur der angewandten Umweltpsychologie zugeordnet. Bei der Ladengestaltung kann man sich besonders der Erkenntnisse aus der *Imageryforschung* bedienen, d. h. der Erkenntnisse über das Zustandekommen und die Wirkung bildlicher bzw. multisensualer Wahrnehmung und Speicherung von multisensualen Informationen; auch von räumlichen Bereichen, wie etwa von Einkaufsstätten.

Solche Informationen über Räume werden im Gedächtnis durch innere Bilder repräsentiert (vgl. Spoehr, Lehmkuhle, 1982, S. 200 ff.). Aus der Imageryforschung ist bekannt, dass reale (multisensuale) Umwelteindrücke oder ihre bildlichen Darstellungen besser erinnert werden können als etwa deren verbale Beschreibungen. Der Leser möge sich selbst ein Bild machen, wenn er danach gefragt wird, wo in seinem Supermarkt die Schokolade, das Wochenmagazin, sein Lieblingsjoghurt etc. zu finden sind. Demgegenüber sind verbale und wenig bildhafte Beschreibungen, wenn man als Ortsunkundiger nach einem bestimmten Weg durch die Stadt fragt, höchst schwierig mit der vorgefundenen Wirklichkeit zu vergleichen und dementsprechend schwer nachzuvollziehen.

Innere Bilder, wie z. B. das Bild der Verkaufsfläche eines Supermarktes, bezeichnet man als *„cognitive maps"* oder als gedankliche Lagepläne. In einer Untersuchung über die Zuordnung von Produkten zu deren Standorten wurden diejenigen Produkte zutreffender zugeordnet, welche in Randlagen des Supermarktes zu finden waren (vgl. Sommer/ Aitkens, 1982, S. 212). Einen Erklärungsansatz hierzu bietet Kroeber-Riel (1992, S. 426). Er vermutet, dass in zentralen Raumbereichen weniger markante Punkte als Gedächtnisanker vorhanden sind, als in den Randbereichen, die mit ihren Säulen, Ecken, Zugängen, Treppen bessere Orientierungen bieten. In diesem Sinne bewusst gestaltete Markierungen in den Zentralbereichen könnten aber gerade wichtige gedankliche „Ankerpunkte" für die Orientierung darstellen. Je klarer und bildhafter diese Lagepläne sind, umso leichter findet sich der Konsument zurecht und umso eher wird er jene Einkaufsstätten denjenigen vorziehen, über die er eine nur unklare gedankliche Vorstellung hat.

Neben diesen Imageryansätzen wird zur Erklärung der Wahrnehmung von Räumen ein *emotionspsychologischer Ansatz* der Umweltpsychologie von Mehrabian und Russel (1974) herangezogen. Hiernach verursacht eine bestimmte Umgebung bei Menschen spezifische emotionale Reaktionen, die entweder ein *Annäherungs- oder ein Vermeidungsverhalten* gegenüber dieser Umwelt auslösen. Die emotionalen Reaktionen können durch ihre Stärke, d. h. *Erregung-Nichterregung*, bzw. durch ihre negative oder positive Richtung, d. h. *Lust-Unlust* oder durch ein *Dominanz- oder Unterwerfungsgefühl* zum Ausdruck kommen. Die emotionalen Reaktionen und die spezifischen Verhaltensweisen hängen wiederum von der Person ab, je nachdem, ob diese zu den beschriebenen emotionalen Reaktionen tendiert oder nicht. Im Sinne des Marken-Design ist eine markenadäquate Gestaltung des Umfeldes für das Gesamterlebnis der Marke von Bedeutung. Die spezifischen Wirkungen der Gestaltungsmittel, wie Farbe, Material, Form, Licht, Akustik, Gerüche, Haptik etc. müssen dabei beachtet und für die Marke eingesetzt werden.

5.3.5.2 Das Präsentations-Design

Das Präsentations-Design soll die Ware bzw. die Marke in den Mittelpunkt der Aufmerksamkeit bringen und ihr durch optimale Gestaltung ein möglichst positives Präsentationsfeld bieten, welches wahrnehmungspsychologisch durch zwei Erklärungsansätze dargestellt werden kann:

1. **über die Gestaltpsychologie**
2. **über die Umweltpsychologie**

Die *Gestaltpsychologie* bietet als Teil der kognitiven Psychologie eigene Erklärungen an. Ihr Gegenstand ist die *Gestalt*, ihre *Ganzheit* und *Ordnung*. Zum Begriff der Gestalt gibt es mehrere Auffassungen. Ein allgemeiner Erklärungsansatz geht davon aus, dass sich Einzelwahrnehmungen nicht einfach zu einer Gesamtwahrnehmung addieren lassen, sondern dass das Ganze einer Gestalt über die Summe der Einzelaspekte hinausgeht (Übersummationshypothese) und durch Kontextfaktoren, Wahrnehmungsumfeld, Erfahrungen, Einstellungen, Motivationen beeinflusst wird (vgl. Metzger, 1975).

Im so genannten *Prägnanzgesetz* formulierten die Gestaltpsychologen die Grundsätze von der gestalthaften Wahrnehmung, womit eine Tendenz zur bevorzugten Wahrnehmung der prägnantesten und stabilsten Strukturierung von Gestalten in der Reizumwelt gemeint ist. Wahrnehmungsgegenstände wie z. B. Marken werden nach den Gesetzen der Gestaltpsychologie umso eher als prägnante Figur erlebt, je eher sie sich von ihrer Umgebung, dem Grund, abheben. Das Gesetz der *Figur-Grund-Abhebung* beschreibt die Tendenz, dass prägnante Figuren, die sich vom direkten Umfeld besser abheben, schneller und genauer wahrgenommen werden und höhere Aufmerksamkeits- und Erinnerungswerte erzielen als amorphe Gebilde. Das Prägnanzgesetz und die damit verbundene Figur-Grund-Abhebung bietet beim Präsentations-Design einen gängigen Erklärungsansatz zur Optimierung von Markendarbietungen.

> Ein *Beispiel* für die Berücksichtigung dieses Gesetzes bei der Markengestaltung: Rot gilt allgemein als die aktivierendste Farbe, die bei der Verpackungsgestaltung für optimale Wahrnehmung sorgen kann. Wenn jedoch in einem Regal mit Chips alle Verpackungen rot sind, so fallen entsprechend des Gesetzes der Figur-Grund-Abhebung nicht die roten Packungen auf, sondern die andersfarbigen Chips-Packungen, wie etwa weiße Packungen der Marke „die Sparsamen".

Das gleiche Gesetz gilt auch für Verpackungen, Plakate, Werbeanzeigen und sonstige Präsentationen der Marke in einem Umfeld. Das Gesetz der Figur-Grund-Abhebung kann ganz allgemein auf die Forderung nach der Uniqueness der Marke, nämlich der Abhebung der Marke im Konkurrenzumfeld, übertragen werden. So spielt das Umfeld auch für das Lernen von Werbebotschaften eine wichtige Rolle. Aus den Erkenntnissen der *Umweltpsychologie*, die bereits angesprochen worden ist, wissen wir, dass das emotionale Umfeld (Wahrnehmungsklima) einen starken Einfluss auf die Erinnerungsleistung des Präsentations-Design ausübt. Ein *emotionales Umfeld* entfaltet nach Kroeber-Riel (1992, S. 291) zwei wesentliche Wirkungen auf die Beurteilung von Markenpräsentationen:

- Es erzeugt ein bestimmtes **Wahrnehmungsklima**, welches zu einer positiven oder negativen Betonung von wahrgenommenen Produkteigenschaften führen kann.
- Es erzeugt bestimmte **Assoziationen** zwischen den dargebotenen Produkt/Markeninformationen und den Umfeldinformationen. Diese Informationen sind mitunter dafür verantwortlich, dass etwa ein präsentiertes Auto für weniger sicher gehalten wird, wenn es im Umfeld eines bestimmten Mädchentyps wahrgenommen wird.

Der Einfluss von Geschäften mit hohem Prestige auf die Qualitätswahrnehmung von Produkten wurde vielfach untersucht, und es wurden diesbezüglich signifikante positive Zusammenhänge gefunden (Wheatley, Chiu, 1977). In der Warenpräsentation von Warenhäusern hat sich in den letzten Jahren ein erheblicher Wandel in Richtung *erlebnisbezogener Umfeldgestaltung* vollzogen. So werden beispielsweise hochwertige Weine in bestimmten Karstadt-Häusern längst nicht mehr einfach in Regalen, sondern in antiken Vitrinenschränken oder in „Gewölbekellern" präsentiert. Oder es werden inmitten der Präsentationsflächen von Markenartikeln Erlebnisinseln eingerichtet, wie Schmetterlings- oder Blütenshows, die dazu beitragen können, dass das Wahrnehmungsklima günstig beeinflusst wird. Bei der *Verpackungsgestaltung* von Parfummarken kann etwa die Packung selbst dazu genutzt werden, das Produkt in ein emotionales Umfeld zu bringen, sodass die Parfumflasche noch stärker in den Mittelpunkt emotionaler Wahrnehmung gerückt werden kann. Dies kann dadurch geschehen, dass die Innenfläche der Parfumpackung attraktiv gestaltet wird und gleichzeitig als Präsentationsdisplay für die Flasche selbst genutzt wird.

Auch das *Aktivierungspotenzial* des Umfeldes beim Präsentationsdesign ist maßgebend für die Aktivierungs- und Erinnerungsleistung des Betrachters. Das Beispiel der roten Snackverpackungen wurde oben schon erwähnt. Bei umweltpsychologischen Forschungen wurde belegt, dass die von der Umgebung des Menschen ausgehende Aktivierung (Orientierungsreaktion hin zum Reiz und Bereitschaft zur Wahrnehmung) eine entscheidende Bestimmungsgröße für sein Verhalten ist (Russell/Pratt, 1980). So konnte in Untersuchungen zur Aktivierungswirkung in der Ladengestaltung nachgewiesen werden, dass die Dauer des Aufenthaltes in einem Geschäft wesentlich von der Stärke der durch die Gestaltung ausgelösten Aktivierung abhängt (Donovan/Rossiter, 1982).

Zu einer aktivierenden Präsentationsgestaltung gehören neben attraktiven Warenpräsentern selbstverständlich entsprechende Musik- und Farbgestaltung, Duftstoffe, stimulierender Service, Aktionen etc. Die Originalität und Einzigartigkeit des Präsentations-Design hat hierbei einen beträchtlichen Einfluss auf die Gedächtnisleistung, d. h. die *Erinnerung* an die Markenpräsentation. Eine Markenpräsentation und die Marke selbst, die sich durch Originalität und durch unverwechselbare Details vom Umfeld abheben, prägen sich leichter ein und werden besser erinnert als solche, die anderen Präsentationen gleichen und sich von diesen kaum unterscheiden (vgl. Kroeber-Riel, 1993b, S. 185). Hier genügen bereits einfachste Details in einem Präsentationsarrangement, um eine Präsentation von anderen signifikant unterscheidbar zu machen und eine bleibende Erinnerung an die Präsentation zu erzeugen.

Beispiele: Der rostige Nagel in einer Schale voller glänzender, neuer Nägel, die Schmuckauslage, in der als Untergrund alte Pflastersteine ausgelegt sind, die Eisbonbon-Innovation, präsentiert auf riesigen Eisblöcken usw. sind einfache Techniken, um unverwechselbares Präsentations-Design zu schaffen. Wie groß die unausgeschöpften Reserven des Präsentations-Design noch sind, kann man sich leicht vergegenwärtigen, wenn man an den Schaufenstern vieler Banken, Versicherungen oder Friseurläden vorbeigeht. Hier werden die vielfältigen Möglichkeiten markengerechter Präsentation bei weitem nicht genutzt.

Bei der Gestaltung des *Präsentationsumfeldes* ist zu beachten, dass die Marke und das Umfeld mit seinen emotionalen, sachlichen und kontextbezogenen Aspekten miteinander *integriert* werden sollten. Kroeber-Riel (1993b, S. 151) fordert die Gestaltung von emotionalen Umfeldreizen, um die Marke bzw. das Produkt selbst entsprechend aufzuladen. Hierbei sei darauf zu achten, dass abgegriffene, stereotype Präsentationselemente möglichst vermieden werden.

Die Tendenz zur *„konkurrierenden Gestalt"* ist ein häufig beobachtbares Phänomen bei Markenpräsentationen. Sie umschreibt die Darbietung von Marken in einem für sich gesehen schon sehr prägnanten Markenumfeld, das zu Ablenkungswahrnehmungen (Vampireffekten) führen kann. Bei der Gestaltung von Markenpräsentationen, sei es im Schaufenster, auf einer Messe oder bei der aufwändig gestalteten Produktneueinführung mit „Presse, Popstars, Trockeneis" sollte daher darauf geachtet werden, dass die Marke als der eigentliche Hauptdarsteller nicht zur Staffage oder zur überflüssigen Nebensache wird, sondern der Mittelpunkt der Präsentation bleibt.

Die *physische Präsenz* der Markengestaltung meint die unmittelbaren ästhetischen, emotionalen und die funktionalen Erfahrungen des Konsumenten mit der Marke, sei es über die Ansprache des Direktmarketing, sei es über das Vorhandensein der Marke am PoS und die Präsenz der Marke beim Konsumenten nach dem Erwerb. Die Markenpräsenz als Faktor der direkten Markengestaltung lässt sich bis einem gewissen Grade ebenfalls vom Marken-Gestalter beeinflussen.

Der Gestaltungsspielraum der Beeinflussung kann durch die Wahl verschiedener Absatzkanäle genutzt werden oder über die Entscheidung für andere Vertriebsformen, wie den klassischen *Direktvertrieb* (z. B. Avon, Vorwerk-Staubsauger, Amway, Tupper-Ware). Gerade beim Direktvertrieb beratungsintensiver Marken, seien es Produkte oder Dienstleistungen, ist die Leistung der Präsenz, des Präsentierens, die Gegenwärtigkeit der Marken und der Präsentatoren ein wesentlicher Gestaltungsfaktor. Der Grad der Markenpräsenz und der Distribution im Handel ist für gewisse Marken ein wichtiger Indikator für ihre Akzeptanz, Beliebtheit und Aktualität bei den Konsumenten. Für andere Marken wiederum (besonders bei hochwertigen und Luxusmarken) spielt die Verknappung der Präsenz für deren Image eine große Rolle. Der Umgang und die Gebrauchs- oder Verbrauchserfahrungen mit der Marke nach dem Kauf haben einen nachhaltigen Einfluss auf die Wahrnehmung und die Festigung der Konsumenteneinstellung gegenüber der Marke.

5.4 Komplexe Techniken des indirekten Marken-Design

Beim *indirekten Marken-Design* geht es um die Gestaltung aller Kommunikationselemente der Marke, die über die indirekten Kommunikationskanäle der Massenmedien, wie Fernsehen, Rundfunk, Plakate, Anzeigen arbeiten. Das reale Markenbild (das Produkt, die Verpackung etc.) soll durch die indirekte Markengestaltung ein zusätzliches *symbolisches Markenbild* bekommen. Man spricht in diesem Zusammenhang auch von der werblich-kommunikativen Vermittlung spezifischer Marken- und Erlebniswelten.

Indirektes Marken-Design kann allgemein mit dem Marketinginstrument der klassischen Werbung, Verkaufsförderung und Product Publicity/Public Relations gleichgesetzt werden. Die Vermittlung des symbolischen Markenbildes durch indirekte Markengestaltung lädt die Marke über Zeichen und Symbole gleichsam mit zusätzlichen Werten psychologisch auf und stellt die Unterschiede zu etwaigen Konkurrenzmarken bzw. die realen und die symbolischen Markenbenefits, Markencharaktere und Nutzenbegründungen dar. Was das reale Markenbild durch seine Gestaltung und seine Präsenz am PoS allein nicht leisten kann oder nicht leistet, soll durch die indirekte Markengestaltung geschaffen und/oder verstärkt werden.

5.4.1 Corporate Identity und indirektes Marken-Design

Marken-Design hat in gesättigten Märkten vor allem die Aufgabe, unverwechselbare Markenpersönlichkeiten mit starker Uniqueness und einer prägnanten Markenidentität zu schaffen. Einheitliche Markengestaltung, die für eine prägnante Markenidentität sorgt, beschränkt sich jedoch nicht auf Einzelmarken eines Unternehmens. Wenn die Einzelmarken erfolgreich sind, werden diese rasch erweitert. Sie beginnen, zu Markenfamilien zu wachsen, sie brauchen ein gemeinsames Dach (vgl. Hauser, 1996, S.161 ff.).

Zu Dachmarken geworden, beeinflussen sich ihre Markenbilder und ihre Markenwerte gegenseitig. Sie bilden Systeme und Subsysteme von gemeinsamen Ideen, Werten und Normen, die zu einer gemeinsamen Identität, der *Corporate Identity*, von Marken werden. Je nach Marken- oder Unternehmensstrategie umfasst diese gemeinsame Identität, beginnend bei ihrem kleinsten gemeinsamen Nenner, den Einzelmarken, über Familienmarken, Dachmarken auch die Identität (Corporate Identity) von Geschäftsfeldern, Sparten, bis hin zur gesamten Unternehmensidentität.

Was bedeutet Corporate Identity? „*Corporate*" bedeutet zunächst „verbunden", „gemeinschafts...", „Körperschafts..." und in einem weiteren Sinne „Zusammensetzung" und „Zusammenhalt". Damit ist der ganzheitliche Auftritt eines Wahrnehmungsgegenstandes gemeint, der aus einer bestimmten Struktur von korrespondierenden Einzelelementen besteht. Der Begriff „Corporate" steht auch für die Erkenntnis, dass das Ganze eines Wahrnehmungsgegenstandes stets mehr sei als die Summe seiner Teile (Hypothese von der Übersummativität). Er beinhaltet somit die Einsicht in eine Existenz von Wechselwirkungen oder Synergieeffekten, die in einem System aus einer Anzahl von Elementen vorkommen und zu zusätzlichen neuen Effekten führen, die aus dem Zusammenspiel des Systems resultieren (vgl. Pflaum/Linxweiler, 1998, S. 31 ff.).

„*Identity*" steht im Allgemeinen für „Identität", „Persönlichkeit", „Individualität". Das Wort „Carte d'Identité" (frz.: Personalausweis) soll die Existenz einer einzelnen, individuellen Persönlichkeit nachweisen und diese als solche identifizieren. Unter „Persönlichkeit" kann man des Weiteren den Charakter und das gesamte Auftreten, das Wesen eines Individuums, verstehen.

Was ist das Wesen einer Person? Das ist die Gesamtheit ihrer Werte, Eigenschaften, Bedürfnisse, Motive, Ziele, ihrer Gewohnheiten, Stärken, Schwächen. Das sind ihre Denkweisen, ihr Charakter, ihr Auftreten, ihre Gefühle, ihre Einstellungen. Das ist ihre gesamte Persönlichkeit, wie sie sich selbst wahrnimmt, sich darstellt, bzw. wie sie von anderen wahrgenommen wird (vgl. Kapferer, 1992, S. 40 ff.).

Zusammengefasst kann die „Corporate Identity" eines Unternehmens als die unverwechselbare, einzigartige Gesamtheit aller seiner Elemente, d. h. seiner Menschen, seiner Produkte, seiner Architektur, seiner Kultur, seines Verhaltens, seiner Gestaltung und der Art und Weise, wie sich diese Gesamtheit nach innen und nach außen mitteilt, beschrieben werden.

Der umgangssprachliche Corporate Identity-Begriff bezieht sich eher auf die *einheitliche Gesamterscheinung von Unternehmen* als auf einzelne Marken. Dennoch kann die Struktur von *Corporate Identity* und *Brand Identity* als weitgehend identisch angesehen werden.

Einer der ersten, der dies erkannt hat und der in Deutschland die gemeinsame Identität von Produkten bis hin zu Werbemitteln, Gebäuden, Ausstellungsräumen und Briefbögen vollzogen hat, war der Architekt und Produktgestalter Peter Behrens, der in den Jahren von 1907 bis 1914 für das gesamte Design und die Architektur der Fa. AEG als künstlerischer Berater zuständig war.

Behrens hat durch ein eigenständiges Corporate Design die Corporate Identity des Unternehmens AEG geschaffen und damit die Unternehmensmarke AEG begründet: Er war damit der erste wirklich bedeutende Corporate Brand-Manager seiner Zeit in Deutschland.

Der CI-Prozess ist der strategisch geplante kontinuierliche Versuch des Aufbaues eines ganzheitlichen Unternehmensauftritts als verfügbares inneres Vorstellungsbild im Kopf (Corporate Imagery) der Zielgruppen. Der Aufbau der Corporate Identity (CI) als gestalteter Prozess kann wie folgt ablaufen: Er beginnt bei der Identifikation und Formulierung der *Unternehmenskernwerte*. Hierauf baut sich die Erarbeitung der *Unternehmensphilosophie* (Sinn- und Wertebene) auf (vgl. Wiedmann, 1994, S. 1034). Danach kommt die Formulierung der Ziele, der Strategie, des Corporate Design und des Corporate Behavior. Auf diesen bauen sich die Corporate Culture, die Corporate Communication und als Ganzes dieser Stufen, die Corporate Identity, auf.

Das *Ziel* dieses Prozesses ist die Gewinnung von kommunikativem „Unternehmensguthaben" (Corporate Credit) bei den internen und den externen Zielgruppen. Corporate Imagery und Corporate Credit bilden zusammen das Corporate Image, das möglichst positiv und attraktiv sein soll. Die *Aufgabe* des Corporate Identity-Prozesses von Unternehmen ist zunächst der Aufbau eines klaren inneren Unternehmensbildes (Corporate Imagery) bei den Zielgruppen.

Ein solches inneres Unternehmensbild kann aus der Kenntnis über Umsatzzahlen oder die Ertragslage, aus der Vorstellung über das Unternehmenslogo, Slogan, Hausfarben, Marken, Jingles, Werbung, Messeauftritte, Firmenarchitektur, Anzeigen, Pressemeldungen, Fuhrpark, einzelne Menschen, wie Außendienst, Geschäftsführer etc. bestehen. Es setzt sich demnach aus allen aktuellen und in der Vorstellung vorhandenen Informationen über das jeweilige Unternehmen zusammen.

Mit den Prozessen der Corporate Identity sowie der Brand Identity kann zunächst einmal nur das innere Bild (Corporate Imagery) von einem Unternehmen einer Marke beeinflusst werden. Es ist kaum möglich, direkt Glaubwürdigkeit, Vertrauen, Verständnis, Wertschätzung und Loyalität zum Unternehmen über die Corporate Communication zu vermitteln.

Diese Werte bilden sich, wie bereits angesprochen, als subjektive Einstellungen vielmehr erst indirekt über dauerhafte Erfahrungen d. h. über ständige Informationen sowie die jeweiligen individuellen Bewertungen über die Aktivitäten des Unternehmens allmählich umso genannten „Corporate Credit" (Guthaben) heraus.

Das *Corporate Image,* das Unternehmensimage, ist, wie oben beschrieben, ein ganzheitliches und bewertetes Vorstellungsbild des Unternehmens von außen. Das sind zunächst alle Vorstellungen, welche die internen bzw. externen Zielgruppen über ein Unternehmen, einschließlich deren subjektiven Bewertungen, haben.

Mit anderen Worten, die aus dem inneren Bild des Unternehmens, dem Corporate Imagery, sowie den bewerteten Informationen, dem Corporate Credit, gebildeten Einstellungen über das Unternehmen bezeichnet man als „Corporate Image" (Corporate Image = Corporate Imagery + Corporate Credit). Das *Ziel* des Corporate Identity-Prozesses ist somit der mittel- und langfristige, dauerhafte Aufbau von einem vorgegebenen Soll-Corporate Image eines Unternehmens.

5.4.1.1 Corporate Identity als Kommunikationsmodell

Die *Corporate Identity* und die *Brand Identity* beschreiben zwei unterschiedliche Konstrukte, nämlich einmal die Unternehmensidentität und zum anderen die Marken-Identität. Der Aufbau beider Identitäten läuft sinnvollerweise in den gleichen Strukturen ab und kann daher durch ein gemeinsames Erklärungsmodell dargestellt werden (vgl. Abschnitt 2.3.1 „Markenidentität"). Beide Modelle bezeichnen ein konzipiertes und organisiertes System als wahrnehmbares, identifizierbares, einzigartiges Gesamtgebilde, das sich von innen (angefangen bei den Kernwerten) nach außen (Gestaltung, Verhalten, Kultur, Kommunikation) bis zur Identität als Ganzheit der Stufen aufbaut.

Das Identitätsmodell ist ein Konzeptionsmodell aus der Sicht des Unternehmens, bzw. aus der Sicht der Markenmacher und ist zunächst eine „Soll-Beschreibung", wie die Identität aussehen könnte. Man bezeichnet es auch als internes Modell. Die tatsächliche Wahrnehmung des Unternehmens oder der Marke von Seiten der Konsumenten kann eine ganz andere sein.

Wahrgenommen wird nämlich von den Adressaten nur das, was nach außen kommuniziert wird und was bei den Empfängern dieser Kommunikation auch ankommt. Die Empfänger machen sich eine Vorstellung von diesem Gebilde, ein inneres Markenbild oder ein Corporate Imagery. Zusammen mit der Bewertung dieser inneren Bilder und dem Aufbau von Werturteilen über diesen Gegenstand (Brand Credit oder Corporate Credit in Form von Sympathie, Vertrauen, Verständnis, Loyalität) bildet sich das Corporate Image als externes Modell der Marke oder des Unternehmens.

326 5 Die Techniken des Marken-Design

Der linke Block der Abbildung 5.17 steht für das Unternehmen, das sich am umfassendsten über sein Gesamterscheinungsbild, seine *Corporate Identity (CI)*, nach außen definiert.

Ebenso wie eine umfassende Idee durch eine Vision als Brand Philosophy (BP) einer jeden *Marke* zugrunde liegt, so bildet das begriffliche Pendant von solchen Visionen auf der „Sinn- und Wertebene" des gesamten Unternehmens die *Unternehmensphilosophie* oder *Corporate Philosophy (CP)*. Die Unternehmensphilosophie und deren Grundsätze oder Visionen basieren idealtypisch auf der Formulierung ihrer *Kernwerte*, den *Corporate Core Values (CV)*. Diese Corporate Core Values beantworten die Fragen nach der innersten Identität (Wer sind wir?).

Diese Werte sind analog zu den Markenkernwerten, wie z. B. funktional-sachliche, ästhetisch-kulturelle, emotionale und ethisch-ideelle Kernwerte. Funktional-sachliche Kernwerte sind, bezogen auf das gesamte Unternehmen, z. B. die Produktleistungen, die Geschäftsfelder und die Branche des Unternehmens. Ästhetisch-kulturelle Kernwerte sind z. B. die Traditionsbezogenheit oder die Modernität und die kulturelle Verantwortung des Unternehmens. Emotionale und ethisch-ideelle Kernwerte sind z. B. die Bekenntnisse zum Umweltschutz, zur Verantwortung gegenüber der Dritten Welt etc.

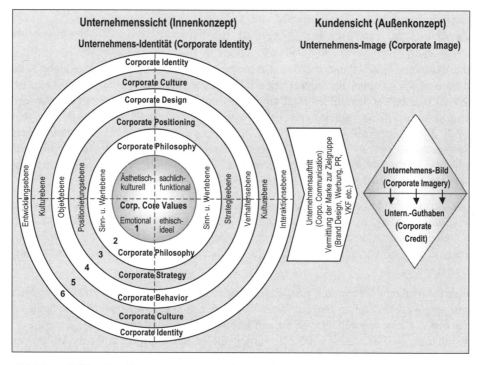

Abbildung 5.17: Das System von Unternehmensidentität (Corporate Identity) und Unternehmensimage (Corporate Image)

Die Corporate Philosophy umfasst und beschreibt als *Kernkonzept* die Unternehmensgrundsätze. Aus diesen ergeben sich Idealvorstellungen, Überzeugungen, Weltbilder, Werthaltungen und Normen (vgl. im Folgenden Raffée/Wiedmann, 1993, S. 47). Diese werden in den Leitlinien festgehalten. Über die *Leitlinien* oder das Leitbild (Corporate Strategy), welches Teil der *Corporate Philosophy* ist, definiert sich das Unternehmen nach innen und nach außen in Beantwortung der folgenden Fragen: „Wer sind wir?", „Was bieten wir?", „Wie sind wir?", „Worauf beruht unser Erfolg?", „In welchen Märkten bewegen wir uns?", „Was unterscheidet uns von unseren Wettbewerbern?". Die *Corporate Strategy* legt die *Positioning* (Was unterscheidet uns von unseren Wettbewerbern?), d. h. die Positionierung des Gesamtunternehmens, fest.

Die Corporate Copy Strategy („Was bieten wir?", d. h. Benefits und Reason Why's; „Wie sind wir?", d. h. Tonalität), die Communication Strategy (vergleichbar mit der Werbemittelstrategie) und die Corporate Media Strategy sind ebenfalls Teil der Strategie. Sie bestimmen den generellen Umsetzungsrahmen für die Umsetzung der Philosophy/Strategy in die Objektebene (Corporate Design) und in die Verhaltensebene (Corporate Behavior) sowie die Kommunikation nach innen und nach außen. Die Konkretisierungen und Umsetzungen der Unternehmensstrategie können auch als die Sichtbarmachungen der gestalteten Leistungen des Unternehmens als Marke verstanden werden. Das sind die Produkte, die Architektur, die Dienstleistungen, Firmen- oder Markenzeichen, das Verhalten der Führungskräfte und Mitarbeiter, die Ausbildung der Mitarbeiter, der Auftritt des Außendienstes, die Werbeaktivitäten, die PR-Aktivitäten, das Unternehmenslogo, die Marketingaktivitäten, Messen, Fuhrpark, kulturelle Veranstaltungen etc.

5.4.1.2 Corporate Identity und Brand Identity

Beim Vergleich der Begriffe Corporate Identity und Brand Identity ist ersichtlich, dass die Merkmale der Markenidentität, nämlich a) *Besonderheit und Einmaligkeit*, b) *Markeneinheitlichkeit und Markenbeständigkeit*, c) *Konsistenz* und *Kongruenz* von Markenelementen mit dem Gesamtauftritt der Marke, unverändert auf andere Identity-Systeme, wie Dachmarken oder aber andere, wie Unternehmen, Kirchen, Initiativen, Parteien etc. übertragen werden können. Die Corporate Identity eines Unternehmens kann also durch ähnliche Identitäts-Merkmale geprägt sein wie eine Produkt-Marke. Daraus kann man folgern, dass die Schaffung einer prägnanten Corporate Identity eines Unternehmens durch geeignete Kommunikation nach innen und nach außen aus einem Unternehmen eine „Marke" bilden kann.

Diese Aussage kann gelten, wenn das Unternehmen ein kongruentes Identitätskonzept von Corporate Identity und Brand Identity zulässt. Letztlich entscheidet das von den Zielgruppen (und von der allgemeinen Öffentlichkeit) subjektiv als zusammengehörend wahrgenommene Gesamterscheinungsbild von Unternehmens- und Produktmarken über deren gemeinsame Identität.

> Das Unternehmen *Maggi* wird in diesem Sinne beispielsweise als identisch mit seinen Marken gesehen und hat andere Anforderungen an das gemeinsame Auftreten (Corporate Communication) und deren Gestaltung (Corporate Design) zu genügen als etwa Procter & Gamble mit seinen vielen Markenfamilien, wie Tempo, Lenor, Mr. Proper, Bounty.

Wichtig für die indirekte Markengestaltung ist, wie erwähnt, auch die Frage nach der Bedeutung der *wechselseitigen Beziehungen* von Corporate Identity und Marken-Identität. Je nach Relevanz der gegenseitigen Einflüsse sind Corporate Identity-Überlegungen in die Markengestaltungsstrategien einzubeziehen und bei den gestalterischen Umsetzungen zu berücksichtigen (vgl. Wiedmann, 1994, S. 1044 ff.). Wird beispielsweise eine Marke aufgrund ihres ethischen Markenkernwertes „Umweltfreundlichkeit und natürliche Inhaltssubstanzen" als glaubwürdig und sympathisch hinsichtlich dieser Qualitäten eingeschätzt, so strahlen diese Markenurteile als Images auf das gesamte Unternehmen aus.

Die Öffentlichkeit bzw. die Zielgruppen gehen dementsprechend davon aus, dass im gesamten Unternehmen auf *Umweltverantwortung* geachtet wird. Was passiert, wenn Marken- und Unternehmenspolitik nicht übereinstimmen, sondern im Gegensatz zueinander stehen, hat der Fall der „Brent Spar"-Ölplattform der Firma SHELL im Jahr 1995 anschaulich gezeigt: In Deutschland wurde per Produktwerbung u. a. auch die Umweltverantwortung des Unternehmens herausgestellt, während zu gleicher Zeit vom Unternehmen eine ausgediente Ölplattform in der Nordsee versenkt werden sollte. Erst nach heftigen Protesten und hohen Imageverlusten rückte man von dem Vorhaben ab.

Umgekehrt wird man von einem Unternehmen, das als kulturell und sozial engagiert gilt, genauso erwarten, dass auch die Marken mit ihren Produkteigenschaften dieses positive Image vermitteln. Häufig lassen sich die *wechselseitigen Beziehungen* zwischen der Marken- und der Unternehmensidentität nicht direkt über primäre Merkmale feststellen. Hier lohnt es sich, nach ähnlichen Symbolstrukturen oder Eigenschaftsmerkmalen in den Kernwerten der Unternehmens- oder der Markenphilosophie oder in Bereichen der Unternehmenskultur oder der Markenauftritte zu suchen, z. B. im Stil der Unternehmenskommunikation nach außen, in der Haltung gegenüber der Öffentlichkeit, in der Packungsgestaltung, inneren Markenbildern, Kundendienst, Werbung, Beteiligungssystemen, Betriebsklima etc.

> Als *Beispiel* zur Veranschaulichung der Gegensätze zwischen Unternehmens- und Markenauftritt sei der Auftritt der Firma *Audi* herausgegriffen. Der Autohersteller hebt mit dem Claim „Vorsprung durch Technik" seine hohe technologische Kompetenz bei seinen Automobilen hervor. Mit der Einführung der neuen Autoklasse „A3", wurde für diese Reihe in den Werbespots der Claim „die neue Extravaganz" in den Vordergrund gestellt. Während mit der Positionierung auf die Technikkompetenz ein Image der Vernunft, Rationalität, Verlässlichkeit, Konformität, aber auch Emotionslosigkeit einhergeht, steht der Ausdruck „*Extravaganz*" der „A3"-Serie geradezu im Gegensatz

> zur technikorientierten Corporate Philosophy. Extravaganz kann als Ausdruck für Snobismus, Nonkonformismus, Irrationalität, ausgefallenen Geschmack, Überspanntheit, Verstiegenheit verstanden werden (vgl. Duden Fremdwörterbuch, 1990, S. 242). Die solide Technikkompetenz, die sich das Unternehmen im Laufe der Jahre durch konsequente Neuentwicklungen und entsprechende Kommunikationspolitik erworben hat, könnte durch markentaktische Einzelmaßnahmen in der Kommunikation einzelner Baureihen geschmälert werden.

Wenn die Corporate Identity eines Unternehmens im direkten Zusammenhang mit den Unternehmensleistungen (Marken) steht, die am Markt angeboten werden, ist die Berücksichtigung beider Identitätskonzepte – der Corporate Identity als auch der Brand Identity – bei der Gestaltung von Marken von besonderer Bedeutung.

5.4.2 Werbung und indirektes Marken-Design

Klassische Werbung als Instrument der indirekten Markengestaltung hat die Aufgabe, über spezielle Kanäle der Massenkommunikation, wie Printmedien, Funk oder neue Medien, den Zielgruppen ein *symbolisches* Markenbild/Markenerlebnis zu vermitteln. Hier soll auf die *Werbung* nur knapp eingegangen werden, da zu diesem Thema ausführliche Literatur existiert, die auf die Gestaltungstechniken in der Werbung eingeht (z. B. Behrens: Werbung, München, 1996; Kroeber-Riel/Esch: Strategie und Technik der Werbung, Stuttgart, 2003; Unger/Dögl: Taschenbuch Werbepraxis, Heidelberg, 1995, Bruhn: Kommunikationspolitik, München, 1997, Huth/Pflaum: Einführung in die Werbelehre, 1996, u. v. a. m.)

5.4.2.1 Situation der Werbung für die Markengestaltung

Die wichtigsten Merkmale, durch welche die Markenartikelmärkte gegenwärtig geprägt sind, und die einen erheblichen Einfluss auf die Bedingungen und die Forderungen an Werbung für Marken ausüben, lassen sich wie folgt beschreiben:

- Gesättigte Märkte, d. h. Käufermärkte
- Produkte/Dienstleistungen sind weitgehend homogen, d. h. in ihrer sachlichen Leistung austauschbar
- Verdrängungswettbewerb, starke Handelsmacht fördert den Preiswettbewerb
- Informationsüberlastung der Konsumenten, niedriges Involvement

Das *dramatisch zunehmende Informationsangebot* in den Massenmedien führt dazu, dass der Konsument nur noch an wichtigen Informationen interessiert ist (d. h. Informationen in der richtigen Situation, am richtigen Ort, in der richtigen Komplexität, in der richtigen Aufmachung, für die richtige Person bestimmt). Der aggressive Verdrängungswettbewerb in den gesättigten Märkten der industrialisierten Länder, verbunden mit der Zunahme der Massenmedien, zwingt die Unternehmen zu immer mehr Werbedruck. Folge dieser Werbeaufdringlichkeit: Der bedrängte Kunde ist kaum in der Lage und auch häufig nicht mehr willens, die ihm angebotenen Informationen aufzunehmen und zu verarbeiten. Er nimmt *Informationsüberlastung* wahr. Der Konsument reagiert als Folge dieser Entwicklung nicht mehr oder nur noch eingeschränkt in der beabsichtigten Weise auf Werbung. Er bezieht wichtige Informationen immer häufiger aus anderen Quellen als aus der klassischen Werbung.

In einer Untersuchung der Hochschule Pforzheim aus dem Jahr 2000 (vgl. Linxweiler/Metzger, 2000, S. 11 ff.) wurden Konsumenten befragt, welche Informationsquellen sie für den Kauf von Marken des täglichen Lebens nutzten. Bei der Frage nach den wichtigsten Entscheidungshilfen beim Kauf sollten Produkterfahrung, Marke/Verpackung, Empfehlung, Werbung und Handzettel bewertet werden. Mit über 93 Prozent der Nennungen in den Top-Werten (Noten eins und zwei) lag die Produkterfahrung deutlich vorn. An zweiter Stelle standen sowohl die *Marke/Produktverpackung* als auch die *Empfehlung*. Auf diese entfielen je 36 Prozent der Top-Werte (Note eins und zwei). Selbst die Handzettel schnitten als Entscheidungshilfe mit 24 Prozent noch besser ab als die Werbung, die nur auf 20 Prozent als sehr wichtige oder wichtige Entscheidungshilfe kam.

Welche Rolle spielen bei Ihrer Einkaufsentscheidung…

	Produkt-erfahrung	Marke/Verpackung	Empfehlung	Handzettel	Werbung
Note 1	54	5	4	5	4
Note 2	39	31	32	19	16
Top-Werte	**93**	**36**	**36**	**24**	**20**

Tabelle 5.13: Wichtigkeit von Informationsquellen bei Einkäufen (Nennungen in Prozent) (Quelle: Linxweiler/Metzger, 2000, S. 13)

Wenn man auch davon ausgeht, dass die obigen Nennungen durch sozial erwünschte Antworten beeinflusst wurden, so ist doch nicht zu übersehen, dass die direkte Erfahrung mit der Marke beim Konsum (Erfahrungen selbst sowie Verpackung und Marke) zusammen mit großem Abstand vor den anderen Informationsquellen rangieren. Diesen Aspekten der Informationen wird im Vergleich zur Werbung noch viel zu wenig Aufmerksamkeit geschenkt.

5.4.2.2 Defizite der Werbung bei der Markengestaltung

Neben der zeitlichen, physischen und räumlichen Trennung der Werbung von der körperlichen Marke tun sich häufig eine Reihe von gestalterisch begründeten Werbewirkungsbarrieren bei der klassischen Werbemittelgestaltung für die Marke, besonders bei TV-Spots, auf. Wie steht es um die:

a) Eignung von Spots als glaubwürdige und verlässliche Informationsquelle?
b) Integration der Werbung mit Verpackung und below the line-Aktivitäten?
c) ausreichenden Carry-Over-Effekte?
d) Austauschbarkeit der Werbung wegen mangelnder Kreativität?
e) Professionalität in der Kommunikation selbst?

Häufig tragen *die zeitliche und räumliche Trennung* der Werbung von der Produktpräsenz selbst sowie die Nichtkongruenz von Werbebotschaften (Stories, Markenwelten) und Packungsbotschaften sowie fehlende Interaktionsmöglichkeiten (Beratung, zusätzliche Informationen, Einwandbehandlungen etc.) und Informationsmöglichkeiten der Konsumenten (Hotline, die nicht besetzt ist, Bestellung, Kauf, Fragen, Diskussionen), entscheidend zum *Barriereeffekt* der Werbung bei. Hinzu kommen der harte Verdrängungswettbewerb bei Markenbildern durch die Werbung und die Einseitigkeit der Kommunikation. Diese Barrieren müssen mittels geeigneter und effizienter integrierter Werbekommunikation (zusammen mit dem integrierten Einsatz der anderen marketingpolitischen Instrumente) überwunden werden.

5.4.2.3 Anforderungen an die Werbemittelgestaltung

Werbung sollte *thematisch, zeitlich und räumlich* näher an die Markenpräsenz und an die körperliche Marke (die Verpackung, das Produkt, die Leistung) herangebracht werden. Dies kann z. B. durch Instore-Videos, Teleshopping, Plakatwerbung vor dem Supermarkt, Ladenfunk etc. geschehen. Je näher der Konsument zeitlich, räumlich und psychisch an der realen Kaufsituation und dem realen Produkt ist, umso höher ist die Wahrscheinlichkeit, ihn über zusätzliche Werbeappelle in seinem Kaufverhalten direkt zu beeinflussen. Was die Werbung alleine nicht leisten kann, muss sie zusammen mit den übrigen Instrumentarien der Kommunikation schaffen. Hier haben *integrierte Markenkommunikation* und integriertes Marken-Design über die Kongruenz und die Konsistenz ihrer Gestaltung dafür zu sorgen, dass die Gesamtheit der marketingpolitischen Aktivitäten um die Marke optimal zur Wirkung kommen. Wie in den vorangegangenen Kapiteln dargelegt, kann durch geeignetes und professionelles Präsentations-Design, Verkaufsförderungsmaßnahmen und begleitende Werbungsaktivitäten die Werbewirkung verstärkt werden. Auch hier gilt: Das Ganze ist mehr als die Summe seiner Teile.

5.4.3 Verkaufsförderung und indirektes Marken-Design

Da die wahrgenommenen Verkaufsförderungsaktivitäten (VKF-Aktivitäten) für eine Marke ebenso wie das Packungs-Design, die Produktqualität, die Werbung, der Preis, wesentlich zur Gestaltung des inneren Markenbildes beitragen, ist dieses Marketinginstrument, genau wie die übrigen, zum *Marken-Design* zu zählen und entsprechend in die ganzheitliche Planung und Gestaltung von Marken und deren Auftritt einzubeziehen. Verkaufsförderung wird, bezogen auf seine verschiedenen Aktivitätsmöglichkeiten, nach der *Staff-Promotion* (alle VKF-Aktivitäten für die Verkaufsorganisation des Herstellers), *Trade-Promotion* (alle VKF-Aktivitäten für den Handel) und *Consumer-Promotion* (alle direkt konsumentenbezogenen VKF-Aktivitäten) unterschieden (vgl. Pflaum/Eisenmann/Linxweiler, 2000, S. 15 ff.). Die Instrumente der Verkaufsförderung reichen dabei von *Events* wie Foren, Messen, Ausstellungen, Händler- und Außendiensttagungen, Jubiläumsveranstaltungen bis zu Pressekonferenzen oder Hausmessen.

Bei der Gestaltung von Verkaufsförderungsmaßnahmen kommen die klassischen Techniken der Umfeldgestaltung (Präsentations-Design) genauso zum Tragen wie die gesamte Bandbreite von *Sozialtechniken,* wie Aktivierung, Motivation, Vermittlung von emotionalen Erlebnissen, Lerntechniken, Überzeugungstechniken etc. (vgl. u. a. Kroeber-Riel, 1992, S. 32 ff.). Zu den so genannten *Stimulationsinstrumenten* der Verkaufsförderung, die den *Herausverkauf* von Markenartikeln unterstützen sollen, zählen insbesondere solche Aktionen, die in den Verkaufsräumen oder am Verkaufsort durchgeführt werden. In diesem Zusammenhang wird häufig vom *PoS-Marketing* (PoS = Point of Sales) gesprochen. Zu den PoS-Aktivitäten gehören insbesondere Ladenrundfunk (z. B. „PoS-Radio"), Displays, Videovorführungen, aber auch Regalpflege, Preisstreifenschienen, Kassenbereichsgestaltung, Multimedia und Zweitplatzierungsmaßnahmen mit Palettengestaltung und entsprechender Umfeldgestaltung. Professionell eingesetzt, können Maßnahmen der Verkaufsförderung die kommunikativen Leistungen der Marke optimieren. Sie können zur Thematisierung und Aktualisierung des Markenauftrittes beitragen. Sie können des Weiteren zur Bekanntheit der Marke und zu Probierkäufen bzw. zu Wiederkäufen anregen und damit häufig den Konsumenten von einem Impulskäufer zum Gewohnheitskäufer der Marke hinführen.

Eine Ausrichtung von Verkaufsförderungsaktivitäten, die sich an der Marketingstrategie sowie an der Zielsetzung, mit ihren Maßnahmen auch positiv zum Markenguthaben beitragen zu wollen, orientiert, wird noch weitgehend vernachlässigt. Oft stellen Handelsunternehmen und Hersteller einander unvereinbare Interessen gegenüber. Hier stellt sich die Frage, ob dem Handel die Markenartikel zu Billigstpreisaktionen lieber sind als attraktive PoS-Aktionen. Mit Merchandising, Deckenhängern, Regalstoppern oder aufwändiger Zweitplatzierung sind Handelspartner kaum noch zur aktiven Zusammenarbeit zu bewegen. Solcherlei Maßnahmen werden auch deshalb beim Handel wenig akzeptiert, weil sie häufig *nicht optimal abgestimmt*, wenig attraktiv und kreativ sind und eher den Kundenfluss im Laden behindern als zusätzlich zum Kauf anregen.

Im Zusammenhang mit Promotion-Aktivitäten für die Marke werden immer wieder Fragestellungen erhoben, wie: Erlebt die Marke durch den Einsatz von Verkaufsförderung einen Substanzgewinn oder einen Verzehr ihres Guthabens? Nimmt durch die Häufung von preislichen Sonderaktionen, die den Verkauf stimulieren sollen, die *„Schnäppchenmentalität"* der bislang markentreuen Konsumenten nicht überhand? Superbilligmärkte,

Preisausschreiben, Schlussverkaufsstimmung, Aktionspreise, Postwurfsendungen, die günstige Gelegenheitspreise anbieten, gibt es zuhauf, und *Sonderverkäufe* sind in aller Munde. Der Handel erzieht, laut Bernd Michael (1996), den Käufer durch Sonderpreisaktionen bei renommierten Marken zur *Untreue*. Er konstatiert, dass die deutschen Verbraucher weltweit die untreuesten Markenkäufer überhaupt seien und nennt als Beleg eine internationale Studie der Grey-Gruppe (Werbeagenturgruppe) zur Markentreue (Brand Loyalty).

In der Studie kommt die Agentur zu dem Ergebnis, dass bei den Deutschen die durchschnittliche Anzahl von verwendeten Markenartikeln aus einer Produktgattung bei 4 liege, während in USA ein Durchschnitt von 1,35, in Mexiko von 1,8, in Großbritannien von 2,1 und in Australien von 1,9 die verwendete Vielfalt von Marken pro Konsumenten ausmache. In einer *Studie zur Markenloyalität* der GfK (2403 repräsentativ ausgewählte Personen) mit der Zeitschrift Horizont (vgl. Horizont 46/96, S. 44) werden 32,4 Prozent der deutschen Konsumenten als markentreu und 66,6 Prozent als Markenwechsler bezeichnet. Gründe für den Markenwechsel sind zu 52,5 Prozent preisreduzierte Sonderangebote/ Aktionsangebote, zu 31,4 Prozent die günstigen Dauerpreise, zu 29,3 Prozent die Empfehlung von Freunden/Bekannten, zu 20,5 Prozent Spontankäufe und lediglich zu 5,6 Prozent die Werbung.

Im Gebrauchs- und Investitionsgüterbereich zählen Verkaufsförderung, wie Messen, und langfristig ausgelegtes *Relationship-Marketing* zu den unverzichtbaren Instrumenten des indirekten Marken-Design. In diesen Branchen scheint die Markentreue der Kunden höher zu sein als in der Konsumartikelindustrie. Das mag u. a. damit zusammenhängen, dass neben dem ausgeprägteren Informationsverhalten der Konsumenten bei der Markenwahl die qualitativen Kriterien und der Service entscheidend sind und hier die Macht des Handels noch nicht so stark ausgeprägt ist wie in den vorgenannten Bereichen.

6 Die Praxis des Marken-Design

6.1 Rechtliche Aspekte des Marken-Design

Spezielle Markierungen für Waren und Dienstleistungen werden von den Anbietern seit Jahrhunderten zur Kennzeichnung ihrer Produkte verwendet. Diese Markierungen haben neben der Herkunfts- und der Identitätsfunktion eine gewisse *Garantiefunktion* für den Nutzer. Der Verbraucher soll sich kraft Markenversprechens (Absender, Namen, Garantien, Leistungen, Nutzen) auf die Qualität und den hohen Standard der Marken verlassen können. Auf dem guten Namen und der Herkunft der Leistung baut ein wesentlicher Teil des Markenwertes auf, der im Geschäftsverkehr eines rechtlichen Schutzes bedarf.

Neben dem rechtlichen Schutz für den Markennamen und das Markenzeichen gibt es Rechtsvorschriften für die Entwicklung und die Gestaltung von Waren im Patentrecht, Gebrauchsmusterschutz-, Geschmacksmuster- und Urheberrecht. Daneben existiert ein Rechtsschutz der Nutzer von mangelhaften Produkten, welcher durch die Produkthaftung geregelt ist. Die im Zusammenhang mit der Gestaltung von Marken geltenden Rechtsvorschriften sollen nachfolgend erläutert werden:

1. Kennzeichnungsrecht (Markengesetz)
2. Patentschutz
3. Gebrauchsmusterschutz
4. Geschmacksmusterschutz
5. Urheberschutz
6. Produkthaftung (§ 823 Abs. 1 BGB)

6.1.1 Kennzeichnungsrecht

Beim Thema Marke geht es um Namen, Firma, Signet, Farbkennung eines Produktes, einer (Dienst-)Leistung oder des Unternehmens. Damit wird der Rechtsbereich *der Kennzeichnungsrechte* angesprochen. Diese sind in der Markenrechtsreform von 1994 im *Markengesetz (MarkenG)* neu geregelt worden und halten sich an die Standards der Europäischen Union (basierend auf Erste Richtlinie 89/104 EWG des Rates zur Angleichung der Rechtsvorschriften der Mitgliedstaaten über die Marken von 1988). Das Markengesetz ist am 1. Januar 1995 in Kraft getreten. Nach dem Markengesetz werden Marken, geschäftliche Bezeichnungen und geografische Herkunftsangaben (Parma, Bordeaux, Cognac etc.) geschützt. Beim firmenbezogenen Teil der Markengestaltung, dem Corporate Design, geht es in erster Linie um die Gestaltung unternehmenseinheitlicher Auftritte, wie Name/Firma (geregelt in § 12 BGB/§§ 17 ff. HGB) oder Unternehmenskennzeichen/Geschäftsabzeichen (geregelt in § 5 MarkenG) und erst in zweiter Linie um Waren- und Dienstleistungsbezeichnungen. Das Markengesetz beschreibt diesen Teil als geschäftliche Bezeichnungen (Zeichen, Name, Bezeichnung eines Geschäftsbetriebes oder eines Unternehmens sowie Werktitel in Form von Druckschriftenbezeichnungen, Film-, Ton- oder Bühnenwerken etc.). Drei Arten des Markengebrauchs genießen den Schutz des Markengesetzes:

- Eintragung in das Markenregister
- Benutzung mit Verkehrsgeltung
- so genannte „notorische Bekanntheit"

Nach dem Markengesetz (§ 3 MarkenG) sind *alle unterscheidungsfähigen Zeichen* (Wörter, Namen, Slogans, Werbesprüche, Bildzeichen, Buchstaben, Zahlen, Hörzeichen, dreidimensionale Gestaltungen, einschließlich der Form oder der Verpackung einer Ware, sowie sonstige Aufmachungen, einschließlich Farben, Farbzusammenstellungen und weitere, wie Tast-, Geschmacks- und Geruchszeichen) schutzfähig, soweit sie sich grafisch darstellen lassen und nicht unter eine Einschränkung fallen (§ 8 MarkG: absolute Schutzhindernisse), wie z. B. Verstoß gegen die öffentliche Ordnung oder die guten Sitten, jegliches Fehlen von Unterscheidungskraft gegenüber anderen Marken, Hoheitszeichen, amtlichen Prüf- und Gewährzeichen etc. Der Markenschutz gewährt dem Inhaber u. a. folgende Rechte (§ 14 MarkG, § 15 MarkG):

1. **Unterlassungsanspruch** und
2. im Falle von Fahrlässigkeit oder Vorsatz **Schadenersatzanspruch** gegenüber Dritten, die ohne seine Zustimmung u. a. ein mit der Marke oder einer geschäftlichen Bezeichnung identisches Zeichen oder ein ähnliches Zeichen zur Aufmachung von Waren oder Dienstleistungen anbringen, anbieten, in den Verkehr bringen, ein- oder ausführen.

Zum *Eintragungsverfahren* einer Marke enthält das Markengesetz (§§ 32–44 MarkG) u. a. folgende Vorschriften: Die Anmeldung ist gegen eine tarifliche Gebühr in das Register beim Patentamt einzureichen und muss folgende Bestandteile enthalten:

1. Angaben über die Identität des Anmelders,
2. eine Wiedergabe der Marke und
3. ein Waren- oder Dienstleistungsverzeichnis, für welches die Eintragung gelten soll.

Nachdem das Patentamt/Markenamt die Anmeldeerfordernisse geprüft hat und etwaige bestehende Anmeldemängel vom Anmelder behoben worden sind, und wird die Anmeldung nicht nach § 37 MarkG zurückgewiesen, dann erkennt das Markenamt die Anmeldung an und muss die Marke in das Markenregister eintragen (§ 41 MarkG). Die *Schutzdauer* der eingetragenen Marke beginnt mit dem Anmeldetag und endet zehn Jahre nach Ablauf des Monats, in den der Anmeldetag fällt. Die Schutzdauer kann gegen eine Gebühr um jeweils zehn Jahre verlängert werden. Eine *internationale Registrierung* kann nach Artikel 3 des Madrider Markenabkommens durch Antrag beim Patentamt vorgenommen werden.

Die Eintragung von deutschen Marken wird im *Markenblatt* bekannt gemacht. Hier wird die Marke abgebildet. Daneben werden hier auch international registrierte Marken veröffentlicht, denen in Deutschland Schutz oder Teilschutz bewilligt worden ist. Das Markenblatt (ISSN 0947-787X) erscheint dreimal monatlich und wird vom WILA Verlag Wilhelm Lampl GmbH, München, verlegt und vertrieben (Postadresse: Landsberger Straße 191a, 80687 München).

6.1.2 Patentrecht

Im Zusammenhang mit der Entwicklung einer Marke kann eine Erfindung nach § 1 PatG (Patentgesetz) erteilt werden für *technische Erfindungen*, die neu sind, einer ausreichenden erfinderischen Leistung entsprechen und gewerblich anwendbar sind. Neu ist eine Erfindung z. B. dann, wenn sie noch nicht zum technischen Standard gehört. Für eine Patenterteilung reicht es allerdings noch nicht aus, dass eine Erfindung neu ist, sie muss sich von den bisherigen technischen Lösungen abheben. Nicht patentfähig sind nach dem Patentgesetz u. a. Entdeckungen, Spiele, betriebswirtschaftliche Regeln oder die Wiedergabe von Informationen (z. B. Software). In den eingereichten Unterlagen zur Anmeldung eines Patentes müssen alle wesentlichen Merkmale der zu patentierenden Erfindung angegeben sein. Es können nachträglich keine Informationen zur Erfindung nachgereicht werden. Die maximale *Laufzeit* des Patentschutzes beträgt 20 Jahre.

6.1.3 Gebrauchsmusterschutz

Der Gebrauchsmusterschutz wird manchmal als „kleiner Bruder des Patentes" bezeichnet, weil es bei beiden einige Gemeinsamkeiten aber auch einige gravierende Unterschiede gibt. Das Gebrauchsmuster bezieht sich, wie das Patent, auf *technische Erfindungen*, wie Geräte, chemische Stoffe, technische Anlagen etc. Im Gegensatz zum Patent können für Verfahren, wie Herstellung, Messverfahren etc. keine Gebrauchsmusterschutzrechte erteilt werden.

An die Erfindungshöhe von gebrauchsmusterschutzfähigen Neuerungen werden nicht die strengen Anforderungen gestellt wie beim Patent. Die Dauer des Gebrauchsmusterschutzes beträgt zehn Jahre. Dem Nachteil der kürzeren Lebensdauer steht der Vorteil der schnelleren Erteilung gegenüber. Während es bei einem Patent ein bis zwei Jahre dauert, bis eine Erteilung erfolgt, wird das Gebrauchsmuster schon wenige Wochen nach der Beantragung in die Gebrauchsmusterrolle eingetragen. Ein weiterer Vorteil sind die Kosten für den Gebrauchsmusterschutz. Nach seinem Ablauf kann das Schutzrecht noch dreimal gegen eine Gebühr verlängert werden.

6.1.4 Geschmacksmusterschutz

Ein Geschmacksmuster schützt die Gestaltung der *Oberfläche* eines Erzeugnisses oder eine *räumliche* Gestaltung. Es kann sich hierbei um Autospoiler, Frontpartien, Autofelgen oder um Innenraumgestaltungen (Theater, Oper, Restaurant etc.) handeln. Die Anmeldung wird durch einen schriftlichen Antrag auf Eintragung in das Geschmacksmusterregister und eine fotografische oder eine sonstige graphische oder dreidimensionale Darstellung des Musters oder des Erzeugnisses vorgenommen. Diese Darstellungen müssen diejenigen Gestaltungsmerkmale, für die der Geschmacksmusterschutz beansprucht wird, deutlich und vollständig beinhalten. Es erfolgt vor der Eintragung keine materiell-rechtliche Prüfung durch das Patentamt. Die *Laufzeit* des Geschmacksmusterschutzes beträgt 5 Jahre, und sie beginnt mit dem Tage der Anmeldung. Diese kann bis auf 20 Jahre verlängert werden.

Die Bekanntmachungen bezüglich des Geschmacksmustergesetzes und des Schriftzeichengesetzes erfolgen im *Geschmacksmusterblatt*. Hier werden auch die eingetragenen Muster und Modelle abgebildet. Daneben werden auch im Geschmacksmusterblatt wichtige Rechts- und Verfahrensänderungen zu den eingetragenen Schutzrechten sowie den Berichtigungen veröffentlicht. Das Geschmacksmusterblatt (ISSN 0934-7062) erscheint zweimal monatlich und wird ebenfalls vom WILA-Verlag (siehe Markenblatt) verlegt und vertrieben.

6.1.5 Urheberrecht

Das Urheberrecht bezieht sich auf von *natürlichen Personen* geschaffene persönliche geistige Werke der Sprache, der Musik, der wissenschaftlichen oder technischen Art, der Lichtbilder, Filme, der Kunst etc., deren Rechtsverhältnisse im Urhebergesetz (UrhG) geregelt sind. Im Urhebergesetz werden verschiedene Rechte angesprochen, wie Urheberpersönlichkeitsrecht (Veröffentlichungsrecht § 12, Recht auf Anerkennung der Urheberschaft § 13, Recht des Verbots der Entstellung § 14), Verwertungsrechte (z. B. Verbreitungsrecht § 17, Ausstellungsrecht § 18, Vervielfältigungsrecht § 16, Vortrags-, Aufführungs- und Vorführungsrecht § 19) und sonstige Rechte (z. B. Vermiet- und Verleihtantieme § 27, Folgerecht § 26, Zugangsrecht § 25).

Die Einräumung von *Nutzungsrechten* durch Dritte, etwa durch das Unternehmen, das Fotografien für seinen Geschäftsbericht benötigt, geschieht durch den Erwerb der Nutzungsrechte bei einer Verwertungsgesellschaft, einer Bildagentur oder direkt über einen Fotografen, der für die Nutzungsrechte ein entsprechendes Honorar verlangt, das sich u. a. auch an der Auflagenhöhe der Druckschrift bemisst. Dieses Recht bezieht sich grundsätzlich nur auf die vereinbarte Nutzung (z. B. Abdruck im Geschäftsbericht) und nicht auf andere Nutzungen (z. B. für ein Werbeplakat). Das Urheberrecht *erlischt 70 Jahre* nach dem Tode des Urhebers (§ 64 I UrhG). Die Frist beginnt mit dem Ablauf des Kalenderjahres, in dem der Urheber stirbt (§ 69 UrhG).

6.1.6 Produkthaftung

Der Begriff der Produkthaftung entstand erst vor ca. 30 Jahren als Sammelbezeichnung für das Einstehenmüssen für Schäden, auch für Folgeschäden, die durch fehlerhafte Produkte verursacht wurden. Die Grundlagen der traditionellen Produkthaftung sind im *Bürgerlichen Gesetzbuch* (§ 823 Abs. 1 BGB) enthalten.

Mit dem *Produkthaftungsgesetz* ist seit dem 1.1.1990 eine weitere Anspruchsgrundlage dazugekommen, die gewisse Verschärfungen mit sich bringt. Gemäß diesem Grundsatz ist der Hersteller einer fehlerhaften beweglichen Sache verpflichtet, Schäden an der körperlicher Unversehrtheit und am privaten Eigentum von Personen wieder gutzumachen, unabhängig davon, ob eine Fahrlässigkeit seitens des Herstellers vorliegt oder nicht.

Produkthaftung – Abgrenzung zur Gewährleistung: Gewährleistung umfasst die Erfüllung vertraglicher Pflichten und zielt auf den Ausgleich von Mängeln am Produkt. Produkthaftung soll dagegen das *Einstehenmüssen für Folgeschäden* bedeuten. Dies betrifft Schäden außerhalb des Produktfehlers selbst. Bei der Produkthaftung wird keine vertragliche Beziehung vorausgesetzt. Jedermann, insbesondere derjenige, der zufällig mit dem Produkt und dessen schädigender Wirkung in Berührung kommt, kann seinen Ersatzanspruch darauf gründen.

6.2 Integriertes Marken-Controlling – die BrandScoreCard

Eine Scorecard kann allgemein als Bewertungs- und Messinstrument verstanden werden, als ein Kennzahlenwerk von Erfolgsfaktoren, Visionen, Zielen, Maßnahmen und Ergebnissen, welches als Ausgangspunkt für unternehmerische und markenpolitische Entscheidungen dient. Basierend auf den Erfahrungen und Grundlagen des klassischen Balanced-Scorecard-Modells, jedoch aus Sicht der Marke, wurde mit der BrandScoreCard ein ganzheitlicher Markenführungsansatz entwickelt.

Der Grundgedanke der BrandScoreCard basiert auf dem Controlling- und Management-Ansatz der Balanced Scorecard, welcher von den beiden Amerikanern Kaplan und Norton (1997) Anfang der 90er Jahre des vorigen Jahrhunderts entwickelt worden ist. Zentrale Hypothese des Scorecard-Ansatzes ist, dass wenige zentrale qualitative und quantitative, interne und externe Erfolgsfaktoren wesentlich den Unternehmenserfolg bestimmen. Diese Erfolgsfaktoren, Soft Facts und Hard Facts, gilt es zu identifizieren und messbar zu machen sowie in die Planungen einzubeziehen und permanent zu kontrollieren.

Dem BrandScoreCard-Ansatz liegen folgende *Thesen* zugrunde:

- Die Marke ist die wichtigste und die zentrale vom Unternehmen beeinflussbare und steuerbare Erfolgsperspektive und der dominante Erfolgstreiber.

340   6 Die Praxis des Marken-Design

- Quantitative (harte) Erfolgsfaktoren sind ebenso wichtig wie qualitative (weiche) Erfolgsfaktoren, d. h. keine Einseitigkeit in der Bewertung von Treibern.
- Alle Aktivitäten des Markenaufbaues (bzw. Erfolgsperspektiven und -faktoren rund um die Marke) sind qualitativ und/oder quantitativ erfassbar, messbar und steuerbar (daher der Name Scorecard).
- Dauerhafte Wettbewerbsvorteile und Unternehmenserfolg sind nicht primär durch Kostenmanagement, sondern vielmehr durch nachhaltiges Leistungsmanagement als Markenmanagement erzielbar.

Adäquat eingesetzt, soll das BrandScoreCard-Modell gegenüber herkömmlichen Steuerungs- und Controllingmodellen dem Management *folgende Vorteile* bringen:

- Ergebnissteigerung durch Fokus auf das Wesentliche, nämlich auf den Markenerfolg.
- Nachhaltige Steigerung der Markenkraft und des Markenwertes und des Unternehmenswertes. Strukturierte Konzeption, Umsetzung und Controlling der Maßnahmen.
- Bessere Nutzung der Human Ressources durch Information, Koordination, Motivation.
- Integriertes Riskmanagement durch Status- und SWOT-Analysen in das Modell.
- Kosteneffizienz durch laufend abgestimmtes Controlling- und Berichtswesen.

6.2.1 Ziele und Funktionen der BrandScoreCard

Der Idee für den BrandScoreCard-Ansatz liegt die Annahme zugrunde, dass eine gründliche Konzeption, d. h. die detaillierte Entwicklung von Visionen, Zielen, Strategien und eine professionelle Umsetzung der Konzeption eine wichtige Voraussetzung für den Markenerfolg ist (Buchholz/Wördemann 1999, S. 17 f.). Dementsprechend liegt das primäre Ziel des Markenmanagement gemäß der BrandScoreCard in der Entwicklung von Markenkonzepten und -strategien sowie in deren effizienter Umsetzung in konkrete Maßnahmen. Mit der BrandScoreCard soll eine ganzheitlich ausgerichtete Umsetzung der Markenkonzeption ermöglicht werden. Eine solche Umsetzung soll nach Möglichkeit alle Interessen der markenindividuell relevanten Anspruchsgruppen berücksichtigen.

6.2.2 Systematik der BrandScoreCard

Die BrandScoreCard ist ein konzeptionelles Rahmenwerk für die Markenführung, welches die Formulierung der Visionen und Missionen strukturiert, die Analyse der Perspektiven vorgibt und die Bewertung, Ziele, Strategie, Maßnahmenplanung, Umsetzung bis hin zur Kontrolle und einschließlich des Lernens unterstützt. Dieses Markenmanagementsystem gliedert sich in eine Struktur- und in eine Prozess-Dimension.

Dabei bezeichnet die Struktur den Aufbau des Systems mit den relevanten Elementen und der Prozess die Abläufe innerhalb des Systems. Die Prozess-Dimension beschreibt den konzeptionellen sowie chronologischen Ablauf, von der Status-Analyse bis zur Erfolgskontrolle, und steht somit insgesamt für alle Prozesse der ScoreCard-Konzeption, der Umsetzung und Kontrolle.

BrandScoreCard-System	
Struktur-Dimension (Aufbau der ScoreCard)	**Prozess-Dimension** (Ablauf des ScoreCard-Prozesses)
1. Markenrelevante **Perspektiven, Bereiche und Prozesse** festlegen 2. Markenrelevante **Erfolge** (Ziele) mit **Kennziffern** (strukturelle/prozessuale) darstellen 3. Markenrelevante **Erfolgsfaktoren** (Mittel) mit **Kennziffern** (strukturell/prozessual) ermitteln	1. **Status und Bewertung** der Erfolgsfaktoren vornehmen und Ursachen-Wirkungs-Ketten ermitteln 2. **Visionen und Ziele** formulieren 3. **Strategien und Maßnahmen** definieren und durchführen 4. **Feed-back und Erfolgs-Kontrolle** und **Lernen** aus dem Prozess

Abbildung 6.1: Dimensionen (Struktur und Prozess) der BrandScoreCard (Quelle: Linxweiler/Brucker, 2003)

6.2.3 Struktur der BrandScoreCard

Die Struktur-Dimension beginnt bei den internen und externen Perspektiven und ihren Bereichen, die zum Markenerfolg beitragen. Die Perspektiven sind die obersten Strukturen, welche wiederum Unterstrukturen bilden und von Marke zu Marke unterschiedlich sein können. Insofern ist die BrandScoreCard, ebenso wie die Balanced Scorecard, ein Individualkonzept. Die wichtigsten Perspektiven sind die Markenperspektive als Zentralperspektive, die Kundenperspektive, die Unternehmensperspektive und die Handels-/Zuliefer-/Wettbewerbsperspektive sowie die Umfeldperspektive.

Hinter den internen *Bereichen* (z. B. Mitarbeiter, Management, interne Prozesse) und den externen Bereichen (z. B. Kunden, Konkurrenten, Lieferanten) als Unterstrukturen der Perspektiven, stehen die Teilerfolge und deren Faktoren, die den Gesamterfolg der Marke beeinflussen. Diese wichtigen Marken-Erfolgsfaktoren (Motivation, Kundenzufriedenheit) können wiederum in ökonomische (z. B. Kosten, Ertrag) versus nichtökonomische (z. B. Qualität, Schnelligkeit) sowie in statische versus dynamische Leistungsdimensionen unterschieden werden. Die Ausprägung dieser Erfolgsfaktoren münden in die Kennzahlen, anhand derer die Ausprägungen der Erfolgsfaktoren vergleichbar sowie bewertbar werden.

Die Marke selbst ist zum einen der zentrale Erfolgsfaktor, dem alle anderen Bereiche und Erfolgsfaktoren „zuarbeiten". Zum anderen ist sie die zentrale Perspektive, die mit den übrigen internen wie externen Perspektiven auf einer Ebene liegt und die unterschiedlichen Bereiche verbindet.

342 6 Die Praxis des Marken-Design

*Abbildung 6.2: Die Struktur der BrandScoreCard mit Perspektiven und Bereichen
(Quelle: Linxweiler, 2001, S. 125)*

6.2.4 Prozess der BrandScoreCard

Die Prozess-Dimension der BrandScoreCard beschreibt die systematische Vorgehensweise bei ihrer Erstellung und dient als Richtlinie für den zeitlichen Ablauf der Scorecard-Durchführung. Der ScoreCard-Prozess unterteilt sich in die Anforderungsphase (Konzeption) und die Umsetzungsphase (Maßnahmenplanung, Umsetzung, Kontrolle). Die einzelnen Prozessschritte sind aus der folgenden Tabelle 6.3 (Zeilen) ersichtlich.

6.2.5 Darstellung der BrandScoreCard

Die Verbindung von Struktur und Prozess kann als systematische BrandScoreCard-Tabelle dargestellt werden. Sie veranschaulicht, wie alle Schritte der Erstellung und Umsetzung (Prozess) die einzelnen Perspektiven (Struktur) durchlaufen: Die Abbildung 6.2 zeigt die zusammengefasste, integrierte Sicht von Struktur und Prozess der BrandScoreCard an einem Beispiel mit fünf Perspektiven (dargestellt mittels vier Dreiecken und Umfeld). Am Anfang steht die Marke als Kernperspektive, auf welche alle anderen Perspektiven mit ihren Bereichen und Erfolgsfaktoren Einfluss ausüben. Nach Suche und Definition der relevanten Perspektiven wird der Prozess für alle Perspektiven durchgeführt. Wie abgebildet, stehen die verschiedenen Perspektiven im Zusammenhang miteinander und bilden Ursachen-Wirkungsketten (Cause-Effect-Chains) aus.

6.2 Integriertes Marken-Controlling – die BrandScoreCard

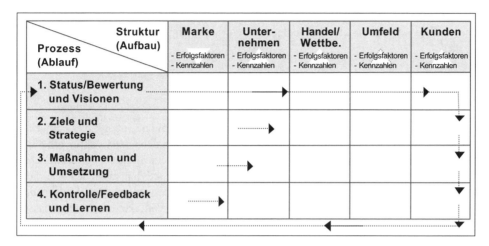

Abbildung 6.3: Systematische Tabellendarstellung der BrandScoreCard (Quelle: Linxweiler, 2001, S. 131)

Die Schlüsselfrage der BrandScoreCard lautet: Wie muss die Marke vom Unternehmen gestaltet und präsentiert werden, damit sie bei den Zielgruppen nachhaltig präferiert, vom Handel forciert wird und sich deutlich von der Konkurrenz abhebt? Die Gesamtfrage kann in Einzelfragen für Perspektiven und Bereiche wie folgt formuliert werden:

- *Marke:* Wie müssen die Marke und ihre Erfolgsfaktoren gestaltet und präsentiert werden, damit sie im Markt nachhaltigen Erfolg hat gegenüber den Kunden/Zielgruppen, dem Umfeld, dem Handel sowie den Lieferanten?
- *Kunden/Zielgruppe:* Was muss das Unternehmen über die Kunden wissen, und was muss den Kunden als Marke angeboten werden, um bei ihnen Erfolg zu haben?
- *Unternehmen:* Was muss das Unternehmen in allen relevanten Bereichen, bis hin zum einzelnen Mitarbeiter, machen, um eine Marke den Visionen und Zielen entsprechend nachhaltig zu etablieren?
- *Handel/Wettbewerb:* Wie muss die Marke gegenüber dem Handel und den Wettbewerbern auftreten und gestaltet sein, um sich klar abzuheben, zu differenzieren und vom Handel forciert zu werden?
- *Lieferanten* (inkl. externe Dienstleister wie Agenturen, Berater etc.): Was müssen externe Zulieferer leisten, damit die Marke Erfolg hat?

Durch die systematische und übersichtliche Darstellung der BrandScoreCard wird gewährleistet, dass jedem Markenverantwortlichen und allen Mitarbeitern sämtliche relevanten Informationen zur Verfügung stehen und alle auf die gleichen Informationen zurückgreifen können. Damit werden Missverständnisse und Abstimmungsschwierigkeiten vermieden. Die Durchgängigkeit und Transparenz der BrandScoreCard ermöglicht es, jede in die Markenführung involvierte Person auf den gleichen Informationsstand zu bringen, was die Befähigungen des Modells zur Koordination und Motivation der Mitarbeiter unterstreicht. Das Berichtswesen der BrandScoreCard kann über Excel-Systematik aufgebaut und gepflegt werden und über Intranet jedem relevanten Mitarbeiter zur Verfügung gestellt werden.

6.3 Mediale Aspekte des Marken-Design

Die so genannten neuen Medien, wie Internet, E-Mail, Mobilphone, interaktives Fernsehen etc. haben die Möglichkeiten der Vermarktung von Marken in den letzten Jahren erheblich beeinflusst. Es haben sich durch die neuen Technologien eine Reihe von zusätzlichen Aspekten der Medien-Nutzung, wie Gleichzeitigkeit, Interaktivität zwischen Absender und Empfänger, Globalität, Aufbrechen des alten Zielgruppendenkens und Multimedialität herausgebildet und dadurch neue Formen des Marketing von Marken entstehen lassen (vgl. Baumgarth, 2001, S. 295).

Mediale Aspekte des Marken-Design beziehen sich in den folgenden Ausführungen entweder auf herkömmliche (reale) Marken, welche auch über die neuen Medien, wie das Internet, über E-Mail oder über M-Business (Mobilfunkmarkt) auftreten und vermarktet werden oder auf Marken, welche ausschließlich für die neuen Medien geschaffen wurden, so genannte virtuelle Brands, E-Brands oder New Media Brands. Man spricht in diesem Zusammenhang häufig von so genannten *Online Brands*, wenn diese aus dem Internet heraus entstanden sind und über das Internet oder ein sonstiges Online-Medium auftreten. Beispiele hierfür sind: Amazon, Yahoo!, Ebay, Lets buy it, Google etc. Von *Offline Brands* spricht man, wenn es sich um Marken meist herkömmlicher Art handelt, welche primär über die herkömmlichen Medien und Vertriebskanäle angeboten werden und nicht originär aus dem Internet heraus entstanden sind. Offline Brands können gleichwohl auch über die neuen Medien, wie das Internet, präsentiert und verkauft werden.

Bei einer Befragung des Emnid-Institutes mit 653 Internet-Nutzern vom Juni 2002 wurden Online- und Offline-Marken einander gegenübergestellt (vgl. www.emnid.emnid.de). Im Ergebnis der Untersuchung schnitten die Offline-Marken bezüglich der Attribute Seriosität, hohe Qualität und Tradition besser als Online-Marken ab. Letztere wiederum wurden als moderner, kreativer, aktiver, attraktiver und zielstrebiger wahrgenommen, allerdings auch als preisgünstiger, was nicht gerade für eine Marke spricht, die ja gerade zur Durchsetzung von Preispremien geschaffen werden. Als weiteres Ergebnis wurde den Online-Marken häufiger ein Me-too-Charakter zugeordnet, was ebenfalls keine Markentugend ist. Online-Marken gelten der Untersuchung zufolge häufiger als nicht vertrauenswürdig und als weniger seriös. Daneben wird den Offline-Marken eher der Vorzug einer Überprüfbarkeit des Markenversprechens zugeschrieben als den Online-Marken. Es kann im Sinne dieser Studie festgehalten werden, dass das Online Branding offensichtlich noch gravierende Defizite bezüglich der Akzeptanz und der Glaubwürdigkeit gegenüber Internet-Nutzern hat und sich hieraus erhebliche Gestaltungsreserven für das Marken-Design ergeben.

6.3.1 Die Markenleistungen im Internet

Zu den üblichen Leistungen, welche eine Offline-Marke zu bieten hat, kommen beim Gang in das Internet die wichtigen Voraussetzungen, wie Übersichtlichkeit, schneller Zugriff, schneller Aufbau der Sites, einfache Navigation, Verständlichkeit und Klarheit der Gestaltung hinzu. Wesentlich ist auch, dass es aufgrund von ähnlichen Angeboten und Transparenz von im Internet auftretenden Marken ratsam ist, zusätzliche unique Benefits, wie etwa spezielle Services, aufzubauen und anzubieten, um sich dauerhaft von der Konkurrenz abzuheben. So kann beispielsweise bei der Suchmaschine Yahoo! jeder Nutzer gegen zur Verfügung-Stellung der persönlichen Daten, zusätzliche Leistungen, wie etwa Dating-Optionen oder E-Mail-Services, in Anspruch nehmen (vgl. Brauer/Saborowski, 2002). Beim Anbieter PointCastNetwork hat der Kunde die Möglichkeit, sich seine individuellen Nachrichtenübersichten zusammenzustellen und immer aktuell abzurufen. Ein interessanter zusätzlicher Service besteht auch in speziellen Versicherungen gegen Kreditkarten-Betrug bei Bestellungen über das Internet, wie etwa bei amazon. Mit derlei Maßnahmen kann systematisch Kundenvertrauen aufgebaut werden, was eine entscheidende Voraussetzung für den Aufbau von Markenloyalität darstellt. Beim E-Commerce (Internet-Handel) sollte darüber hinaus sichergestellt werden, dass in jeder Stufe der Wertschöpfungskette die Produkt-, Leistungs- und Servicequalität durchgängig von hoher Qualität ist und keine Brüche eintreten. Was nützt es dem Internet-Käufer, wenn er über das Web ein Buch bestellt, dessen Lieferung eine ganze Woche, also dreimal länger als die herkömmliche Bestellung über den Buchladen, dauert?

6.3.2 Markenaufbau im Internet

Bei der Markenführung und Markenetablierung im Internet sollten folgende Aspekte berücksichtigt werden (vgl. Brauer, Saborowski, 2002): Grundsätzlich gelten für die Markenführung im Internet und den übrigen neuen Medien die gleichen Prinzipien, Regeln und Gesetze wie für die herkömmlichen Offline-Marken. Aufgrund des tendenziell höher wahrgenommenen Risikos von Seiten der Kunden wegen der höheren Anonymität des Netzes ist die Bedeutung der Vertrauensbildung bei Online-Marken und bei der Vermarktung über das Internet insgesamt sogar höher anzusetzen als im klassischen Markenbereich. Hier gelten noch höhere Ansprüche an die Formulierung von Core Values, von klaren Grund- und Zusatznutzen, an die Strategieentwicklung und an das Marken-Design, da allein der Markenauftritt im Internet die gesamte Verkäuferfunktion zu übernehmen hat.

Das Branding (Markenname und Markenzeichen) spielt auch im Internet eine ebenso große Rolle wie bei den Real Brands. Die Marke wird durch den Namen und das Zeichen verbal und optisch differenziert und besitzt als Stellvertreter für die gesamte Markenleistung eine große Bedeutung. Dass gerade beim Design von Online Brands anfänglich nicht gerade auf Uniqueness gesetzt wurde, sondern auf die Euphorie des weltumspannenden Netzes und seiner graphischen Darstellung, soll folgende Abbildung von Markennamen zeigen, die in der Branche bisweilen als „Swoosho-Manie" angeprangert worden ist:

346   6 Die Praxis des Marken-Design

Abbildung 6.4: Swoosh – Darstellungen bei neuen Marken für Computer und Internet

Bei Internet-Marken sollte die Entwicklung von *Markennamen* möglichst parallel zur Anwendung von Domain-Namen vorgenommen werden, damit diese nicht von dritter Seite reserviert werden können. Dabei sollte sich der Markenname klar, merkfähig und eindeutig von etwaigen anderen Internet-Marken unterscheiden, um es nicht zu Verwechselungen kommen zu lassen, wie etwa bei den Marken Software.Net oder Software.com oder bei CommerceOne und CommerceNet. Neben einer umfassenden Überprüfung, ob der gewünschte Markenname und der Domain-Name nicht etwa von anderen Firmen bereits besetzt ist, sollte man verwandte Markennamen mit Verwechselungspotenzial ebenfalls für sich prophylaktisch eintragen und schützen lassen.

6.3.3 Aufbau von virtuellen Marken im Internet

Virtuelle Marken oder reine Online-Marken im Internet sind solche, die ausschließlich im Web auftreten und auch ausschließlich für die neuen Medien geschaffen worden sind. Man bezeichnet sie auch als so genannte „Pure Players" im Gegensatz zu den analogen Marken, den so genannten „Corporates". (vgl. auch www.grey.de). Da die virtuellen Marken in der realen Welt der Markenartikel oder realen Dienstleistungen nicht präsent sind, wird ihre Wahrnehmung schwieriger, und ihre Virtualität macht sie zugleich unpersönlich, ja anonym. Das macht ihren Markenaufbau schwieriger aber auch ungleich anspruchsvoller als bei realen Marken.

In einer Studie der Marken-Agentur Grey (vgl. Tejada-Schmitz, 2001) wurden zum Aufbau von virtuellen Marken im Internet u. a. folgende Regeln vorgeschlagen:

1. Die Definition der Zielgruppe darf nicht nur anhand der Internetnutzung vorgenommen werden. Sie sollte auch in der realen Welt, d. h. außerhalb des Internet definiert werden, da sich das Angebot einer virtuellen Marke auch auf den realen Alltag der Nutzer beziehe.

2. Die Basis des Markenaufbaues ist der Markenname. Bei virtuellen Marken empfehlen sich beschreibende Fantasienamen anstelle von emotionslosen Kategorienamen. Die Verwendung von Fantasienamen lässt Freiraum für eigene Vorstellungen und Emotionen. Dennoch sollte der Markenname die Kategorie des Produktes/Angebotes hinreichend verständlich beschreiben, gleichzeitig aber eigenständig genug sein, um sich von der Konkurrenz abzuheben. Die Marken-Slogans sollten kurz und einprägsam, dabei emotional und fantasievoll sein und erste Hinweise auf das Angebot selbst geben (z. B. www.daslohntsich.de). Der User sollte immer sofort den konkreten Nutzen und Mehrwert einer Seite erkennen, denn im Internet zählt schnelles Erkennen und rasches Verständnis für die Contents.

3. Der rasche Aufbau von Bekanntheit, Akzeptanz und Vertrauen spielt bei den Virtual Brands eine besonders große Rolle. Bekanntheit, Akzeptanz und Vertrauen kann nicht allein über das Web generiert werden. Bekanntheit muss in Offline-Medien (Special Interest-Zeitschriften) aufgebaut werden, wobei zum Aufbau von Vertrauen eine gemeinsame Partnerschaft im kommunikativen Auftritt mit anderen, bereits bekannten und breit akzeptierten Offline- oder Online-Marken, von Vorteil ist. Die Auswahl von entsprechenden Partnern sollte unter markenadäquaten Gesichtspunkten getroffen werden.

4. Sowohl der Online- als auch der Offline-Auftritt von Virtual Brands müssen die gleiche Markenpersönlichkeit und die gleichen Werte widerspiegeln, sie müssen kongruent zueinander geführt werden. Daneben sollten beim Auftritt und bei der Kommunikation alle Möglichkeiten der effizienten Kundenbindung, z. B. über permission-based Marketing (d. h. Kunden werden vorab um Erlaubnis gebeten, ob man sie mit Werbung ansprechen darf) und erlebnisorientierte Interaktivität mit dem potenziellen Kunden berücksichtigt werden. Die sorgfältige Kundenpflege loyaler User ist wesentliche Voraussetzung für langfristige Markentreue.

6.3.4 Dialogkommunikation im Internet

Die Möglichkeiten des Internet zu einer dialogischen Kommunikation stellt einen potenziellen Vorteil für die Marke im Web dar. Leider werden diese Möglichkeiten häufig nur unzureichend genutzt, werden doch meist noch standardisierte und automatisierte Beantwortungsprozesse (FAQs) eingesetzt. Der Einsatz von kompetenten 24-Stunden Competence Centern (Call back), Beratung per E-Mail oder Chat bis hin zu 3D-Markenwelten, können hier als geeigneter Zusatznutzen aufgebaut werden.

3D-Markenwelten können zudem über individualisierbare Avatare (virtuelle Berater) entwickelt werden, die den Internetbesucher bei seiner Suche scouten. Eine andere Möglichkeit der Kommunikation besteht im Aufbau von User-Foren und Pinwänden, wo, wie etwa bei Amazon, die Nutzer die Gelegenheit haben, Bücher-Rezensionen zu verfassen, welche ins Netz gestellt werden. Die Möglichkeiten des Internet zum Dialog sind eine Herausforderung und eine Chance für die Marke, vorausgesetzt die Anbieter nutzen die Informationen zur professionellen Markenpflege.

6.3.5 Schutz von Markenadressen (Domains) im Internet

Der Schutz von Markenadressen, d. h. die Markenbenutzung im Internet, die als Domain bezeichnet werden, wird im Markengesetz (MarkenG) geregelt. Wem im Sinne des Markenrechts ein geschäftliches Kennzeichen, ein Titel oder eine Marke zusteht, der kann auch gegen Domains vorgehen, die diese Rechte verletzen, denn ein markenrechtlicher Schutz hat umfassende Wirkung. Es kommt deshalb auch nicht darauf an, ob der Markeninhaber überhaupt eine Domain benutzt oder benutzen möchte, solange er nur sein eigenes Zeichen in ausreichender Weise benutzt.

Der Verletzer des Rechtes muss dagegen die Marke des anderen im geschäftlichen Verkehr benutzen (vgl. § 15 Abs. 2 MarkenG). Solange also ein Dritter eine Domain nur reserviert hat, nicht aber benutzt, scheiden die Ansprüche nach Markenrecht aus. Durch die bloße Reservierung entsteht für niemanden die Gefahr der Verwechselung, weil eine reservierte Domain in der Regel keinerlei Aussage über die angebotenen Waren/Dienstleistungen enthält.

6.3.6 Virale Markenführung

Seit einiger Zeit hat der Mode-Begriff der „viralen Markenführung" und des „viralen Marketing" Eingang in die Literatur gefunden. Er kommt aus den USA und bedeutet so viel wie: Mund-zu-Mund-Propaganda über das Internet und sonstige (neue) Medien. Etwas, was von Mund zu Mund geht, ist offensichtlich aufregender, glaubwürdiger und anziehender als eine Nachricht, die sich über herkömmliche Medien verbreitet.

Virales Marketing ist jedoch kein neuer Begriff. Er ist eine Form des Diffusionsprozesses, der schon in den 30er Jahren des vorigen Jahrhunderts in der Landwirtschaftsindustrie ausführlich untersucht wurde und seit langer Zeit Eingang ins Marketing gefunden hat. In den frühen 80er Jahren wurde man auf die Anwendung von Schneeballeffekten der Kommunikation im obigen Kontext aufmerksam, als der englische Illustrator und Kunstmaler Kit Williams auf die Idee kam, in einem Kinderbuch ein Bilderrätsel zu verstecken (Titel des Buches: „Masquerade"), mit dessen Hilfe man ein wertvolles edelsteinbesetztes Collier mit einem goldenen Hasen finden konnte. Der ungewöhnliche Erfolg dieses Buches überraschte damals alle Beteiligten, denn innerhalb eines halben Jahres verkaufte sich dieses Buch 2,9 Millionen Mal, und dies ausschließlich über Mund-zu-Mund Propaganda, und halb Europa begab sich damals auf die Suche nach dem vergrabenen Schatz, der tatsächlich am 19. Februar 1982 im englischen Ampthill gefunden wurde.

Virales Marketing hat mit der Etablierung der neuen Medien, wie E-Mail, SMS, Internet, eine neue Dimension gefunden und gilt seither als besonders gut geeignet, wenn es darum geht, einer Marke vor allem über die neuen Medien zu Image und neuen Kunden zu verhelfen. Der neue Begriff des *viralen Marketing* in Verbindung mit neuen Medien wurde geprägt von Jeffrey Rayport, Professor an der Harvard Business School. Nach seiner Auffassung bedeutet Viral Marketing (VM) zunächst, eine Nachricht mit einem interessanten

Inhalt zu versenden, der den Empfänger so stark motiviert, dass er diesen Inhalt, wie beim Schneeballeffekt, oder wie bei der Verbreitung von Viren, weiterleitet. Die Empfänger von „viralen" Informationen senden diese z. B. per E-Mail oder per SMS an weitere Adressaten, welche wiederum die Nachricht weitersenden, so dass es zu einer exponenziellen Verbreitung kommt.

> *Beispiele:* Ein gängiges Beispiel für das virale Marketing ist das Unternehmen Hotmail (www.hotmail.com), das seine Kunden eine kostenlose E-Mail-Adresse bietet. Jede E-Mail enthält ein Link mit dem Slogan „Get your free email at Hotmail". Die Nutzer werden somit automatisch zu „Verkäufern" des Unternehmens. Hotmail konnte auf diesem Weg bereits nach anderthalb Jahren über 10 Millionen neue Kunden gewinnen. Ein weiteres Beispiel für eine erfolgreiche Viral-Marketing-Kampagne ist das „blairwitchproject". Die im Internet kursierenden E-Mails mit Hinweisen auf die Webseite des „geheimnisvollen" Films (www.blairwitch.com) verbreiteten sich so schnell wie ein „Virus" im Netz. Ein Beispiel aus Deutschland war das „Moorhuhn-Jagd-Spiel" des Unternehmens Phenomedia für die Marke Johnny Walker, das sich in beispielloser Geschwindigkeit verbreitete, jedoch für die Marke Johnny Walker selbst kaum eine Wirkung erzielte.

Die *Vorteile* des viralen Marketing können kurz wie folgt beschrieben werden:

- Virales Marketing verursacht vergleichsweise wenig Aufwand, es verbreitet sich automatisch und kostenlos.
- Virales Marketing hat durch die Mund-zu-Mund-Propaganda über die Verbreiter einen glaubwürdigen Absender und findet eher Beachtung als herkömmliche Commercials.
- Die Streuverluste beim viralen Marketing sind überschaubar, denn die jeweiligen Empfänger leiten die Werbebotschaft meist nur an jene Adressaten weiter, bei denen sie Interesse für die Thematik voraussetzen.

Die *Nachteile* sind vergleichsweise gering:

- Der Absender des viralen Marketing hat kaum noch einen Einfluss auf die Dynamik der Verbreitung, er kann im Falle eines „Fehlers" den Schneeballeffekt nicht mehr stoppen.
- Die Steuerung der Kommunikation ist kaum möglich.

Formen des viralen Marketing

Es gibt verschiedene Formen des viralen Marketing, welche etwa dahingehend unterschieden werden können, welche Aufgaben dem Adressaten durch die Marketing-Aktion gestellt werden. Ist der Adressat stark zur Mitarbeit aufgefordert, dann kann man von *hochintegrativen* Viral Marketing sprechen.

> *Beispiele* hierfür sind die Platzierung von Links der Amazon-Book-Stores auf die eigene Seite, für die es jeweils Bonuspunkte gibt, wenn über die Seite ein Buch gekauft wurde oder die Lösung eines Rätsels als Voraussetzung für eine Belohnung. Ist der Angesprochene wenig gefordert, dann kann von *geringintegrativem* Viral Marketing gesprochen werden. Hier muss der Angesprochene relativ wenig tun, etwa nur eine Mail weitergeben oder den Hotmail-Service selbst nutzen etc.

Geeignete *Startplattformen* für virales Marketing orientieren sich an den Sites im Internet, auf welche die potenziellen Zielgruppen häufig zugreifen. Ca. 85 Prozent aller Internet-Nutzer steuern solche Sites an, für die sie sich von vornherein interessieren (high-involvement-sites). So genannte *High-Traffic Plattformen* sind solche stark frequentierten Sites (z. B. www.rtl.de, Rubrik „Games & Download"), welche sich als Start-Site von Viral-Marketing-Kampagnen eignen können.

Ebenso können *Communities* als geeigneter Weg zur Zielgruppe genutzt werden. Communities sind Internetforen, wie sie etwa Lycos (www.lycos.com) betreibt, und in denen sich die User über die verschiedensten Themen ihres Interesses austauschen können.

6.3.7 Zukunftstendenzen der Marken im Netz

Die heute erfolgreichen Markenartikel im Fast-moving-consumer-goods-Bereich sind überwiegend mit den klassischen Medien groß geworden, und sie beherrschen nach wie vor die Regale, die Warenauslagen, die Displays in den Fachgeschäften und Supermärkten. Hauptkampfplätze der Kommunikation dieser Marken werden auch nach der Revolution der neuen Medien noch eine ganze Weile der Werbeblock im Fernsehen, das 18/1 Plakat, das City-Light-Poster und die Anzeigenseite in Zeitschriften, Zeitungen und Magazinen sein.

Die Internet-Generation, die sich dieses neuen Mediums intensiv bedient, wird jedoch in Zukunft ihr Informationsverhalten und damit die Markenauftritte immer mehr auf die Seite des Web, E-Mail, interaktive Fernsehens und M-Commerce verschieben, auch deshalb, weil die neuen Medien interessanter, interaktiver, internationaler und intensiver sind. Die künftige Heimat der Marken wird zunehmend ins Internet verlagert werden. Nicht zufällig heißt die „Home-Page" so, weil sich die Nutzer und auch die Marken dort zunehmend „at home" fühlen (vgl. www.marketing-marktplatz.de/e-business, 2002).

Um einen wirklich gut gemachten, interessanten und substanziellen Auftritt von Informationen (auch von Markeninformationen) herum könnten sich in Zukunft auch virtuelle Communities scharen, Gemeinschaften mit ähnlichen Interessen und ähnlichem Informationsverhalten. Diese Gemeinschaften von Menschen, die sich im Chat treffen, können als neue Zielgruppen angesehen werden, die womöglich direkt ansprechbar sind und direkt nach ihrer Meinung gefragt werden können, wenn es z. B. um die Gestaltungsoptimierung von Marken geht.

Solche neuen Zielgruppen können somit als Meinungsführer, als Generatoren und Multiplikatoren von Markenbotschaften gewonnen werden. Mit anderen Worten: Sie stellen ein nicht zu unterschätzendes „virales Medium" für wirklich neue Markenideen dar und sind darüber hinaus ein innovatives Ideenlabor für bessere Angebote und Dienstleistungen, wenn sie genügend Freiraum haben, wenn sie sich ernst genommen fühlen und wenn sie die Inhalte und Thematiken ihrer Mitarbeit ohne Einschränkungen selbst gestalten können.

6.4 Gestaltung der Kommunikationsmittel

6.4.1 Kommunikationsmittel

Kommunikationsmittel sind, in Entsprechung der Definition von Werbemitteln (vgl. Huth/ Pflaum, 2001, S. 106 f.), Ausdrucksformen der Kommunikation aus einer Kombination von Gestaltungselementen (Text/Bild/Ton/Bewegung/Geschmack etc.), die durch ihr Zusammenwirken die Kommunikationswirkung erreichen sollen. Kommunikationsmittel können nach der Sensualität unterteilt werden in:

- **unisensorische Kommunikationsmittel**
  - Print-Kommunikationsmittel (Anzeigen, Plakate, Deckenhänger, Regalstopper etc.)
  - Funkspots
- **multisensorische Kommunikationsmittel**
  - Fernsehspots
  - Give-aways
  - Kataloge, Prospekte
  - Demonstrationsmaterialien etc.
  - Online-Medien

6.4.2 Die PR- und die Werbeanzeige

PR- oder Werbeanzeigen werden in Druckmedien (Zeitungen, Magazine, Zeitschriften etc.) geschaltet und können in folgenden *Formaten* erscheinen:

- **Streifenanzeigen (blatthohe oder blattbreite Anzeigen),** die neben dem redaktionellen Text in der Innen- oder Außenspalte, bzw. unter oder über dem Text einer Zeitung oder Zeitschrift stehen.
- **Eckfeldanzeigen** (Formatanzeige mit zweiseitigem Textanschluss),
- **Inselanzeigen**, die inmitten einer Textseite stehen,
- **Panorama-Anzeigen** stehen über der vollen Breite von zwei Seiten und gehen über den so genannten Bundsteg.
- **1-seitige, halbseitige, viertelseitige, achtelseitige** bis zu $1/64$-Anzeigen.

Anzeigenfarben können einfarbig (s/w oder 1c), zweifarbig (Duplex oder 2c) bzw. vierfarbig (4c) gebucht werden.

Belegungsmöglichkeiten von Anzeigen:

- **Teilbelegungsmöglichkeit**, d. h., nicht die Gesamtausgabe, sondern nur ein bestimmter regionaler Teil, z. B. ein bestimmtes Nielsengebiet, können belegt werden (z. B. bei Neueinführungen).
- **Anzeigensplit**, d. h. bei Buchung der Gesamtauflage erscheinen z. B. regional unterschiedliche Anzeigenmotive (z. B. bei Testmarktanzeigen).
- **add-a-card**, d. h. Anzeige mit aufgeklebter Postkarte.
- **ausschlagbare Seite** ist Vergrößerung des Anzeigenraumes nach links, rechts, oben oder unten.
- **Beihefter, Beilagen oder Beikleber**, Postkarten-Beihefter, Prospekt-Anzeigen, Warenproben.

Demonstrationstechniken von Anzeigen:

- **Vorher-Nachher**-Demonstration (z. B. Haut nach Pflege mit Hautcreme)
- **Problem-/Problemlösung** (Mückenstiche? Linderung mit Creme!)
- **Side-by-Side-Technik** (Vergleich von elektrischer und normaler Zahnbürste)
- **Service-Technik/Convenience-Technik** (die 5 Minuten-Terrine)
- **Härtetest** (Samsonite-Koffer aus dem 20. Stockwerk werfen)
- **Symbolische Demo** (Tomatentest: „die klügere Zahnbürste gibt nach")
- **Demonstration mit Humor und Erotik** (Campari, Sierra-Tequila)
- **Emotionstechnik** (Jacobs Verwöhnaroma, Werbung mit Kindern)
- **Leitbildtechnik** (René Lézard-Kampagne: „Leider teuer")
- **Sicherheits- und Kompetenztechnik** (Deutsche Bank-Werbung „Vertrauen", Mercedes-Werbung)
- **Testimonialtechnik** (Arnold Schwarzenegger, Beckenbauer, Boris Becker etc.)

6.4.3 Das Plakat

Beschreibung und Besonderheiten

Das Plakat kann, wie die Verkehrsmittelwerbung und die Lichtwerbung, zur Außenwerbung gezählt werden (vgl. Huth/Pflaum, 2001, S. 161). Bei den *Formaten* kann man unterscheiden in $1/4$-, $1/3$-, $1/2$, und $1/1$-Bogen, d. h. DIN A 4, DIN A 3, bis DIN A1 (= 59 × 84 cm). Weitere Größen sind: 2/1-Bogen, 4/1-Bogen (Shopping-Center-Flächen, City-Light-Poster (CLP)). Großformat-Plakate sind 18/1 Bogen, Riesenplakate oder Blow-up-Riesenplakate (bis zu 1000 m^2). *Neue Plakat-Medien sind: Infoscreen* (Großflächenprojektion bewegter Bilder per Datenfernübertragung), auch „elektronische Stadtillustrierte" genannt. *Elit* (elektronische Litfasssäule) ist ein interaktives Bildschirmsystem in Flughäfen, Bahnhöfen, das durch einfachen Fingerdruck (Touch-Screen) über Monitor Informationen und Werbung über ISDN-Leitung liefert. Die *Online-Medienwand* ist eine Großbild-Medienwand im Format von 75 m², die Infos und Werbung darbietet. *Video-Übertragungssysteme* (wie die Sony-Jumbotron-Videowand) können zu Vorführungen gemietet werden (Bildschirmfläche zwischen 45 und 72 m²).

Checkliste Plakatgestaltung:

- Sind die Texte groß genug und lesbar auf ca. 20 m Entfernung bei 18/1-Plakat?
- Kann das Auge die Gestaltung auf einen Blick aufnehmen?
- Ist berücksichtigt, dass Signalfarben bei Großflächen nicht erlaubt sind?
- Ist das Plakat nachts beleuchtet, oder steht es in der Nähe einer Lichtquelle?
- Vorsicht bei Metallicfarben. Diese können bei Regen oxidieren und sind teilweise wegen Beeinträchtigung des Verkehrs (Spiegelungseffekt) nicht erlaubt.
- Ist die Umsetzung briefing- und konzeptgetreu?
- Ist die Gestaltung des Plakates „wahrnehmungsprägnant" und „wahrnehmungsstabil" (d. h. schnell und im Vorbeifahren richtig zu erkennen)?

6.4.4 TV-Spot/Film-Spot/Video

Beschreibung und Besonderheiten

TV-Spots unterliegen in ihrer Gestaltung den Richtlinien der *Rundfunkstaatsverträge* oder der *Landesrundfunkgesetze der Landesrundfunkanstalten* (z. B. Bestimmungen über Sponsoring, Product Placement, Kinderwerbung). Spots können in unterschiedlicher Länge geschaltet werden, wobei Fernsehspots meist fünfzehn oder dreißig Sekunden laufen, während Kino-Spots meist eine Minute oder gar länger laufen. Der Buchungszeitraum beträgt zumeist eine Kalenderwoche.

Filmische **Gestaltungstechniken** für TV/Film/Video-Commercials:

- der **Realfilm** kommt ohne extreme Verfremdung aus. Sein Realitätsbezug und seine sich daraus ergebende Glaubwürdigkeit sind Hauptmerkmal dieser Technik.
- der **Zeichentrickfilm** zeichnet sich durch seinen Unterhaltungswert, besonders für Kinder (u. Kinderprodukte) aus und kann Emotionen besonders herausstellen.
- der **Sachtrickfilm** zeigt in anschaulicher Art und Weise den Wirkmechanismus von Produkten (z. B. Salbe, die durch bewegte Pfeildarstellungen in die Haut einzieht).
- die **Mischfilmtechniken** führen Realfilm/Sachtrickfilm bzw. Realfilm/Sachtrickfilm/Zeichentrickfilm zusammen, um eine realistische Situation durch symbolische Demonstration noch stärker zu betonen.

> - **Verfremdungstechniken**, wie Solarisation, Überblendungen, Zeitlupe, Zeitraffer, Filmbeschleunigungen, Filmrücklauf, digitale Filmerstellungen, Virtual Reality, 3-D-Projektionen, Bildverzerrungen, Farb- und Tonverfremdungen, sowie Überzeichnungen werden häufig in Realfilmen eingesetzt, um die Wahrnehmungswirkungen zu verstärken.

Copy-Techniken für die Gestaltung von TV-Spots

Hier gelten im Wesentlichen die gleichen Techniken wie bei den zuvor genannten Werbemitteln (Testimonial-Technik, Slice of life-Technik, vergleichende Demonstrations-Technik, symbolische Demonstration, Torture-Test, Alptraum-Traum-Technik). Daneben gibt es zusätzlich die *Reminder-Technik* (d. h. im Werbespot wird das Produkt beworben und im übernächsten wird nochmals kurz (fünf Sekunden) daran erinnert), die *Life-Style-Technik*, die immer wichtiger werdende *Technik der ethisch-ideellen Wertvorstellungen* (Verantwortungstechnik, Zukunftsvisionen, Selbstverwirklichung, soziale und emanzipatorische Nutzendemonstrationen).

Gestaltungscheckliste für TV-Spots:

> - Wurde das Briefing zielgetreu umgesetzt?
> - Ist die Umsetzung juristisch abgesichert?
> - Ist die Tonalität filmtechnisch optimal umgesetzt?
> - Sind alle Stimmen und Texte zuordenbar, und entsprechen sie der Tonalität?
> - Ist das Tempo des Spots dem Ziel angemessen?
> - Wird in den ersten Sekunden die zentrale Botschaft erkennbar?
> - Stimmt die Dramaturgie zu Tonalität und Kommunikationsziel?
> - Passt die Anzahl der Bild- und Tonwechsel zur Tonalität?
> - Sind die Informationen leicht erlernbar und nachvollziehbar?
> - Werden bei einem Direct-Response-Spot alle wichtigen Angaben so präsentiert (wiederholt/buchstabiert), dass diese ohne Probleme aufgezeichnet werden können?
> - Sind ausreichende Telefonplätze vorhanden (80 Prozent aller Anrufe kommen unmittelbar im Anschluss an den gesendeten Spot)?
> - Produktnamen in den ersten 10 Sekunden nennen, Produkt am Ende des Spots zeigen, ergibt höhere Präferenzen und Erinnerung; Produkte in „Aktivität" und in Gebrauch zeigen (Schokoladensauce, die über Eis läuft).
> - Mit Großaufnahmen arbeiten; Geräuscheffekte einbauen (zischende Bratwurst).

6.4.5 Der Funkspot

Bedingt durch die monosensorische Wahrnehmung (akustisch) von Rundfunkspots werden an die Gestaltung dieser Kommunikationsmittel *höhere Kreativitätsansprüche* angelegt als bei anderen Werbemitteln. Es erfolgt hier keine visuelle, haptische oder sonstige Unterstützung, und die Zuhörer beschäftigen sich in der Regel mit anderen Aktivitäten als das beim Fernsehzuschauer der Fall ist. Die Technik der Aktivierung (emotional, kognitiv, physisch) und der Informationsvermittlung (Humor, Verständlichkeit, Reminder) muss hier sehr viel prägnanter eingesetzt werden als bei den anderen Werbemitteln und Medien.

Bezüglich der Abwicklung ist zu sagen, dass die Schaltkosten hier im Vergleich zum TV wesentlich niedriger liegen (Sekundenpreise reichen von ca. 2 Euro beim bayerische Lokalsender um 19.00 Uhr bis über ca. 150 Euro beim WDR in der so genannten „Prime Time", d. h. 18.00–24.00 Uhr) und die Termin- und Platzierungswünsche, hier viel flexibler und schneller sind als beim Werbefernsehen. Es können auch so genannte Funkkombinationen (z. B. Funk-Kombi Nord mit RSH, RHH, OK, FFN, Antenne, Das Radio) gebucht werden.

Copy-Techniken für die Gestaltung von Funkspots

Neben den schon erwähnten Techniken bei Anzeigen, Plakaten und im TV kann im Rundfunk auch noch der Jingle vorkommen, d. h. gesungene Werbung oder Information („ausgerechnet Bananen", „die 5 Minuten Terrine" etc.) nach dem Grundsatz von David Ogilvy: „If you got nothing to say, sing it!". Dialog-Spots spielen hier eine große Rolle sowie Präsenter-Technologie und Humor-Spots.

Checkliste für die Gestaltung von Hörfunkspots:

- Wurde das Briefing ziel- und konzeptionsgetreu umgesetzt?
- Wurden musikrechtliche Aspekte geprüft und berücksichtigt?
- Sind die gesprochenen Sätze leicht verständlich und nicht zu lang?
- Gibt es einen Aktivierungs-Teaser (Telefonklingeln, Martinshorn etc.)?
- Sind die Stimmen eindeutig zuordenbar?
- Hat der Spot Aufforderungscharakter (Gehen Sie noch heute zum XY-Markt)?
- Ist auch für Spätzuhörer erkennbar, um was es geht?
- Sind alle rechtlichen Aspekte geprüft?
- Führen Schlüsselbotschaften, Gags, Witze zum Produkt?
- Sind die Infos leicht erlernbar (z. B. Telefonnummern einfach zu behalten, für Autofahrer, die nicht mitschreiben können)?
- Sind Geräusche (Hintergrundgeräusche, Hintergrundmusik, Signalmusik, Signalgeräusche, Jingle etc.) so eingesetzt worden, dass sie Informationen unterstützen und nicht stören?

6.4.6 Prospekt/Flyer/Infoblatt

Prospekte, Geschäftsberichte, Informationsblätter, Flyer, Demonstrationsmittel, wie Farbkarten, Preislisten etc. spielen im Business-to-Business-Bereich sowie in der Trade-Promotion und in der Investitionsgüterindustrie (chemische Industrie, Maschinenbau, Rohstoffhersteller) oder im PR-Bereich eine wesentlich größere Rolle als im klassischen Marketing der Konsumgüterindustrie. Neben der differenzierteren Ansprache (z. T. von sehr fachlichen bis allgemein verständlichen Inhalten) über die vielfältigen Zielgruppen (regionale und internationale Zielgruppen, direkte Kunden und die weitere Zulieferindustrie bis zum Handel und zum Endkunden) sind die Produkte selbst häufig sehr komplex in ihrer Funktionsweise, in ihren Nutzenkomponenten und in ihren Aspekten der Vermarktung (z. B. Berücksichtigung von Gefahrenhinweisen, von Zulassungen, wie FDA etc., von Anwendungsspezifika etc.). Während in der Werbung die Faustregel gilt, dass einer Anzeige nur sehr kurze Aufmerksamkeit geschenkt wird (teilweise bei low involvement-Anzeigen weniger als zwei Sekunden), geht man hier davon aus, dass sich die Zielgruppen teilweise stundenlang mit Produktbeschreibungen oder Geschäftsberichten auseinander setzen, die zudem meist in einer Fachsprache geschrieben werden, die den interessierten Laien eventuell abschreckt. Die Gestaltungspreise für Prospekte variieren je nach Umfang, Bildmaterial, Rechercheaufwand, Auflage etc. Als Richtgrößen können aber die Angaben des „Etat-Kalkulators" (Kreativ Verlag GmbH, Basler Landstraße 61, 79111 Freiburg, Tel.: 07 61/4 26 06) herangezogen werden.

Checkliste zur Gestaltung von Prospekten/Broschüren/Katalogen:

- **Gibt es eine Konzeption bzw. ein schriftliches Briefing** (Ziel, Zielgruppe, Gültigkeitsdauer, Copy Strategy, Positionierung, Etat, genauer Zeitplan etc.)?
- **Wer sind die verantwortlichen Betreuer** (Gesamtverantwortung, Freigabe, Korrekturlesen, Koordination, rechtliche und patentrechtliche Prüfung, Agentur, Fotografen, Lithoanstalt, Druckerei, Logistik, Ansprechpartner im Ausland etc.)?
- **Umfang, Format, Farbausstattung, Auflagenhöhe?**
- Wie viele **Sprachen** (Welche Änderungen ergeben sich, was kann an Abbildungen vorgedruckt werden, welche Sprachkombinationen, welche Reihenfolgen wegen unterschiedlicher Länge der Sprache und damit Abbildungsplatzierung)?
- Wo gibt es Informations**konstanten** (feststehend, feste Platzierung)?
- Wo können sich schnell **Änderungen** ergeben (diese evtl. auf gesonderte Einlegeblätter oder Ergänzungsblätter drucken wegen späteren Austauschens)?
- Welche **Themen** werden angesprochen? Welche generellen und welche speziellen **Gestaltungsrichtlinien** sind zu beachten (Gibt es Gestaltungskonstanten der entsprechenden Produktlinie? Gibt es ein verbindliches **Design Manual**)?
- Welche Papier- und **Druckqualitäten** kommen in Frage?
- Welche **Versandart** (persönliche Abgabe durch Außendienst, zusammen mit Warenlieferung, Streifband, per Post, andere Versanddienstleister, günstigstes Gewicht, nationales/internationales Format, Packungseigenschaften, Zollbestimmungen)?

6.4 Gestaltung der Kommunikationsmittel

- **Rückantwortkarten, Preislisten** integriert oder extra?
- **Begleitende Aktionen** (Beilagen, Hinweise auf aktuelle Veranstaltungen)?
- Ist der Prospekt/die Information eine Anfangs- oder Ergänzungsinformation?
- Wie kann er beim Kunden abgelegt/**abgeheftet** werden (Ösenheftung, Lochung, (Achtung: in USA anderes Format und 3-fach-Lochung)?
- Kann der Leser **sofort erkennen**, um was es geht?
- Sind die **Headlines verständlich** und aktivierend (Achtung: Eine „Rätselheadline ist wie eine geschminkte Leiche")?
- **Bildliche Aufmachung** (fotografisch, illustrativ, verfremdend, gibt es eine Gestaltungskontinuität)? **Text-Bild-Verhältnis**?
- Sagen die **Abbildungen** wirklich aus, was sie aussagen sollen?
- **Textliche Aufmachung** (fachchinesisch, Journalistendeutsch, flotte Texte, verständlich, adäquate Tonalität)?
- **Sprachliche Gestaltung** im Streuland vornehmen lassen (Vorsicht: Amerikanisch ist eine andere Sprache als englisch, mexikanisch eine andere als spanisch, brasilianisch eine andere als portugiesisch etc.)!
- **Typografische Aufmachung** (Typografie, Spalten, Zeilenlängen, Blocksatz, Flattersatz etc.)?
- Spezielles **Format, Materialqualität, Druckqualität** etc.?
- Inhaltliche **Dramaturgie** (Gibt es einen Spannungsaufbau, Inhaltsverzeichnis, Vorspann, Hauptteil, „technischen Teil" mit Tabellen, Index, Bibliografie)?
- Weisen Headlines und Bildgestaltung (Hintergründe, zentrale Abbildungen) **Aktivierungskraft** auf und wecken sie Neugierde zum Lesen?
- Sind alle wichtigen Produkte und Informationen **richtig platziert** und entsprechend übersichtlich gekennzeichnet?
- Hat die Broschüre/Katalog/Infoblatt einen deutlichen **Aufforderungscharakter** (mit dem Absender in Kontakt treten, bestellen)?
- Enthält die Information auch Angaben zu **Umweltaspekten**, Herstellungsverfahren, **Produktzusammensetzung, Warentestergebnissen** etc?

6.4.7 Sonstige Demonstrations- und Informationsmaterialien

Neben den klassischen Kommunikationsmitteln gehören *Warenproben, Werbegeschenke* und Präsentationshilfsmittel, wie *Demonstrationsmaterialien, Folien, Charts und Dias* zu den weiteren Kommunikationsinstrumenten von Unternehmen. Eine Sonderstellung nehmen hierbei die *Verpackungen* ein. Die Verpackung ist Träger der Unternehmens- und der Produktidentität und ist damit entsprechend zu gestalten. Allen diesen Materialien ist gemeinsam, dass sie die Unternehmensidentität (Corporate Design) tragen müssen und darüber hinaus ihren Zusammenhang zu spezifischen Produktlinien, Sparten, Bereichen etc. deutlich machen müssen. Wie bei den Prospekten, so richten sich die Preise für Geschäftsdrucksachen ebenso nach Auflagenhöhe, Auflagengebiet, Bekanntheit der Agentur, bzw. des Gestalters, Umfang der Papiere etc.

Checkliste Gestaltung von Demomaterialien/Werbegeschenken:

- Liegt ein detailliertes **Briefing** vor?
- Haben die Materialien einen optimalen **Gebrauchs- und/oder Informationswert** (Signalwert, Wahrnehmungswert, emotionalen Wert, Gebrauchsinformationswert)?
- Sind die Materialien **eigenständig gestaltet** (falls relevant)?
- Entspricht die Gestaltung dem angestrebten **Corporate Design** des Unternehmens und lässt sich diese gut in die vorliegenden Materialien integrieren?
- Sind etwaige **Schutzrechte** und sonstige Rechte (UWG, MarkenG etc.) geprüft?
- Sind alle **technischen Voraussetzungen** erfüllt (Materialverfügbarkeit, Qualitätskonstanz bei der Herstellung, Festigkeit, Temperaturstabilität, Säurestabilität, Logistik, Abfüllung etc.)?
- Ist die **Marke**/die Produktbezeichnung gut zu erkennen (in mehreren Sprachen gehalten)?
- Sind bei Werbegeschenken bestimmte **Wertobergrenzen** überschritten? Achtung: Hier muss im Einzelfall mit Juristen abgestimmt werden.
- Sind die Demomaterialien einfach zu verstehen („**Aha-Effekt**")?

6.5 Terminologie des Marken-Design

In den Agenturen haben sich Bezeichnungen herausgebildet, die meist aus dem Sprachgebrauch von amerikanischen Agenturen übernommen wurden. Die gängigsten Bezeichnungen sollen hier kurz erläutert und dargestellt werden.

6.5.1 Terminologien in der Bildgestaltung

In der Fachterminologie der grafischen Berufe und der Kreativagenturen haben sich Begriffe etabliert, die häufig im Zusammenhang mit der Bildgestaltung benutzt werden und die hier erklärt und beschrieben werden sollen:

- **Scribble/Rough/Sketch**

Das Scribble, Rough oder der Sketch sind erste skizzenhafte, rohe und unfertige zeichnerische Einfälle für die Umsetzung einer Bildidee. Hier verschafft sich der Gestalter einen ersten bildlichen Eindruck seiner gestalterischen Einfälle. Scribbles sind in der Regel noch nicht für den „Kunden" bestimmt.

- **Layout (Rohlayout/Reinlayout)**

Dies soll dem Auftraggeber erste Vorstellungen über die spätere Anzeige/Prospekt/Katalog etc. geben. Hier sind schon Details angelegt mit dem Stand, d. h. der genauen Platzierung von Abbildungen bzw. von Fotos, mit Typografie und in der ersten Stufe noch mit *Blindtext*. Blindtexte sind bedeutungslose Texte, die aber in Größe und *Typografie* (Schriftart) schon mit dem endgültigen Text identisch sein können. Sie werden eingesetzt, um die genaue Seitenzahl oder die genaue Zeilenzahl von Gestaltungen abzubilden. Das Layout kann schon Fotodarstellungen enthalten. Man unterscheidet verschiedene Arten von

- **Fotos**

> - **Still (life)**, d. h. z. B. Lebensmittel, Obst, Blumen etc.
> - **Life- oder Actionfotos** (z. B. Sport, Spiel, Spannung)
> - **Portraits, People, Fashion, Beauty-Fotografie**
> - **Architektur-/Landschaftsfotografie**
> - **Journalistische Fotografie/Dokumentarische Fotografie**
> - **Experimentelle/wissenschaftliche Fotografie**

- **Illustrationen**

Die *Illustration* ist ein Sammelbegriff für unterschiedliche Formen und Techniken der visuellen Umsetzung. Man kann zwei Arten von Illustrationen unterscheiden: Gezeichnete Illustration (bestehend aus Linien, Schraffuren oder Punkten) und gemalte Illustration, bestehend aus Flächendarstellungen ohne Linienbegrenzungen. Illustrationen können ausgeführt werden als:

> **Karikatur, Witz-Zeichnung, Cartoon, Trick-Zeichnung, grafische Darstellung, Vignette, Sachdarstellung, Technische/naturalistische Zeichnung, Foto-Realismus, Mode-Zeichnung, wissenschaftliche Darstellung, freie Illustration, Computer-Graphik.**

- **Reinzeichnung**

Die *Reinzeichnung* (Aufsichtsvorlage) ist die Endfassung einer bildlichen Vorlage, die zur Reproduktion bzw. zur Vervielfältigung vorgesehen ist. Die Reinzeichnung ist meist (außer bei Großflächenplakaten) im *Originalmaßstab* angelegt, in der vom Gestalter bereits alle Elemente (Fotos, Schriften, Headlines, Logos etc.) *„auf Stand"* (d. h. auf die genaue Stelle der späteren Wiedergabe) montiert werden. Meist werden auf einem transparenten Deckblatt auf der Reinzeichnung die exakten Stände nochmals angegeben, damit bei späterem Zusammenmontieren der Filme keine Missverständnisse entstehen. Heute werden Reinzeichnungen meist *digital* angefertigt. Es gibt keine gezeichnete „Pappen" mehr, sondern nur noch *Datenträger* (Zipp-Disketten, Cartridges, CD-ROM, ISDN-Übertragungen etc.), die in der *Litho-Anstalt* dann in die fertigen Druckfilme umgesetzt werden.

6.5.2 Sonstige Terminologien im Design

AAAA	Amerikanischer Werbeverband (Association of American Advertising Agencies)
Account Executive	Etatdirektor (oberster Kundenchef einer Agentur)
Account Supervisor	Kundenberater, Kontakter, auch scherzhafterweise „Pappenträger" genannt
AD	Art Director (Grafiker, der für einen oder mehrere Kampagnen direkt verantwortlich ist)
Advertising expenditures	Werbeaufwendungen
AE Provision	Anzeigen-Expeditionsprovision (ca. 15 Prozent der Schaltgebühren)
Agenda	Tagesordnung, Programm
ATL	Above the line, klassische Werbung (z. B. Anzeigen, Plakat, Hörfunk-Spots, TV-Spots)
Benefit	Nutzen, in der Regel für den Kunden
Big Spenders	Unternehmen mit hohem Werbeaufwand (z. B. in Deutschland: Procter & Gamble, Ferrero, Henkel, Automobilindustrie etc.)
Billings	betreutes Werbevolumen (Umsatz einer Agentur), Etat
Body Copy	Basistext einer Anzeige (meist nach einer Headline)
Brainstorming	Technik zur Ideengewinnung (spontanes Äußern von allen Einfällen zu einem Problem)
Briefing	meist schriftliche Aufstellung aller für eine Konzeption relevanten Faktoren
BTL	Below the line, Verkaufsförderung (VKF), Direktmarketing, Sponsoring etc.
B to B	Business to Business (Werbung, Marketing, Geschäftsbeziehungen zwischen Unternehmen)
Budget	zur Verfügung stehender (Werbe-)Etat (finanzielle Mittel)
Bundsteg	Heftfalz in einer Zeitschrift oder Zeitung, meist die Mitte, die optisch zwei Seiten voneinander trennt
Bundsteganzeige	Anzeige, die über eine Doppelseite eines Printmediums geht
Cannes-Rolle	Sammlung von prämierten Werbespots der Cannes-Filmfestspiele
Carry over Effekt	Werbewirkungsdauer über längeren Zeitraum

Casting	Besetzung einer Rolle (z. B. in einem Fernsehspot)
CD	Creative Director (oberster Grafik-Chef einer Agentur)
Claim	zentrale Botschaft oder Nutzenversprechen (Benefit)
Commercial	Werbesendung im Fernsehen, Kino oder Rundfunk
commercial break	Werbeeinblendung
Copy Chief	Cheftexter
Copy Platform	zentrale Gestaltungskonzeption (Aussagenkonzept: Was will man mit einer Markengestaltung „rüberbringen")
Copy Strategy	inhaltliche Darstellung der Werbestrategie (bestehend aus Nutzenversprechen (Benefit), Nutzenbeweis (Reason Why), Tonalität der Aussage, (emotionale Einbettung der Aussagen mit Musik, Bildern, lächelnden Menschen etc.
Copy Test	Anzeigentest (mittels Befragung oder Beobachtung (z. B. durch Blickaufzeichnung, Tachistoskop etc.)
Copy-Writer	Texter
Cost per Order	Kosten pro Bestellung
Coverage	Reichweite eines Kommunikationskanales (z. B. Bildzeitung erreicht ca. 13 Prozent aller Bundesbürger über 14 Jahre, d. h. Reichweite ist 13 Prozent)
Design-Manager	meist firmeninterner oder auch freier Koordinator für designbezogene Aufgaben
DRTV	Direct Response Television (Werbespot mit eingeblendeter Telefonnummer, verbal genannter Telefonnummer/Anschrift, die eine Reaktion des Empfängers hervorrufen soll
DTP	Desktop publishing (computerbasierende Gestaltung)
Dummy	Modell, meist dreidimensionaler Prototyp, z. B. einer Verpackung, welcher zu Präsentationszwecken erstellt wird
Editorial matter	redaktionelles Umfeld
„Effie"	Auszeichnung für werblichen Erfolg hinsichtlich eines gesetzten Zieles (von Gesamtverband für Werbeagenturen (GWA) verliehen
Ergonomiemodell	Modell, an dem man die Handhabung testen kann
Event-Marketing	Veranstaltungsmarketing (Kongresse, Symposien, Messen)

Fee	Honorar oder Agenturvergütung
final art work	Reinzeichnung
Flop	Marke oder Konzeption, die nicht von den Zielgruppen akzeptiert/gekauft wird
Freelancer	freier Mitarbeiter
Fund Raising	Spendenbeschaffung
Funktionsmodell	Modell eines Produktes, das schwerpunktmäßig die Funktionsweise demonstriert
Gross rate	Bruttopreis
Gross Rating Points (GRP)	Bruttoreichweite; aufaddierte (prozentuale) Summe der Reichweiten mehrerer Werbemittel einschließlich Überschneidungen
Hausfarbe	typische Farbe (Farberscheinungsbild) eines Unternehmens
Hot Shop	Agentur, bestehend aus wenigen hochkreativen Mitarbeitern, die schwerpunktmäßig Gestaltung betreiben und weniger Konzeption. Meist auch für Agenturen stehend, die neue, provozierende, ungewöhnliche, hochkreativen Werbung/Markengestaltung betreiben
Human Relations	systematische Pflege der menschlichen Beziehungen und des internen Betriebsklimas in einem Unternehmen
IAA	International Association of Advertising (Internationaler Verband von Werbefachleuten)
Image	Vorstellungsbild
Imagery	Lehre von den inneren Bildern
Impact	Werbewirkungskraft
Industrial Design	Produktgestaltung, industrielle Formgebung
Inselanzeige	alleinstehende Anzeige, meist in der Seitenmitte eines redaktionellen Umfeldes
Insert	Unterbrecher (spot) zwischen zwei Werbespots (Mainzelmännchen)
Insertion	Anzeigenauftrag an einen Werbeträger im Bereich der Druckmedien
Involvement	Ich-Beteiligung
Issue	Kernfrage/Sachverhalt

6.5 Terminologie des Marken-Design

Jingle	kurze, charakteristische Melodie oder gesungener Werbeslogan in Radio- oder Fernsehwerbung
KISS	„Keep it simple and stupid" (Werbeaussagen einfach und leicht verständlich halten)
Kontaktstrecke	Länge des Weges, den der Käufer im Einzelhandel z. B. im Selbstbedienungsladen bei Betrachtung an den präsentierten Waren zurücklegt
Kuponanzeige	Anzeige mit einem abzutrennenden Rückantwortkupon
Launch	Einführung
Layout	Vorstufe zu Reinzeichnung
Leaflet, Flyer	kleines Faltblatt
Leporello	Zieharmonikafalz eines Blattes
Lipsing	nichtexakte Mundbewegung bei Synchronisation
Litho	4-Farb-Auszüge v. Reinlayout
Location	Ort von Foto-/Filmaufnahme
Lumbecken	Verfahren der Klebebindung (nach seinem Erfinder Emil Lumbeck), bei dem beschnittene Bogenblöcke in einen Deckel oder Umschlag eingeleimt werden
Mail Order	Form der brieflichen Direktwerbung, bei der per Post Waren bestellt und geliefert werden können
Mammut-Plakat	Großplakat in der Außenwerbung von mindestens 16 Bogen
Mediaabteilung	Abteilung in größeren Agenturen, welche die Werbemittel in geeigneten Medien (TV, Funk, Film) schalten
me too	Marken, die sich in der Aufmachung und/oder Kommunikation stark an die Marktführermarken anlehnen
Message	Botschaft
Moiré-Effekt	ein Rastermuster, das aufgrund von Überlagerungen mehrerer Raster (z. B. durch falsche Rasterwinkelung) auf Vorlagen, Filmen oder gedruckten Werbemitteln entstehen kann
Mood	Stimmung
Mood board	Stimmungsbild
Nasenschilder	Werbemittel, die rechtwinklig zu einer Hauswand angebracht werden und in eine Straße/Gehsteig hineinragen

Network-Agencies	Kooperation zwischen mehreren selbstständig bleibenden nationalen oder internationalen Agenturen zur Abwicklung von Markengestaltungsaufträgen oder Werbekampagnen
Nutzenversprechen	Nutzen, den der Kunde vom Kauf und dem Gebrauch eines Produkts/Dienstleistung haben soll
Off strategy	nicht strategiekonform
On air	auf Sendung sein, Aufnahmesendung
On-set-Placement	Form des Product Placement mit Requisiten (markierte Wohnungseinrichtung, Textilien etc. in einem Spielfilm, einer Fernsehsendung etc.)
On strategy	man hält sich an die Strategie
Opinion leader	Meinungsführer
Packshot	Packungsfoto
Passerkreuze	Markierungen beim Mehrfarbendruck auf den einzelnen Filmen, um das genaue Übereinanderpassen der einzelnen Farben zu prüfen und einzurichten
PoP	Point of Purchase (Einkaufsort/Schalter/Supermarkt)
PoS	Point of Sale (Verkaufsort/Regal/Supermarkt)
Product Placement	Form der „Schleichwerbung" durch Platzierung von Marken in Spielfilmen, Sendungen bei Film/Funk/Fernsehen
PR	Public Relations (Öffentlichkeitsarbeit)
Product Publicity	Aufklärungswerbung für ein Produkt
Proof	Nutzenbeweis/Reason Why
Proportionsmodell	Modell aus Kunststoff, Pappe etc., das Aufschluss über Größe und Proportionen geben soll
Public Affairs	Gestaltung der betrieblichen Beziehung zur sozialen und politischen Umwelt
Reason Why	Begründung
Re-Briefing	Rückbestätigung des Kunden-Briefing durch die Agentur
Reinzeichnung	endgültige graphische Vorlage für die Reproduktion und den etwaigen Druck
Relaunch	Wiederbelebung eines Produktes
Rendering	(farbige) Präsentationszeichnung mit Licht und Schatten eines meist dreidimensionalen Designentwurfes

Retouching	Retusche/Bildbearbeitung
RIC	Readership involvement comittment: Aufmerksamkeit und Neugierde weckende Bestandteile einer Direktwerbung, mit der sich der Empfänger befassen soll, um auf die Werbebotschaft/Marke einzusteigen
Rough	erster Rohentwurf, Scribble
Salesfolder	optisch aufgearbeitete Verkaufsunterlagen
Sales Promotion	Verkaufsförderung
Sampling	Abgeben von Warenproben zur Verkaufsförderung
Satz	Zusammenstellung von Texten für den Druck
Satzspiegel	Fläche auf einer Seite, die bedruckt werden soll
Schlüsselbilder	Leitbilder (visuelle und akustische Grundmotive), die den langfristigen Auftritt einer Marke bestimmen sollen
Schlüsselreize	spezielle Reize, auf die Menschen weitgehend automatisch und ohne nachzudenken reagieren (z. B. Kindchenreize, erotische Reize)
Scribble	erste (meist graphische) Ideenskizze für eine Gestaltung
Seitenumbruch	exakte Zusammenstellung und Anordnung von Text und Illustrationen auf der Vorlage für den Druck
Serigrafie	Siebdruck
Shortlist	Kandidatenliste für die Endauswahl bei einem Wettbewerb
Slice-of-life-Technik	Präsentationstechnik einer Werbung, in der eine Szene aus dem Alltagsleben nachgespielt wird und dadurch die Produktbenefits glaubwürdiger erscheinen sollen
Slogan	zentrales Nutzenversprechen in einem Werbespot/ Anzeige
SOA	Share of advertising (prozentualer Anteil der Werbeausgaben eines Unternehmens an den Gesamtausgaben der Branche)
SOM	Share of Mind (prozentualer Anteil der erzielten Kontakte pro Zielperson anteilig zu den Kontakten der Konkurrenten pro Zielperson)
SOV	Share of Voice (prozentualer Anteil der eigenen Zielgruppenkontakte im Vergleich zu den gesamten Zielgruppenkontakten der Branchenwerbung)

Spill-over-Effekt	Kommunikationswirkung (Ausstrahlungseffekt) zwischen verwandten beworbenen Objekten, entweder konkurrierend oder komplementär
Sponsoring	Bereitstellung von finanziellen, sachlichen oder personellen Mitteln an andere Organisationen/Personen zur Erreichung eines eigenen Marketingzieles
Spot	Werbefilm
Store Check	Befragung oder Beobachtung in einem Laden (z. B. bzgl. eigener oder fremder Produkte, Kaufverhalten am POP, Handelsverhalten, Promotionsmaßnahmen etc.)
Storyboard	bebilderdes Drehbuch
Streuplan	Mediaplan, zeitlich und nach Schaltmedien und Schaltungen geordneter Plan, wo und wann Werbebeiträge veröffentlicht werden sollen
Stuffer	Minibeilage zu einem Direct Mail-Brief, um an die obere Gewichtsgrenze für das Porto zu gelangen
Styling	geschmackliche Gestaltung eines Objekte (Automobil, Gebrauchsobjekt etc.)
supplement	Beilage
target group	Zielgruppe
Teaser	Hinweisseite/Vorschaltseite, soll Neugier wecken
Testimonial	Fürsprecher, Bezeuger für eine Marke
Traum-Alptraum-Spot	Präsentationstechnik der Werbung z. B. Melitta-Gefrierbrand-Spot
TVC	TV Commercial
UAP	Unique Advertising Propositition (einzigartiger werblicher Verkaufsvorteil)
USP	Unique Selling Proposition (einzigartiger faktischer Verkaufsvorteil)
Vampir-Effekt	Ablenkungseffekt von Hauptaussage durch aufmerksamkeitsstarke Texte oder Bilder

Anhang

Fachzeitschriften und Periodika für Marken und Design:

absatzwirtschaft
Zeitschrift für Marketing
c/o Verlagsgruppe Handelsblatt
Kasernenstr. 67
40213 Düsseldorf
Tel.: 0211 8 87-0
Fax: 0211 32 67 59

The Journal of Brand Management
Henry Stewart Publications,
2/3 Cornwall Terrace
Regent's Park
London NW1 4QP
United Kingdom
Tel.: 0044 71 93 52 3 82
Fax: 0044 71 48 67 0 83

Marketing
Verlag C. H. Beck/Franz Vahlen GmbH
Postfach 400340
80703 München
Tel.: 089 3 81 89-781
Fax: 089 3 81 89-782

Design Report. Mitteilungen über
den Stand der Dinge
Hrsg.: Rat für Formgebung, Frankfurt
Blue C. Verlag
stilwerk, Große Elbestraße 68
22767 Hamburg
Tel.: 040 3 06 21-400
Fax: 040 3 06 21-409

Design Agencies Europe
Jahrbuch für Design-Agenturen in Europa
Siegmund Publishing
Verlagsgesellschaft mbH
Am Bergfeld 101
21647 Moisburg
Tel.: 04165 66 09
Fax: 04165 60 11
Herausgeber: W. Christian Siegmund

creativ verpacken
Lindenhaus Verlagsgesellschaft mbH
Ute von Buch
Lindenhaus, Hauptstraße 6
16278 Wilmersdorf/Uckermark
Tel.: 0049 3 33 34 – 85 20-0
Fax: 0049 3 33 34 – 85 20-29
Homepage: www.creativverpacken.de

Markenhandbuch
Firmen – Marken – Werbeagenturen
Horst Czerner
Team Fachverlag GmbH & Co. Vertriebs KG
Postfach 11 20
63786 Karlstein am Main
Tel.: 06188 95 76 60
Fax: 06188 77 1 64

form Zeitschrift für Gestaltung
Verlag und Redaktion form
Hanauer Landstraße 161
60314 Frankfurt/M.
Tel.: 069 94 33 25-0
Fax: 069 94 33 25-25

Lebensmittel Praxis
Das Magazin für den Handel
LPV Lebensmittel Praxis
Verlag Neuwied GmbH
Postfach 1861
56508 Neuwied
Tel.: 02631 879-0
Fax: 02631 879-204

Markenartikel
Zeitschrift f. Markenführung
Herausgeber: Markenverband e.V.
E. Albrecht Verlags-KG
Freihamer Str. 2
82166 Gräfelfing
Tel.: 089 85853-0
Fax: 089 85853-20
Chefredakteur: Peter Grossklaus

Marketing Journal
Postfach 130704
Koopstr. 20
20144 Hamburg
Tel.: 040 410348
Fax: 040 410276
Herausgeber: Wolfgang K.A. Disch

nv Neue Verpackung
c/o Verlag für Fachliteratur GmbH
Verlagsgruppe Dr. Alfred Hüthig
Im Weiher 10
69121 Heidelberg
Tel.: 06221 489211
Fax: 06221 489481

Red Box
Das Handbuch für die Werbe- und
Kommunikationsbranche
c/o RED BOX Verlag GmbH
Abteistr. 49
20149 Hamburg
Tel.: 040 410 80 81
Fax: 040 44 02 14
Redaktionsleiterin: Sonja Öhlckers

Lebensmittel-Zeitung
Deutscher Fachverlag GmbH
Mainzer Landstraße 251
60264 Frankfurt/M.
Tel.: 069 7595-01
Fax: 069 7595-1400

Horizont Zeitung für Marketing,
Werbung und Medien
c/o Verlagsgruppe Deutscher Fachverlag
Mainzer Landstraße 251
60326 Frankfurt
Tel.: 069 7595-1604
Fax: 069 7595-1600

novum world of graphic design
New Media Magazine Verlag GmbH
Dietlindenstr. 18
80802 München
Tel.: 089 368881-84
Fax: 089 368881-81
e-mail: ulrich@novumnet.de

Designers Digest
Das Artwork Magazin
für Design+Technik
Im Haesen 9
27419 Sittensen
Tel.: 04102 31578
Fax: 04102 31538

Die Schaulade
Fachzeitschrift für den Fachhandel
der Bereiche Porzellan, Keramik,
Glas, Geschenkartikel, Kunstgewerbe
Wohnzubehör und Hausrat
c/o Meisenbach Verlag
Hainstr. 18
96047 Bamberg
Tel.: 0951 861112
Fax: 0951 861158
Herausgeber: Hans Dirr

View on Colour
The Colour Forecasting Book
United Publishers S. A.
30, Boulevard Saint Jacques
75014 Paris, France
Tel.: 33-1-44086888
Fax: 33-1-43317791
e-Mail: upsa@FranceNet.fr
Editor: Lisa White

Workshop
Kommunikation pur
GIT Verlag GmbH
Rößlerstr. 90
64293 Darmstadt
Tel.: 06151 8090-0
Fax: 06151 809045
Redaktion: Jörg Peter Matthes

Zeitschrift für Semiotik
c/o Staufenburg Verlag
Postfach 2567
72070 Tübingen
Tel.: 07071 78091
Chefredakteur: Prof. Dr. Roland Posner

Page
MACup-Verlag GmbH
Leverkusenstraße 54
22761 Hamburg
Tel.: 040 85183-514
Fax: 040 85183-549

Werbeforschung & Praxis
Zeitschrift der Werbewissenschaftlichen
Gesellschaften Bonn/Wien
Hsg.: Deutsche Werbewissenschaftliche
Gesellschaft e.V.
Adenauerallee 118
53113 Bonn
Tel.: 0228 94913-0
Fax: 0228 94913-13

w&v
Werben und Verkaufen
Die Wochenzeitung der
Marketing Kommunikation
Thomas-Dehler-Str. 27
81737 München
Tel.: 089 67804-261
Fax: 089 67804108

AGD Quartal
Berufswirtsch. Infos für
selbstständ. Designer
Allianz deutscher Designer e.V. (AGD)
Steinstr. 3
38100 Braunschweig
Tel.: 0531 16757
Fax: 0531 16989

Literaturverzeichnis

Aaker, D. A.: Building strong Brands, The free Press, New York, London, Toronto, Sydney, Tokyo, Singapore, 1996
Aaker, D. A./Joachimsthaler, E.: Brand Leadership, München, 2001
Aeschbacher, J.: „Dauerbrenner", von Dingen, die perfekt auf die Welt kamen, Frankfurt, Berlin, 1994
Adjouri, N.: Die Marke als Botschaft. Die kommunikative Funktion der Marke und ihre Interdependenzen zur Werbung, Berlin, 1994
Adjouri, N.: Die Marke als Botschaft. Die kommunikative Funktion der Marke und ihre Interdependenzen zur Werbung, Markenidentität bestimmen und entwickeln, Wiesbaden, 2002
Adlwarth, W.: Formen und Bestimmungsgründe prestigegeleiteten Konsumverhaltens, München, 1983
Alewell, K.: Markenartikel, in: Tietz, B. (Hrsg.), Handwörterbuch der Absatzwirtschaft, Stuttgart, 1974, S. 1217–1227
Amann, M.: Manuskript zum Seminar „Verpackungsdesign von A–Z", Reinach/Schweiz, 1992
Anderson, J. R.: Kognitive Psychologie, 4. Aufl., Heidelberg, 2001
Andresen, Th. B. in: 2. Icon Congress, „Brennpunkt Markenführung", Nürnberg, 1994
Andresen, Th. B./Nickel, O.: Führung von Dachmarken, in: Esch, F.-R.: Moderne Markenführung, Wiesbaden, 2001
Ansoff, H. I.: Management Strategie, München, 1966
Batzer, E./Greipel, E. in: Marke und Markenartikel als Instrumente des Wettbewerbs, Mannheim, München, 1992
Baumgarth, C.: Markenpolitik, Wiesbaden, 2001
Bänsch, A. in: Diller, H. (Hsg.): Vahlens Großes Marketing Lexikon, München 1994
Becker, J. in: Marke und Markenartikel als Instrumente des Wettbewerbs, Mannheim, München, 1992
Bea, F. X./Haas, J.: Strategisches Management, 2. Aufl., Stuttgart, 1997
Becker, J.: Der Strategietrend im Marketing, München, 2000
Becker, J.: Marketing-Konzeption, Grundlagen des zielstrategischen und operativen Marketing-Managements, 7. Aufl., München, 2001
Becker, J.: Typen von Markenstrategien, in: Bruhn, M. (Hrsg.) (1994): Handbuch Markenartikel, Band 1, Stuttgart, 1994
Becher, M.: Moral in der PR? Berlin, 1996
Beckwith, N. E./Kassarjian, H. H./Lehman, D. R.: Halo-Effect in marketing research: Review and prognosis, in: Advance in Consumer Research (ACR), 1978
Behrens, G.: Die Wahrnehmung des Konsumenten, Thun, Frankfurt/M., 1982
Behrens, G.: Konsumentenverhalten, 2. Aufl., Heidelberg, 1991
Behrens, G.: Werbung, München, 1996
Bellezza, F. S.: Mnemonic Devices and Memory Schemas, in: McDaniel und Presley (1987), S. 34–55
Bense, M.: Zeichen und Design, Semiotische Ästhetik, Baden-Baden, 1971
Berekoven, L.: Zum Verständnis und Selbstverständnis des Markenwesens, in: Markenartikel heute. Marke, Markt und Marketing, Wiesbaden, 1978
Berndt, R./Hermanns, A. (Hsg.): Handbuch Marketing-Kommunikation. Strategien, Instrumente, Perspektiven. Wiesbaden, 1993
Biederman, I.: Recognition-by-components: A theory of human image understanding. Psychological Review, 94, S. 115–147

Birkhoff, G. D.: „A mathematical theory of aesthetics", in: The rice institute pamphlet 19, 1932
Birkigt, K./Stadler, M. M.: Corporate Identity, 2. Aufl., München, 1990
Birkigt, K./Stadler, M. M./Funck, H. J.: Corporate Identity: Grundlagen, Funktionen, Fallbeispiele, 4. Aufl., Landsberg, 2000
Bledjian, F./Stosberg, C.: Analyse der Massenkommunikation: Wirkungen, Düsseldorf, 1972
Bleicker, U.: Produktbeurteilung der Konsumenten, Würzburg, 1983
Bode, M.: Zeichen des Marktes – die Semiotik der Werbung aus der Sicht der interpretativen Werbeforschung, in: Zeitschrift für Semiotik, Band 21, Heft 2, Tübingen, 1999
Bolz, N.: Das kontrollierte Chaos; Vom Humanismus zur Medienwirklichkeit, Düsseldorf, Wien u. a., 1994
Bouz/Allen/Hamilton (Hrsg.): Zukunft Multimedia: Grundlagen, Märkte und Perspektiven in Deutschland, 4. Aufl., Frankfurt, 1997
Braem, H.: Die Macht der Farben, München, 1985
Brandmeyer, K./Schmidt, M.: Der „Genetische Code der Marke" als Management-Werkzeug, in: Brandmeyer, K./Deichsel, A.: Jahrbuch Markentechnik, 2000/2001, Frankfurt, 1999
Brauer, W./Saborowski, J.: Internet-Branding, in: absatzwirtschaft online, www. absatzwirtschaft.de 2003)
Brockhoff, K.: In: Diller H. (Hrsg.): Vahlens großes Marketing Lexikon, München, 1994
Bruhn, M.: Planung des Kommunikations-Mix von Unternehmen. In: Bruhn, M. (Hrsg.): Handbuch des Marketing. München 1989
Bruhn, M: Effizientes Kommunikationsmanagement – Wandel und Perspektiven im Management der Marketing Kommunikation. In: Zeitschrift: „Werbeforschung und Praxis", 38. Jahrgang, Nr. 3, 1993, Seite 75–86
Bruhn, M. (Hrsg.): Handbuch Markenartikel, Stuttgart, 1994a
Bruhn, M.: Das Konzept des Markentypenlebenszyklus, in: Bruhn, M. (Hrsg.) (1994): Handbuch Markenartikel, Stuttgart, 1994b
Bruhn, M.: Integrierte Unternehmenskommunikation – Ansatzpunkte für eine strategische und operative Umsetzung integrierter Kommunikationsarbeit, 2. Aufl., Stuttgart 1995
Bruhn, M.: Kommunikationspolitik, München, 1997
Bruhn, M. (Hrsg.): Handbuch Markenartikel, 2. Aufl., Stuttgart, 2003
Burdach, K.: Geschmack und Genuss – die hedonische Bewertung von Nahrungsmitteln, in: N.N.: Sensorik und Lebensmittelqualität, Frankfurt, 1988
Buchholz, A./Wördemann, W.: Was Siegermarken anders machen. Wie jede Marke wachsen kann, 3. Aufl., München, Düsseldorf, 1999
Bürdek, B.: Produktgestaltung heute, in: Format 833/84, Jan/März 1980
Burton, S./Lichtenstein, D. R.: „Assessing the relationship between perceived an objective pricequality: a replication", in: Goldberg, Gorn et al., 1990, S. 715–722
Cain, W.: Differential sensitivity for smell: „Noise" at the nose. Science, 203, S. 467–470, 1977
Campbell, F./Robson, J.: Application of Fourier analysis to the visibility of gratings. Journal of Physiology, 197, 551–566, 1968
Carter, D. E.: Branding – the power of market identity, New York, 1999
Cherry, C.: Kommunikationsforschung – Eine neue Wissenschaft, 2. Aufl., Hamburg, 1984
Deal, T. E./Kennedy, A. A.: Corporate Cultures. Reading, Mass., 2000
Debrunner, P.: Die Verpackung als Marketinginstrument, Kosten und Nutzen ihres Einsatzes, Diss., Zürich, 1977
deVries, H/M. Stuiver: the absolute Sensitivity of the human sense of smell, in: W. A. Rosenblith (Hrsg.), Sensory Communication, Cambridge: MIT Press, 1961
Dichtl, E./Eggers, W.: Marke und Markenartikel, Mannheim, München, 1992
Dieterich, M.: Konsument und Gewohnheit, Diss., Frankfurt, 1986
Diller, H. (Hrsg.): Vahlens großes Marketinglexikon, München 2001

Dingler, R.: Wie baut man eine starke Marke auf? In: MTP-Alumni Edition (Hrsg.): Erfolgreiches Marken-Management, Wiesbaden, 1997

Distler, G. F. in: Pflaum/Pieper, Lexikon der Public Relations, Landsberg/Lech, 1993

Domizlaff, H.: Die Gewinnung des öffentlichen Vertrauens, Hamburg, 1951

Donovan, R. J./Rossiter, J. R.: „Store Atmosphere: An Environmental Psychology Approach", Journal of Retailing, 58, H. 1, 1982, S. 34–57

Dowling, W. J./Harwood, D. L.: Music cognition, New York, Acad. Press, 1986

Duden Fremdwörterbuch, 1990, S. 242

Dudenhöffer, F.: Abschied vom Massenmarketing. Systemmarken und Beziehungen erobern Märkte, Düsseldorf, München, 1998

Ebner, M.: Panscher an den Pranger, aus: Stuttgarter Nachrichten vom 5.5.2001

Eco, U: Einführung in die Semiotik, UTB, München, 1972

Eichel, I.: Sanfter Einstieg. In: Zeitschrift „Horizont" Heft 46/95, 1995, S. 48/49

Eichmeier, D./Schröter, R.: Das Netz ist tot. In: Zeitschrift werben & verkaufen (w&v) Heft 18/1996, S. 90–91, ferner Kohrs, u. a.: Mittlerrolle in der digitalen Welt. In: Zeitschrift „Horizont" Heft 4/1996

Eisenmann H.: Grundriss gewerblicher Rechtsschutz und Urheberrecht, 4. Aufl., Heidelberg, 2001

Ellinger, Th.: Die Informationsfunktion des Produktes, Köln u. Opladen, 1966

Ertel, S.: Psychophonetik, Untersuchungen über Lautsymbolik und Motivation, Göttingen, 1982

Escherle, H.-J.: Industrie-Design für ausländische Märkte, Diss., München, 1986

Esch, F.-R.: Strategie und Technik der Markenführung, München, 2003

Esch, F.-R. (Hrsg.): Moderne Markenführung, Grundlagen, Innovative Ansätze, Praktische Umsetzungen, 3. Aufl., Wiesbaden, 2001

Esch, F.-R./Andresen, Th. B. (1997): Messung des Markenwertes, in: MTP Alumni Edition (Hrsg.): Erfolgreiches Marken-Management, Wiesbaden, 1997

Favre, J. P./November: Color and (und et) Communication, Zürich, 1980

Fischer, R./Mikosch, G.: Anzeichenfunktionen, in: Broschüre des Fachbereiches Produktgestaltung, HfG, Offenbach/M., 1984

Fishbein, M./Aizen: Inferential Belief: attitude, intention and behavior, Don Mills (Ont.), Sydney, 1975

Fournier, S. M.: Markenbeziehungen – Konsumenten und ihre Marken, in: Esch, F.-R.: Moderne Markenführung, 2. Aufl., Wiesbaden, 2000

Freedman, J. L./Sears, D. O. et al.: Social Psychology, 6. Ed., Englewood Cliffs (N.J.), 1988

Frey, U. D.: Marketing im Aufbruch, Landsberg am Lech, 1994

Friedrich-Liebenberg, A.: Anmutungsleistung von Produkten, Hanstein, Köln, 1976

Fritz, T.: Semiotik, Marketing und Konsumforschung, in: Handbuch der Semiotik, 2. vollständig neu bearbeitete und erweiterte Aufl., Stuttgart, Weimar, 2000

Fröhlich, W. D.: Wörterbuch zur Psychologie, München, 2000

Garnich, R.: Konstruktion, Design und Ästhetik, Diss., Stuttgart, (1969), 1982

Geipel, P.: Industrie-Design als Marktfaktor bei Investitionsgütern, eine absatzwirtschaftliche Analyse, München, 1990

Gobé, M.: Emotional Branding, New York, 2001

Goldstein, E. B.: Wahrnehmungspsychologie, Heidelberg, Berlin, Oxford, 2002

Gotta, M.: Branding, in: M. Bruhn (Hrsg.): Handbuch Markenartikel, Band 2, Stuttgart, 1994

Gotta, M.: Die Sponsoren fahren auf Formel 1 ab. In: Zeitschrift Horizont, Heft 45, 1995

Gottschling, S./Rechenauer, H. O.: Direktmarketing, München, 1994

Grey Strategic Planning: Smart Shopper: Wieviel Marke braucht der Mensch? Oder: Ein neues Preis-Leistungs-Bewusstsein, Grey, Düsseldorf, 1996

Gries, G.: Markenpolitik, in: Geisbüsch, H. G., Weeser-Krell, L. M., Geml, R. (Hrsg.), Marketing, Landsberg, 1987, S. 411–418

Grimm, M.: Woran orientiert sich der Verbraucher beim Kauf?, in: Zeitschrift „Markenartikel", 7/1996, S. 332 ff.

Gros, J.: Dialektik der Gestaltung, Institut für Umwelt-Planung, Ulm, 1971

Gros, J.: Einführung, Grundlagen einer Theorie für Produktsprachen, Heft 1 der Reihe: „Grundlagen einer Theorie für Produktsprachen", Offenbach, 1983

Größer, H.: Markenartikel und Industrie-Design, 1991

Gruner + Jahr: Imagery; innere Markenbilder in gehobenen Zielgruppen, eine Untersuchung von GEO, Hamburg, 1996

Grunert, K. G.: Kognitive Strukturen in der Konsumforschung – Entwicklung und Erprobung eines Verfahrens zur offenen Erhebung assoziativer Netzwerke, Heidelberg, 1990

Gunzenhäuser, R.: Maß und Information, Baden-Baden, 1975

Gutjahr, G.: Markenkult und Fetischismus, www.ifm-mannheim.de, 2003

Hammann, P.: Der Wert einer Marke aus betriebswirtschaftlicher und rechtlicher Sicht, in: Dichtl/ Eggers: Marke und Markenartikel, Mannheim, München, 1992

Hart, R. A. & Moore, G. I.: The development of spatial cognition: A review. In R. M. Downs & D. Stea (Ed.). Image and Environment. Chicago: Aldine, 1973

Hauser, U.: Dachmarkenstrategien, in: MTP e.V. (Hrsg.)/Ulrich Hauser (1997): Erfolgreiches Markenmanagement, Wiesbaden, 1997

Heckel, H. P.: Below the line wird immer wichtiger. In: Zeitschrift Horizont, Heft 12, 1995

Heinen, E.: Determinanten des Konsumentenverhaltens. Zur Problematik der Konsumentensouveränität, in: Zur Theorie des Absatzes, Festschrift zum 75. Geburtstag von E. Gutenberg, Hrsg.: Koch, H., Wiesbaden, 1973, S. 81–130

Heller, E.: Wie Farben wirken, Reinbeck, Hamburg, 1989

Heller, E.: Wie Farben wirken – Farbpsychologie, Farbsymbolik, kreative Farbgestaltung, Reinbeck, Hamburg, 2002

Heller, E.: Wie Farben auf Gefühl und Verstand wirken, Reinbeck, Rowohlt, 2000

Henderson, P. W.; Cote, J. A.: „Designing Positively Evaluated Logos", Arbeitspapier, Marketing Science Institute, Bericht Nr. 96, 123, 1996

Henning-Bodewig, F./Kur, A.: Marke und Verbraucher. Funktionen der Marke in der Marktwirtschaft, Bd. 1: Grundlagen, Weinhein, 2000

Herrmann, A./Huber, F./Braunstein, Chr.: Gestaltung der Markenpersönlichkeit mittels der „means-end-Theorie", in: Esch, F.-R., Moderne Markenführung, S. 103 ff., Wiesbaden, 2000

Hermanns, A. (Hrsg.), Handbuch Marketing-Kommunikations-Strategien, Instrumente, Perspektiven, Wiesbaden 1993

Herstatt, J. D.: Entwicklung von Markennamen, in: M. Bruhn (Hrsg.): Handbuch Markenartikel, Band 2, Stuttgart, 1994

Hinckeldey, Ch. (Hrsg.): Justiz in alter Zeit, Rothenburg o. d. T., 1989

Hinde, R. A.: Towards Understanding Relationships, London, Academic Press, 1979

Horizont Mediafacts: Hamburg, Ausgabe: 12/1996

Horx, M.: Trendbuch, München, 1996

Horx, M./Baumann S.: in: Markenartikel 7/96, S. 292 ff.

Hovland, C. I./Janis, H./ Kelley, H.: Communications and Persuasion, London, 1953, S. 35

Huth, R./Pflaum, D.: Einführung in die Werbelehre, 7. Aufl., Stuttgart, 2001

Hübel, D.: Sind die Marken noch glaubwürdig, in: 3. Internationales Iriodin Design-Forum, Darmstadt, 1993

Hühnerberg, R./Heise, G.: Multimedia und Marketing. Grundlagen und Anwendungen. Wiesbaden, 1995

icon: Bericht des 1. Icon-Congress vom 19.11.1993, Nürnberg, 1993

icon: Bericht des 2. Icon-Congress vom 4.11.1994; Nürnberg, 1994

Jacobi, H.: Werbepsychologie: Ganzheits- und gestaltpsychologische Grundlagen der Werbung, Wiesbaden, 1972

Jellinek, P.: Die psychologischen Grundlagen der Parfümerie, Heidelberg, 1966

Jellinek, P.: Die psychologischen Grundlagen der Parfümerie, 4. Aufl., Heidelberg, 1993
Jellinek, J. S.: Parfümieren von Produkten, Heidelberg, 1998
Julesz, B.: A brief outline of the texton theory of human vision. Trends in Neuroscience, 1984, S. 41–45
Kaltenbach, H.G.: Die Rolle von Produkt und Verpackung in der Marktkommunikation, Girardet, Essen, 1975
Kapferer, J.-N.: Die Marke – Kapital des Unternehmens, Landsberg/Lech, 1992
Kaplan, R. S./Norton, D. P.: The Balanced Scorecard – Measures that drive Performance, in: Harvard Business Review, January-February, 1997, S. 71–79
Karmasin, H.: Produkte als Botschaften, Wien, 1993
Karmasin, H.: Produkte als Botschaften, 2. überarbeitete u. erweiterte Aufl., Wien, 2000
Katz, D.: Psychological barriers to communication, in: mass communications, 2. Aufl., Hrsg.: Schramm, W.: Urbane, Chicago, London, 1960
Katz E.: Wird das Fernsehen überschätzt: Konzepte der Medienwirkungsforschung, in: Fröhlich und Zitzlsperger (Hsg.), 1992
Kelz, A.: Die Weltmarke, Idstein, 1989
Kerner, G./Duroy, R.: Bildsprache 1, München, 1992
Kindervater, A.: Die Marke als dynamisches Zeichensystem – eine Betrachtung der Marke auf Basis semiotischer Erkenntnisse als Chance für das Markenmanagement, unveröff. Diplomarbeit an der Hochschule Pforzheim, 2001
Kirsch, W./Trux, Win: W. Kirsch und P. Roventa (Hrsg.): Bausteine eines strategischen Managements, Berlin, New York, 1983, S. 52 f.)
Kischerer, S.: Industrie-Design als Leistungsbereich von Unternehmen, München, 1987
Klöcker, I.: Die Produktform und menschliches Verhalten. Eine Untersuchung von psychophysiologischen Ursachen und Wirkungen, Elemente und Kriterien der Gestaltung von Geräten, Maschinen, Anlagen u. Fahrzeugen, Diss. Hannover, 1980
Kohnert, F. J.: Vermittlung emotionaler Erlebniswerte, Bd. 10 der Reihe Konsum und Verhalten, Heidelberg, Wien, 1986
Koppelmann, U.: Produktmarketing und Warenverkaufskunde, Berlin, 1998
Koppelmann, U.: Grundlagen des Produktmarketing, Stuttgart, 1978
Koppelmann, U. in: B. Wolf (Hrsg.): Design-Management in der Industrie, Gießen, 1994a
Koppelmann, U.: Funktionenorientierter Erklärungsansatz der Markenpolitik, in: M. Bruhn (Hrsg.): Handbuch Markenartikel, Band 1, Stuttgart, 1994b
Koschnik, W. J.: Standard-Lexikon Werbung, Verkaufsförderung, Öffentlichkeitsarbeit, München u. a., 1996
Kotler, Ph.: Marketing-Management, 10. Aufl., Stuttgart, 2001
Kotler, P./Armstrong, G./Saunders, J./Wong, V.: Principles of Marketing. Prentice Hall Europe, 2001
Kotler, P./Bliemel, F.: Marketing-Management, 10. Aufl., Stuttgart, 2002
Kowalski, K.: Die Wirkung visueller Zeichen, Analysen und Unterrichtsbeispiele für die Sekundarstufe I, Stuttgart, 1975
Kramer, S. in: Diller H. (Hsg.): Vahlens großes Marketing Lexikon, München, 1994
Krappmann, L.: Soziologische Dimensionen der Identität, Stuttgart, 1971
Kreutzer, R.: Länderübergreifende Segmentierungskonzepte – Antwort auf die Globalisierung der Märkte, in: Jahrbuch für Absatz- und Verbrauchsforschung, 1/1991, S. 4 – 27
Kriegbaum, C.: Markencontrolling, München, 2001
Kroeber-Riel, W./Esch, F.-R.: Strategie und Technik der Werbung, 5. Aufl., Edition Marketing, Stuttgart, 2000
Kroeber-Riel, W.: Bildkommunikation – Imagery-Strategien für Werbung, München, 1996
Kroeber-Riel, W./Möcks, R.: Zur Wirkung von Duftstoffen – Duftstoffwirkungen und Konsumentenverhalten, 1. Untersuchungsbericht für Henkel, Düsseldorf, o. Jahresangabe

Kroeber-Riel, W./Weinberg, P.: Konsumentenverhalten, 7. überarbeitete Aufl., München, 1999

Lakaschus, C.: Soziokulturelle Aspekte des Markenartikels, in: M. Bruhn (Hrsg.): Handbuch Markenartikel, Band 3, Stuttgart, 1994

Lasswell, H. D.: The Structure and Function of Communication in Society, in Berelson und Janowitz, Reader in Public Opinion and Communication, 2. Aufl., New York, u. a., 1967

Leitherer, E.: Aufgaben für das Industrie-Design am Ende des 20. Jhrds. – Aus der Sicht der Unternehmen, in: Donation Siemens an die neue Sammlung, Hrsg.: H. v. Wichmann, München, 1987

Leven, W.: Blickverhalten von Konsumenten, Grundlagen, Messung und Anwendung in der Werbeforschung, Band 30 der Reihe Konsum und Verhalten, Heidelberg, 1991

Linxweiler, R. in: B. Wolf (Hrsg.): Design-Management in der Industrie, S. 98–107, Gießen, 1994

Linxweiler, R.: Stiefkind oder heimlicher Champion? Verpackungs- und Produkt-Design im Marken-Design-Mix. In: Zeitschrift „Markenartikel", Ausgabe 1/1997

Linxweiler, R.: Verpackungsdesign als Erfolgsfaktor der Marke, in: Stabernack, W. (Hrsg.): Marketinginstrument Verpackung, München, 1998

Linxweiler, R.: Über vernachlässigte Sinnesreize beim Marken-Design – Die multisensualen Markenzeichen, in: creativ verpacken, 5/1999, S. 12ff.

Linxweiler, R./Metzger, B.: Was ist für den Verbraucher wichtiger: Verpackung oder Werbung? In: creativ verpacken, 4/2000, S. 16 f.

Linxweiler, R.: Markenerlebnis gestaltet als Markenerleben – Was kommt danach? In: Schönberger, A.; Stilcken, R. (Hrsg.): Faszination Marke, Neuwied, 2001

Linxweiler, R.: BrandScoreCard – ein neues Instrument erfolgreicher Markenführung, Groß-Umstadt, 2001

Linxweiler, R.: Controlling, auf die Marke konzentriert – von der Balanced Scorecard zur BrandScoreCard, in: Markenartikel, 3/2001, S. 110 ff.

Linxweiler, R: Von der Marke bis zur Verpackung, in: Verpackungs-Berater 3/2001, S. 18 ff.

Linxweiler, R.: Von Kuschelflausch und Südseeprise – wie Marken-Design alle Sinne aktivieren kann, in: Frankfurter Allgemeine Zeitung, Sonderbeilage, vom 27.6.2001

Linxweiler, R.: unveröffentlichtes Direkt-Marketing-Skript, Hochschule Pforzheim, 2002a

Linxweiler, R.: BrandScoreCard plädiert für Marke, in: creativ verpacken, 1/2002, S. 26 ff.

Linxweiler, R., Henneka, G.: Die BrandScoreCard – mehr als Markenführung, in: absatzwirtschaft, Sonderheft Marken, März 2002, S. 76 ff.

Linxweiler, R.: Die ganzheitliche Gestaltung der Markenelemente, in: Bruhn, M.: Handbuch Markenartikel, 2. Aufl., Stuttgart, 2003

Linxweiler, R., Brucker, V.: BrandScoreCard, in: Bruhn, M.: Handbuch Markenartikel, 2. Aufl., Stuttgart, 2003

Liu, S. S.: Picture-Image Memory of TV Advertising in Low-Involvement Situations – A Psychological Analysis, in: Leigh und Martin, Ann Arbor, 1986, S. 27–60

Löbach, B.: Industrial-Design, München, 1985

Markin, R. J. Jr.: Consumer behavior, a cognitive orientation, New York und London, 1974

McDaniel, C./Baker, R. C.: Convenience food packaging and the perception of product quality, Journal of Marketing (JM), October 1977, S. 57–58

Meer, D.: „System Beaters, Brand Loyals, and Deal Shoppers: New Insights into the Role of Brand and Price", Journal of Advertising Research, Vol. 35, May/June, S. RC-2-RC-7, 1995

Meffert, H./Bruhn, M.: Markenstrategien im Wettbewerb, Wiesbaden, 1984

Meffert, H.: Strategische Unternehmensführung und Marketing. Beiträge zur marktorientierten Unternehmensführung, Wiesbaden, 1988

Meffert, H.: Marketingforschung und Käuferverhalten. Wiesbaden, 1992

Meffert, H.: Marketing, Wiesbaden, 1993

Meffert, H.: Marketing, 9. Aufl., Wiesbaden, 2000

Meffert, H.: Entscheidungsorientierter Ansatz der Markenpolitik, in: M. Bruhn (Hrsg.): Handbuch Markenartikel, Band 1, Stuttgart, 1994
Meffert, H./Burmann, Chr./Koers, M.; Hrsg.: Markenmanagement, Grundfragen der identitätsorientierten Markenführung, Wiesbaden, 2002
Mehrabian, A./Russel, J. A.: An Approach to environmental Psychology, Cambridge (Mass.), 1974
Mellerowicz, K.: Markenartikel. Die ökonomischen Gesetze ihrer Preisbildung und Preisbindung, 2. Aufl., München/Berlin, 1963
Mendenhall, M./Punnett, B. J./Ricks, D.: Global Management, Cambridge/Mass. 1995
Menzel, M.: Die Geschichte der Marken, in: Merck, E. Internationales Iriodin Design-Forum, 1993, Darmstadt, 1993
Metzger, W.: Gesetze des Sehens, Kramer, Frankfurt a. M., 1975
Meyer, A., Davidson, H.: Offensives Marketing: Gewinnen mit POISE, Freiburg, 2001
Meyer, S.: Produkthaptik, Wiesbaden, 2001
Meyer-Hentschel, G.: Aktivierungswirkungen von Anzeigen: Messverfahren für die Praxis, Würzburg und Wien, 1983
Meyer-Hentschel, G.: Erfolgreiche Anzeigen, Wiesbaden, 1988
Meyers, L./Tybout, A. M.: Schema congruity as a basis for product evaluation, in: Journal of Consumer Research (JCR), 16 Nr.1, 1989
Michael, B. in: w&v (werben und verkaufen) Background, 45/1996
Möcks, R.: Zur Wirkung von Duftstoffen, 2. Untersuchungsbericht für Henkel, Düsseldorf, 1982
Molthan, K.: Kommunikationsmanagement zwischen Marke und Zielgruppe, in: Schönborn, G. (Hrsg.): Markenagenda, Neuwied/Kriftel, 2001
Montgomery, S.: in: „Change", Zeitschrift der Fa. Hoechst, 1996, S. 30 ff.
Mühlbacher, H.: Briefing, in: H. Diller (Hrsg.): Vahlens großes Marketing Lexikon, München, 1994
Müller, A.: Strategisches Management mit der Balanced Scorecard, Stuttgart, 2000
Müller, S.: Der Markenartikel im Spannungsfeld wirtschaftlicher und gesellschaftlicher Herausforderungen, in: Marke und Markenartikel als Instrument des Wettbewerbs, München, 1992
Münnich, K.: Multisensualität in der Kommunikation zur Unterstützung der Markenführung, unveröff. Diplomarbeit Hochschule Pforzheim, 2002
Munzinger, U.: Brand Management and Brand Measurement, in: Seminar on Building successful Brands; the Need for an Integrated Approach, Amsterdam, 1994
Nachreiner, H. P.: Lernen durch Produkte. Die Bedeutung der außerbetrieblichen Ausbildungsfunktion des Produktes für die Produkt- und Programmplanung, P. Lang, Frankfurt, Bern, Las Vegas, 1979
Neibecker, B.: Konsumentenemotionen. Messung durch computergestützte Verfahren, Würzburg, u. a., 1985
Nieschlag, R./Dichtl, E./Hörschgen, H.: Marketing, 19. Aufl., Berlin, 2002
N.N.: Werbung in Deutschland 1997. Herausgegeben vom Zentralverband der Deutschen Werbewirtschaft, 1997
Nommensen, J. H.: Die Prägnanz von Markenbildern. Prüfung der Kommunikationsstrategie bei Produktrepositionierung, Heidelberg, 1990
Nöth, W.: Handbuch der Semiotik, 2. vollständig neu bearbeitete und erweiterte Aufl., Stuttgart, Weimar, 2000
Nowak, H./Becker, U.: „Es kommt der neue Konsument", in: form, Zeitschrift für Gestaltung. 111, 1985, S. 13–17
Olson, J. C.: „Inferential belief information in the Cue: Effects on product evaluation", in: Woodside, Sheth, Bennett 1978, S. 267–286
Oswald, L.: www.in-signs.com/papers/consumption.shtml, 10.07.2001
o.V.: „Kommunikationsbarometer" in: Zeitschrift Horizont 46/1996, S. 44
Paivio, A.: Imagery and verbal process, New York, 1971

Paivio, A.: Mental representations: A dual coding approach. New York: Oxford University Press, 1986

Peter, J. P./Olson, J. C.: Consumer behavior – marketing – Strategy perspectives, 2. Aufl., Homewood (Ill.),1990

Peterson, R. A.: Consumer perception as a function of product color, price and nutrition labeling, Advance in Consumer Research (ACR), 1977, S. 61–63

Petri, C.: Verbale und visuelle Assoziationen als Grundlage kreativer Bildideen für eine erlebnisbetonte Werbung, Saarbrücken, 1991

Pfaender, H. G.: Beiträge zu einer Design-Theorie, Darmstadt, 1974

Pflaum, D./Luger, A. E.: Marketing, München, 1996

Pflaum, D./Linxweiler, R.: Public Relations der Unternehmung, Landsberg, 1998

Pflaum, D./Eisenmann, H.; Linxweiler, R.: Verkaufsförderung – Erfolgreiche Sales Promotion, Landsberg/Lech, 2000

Popcorn, F.: Der Popcorn-Report, München, 1992

Popcorn, F.: „Clicking", der neue Popcorn Report, München, 1996

Pras, B.: Explaining consumer decision making through evaluation process models, in: Topritzhofer, E. (Hrsg.), Marketing – neue Ergebnisse auf Forschung und Praxis, Wiesbaden, 1978, S. 145–161

Pylyshyn, Z.W.: The Imagery Debate: Analogue Media versus Tacit Knowledge, Psychological Review, 1988, H. 1, S. 16–45

Quack, H.: Die Einstellungsrelevanz von Produktmerkmalen, Frankfurt, 1980

Raffée, H./Fritz, W.: Neue Meiden und Konsumentenverhalten. Forschungsergebnisse und offene Fragen. Arbeitspapier Nr. 56, Mannheim, 1988

Raffée, H./Wiedmann, K.-P.: Corporate Identity als strategische Basis der Kommunikationspolitik, in: Berndt, R./Hermanns, A. (Hrsg.), Handbuch der Marketing-Kommunikation, Wiesbaden, 1993, S. 43–68

Reynolds, T. J.; Gutman, J.: „Laddering Theory, Methods, Analysis and Interpretation", Journal of Advertising Research, Vol. 28, No. 1, pp. 11–31, 1988

Riedel, F.: Die Markenwertmessung als Grundlage strategischer Markenführung, Heidelberg, 1996

Roberts, D. F./Bachen, Ch. M.: Mass Communication Effects, Annual Review of Psychology, 32, 1981, S. 307–356

Rosenstiel, L.v./Kirsch, A.: Psychologie der Werbung. Rosenheim, 1966

Rosenstiel, L. v.: Die Macht des ersten Eindrucks, in: absatzwirtschaft, 33, Nr. 4, 1981

Rosenstiel, v. L./Ewald, G.: Marktpsychologie, Bd. 2: Psychologie der absatzpolitischen Instrumente, Stuttgart, Berlin, Köln, Mainz, 1979

Ruge, H.-D.: Die Messung bildhafter Konsumerlebnisse, Bd. 16 der Reihe Konsum und Verhalten, Heidelberg, 1988a

Ruge, H. D.: Das Imagery-Differential, Forschungsgruppe Konsum und Verhalten, Univ. d. Saarlandes, 1988b

Runyon, K. E.: Consumer behavior and the practise of Marketing, Columbus u. a., 1977

Russell, J. A./Pratt, G.: „A Description of the Affective Quality Attributed to Environments", Journal of Personality and Social Psychology, 38/1980, S. 311–322.

Sampson, P.: „Using the Repertory Grid Test", Journal of Marketing Research, 1972, Vol. 9, No. 1, pp. 78–81

Sander, H.: Die Verpackung als Informationsmedium, Ruhr-Universität, Diss., Bochum, 1972

Schechter, A. H.: Measuring the Value of Corporate and Brand Logos, Design Management Journal, Vol. 4, Nr. 1, (Winter 1993) S. 3–39

Schenk, M.: Medienwirkungsforschung, Tübingen, 1987

Schlicksupp, H.: Ideenfindung, Würzburg, 1992

Schmelcher, J.; Linxweiler, R.; Witte, M.: Die unsichtbare Kraft – Unternehmenskultur im 21. Jahrhundert, Wiesbaden, 2002

Schmitt, B.; Simonson, A.: Marketing-Ästhetik, Strategisches Management von Marken, Identity und Image, Düsseldorf, 1998

Schmitt, R.: Gedanken zu römerzeitlichen Ziegelfunden, in: Historischer Verein Schmelz (Hrsg.), Schmelzer Heimathefte 10, 1998, S. 5–18.

Schönborn, G. (Hsg.), Molthan K.: Markenagenda, Kommunikationsmanagement zwischen Marke und Zielgruppe, Neuwied/Kriftel, 2001

Schulze, G.: Die Erlebnisgesellschaft, Frankfurt/New York, 1996

Schuster, G. in: Zeitschrift „Stern" 17/1994, S. 31ff.

Schwarzer, H.: Behauptung des Markenartikels im strukturellen Wandel des Marktes, Diss., Hamburg, 1990

Schweiger, G.: Ergebnisse einer Image-Transfer-Untersuchung, in: Österreichische Werbewissenschaftliche Gesellschaft (Hrsg.): Die Zukunft der Werbung, Bericht der

25. Werbewissenschaftlichen Tagung, Wien, 1978, S. 129–138

Semiometrie-Kompendium, o.V., S. 1–13, 2001

Siegmund, W. C.: Design Agencies Europe, Moiburg,1992/93

Siegmund-Schultze, M.: Die unsichtbare Hand des Marktes, Wirtschaft und Naturgesetze, Hamburg, 1992

Simon, H.: Preismanagement, Wiesbaden, 1991

Sommer, R./Aitkens, S.: Mental Mapping of Two Supermarkets, Journal of Consumer Research, 9, H. 2, 1982

Spiegel, B.: Die Struktur der Meinungsverteilung im sozialen Feld, Bern u. a., 1961

Spiegel, B.: Werbepsychologische Untersuchungsmethoden, 2. Aufl., Berlin, 1970

Spoehr, K.T./Lehmkuhle, S.W.: Visual Information Processing, San Francisco, 1982

Stark, S.: Stilwandel von Zeitschriften und Zeitschriften-Werbung, Heidelberg, 1992

Staehle, W. H.: Management: Eine verhaltenswissenschaftliche Perspektive. München 1991, S. 581 f.

Steffenhagen, H.: Copy Strategy, in: H. Diller (Hrsg.): Vahlens großes Marketing Lexikon, München, 1994

Szallies, R.: Wertewandel und Konsum, Nürnberg, 1990

Szallies, R. (1994): Die herausgeforderte Marke, in: 2. Icon Kongress, Nürnberg, 1994

Tejada-Schmitz, R.: Markenaufbau im Internet, Grey-Studie, www.grey.de/presse, Düsseldorf, 2001

Temporal, R.: Advanced Brand Management; from vision to valuation, Singapore, 2002

Thorndike, P. W./Hayes-Roth, B.: Differences in spatial knowledge acquired from maps and navigation. Cognitive Psychologie, 14, 1982, pp. 560–589

Tietz, B.: Werbung, Landsberg/Lech, 1983

Theiler, H.: „Was will der Kunde?", Teil II: Ganzheitliche(re) Kunden wollen ganzheitliche(re) Marken, in: Marketing Journal, 1/1995

Theobald, E.: Design, in: D. Pflaum/F. Bäuerle/K. Laubach: Lexikon der Werbung, Landsberg, 2002

Treisman, A.: The perception of features and objects. In: A. Baddeley & L. Weiskrantz (Hsg.), Attention: Selection, awareness, and control (S. 5–34). Oxford: Clarendon, 1993

Trommsdorff, V.: Die Messung von Produktimages für das Marketing, Köln u. a., 1975

Trommsdorff, V./Zellerhoff, C.: Produkt- und Markenpositionierung, in: M. Bruhn (Hrsg.): Handbuch Markenartikel, Stuttgart, 1994

Unger, F.: Die Markenartikel-Konzeption, in: Unger, F. (Hrsg.) Konsumentenpsychologie und Markenartikel, Heidelberg, Wien, 1986, S. 1–17

Unger, F.: Werbemanagement. Heidelberg 1989, S. 164 f.

Unger, F./Dögl, R.: Taschenbuch Werbepraxis, Heidelberg, 1995

v. Sivers, R: Sound-Engineering bei Porsche, in: Brandmeyer, K./Deichsel, A.: Jahrbuch Markentechnik 2000/2001, Frankfurt/M., 1999

Wachtel, H. H.: Marktgerechte Produktgestaltung, Bd. 10, Management-Script, DBV, 1974

Waltermann, B.: Marktsegmentierung und Markenpolitik, in: Bruhn, M. (1994): Handbuch Markenartikel, Band 1, Stuttgart, 1994

Weinberg, P.: Nonverbale Marktkommunikation, PhysicaVerlag, Heidelberg, 1986
Weinberg, P.: Erlebnismarketing, Vahlen, München, 1992
Weinstein, S.: Intensive and extensive aspects of tactile sensitivity as a function of body part, sex and laterality. In D. R. Kenshalo (Hrsg.), The skin senses, Springfield, IL, 1968
Welbers, G.: Zeichen als Mittel der Produktgestaltung, Beiträge zum Produktmarketing, Band 28, Köln, 1996
Wertheimer, M.: Experimentelle Studien über das Sehen von Bewegung. Zeitschrift für Psychologie, 61, 161–265, 1912, 1932
Wessbecher, H. E./Unger, F.: Mediapraxis. Heidelberg 1991, S. 147f.
Wheatley, J. J./Chiu, J. S. Y.: „The Effects of price, Store Image, and Product and Pespondent Characteristics on Perceptions of Quality", Journal of Marketing Research, 14, S. 181–186
Wiedmann, K.-P.: Markenpolitik und Corporate Identity (Markenidentität), in: Bruhn, M. (1994): Handbuch Markenartikel, Band 2, Stuttgart 1994, S. 1036
Wilkes, M.W.: Lebensqualität, in Marketing Journal, 4/1993
Winderlich, W.: Sind die Marken noch glaubwürdig? in: 3. Internationales Iriodin Design-Forum, Darmstadt, 1993
Wippermann, P.: Trendforschung mit dem Semiometrie-Modell, in: absatzwirtschaft, 12/1999
Wiswede, G.: Psychologie der Markenbildung, in: Markenartikel heute. Marke, Markt und Marketing, Wiesbaden, 1978
Wiswede, G.: in: Marke und Markenartikel als Instrument des Wettbewerbs, Mannheim, München, 1992
Witte, M.: Möglichkeiten und Grenzen des Marken-Design bei Markenartikeln der Konsumgüterindustrie. Unveröffentlichte Diplomarbeit an der Hochschule für Technik und Wirtschaft des Saarlandes, Fachhochschule Saarbrücken, 1996
Wittke-Kothe, C: Interne Markenführung, Wiesbaden, 2001
Wondrascheck, B: in: Sind die Marken noch glaubwürdig? 3. Internationales Iriodin Design-Forum, Darmstadt, 1993
Young, P. T.: Motivation and emotion – survey of the determinants of human and animal activity, New York, 1961
Yuille, J. C.: Imagery, Memory and Cognition, Hillsdale (N.J.) u. a., 1983
ZAW (Zentralverband der deutschen Werbewirtschaft) (Hrsg.): Werbung in Deutschland 2002, Bonn 2002 und www.zaw.de
Zec, P.: Die Rolle des Design bei der Entwicklung von Markenartikeln, in: Bruhn, M. (Hrsg.): Die Marke, Symbolkraft eines Zeichensystems; Bern, Stuttgart, Wien, 2001
Zentes, J.: Grundbegriffe des Marketing, Stuttgart, 1983
Zwicky, R.: Morphologische Forschung, Winterthur, 1959

Stichwortverzeichnis

6-3-5-Methode 272
6-C-Konzept 88

A
AAAA 360
Abgehobenheit 53
Account Executive 360
Account Supervisor 360
AD 360
add-a-card 352
Advertising expenditures 360
AE Provision 360
Affinität 186
Agenda 360
AIDA-Stufenmodell 44
Aktivierung 298
Aktivierungstechnik 301
Akustik 68, 284
Akzeptanz 39, 41
Ansoffsche Produkt-Markt-Matrix 112
Antiqua-Schrift 291
Anzeicheninformation 246
Anzeigensplit 352
Apparent-Size-Verfahren 206
Architektur 193
Assoziationsprüfung 207
Assoziierbarkeit 309
Ästhetik 239
Ästhetikinformation 239
ästhetisch-kultureller Wert 180
ATL 360
auditive Wahrnehmung 57
Aufmerksamkeit 232
Ausprägung 157
Ausstrahlungseffekt 251

B
B to B 360
Basismapping 259
Befragung 133, 207, 259
Beihefter 352
Beikleber 352

Beilage 352
Benefit 360
Bequemlichkeit 143
beschreibender Markenname 305
Besonderheit 95
Beständigkeit 28, 95
Big Spenders 360
Bild 298
Bildanalogie 298
Bildart 292
Bildelement 298
Bildform 292
Bildgestaltung 292
Bildmarke 81
Bildrangfolge 288
Billings 360
Blätterpapille 63
Blender 159
Blickaufzeichnung 202
Blickverlaufsaufzeichnung 202
Body Copy 360
Bojenanalyse 133
Bojenmodell 127, 128
Brainstorming 27, 360
Brainwriting 272
Brainwriting Pool 272
Brand Asset Valuator 85
Brand Behavior 124
Brand Communication 126
Brand Culture 125
Brand Design 124, 164
Brand Frames 129
Brand Identity 96, 325
Brand Image 96
Brand Performancer 84
Brand Philosophy 97, 104
Brand Positioning 105
Brand Rating 84
Brand Strategy 110, 176
BrandCard-System 92
Brand-Design-Manual 188
Branding 299, 303

Brand-Life-Cycle 131, 132
Brand-Relationship-Management 38
BrandScoreCard 339–342
Briefing 360
Briefing- und Positionierungsphase 176
Briefingcheckliste 177
Broschüre 356
BTL 360
Budget 360
Bundsteg 360
Bundsteganzeige 360
bürgerliche Mitte 31
Buzz Session 273

C

Cannes-Rolle 360
Carry over Effekt 360
Casting 361
CD 361
Checkliste Plakatgestaltung 353
Checkliste Printanzeige 196
Claim 361
Codierungs-/Decodierungsfeld 2156
Commercial 361
commercial break 361
Consumer Benefit 179
Consumer-Promotion 332
Copy Chief 361
Copy Platform 361
Copy Strategy 138, 139, 179, 361
Copy Test 361
Copy-Technik 181
Copy-Writer 361
Core Value 101, 176
Corporate Band Color 282
Corporate Identity 323
Corporate Philosophy 327
Corporate-Sound-Konzept 285
Cost per Order 361
Coverage 361
Cross-Impact-Analyse 157
Cultural Creativity® 257
Customer Relationship Marketing 38

D

Dachmarke 79
Dachmarkenstrategie 121
DDR-Nostalgiker 33
decoder®-Verfahren 256
Design 13, 15, 16

Design-Disziplin 16
Design-Manager 361
Deutlichkeit 240
Dienstleistungsmarke 81
Differenzierung 130
Differenzierungs- und Variationsstrategie 119
Dimension 16
– ästhetische 16
– emotionale 16
– ethisch-ideelle 16
– sachliche 16
Diskriminanz 41
Diskussion 66   273
Distanz 41
Domains 348
DRTV 361
DTP 361
Dualität des Marken-Design 20
Duft-Corporate-Identity 62
Dummy 361
Durchschnittskontakt 187
Dynamik 129

E

Ebene
– motorische 235
– physiologische 235
– subjektive 235
Eckfeldanzeige 351
Editorial matter 361
EEG 205
Effie 361
eidetische Nachbilder 243
Eigenmarke 82
Eigenständigkeit 278, 300
Einmaligkeit 95
Einzelmarke 78
Einzelmarkenstrategie 120
Eisberg-Modell 85, 128
elektrodermale Reaktion 205
Elektroenzephalogramm (EEG) 206
Eliminierungsstrategie 119
emotionale Information 236
emotionale Konditionierung 301
Emotionalität 241
Entsprechungshypothese 37
Entwicklungshypothese 107
Erfolgskontrolle 200
Ergebnis- und Kontrollphase 199

Ergonomiemodell 361
Erinnerungsplanungskäufer 44
Erkenntnisgesellschaft 101
Erlebnisgesellschaft 101
Erlebnismilieu 33
Erlebnis-Milieumodell 35
Erreichbarkeit 28
Etablierte 31, 32
ethische Information 244
ethisch-ideelle Copy-Technik 183
Event-Marketing 361
Existenzinformation 246
Experimentalisten 31, 33
Exploration 208
Expression 40

F
Fadenpapille 63
Familienmarke 79
Familienmarkenstrategie 120
Farbcode 191
Farbe 191, 280
Fee 362
Figur-Grund-Abhebung 320
final art work 362
FIRST 110
Flop 362
Flyer 356
Foto 359
Freelancer 362
Frustkäufer 44
Fund Raising 362
Funkspot 355
Funktionsmodell 362

G
Gebrauchsinformation 248
Gebrauchsmusterschutz 337
Gedächtnisschema 250
Gedächtniswirkung 295
Gelegenheitskäufer 44
geografische Marktsegmentierung 29
Geonen 225
Geonentheorie 52
Geruchsbilder 61
Geruchsquadrat 61
Geruchssinn 59, 60, 64
Geschmacksmusterblatt 338
Geschmacksmusterschutz 338
Geschmackssinn 61, 63

Gesetz
– der Ähnlichkeit 54
– der durchgehenden Kurve 55
– der Erfahrung 56
– der Geschlossenheit 54
– der guten Gestalt 56
– der Nähe 54
– der Symmetrie 55
Gesetzgebung 77
Gesetzmäßigkeit 278
Gestalt 53
Gestaltpsychologie 53, 88, 320
Gestaltungsmittel 185
Gestaltungsmittel-Strategie 179
Gestaltungs-Raster 191
Glaubenstechnik 183
Glaubwürdigkeit 23
Glaubwürdigkeitstechnik 183, 184
Gleichgewichtssinn 50
Gross rate 362
Gross Rating Points (GRP) 187, 362
Großbuchstaben 291
Grundbedürfnis 102
Gruppendiskussion 207
Gruppenmarke 78
Gustatorik 68

H
Halo-Effekt 250, 253
Handelsmarke 78, 79
Haptik 65
haptisch-somatische Wahrnehmung 65
Harmonie 241
Harmonie-Milieu 34
Harmonietechnik 183
Hausfarbe 362
Hautempfinden 50
hedonischer Wert 64
Hedonisten 31, 32
Hemisphärenforschung 47, 100
Herstellermarke 81
hidden drivers 158
Homogenität 28
Hören 50, 57
Hörfunkspot 355
Hot Shop 362
Human Relations 362

I

IAA 362
Ideenfindung 264
Identifikation 40
Identifikationsstufe 39
Illustration 359
Image 362
Imagery 362
Image-Status der Marke 133
Imagewirkung 199
Imitationsstrategie 119
Impact 362
Impact-Matrix 158
Impulskäufer 44
individueller Wert 98
Industrial Design 362
Infoblatt 356
Informationsmaterialien 357
Informationsspeicherungswirkung 199
Informationsüberflutung 286
Informationsverarbeitungswirkung 199
Inhaltsfarbe 283
Innovations- und Dynamisierungstechnik 180
Innovationsstrategie 119
Inselanzeige 351, 362
Insert 362
Insertion 362
Integrations-Milieu 34
Integrität 278
Interbrand-Modell 84
Internet 345–347
Involvement 45, 286, 362
Irradiation 68
Irridiation 251
Issue 362

J

Jingle 363

K

Kamerabeobachtung 203
Katalog 356
Kaufentscheidung 44
Kaufentscheidungstypen 46
Kaufrisiko 143
Kennzeichnumgsrecht 335
KISS 110, 363
Klang 302
Klangfarbe 58
kognitive Marken-Information 242

Kommunikations-Entwicklungsstrategie 114
Kompetenz 138, 139
Kompetenzprüfung 123
Kongruenz 95
Konsequenzprüfung 123
Konservative 31, 32
Konsistenz 95
Konsistenzprüfung 123
Konsumenten-Typologie 30
Konsum-Materialisten 31, 32
Konsumprozess 41
Kontaktfrequenz 186, 188
Kontaktstrecke 363
Konzeptionsschema 166
Korrespondenz-Stil 291
Kreativität 263
Kultiviertheit 241
Kultmarke 229
kultureller Wert 98
Kulturtechnik 182
Kunde 24
Kundenakquise 25
Kundennutzen 138
Kundenpflege 25
Kundenqualifizierung 24
Kuponanzeige 363

L

Laden-Design 318
Lasswell-Formel 214
Launch 363
Lautstärke 58
Layout 358, 363
Leaflet 363
– Flyer 363
Lebenszykluskonzept 89
Lebenszyklusphasen der Marken 117
Leistung 130
Leporello 363
Lerntheorie 88
Lernvorgang 290
Lesen 290
Liebesbedürfnis 102
Lipsing 363
Litho 363
Location 363
Logo 307
Lokalisation 58
Loyalität 131
Lumbecken 363

M

Mail Order 363
Mammut-Plakat 363
Mapping 260
Markendifferenzierung 89
Marken- oder Produkteliminierung 119
Marken-/Markt-Strategie-Matrix 115
Marken-/Produktlebenszyklusdarstellung 116
Markenabsicherungsphase 89
Markenartikel-Effekt 250, 253
Markenaufbauphase 89
Markenauftritt 126
Markenbeurteilung 249
Marken-Bilanz-Modell 84
Markenbild 19, 168
Markenblatt 337
Marken-Controlling 339
Marken-Design 13, 164
Marken-Design-Konzept 154
Marken-Dreieck 21
Marken-Finanzanalyse 167, 171
Markengesetz 77, 335
Markenguthaben 19, 78, 101, 168, 212
Markenidentität 94–97, 160, 162
Marken-Image 96, 97, 127, 165
Markenimitation 89
Markeninnovation 118
Markeninstrumentstrategie 113
Markenkern 134
Markenkernwert 98, 99
Markenkommunikation 126, 165, 213
Markenkonzeption 153
Marken-Kraft-Modell 85
Marken-Kultur 125
Markenlebenszyklus 131
Markenlebenszyklusstrategie 116
Markenloyalität 38
Marken-Media-Strategie 186
Markenname 250
Marken-Objektanalyse 167
Marken-Phänomen 132
Markenphilosophie 97, 104, 164
Markenpolarisierung 90
Markenpositionierung 105
Markenregister 336
Markenschrift 192
Markenschutz 77
Markenspaltung 90
Marken-Status 160
Markensteuerrad 135, 138, 178

Markensteuerung 138
Markensteuerungs-Modell 134, 137
Markenstrategie 110, 113
Markenstrukturmodell 212
Markentypenstrategie 120
Markentypologie 78, 79
Markenverhalten 124
Markenwert 82, 83
Markenzeichen 250, 307, 308
Marktarealstrategie 122
Marktparzellierungsstrategie 212
Marktsegmentierung 27
Marktstrategie 121
Maslowsche Bedürfnishierarchie 101
me too 363
Means-End-Modell 36
Mediaabteilung 363
Mediakennzahl 187
Media-Strategie 179
Melodie 302
Message 363
Metapher 229
Methode des lauten Denkens 207
Milieu-Modell 30
Milieusegmentierung 35
Milieutopologie 30
Mischfilmtechnik 353
moderne Performer 31, 32
Modernität 241
Modernitäts- und Avantgardetechnik 182
Moiré-Effekt 363
Monomarke 78
Mood 363
Mood board 363
morphologische Methode 266
morphologisches Tableau 268
motivationale Information 238
Motivationspsychologie 98
Mythos 228

N

Nasenschilder 363
Nettoreichweite 188
Network-Agencies 364
Neuigkeit 300
Nielsen-Gebiet 29
Niveau-Milieu 34
Normentechnik 183
Nutzenbegründung 138
Nutzenbeweis 138

Nutzenversprechen 364
Nutzungsphase 45
Nutzungsrecht 338

O

Off strategy 364
Offline Brands 344
ökonomische Relevanz 28
Olfaktorik 68
olfaktorische und gustatorische Wahrnehmung 59
olfaktorischer Sinn 64
On air 364
On strategy 364
Online Brands 344
On-set-Placement 364
Opinion leader 364
Optik 68
Orientierungsreaktionen 232

P

Packshot 364
Panel 209
Panorama-Anzeige 351
Passerkreuze 364
Patentrecht 337
Penner 159
Perimeter-Test 204
Personalisation 40
Pilzpapille 63
Plakat 352
PoP 364
PoS 364
PoS-Design 317
PoS-Informationsphase 44
Positionierung 138, 139
Positionierungsstrategie 178
Postmaterielle 31, 32
Posttest-Verfahren 208, 209
Potenzialanalyse 167
PR 364
Pragmatik 219, 220, 230
Prägnanz 129
Prägnanzgesetz 56, 320
Präsentations-Design 317, 319
Preisinvolvement 286
Preispolitik 142
Premiummarke 78
Prestige 37
Prestigestreben 143

Prestige-Symbol 239
Prestigetechnik 183
Pretest-Verfahren 202
Problemanalyse 265
Problemlösungsbaum 270
Product Placement 364
Product Publicity 364
Produkt-Design 151, 311
Produkthaftung 339
Produkthaftungsgesetz 339
Produktions- und Durchführungsphase 197
Produktkategorie 163
Produkt-Markt-Matrix 112
Produktpolitik 141
Produktsprache 16
Programmanalysator 205
Proof 364
Proportionsmodell 364
Prospekt 356
Protestindikator 143
psychische Determinanten 90
Public Affairs 364

Q

Qualitätsindikator 142

R

Raumfrequenztheorie 52
Realfilm 353
Reason Why 179, 364
Re-Briefing 364
Reichweite 186
Reinzeichnung 195, 359, 364
Reiz
– primär-emotionaler 233
– primär-kognitiver 233
– primär-physischer 234
Reizmodalität 68
Relationship-Marketing 333
Relaunch 364
Relaunchstrategie 119
Relevanz 39, 130
Rendering 364
Renner 159
Renner-Feld 159
Ressourcenanalyse 167
Retouching 365
Rezeptor 50
Rhythmus 302
RIC 365

Riechen 50, 59
Rolle 38
Rough 358, 365

S

Sachtrickfilm 353
Sales Promotion 365
Salesfolder 365
Sampling 365
Satz 365
Satzspiegel 365
Schadenersatzanspruch 336
Schemabild 298
Schematheorie 35
Schlüsselbilder 365
Schlüsselbotschaft 298
Schlüsselinformation 250
Schlüsselreize 365
Schmecken 50, 63
Schmerzwahrnehmung 66
Schnäppchenjäger 44
Schriftzeichen 288
Scribble 358, 365
Segmentierung
– psychografische 29
– soziodemografische 28
– verhaltensbezogene 29
Segmentierungskriterien 28
Sehen 50, 51
Seitenumbruch 365
Selbstdarstellung 38
Selbstverwirklichungsbedürfnis 102
Selbstverwirklichungs-Milieu 34
Selbstverwirklichungstechnik 184
Semantik 219, 220, 226
semantische Aussage 304
Semiometrie® 259
Semiotik 216, 254
Sensualität 275
Serigrafie 365
Service-Design 311, 312
Servicepolitik 141
share of communication spendings 165
Shortlist 365
Sicherheits- und Verlässlichkeitstechnik 180
Signet 307
Sinnesassoziation 282
Sinnesmodalität 49, 68
Sinnesorgan 49
Sinnesreiz 49

Sinus-Milieu-Modell 30
S-I-R-Modell 129
Situationsanalyse 167
Sketch 358
Slice-of-life-Technik 365
Slogan 250, 365
SOA 365
SOM 365
Sortenfarbe 283
Sortimentspolitik 141
Source-Effekt 22
SOV 365
soziale Determinanten 90
sozialer Wert 98
Sozialtechnik 332
Sozialtechniken der Markengestaltung 297
Spill-over-Effekt 366
Sponsoring 366
Spot 366
Staff-Promotion 332
Status 155
Statustechnik 183
Stimmigkeit 130
Stimulationsinstrumente 332
Store Check 366
Storyboard 366
Strategiekombination 111
Strategien-Matrix 111
Streifenanzeige 351
Streuplan 366
Struktur-Perspektive 155
Stuffer 366
Styling 366
supplement 366
SWOT-Analyse 167, 168
SWOT-Tableau 169
symbolische Botschaft 17
symbolischer Charakter 304
Synästhetiker 68
Synektik 273
Syntaktik 219, 220
Syntax 219, 221
Syntax-Ordnungsfaktor 223
Systemmarke 142

T

tachistoskopisches Verfahren 204
taktile Wahrnehmung 66
target group 366
Tasten 50

Teaser 366
Teilbelegungsmöglichkeit 352
Temperaturwahrnehmung 66
Test 200
Testimonial 366
Testmarktforschung 209
Testverfahren 201
Textgestaltung 193, 288, 289
Textontheorie 52
Toleranz 41
Tonalität 107, 130, 138, 180
Tonhöhe 58
Tracking-Studie 209
Trade-Promotion 332
Traditionsverwurzelte 31
Transponierbarkeit 53
Traum-Alptraum-Spot 366
Treiberanalyse 159
TVC 366
TV-Spot 353, 354
Typografie 192, 288

U
UAP 179, 366
Umfeldinvolvement 286
Umkehrbarkeit 309
Umwelteinflüsse 90
Umweltverantwortung 328
Unterhaltungs-Milieu 34
Unterhaltungswert 298
Unterlassungsanspruch 336
Unternehmenskernwerte 324
Unternehmensphilosophie 324
Unterscheidbarkeit 309
Unverwechselbarkeit 300
Urheberrecht 338
USP 110, 179, 245, 366

V
Value-Layality-Potential-Matrix 26
Vampir-Effekt 366
Veblen-Effekt 143
Verantwortungstechnik 183
Verfremdungstechnik 354
Verhaltensbeobachtung 208

verhaltensorientierte Markentheorie 90
Verkaufspersonal 145, 318
Verpackungsgestaltung 313
Vertrauen 131
Vertrauenswürdigkeit 23
Video-Commercials 353
virale Markenführung 348
Visionstechnik 183, 184
visuelle Wahrnehmung 51
V-L-P-Matrix 26
VOICE 110
Vor-Informationsphase 43

W
Wahrnehmungshierarchie 287
Wahrnehmungsinhalt 53
Wahrnehmungspsychologie 98
Wahrnehmungsschema 298
Wahrnehmungswirkung 295
Wallpapille 63
Werbeanzeige 351
Werbemittelgestaltung 331
Wertorientierung 30
Wertvorstellung 23
Wichtigkeit 157
Wirkungshierarchie 156
Wissens-Design 312
Wortmarke 81

Z
Zeichen 50, 52
Zeichenbeziehung 224
Zeichenmarke 81
Zeichentheorie 216
Zeichentrickfilm 353
Zeitbombe 159
Ziel 212
Zielformulierungsphase 173
Zielgruppe 25
Zielgruppenverhalten 91
Zufriedenheit 131
Zugriffsfähigkeit 309
Zuordnungstest 207
Zusammengehörigkeit 53
Zusatzbedürfnis 102